U0908882

中国哲学研究的身体维度

杨儒宾 张再林——主编

THE DIMENSION OF BODY IN THE STUDY OF CHINESE PHILOSOPHY

图书在版编目（CIP）数据

中国哲学研究的身体维度 / 杨儒宾，张再林主编
. -- 北京 : 中国书籍出版社，2020. 4
ISBN 978-7-5068-7827-2

Ⅰ. ①中… Ⅱ. ①杨… ②张… Ⅲ. ①哲学 - 研究 -
中国 Ⅳ. ①B2

中国版本图书馆 CIP 数据核字（2020）第 047272 号

中国哲学研究的身体维度
杨儒宾 张再林 主编

策划编辑：王志刚
责任编辑：王志刚
责任印制：孙马飞 马 芝
封面设计：仙 境
出版发行：中国书籍出版社
地 址：北京市丰台区三路居路 97 号（邮编：100073）
电 话：（010）52257143（总编室） （010）52257140（发行部）
电子邮箱：chinabp@ vip. sina. com
经 销：全国新华书店
印 刷：河北宝昌佳彩印刷有限公司
开 本：710 毫米 × 1000 毫米 1/16
字 数：550 千字
印 张：29. 25
版 次：2020 年 8 月第 1 版 2020 年 8 月第 1 次印刷
书 号：ISBN 978-7-5068-7827-2
定 价：99. 80 元

本论文集源于2010年11月13日至14日在北京召开的一场学术会议“中国哲学研究的身体维度”，会议由北京大学高等人文研究院院长杜维明先生发起，北大高研院、西安交通大学哲学所、台湾“清华大学”人社中心是主要的支持单位。在这场汇集两岸研究身体论述与中国哲学关系的学者之会议，主办单位共筹得二十余篇论文。会议结束后，筹划小组的张再林教授与杨儒宾教授做会后编辑工作，增损文章，厘清体例。几番邮电与见面讨论，反复整理后，终于呈现出目前版本的面貌。一场会议，一本论文集，也要汇聚众人之力才能完成。首先感谢参与会议，以及贡献本论文集的众多作者，没有他们的辛苦付出，就不会有这本较完整的身体论述文集呈现出来。也非常感谢北大高研院、西安交大哲学所、台大高研院及台湾“清华大学”人社中心的支持，虽然行政与物质的支持不能保证会议质量，但没有行政与物质的支持，就无法会集硕学鸿儒共聚一堂。我们还要感谢北大高研院杜维明院长及台大高研院黄俊杰院长，杜先生对体知的推动，以及黄院长平素对东亚儒学的支持与慨允此书出版，使得此次的盛会从始条理到终条理，都前后一贯，圆满完成。我们期待这本论文集可以成为跨学科、跨领域、跨两岸合作的一个案例。

身体主体的转向

杨儒宾　张再林

一、身体研究的脉络

身体论述是晚近华人哲学界一个颇受瞩目的议题，这个议题的论域很广，但由于缺乏一本影响深远的经典作品，也缺少由“大师—经典”此轴心所带来的同方向的学术社群，因此，其起点不好估量。但笼统而言，这个议题在哲学界渐成气候，当在20世纪下半叶，如果我们以杜维明提出的“体知”当作此学先声，那么，这个议题已活跃了四十年。相对于近代哲学的议题往往来自于较单一的源头，如“异化”之于黑格尔、马克斯，“正义”之于罗斯，“逻辑实证”之于罗素与维也纳学派，“语言”之于维特根斯坦与海德格尔，“身体”的论述或来自于人类学，或来自于性别研究，或来自于欧陆哲学，其来源显然较多元。但就中国哲学研究而言，这个议题受到注意当是源自海外儒家研究者的倡导。

中国哲学的身体论述源自海外，有脉络可寻。如果杜维明先生发展于20世纪80年代中的“体知”说可以当作人文学界之武昌起义的第一声枪响，晚十年出版的杨儒宾的《儒家身体观》则可以视为华人世界第一部较完整的身体观论述。由于杜先生与杨儒宾对儒家关怀甚深，与当代新儒家学者唐君毅、牟宗三、徐复观诸先生也有或深或浅的师承，所以他们的身体论转向多少有些指标性的意义。我们如从他们共同的背景着眼，要找出他们的身体论的出发点，以及他们共同关怀的方向，或许不难找得到。他们之所以转向，根源的动机应当是来自于对新儒家强烈的道德直觉主义的补充，以及对古典儒学显著的人文化成传统之继承。

现代科学的“哲学”源于19世纪、20世纪之交的学术革命，1905年废除科举是1300多年来关键性的变革，旧学废，新学兴，制度、语汇、思考方式都不同了，其改变是全面性的。中国现代新兴学术的打造是个艰巨的工程，其工程与同一时间打造的新国家与新国民几乎同样地艰巨，学术的改革与国家的改造可以视为同一个现代化工程的不同面向。“哲学”一词也是现代社会的产物，取自欧美学界，间接经由日本再转入中国的语汇。相对于中国其他学科，开拓哲学的过程特显坎坷，在其他学术领域，我们很少听到“中国有没有此一学科”或者“中国×学是不是×学”之类的议题。但哲学领域有，“中国有没有哲学”“中国哲学是不是哲学”，这种自我否定的语言都会变为哲学议题。过去有过，现在也未曾消音，这是一个权力与学术逻辑交错难解的议题。但不管哲学界内部的争议为何，经过一个世纪来曲曲折折的演变，哲学终究还是在当代中国的学术界落户了。实用主义、自由主义、共产主义、新儒家哲学纷纷走上哲学的历史舞台，各领风骚。在各种当令的流派当中，新儒家哲学在改造社会的使命上，不见得比自由主义或共产主义来得强；但在哲学建树上，留下来的成绩应当是最为可观。

民国新儒家学者宣称他们的使命在建立新三统：学统、政统、道统，他们在新学统与政统领域上颇有建树。然而，论及新儒家学者的成就，一般认为他们最突显的成绩仍在心性论、形上学，也就是“性与天道”这个领域。新儒家学者中，熊十力与牟宗三两先生的成绩尤为突出，在哲学界的影响也特别大。熊十力与牟宗三师徒在根本的方向上虽然同本同宗，但学术兴趣各有所偏。熊十力从早期的《新唯识论》以至晚年的《乾坤衍》《明心篇》，其兴趣主要落在本体宇宙论。牟宗三从早期的《逻辑典范》以至晚年的《圆善论》，其兴趣主要围绕着“智的直觉—物自身—圆教”这条主轴展开的，两者偏重不同。虽然如此，但两人在“道德主体”的重视上是一致的，两人的思想体系同重本心的概念，本心具有一种可以深入实相的直觉之知，牟宗三名为智的直觉，熊十力称为智或性智。在智的直觉的亮光照耀下，物自身—道体等本地风光一一展现。

牟宗三论中国哲学的特质，一而言曰：“落在主体性”；再而言曰：“生命的学问”，他所说的“主体性”或“生命”是有特别的规定的，都不是日常语义下的用法。说到头来，都是东方哲学常见的道德实践的超越依据，诚如牟先生讲的：“转到实践理性就须接触到实践理性所呈现的本心、良知（儒家），道心（道家），如来藏心、般若智心（佛教），这些都是心，依康德的词语，这些都是由实践理性所呈现的道德心，道心，如来藏心，般若智心。”牟先生接着问：“那么这些词语所表示的心是有限心还是无限心?”① 牟先生的问句当然是虚问，他的答案是很清楚的：无限心。

就熊、牟两先生论道德的直觉论着眼，我们不难发现他们与宋明儒学的连接点，和陆王学派的关联显然更深。熊十力由于要对抗佛教的心性论走向，也要对抗他认定中完全缺乏实践兴趣与力道的西洋哲学，所以他常以生花妙笔特别彰显性智的作用，他的用语十分笃定：“忽尔触悟，天地万物本吾一体，须向天地万物同体处，即万化大源处，认识本心。”② 若此之言，比比皆是。在风格上，和理学家如杨慈湖、高攀龙的证道语言殊少差别。牟先生哲学的目标也很清楚，他一生事业的重点之一就是和康德争辩：人有没有智的直觉？在这种目标导引下，他的哲学的主轴是确立一种非曲折性的、不带时空形式、十二范畴的无限心，一超直入如来地，其作用是种先验的特殊直觉。

在熊先生、牟先生的设定中，性智或智的直觉的提出预设了一种东西哲学会通，实即对决的意涵。他们的对话焦点是“向上一机”的睿智界事物：上帝、物自身。中国由于无限心的传统很强，所以就内部而言，他们是在三教的超越领域内竞争何者更具圆教相。熊、牟两先生都强调性智、智的直觉乃是当下显现，直接认取。但无疑的，他们的当下是胜义的当下，不是现象

① 牟宗三主讲，林清臣纪录：《中西哲学之会通十四讲》（台北：台湾学生书局，1990 年），第 90 页。

② 熊十力：《读经示要》（台北：广文书局，1960 年），第 68 页。

学意义的当下，此当下是纵贯的，承体起用。这种直觉是非感觉性的，事实上，智的直觉的对照物也是对反物，就是感触直觉。杜、杨两人所以将儒学的重心移向身体向度，在相当程度内，可以说有意重新复苏感性的力量，或者说重新联系性智与感性的管道。

在牟先生与熊先生的哲学架构内，感性与智的直觉是本质的不相干，感性基本上负责的领域是知识论上的现象界或是文学、艺术领域内的美感问题。然而，我们如从中国哲学的身体图式来看，道德直觉不一定要与感性直觉做异质的区分；从呈现原理来看，他们毋宁认为人的形躯、气、经脉、心灵是有区别而又连续为一个有机体的。在道德实践的案例中，一种道德意识的发动明显地会带动整体身体的震动，从内在心绪、神气以至体表的肤色、虹膜都相互参差。儒家这种道德实践的作用体如和医学的身体观结合在一起，我们不妨称呼此种身体为气化主体或形气主体，“气化主体”侧重此种身体主义的形上意义，形气主体则较圆融地可以兼顾到社会身体的部分。

熊、牟两先生的道德直觉当然也不反对感性，他们所重视的感性是种道德的觉情，道德的觉情具有普遍义，他们和康德的差异在此点上显现得很清楚。然而，熊、牟的道德觉情是普遍性的，理学的语汇称为“性其情”的“情”。这种“情”，私人的成分少，伦理规范的成分多；气质的成分少，道德共感的成分多。在道德形上学的框架下，这种“情”的内涵无法充分展现，所以其具体之普遍恐怕不那么具体。相对的，当我们将智的直觉落到形气主体上来讲时，所有的道德意识的流行都要经由形气神的结构来思考，意识的运作必然连着深层的气之运作，并体现到体表上来。反过来说，任何知识的判断如果没有表里两层的形气做支柱，一体而化，所有的知识的运作都不会到家。知识的性质因此是行动的，而不是静态认知的；运作的主体是全身的，而不是显性意识层的，此杜先生所以有“体知”之说。“体知”的理论和博蓝尼（M. Polanyi）的“支援意识”“潜层向度”之说，颇有近似之处。和梅洛-庞蒂“身体主体”之论，也立基于类似的观察上。

形气主体一方面在认知与行动、意识与身体之间建立起连接之纽，一方面形气主体因侧重主体的气化性，主体一方面遂含有内在的流动、兼融感官、互渗形神的质性；另一方面主体遂也有去实体化、去抽象化的意涵，主体因此是不断跃出、不断交流的作用体。这种意识的气化日流与自然界遂有不断接换的实质关系，主体与自然因此是双回向的，也是回荡性的。中国主流的“形而上学”一词遂非“后物理学”（meta-physics）而可说是建立在形体之上的玄学，更具体地说，乃是建立在形气主体之上的实践性知识。①

熊十力以“新唯识论”代替“唯识论”，牟宗三以智的直觉说修正康德的理论，他们都是透过主体的批判，重新安顿了儒学的体系。他们所提出的主体是“纵贯”的（借用牟先生喜欢用的隐喻），他们要成就的道德是天道性命相贯通的道德。相对之下，杜、杨所提出的身体论述则侧重横摄面的感应、身体中介项的独立义。身体主体必然带有与之俱来的气质之差异性与语言性，它与世界的碰面，即是意义的开显。身体主体具有存有论上的优先性，它是人文活动得以成立的依据。在智的直觉处，我们默会万物的本源。但在智的直觉经由形气主体表现处，我们体现人文活动的精致、风格、多样。形气实质上是智的直觉呈现时不可或缺的中介项，当中介内在于主体的表现功能时，中介即非过渡的性质，而是本质的成分。

在杜、杨之外，台湾地区的中国哲学研究者从身体主体出发，提出论述者尚有英年早逝的蒋年丰与目前仍勤于笔耕的吴光明。蒋年丰的学思历程与杜、杨两人相近，他在普渡大学从现象学名家 Calvin O. Schrag 游，返回台湾后，任教东海大学。他生前写的几篇探讨罗近溪与庄子的文章，都从身体主体的角度入手，揭举了儒道思想中“身体”作为意义彰显者的特色。

论及中国哲学研究中的身体转向，吴光明的贡献不能忽视。吴教授长期任教威斯康辛大学，但也曾在台湾地区任教，与台湾学界关系亦深。吴教授的兴趣在现象学与中国哲学的融合，如果更落实地来讲，可说聚焦于梅洛-庞蒂与庄子哲学的会通。吴教授划分身体哲学的两种叙述方式，一种是“bodily thinking”，一种是“body thinking”，他自己的定位自然落在第二种意义的身体思维。吴教授的论文带有强烈的个人哲学的风格，和中国哲学的文本联系较松，越到晚近，这种风格越强。但论及中国的身体哲学研究，吴教授自是一家。

杜、杨、蒋、吴诸先生皆在大学任教，所以其学生中多有从“身体”角

① 汤浅泰雄常比较 meta-physics 与“形上学”两语，指出西洋的形上学是对自然的后设反省，东方的形上学则是对形神的反思。其语虽从常识入手，但其对照很管用。

度介入中国哲学研究，但撰成专书且焦点集中者较少。反而进入21世纪后，受台湾学者影响，中国大陆学界颇有中国的身体哲学的论著出现。循着道德践履中“作为精神修养之体现的身体”观与“形—气—神”一体三相的身体观研究脉络，相关的研究陆续出现，其中最值得注意的当是周与沉的《身体：思想与修行》以及陈立胜的《王阳明“万物一体”论：从“身—体”的立场看》。周与沉的著作古典文献的根基较厚，论述平稳扎实；陈立胜则学说丰富，思辨性强，其学融合儒家与欧陆哲学的倾向非常显著，其方向和蒋年丰从事研究方向颇为相似。

陈立胜的研究与周与沉不同，他除了受到台湾研究的理论激发外，还展现了大陆身体研究的另一个特殊机缘，即大陆内部中西哲学比较研究的历史积淀。不像台湾、香港地区有学脉可循的传统学术研究，例如将身体研究看作是对新儒家的补充及对古典儒学的继承，中国大陆传统学术研究在近代有一个断裂，此一断裂的很大部分来自西学的挑战与马克思主义的植入。面对西学及科学的强势，如何疏解这为“一大事因缘”而出现的新状况成为儒门现代化学术工程的根本问题。简言之，儒学面临着一个在当代语境中的自我证成问题，从其努力之历史轨迹上看，传统学术更多的是作为答辩方，在现代学术平台上作无罪陈词。要改善此一不利状况，恐怕与学者如何在中西比较中寻找一个作为沟通桥梁的合理的诠释点有关。由此，在中西哲学比较中出现了一个有意义的“范式转移”。从新实在论、实用主义到马克思主义，至康德框架、黑格尔体系，再到海德格尔，我们发现学者对传统的诠释如愈能顾及对前见之参照，即愈能留出对中国哲学独特性的阐释空间，因此，在比较中也有了更多的相“应”，“同声相应”即意味着“对话”式的新的理论创造的可能。

在当前的中国大陆与西方身体哲学展开积极对话且研究较为活跃者，可以说，多来自于有现象学背景的学术团体，陈立胜“回到身体”的呼唤在很大程度上立足于身体现象学的分析，其现象学意义上的“自我与世界”之辨析导出了作为主体的身体之自我。与此相似者，大陆现象学界中，比较具有理论创造性的还有张祥龙，他从海德格尔出发，以其所解的海氏之“原发构意机制”来读中国哲学，所论每启人思，新意迭现。此外，曾译海氏《存在与时间》的王庆节在现象学与儒道今释上亦颇有建树，如其所说，海氏之

“此在”亦可解为“身体”，其“在的亲临”“在的现身情态”表达的就是亲身性存在。

在大陆身具现象学背景的学者中，在身体研究上能够独树一帜的当推张再林，其学无师承而凭孤往探寻，最能体现大陆学者在中西哲学比较中的艰难步履。其人年轻时发愿欲先以20年光景治西学，而后返观中学，俾能有所见地。他以梅洛-庞蒂为支点，揭“作为身体哲学的中国古代哲学”义。对中国大陆学术研究而言，身体研究的推出更可看作中国哲学研究范式的转换，此既是中西哲学“对话”的产物，也是中国传统学术研究依其自身脉络的连续性进展，粗疏相比，一如宋儒对原儒之创造性发展，身体或可成为当代中国哲学研究体系再结构的切入点。

截至当前，在外来身体研究思想的碰撞下，大陆的身体研究呈现出一个生气勃勃的局面，年轻的一些学人表现得尤为活泼。参与本次会议者，如彭国翔师从陈来，后又从安乐哲、余英时、杜维明游，在与海外汉学家的往来中敏锐地感受到身体维度的前瞻性及其诠释意义，其关于儒家修身工夫的思考议论入微。贡华南师从杨国荣，秉承“具体形而上学”之教，以“味”与“味—道”切入中国哲学，可说是将身体观研究推入身体感的研究层面，所见自是丰富；其近作聚焦于当代国人忙与闲的生存变奏，力争还原身体式存在的自在义，亦极具感染力。

以上所论身体之回向极简，大抵着墨在此运动线索之勾勒，尤瞩目于台湾与中国大陆之域，而身体研究之实际则复杂多绪，相关讯息，可参见本书陈景黼与赵雪君两君所撰的引介，兹不赘述。本书作为首次海峡两岸在身体研究上的“携手”共进，或可看作是中国哲学研究的一个新进展，其意义之深远若何，尚赖吾辈朋侪之戮力共进！

二、身体与伦理

第一组文章共七篇，以“身体与伦理”为统名。“伦理”连用，较早见于《礼记·乐记》中的“乐者，通伦理者也”。东汉郑玄释“伦理”为“伦，犹类也；理，分也”，其与《乐记》文本中的“审乐以知政，而治道备矣。……知乐则几于礼矣。礼乐皆得，谓之有德”一道，构成了后人对“伦理”一词的两种常见解释：（一）事物存在的条理、顺序；（二）人与人之间的道德关系、规则。这两种解释的任何一条用来解释本组标题“身体与伦理”中的“伦理”一词含义都是不充分的，即使把这两方面的含义拼加在一起也远远不够。真正的含义是，借海德格尔的话来说，“存在并不能靠事后为存在者配上价值述语而得到存在论上的补充”（《存在与时间》，1979 年，第 99 页），“伦理”也不能被剖分为两个平面，即存在的平面与价值附加的层面。同样，本标题中的“身体与伦理”也要避免——将“伦理”当作一种主观色彩随后涂抹到现成在手的世界材料、当下照面的存在者“身体”上面——那种生硬的理解。身体不是一个先在的存在论上的事实或预设，伦理亦不是由此前提而归纳或辐射出的第二序列因素，借用梅洛-庞蒂的话来说，“身体”和“伦理”是交织在一起的，或者从字面上说，“伦”即感同身受之“理”，“身”即感而遂通之体。

本组文章中，王庆节的文章以“道德感动”这一颇具身体体验特征的现象为议论出发点，其目的即在于从上所述的伦理的整体性入手揭示伦理的“活”的道德意涵。在“道德感动”这一议题下，作者先从与此议题相反的“底线伦理”谈起：底线伦理在哲学上假设了两个未经论证的前提，一个是存在论上的，一个是知识论上的。这一假设认为存在着某些先天的道德规范和规则，他们作为道德判断的依据，凌驾于人的具体的道德生活之上，实际上，这一“道德姿态”只落于空洞的概念游戏和实践中的一厢情愿。在作者看来，道德伦理的关键既不在于如何从规则规范上去提出应当如何生活，也不在于从形上学的角度去先验地断言人性的善恶，也不在于从历史的经验中去描述道德意识的远古起源，甚至也不在于如何从生物遗传的角度去探寻道德的基因，而在于如何在日常生活的具体感动事件中来看待我们的道德意识的本性。道德感动更能体现伦理的非对象化、非实体化特征，在中国传统文化视野中，道德德性或善恶之质往往通过身体的感觉和人心的感受，即喜怒哀乐、饥渴痛痒体现出来，得以见证和验证，在此过程中，道德本性和道德意识及道德行为合并为一。因此，“伦理如何可能?”这一问题的根源不在于森严普效的道德律令，而是起源于原初生活中人心的感受和感动；正是道德感动，激发着我们去做好人好事，引导我们走向人性和生命的完善和圆满。

同样以比较的视野，张祥龙的《“性别”在中西哲学里的地位及其思想后果》力图开显中国传统哲学中虽然隐默但极其重要的一维：有“性”的。从这一维上，可看出中西思想的不同特点与走向：（一）西方传统哲学的核心部分（例如存在论与认识论）中无性别意识，但在当代西方哲学中，这种意识正在觉醒（例如女性主义批评）；（二）中国传统的主流哲理思想（如《易》、儒、道、阴阳、兵、法诸家）中有鲜明的性别意识；（三）这种区别有力地造成了中西传统哲学之间的一些重大不同。例如，无性别意识的哲学与文化主要关注意义的规范机制，而有性别意识者则关注意义的发生机制，因此，中国传统词汇中日月、天地、阴阳、雌雄等表面上与笛卡尔式的二元对立式相似，但实质上中国人从不将其看成规范，而是一个处在“对二生”之中的活的生成过程。

与张祥龙着重从思想结构层次的分析不同，张再林则将此“性别之思”化为“性别之身”，着重从文化现实形态上分析中国传统伦理中的“伦理原型”。“有性别的身体”在中国古人的伦理取向上表现为对“夫妇伦理”的肯认。“父与夫孰亲?”其母曰：“人尽夫也，父一而已，胡可比也!”（《左传·桓公十五年》）固然，中国式伦理以其对“孝”“忠”的强调，似乎更多地是以“父子伦理”为其原形，但“夫妇伦理”却一直是中国传统伦理中不可缺的一维，甚至正是由于“夫妇伦理”的滋养和浸润，才成就了中国古人人文世界的和谐繁荣。作者在历史的发展中追溯二者不一不异的隐显变化史，从周人“家族伦理”的一体两面性，至此后长期的“父子伦理”的独尊，再到自有明一朝始的“夫妇伦理”话语的崛起，整个中国发展表明二者之间既存在着紧张的张力、对立，又不乏深刻的互依与统一。如果父子伦理更多地以其一定的等级、秩序的坚持，为我们代表着人际关系的稳定，那么，夫妇伦理则更多的以其对等的交际、交往的强调，为我们指向了人际关系的开放领域。从根本上说，二者恰恰相辅相成、相映成趣，并从中使我们的人类社会适成为一序而不泥、和而不同的人际共同体。

身体既是夫妇相感而有性别的身体，亦是父子相禅而有代纪的身体，此两义皆可体现在“有孕的身体”中。《诗经·大雅·大明》有“大任有身，生此文王”，毛传云“身，重也”，以身中复有一身，故郑笺云“重，谓怀孕也”。亦因此故，平常我们也把“怀孕”称为“有身子”。王珏的文章即专注于此“怀孕的身体”，讨论当代西方堕胎争论背后起作用的身体图式：每一个身体作为一个功能体都受并且只受一个自我的制约。只有“个人—身体”——一个受意志控制的封闭的功能体——才是最终有意义的单位，这样怀孕的情境就被理解为互相对立的个人之间的关系，堕胎的难题也被表述为“胎儿的身体 / 母亲的身体”之间的非此即彼的选择。在作者看来，无能问及于“二”，也就无能问及真实的怀孕的身体。但此“二”不是“二难选择”中的二，而是“一体而两分，同气而异息”（《吕氏春秋·精通》）的“对二生”之二。与此相应，中国传统身体观不是将身体视作某种既定现成的一件东西，而是一个需要去完成的过程。综合来看，虽然我们不能说中国传统“一体”的身体观就可以彻底解决堕胎的争论，或者从这种身体观出发而作的堕胎决定在任何条件下都是合理的，但中国传统的身体观至少为进一步探讨合理堕胎留出空间，为进一步的探讨提供语境上的支持，而不会就此停留在全部或零（all-or-nothing）的僵局中。

在吴俊业看来，传统中西比较拘泥于两种体系、两种概念的比较，这些比较充满着隐含的假设与约化。例如，用“实践”（practical）规定中国传统形上学进路，将“理论”（theoretical）视作西方形上学的一贯特点，而后将体悟与思辨、主观境界与客观境界分别配对两者。这一诠释架构除忽略了各个学统内部的驳杂外，还假设了理论与实践之间有明确的界限。今天看来，这些分析是不够充分的。首要的分析在于揭示潜藏在形而上学已成的理论体系底下的存活基础，即前面所述的概念架构所赖以成立的原初的存在经验（original experience of Being）。对实践内部的细致探讨更贴近于我们生活于其中的生活世界，因此，作者主张：（一）相较于理论与实践进路的对立，透过两种实践的区分来理解中、西形而上学的分野，在存活论上更为根本和具体。（二）两种实践分别落实于两类不同的身体行动之中，他们的差异反映为两种肉身性的差异。具体言之，西方传统源自从制造活动（poiesis，对应于“成物”）理解实有，中国传统形上学其中一个主脉则是从实践活动（praxis，对应于“成己”）理解实有。一种“身体现象学”的分析能够彰显二者各自不同的意涵，并从中把握实践形上学的底蕴。与制造活动相较，实践的身体观不只涉及身体技艺的养成，还表现出与身体现象学分析相应的一些伦理色彩的基础性特征：（一）道德实践上的身体定锚；（二）道德感的身体性；（三）道德实践与身体表达性；（四）道德实践与身体之中转功能。与此分析相应，再加上文中最后提及的中国古代思想中“阴阳化生”的身体观，作者简括出对应于三种不同身体观的三种不同的形而上学进路：（一）身体作为工具器官能改造自然，形成器物。这对应于制造进路（productive or poetic approach）的形而上学。（二）身体作为表达媒介能体现（embody）和实现理念，参与理念化的创生。这对应于实践进路（practical approach）的形而上学。（三）身体作为自然生命体即会自然成长与繁衍，为自然生化的一分子。这对应于自然进路（naturalistic approach）的形而上学。在中国思想传统中，这个进路特别发展为气化的形而上学。

本组最后一篇文章为萧延中的《试论“中国思维”中的“身体隐喻”》，初一看是研究认识论的，但不同于纯粹的认识论研究，它是基于“身体社会学”的“身体认识论”探究。这一探究，虽然受福柯“身体社会学”的启示，但并不是福柯式的另类知识事件考古，而是对生产思想的主体自身所具有的“非认知”要素的分析，简言之，“身体政治”是中国传统政治思想内在认知架构的基础要素之一。具体来说，是个体化的“身体隐喻”导致了中国社会关系的结构，再由这种结构塑造出中国人对待外在事物的基本分类。在这一解释的基础上，“身体隐喻”是指人们认识客观事物时，实际上以自己的身体作为直接和基础的参照系和默认结构，由“身体”的系统和结构去联想外界事物，此时，外界事物只是个人身体的一种外推性理解的结果，从而建立起一种“主—客”之间同构的、鲜活的有机整体模型。由于“身体”是人们感知最直接和最细腻的物体，所以它就在视觉、听觉、味觉、触觉等感观层次建立起“主—客”之间最直接、最便捷和最准确的沟通桥梁。这种认知方式与西方认识论传统显示出很大的不同，以至于在一定的意义上，导致了中国政治思想与西方政治思想，在理论进路、命题设定和论证方式等方面的明显差异。文中作者从政治社会的视角剖析了中国古代的有机身体观，并从中反观中国古代的人情、社会、风俗、政治，具体而微地再现了中国传统社会中“身体与伦理”的一体性。

三、体感与体知

身体论基本上也是感性论，通常意涵着一种实践哲学的精神。身体哲学之所以不同于一般的意识哲学，在于此说强调人的知识的身体基础，也强调身体作为定锚的作用体，作为通往世界的媒介，作为统合各种感知的联觉系统。身体事实上取代了意识，成为新的主体范式。本节共有七篇文章，讨论的焦点在体感与体知。

黄文宏之《论日本近现代哲学中的“感性论”倾向——以中村雄二郎的“共通感觉”为例》一文，探讨“共通感觉”这个概念的意涵。当代哲学不管是欧洲或日本，大概都有由理性论往感性论倾斜的趋势，身体哲学就是这股潮流中的一个突显点，中村雄二郎的“共通感觉论”也可以从身体论的角度下予以定位。感性论因为对应着光明隐喻的理性论而发，所以通常会重视表象世界背后的未分化世界，以及感官分别作用之后的未分别性的作用。就社会哲学的角度观察，感性论常较重视支撑起社会各种分化活动背后的共通性之风俗礼仪。黄文所说的“共通感觉”正指向独立于各种感官活动的一种根源性的感知能力，此义源于亚里士多德；另一种用法源于西塞罗所用，它意指存在于社会中具有共识性质的常识，类似先秦时期所传的“知礼”“复礼”的因素。由这两义出发，黄文突出了中村“自我是场所性”此一源自西田场所论的论点，由此连结精神病理学上离人症的哲学内涵，也连结了把握全体情境的实践智。

何乏笔之《身体与山水：探索“自然”的当代性》一文借着两位当代台湾画家的试验，探讨自然、主体与对象的复杂关系。首先，何文探讨旅居英国多年的林寿宇的画的哲学内涵。林寿宇的画极具观念性，他的典型画乃是将单一的色调（常见白色或黑色），一再刷写，透过极精微的差异突显远近、上下的各种层次，这种超微观的处理手法常被定位为极少主义或极限主义。何文则强调此手法的形上学内涵，也就是经由同一色素的精致区分达到“几无”的微观世界，何文的诠释显然沿着道家“平淡”美学的进路而来。林寿宇的创作呼应了道家有无、黑白相互转化的理念，但简到极处却走到绘画的自我否定，绘画不再可能。相对于林寿宇的极致的返虚入无，另一位年轻画家蒋三石的绘画则采取一种体任自身的自然之绘画方式，她的绘画带有行动艺术的特点，工具的多元性、创造的时机性、意识的淡化等特色处处可见。然而，蒋三石终究不是超现实主义者，也不是行动艺术家，她在主体化与去主体化、涉入自然与被自然涉出间往返移动，绘画因此有艺术工夫论的内涵，绘画意味着自身的自然与身外的自然之间一种有机的融合进程。

贡华南之《味觉的意义——中国哲学的视域》一文，从“味”的隐喻入手，探讨“味”在中国哲学领域的独特位置。在五官中，视觉不管在东方或西方，其影响都很大。听觉次之，味觉相对之下，研究者少。贡文借着“味—物”“味—道”“玩味”“体味”“回味”等味字的用法，强调中国哲学论及物性时，很着重自身的参与。尤其在感觉经验层面倚重主体性多于客观性的化学性感官，如味觉，涉身的成分尤其明确。万物有味，但人也要体味自然，透过感知的体验，主客的对立才可由此克服。

张兵之《“体知”解意——兼及中国哲学的创造性转化议题》一文是对杜维明提出的“体知”一词进一步的阐释，依据此文，“体知”的“知”不是纯粹认识范畴下的字汇，体知的知既可做名词，也可做动词用，显示蕴含其间的“气”可作为存有连续性的基础。放在修养工夫的观点下考察，“体知”也显示了一种意识与身体、精神与物质的关联。本文可和本书另篇李明辉的文章一并参考。

陈立胜之《“恻隐之心”与“疼痛镜像神经元”——对以“识痛痒”论仁思想一系的现代解释》一文，从当代医学的角度入手，重新探讨儒家道德哲学的基础，就如副标题所说的“对以‘识痛痒’论仁思想一系的现代解释”。对宋明儒者或民国新儒家而言，道德意识直上直入，直达先天未昼前，它的特色往往在于脱身体性的甚至是克服身体性的。尤其我们如何会关心他者的痛痒，感同身受，此一神秘的共感能力源自何处，相关研究领域的学者需要好好地解释。本文颠倒了心学（不管是佛教的真常唯心系或儒家的陆王心学系）的基本顺序，认为道德意识在身体上有“疼痛镜像神经元”作为基础。陈文如果能够成立，会带来许多的理论难题，根本的纠结在于精神活动的独立性该如何维持。陈文和他以往从现象学、儒家哲学的角度切入身体哲学的手法不同，跨越的幅度大，留下了极大的讨论空间。

李明辉之《康德论“通常的人类知性”》一文比较“通常的人类知性”与杜维明“体知”概念的异同。李明辉归纳了杜先生“体知”的五个意义，（一）“体”指涉身体及身体之隐喻；（二）体知兼含德性之知与见闻之知；（三）“体知”预设了知行合一；（四）体知有生命不同等级的内涵；（五）体知有难言明喻的特性。李明辉指出康德的“通常的人类知性”和杜先生“体知”有高度重叠的内涵，但最大的差别在于“精神与身体的连续性”上。如果换另一个语词来说，杜先生的体知是种身体哲学，康德不是。康德承认百姓日用而不知的“理性的事实”，但人因私欲而有违背理性事实的“自然的辩证”，这也是项自然的事实，所以需要道德哲学。李明辉提到席勒对康德学说的修正，以及“体知”可能有或需要有的内涵，虽立论不同，但大约都与理性与身体（含感性）这组相待相反的概念之关系有关。

邓育仁之《回归与重设》一文通过吴德沃（James Woodward）的知识论，提出“身境论”的观点，重新诠释朱子的“格物致知”说。吴德沃《使事物发生》一书对科学定律重新调整，排除先验的、非关涉身的论点，主张“科学律则”以不变关系为定位，在适用范围内成套而有系统地响应假想情境下所出现的问题。换言之，因果秩序和科学律则都实质地与“调控的设想”扣连在一起。从吴德沃的设想出发，本文将朱子的格物说带到现代的语境下，让格物说成为某种意义的公民论述，回应科学与民主这个五四运动以来的老议题。邓育仁此篇大作着眼独特，论述清晰简要。他搁置朱子格物说形上的理境的部分，而重视“即物”与“身境”的联结关系，使此一学说又重新回到生活世界来。朱子格物论所强调的涉身的、多面向的、实然与应然不分的种种特性，久受忽视。邓文主张此说反而更具有现代意义，格物是现代公民必备的修养。

四、身体、语文与反思

本节包含列在“身体与语文”名目下的三篇文章，以及列在“前瞻与反思”下的两篇文章。前三篇文章的旨趣与前面两节所说的其实很难完全切割，但为突显身体哲学的论述具有显著的文化功能，所以特立“身体与语言”一节。

赖锡三《〈庄子〉身体观的三维辩证》一文从“符号解构、技艺融入、气化交换”三个角度入手，探讨庄子的身体观。晚近台湾地区与海外研究庄子的学者，颇有人重视庄子气化主体的特殊涵义，赖锡三是此波潮流的代表性学者，本文的身体观也是建立在此基础上面。本文首先连接气化身体观与神话的变形身体观，指出气化身体观的远古源头，战国儒道诸子继起，将之转述为“流形观”。其次，主体与世界的关系不会只是美学的关照，而是借技、借物以体道，庄子哲学因而蕴含了在人间实践的向度。赖锡三此文同时突显庄子思想的解构面与建构面，庄子既反对必然僵化的体制，但也不能不承认人的身体的社会性必然带有社会符号的性质。

张曙光《由“指”看人的符号活动的身体性、公共性和创造性》一文探讨符号学上“能指”“所指”的“指”的隐喻之内涵。“能指”“所指”的“指”皆取自手指之喻，在人的劳动过程中，手扮演重要的角色，手段、手法这些日常语言皆由“手”的功能引申出“技巧”“技术”之意。“指”字“从手，旨声”。“旨”者，美也。“旨”“指”之所以有美的意思，当在它做事之灵活善巧。人的身体活动可说是最初的符号活动，用海德格尔的语言讲，也就是身体的原初的诠释性格，是“能指”与“所指”，个体性与公共性的统一。

本书最后殿之于两篇综述性的回顾文章，首先是陈景黼的《当代欧美学界中国古代身体观研究综述》，此文探讨欧美汉学家的中国身体哲学的论点。作者分别从“（一）自我与身体；（二）心理活动与情绪；（三）古典医学与身体；（四）工夫与身体；（五）精神、身体、国体”五个向度，介绍当代欧美汉学领域的中国古代身体观研究。本文使用的“身体观”一词较为广泛，因此，容纳的相关研究成果也特显丰富。安哲乐、Rodney Leon Taylor、罗浩（Harold D. Roth）诸人的研究相对之下较为密集。本文指出现代中国学者对身体观的解释，偏重中国传统的气论，西方学者则会援引古希腊的哲学或宗教的背景，以作为探讨中国身体观的有力参照。

最后一篇是赵雪君的《华文学界身体研究概述》一文，此文介绍晚近华文世界的身体论之研究，作者将相关领域的研究分成“身体感”与“身体观”两个领域，在身体观此一区块，作者又分成“医学的身体”“修养的身体”与“人文的身体”这三个板块。晚近华人学者的相关研究，如杜维明、杨儒宾、余舜德、蔡璧名、黄俊杰、李健民、陈立胜、彭国翔、周与沉诸人的研究被分别置入相关的领域。晚近华人地区的身体研究无疑受到西方与日本的影响，但作者也提到实质上是在“身体主体”此西方范式与“形气神”此东方范式下各自展开的，“身体”是东西方思想汇聚的一个独特的论域。

目录

序　言

导　论

第一篇　身体与伦理

1. 道德感动与儒家伦理中的自然情感本位　002
2. “性别”在中西哲学里的地位及其思想后果　024
3. 父子伦理，还是夫妇伦理
——中国古代思想中的“元伦理”之争　042
4. 中国传统身体观与当代堕胎难题　062
5. 身体现象学与实践形上学　081
6. 作为身心修炼的礼仪实践
——以《论语·乡党》篇为例的考察　100

7. 试论“中国思维”中的“身体隐喻” 120

第二篇 体感与体知

8. 论日本近现代哲学中的“感性论”倾向
——以中村雄二郎的“共通感觉”为例 152
9. 身体与山水：探索“自然”的当代性 176
10. 味觉的意义
——中国哲学的视域 186
11. “体知”解意
——兼及中国哲学的创造性转化议题 203
12. “恻隐之心”与“疼痛镜像神经元”
——对以“识痛痒”论仁思想一系的现代解释 229
13. 康德论“通常的人类知性”
——兼与杜维明先生的“体知”说相比较 246
14. 回归与重设：格物在民主与科学联合脉络中的新意涵 261

第三篇 身体与语文

15. 庄子与人文之源 296
16.《庄子》身体观的三维辩证：符号解构、技艺融入、气化交换 328
17. 由“指”看人的符号活动的身体性、公共性和创造性 371

第四篇 前瞻与反思

18. 当代欧美学界中国古代身体观研究综述 390
19. 华文学界身体研究概述 417

第一篇

身体与伦理

1. 道德感动与儒家伦理中的自然情感本位

王庆节
香港中文大学哲学系

概要：本论文探讨道德感动这一概念的哲学意涵并试图阐明其对于我们今天理解道德德性的本质，以及由此而来的儒家伦理中的自然情感本位。文章指出，道德感动作为我们道德意识的起点和道德德性的见证，其意义并不在于它帮助我们建立作为最低规则、规范，用来防治道德罪恶的“道德底线”，而在于它感染、滋润、培育、化成我们的道德德性，从而使人生走向更加幸福与完善。

关键词：道德感动；儒家伦理；自然情感本位；德性伦理学

一、引言

> 我这时突然感到一种异样的感觉，觉得他满身灰尘的后影，霎时高大了，而且愈走愈大，须仰视才见。而且他对于我，渐渐的又几乎变成一种威压，甚而至于要榨出皮袍下面藏着的“小”来。
>
> ——鲁迅《一件小事》
>
> 我看见他戴着黑布小帽，穿着黑布大马褂，深青布棉袍，蹒跚地走到铁道边，慢慢探身下去，尚不大难。可是他穿过铁道，要爬上那边站台，就不容易了。他用两手攀着上面，两脚再向上缩；他肥胖的身子向左微倾，显出努力的样子。这时我看见他的背影，我的泪很快地流下来了。
>
> ——朱自清《背影》

这两段文字，出自我们大家都耳熟能详的现代文学作品。他们反映出，在我们现实的日常生活中，几乎每个人都常常会为身边发生的一些看似微不足道的人和事所触动和感动。什么是感动？我们为什么会感动？人们往往为什么东西所感动？作为一种心理现象，感动的哲学伦理学意义何在？尽管我们常常感动，但似乎鲜少有人对感动，特别是道德感动这一情感现象的哲学本质和伦理学意义进行某种深入地和概念上的系统分析和讨论。在本文中，我想就这一问题进行某种探讨，旨在阐发道德感动，作为极为重要的道德情感现象，对于我们理解和把握德性伦理学的本性方面，有怎样的哲学意义。

二、从底线伦理的困难说起

我们知道，道德哲学所探讨的一个根本问题就是伦理学的本性问题，而这个问题往往又被归结到关于我们的道德意识之起源和边界的问题。关于这个问题，现在国内谈得较多的是“底线伦理”。什么叫底线伦理呢？底线伦理就是要求我们必须设置一个普遍有效的道德底线，这样，人们就能找到一个或一些确定性和基本的道德标准，来判断人们的行为是否道德，乃至于用来判明一个社会是否道德沦丧。例如，北京大学的何怀宏教授就在一篇名为《一种普遍主义的底线伦理学》的文章中提倡建立道德底线，并将这一底线视为“社会的基准线”和“水平线”，在这一意义上，何教授认为，“我们会谈论乃至赞同今天道德规范的内容几乎就接近于法律，遵守法律几乎就等同于遵守道德”。[①] 在我看来，这种底线伦理的说法，和西方现代伦理学主流将伦理学的本性理解为规范型的律令性伦理是一致的。传统德性伦理学的现代复兴先驱，著名的英国女哲学家安丝康（G. E. M. Anscombe）就曾将现代伦理学的本质描述为“伦理学的神圣律法概念”（divine law conception of ethics）。[②] 而英国另一著名道德哲学家赫尔（R. M. Hare）也曾经说过，“即如我们不能

---

① 参见何怀宏：《一种普遍主义的底线伦理学》，《良心论》，附录，上海：三联书店，1998 年，第 416—422 页。应当指出，何教授针对当今社会普遍道德沦丧，道德相对主义与虚无主义盛行的情形大声疾呼，提倡普遍主义的道德底线伦理，这有着相当的必要性和正当性。同时，何教授也注意到，底线伦理“不是道德的全部，道德并不仅仅是规范的普遍履行。我们还需要人与人之间的一种理解、关怀和同情……”。（同上文，第 420、422 页）但是，何教授试图从这种关切、同情、恻隐之类的“良心”出发，去建立作为日常道德社会生活的普世底线或规范律令的做法，在理论上似乎隐含着根本性的缺陷，因为这会导致其难以摆脱道德主观主义的立场。

② 参见 G. E. M. Anscombe，“Modern Moral Philosophy”，Philosophy：The Journal of the Royal Institute of Philosophy 33，1958，p. 1.

使得一个规范普遍化，它就不能成为一个‘应当’”。① 按照这种说法，看一个行为是否道德，主要在于这一行为是否符合某种道德规范，而且这一规范必须是普遍的。也就是说，一个行为是不是道德行为，有两个基本标准，一个是它的规范性，另外一个就是它的普适性，两者缺一不可。②

在我看来，按照这种要求建立的底线伦理学，在哲学上假设了两个未经论证的前提，一个是存在论上的，一个是知识论上的。前者假设世上有某种或某些先天存在着的基本道德规范和规则，他们是放之四海而皆准的；后者假设我们人类，出于某种机能和功能，能够认识发现并正确地实践他们。坦率地说，过往主流伦理学说，大多都在这两个根本性问题上或语焉不详，或干脆避而不谈。③ 当然，我在这里，由于着重点和篇幅的原因，并不能专门讨论这个问题，但对于立基于其上的所谓底线伦理学，在具体的道德伦理实践中，我想至少会遇到与上述前设相关联的三个基本问题。倘若底线伦理学不能很好地回答这三个问题，那么它在理论上至少就是有疑问的或不周全的。

第一个问题很简单，我们大概会很难找到这样的普遍道德底线。④ 可能有人马上就会说，“不应撒谎”“不应杀人”明显就是这样的一些道德底线，这些在基督教的“十戒”，佛教的“八正道”，以及儒家的基本信条中均可找到。这话固然不错，但我们同时也必须承认，这些作为底线并不是完全没有争议和普世皆准的，像善意的谎言是否应当被允许就是一个问题。⑤ 还有，在现代西方，欧洲和美国之间，即使是同属一个文化宗教传统，关于死刑是否应当废除的问题，也是争得不可开交。即使我们撇开这第一个问题不论，承

① 参见 R. M. Hare，Freedom and Reason，Oxford：Clarendon Press，1963，p. 89 – 90.

② 属于当今西方伦理学主流的规则伦理学，无论是以康德为代表的道义论伦理学还是以密尔为代表的效益论伦理学，都明显地具有这两个特征。

③ 关于这个问题的批判性讨论，参见 Max Scheler，Formalism in Ethics and Non-formal Ethics of Values-A New Attempt Toward the Foundation of an Ethical Personalism，Trans. by Manfred S. Frings and Roger L. Funk Evanston：Northwestern University Press. 1973.

④ 例如，前些年汶川大地震引发的“范跑跑”和“郭跳跳”的民间争论就是沿着底线伦理的思路展开的。

⑤ 关于这个问题的著名讨论，参见 I. Kant，“On A Supposed Right to Lie Because of Philosophic Concerns” in Grounding for the Metaphysics of Morals，Supplement，third edition，trans. by James W. Ellington，Indianapolis：Hackett Pub.，1993，pp. 63 – 67.

认我们的确可以找到这样的一些底线，也就是说，通过某种机制，例如，通过民主对话和平等协商，我们以为达到了某些我们以为可以成为道德底线的规范，我们马上就会遇到第二个问题，即人们对于这些道德底线的解释也可能是各个不同的，这尤其是会发生在争执双方或各方对于基础价值的理解激烈冲突以及涉及基本权益的时候。如果没有基本价值和权益的冲突，也许人们还能达成对于某个抽象概念的共识，例如，关于人权和人道，我们可以原则上一致同意，可是在具体解释和规范实行的时候就不行了，依旧难避免出现“公说公有理，婆说婆有理”的结局。这样一来，所谓“规范”的力度或效率就会下降，规范会变为一纸空文，从而最终导致道德评判的无政府状态。而且，这些空洞的概念还有可能沦为某些有权有势者，在冠冕堂皇的旗号下满足一己私欲的工具。第三个问题更为严重，虽然这样的一个底线也许有助于维护人类公共生活的社会秩序，但却无法推动人类道德水平的改善和提高。我们的道德生活，按照亚里士多德的说法，不仅是一个求生存的问题，而且更是一个求“好的生活”的问题。① 底线伦理学只求大家能平安相处，不相互冲突和伤害，这实际上是一个政治社会生活的基本要求，这一生活的基本原则是正义和公平。将政治生活与道德生活混同、将道德规范和法律规范混淆，这是现代人生活的一个误区。正是由于这一混淆和失误，我们看到，在现今的生活中，高等法院的法官，甚至政府高官的意志，往往成为个人行为道德与否的最终裁判者。比如，在美国，很多伦理争辩最后要到最高法院进行裁决，这实际上混淆了法律和道德的界限。法律成了道德的最后底线。这种情况如果出现在道德沦丧的年代，人们就会不仅仅以不违反法律为道德的标杆，而且更可能认为，即使违反法律，只要不被发现定罪，就是道德的或者至少不是不道德的。这样下去，其结果必然是，法律条文越来越烦琐，道德底线也随之越来越低，而且，人们还会想方设法地去钻空子。这样，道德规范变得越来越琐细，道德评判和道德标杆的本来意义就会丧失。道德规范

---

① “好的生活”，按亚里士多德的说法，就是“Eudaimonia”，一般译为“幸福”，这是我们人类全部道德实践生活的最终和最高目标。关于亚里士多德的幸福论的具体论述，参见 Aristotle，Nicomachean Ethics，trans. by Terence Irwin，second edition，Indianapolis：Hackett Pub.，1999，Book I，pp. 1 – 18.

也就没有存在的必要，只要有法律就够了。这在实际上是否认了人有道德完善和道德进步的可能性和必要性。总而言之，这些就是当今比较流行的底线伦理学或者规范伦理学必须面对和解决的问题。撇开这些问题，奢谈什么“底线伦理”“普世伦理”，只能在哲学上限于空洞的概念游戏和实践中的一厢情愿。

同时，这三个问题也彰显出我们在对道德哲学的基础传统思考，即在对道德意识的本性理解上也许有缺陷和误区。道德是否一定要具有律令式的规范性，是否一定要有“放之四海而皆准的”普遍性？这些也许并非天经地义，而是需要认真思考与讨论的。天主教著名的神学家和哲学家孔汉斯（Hans Kueng）就企图从上述的立场出发来建立未来世界的全球性“普世伦理”，而在我看来，全球伦理作为普遍性、强规范性的律令式的规范伦理和底线伦理是不可能且不必要的，但作为具有“弱规范性的”或者说作为“范导性的”“示范伦理”，则是可能和必要的。①

三、道德感动之为道德意识的起点

前面讲的是我对当今伦理学界主流理解的一个质疑，这是一个负面的批评。下面我将从我们的日常道德生活的角度，从正面来谈谈我所设想的我们的道德意识如何起源、形成或建构的问题，也就是说，在我们的生活中，作为道德评判和道德提升的伦理力量究竟是如何形成的？这将是本文要讨论的一个主要课题。

道德意识，一般来说，就是一个有关善恶的道德评判。那么，我们的道德意识的起源是什么？学者们常常从形上学、历史学、人类学、宗教文化乃至生物遗传的角度来谈论道德意识的起源。但我这里不想谈那么深远，只想从我们的日常生活的一个普遍现象来谈谈这个问题，这个现象就是“道德感动”。我们时常都会，或者说有可能为一些人、一些事所感动。现在的问题是：为什么我们会感动？“感动”像“善”“仁”“义务”“责任”“诚实”

① 关于我对孔汉斯普世伦理立场的批评，参见王庆节：《道德金律与普世伦理的可能性》，刊于拙著《解释学、海德格尔与儒道今释》，中国人民大学出版社，2004 年，第 302—311 页。

“公正”等一样，是一个伦理学的概念和范畴吗？如果是，那“感动”的意义将如何界定和描述？

什么是道德感动？我们在日常生活中经常被某些事件或被某些人的行为所触动和感动，这几乎是个不争的事实。但严格说来，并非所有的感动都是道德感动。这里我们至少可以区分出道德感动与美学感动，例如，我们不仅为道德壮举、英雄行为所感动，也常常为大自然的鬼斧神工，艺术品的回肠荡气、巧夺天工去赞叹和感动。但无论道德感动还是美学感动，都无疑是一种价值感动，是一种由“好东西”所激发的感动。应该说，这种感动的存在，就是价值本身存在的见证。① 因为我们这里探讨的重点是道德感动，所以我们也许会说，“感动”这一现象的存在说明道德怀疑主义和道德虚无主义的立场站不住，因为无论道德怀疑主义还是道德虚无主义，都企图对道德存在本身发出质疑。而在我看来，在我们的日常生活中，伦理道德不仅是应该而且是必需的，这是一个不需要也不容讨论的问题。让我们扪心问一下自己，我们有没有曾经被感动过？如果我们被感动过，那么一般说来，我们一定是由于一些好的东西、有价值的东西而感动。不错，因为感动是一种情感现象，我们常常难免会犯错，出现虚假的感动。但正如我下面将要讨论的那样，尽管虚假的感动有各种情形，但这些大概都不能否定，或者至少不足以否认道德感动之为道德德性或道德价值之见证这一基本的特性。而且，道德感动，就其本质而言，也不可能是一孤立的个体现象。也许有人会说，几乎不可能出现所有的人在同一时间，为同一件事情所感动，但我想说的是，在所有的时间，不被任何事物所感动的人也是几乎不存在的。这样，我们也许就可以在逻辑上得出结论，只要有一些人或很多人在日常生活中为一些事所感动和不断地被感动，那就能说明道德的存在是明明白白、不可置疑的事情。正因为如此，我将道德“感动”作为我们的道德意识，以及我们研究人的道德本性的一个起点和人的道德意识的明证。所以，这样看来，道德哲学问题的症结可能首先既不在于如何从规则规范上去提出应当如何生活，也不在于从形上

① 例如，当代著名加拿大华裔词学家叶嘉莹教授，就曾将她称为“情往似赠，兴来如答”的“兴发感动”视为古典中国诗词最重要的美学价值的基础。具体参见叶嘉莹：《迦陵论词丛稿》，北京：北京大学出版社，2008 年，第 1—19 页。

学的角度去先验地断言人性的善恶，也不在于从历史的经验中去描述道德意识的远古起源，甚至也不在于如何从生物遗传的角度去探寻道德的基因，而更在于如何在日常生活的具体感动事件中来看待我们的道德意识的本性。

尽管我们在概念上区分道德感动与美学感动，但在中文的日常语境中，当我们说“感动”的时候，我们主要指的是道德感动。众所周知，在现代汉语里，“感动”由“感”和“动”两个字组成。“感”主要指的是“感觉”“感情”“感触”，泛指某种人的情感和情绪。但在更深一层的语言、历史、文化层面上，“感”字还指向某种与人相关，但又常常超越于人的“感应”“交感”“感通”等。“动”一般说的是“运动”“活动”“行动”，但和“感”字联系在一起，说的大概就是人在价值活动的交感、情绪感应中所引发或激发出的具有道德意义的心的“行动”，或者至少是有趋向于道德行为的心的“冲动”过程。所以，在1900多年前东汉许慎编撰的《说文解字》中，“感”被解读为“动人心也”。① 除了“感动”之外，我们日常所讲的诸如“同情”“心安”“恻隐”“羞耻”“惭愧”“内疚”“罪恶感”“怨恨”“义愤”等，大概都可以归入“道德感动”的范畴之列。这样说来，我们这里也许还需要区分出广义的和狭义的道德感动。广义的道德感动指的是所有具有道德见证力的、激发出我们的道德评判力和道德意识的情感，其中既包括积极正面的也包括消极负面的情感。但从狭义上讲，也许只有那些能促进和激发人的道德向上的情感，即有积极正面意义的情感才属于道德感动。

在中西哲学史上，应当说道德感动的哲学意义，尤其是其在道德伦理学上的意义很早就引起历代圣贤睿哲的重视和思考，比如孔子讲的“心安”“乐”“耻”；孟子讲的“怜悯”“恻隐”，“不忍人之心”；王阳明讲的“致良知”；再如休谟（D. Hume）、尼采（F. Nietzsche）、舍勒（M. Scheler）、斯特劳森（P. Strawson）、司洛特-加龙省（M. Slote）等分析探讨的“同情”“义愤”“怨恨”“感通”等，都可以归属于广义的道德感动的范围。感动触及我们首先是在我们的日常生活中，因为往往让我们深深感动的并不一定就是那些高、大、全式的英雄伟业，而是我们在日常生活中所遇到的成千上万的平常人、平常事，这些才是我们道德意识的“源头活水”。比如前面所引述的鲁

① 参见许慎：《说文解字》，中华书局，1963年，第222页。

迅先生写的《一件小事》，朱自清先生写的《背影》，这些都是在我们周遭的日常生活中发生的活生生的事例。再如汶川、玉树大地震中发生的很多事情，这些都深深地感动我们。我们为什么感动？他们背后反映的是怎样的道德力量？这是我要分析的。道德感动不仅仅是一种感动，同时也是一种判断。不是先对之有一种感觉、情感，然后再对它加以判断。道德感动本身就已经蕴含着一种判断在内，道德感动就是一种道德判断。而且，这里牵涉的是一双重的判断。当我们被一个行为所感动的时候，我们不仅肯定了这一行为，对之给予一个道德赞赏的判断，而且更为重要的是，这一道德感动同时也显现出或见证了这一道德赞赏的根据。也就是说，道德感动自身可能不一定是一个道德行为，但是它确是道德德性的一种见证，① 而且它还是引发新的道德行为的一种力量，它往往诱导、激励、推动、促进后续的道德行为的产生。这样，道德感动的道德判断和见证功能就使得自己和他人的道德行为发生或至

---

① 关于这一点，有人或许会提出质疑，何以见得？让我们来具体分析一个例子："村子里的人愤怒了，将通奸的恋人捆绑沉入水塘"。在这个例子里，从情感分析的角度看，无疑会出现多种情形，即会有人愤怒，有人同情，有人不忍……这里涉及的不是一个单一道德事件的评判，有许多复杂的因素在起作用。愤怒的人所以愤怒，大多是因为感到维系家庭完整的忠贞价值遭到侵害；同情的人所以同情，多少是因为在其中看到了男女之间的真情真爱；而不忍的人所以不忍，乃是对生命价值遭到侵犯的惋惜。当然，一般说来，通奸，破坏他人本来完整的家庭，这值得痛恨。但在某些情况下，一个不值得保留的婚姻，一个充满压迫和压抑的婚姻，一个无趣而又强扭在一起的婚姻，"通奸"难道不值得同情吗？在托尔斯泰的名著《安娜·卡列尼娜》中，安娜对传统家庭的背叛和对理想爱情的追求；《廊桥遗梦》中的男女主人翁短短几个日夜炙热的婚外恋情，难道不值得同情吗？当然，需要指出的是，人们在这里同情的不是那破坏家庭价值的通奸，而是男女之间相爱的真情。还有，被捆绑沉入水塘的恋人为什么会引起同情和不忍？这里引起同情和不忍的不是他们破坏别人家庭的行为，而是即便他们如此，他们的生命和身体也不该遭受如此残暴地对待。这也就是说，在同情感动的这一刻，我面对的是活生生的、具体的人和事，我感受到的是此时此刻她或者他所受到的折磨，我并没有想要将这一行为作为一个判准，来理性地校验或证明，它是否能够符合或归属某个普遍道德律令。因此，道德感动首先不是关于某个具体行为对错的判准，而是某道德德性显现的当下见证。这样说来，对待同一件事情，周遭的人们可能会有不同的感受，因为感受的角度不同，他们之间可能结论不同。再例如，在作家张爱玲的著名小说《色·戒》中，王佳芝，作为一个女人，在那一刻被感动了，那是一种真情价值的感动，是一种德性的见证，尽管这种感动很愚蠢，后果也很严重，还因此丢了性命。但正是在这一点上，作家张爱玲刻画了人心、人性的真实，同时也使得这部作品得以不朽。

少有可能发生。

我们这里也许还需要区别道德感动和情绪激动，尽管这两者交织缠绕，常常一同发生。在我看来，感动具有伦理特性，而激动一般只有生理特征。激动往往只是感动的一种外在的生理表达形式。激动并不一定保证有感动。陈嘉映说，和激动相比，感动似乎处在一个更深的心理层面上，这话很对。① 在感动这里，有着更多的传统积淀和文化参与。或者是否可以这样讲，常常因为我们感动，所以才激动。也就是说，虽然两者之间也许没有一种逻辑必然的联系，时时出现有激动而无感动，或者有感动而无激动的情形，但在多数情况下，道德感动伴随有生理激动，大概是一不争的事实。

再一个我们需要注意的区别是虚假的感动和真实的感动。在现实生活中，常常有人为了特殊的目的而制造出虚假的感动，这些感动常常也能制造出激动的效果。虚假的感动，在我看来，大概有两种：一种是通过对虚拟事实的编排和想象而引发出来的感动，例如，我们看一部电影、读一本小说、听一个故事，我们都可能被虚拟故事中的情节感动得一塌糊涂。在这种情况下，即使我们知道情形是假的，但我们还是情不自禁地感动。另一种则是伪装出来的感动，即为了达到某种目的，由当事人伪装出来的感动，比如某些表演者或骗子的行为。比较这两种虚假的感动，我们应当说，只有后一种感动才不是真的感动，而前面的那种感动，感动本身还是真实的，尽管它为之所动的对象可能是虚拟的。例如，我们被故事中的爱情所感动，虽然故事是虚拟的，但它所反映见证的价值却绝不是虚假的，爱情本身是人类生活和心灵中的美好价值和情感，我们为它而感动，这是对虚拟事实的真实感动。而且，我还想说，即便是真正虚假的感动，依然对我们的道德评判有意义，只是这种意义，不再是积极正面的意义而是消极负面的意义。也就是说，在某些情形下，我们可能因为无知，一时受骗，为一些人造出来的虚假行为所感动，但是，一旦我们知道了被蒙骗的真相，我们马上会感到反感、厌恶乃至愤怒，这就是一种具有负面意义的“感动”情况。如前所述，这也属于宽泛意义上的道德感动。所以，正面的感动是道德行为和道德德性的见证，而厌恶作为

---

① 参见陈嘉映：《感人、关切、艺术》，载于陈嘉映：《思远道》，福建教育出版社，2000 年，第 182—185 页。

负面的感动则是不道德行为和不道德德性的见证。

我们还需要讨论的一个问题就是感动与不为所动的关系。不为所动就是无动于衷。我们知道，道德感动作为一种道德情感，一般会涉及一个心理阈限值的问题，这种阈限值会随着时间、地点、人事的变化而发生变化。所以对同一件事，会出现有些人感动有些人却不为所动，甚至同一个人对同一件事，今天感动明天却不再感动了的情况。但我们知道，虽然很少会出现所有人为同一件事情所感动，但也几乎没有人能在其一生中从未被任何事情所感动，我们由此来回答不动心的问题。当然，古代圣人往往在道德修养的最高境界上来谈论不动心。这里，不动心讲的是圣人对自己感官感觉、情感、欲望的忍耐功夫。但在我看来，这并不否认不动心的伦理意义。如前所述，这个不动心并不是指绝不动心而是指不易动心。即使退一步说，古人讲不动心，要么指圣人，要么指恶魔，所以对绝大多数常人来讲，道德感动还是存在的。在我看来，第一，道德高尚的圣人或者道德低下的恶魔往往只是比常人具有，或者说设置了更高或更低的道德阈限而已。圣人的道德阈限值很高，不太容易被感动。一般常人道德阈限值比较低，所以容易被感动。但这并不说明圣人或者恶人永远和完全不被感动，更不能由此推出，因为有些人不为某些事感动，所以，道德在根本上就不存在，相反，这仅仅说明道德感动的阈限值在各个人那里也许是不同的。第二，即使对于那种绝对意义上的不动心，古人也并非持有一种绝对肯定的态度。例如，儒家就曾经批评过那种漠视残忍的忍人之心，而提倡“不忍人”之心。甚至古代道家，也不是完全排斥让人动心的真情、真性。真性情是不加掩饰的，并不是完全不动心。由此可见，不动心并不否认道德的存在，相反，我们通过不动心，恰恰见证出道德的存在。①

四、道德感动之为道德哲学的重要范畴的几个特点

下面我想进一步讨论的是，按照这样理解的“道德感动”，它在道德哲学

---

①　这里讨论的“不动心”，即“无动于衷”，主要是作为一种道德心理现象来看待和分析。在中国哲学传统中，“不动心”的概念往往还在道德本体的意义上被使用和讨论，例如，王阳明在其著名的四句教中，谈到“无善无恶心之体，有善有恶意之动”时，应该谈的就是作为道德本体的“不动心”与作为道德本体之见证的道德感动的“意之动”之间的关系。

或伦理学建构过程中的本质机制是什么？或者说，作为道德哲学的重要范畴，它可能有哪些基本的特点？

第一，我想引用英国当代哲学家斯特劳森（P. Strawson）的一个观点来说明道德感动的第一个本质性机制，即道德感动的“亲身性”。斯特劳森认为，情感反应作为一个特定的言语过程，牵涉自我和他者之间，第一和第二人称之间的一个对应性的或对话性的行为交往过程。它一定是一个我你关系，是一个面对面的关系。所以，一旦我们引进第三人称，即引入一个客观的第三者的判断，就会取消原初的对应性特质而导致对话情景的消隐。① 将这一说法应用到理解“道德感动”的伦理学本质上，我们大概可以说，“道德感动”一定具有某种亲身性，也就是说，一定要身临其境才会有感动。这种亲身介入，虽然并不必然要求情感主体的当下事实在场，但至少要求我们设想自己当下在场。所以，我想把这种道德感动的当下在场和亲身介入的特性称之为道德的亲身性。按照这一理解，感动一定要有一种对应、回应、对话的形式，即呈现一种互动影响的关系状态，它似乎不太会是一种客观观察或理论论辩的过程。它强调身临其境，而且要求不断地身临其境、将心比心，在设身处地的情境中激发或启动我们的道德自我与道德意识。换句话说，正是在这样那样的道德感动中，一种强烈的道德自我的感觉和自我意识才会出现。所以，亲身性应该是道德感动的第一个本质性特征。

第二，道德感动在其根本上是一种情绪状态，不是一种逻辑推理或理论推论。也就是说，道德感动是一个非逻辑、非对象化的过程。与推论、论理过程不同，道德感动，作为一种情绪状态，是一种感应、感染和传染的东西。② 在某种道德情境中，有时我们心里隐隐约约、模模糊糊地就会动起来，正因为这样，道德意识就可能被有意识或无意识地加以培养，这样，我们的道德感就会越来越强，以至于在社群中慢慢形成风范和习惯。但这里我还想说，虽然道德感动作为一种情绪状态，具有非逻辑、非对象化的特质，但它

① 参见 Peter Strawson，Freedom and Resentment，London：Methuen，1974，pp. 8 – 13.

② 马克斯·舍勒曾经分析过这种这种情绪感染与传染的特点。参见 Max Scheler，On Feeling，Knowing and Valuing，ed. by Harold J. Bershady，Chicago：University of Chicago Press，1992，pp. 54 – 66.

并非完全来无影、去无踪，完全不可捉摸。在道德感动的瞬间，图像、影像往往起着重要的作用。换句话说，道德感动的现象学分析告诉我们，我们的道德意识的培养生成过程也许更是一个图像化、影像化的过程，因为我们大概很少会为一个抽象的道德理念、一条普遍的道德规则所感动，但我们往往会为一个个具体的道德形象、道德故事所感动，为我们身边的一个个事件、一个个人的行为所感动，而所有这些，都是以图像、影像的形式出现的。

第三，道德感动首先一定不是一个理论思辨行为，它在其本质机制上必然与行动有关。① 在道德感动中，我们也许不一定马上付诸行动，但至少有行动的冲动。所以，感动感动，感而不动大概就不是真的感动。

第四，道德感动既有个别性，又有公共性的特征。一方面，道德感动是在一个个别性、亲身性的情境中发生，每一个感动都因人、因事、因地、因时而异，但另一方面，我们也必须说，每一份感动又都隐含着公共性的层面，蕴含着一种我所认同的具有公共性的道德价值，正是在这个意义上，我们讲道德感动是道德德性的见证。从表面上看，我在一个具体的情境中被深深地感动（正面意义）或产生愤怒（负面意义），但这种个别的感动或愤怒的出现，就其本质而言，乃是因为我所认同的一种具有公共性的、“我们的”价值得到了弘扬或者遭到了侵犯。例如，斯特劳森就曾指出，虽然诸如“愤恨”之类的道德情感的发生是出于对个别的行为的反应，但真正引起这些反应的绝不仅仅是“个体”的行为，而是涉及行为的本质，即这一行为违反了公共认可的道德价值。在这里，侵犯的不仅仅是我个人的权利或权益，而是大家共同认可或默认的一种价值。② 同理，道德感动是这样的一种对行为的赞许，这里赞许的不仅仅是个别的行为，更是那行为背后所见证的、公共认可和崇尚的道德价值和道德品性。当然，这里的“公共性”更多的是与历史、传统、文化、风俗相关，而非与神性的天条或先验的律则相连。

---

① 我们也许可以说，感动（being moved）究其结构而言，同时包含有“德性被动”（being moved by good）与“德行主动”（being moved to good）两个方面。

② 参见同上。另外，马克斯·舍勒也持相似的观点，参见 Max Scheler, Resentment, trans. by William W. Holdheim, Milwaukee, WI: Marquette University Press, 1994, pp. 20 – 57.

五、道德感动与儒家伦理传统中的自然情感本位

尽管在中西方哲学思想发展的传统中，我们都可以找到对道德感动这一现象予以重视的证据。但相比较，无论是从提出的年代，所重视的程度，还是从论述的数量而言，道德感动无疑在中国人的伦理哲学思想的发展进程中，所占据的都是一种主流的核心位置。① 对此，我们不妨将之称为儒家伦理传统中的自然情感本位。

我们知道，在几千年的中国哲学思想的传统中，应当说很早就注意到人类的情绪感动现象与道德德性、道德行为之间的关系。首先，人类的情绪感动常常被表述为自然阴阳交感，以及感应、感通的一种现象和方式。按照这种说法，浩瀚宇宙中的日月山川、自然万物之发生运作，甚至包括历史朝代的兴盛衰亡，个人生活和生命的变迁起伏，无一不是由于阴与阳这两种基本力量的此消彼长、相摩互荡所决定。阴阳谐调和合，万物兴盛发达，阴阳冲突失衡，妖孽灾祸横生。不仅如此，人们还相信，在这种发生运作和兴亡起伏的大化冥冥之中，有一种道德伦理的力量在起作用。所以，人们一方面相信“天命靡常”，但另一方面又坚持“以德配天”。这种以阴阳冲突与和合为基础的天人合一、天人感应式的中国哲学的传统宇宙观和道德形而上学的一个重要特点就在于，道德德性或善恶之质常常通过身体的感觉和人心的感受，即喜怒哀乐、饥渴痛痒体现出来，得以见证和验证。例如，我们日常所讲的“感天动地”或“天怒人怨”等，就是出于这样的一种用情感语言的方式来表达我们赞赏还是反对自然和人事行为中善举与恶行的古老传统。

中国人在哲学思想的层面上对“感”，即“感觉”“感情”“感动”“感通”“感应”的思考和重视大概最早可以追溯到《易经》和《易传》年代。我们知道，《易经》是中国最古老的占卜典籍之一，后来经过儒生的注释和解说，成为儒家的六经之首。周易古经由 64 卦象和其卦辞、爻辞组成，分上下

① 例如，李泽厚先生就曾反复强调儒家以亲子人伦关系为基础的“仁学”，其本质乃是一种“情感本体论”。参见李泽厚：《中国古代思想史论》，北京：人民出版社，1985 年；《己卯五说》，北京：中国电影出版社，1999 年；《论语今读》，北京：三联书店，2004 年。近年来，蒙培元先生也将儒家哲学的历史解读为一部以情感哲学为主体的历史，具体参见蒙培元：《情感与理性》，北京：中国社会科学出版社，2002 年。

两经，一般认为从乾、坤两卦始，以既济、未济两卦终。正因如此，传统解释强调乾（天）坤（地）两卦在整个易经体系中的龙头地位，并用此两卦象来诠释易经的基本精神。不过，也有解释者更看重下经的首卦咸卦，认为这才是真正体现易经精神的根本。① 按照《易传》的经典解释，“咸，感也”。② 许慎的《说文解字》更进一步将“咸”解为“皆”与“悉”，取其相互间地“详尽获悉”之义。③ 因此，“咸”之卦象所体现的乃是天地之“感悉”，圣人、人心之“感悉”与山泽之“感悉”的情状。东晋高僧慧远曾因此得出“易以感为体”的结论。④ 这一结论也为后世具有创新精神的儒者所接受和弘扬。例如，清初的王夫之就明确提出，“咸之为道，固神化之极致也”，“故感者，终始之无穷，而要居其最始者也”。⑤ 我虽然不完全同意将“咸”卦在易经整体体系中的地位拔高到替代甚至超过“乾”“坤”的解释，但也一直认为，传统易经解释中对下经首卦或整个易经体系的中位卦，即“咸/恒”卦地位的忽视或重视不足，无疑是导致先秦中国哲学传统中一些具有非常原创性思想在后世缺失和不能得到充分发展的重要原因之一。在我看来，强调“乾”“坤”在整个易经体系中的龙头纲领地位和强调“咸”“恒”的枢纽核心位置并不必然构成易经哲学思想理解上的矛盾，相反，如果我们沿循儒家传统中对“咸”卦之为天地和合、阴阳交感的“明人伦之始，夫妇之义”的“人之道”的基本解释，配合儒家天人合一的阴阳大化宇宙论中的天地人三才感应贯通的说法，我们就会发现，这种对“咸”卦中心地位的强调，恰恰正显现出儒家仁学体系中“立人极”之终极关怀。这也就是说，天地之自然大化之道唯有通过人心和人之身体的感通、感应、感悉方可得到具体的体现。也正是在这一意义上，我们来理解易经咸卦之卦象以及彖传对咸卦卦辞的解读。

---

① 下面关于《易经·咸卦》经文在中国思想史上的解释线索，参照了张再林：《咸卦考》，载《身体、两性、家庭及符号》，张再林等编著，西安：交通大学出版社，2010年，第32—66页。

② 参见高亨：《周易大传今注》，山东：齐鲁书社，1979年，第289页。

③ 参见许慎：《说文解字》，北京：中华书局，1963年，第32页、74页、第314页。

④ 参见余嘉锡：《世说新语笺疏》，上海：上海古籍出版社，1995年，第240页。

⑤ 参见王夫之：《船山全书》（第一册），《周易外传》卷三，长沙：岳麓书社，1996年，第277页、903—904页。

咸卦的卦象兑上艮下，卦辞说，“咸：亨。利贞。取女吉”。①《易经·彖传·咸卦》对卦名、卦象与卦义的解曰：

> 咸，感也。柔上而刚下，二气感应以相与。止而说，男下女，是以“亨利贞，取女吉”也。天地感而万物化生，圣人感人心而天下和平。观其所感，而天地万物之情可见矣。②

按照这一解释，“咸”卦说的是天地万物男女之间的亨通感应之道。天地之大德曰生。天地通过亨通感应化育万物众生并在这种亨通感应之中显现大德。这也就是说，一方面，天地亨通乃万物化生的缘由和根据，人心亨通乃天下和平的缘由和根据；另一方面，万物化生又通过天地感通，天下和平又通过圣人与民心感通得以体现和呈现出来。这样，天地之大道和大德通过感通、感应、感悉、感动、感情、感悟浸润渗透，进入世间人事，化育我们的道德人生，使我们从此成为完整意义上的道德人（仁）。因此，我们也许可以毫不夸张地说，在《易经·彖传·咸卦》的解读中，已经包含有儒家哲学本根论与伦理学的全部要义。这也就是为什么北宋大儒张载在其名篇《正蒙》中会有如下的评述：

> 天地生万物，所受虽不同，皆无须臾之不感，所谓性即天道也。感者性之神，性者感之体。③

这一将天地人事之感应感通与道德人心之情感感动关联在一起的做法，不仅贯穿在作为儒家六经之首的《易经》及其《易传》为代表的儒家哲学理论的传统中，而且也集中表现在以《诗经》为代表的儒家文艺理论的传统中。从上古时代开始，中国古人就有了关于“诗言志”的说法。这一对诗歌本质的理解在2000年前的《毛诗序》中得到了充分的发展与发挥。在我看来，这一发展与发挥也许可以从两个方面来理解。

---

① 高亨：《周易大传今注》，第289页。

② 同上。

③ 参见张载：《正蒙·干称篇下》，载《张子正蒙》，上海：上海古籍出版社，2000年，第236—237页。

第一，按照《毛诗序》作者的说法：

> 诗者，志之所之也，在心为志，发言为诗。情动于中而形于言，言之不足故嗟叹之，嗟叹之不足故永歌之，永歌之不足，不知手之舞之，足之蹈之也。①

这也就是说，诗作为“志之所之”者，主要通过抒发内心情感、感动的方式言说自身，而且，除了诗赋之外，还有“嗟叹”“歌咏”“舞蹈”作为抒情言志的方式。

第二，《毛诗序》还指出，诗乐作为抒情感动不仅言说个人之志，而且还有着重要的社会政治批判和道德教化的功能。一方面，诗乐之音作为抒情感动，呈现或者见证着社会政治和道德风尚之顺和与乖失。

> 情发于声，声成文谓之音。治世之音安以乐，其政和；乱世之音怨以怒，其政乖；亡国之音哀以思，其民困；……②

另一方面，正因为诗乐，尤其是民间诗乐的这种政治、社会和道德的见证作用，作为抒情感动的诗歌，同时也就有了“讽刺”“风化”的功能。“风”首先是一种中国上古诗歌的体裁，是产生于当时诸诸侯国且在民间流行的民歌体诗歌，与“雅”“颂”相对。但显然，《毛诗序》似乎更强调由于诗歌的抒情感动而来的“风”的“风化”与“讽刺”作用。“风化”讲的是“上以风化下”，而“讽刺”则讲的是“下以风刺上”。这也就是中国传统所讲的“诗教”的由来。

> 风，风也，教也。风以动之，教以化之……故正得失，感鬼神，莫近于诗。③

在上的统治者可以发挥诗的感动作用教化民众，激励、培养良好美德，改变社会风俗，即所谓：

---

① 参见《十三经注疏》，阮元校刻，北京：中华书局，1980 年，第 269—270 页。

② 同上，第 270 页。

③ 同上，第 69—270 页。

> 先王以是经夫妇，成教敬，厚人伦，美教化，移风俗。①

在下的平民百姓则可以“吟咏情性，以风其上”，即通过诗的感动作用“以风刺上”，从而使“闻之者足以戒”，并进而“正得失”。②

应该说，这种以《易经》与《诗经》为代表的将人类情感，尤其是道德感动作为人类道德德性之见证与道德化育之起点的上古中国思想传统，在随后兴起并在过去2000多年中作为中土主流意识形态出现的、以孔孟思想为代表的儒家道德哲学中，得到了有意识和有系统地展开和发扬光大。这中间最著名的大概就是孔子和弟子宰我之间关于“三年之丧”之道德根据的争辩。按照《论语》的记载：

> 宰我问：三年之丧，期已久矣！君子三年不为礼，礼必坏，三年不为乐，乐必崩，旧谷既没，新谷既升，钻燧改火，期可已矣。《论语·阳货》③

这里，宰我至少提出了两个论据来反驳“三年之丧”的传统礼法。第一，从行为之后果的角度来反驳，即“三年之丧”的实践势必导致礼乐崩坏的恶果；第二，以“旧没新升”“钻燧改火”为喻来阐述行事不应拘泥于旧法，而应合乎时宜或与时俱进的道理。严格说来，宰我的这两点辩驳，并非完全背离夫子之道，但明显惹得老师不太高兴。但这里，老师并没有直接反驳弟子的论点和原则，而是换了一个角度说话，

> 子曰：食夫稻，衣夫锦，于女安乎？曰：安。女安则为之！夫君子之居丧，食旨不甘，闻乐不乐，居处不安，故不为也。今女安，则为之！宰我出。子曰：予之不仁也！子生三年，然后免于父母之怀。夫三年之丧，天下之通丧也。予也，有三年之爱于父母乎？《论语·阳货》④

在这段著名的师生对话中，孔子提出了“心安之为仁”的原则，这与宰我所认同的“后果”原则、“时宜”原则明显不同。也许孔子并不完全反对

---

① 同上，第270页。

② 同上，第270—271页。

③ 朱熹，《四书章句集注》，北京：中华书局，1983年，第180—181页。

④ 同上，第181页。

“后果”与“时宜”原则，但他更关注的明显是要回归礼俗之源头和基础，强调“心安”这一道德情感在我们日常的道德德性之培育与道德行为之评判过程中的优先地位与根本地位。这也就是说，在我看来，最后两句中，即“夫三年之丧，天下之通丧也”与“予也，有三年之爱于父母乎?”孔子提出了两个原则，一个是“古礼”的原则，即“天下之通丧也”，一个是“亲爱”原则，即“有三年之爱于父母乎?”在孔子那里，这两个原则高度统一，而统一的根基就在于出自“父母之怀”的“亲情之爱”。关于这一点，后世儒家，例如宋代大儒朱熹就看得十分清楚。按照朱熹的解释：

> 夫子欲宰我反求诸心，自得其所以不忍者。故问之以此，而宰我不察也。……。初言女安则为之，绝之之辞。又发其不忍之端，以警其不察。而再言女安则为之以深责之。宰我既出，夫子惧其真以为可安而遂行之，故深探其本而斥之。言由其不仁，故爱亲之薄如此也。怀，抱也。又言君子所以不忍于亲，而丧必三年之故。使之闻之，或能反求而终得其本心也。①

应当说，孔子的这一将礼教、礼仪、礼俗的道德形而上学基础归源到人心感通、感动、感情的做法，在某种意义上，不仅上接了《易经》《诗经》所传承下来的中国上古伦理思想的古老传统，而且往下还开启了自曾参、子思、孟子到宋明理学，再到现代新儒家的中国伦理思想和哲学的主流意识和道统。

长期以来，孟子在中国儒学的传统中被称为“亚圣”，他对儒学的主要贡献大概在于他系统地继承和发展了后来影响巨大的“心性之学”。而这个“心性之学”，在我看来，其要义无非就是我们这里所讲的作为道德情感的“人心感通”和“人心感动”。这里，孟子将孔子的“心安”之说具体发展为“不忍人之心”，又称“恻隐之心”，不仅如此，孟子还将这种“不忍人之心”与人类的道德人心之本联系起来，与另外三种道德情感并称为人类的先天道德人心之四端。这就是孟子著名的四端说。

① 参见朱熹：《四书章句集注》，北京：中华书局，1983 年，第 181 页。

> 人皆有不忍人之心。……所以谓人皆有不忍人之心者，今人乍见孺子将入于井，皆有怵惕恻隐之心。非所以内交于孺子之父母也，非所以要誉于乡党朋友也，非恶其声而然也。由是观之，无恻隐之心，非人也；无羞恶之心，非人也；无辞让之心，非人也；无是非之心，非人也。恻隐之心，仁之端也；羞恶之心，义之端也；辞让之心，礼之端也；是非之心，智之端也。人之有是四端也，犹其有四体也。有是四端而自谓不能者，自贼者也；谓其君不能者，贼其君者也。凡有四端于我者，知皆扩而充之矣，若火之始然，泉之始达。苟能充之，足以保四海；苟不充之，不足以事父母。《孟子·公孙丑上》①

在孟子看来，这四种人固有的先天道德情感乃是人类道德本心或本性的最好见证，也是区别于人类与非人的禽兽的最后界限所在。当然，作为“端倪”，这些道德情感的存在只是展现出人类成善成仁的可能性，他们还需要长期的被“养之”“充之”，这也就是儒家后来所讲的终身学习、修养和道德成长过程。假若我们不善保养，忽视、漠视甚至残害这些作为道德本性之见证与端倪的道德情感，我们就会在道德上日趋麻木、冷漠、无动于衷，就会沦入如宋代大儒程颢所说的“麻木不仁”的境地。②

六、儒家伦理之为自然情感本位的德性伦理

沿着道德感通和道德感动这一主流线索来理解和把握中国伦理哲学，尤其是儒家伦理哲学发展的基本方向，不仅可以帮助我们更好地理解东亚伦理哲学传统，而且还可以帮助我们定位儒家伦理传统在未来全球伦理中的独特位置。这里我们会说，儒家伦理的理念相近于德性伦理学，它的理论所强调的主要是如何培养和练就做一个善人和好人，即仁人君子的品德和品性，而不是要寻求一整套理论理性的体系规则来判定哪些事情该做，哪些不该做。众所周知，在西方哲学史的主流中，德性伦理学的基本形式是亚里士多德主义的伦理学。亚里士多德讲，伦理学所寻求的目标无非是人的生活的幸福。

---

① 参见朱熹：《四书章句集注》，北京：中华书局，1983 年，第 237—238 页。

② 参见 Wing-Tsit Chan，A Source Book in Chinese Philosophy，New Jersey：Princeton University Press，1963，p. 530.

也就是说，为人类寻求一种好的生活，而人的生活的好坏则又是由有机生活本身的内在理性和本质性的目的所决定的。诸道德德性之所以重要，就在于他们是帮助我们达到和实现这种内在理性的本质生活目标必不可少的卓越品德和条件，所以，幸福生活、理性生活与德性生活是基本一致的。① 按照这一理解，亚里士多德的伦理学，一方面是德性伦理学，另一方面又是目的论的、理性主义和本质主义的伦理学。由于亚里士多德强调内在理性生活的本质目的性，它对道德情感的重要作用就似乎显得重视不够。而在我看来，以及根据我们上述的简要梳理所显现出来的那样，在人类哲学史上尤其是在道德哲学的思考中，以孔子、孟子为代表的儒家伦理学，也许可以被视为是最早赋予道德情感，即我在前面所分析的道德感动以实质性地位的伦理学理论。虽然同为德性伦理，和亚里士多德所强调的理性主义的目的论的假设不同，儒家伦理似乎更加强调“道德感动”的本然地位。正是在这一意义上，我倾向于将亚里士多德的德性伦理学定位为本质主义的德性伦理学，而将儒家的德性伦理学称之为自然情感本位的德性伦理学。

需要指出，儒家伦理学作为自然情感本位的德性伦理学，与西方近现代规则伦理学背景下的情感主义伦理学（Emotivism）之间，也有着根本性的区别。我们知道，情感主义伦理学在西方哲学史上大概可以追溯到英国经验论哲学家休谟。休谟指出，道德探究主要不是一个事实问题，因此也不可能是一个理性规则的问题，就其本性而言，价值问题是一个情感问题，所以不可能有普遍律则意义上的道德哲学，也就是说，道德哲学，就其本性而言，不可能为我们真正提供判断一个行为之好坏善恶的规则判准。② 这样，以休谟为开端的情感主义道德哲学就势必走向道德相对主义的泛滥和困境。儒家的德性伦理虽然会认同休谟伦理学对情感在伦理学基础中的重要地位的承认和提升，但作为德性伦理学，则可能避开作为休谟式的情感主义伦理学所导向的相对主义结论或困境。③ 因为在我看来，道德相对主义和绝对主义之争，实质

---

① 参见 Aristotle，Nicomachean Ethics，Book I，pp. 1 – 18；Book X，pp. 162 – 171.

② 参见 David Hume，A Treatise of Human Nature，ed. by David & Mary Norton，Oxford：Oxford University Press，2000，Book II & Book III.

③ 严格说来，休谟的情感哲学与现代哲学意义上的休谟式情感主义伦理学（Emotivism）也许并不能完全等同。由于本文并不是关于休谟情感哲学的专门讨论，故不进入细节。

上是在规则伦理学范围内的争执。也就是说，道德的相对性或绝对性，是在说明道德规则之实践应用时的相对和绝对，即是在判定某个道德行为之道德性质时才会出现的困境。休谟式的情感主义伦理学的基本主张是，因为道德情感是主观的，而且会经常出错，所以不可能在普遍规则的意义上判定某个行为的道德善恶性质，所以，道德知识不能声称具有像科学事实知识那样的普遍性质和绝对性质。但在德性伦理学的背景框架下，道德情感的作用应该不会像在休谟式的情感主义伦理学那样，引向道德相对主义的结论，这是因为在这里，强调的不是普世规则或律令的认定和实施，而是在其特定情境下的特定品格、德性的培育和塑造。这恰恰就是道德感动的功能。也就是说，从小到大，我们的道德人格和品德，正是在日常生活中的一次次感动和不断感动中不断培育和生长起来。从这里，我们也许就可以在哲学上突破西方伦理情感主义的局限和困境，或者至少看到，沿着这条道路，有突破这一困境的希望。①

具体说来，我们知道，伴随着道德感动而来的道德判断具有两重判断的功能。第一个判断是判定这个行为的好坏，而第二个判断则是判定这个行为背后所见证的质量、品格的道德性质。按照情感主义的思路，我们很可能被一个虚伪的行为所欺骗而感动。但按照德性伦理的观点，即使我们被一个虚假的道德行为所欺骗了，但这个虚伪行为所关联、见证的德性一般说来却极有可能是货真价实的。这也就是说，虽然这是一种虚伪、虚假的联系，但这个德性本身却是真实的，我们之所以感动，是因为这个德性以及我们对这个德性所体现的道德价值的认可而不是其他。其他可能有错，即我们在实际经验生活中，经常可能由于各种原因，认错或弄错究竟是谁拥有这个德性，这个行为是否真正体现这一德性，等等，但在绝大多数的情况下，这一德性之为德性本身却不会有错。而这一点，恰恰是我们的道德情感和道德感动所告诉我们的。在日常生活中，人们为某个行为感动，例如，关公刮骨疗毒。关公面对刮骨剧痛，坦然镇定，谈笑风生，这一行为使我们闻之感动。休谟式

① 在当代哲学中，关于休谟式情感主义伦理学基本立场的经典表述，参见 A. J. Ayer，Language，Truth and Logic，New York：Dover Pub.，1952，Ch. VI，pp. 102 – 112. 关于对这一哲学立场的有力批评，参见 Alasdair MacIntyre，After Virtue-A Study in Moral Theory，second edition，Indiana：University of Notre Dame Press，1984，pp. 1 – 35.

的情感主义者可能会说，的确我们有很多人会感动，但我们的感动只能是我们的主观赞成或赞赏而已，不能构成普遍的道德律，即要求所有的人在相同情形下都照行。而且，我们还可能出错，可能被关公所骗。也就是说，关公很可能实际上是个骗子或魔术师，当时使用了某种技法，蒙骗周围的士兵乃至后人并使之感动而已。① 但我们倘若更深一步分析，就会发现，这里的感动，如前所述，实际上牵涉有两重判断。感动的第一层判断是：关公的行为让我们感动。按照休谟式的情感主义的说法，这的确是个个别的主观判断，也可能有误解或被误导。但伴随着感动的第二层“判断”则是：虽然关公刮骨疗毒的行为是让我们感动的直接原因，但这一“感动”的真正理由或根据却在于：关公刮骨疗毒这一行为之所以让我“感动”，乃是因为“勇敢”“镇定”这些道德德性借此向世人明证或展现出来。如同我在前面所述，我的第一层感动完全可能有误，但这种知识论或认知层面上的可能有误，丝毫不会影响“勇敢”“镇定”是感动我们的道德德性这一特质。也就是说，真正“感动”我们的不是关公刮骨疗毒这一偶然的个别事实或事件，而是其明证或见证的道德德性。在这里，关公刮骨疗毒的事实可能有误、有诈，但“勇敢”“镇定”之为道德德性，通过作为人的“我们”或“你们”的“感动”，确凿无疑。

对道德感动之本质的这一把握，在我看来，恰恰正是儒家伦理的基本特色。

我在前面提到，宋代大儒程颢在解释孔子的仁时，曾经提出了一个“麻木不仁”的概念。麻木就是身体没有感觉了，这样就把仁理解为一种心灵、心体的感觉、情感。孟子的“四端”说则更突出地反映了将人的道德情感作为道德的发端起源。在儒家看来，我们不是生而为人的，我们是成长为人的，道德修养使人成为人，使人和禽兽区分开来。所以说道德行为是从道德感动开始的。这样就回答了“伦理道德是如何可能?”这一哲学伦理学的根本问题。作为自然情感本位的德性伦理，儒家坚持，道德不在于外在的强加义务、命令或律则般的普遍性规范，而是起于和源自原初生活中人心的感受和感动。这也就是为什么我在前面说，让我们感动的不是“规条”、概念、律令，而是“品性”或“德性”。正是在这个意义上，我会说，各种律令形式的规范伦理

① 《三国演义》的故事中，更恰当的例子也许是“赵子龙坡上浴血救幼主，刘玄德马前摔子得将心”。

或底线伦理都难以成功。问题的关键也许在于，这些伦理学都过于强调了规条、规范的束缚作用、防范作用，底线作用，而忽略了伦理道德之人心教化、范导和感动的本性及特质。关于道德感动的分析可以引导我们认识到，道德伦理的本性首先是示范而不是规范。因此，在我们的日常生活和日常道德实践中，不是森严普效的道德律令、规条，而是一个一个具体的、活灵活现的道德感动，在引导着、激发着我们去做好人、做好事，从而引导我们走向人性和生命的完善和圆满。正是在这个意义上，我们今天来理解和诠释儒家伦理学的原始价值和积极意涵。①

2. “性别”在中西哲学里的地位及其思想后果**

张祥龙

论文摘要：此文提出这样一个主张：“性”（sex，gender）是我们理解某个哲学传统时必须考虑的一个维度；也就是说，在哲学思维中有没有对“性别”的意识，会深刻影响一种哲学的特点与走向。具体的论证结论如下：（1）西方传统哲学的核心部分（存在论与认识论）中无性别意识，但在当代西方哲学中，这种意

① 本文曾有删节，以《道德感动与伦理意识的起点》为题发表在《哲学研究》2010年第10期上。这里发表的是未删本。本文的中心思想主要源于我在两次会议上的发言。一次是2007年9月在华东师范大学陈嘉映教授召集的伦理哲学会议上的中文即席发言，另一次是2008年5月在香港中文大学哲学系召集的“德性伦理：东方与西方”国际哲学会议上的英文发言。以后，我曾分别以《道德感动与儒家伦理》《德性伦理与道德感动》，《你曾经感动过吗?》等为题，应邀在台湾政治大学以及上海师范大学、复旦大学、西安交通大学、山东大学等大学做过专题讲演和交流。在这一过程中，许多朋友、同行和学生的批评意见以及改善与充实的建议让我受益匪浅。在这里需要专门致以感谢的有：黄勇、Roger Ames、陈嘉映、信广来、James Griffin、Hans Sluga、Micheal Slote、刘玮等。本文的一些基本想法还以“Virtue Ethics and Being Morally Moved”为题在美国的Dao：A Journal of Comparative Philosophy上刊载，感谢“Dao”杂志允许我用中文改写并发表此部分内容。本文的写作还曾得到香港中文大学“直接研究基金”的部分资助，特在此致谢。

** 此文曾在《江苏社会科学》2006年第6期发表。这次发表前做了修订。作者张祥龙是北京大学外国哲学研究所暨哲学系教授。

识正在觉醒；（2）中国传统的主流哲理思想（《易》、儒、道、阴阳、兵、法诸家）中有鲜明的性别意识；（3）这种区别有力地造成了中西传统哲学之间的一些重大不同。比如有性别意识的中国哲理传统看重相对相济的动态生成关系，有血脉身体感，并“在儒家中”重视这身体关系所生成的世代结构，也就是家庭、家族、民族与文化的长久延续，善于领会活的生存境域中的时机，认为技艺而非逻辑、科学是获得真知的最有效手段。与此相对，西方传统哲学基本上都是在反其道而行之。文章最后一部分讨论了女性在这两种不同的哲理传统中的地位，触及当前女性主义提出的一些问题。

关键词：性；性别；存在论；《周易》；阴阳

福柯《性史》（第一卷）提出了西方文化与社会中的“性”① 的问题。他认为只谈论从17 世纪到19 世纪维多利亚时代的“性压抑史”② 没有触及问题的要害，更重要的甚至是与一般意义上的“压抑”现象相反的事实是：“近300 年来，我们社会的特质，既不是一味关心如何掩盖性，也不是在语言范围内对性的普遍的忌讳，而是那些多种多样、相当普遍的机构；这些机构专门用于谈论性、动员人们谈论性并诉说自己的性，聆听、记录、整理并传播人们所谈的与性有关的事情。围绕性，形成了一张多样化的、专门的、强制性制造话语的网。”③ 这个观察的蕴意是：在机构的控制下谈论性、研究性、公开性并不就能带来对性的理解，或使性在人类生活中占有一个合适的、健康的位置。它表明，性的问题实际上超出了对象化的知识，具有某种更深刻的含义。“这样谈论性，需要建立这么多的强制性机构才能使人们谈论性，但又要求人们遵守严格的规定，难道这不证明性是秘密的，并且人们打算继续维持性的神秘状况吗?”④ 非常正确。不仅如此，在我看来，这种“性的神秘状

---

① 在当代讨论性问题的学术话语中，生物之性（sex）与社会文化之性（gender）是被区别开的。参见安乐哲（Roger Ames）“中国的性别歧视观”，《和而不同：比较哲学与中西哲学会通》，温海明编，北京大学出版社，2002 年，154 页。本文主要涉及中西传统哲学对两性区别（sexual difference）的态度与效应。就此而言，这里主要关注的是“gender”的问题。但从以下的讨论可以看出，“sex”对于“gender”的形成有内在关联。

② 《福柯集》，杜小真编选，上海远东出版社，1998 年，第 290 页。

③ 同上，第 309 页。

④ 《福柯集》，杜小真编选，上海远东出版社，1998 年，第 309 页。

况”的存在也并不能只归于福柯所讲的“权力的特性”① 或某种“政治条件”，而应该追溯到整个西方文化的特性，尤其是这个文化的最自觉体现即哲学之中。以古希腊文明和基督教为两大来源的西方文化，出于其基本的思维特点，对于“性”抱有某种特定的态度，与非西方文化尤其是中华古文化在这个问题上的态度有重大区别，由此而造成了西方文化的一些重要特点，并通过当今全球化过程而在一定程度上影响着整个世界的未来。这个问题涉及广泛，以下的讨论将只能限于作者的能力和本章篇幅所允许的范围内。因此，下面就将试图揭示中西传统主流哲学对于“性”的不同态度，并分析这种不同带来的一系列深远的哲理后果。就我所知，迄今为止还极少有人从“性”或“性别”的角度来探讨中西传统哲学的关系问题的。②

一、西方传统主流哲学是无性别的哲学

为了进行以下的讨论，先须说明本文对“性”一字的用法。“性”在中文的古文中并没有英文的“sex”或“gender”的含义，它意味着它的字形使人会意的东西：“本性”“生命”或“性情”。比如“性（本性）相近也，习相远也”（《论语》17.2）③ 或“伐性（生命、生机）之斧”④ 等。多半是由于生命与生殖的关系，近现代以来就用“性”这个字翻译“sex”。这种意义上的“性”也就意味着与生命体的繁殖或种群延续（也就是种群生命）有关的东西。不过，由于有无性繁殖现象（孢子生殖、出芽生殖、分裂生殖，乃至人工实行的压条、嫁接等“生殖”方法），更确切的说法应该是：性意味着那些与雌雄交媾生殖有关的东西。因此，性的原本特征是雌雄的区别与相交生成。

这是一个虽然简略但是有用和必要的出发点，尽管弗洛伊德这样的思想

① 《福柯集》，杜小真编选，上海远东出版社，1998 年，第 309 页。

② 安乐哲教授有《中国的性别歧视观》一文，十分精彩。见其新作《和而不同：比较哲学与中西会通》。此文涉及性别与哲学的关系，但着眼点是“性别歧视”（本文第四部分将分析这个问题），而非性别在哲学中心问题上的表现。

③ 《论语·阳货》第十七，第 2 章。简写为 17.2。以下引用《论语》时只在行文的括号中给出“《论语》”和简写数字。

④ 《吕氏春秋·本生》。

家会嫌其过窄。[1] 现在我们的问题就涉及“性”这个字的中文古今义——古义为“本性”“生命”；今义为“雌雄之性”——的关系。也就是说，不管这两种含义的联系在语义史上是否只是出于偶然，我们想知道：哲学对于“（世界与人生）本性”的理解是否与其对“雌雄之性”的意识有内在的关联？

古希腊哲学一开始寻求万物的本原（arche）。哲学家们提出的“水”“无定”“气”“火”，都是单一者。赫拉克利特的“火”包含“对立而又同一”的原则，对立面通过斗争（战争）造成和谐。但这还不就是性别的关系，因为对立面之间虽有相互过渡，但没有活生生的相互交媾而发生的意思，且杀伐之音过重。毕达哥拉斯学派明确提出“对立是本原”，而且在他们列举的十对本原中有“雄性/雌性”这个对子，很有思想上的启发力。但是这种对立以“数是本原”为前提，也就是以“一/多”“奇数/偶数”“直线/曲线”为前提。尤其是，这些对子之间不是“相交而发生”的关系，而是一侧（左侧）**从根本上**就压倒和高于另一侧（右侧）的关系。比如“一”就从根本上高于“多”，因为“一”被视为众数（“多”）之源，一个奇数加上一就变成一个偶数，再加一又变成奇数，等等。所以在这十个对子中，出现了“善/恶”“光明/黑暗”这些在当时人的价值判断中明显偏于一边的对子。这就大大削弱了这种对立区别的原本性，使其中的“雄性/雌性”的关系成为对立压迫性的，或源与流式的，而不是相济相生式的。而且，西方古代形而上学连这样的“对立本原”也不能容忍。继毕达哥拉斯之后，巴门尼德认为只有“一”代表的“存在（是）”才是真实的，“因为存在是存在的，而非存在乃是不存在的”。[2] 以这种独一的、“思想与存在同一”[3] 的方式提出的“存在”问题，以及由此而建立的“存在论（本体论）”成了后来两千多年里西方传统哲学

---

① 参见弗洛伊德：《精神分析引论》，高觉敷译，北京：商务印书馆，1984 年，第三编，20—21 讲。“以生殖为性的定义，我们因为嫌它太偏狭，已不再采用了。……因为性的倒错（虽有“性”的含义，却）足以妨碍生殖的目的。”该书 253 页。按照弗洛伊德，人的原初的（比如婴儿的）为享乐而享乐的倾向中具有性的含义。（该书 247 页）所以婴儿有性生活，其不健全的发展导致精神病与性倒错。

② 《残篇》6。译文参见《古希腊哲学》，苗力田主编，中国人民大学出版社，1989 年，第 93 页。

③ 《残篇》2。

的核心。柏拉图与亚里士多德试图松动这个“存在只是一”和“运动不可能”的僵硬状态，以某种方式再引入“多”或区别。柏拉图提出作为每一类事物的范型或本质的“理型”（eidos，idea，理念、相）是实在的，亚里士多德则提出作为个体的“实体”（ousia，substance）是实在的；但由于他们都处于巴门尼德的存在论思路的影响之下，所以理型和实体尽管有多个，相互之间有区别，但就其本身而言，或就其“作为存在（者）之存在”而言，他们仍然是“不变的一”。就是亚里士多德讲的“个体”，其真实性也是来自“形式”，而最高的、最纯粹的形式是不变的唯一者，或神。因此，理型（理念、相）或实体本身没有相对而言的内在差异和相交相生的可能。理型与事物是原本与残缺副本的关系，实体与属性则是不变的支撑者与寄居者、本质的规定者与偶然获得者的关系。这种不成双配对儿的关系不可能是性别的关系。换言之，本性与性别在古代西方哲学中没有内在的相关性，就如同犹太-基督教的至上神耶和华的单一性与亚当/夏娃的性别无内在的相互关联性一样。

到了近代，笛卡尔提出“主体（我思）性”原则，以各种变体延伸到黑格尔。“人”在最根本处出现了。但这是一个抽象的、纯思维或纯认知的人，在唯理论那里只有思维着的大脑，在经验论那里则加上了感官，以线性方式与大脑相接。康德之后的德国古典哲学中，对立统一的辩证法出现了。但这种“对立”的根基是主体与客体、一与多的对立，主体与一控制着整个局面。客体是被主体设立的、由主体异化出来的对立面，以便让主体在克服或扬弃客体的外在性时深化和丰富自身，最后达到“绝对”的认识与存在。因此，这种辩证的对立面之间的关系，就如同毕达哥拉斯的“一”与“多”、“正方”与“长方”、“光明”与“黑暗”之间一样，并无真实性别和性生命可言，（就黑格尔而言）只有概念生命的辩证发展。总而言之，整个西方传统哲学，从巴门尼德到黑格尔，都是无性的（sexless）或无性生活（性生命，sex-life）可言的。

从叔本华、特别是尼采开始，西方当代哲学逐渐有了某种身体感与性感。“意愿”（Wille，又译为“意志”）与身体直接相关，[①] 而狄俄尼索斯（酒神）与阿波罗、对力量的意愿与传统观念理性的对立开始唤醒那个久被压抑的沸

① 叔本华：《作为意愿和表象的世界》，第二篇第18节。

腾着的思想维度。[①] 当然，如此巨大深刻的改变不可能一蹴而就。它几经周折反复，最后在法国现象学与结构主义者那里初露端倪。梅洛-庞蒂提出了“身体场”，以哲理的方式关注到性感的源头、表现和缺失方式。[②] 而福柯则以本文一开始叙及的方式关注性的问题。弗洛伊德以性（里比多）压抑为基础的精神分析理论也具有某种哲学意义。生态伦理学中似乎也有性别的隐喻（比如“自然母亲”）。至于女性主义哲学（feminist philosophy），更是以谈性别（gender difference）的含义、批判传统西方哲学歧视女性的历史与现状为本务。当然，他们关注性或性别的方式——比如完全分离生物之性（sex）与社会及文化之性（gender）——是否足够原本与适当，对西方当代社会与文化的现实有多大的影响，就另当别论了。

二、中国古代哲理思想的性别特征

中国哲理思想在相当程度上源于《易》的古远传统。流传至今的《周易》分为“经”与“传”两部分，与我们的问题相关的“阴阳”“刚柔”“天地”等词汇虽然只出现于晚出的《易传》部分，[③] 但《易经》中已有六十四卦象，而他们都是由相互对比区别的两个爻象，即“—”和“--”构成的。六根纯“—”组成的第一个卦，名为“乾”；纯“--”组成的第二个卦，名为“坤”。仅就卦象而言，《易》与中国历史几乎同样久远，甚至更久远。不论是“伏羲画卦”的古说，《连山》（夏《易》名）、《归藏》（殷《易》名）之旧名，还是考古的发现，都在表明这一点。自远古以来，《易》的文字部分可能有过变化，甚至是相当大的变化，但它的卦象部分不可能有重大的结构变化，不然就无《易》可言。可以看出，卦象不同于包含杂多因子的一般图象，也不同于封闭的几何图形，而是有“二进”（binary）含义或“两性”含义的象结构。他们由最简易的直观区别造成，没有实体化的中心、

---

① 尼采：《悲剧的诞生》《查拉图斯特拉如是说》《对力量的意愿》等。

② 梅洛-庞蒂（M. Merleau-Ponty）：《知觉现象学》，第一部分第五章，“在其性的存在中的身体”。英文版：Phenomenology of Perception, tr. Colin Smith, London: Routledge & Kegan Paul, 1962, “The Body in its Sexual Being”, pp. 154 – 173.

③ 按现在可及的文献，“阴阳”连读的最早记录出于《国语·周语》中“（西周太史官）伯阳父论地震”一段，时为“周幽王二年”（公元前780年）。

硬核和基础（两爻内在互需，自身无表达意义），只靠连断、位置、次序、正反、变换和循环等区别来构成。而且，至少从殷周之际开始，纯“—”卦和纯“--”卦就被称为“乾”与“坤”，并相应地有一系列对应的性质，比如“天/地（霜、冰、野）”“龙/牝马”等。① 具体地讲，为什么我们可以说《易》象有性别的含义呢？首先，如上所及，易象都来自一对爻象；他们非常相似，明显地属于同一种类，只是在阴爻（这里使用“阴爻”这个词是为叙述方便，不是假定在有爻象之时就有了“阴阳”赋义）的中间有一断口。所以，他们之间“亲密化的区别”极其微妙，比后来莱布尼兹试图用来解释他们的二进制数学符号“0”与“1”还要微妙得多。而且，正是由于通过这最近似和最简易的相互区别来构造易象，这爻象对子中的任何一方都是绝对必要的，在“构成意义”这个终极含义上是“彼此彼此”的，谁也不比谁从本性上更优越、更真实。任何“实体/属性”“存在/非存在”“本质/现象”“形式/质料”“主体/客体”之分或赋义在这里都是无意义的（senseless），因为在易象的“话语结构”中，任何意义都要靠爻象双方的相对相生、交错往来而构成。两种爻象的相互区别对立、相互需要及相交生成的特性是内在的，先于任何“存在”逻辑而为“意义”（sense，meaning）所需要的。就此而言，两爻象之间的关系不同于任何一种后于意义构成（post-meaning-constitution）的关系，比如观念与观念之间的、概念与概念之间的逻辑关系，物与物之间的因果关系，主体与主体、主体与客体的关系，等等，而更近似于两性之间的关系。

顺着易象的这些有性别含义的特性，历代解《易》的一个基本原则就是看阴阳爻有无交感呼应；有则吉通，无则悔吝。吴汝纶先生的《易说》总结为：《易》中凡阳爻之行，遇阴爻则通，遇阳爻则受阻。尚秉和先生指出这是“全《易》之精髓”。② 这也就是说，后世解《易》者们发现，从易象上讲，阴阳爻相交的卦爻辞（《易经》经文中的文字断语）倾向于吉亨，相反者则多为悔吝。“阳遇阴则通，阳遇阳则阻”意味着，异性相交相和而感生变化，生出新的可能，故而通达吉亨；反之，无论现成状态多么显赫，只要阴阳爻不交，同性相遇，无新的可能出现，则将处于危殆凶险的境况。这明显地具

① 见《周易》经文“乾”“坤”卦的卦爻辞。

② 见《周易译注》，黄寿祺、张善文撰，上海古籍出版社，1989 年，第 45 页。

有两性交感而生成、出新而成吉之义。

这一节以上部分的意思可以用《周易·系辞》上下传的两个第1章[①]来总结：

> 乾以易知，坤以简能［评：这是在刻划乾坤卦、尤其是组成他们的阴阳爻之“象”的特点，即其结构的至易至简（直线与断线，或一字线和间断线），原发之二里边隐含纯一］；易则易知，简则易从（评：此处言“易简”之效用，它使人的语言直觉与象化思维易于跟从变化着的动态过程）；易知则有亲，易从则有功；有亲则可久，有功则可大（评：“有亲”乃阴阳两性之本义，“有功”乃此亲亲所生之新新也）；……易简，而天下之理得矣（评：此语需品味再三，方得其理之一二）；天下之理得，而成位乎其中矣。（《系辞上》1章）
>
> 乾道成男，坤道成女（评：其根据就在爻、卦之象中）。（《系辞上》1章）
>
> 刚柔（阴阳）相推，变在其中矣；……刚柔者，立本者也；……夫干，确然示人易矣；夫坤，隤然示人简矣（评：此处更是在明显地揭示阳阴爻或乾坤卦之象的特点）。爻也者，效此者也；象也者，像此者也（评：注意“爻”与“效”、“象”与“像”的音和形之“有亲”）。爻象动乎内，吉凶见乎外；功业见乎变，圣人之情见乎辞。天地（阳阴）之大德曰生（评：要害处），圣人之大宝曰位。（《系辞下》1章）

由此看来，将这一对爻画及乾坤两卦解释为阴阳，进而解释为雌雄（男女、父母、夫妇）两性，是相当合适的，因为他们本身的特点及其在《易》中的功能角色，确实有“相须互补地区别，相对相交地生成”的“性别”之义。所以《庄子·天下篇》讲“《易》以道阴阳”是一语中的。当然，“阴阳”在古代中文语境中的变体极其丰富，日月、明暗、天地、上下、左右、热冷、进退、往来、春秋、山水、动静、生死、兴衰等等，无处不有阴阳。但是，如果考虑到爻象在《易》中的结构与功能，以及“乾坤”“阴阳”“刚柔”“天地”在古代中文里鲜明的性别含义，那么就不会怀疑，《易》所道的

① 以下引用《周易》时将只在正文的括号中直接给出出处。

阴阳中确有两性的生命与繁衍功能。

至于这阴阳在儒道兵法医等思想传统中的表现，各有不同。有的比较明确地提及“阴阳”，比如《周礼》《礼记》《老子》《庄子》《黄帝内经》；有的则只以边缘的方式涉及，比如《孙子》；有的则似乎未明言之，比如《论语》《孟子》《韩非子》，但这并不说明最后这一类著作未受到《易》的乾坤阴阳的大思路的影响。这么讲不仅是由于孔子在《论语·述而》中说“五十以学《易》”（7.17），更是由于孔子在该书中表现出来的思想方式与易象的“阴阳相分不相离，相对以相生”的含义“一以贯之”。孔子从不脱开这种相对相生、相摩相荡的生成形势而侈谈什么“天道”“性命”“仁义”（《论语》5.13，9.1），教诲学生则总要在“愤启”“悱发”的具体对话形势中，使其举一反三（7.8），欲罢而不能（9.11）。而且，孔子爱《诗》近乎痴，称“《关雎》乐而不淫”（3.20），主张“《诗》可以兴”（17.9），等等，都反映出他不离阴阳男女之生动情境而言礼求仁的倾向。子思（孔子之孙）所著的《中庸》中就以这样一段话来形容儒家君子的境界：“《诗》云：‘鸢飞戾天，鱼跃于渊’。言其上下察也。君子之道，造端乎夫妇，及其至也，察乎天地。”（12章）这是在活泼泼地理解和发挥《易》的“刚柔相易……唯变所适”的精神。相反，阴阳也可以被呆板化为两种构成世界的元素，成为二流阴阳家们构造“宇宙论”的理论基石。这种“阴阳”却不是孔子、孟子所乐于言之的了。韩非子深受《老子》一书影响，在他自己写的书中可以非常生动地表现阴阳虚实、动静势态的微妙含义，却不必刻意地讨论“阴阳”或使用这两个词。① 这正是先秦人触类旁通、“知变化之道”（《系辞上》9章）的思想风貌。

由此，我们可以说：与西方传统哲学的主流形态不同，中国古代哲理思想主流的中枢处是有性别可言的。《系辞下》一段话直接表达出这个特性：“（孔子曰：）天地絪缊，万物化醇；男女构精，万物化生。”（5章）②

---

① 《韩非子》的《扬权》和《解老》章中都用了“阴阳”这个连字词。

② 《周易译注》对这段话的注解是：“絪缊，……此处指天地阴阳二气交感绵密之状；醇，犹‘厚’，指万物因二气交密而化育醇厚。……男女，泛指阴阳两性，《集解》引干宝曰：‘男女，犹阴阳也。’构，交合。《来氏易注》：‘男女，乃万物之男女，雌雄牝牡，不独人之男女也。’又曰：‘夫天地男女，两也；絪缊构精，以一合一，亦两也，所以成化醇、化生之功。’”见《周易译注》，第588页。

三、有性哲学与无性哲学的不同趋向

现在的问题是：在哲学思想的本原之处有性别还是无性别，会造成什么样的思想效应呢？我想这效应是重大的、根本性的。

第一，认为终极实在者是有性别的，这意味着“关系”在最根本处也是无法避免的，因为“性”或“性别”势必造成一个非单一的交往局面，所谓“一阴一阳之谓道”（《系辞上》5 章）也。这就使得任何意义上的实体主义，也就是认为可以脱开关系来把握“存在之所以为存在者”或“存在（是）本身”的做法，不能成立。终极实在绝无可定义的自性可言。而我们已经看到，西方传统哲学——不管是古代的还是近代的——最鲜明的一个特点就是寻求有自身依据的终极实在者。

第二，这哲理上的性关系不会是完全可确定的或可对象化的，比如像逻辑和希腊数学中的那些关系，而一定是一种从根本处就动态的、相互影响的（interplaying）关系。也就是说，这种关系中总有些不可完全预测的、具有威胁性的东西，或者说是可造成背叛、缺陷、失恋、失败，总之就是“阴阳不测”（《系辞上》5 章）的东西。因而有性别或性感的思想总有忧患意识，“夕惕若厉”（《易・乾》九三）、“亢龙有悔”（《易・乾》上九）、“西南得朋，东北丧朋”（《易・坤》卦辞），于是总要“观变于阴阳而立卦”（《说卦》1 章）。而西方的传统哲学与宗教的主流所看到的虚假、危险和罪恶都只属于现象界，终极关怀所要求、规定和信仰的都是那些不可能遭到感染、生病和出错的最高极者、唯一者，因而感受不到任何忧患。至极处只有充实、狂喜与感恩。

第三，两性关系也不尽同于“赫拉克利特之流”式的或佛教“缘起性空”式的动态关系，因为他们势在直接生成新的可能，既不只是相对的，也不只是为生成留下“空”间的。所以《易传》讲“生生之谓易”（《系辞上》5 章）；又讲“男女构精，万物化生”（《系辞下》5 章）。由此可知，此关系必有元气血脉充盈的身体，有着真实的生命、生机与生成能力，因而是超思辨的、“不同于（与思想同一之）存在”（勒维那斯语）的。

第四，正是由于两性关系的身体化生成本能，使得世代延续与交叠互构状的更替成为不可避免的终极过程。于是，对两性交生关系的重视也就自然会延伸为对其所生成的世代形态与结构的尊重，这在《易传》中就被解释为八卦之间的家庭关系："乾，天也，故称乎父；坤，地也，故称乎母。震……长男，巽……长女，坎……中男，离……中女，艮……少男，兑……少女。"（《说卦》10 章）所以在儒家传统中，"夫妇之愚"（《中庸》12 章）和"《关雎》之乐"得到尊重，而亲子关系、家庭、家族、祖先崇拜占有崇高的地位，深刻至极地影响到中国文明的社会结构、人际关系、政治形态和一系列哲理思想。谁要是看不到孔子讲的"仁爱"是以夫妇、亲子之爱为源头的，就不知此爱与墨子"兼爱"、柏拉图的"精神恋爱"、基督教的"对神的爱"或"对仇敌之爱"的原则区别，就会不明白孔子思想言论的独特之处。也正是由于这一性别、性爱与家庭、家族的"生—存—论"上的联系，才可以理解广义的儒家在中国两三千年的古文化中的主导地位是由来有之。佛家缘起中观说和华严、禅宗之新境不可谓不灵妙无比，道家的有无相生、阴阳相冲、因应变化的道论不可谓不玄妙至极，但都未从根本道理上充分舒展性别的思想涵义，未能使家庭与家族获得禅性与道性，因而只能作为中国传统思想与人生境界的虽然重要但毕竟是补充的形态而存在。

可以想见，也可以发现，西方传统哲学、包括它的伦理学中不会有家庭的任何实质性地位。① 在某些后黑格尔和后现代思想家（比如马克思、弗洛伊德、福柯）那里，对本质主义和实体主义的批判还表现为对教会意识形态、资本主义生产伦理和财产继承制所鼓励的家庭关系的批判。甚至在发生了重大变化的当代西方哲学中，包括本文第一节所提及的那些对"性"问题感兴趣的哲学家与思潮，比如尼采、梅洛-庞蒂、海德格尔、女权主义等，至今也都未找到真实的"家"或"家园"。由此更令人感到，在哲学这个文化的核心处缺少了两性关系会带来何等深刻持久的影响。于是，这样一个现象也就能够理解了，即《老子》《孙子兵法》和禅宗，虽然对于西方人来讲也是异质的、别扭的，但还是要比《论语》和儒家容易接受得多。

第五，两性的自然交媾化生总有时间性或时机性，"天地盈虚，与时消息。"（《易・丰・彖》）这"时"一方面表现为宏观的自然"四时"："夫

---

① 参见杨效斯：《家的哲学纲要》，《留美哲学博士文选：中西哲学比较研究》，牟博编，北京：商务印书馆，2002 年，第 267—335 页。又见杨效斯（署名"笑思"）新作《家哲学——西方人的盲点》（北京：商务印书馆，2010 年）。

乾……大生焉，夫坤……广生焉。广大配天地，变通配四时，阴阳之义配日月。”（《系辞上》6 章）另一方面，这“时”表现为微观的或当场发生的“时机”。《易·彖传》赞叹十几个卦象（比如《豫》《随》《坎》《革》）“……之时义大矣哉”，这“时”字就主要意味着“时机（的把握和领会）”。两性的交往要成功，时机是极其重要的。领会时机，在《易·系辞》中就称为“知几”。“《易》，圣人之所以极深而研几也。”（《系辞上》10 章）“几者，动之微，吉之先见者也。君子见机而作，不俟终日。”（《系辞下》5 章）“关关雎鸠，在河之洲”，就是“君子好逑（那位‘窈窕淑女’）”之时。因万物皆有阴阳，所以皆有时机，要想成功，非“知几”不可。其实，“阴”“阳”的字源都与“日”有关：云掩日为阴（阴），日朗照为阳（阳）；他们就都与时有关，因为“日”“月”是这个世界的生命之时的来源。所以阴阳爻本身在《易》中充满了“时义”。故《系辞下》讲“六爻相杂，唯其时物也。”（9 章）“（其）变通者，趣（即‘趋向’）时者也。”（1 章）孔子为人为学的要点就是“极深而研几”“见机而作”，所以孟子赞他为“圣之时者也”（《孟子·万章下》）。老庄、孙韩等先秦智者，乃至整个中国古代的原本天道观之中，也都充溢着丰富巧妙的时机领会。① 考虑到这天道观的阴阳两性的特点，这一突出的“时义”就不难理解了。

与此相对，西方传统哲学的存在论或形而上学中几乎没有“时”特别是“时机”的存身之处，因为一个无性的或单性的理式—实体世界，或一个人格神，是无始无终、无生无灭的，当然也就无活生生的时间可言。即便他们要体现于现象世界或干预人事时，也只是通过逻辑、数学、因果律或“救赎计划”，因而只能有物理时间与直线时间的框架，而不会要求也不会理解那在生命的过去与未来的交织中生成的当下时机。可以说，西方传统的主流思想中没有“四时”和“时机”的存在论与认识论的地位。

与“时”相关的是对“史”的态度，囿于篇幅，就不做特别讨论了。

第六，与以上的考虑密切相关，我们可以说，有性别和性感受的哲理思想会极其关注技艺（technics，arts）在人认知世界活动中的地位。由于“相互

① 关于这个问题，可参见本文作者的文章“中国古代思想中的天时观”，《从现象学到孔夫子》，商务印书馆，2001 年，第 204—228 页。

生成”、世代延续和时机领会的特点与要求，有性别的思想不可能以西方近代哲学中的“认识论”所认可的方式来认知世界，逻辑的（不管是形式的还是先验的）、科学实证的方式对于它不可能是原本的，因为他们都拙于感受天地氤氲、万物化生的时机，也不能很有效地处理世代延续的问题。在我们这个深受西方存在论与认识论影响的时代中出现的知识与原发生命的脱节、家族与家族关系的解体、生态的危机、威胁人类未来的技术体制的称雄，等等，都表明这样一个无性别思想的危险性。它缺少内在的节制、深层领会的能力和对长远未来的总体视野。而性感的思想在领会世界时，本能地就以技艺而非科学和现代技术作为最根本处的认知的活动，因为唯有技艺（比如诗、乐、礼、游戏、自娱娱人的手艺、各种艺术）才能感受两性交生的氤氲爱意，并以自身的内在韵律、节奏和“临场发挥”来呼应和创造那与生命一起涌流的时机，并且以它的本质上的多样性、可塑性、“与时偕行”（《易·乾·文言》）和“与时消息”（《易·丰·彖》）的特性来预谋着未来，也就是呵护着家族、民族与人类的未来。

四、女性的地位

在对待女性的态度这个复杂曲折的问题上，有性别的与无性别的哲理也是很不同的。简言之，有性别的哲理思想对女性的态度是多重的、可变可塑的，而无性别者则从思想方式上就不利于女性。以下试做一简要解释。

有性别的哲理首先意识到两性的天然差别，比如乾卦与坤卦无论从爻象、卦象，还是卦辞与爻辞上都相对而别，基本上就是后来《易传》和中华文化传统中对阳与阴的区别。阳属刚、健，阴属柔、顺（《系辞下》12章，《系辞上》1章，《杂卦》等）说阳健阴顺转成近代人的话语就是：阳主动，阴被动。这按一般的看法就似乎有了某种“尊卑”的价值判断。所以《系辞上》一开始就讲：“天尊地卑，乾坤定矣。卑高以陈，贵贱位矣。”“尊卑”甚至都可以作位置的“高下”解，但“贵贱”就很难避开价值判断了。① 此外，

① 不过，在主张“反者，道之动”（《老子》40章）的道家那里，贵贱的深层意义也是可以颠倒的。《老子》：“天下皆知美之为美，斯恶已；皆知善之为善，斯不善已。故有无相生，难易相成，长短相较，高下相倾。”（2章）“故贵以贱为本，高以下为基。”（39章）

《系辞》中的个别说法表明，起码在某些《易传》作者那里，确有对“阴”的某种歧视。比如《系辞下》4 章：“阳卦多阴，阴卦多阳，其故何也？阳卦奇，阴卦耦。其德行何也？阳一君而二民，君子之道也；阴二君而一民，小人之道也。”这种将阳、阴卦爻与君子、小人对应的做法，确实在一定程度上延伸到了后世的解《易》体例之中，所以也难怪朱熹有《易》“扶阳抑阴”①的看法。与此相应，《论语》中还有一个表现孔子轻视女子的孤例。(17.25)② 当然也有表明他并不轻视所有女子的另一例。(8.20) 不管怎样，我们还是必须承认，在传统的中国社会中，女子的生存地位总的说来确实低于男子，尤其是宋明以后。

然而，这仅仅是观察这个问题的一个角度。另一个可能是更根本的和重要的角度是：从爻卦象的基本结构，以及“阳/阴”“乾/坤”这些对称词的基本话语方式和含义上讲，阴阳、乾坤在最终极的意义上是相互需要、相互做成的，孤阳孤阴或阳（遇）阳、阴（遇）阴都无交无生，因而被中国古人视为凶悖悔吝。相比于“扶阳抑阴”的说法，中国先秦文献（包括《易传》）乃至整个中华古代文献中，有更多得多的阴阳互补、相交对生而吉祥顺和的言论与主张。这在前边的一些引文中已可看出，这里再引两段：“子曰：‘乾坤，其《易》之门邪？’乾，阳物也；坤，阴物也。阴阳合德而刚柔有体，以体天地之撰，以通神明之德。”（《系辞下》6 章）“上下无常，刚柔相易，不可为典要，唯变所适。”（《系辞下》8 章）

由此可知，只要是在有天然性别和性感的思想氛围之中，“阴”与“女子”的地位绝不会从道理上就注定了是低级的。比如就在《易传》里，甚至还可以找到一些扶阴抑阳的说法。看这一段：“昔者圣人作《易》也，将以顺性命之理。是以立天之道曰阴与阳，立地之道曰柔与刚，立人之道曰仁与

---

① 朱熹在《周易本义》中注解坤卦初六爻时写道：“夫阴阳者，造化之本，不能相无，而消长有常，亦非人所能损益也。（此是阴阳相济论。）然阳主生，阴主杀，则其类有淑慝之分焉。（此为阳阴贵贱论。）故圣人作易于其不能相无者，既以健顺仁义之属明之，而无所偏主。（相济）至其消长之际，淑慝之分，则未尝不致其扶阳抑阴之意焉。（分贵贱）盖所以赞化育而参天地者。其旨深矣。

② 此章中的“女子”，亦有不同的解释可能。比如将它限制在“婢妾”（朱熹），就不会有对女子的普遍歧视之义。

义。”（《说卦》2章）这里是将阴阳、刚柔与仁义相对应。“仁”对应的是阴柔，“义”对应的是“阳刚”，于理亦合。孔颖达的《周易正义》等书也就是这么理解的：“仁，《正义》：‘爱惠之仁’，即慈厚泛爱之德，主于‘柔’；义，《正义》：‘断割之义’，即正大坚毅之德，主于‘刚’。”① 而我们都知道，在孔子和儒家学说中，“仁”的地位高于“义”。所以如果按这种话语方式，阴的地位与价值就要高于阳。② 可见，就是在儒家学说中，也是“分阴分阳，迭用柔刚”（《说卦》2章）的，阴阳尊卑并无不可变之常位。可以说，儒家学说中的某些尊阳抑阴的失衡讲法与社会实践，也是以阴阳相济的动态发生型的平衡观为前提的。《红楼梦》中，似乎贾政、贾赦的社会地位高，但在贾府里边，还是贾母最受尊重。而古代中国人的生活就是以家庭、家族而非国家为中心的，这里世代延续造成的时间含义（辈分）胜过了体制含义。

至于道家，就更是主张“专气致柔，……能为雌”（《老子》10章）和“柔弱胜刚强”（《老子》36章）。按一般的理解方式，这一派毫无疑问是扶阴抑阳的，“谷神不死，是谓玄牝（原雌），玄牝之门，是谓天地根。”（《老子》6章）看到道家中的大部分和儒家中的一部分“女性语言”，一些学者甚至不无道理地主张“中国文化的发展染上了强烈的女性性别（gender）特征的色彩”，“总体说来，中国哲学似乎提倡一种‘女性’伦理”。③ 不过细想之下可知，道家也同样是以阴阳相济相生为前提的。“玄牝”之“玄”仍然意味着“有无相生”（《老子》2章），也就是“两者……同谓之玄，玄之又玄”（《老子》1章）的状态。所以《老子》里也同样有这样阴阳平衡的话：“万物负阴而抱阳，冲气以为和。”（42章）这是性别思想本身的理路决定的，不以任何人和学派的一时好恶为转移。

因此，中国古文化中对妇女的歧视不是决定论式的和普遍化的。在现实

---

① 引自黄寿祺、张善文《周易译注》，第616页。

② 按照胡塞尔后期的发生现象学，在内时间意识中匿名进行的“被动综合”，相比于通常意向活动中进行的“主动综合（统握、构成）”，要更原发、更根本。这一思路深刻影响了后来现象学运动的发展。所以，阴之被动性在看重发生过程的哲理中，有可能被视为优质特征，而非低级者。

③ 安乐哲（R. Ames）：《和而不同：比较哲学与中西会通》，温海明编，北大出版社，2002年7月，第162页。

的层面上，总留有回旋余地和家庭、家族内的阴柔空间，乃至道观尼庵中的自由天地；而在思想层面上，则都是以阴阳互补、相济为前提的，因而伏下了重构和重新解释的各种可能。

至于西方的无性的或单性的哲学与宗教，其局面就与此很不一样了。巴门尼德从毕达哥拉斯的对立表中择一（雄）而弃二（雌），因而主张“只有存在是存在的，而非存在乃是不存在的”；它表明“存在”的思想基因是雄性的，尽管其表达方式完全是无性的。当代女性主义者们的分析是符合实情的，即貌似理性和客观的传统西方哲学的二分法带有强烈的男性至上主义或父权主义的特征。这种二分往往表现为：才智/感性，理性/情绪，精神/肉体，强壮/软弱，客观/主观，独立的/依赖的，自主的/依关系而定的，支配的/受支配的，抽象的/具体的，坚持普遍原则的/附随具体情况的，等等。① 这些对子中的前一项在西方传统哲学和理性文化中备受推崇，而后者则受到基本方法论视野的压抑。很明显，前项基本上是男性化或偏向男性的，而后项则以不利的话语策略偏向女性，逼得女性特点成为永远的“第二性”或“总也不够男性的低级者、附庸者”。因此当代女权主义者吉莉根（Carol Gilligan）、格利姆肖（Jean Grimshaw）和福莱克斯（Jane Flax）等人视之为“哲学的‘男性化’”。② 对比以上的讨论可以看出，这种建立在无性别感的二元化（dualism）基础上的男性主义与中国儒家的那种建立在两性相补相交基础上的某种扶阳抑阴的倾向是很不一样的。前者更加僵硬、客观和普遍化，更无回转与调整的余地，因为它从观念逻辑上割断了对子两方的内在性别联系，造成了一个“非此即彼”的局面，使得反对男性主义的人们总处于劣势，为这个思维和话语的框架背上某种原罪。所以，当代女性主义的任务，应该不只是去揭示西方传统哲学和文化中隐藏的男性化倾向，论证女性化特点在伦理上的优越性，还应该将这种讨论深入到存在论和认识论中去。而这样一来，就很有可能涉及中西哲学的有关比较以及终极实在到底有无性别的问题了。只有这样，才有希望逐步而又彻底地转换自毕达哥拉斯和巴门尼德以来就控制西方理性哲

---

① 参见安乐哲：《和而不同》，第160页。

② 同上，第161页。

学的思维定式。① 女性的真正解放与终极处的性别意识确有关系，比如我们从格利姆肖讲的“女性伦理观”② ——注重具体场合（生存情境），强调同情、养育和关怀（相补相生，世代延续），批判传统伦理学只关注选择与意志，强调在发现和适应具体情境的需要中做适当回应（时机化）——中就可感到以上所讲的中国古代有性别意识的思想的一些特征。

结束语

本文论述了这样三个观点：（1）西方传统哲学的核心部分，即存在论与认识论中，没有性别意识；（2）中国传统哲理思想是有性别意识的；（3）这种区别造成了一些重大的哲学后果，既反映在基本的理论倾向上，也反映在文化的走向（比如女性地位与环境的地位）上。所以，对于第一节开始时提出的那个问题③可以这样回答：哲学中的性别意识确实是与人们对世界与人生

---

① 当代女权主义面对的理论陷阱与寻求出路的艰难反映在以下这一段话中，它摘自一本讨论著名女权主义者露丝·伊莉格瑞（Luce Irigaray）的书：“伊莉格瑞面对这样一个两难：一方面，正如莫伊（Moi）有力指出的那样，‘从政治上讲，为了抵制那种将女人当作女人来精确界定（define）的父权压迫，女权主义者们有必要将女人当作女人来辩护（defend）’；就此而言也就有必要来界定一个女性的身份或特殊性。另一方面，一个人怎样才能在界定女性的特殊性时不再次陷入她要脱开的父权制的形而上学框架（patriarchal metaphysical framework）之中呢？读者们似乎想在伊莉格瑞的书中找出对这种两难的解决方案，希望她能指出出路之所在，也就是提供某种陈述或‘关于女人的理论（a theory of woman）’，它能避开其他同类理论未曾逃脱的圈套与陷阱。但伊莉格瑞写道：‘如果要构造一个关于女人的理论的话，我觉得男人就够了。’‘作为女人来说话（speak as woman）不是去说关于女人的话（speak of woman）。该做的并不是去制造出拿女人当对象或主题来议论一番的东西。’……伊莉格瑞并不想告诉我们‘女人’是什么，这恰是女人们要去集体创造出来的东西。她在其著作中要做的是去暴露父权制的基础，特别要显示它在那些被人们一直当作关于普遍性和理性的高超研究也就是哲学中也在起着重要作用。在这个暴露的过程中，构成哲学的（或应该构成哲学的）概念被深刻地动摇了，因为伊莉格瑞正在研究理性的感情基础（the passional foundation of reason）。”（引自 Margaret Whitford：Luce Irigaray：Philosophy in Feminine，London：Routledge，1991，pp. 9 – 10）伊格莉瑞对西方传统哲学的“父权制的形而上学框架”的深刻性有相当的认识，但避开理论问题，只是“作为女人来说话”似乎也不足以深刻动摇传统西方哲学的基础。而研究“理性的感情基础”也似乎还是处在传统的二分法之中。

② 安乐哲：《和而不同》，第 161 – 162 页。

③ 即“本性”与“两性”是否有内在关联的问题。

本性的看法息息相关的。

概而言之，无性别意识的哲学与文化主要关注意义的规范机制，而有性别意识者则关注意义的发生机制。前者认为，最真实的是最可规范、确定和普遍化的东西，最真实的知识是准确的、不会出错的、可作为独立对象加工和操纵的，因而是可脱离情境的。因此这种知识不受自然条件、包括人的生命的自然条件的限制，要不断地复制自身、精密化自身，使自身普遍化和独立化。而后者则认为最真实的东西是能产生意义的，而“产生”就有天然的局限；它只能发生于原本的两性之间，相对相济，相交相生。这是无法复制的，因为意义从根本上就要出新，一旦被复制就失去了原发性，成为意义的对象或主体，而非意义本身了。[①] 确实如福柯所说（见本文开头所引），对性问题的真正重视不在于“谈论性”；但更重要的是应该认识到，要深入理解性问题，就要求在根本处或者说在西方哲学所说的存在论中做出性的区别。而且，正是这个区别使人直觉到，将性作为对象化的东西来谈论本身就已经是在掩盖性的原意了。

无性别哲学与受其影响的历史进程带来规范化、精确化、经济有效化和无止境的进步，同时伴随着思想与文化维度的贫乏化、无机化和单向化。铁路、高速公路、波音洲际飞机、绕地球空间站乃至星际航天器是这种知识和生存方式的实物体现与形态象征。另一方面，有性别意识的哲学与文化带来的是生机化、多样化、有限化、技艺化、丰富化和可循环化，天然的、未遭人为破坏的生态系统是其象征。

所以，意识到性别的终极地位的哲学恰恰不会认为现实人的和文化的性（gender）是由某种现成的“性本质”或“性范畴”所规定的，就像毕达哥拉斯的对立表和西方二元化思维所总结的那些“男性/女性”特征规定一样。现实的性别是在人的哲理视域和话语方式中，由人的生存活动与机缘共同构成或生成的。不过，这也不等同于文化性别（gender）与自然性别（sex）的二元论或不相干论，或认为现实—文化的性别可以完全由人自己来控制或修改。

---

① 参见德里达《声音与现象》第七章所表达的这样一个观点：意义的原本结构是非对象的、非主体的。英文版 Speech and Phenomena（David B. Allison 英译，Northwestern University Press，1973），第 92 页、96—97 页。

自然赋予性的区别，结果是丰富多样的世界、人生与性格。中国古代哲人会这么想：没有人能否认日月、天地、阴阳、雌雄的区别，但这区别的真正意义或后果不是规范，而是生成。“是故《易》有太极，是生两仪，两仪生四象，四象生八卦，八卦定吉凶，吉凶生大业。”（《系辞上》11 章）无阴阳焉有太极？然而太极图之阴阳不同于“是非”，而是“氤氲化生”（《系辞下》5 章）之“天地男女”，所以阴中有阳，阳中有阴，曲线柔妙而化意醇厚。“上下无常，刚柔相易，不可为典要，唯变所适。”（《系辞下》8 章）不然何以称“阴阳”“乾坤”而不曰“真假”“善恶”？尽管如此，“上下无常”却不是“上下无别”，“刚柔相易”亦不是“刚柔混淆”。否则的话，向我们迎来的就不只是“变性”之“人妖”，更有无性之“克隆”，整个人生与文化的克隆。

庚寅年大雪时节修订于畅春园

3. 父子伦理，还是夫妇伦理

——中国古代思想中的“元伦理”之争

张再林

西安交通大学人文学院

“家”是一切社会的真正的生命母体。而任何民族的伦理取向，都可以从其所侧重的一定的家庭成员的关系中找到其生命原型。如果说西方式伦理以其对平等的推崇，更多的是以“兄弟伦理”为其原型，① 那么，中国式伦理则以其对“孝”“忠”的强调，似乎更多的是以“父子伦理”为其原型。然而，一种对中国思想史的更为全面也更为深入的考察将表明，实际情况并非如此。中国古人的伦理观在突出“父子伦理”的同时，亦始终存在着“父

---

① 西方伦理以“兄弟伦理”为原型的思想，可见之于亚里士多德《尼各马可伦理学》中把兄弟友爱看作朋友的同伴之爱乃至公民的平等之爱的基础的论述，尤其可见之于《圣经》中视上帝为“天父”，天下的无论贵贱、男女的所有人均一视同仁被视为上帝之子而彼此为兄弟（姐妹）的论述。

子伦理”与“夫妇伦理”二者孰优孰先之争。这一“元伦理”之争，不仅使中国古人伦理理论较之西人的单维的“男性伦理”或“无性伦理”，以其对两性之际的深涉和包举而更具深度和广度，也更具生态学意义上的自发性和自返性，而且从中也进一步地为我们彰显了其伦理观的“根身性”“属家化”的深刻特征。

一、周人的“家族伦理”的一体两面性

古代中国素被人们视为一种“家族主义”的国度。而追溯其历史，这种“家族本位”，是伴随着西周宗法制的建立和完善，而由周人率先奠定的。

西周宗法制要么以其对权位继承的强调，而被视为是一种人为的社会政治制度，要么以其对血缘关系的认定，而被视为是一种纯天然的亲属制度。其实，究其实质，该制度以其亦人亦天的性质，以其社会行为高度的“自律性”“自治性”，既非单纯的政治制度，也非单纯的亲属制度，而是一如王国维所说，“其旨则在纳上下于道德，而合天子、诸侯、卿、大夫、士、庶民以成一道德之团体”,[①] 而为一地地道道的中国式的伦理道德制度。在这里，之所以称其为“中国式”的，乃在于一如《尚书·尧典》所谓“克明峻德，以亲九族”一语所指，这种伦理道德与那种西式的唯心化的伦理道德不同，其并非超然于血缘之外，而恰恰相反地是内在于血缘之中。中国早期“德”的概念作为一定的血缘共同体的成员资格，而与生、性、姓、族、类相联系，同德即同类即其明证。[②]

这种宗法化的道德伦理即家族化的道德伦理，它应体现对家族成员之间各种亲属关系的合理界定。摩尔根讲，“由家族组织产生的亲属关系有两类：一类是由世系决定的宗亲，另一类是由婚姻决定的姻亲”。[③] 如果说“宗亲”一类体现了家族同姓成员之间的亲属关系，那么“姻亲”一类则体现了家族异姓成员之间的亲属关系。而一个家族的广义的亲属关系的建立，不仅取决

---

① 王国维：《殷周制度论》，见陈其泰等编：《二十世纪中国礼学研究论集》，北京：学苑出版社，1998 年，第 289 页。

② 这一点除可见之于中国早期的史料外，还可证之于李玄伯《中国古代社会新研》（开明书局，1948 年）一书中的有关分析。

③ 摩尔根：《古代社会》，杨东莼等译，商务印书馆，1977 年，第 405 页。

于同姓成员之间关系的完善，而且也取决于异姓成员之间关系的完善。此即古人所谓“同姓从宗合族属；异姓主名治际会”（《礼记·大传》）。前者一如张载“宗法不立，则人不知统系来处”（《经学理窟·宗法》）一语所指，其关系到家族内部世系的秩序上的统一，而使家族成员关系成为稳定的；而后者一如《礼记·昏义》“婚姻者合二姓之好”一语所指，其关系到家族对外的对等式的交际，而使家族成员关系成为开放的。而一个家族之所以成为一个家族，恰恰在于其既是统一而稳定的，又是交际而开放的，并在这二者动态平衡之中维系着活的生命力，而使其成为一种变中有常、常中有变，和结构与解构相统一的人际共同体。这也正是古人“亲”“戚”二字之所以不可分、之所以联称之深刻的蕴意。①

周人的家族伦理的确立恰恰围绕着上述两个方面而展开，并在这两个方面都有其划时代的建树。

一方面，在周人那里，宗亲的亲属关系得以前所未有地长足发展。为历史学家所津津乐道的一改殷商的“兄终弟及”的家族制度，周人的“父子相传”的家族制度的诞生正是其有力的说明。按照王国维的看法，这种“传子之制”之所以优越于“传弟之制”，恰恰在于它既以“父子之亲”甚于“兄弟之亲”，而更忠实于家族血缘的“亲亲”原则，又以“父子之尊”甚于“兄弟之尊”，而更忠实于家族血缘的“尊尊”原则。这样，以其对家族血缘的所谓的“天定”法则而非“人定”法则的高度尊重，周人的“传子之制”不仅合乎自然地有利于家族内部继统上的息争，而且也顺天之运地使其成为中国古代社会家族传承的百世不易之制。

王国维在其《殷周制度论》里指出，由传子之制而嫡庶之制生，又由嫡庶之制而宗法生，以及服务于宗法的服术和祭法生。所有这一切，作为一种文物制度的保障，不仅使“父子相传”之制得以进一步贯彻，而且也使宗亲系统的人伦秩序和传承谱系更为有条不紊地得以明晰和确定，并最终使“大宗百世不迁”在西周一代成为真正的历史可能。而西周分封制社会的“君统”与“宗统”之所以可以“君之宗之”地臻至近乎完美地合一，其社会的政治的统治关系之所以可以完全服从家族的宗法关系，实有赖于这种宗亲系统秩

① 谢维扬：《周代家庭形态》，北京：中国社会科学出版社，1990年，第30页。

序和谱系的前所未有的明晰和确定。

另一方面，在周人那里，除宗亲的亲属关系外，姻亲的亲属关系亦被给予了高度的重视。虽然，较之对前者的研究，对后者的研究迄今仍未引起学界的认真关注。而这种对姻亲的亲属关系的高度重视，最集中地体现为周人“同姓不婚”制度的推出。《礼记·大传》谓“系之以姓而弗别，缀之以食而弗殊，虽百世而婚姻不通者，周道然也”，王国维亦谓“同姓不婚之制实自周始”。① 究其初衷，周人之所以坚持“同姓不婚”，其既有“男女同姓，其生不繁”的生理学考虑，又生理亦伦理地出于旨在明确家族伦理的目的。一如古人“取妻不取同姓，以厚别也”（《礼记·坊记》），“取于异姓，所以附远厚别也”（《礼记·郊特牲》）所云，它最终是和周人的“男女有别”的家族伦理原则的坚持联系在一起的。因为对于周人来说，“男女有别，而后夫妇有义”（《礼记·昏义》），唯有男女有别，才能真正地男女有亲，才能使一种真正“两人世界”的专偶式夫妇关系得以建立；从而又唯有男女有别，我们人类才能使自己告别不知父母更谈不到父子的原始的群婚制，而走向文明人的个体婚制，并最终使基于这种个体婚制的家族伦理得以真正地彰明较著。

因此，周人的“同姓不婚”制的推出，对于中国古代家族伦理关系的建立具有非同寻常的意义。它不仅使夫妇的婚姻关系以其“和两姓之好”的性质，为我们打开了通向家族姻亲亲属关系的通道，使家族关系从单一的、自我封闭的宗亲关系成为全面的和无限开放的宗亲—姻亲关系，而且亦从家族发生学出发，从事了对“家”的一种“以‘嫁’释‘家’”的深度解读，开始破天荒地把夫妇一伦奠定为家族中的一切亲属关系的真正根基。故古人提出“男女有别而后夫妇有义，夫妇有义而后父子有亲”（《礼记·昏义》），而强调昏礼以其“上以事家庙，下以继后世”（《礼记·昏义》），我们应对之“敬慎重正”，强调“敬之至也，大昏为大”（《大戴礼记·哀公问于孔子》），“夫昏礼，万世之始也”（《礼记·郊特牲》），“昏礼者，礼之本也”（《礼记·昏义》）。

如果你从《礼记》一书乃为秦汉之际的后人之作出发，认为这些表述有

① 王国维：《殷周制度论》，见陈其泰等编：《二十世纪中国礼学研究论集》，学苑出版社，1998 年，第 299 页。

过度解释和历史失真的嫌疑，那么你不妨再读读公推为是周人的“圣经”的《诗经》和《易经》。《诗经》为我们描绘了在周人那里，“之子于归”（女子出嫁）是如何盛况空前地“百两御之”（《召南·鹊巢》），是如何善莫大焉地“宜其家室”（《周南·桃夭》），以至于其夫妇之间可以臻至“执子之手，与子偕老”（《邶风·击鼓》）、“德音莫违，及尔同死”（《邶风·谷风》）的人生化境，以至于男子的“二三其德”以其“子之无良”、以其“士也罔极”（《小雅·白华》，《卫风·氓》）而备受周人的讥讽。《易经》则不仅把世间一切关系归约为两性关系，而为我们隆重推出了以阴阳之间生命对话为其最高宗旨的中国式的哲学理论的宣言，不仅对周人先妣姜嫄“感而生弃”这一“感生崇拜”思想从事了一种人身性的还原，宣称“易之咸，见夫妇”，而把夫妇交感的“咸”（感）卦尊为其下经的开山，而且亦如《序卦传》中所宣称的那样，提出“有男女，然后有夫妇；有夫妇，然后有父子；有父子，然后有君臣；有君臣，然后有上下；有上下，然后礼仪有所错”，把夫妇之伦明确视为一切礼仪伦常的真正造端，而无独有偶地得出了和《礼记》完全一致的观点，并从中最终导致了“咸和万民”（《尚书·周书·无逸》）这一周人伟大社会理念的发现。

故周人对父子一伦重视的同时，亦不忘对夫妇一伦的强调。这一点还可见之于古人在《春秋》《左传》中为我们记载的史实。在《春秋》《左传》中，我们不仅读到了周人如何地“讥不亲迎”，而且读到了周代的国君如何地“好舅甥，修婚姻，娶元妃，以奉粢盛”（《左传》文公二年），如何地“申之以盟誓，重之以昏姻”（《左传》成公十三年），而把“联姻”视为维系和扩大其宗法版图的最重要的手段和从事其“身体外交”活动的最不可或缺的“语言”。除此之外，这种对夫妇一伦的强调还在周人的“礼数”中得到充分的体现。周人的婚礼按《仪礼·士昏礼》的记载，有纳采、问名、纳吉、纳征、请期、亲迎这六个步骤而不胜其繁，其“礼之用，唯婚姻为兢兢”（司马迁语），其在婚娶中对女性的尊重可见一斑。周人的祭礼“为酒为醴，烝畀祖妣”（《诗经·周颂·丰年》），“舞大濩以享先妣，……舞大武以享先祖”（《周礼·春官·大司乐》），这种对先妣和先祖一视同仁的共同祭祀，从中不独诞生了将象征女性始祖的“社”与代表男性始祖的“稷”结合起来的“社稷”观念（见斯维至先生考），并且也恰与后世“黄帝祭拜”中先祖独尊而独祭的现象形成鲜明的对比。周人的丧礼坚持“夫妻一体也”（《仪礼·丧服传》），“资于事父以事母，而爱同”（《礼记·丧服四制》），“为妻何以期也？妻至亲也”（《仪礼·丧服传》），而主张之于母、妻服制与之于父、夫的服制几乎相同，从中亦以一种“事亡如事存”的方式，使我们见证到周人夫妇之间生前地位相对的对等。

“名位不同，礼亦异数”（《春秋左氏传》），“礼数”是周人的社会地位的集中体现。在一个坚持“为国以礼”的礼文统治的社会，在一个主张“祭，如在；不祭，如不在”的“如在论”而非“实在论”的社会，周人更多地崇尚的实际上是一种审美化的“象征性权力”，而非功利化的“实质性权力”，周人的社会地位实际上更多地是以一种“称情而立文”的方式，而通过一种象征性的“礼数”来规定的。一如研究“象征性权力”的现代人类学所发现的那样，在一个崇尚“象征性权力”的部落里，最有权威的酋长也许反而是部落里一贫如洗的人。同理，在周人的社会里，财产的拥有并不能被视为其成员社会地位的唯一判准。因此，把周人的宗法家族制完全理解为财产继承制，进而从财产的父子相传把这种制度完全理解为绝对的父权制、绝对的男性统治，这乃是将周人的宗制社会削足适履于现代式的“唯经济决定论”的框架里，而对之所作出的一种不可原谅的历史的误读。它无视该社会女性成员对于这种“象征性权力”的共同分享，又遑论认识到这种权力所带来的对女性成员实际的社会重要地位的认可，从而以女性的缺席以及两性交往关系的褫夺，其最终成功地实现了对该社会的固有的“家本”“亲属”和“情实”性质的阉割。①

总之，一旦我们把周人的社会理解为一种“家族主义”的社会，一旦我们以一种现象学的“回到事物本身”的方式，追本溯源地并单刀直入地切入这种家族鲜活生动的生命系谱本身，我们就会发现周人对家族伦理的理解与

① 这种周人的“称情而立文”的“象征性权力”，不同于后世的那种布尔迪厄式的“象征性权力”。它与其说是更多地体现了一种我的“权力意志”对他人的支配，不如说是更多地体现了社会共同体中人们情感的归属。关于这种对周人的“象征性权力”的理解，可参看笔者《治论——中国古代管理思想》《中西哲学比较论》两部著作中对周礼的分析的有关论述。

其说是单一的父系式或“不完全的父系式”的,① 不如说是一体两面而全方位的。在家族伦理的坐标上，其既强调从宗亲关系所导出的父子一伦，又对从姻亲关系所导出的夫妇一伦给予积极认同。二者不唯并行不悖，且如车之双轮、鸟之两翼而相得益彰、相辅相成。也正是基于这种全方位的理解，才使周人伦理以其“亲亲之杀”与“尊贤之等”二者的兼备，而始终成为我们民族丰富的伦理思想的取之不竭的生命源泉。也正是基于这种全方位的理解，才使我们民族在遵循着这种“双亲式”而非“单亲式”伦理路线的同时，也使其民族生命以其根深蒂固、枝叶扶疏而得以真正地生生不已，并子子孙孙万万年地香火不绝而绵延至今。

二、“父子伦理”的历史独尊

如果说周人从完整的“家族伦理”出发，最终为我们建立了家国合一的分封制国家的话，那么，在中国历史上，随着分封制的开始瓦解，随着郡县制的皇权专制国家的逐渐建立，原初的家族伦理也开始了其似乎不可逆转的变异和分化。其突出的表现是在所谓“孝悌为本”的旗号下，父子一伦的地位日益突显，而夫妇一伦的地位日益隐而不现。这一沉浮升降，恰与现实政治生活中的“父子型”权力话语迅猛抬头互为呼唤、紧密相关。

本来，如前所述，一种真正的父子关系以其固有的“根身性”和“属家性”而具有双重性，其既体现了家族成员之间的“亲亲”原则，又同时体现了家族成员之间的“尊尊”原则。然而，此父子已非彼父子。如果说周人的父子关系虽坚持父之尊，却由于坚持“父慈子孝”而尚给其中的“亲亲”原则留有重要的一席之地的话，那么，历史新时期的父子关系则开始对“亲亲”原则视而不见而沦为“尊尊”原则的符号式的隐喻和象征。《礼记·表记》中所谓的“母，亲而不尊；父，尊而不亲”这一表述，恰可视为这一历史变异的忠实反映。而这种业已唯心化的父子形象中的符号能指与实际所指的分离，实际上同样是以现实社会中的“祛身化”“祛家化”的历史进程为其深

① 谢维扬：《周代家庭形态》，北京：中国社会科学出版社，1990 年，第 42 页。作者提出：“由于她们（即母和妻）被纳入夫方宗亲行列，就等于在父系单系世系上开了个缺口，成为不完全的单系世系。”

刻的背景。

一旦父子关系完全成为“尊尊”原则的象征，这不仅意味着在中国历史上一种严格意义上的父权制家庭的诞生，而且意味着父子关系得以奠定为社会的一切统治性、权力性关系的生命原型，意味着并非“相对的差异”而是“绝对的差异”业已被视为现实社会中人际伦理的真正规定。于是，与周人的伦理观形成鲜明对比，春秋以降，随着一种尊尊型的父子一伦地位的扶摇直上，一种双向度的相对主义伦理业已开始让位于一种单向度的绝对主义伦理。在这种绝对主义伦理的支配下，人们崇尚的与其说是《左传》所描述的“君令臣共，父慈子孝，兄爱弟敬，父和妻柔，姑慈妇听”的这一人际间的“礼尚往来”，不如说是一种自上而下的准康德式的“道德命令”。“臣事君、子事父、妻事夫，三者顺则天下治，三者逆则天下乱，此天下之常道也”（《韩非子·忠孝》），这一中国古代专制主义意识形态的鼻祖韩非子的作为“天下之常道”的“三顺说”的推出，不啻可看作是这一伦理观转型的先声之鸣，并为我们预示着中国古代的伦理一如中国古代的政治，其同样难以逃逸那种“外儒内法”的历史宿命。其间，虽有孔子所谓的“己所不欲，勿施于人”的“恕道”和“从人从二”的“仁本”思想的推出，虽有孟子所谓的“爱人者人恒爱之，敬人者人恒敬之”的呼吁和对风靡于世的单向度权力话语的抨击，然而，就其历史的整个发展趋势而言，这种绝对主义的“父子型”伦理统治却是愈演愈烈而呈万牛莫挽之势，并最终导致了在秦汉大一统帝国建立之际，“移孝于忠”理论以及与之相应的“三纲说”的正式祭出。

耐人寻味的是，“孝”的观念一如《诗》《书》所示，在西周时期仅指对先祖考、先祖妣的追祭，但随着中国历史的推移，“孝”的对象却发生了戏剧性的变化，其对象不仅从“事祖”转向“事亲”，而且其“事亲”的对象亦从事父母之双亲开始坚持“善父为孝”而转向事父之独尊。实际上，“家无二尊”对应于“国无二主”，家庭中的父之尊和国家中的君之尊二者无疑存在着一种正相关关系。故中国社会至高无上的君权的日隆，其也必然使父权与君权结为政治上的同盟，并使所谓的“移孝于忠”主张在中国历史上成为实际的可能。

因此，在为汉代统治者备极顶礼的《孝经》中，作者宣称“夫孝，始于事亲，中于事君，终于立身”（《孝经·开宗明义章第一》），“故以孝事君则忠”（《孝经·士章第五》），“君子之事亲孝，故忠可移于君”（《孝经·广扬名章第十四》）。类似的说法还可见诸《后汉书》和《礼记》。《后汉书》谓“忠臣之事君，犹孝子之事父也”（《后汉书》卷五十八，《虞傅盖臧列传》），《礼记·大学》谓“孝者，所以事君也”，《礼记·祭统》谓“忠臣以事其君，孝子以事其亲，其本一也”。凡此种种，均表明了在秦汉之际，旨在父权与君权结盟的“移孝于忠”已日益被提到社会伦理建设的议事日程。在这里，这种所谓的“移孝于忠”以其坚持家国的同构、坚持家统与君统的合一，往往被理所当然地认为是对周人的宗法家族制遗风的再继，然而，究其实质，二者的气象、二者的宗旨却迥然异趣和判若云泥。这是因为，如果说在周人那里，这种家国的同构、这种家统与君统的合一是以现实的血缘化的社会结构为其坚实基础的话，那么，随着秦汉专制主义国家的建立，这一基础早已在历史的滚滚巨轮下几乎荡然无存。而“皮之不存，毛将焉附”？这也说明了为什么新兴统治者为了维护其专制统治而不得不左右其手，一方面，“有政刑以絷其体”，大张铁的刑律以看管住臣民不无忤逆的身体；另一方面，“有德礼以格其心”，又假手于不无温情的道德教化以俘获每一个人桀骜不驯的灵魂。

因此，正如“孝”的观念在周人那里与后人那里已今非昔比一样，“德”的观念亦如此，其亦与先前之旨大异其趣。如果说在周人那里，其坚持“同姓则同德”“异姓则异德”，“德”作为家族成员资格而为家族化的伦理道德的话，那么，在后人那里，“德”的家族化的特质则大为褪色，其业已蜕变为一种超血缘的、强制性的权力话语，一种标准化的普遍主义的个体行为的规范和准则。而在韩非子“三顺说”基础上汉儒更为完备的所谓“三纲说”的推出，恰恰为我们说明了这一点。“三纲”的“纲”即“纲纪”之“纲”。《白虎通》的作者谓：“何谓纲纪？纲者，张；纪者，理也。大者为纲，小者为纪。所以张理上下，整齐人道也”（《白虎通·总论纲纪》），并把这种“张理上下，整齐人道”的“纲纪”运用于人伦关系，则为我们得出了所谓的“君为臣纲，父为子纲，夫为妻纲”这一结论。故《白虎通》的作者宣称：“君，群也，群下之所归心也。……父者，矩也，以法度教子也。……夫者，扶也，以道扶接也。妇者，服也，以礼屈服也。”（《白虎通·论六纪之义》）董仲舒亦提出：“天子受命于天，诸侯受命于天子，子受命于父，臣受命于君，妻受命于夫。……子不奉父命则有伯讨之罪，……臣不奉君命虽善以

叛，……妻不奉夫之命则绝。”（《春秋繁露·顺命》）

任何伦理上的权力话语作为一种旨在“绝对的同一”的话语，其必然导致对“不同而一”“亲密的差异”的两性话语的去势，导致对真正的两性关系的漠视。这种漠视不仅表现在“三纲说”里，夫妇一伦的地位已由周人的“人伦之本”降尊纡贵至人伦之末，而且还表现在作为这种“三纲说”重要依据的汉儒所谓的“男尊女卑”思想的隆重推出。故董仲舒宣称“君臣、父子、夫妇之义，取诸阴阳之道。君为阳，臣为阴；父为阳，子为阴；夫为阳，妻为阴。阴道无所独行，其始也不得专起，其终也不得分功”（《春秋繁露·基义》），宣称“诸在上者皆为其下阳，诸在下者皆其上阴”（《春秋繁露·阳尊阴卑》），与此同时，还提出“阳贵而阴贱，天之制也”（《春秋繁露·天辨在人》），从而在把“阳尊阴卑”提到高高在上的“天道”的高度的同时，在坚持“天下无二道”、坚持“天不变，道亦不变”的同时，最终以所谓“天”的名义，为我们宣布了汉人“干纲独断”思想的无往不胜，和周人“男女之际”“阴阳相须”思想的历史的退隐。这样，自汉以来，与中国历史愈演愈烈的阉宦现象相映成趣，我们民族在“祛性化”的道路上渐行渐远，并从中最终不无戏剧性地实现了从一个至为“尊性”的民族，向一个“谈性色变”的民族的历史性转变。

故汉人的思想实际为我们开启了有别于西周的中国伦理的新的时代。自汉以降，中国伦理思想虽经魏晋、隋唐的玄风佛雨的历史洗礼，但为汉人所奠定的“父子型”伦理却不唯始终初衷不改且呈攀升之势，并随着宋明理学的创立，随着这种理学地位的日尊日隆，在中国的明清之际其最终被推向无以复加的历史巅峰。

这里不能不涉及对宋明理学的伦理思想的理论定位。固然，宋明理学以其作为对外来佛学的理论反动和纠正，并以其援《易》《庸》入儒的性质，可以被视为是中国古老的人伦之道历史的回归和复兴。然而，同样不容忽视并不无吊诡的是，由于把旨在追求绝对同一性的知识性话语的“天理”视为本体论的、终极性的“道”，由于坚持“人伦者，天理也”（《河南程氏外书》卷七），用这种“万法归一”的“道”解读“不同而一”“和而不同”的人际人伦，这不仅使“理学”自身陷入难以解脱的理论上的矛盾和悖论之中，亦使“理学”思想与“张理上下、整齐人道”的汉儒的“纲纪”思想实际上暗通款曲，使“理学”一开始就不可避免地沦为一种权力性话语的附庸，就打上了“尊以责卑”“长以责幼”“贵以责贱”的鲜明的阶级烙印。

于是，一方面，在宋明理学那里，我们看到的是“父子型”伦理地位进一步地急剧膨胀、直线上升。程子谓“君臣父子，天下之定理，无所逃于天地间”（《河南程氏遗书》卷五），朱子讲“臣子无说君父不是底道理”（《朱子语类》卷十三）。同时，与这一思想相桴鼓的，是坚持“夫唯孝者，必贵于忠”（《忠经·保孝行章》），坚持“善莫大于作忠，恶莫大于不忠”（《忠经·证应章》）的《忠经》一书自宋以来的长期流行，是所谓“天下无不是底父母”“君虽不仁，臣不可以不忠”“君为独夫民贼，而犹以忠事之”等观念的畅通无阻，以及社会上“愚孝”“愚忠”乃至为君“死节”现象的层出不穷。另一方面，在宋明理学那里，“百善孝为先”必然意味着“万恶淫为首”。随着这种“父子型”伦理地位的上升，迎之而来的则是“夫妇型”伦理进一步地跌至谷底。这方面的思想除了可见之于程子的妇人之性阴狠之说，见之于程子所谓的“男女尊卑有序，夫妇有倡随之礼，此常理也”（《周易程氏传》），所谓的“妇人以从为正，以顺为德”（同上）等说法外，最引人注目的还有程子所谓的“饿死事极小，失节事极大”（《河南程氏遗书》卷二十二下）这一妇女“从一而终”之论。因此，在宋明理学家那里，我们虽可看到朱子宣称“盖夫妇之际，隐微之间，尤见道之不可离处”（《中庸或问》上），而对《中庸》“君子之道造端乎夫妇”一旨的提撕，但更多看到的却是他们之于夫妇之际的男性话语、夫权统治的无上强调，以至于宋明理学作为社会意识形态风靡之际，也恰恰是华夏大地贞节牌坊遍地林立之时。《明史》中所记载的明代“乃至僻壤下户之女，亦能以贞白自砥”（《明史》卷三百零一，《烈女一》）的史实，以及明清之时社会上“从一而终”“夫死守节”的贞女、节妇统计数据的急剧攀升，适可为其力证。①

总之，较之于同为“父子型”伦理统治的汉代，自宋以降尤其殆至明清，

① 张锡勤等编：《中国伦理道德变迁史稿》下卷，北京：人民出版社，2008 年，第 63 页。书中根据《古今图书集成·闺媛典》的记载做了这样的统计：两汉节妇年均为 0.05 人，魏晋南北朝为 0.09 人，隋唐为 0.1 人，两宋为 0.48 人，元为 4.66 人，明为 98.34 人，清初顺治、康熙两朝则达 120 人。

“父子型”伦理以其地位日隆已今非昔比。这不仅由于在政治制度上，随着皇权专制的国家体制的臻至其极，后人已彻底涤除了社会分封制的历史残余，而且还在于后出的伦理制度的建制本身也已日趋成熟和精致。也就是说，随着理学家将“父子型”伦理所托庇的“理”上升为“地之维，天之柱”的“天理”，随着其又进而坚持所谓的“性即理”“心即理”，其在完成为了政治上的“权力话语”向思想上“知识话语”转型的同时，也成功地并彻底地把汉儒的高高在上的“天命”内化为每一个人内心的“无意识”，从而以一种既不无残忍专横又兵不血刃的方式，最终保证了这种“父子型”伦理对社会的坚如磐石的有效统治。此即谭嗣同所谓的“不唯关其口，使不敢昌言；乃并锢其心，使不敢侈想”（《仁学》卷下）。它宣布一种真正的所谓的“名教重丘山”的时代，一种从政治专制深入到思想专制这一刻骨入髓的所谓的“后专制主义”时代的到来。同时，“无往不复”，这种“父子型”伦理统治发展到极致，又物极必反地为周人的“夫妇型”伦理在历史上的重新崛起埋下了伏笔。

三、“夫妇伦理”的重新崛起

其实，长期以来，“父子伦理”在中国历史上其地位的独尊，并不意味着“夫妇伦理”完全地销声匿迹，完全地失语。相反，在对“父子伦理”备极顶礼的同时，由于根深蒂固的文化传统，中国历史上对“夫妇伦理”的呼吁亦一直此起彼伏、不绝如缕。它使中国古代伦理与西方的单维的“男性伦理”或“无性伦理”相比，以其对原生态的两性维度的关照，虽同样坚持父权的绝对又不乏人际的相对旨趣，虽同样维持着体系的封闭又潜伏着解放体系的活性和动力，并最终使中国式的“父子伦理”以其一定的可回馈性，而不失为一种非原教旨主义而“相对温和”的“父子伦理”。这种对“夫妇伦理”的呼吁，可见于《大戴礼记》所载的孔子对“必敬其妻子也有道”的强调，《孟子》对“男女居室，人之大伦也”的提撕，《中庸》所谓“君子之道，造端乎夫妇”的推出，《史记》所谓“诗始关雎，《易》基乾坤，《书》美厘降，《春秋》讥不亲迎”的史叙，以及《逸周书》和《郭店竹简》中以“夫妇”为首伦的排序，还有旨在恢复阴阳平衡的道家对女性话语的力挺和对男性话语的力辟，一直到宋人杨时的“齐家自夫妇始”的命题，如此等等，适可为其明据，尽管较之“父子伦理”的强势话语，这种对“夫妇伦理”的呼吁以其音声之希、曲高和寡始终处于边缘地位。

但是，自周以降，真正把“夫妇伦理”推至历史的前台，而与“父子伦理”分庭抗礼、一争高低，则在宋明理学的统治盛极而衰和所谓的“后理学”思潮的兴起之际。在这方面，被视为所谓“异端之尤”的明代思想家李贽，无疑当之无愧地成为其理论的先驱。

在笔者看来，李贽在中国思想史上最惊世骇俗之处，与其说是他“两千年来直斥孔子，实惟先生”的那种《焚书》中“非孔叛圣”的言辞，不如说是他《初潭集》中敢于冒天下之大不韪地彻底地“掀翻人伦”之举。在《初潭集》这一部不失有着划时代意义的伦理学论著中，李贽不仅公开提出“言夫妇则五常可知”,① 提出“夫妇，人之始也。有夫妇然后有父子，有父子然后有兄弟，有兄弟然后有上下”,② 把业已长期打入冷宫的夫妇一伦名正言顺地重新扶为人伦发生的造始端倪，而且在该论著的实际叙述体例上，也一反始于“君臣”，再到“父子”“夫妇”“兄弟”并终于“朋友”的这一传统的人伦排列，而以始于“夫妇”再到“父子”“兄弟”“师友”并终于“君臣”为其书写之序。显然，在一个千年来君臣与父子已结为神圣同盟、君臣父子之际被奉为无上至尊的社会里，这一近乎挑衅性的“大逆不道”之举，显示出了李贽何等的胆识，何等的无所畏惧。

而真正的无畏来自理论的彻底。李贽之所以能够如此义无反顾地向千年伦理传统发起勇敢的挑战，恰恰在于他并非像后儒那样依傍门户地唯“理学”马首是瞻，而是直造先天未画前的中国古老的《周易》，从《周易》的解读中为我们发现了人类伦理的真正胜义，人类伦理永远不竭的活水源泉。正是通过对《周易》的解读，使李贽提出“乾坤定位，则一夫一妇”,③ 提出“一夫一妇，家家之乾坤”,④ 使李贽不仅把夫妇一伦视为家伦理乃至人类伦理的开元创始，而且从《周易》的“乾道成男，坤道成女”的思想出发，提出

---

① 张建业编：《李贽文集》第五卷，《初潭集》，北京：社会科学文献出版社，2000年，“初潭集序”第1页。

② 张建业编：《李贽文集》第五卷，《初潭集》，“夫妇篇总论”，第1页。

③ 张建业编：《李贽文集》第七卷，《九正易因》，第96页。

④ 同上，第97页。

“极而言之，天地，一夫妇也”,① 亦把夫妇一伦提升至与天地准的高度，而将其同时也天人合一地目为是穷极整个宇宙微茫的造端，最终同样也以“天”的名义为我们捍卫夫妇伦理至高无上的尊严。同时，也正是通过对《周易》的解读，使李贽宣称：“夫厥初生人，唯是阴阳二气，男女二命耳。初无所谓一与理也，而何太极之有？……一与二为二，理与气为二，阴阳与太极为二，太极与无极为二。反复穷诘，无不是二，又恶睹所谓一者，而遽尔妄言之哉?”② 使李贽从《理学》的“万法归一”的“一”回到大易的“阴阳感应”的“二”，不仅体现了其与理学的旨在追求绝对同一性的知识话语模式的彻底决裂，亦把矛头直指当时社会炙手可热的君权、父权和夫权，而代表了对一切权力话语的操戈入室的清算和批判。故在李贽的《初潭集》中，既有对中国历史上种种“愚忠”“愚孝”“愚节”的体无完肤的揭露，又不乏对中国历史上种种“名教罪人”的极其热情的礼赞。所有这一切，使李贽的《初潭集》以其对理学化伦理的极其激进而又彻底的反叛，而壁立千仞地堪为后理学时代中国新伦理学思潮的真正开山。

继李贽之后，明末清初思想家唐甄对夫妇伦理的张扬亦同样不遗余力。在其《潜书》一书里，和李贽一样他把夫妇一伦置于人伦之首的地位，唐甄称：“盖今学之不讲，人伦不明；人伦不明，莫甚于夫妻矣。人若无妻，子孙何以生？家何以成?”③ 称：“五伦百姓，非恕不行；行自妻始。不恕于妻而能恕人，吾不信也。”④ 在他看来，夫妇一伦不仅在人伦上具有其发生学的优先地位，而且“敬且和，夫妇之伦乃尽”,⑤ 它还以其“敬且和”的性质恰恰为我们指向了“礼以敬人”“和而不同”这一人际伦理应有的规定。同时，无独有偶的是，正如李贽对夫妇伦理的力倡是与“父子型”“权力型”伦理的力辟联系在一起一样，唐甄的思想亦如此。因此，一方面，从夫妇伦理的“敬且和”的性质出发，他向统治千年的“男尊女卑”原则发起挑战。在一

---

① 张建业编：《李贽文集》第五卷，《初潭集》，“夫妇篇总论”，第1页。

② 同上，第1页。

③ 唐甄：《潜书》，北京：中华书局，1955年，第77页。

④ 同上，第79页

⑤ 同上，第78页。

个重男轻女的社会，他宣称“男子溺于世而离于天，妇人不入世而近于天”,[①]“均是子也，乃我之恤女也，则甚于男”;[②] 对于那种“屈于外而威于内”“以妻为迁怒之地”的“暴妻”的现象，他指出“不祥如是，何以为家”;[③] 基于《周易》“感”卦中“男下女”思想，他还提出“盖地之下于天，妻之下于夫者，位也；天之下于地，夫之下于妻者，德也”,[④] 以其更为看重“夫之下于妻”的“德”而非“妻之下于夫者”的“位”，在夫妻关系上再扬了孟子的“德尊”优于“位尊”的这一人本主义的雄辩。另一方面，以这种“敬且和”的夫妇伦理为人际伦理的原型，他不仅提出“皂人可以为圣人，丐人可以为圣人，蛮人可以为圣人”[⑤] 这一“圣人与我同类”的思想，提出“天子虽尊，亦人也”[⑥] 这一“众生平等”的思想，而且把自己的矛头直指千年来至高无上的君主独裁统治。在他的笔下，“周秦以后，君将豪杰，皆鼓刀之屠人”,[⑦]“自秦以来，凡为帝王者皆贼也”,[⑧] 自周秦以降的君主帝王以其荼毒天下、暴取豪夺无一不是“屠夫”和“民贼”。而这种对君权残暴本质的震聋发聩的声讨，使唐甄在一个万马齐喑的时代一骑绝尘，与《明夷待访录》中黄宗羲的呐喊互为呼应，成为中国古代政治专制主义批判思潮中最早的先行者和最耀眼的思想巨星。

在之于夫妇伦理的理论发明上，清代著名思想家戴震的理论贡献亦不能不引起关注，尽管这一贡献往往被很多研究者所忽视。在其《法象论》里，戴震提出“夫道无远迩，能以尽于人伦者反身求之，则靡不尽也”,[⑨] 而这种对“道”的反求诸身的结果，则使戴震得出了“人之伦类肇自男女夫妇”这一结论。[⑩] 故戴震宣称：“日月者，成象之男女也；山川者，成形之男女也；

① 唐甄：《潜书》，北京：中华书局，1955 年，第 26 页。

② 同上，第 78 页。

③ 同上，第 77 页。

④ 同上，第 77 页。

⑤ 同上，第 56 页。

⑥ 同上，第 150 页。

⑦ 同上，第 198 页。

⑧ 同上，第 196 页。

⑨ 戴震：《孟子字义疏证》，北京：中华书局，1961 年，第 174 页。

⑩ 同上，第 174 页。

阴阳者，气化之男女也；言阴阳于一人之身，血气之男女也。”① 而一旦坚持“人之伦类肇自男女夫妇”，这不仅意味夫妇伦理具有其发生学上的优先，并且同时还意味着其兼备一种性质上的原始的圆满，而为我们从根本上回答了何以一切人际关系既是伦理的又是生理的，既是差异的又是同一的这一问题。因此，在其《原善》篇中，在对比“五伦”时戴震指出：“父子之伦，恩之尽也；昆弟之伦，洽之尽也；君臣之伦，恩比于父子，然而敬之尽也；朋友之伦，洽比于昆弟，然而谊之尽也；夫妇一伦，恩若父子，洽若昆弟，敬若君臣，谊若朋友，然而辨之尽也。”② 也即戴震认为，夫妇一伦虽仅为人伦中一伦，却可以尽纳博采一切人伦之长，以其叹为观止的“辨之尽”而为人类伦理性质的集中而又完整的揭明。显然，在一个君臣父子之际被奉为至尊的时代，这种夫妇之伦的备极讴歌实属希世之音，其可与后来青年马克思的思想互为发明，而实开视两性文明为人类一切人性文明终极判准这一思想的最早的先声。而这一思想的推出，既体现了对《周易》的阴阳男女之道的坚守，又从中隐含着对风靡于世的权力话语的抗议这一弦外之音。无怪乎戴震针对朱子所谓的“阴阳，气也，形而下者也；所以一阴一阳者，理也，形而上者也；道即理之谓者也”的观点，坚持“理不离气”，而对凌驾于气血男女之上的形上的“天理”的存在给予前所未有的去魅。也无怪乎戴震把那种托庇于天理而被后儒敬若神明的纲常伦理，以其“尊者以理尊卑，长者以理责幼，贵者以理责贱”的本质，而统统斥为是不折不扣的“以理杀人”的刑具。

耐人寻思的是，在后理学思想潮中，几乎一切高扬夫妇伦理的主张都不约而同地和周人《周易》联系在一起，都意味着其不可避免地重返于周人的《周易》，都旨在从《周易》阴阳相须、男女交感的身道中为“不同而一”的人伦寻求其最终的生命学依据，以期与理学的完全划一的唯心化伦理分庭抗礼。李贽、唐甄、戴震是如此，清朝一代巨儒、通儒的焦循也不例外。同时，由于作为中国历史上冠绝一时的治《易》大师，这使焦循对夫妇伦理的发明和提撕尤为博通淹贯，也尤为鞭辟入里。

一方面，基于《易传·系辞传》中“六爻发挥，旁通情也”的思想，使

① 戴震：《孟子字义疏证》，北京：中华书局，1961 年，第 174—175 页。

② 同上，第 76 页。

焦循把《周易》的一切易象运动归结为两两相孚的“情”的旁通，他指出，“旁通而当，情也。不能旁通而位不当，伪也”,① 指出“以利言之，乃知卦之吉，视乎情之旁通，旁通而当则吉，不当则凶”。② 另一方面，通过对《孟子》中的“乃若其情则可以为善”这一“性善论”思想的研究，使焦循发现这种“旁通之情”同时又不过是对普遍的人性的标识和指称，即其所谓“禽兽之情，不能旁通，即不能利贞，故不可以为善，情不可以为善，此性所以不善。人之情能旁通，即能利贞，故可以为善，情可以为善，此性所以善”,③ 从而该“旁通之情”最终又与儒家“己欲立而立人，己欲达而达人”“遂己之欲，又遂人之欲”这一“互欲”的“仁学”思想不谋而合而一气贯通了。这样，一旦“易学”与“仁学”得以勾贯和互译，这也意味着一种作为“元伦理”的“夫妇伦理”的呼之欲出。因为按焦循《原卦》中的解释，不独古人的制《易》旨在“定人道、制嫁娶”，“因夫妇正五行”，且“夫妇者，一阴一阳之交孚也”,④“情性之大，莫如男女”,⑤《易》所谓的“旁通之情”实际上不外乎以男女夫妇之间的情之旁通为其人类学原型。于是，在焦循的学说里，随着其把《易》的“旁通之情”视为普遍的人性，随着其进而又把《易》的“旁通之情”最终还原为男女夫妇之情，这使焦循不仅宣称“父子、君臣、上下、礼义，必始于夫妇”,⑥ 通过“易学”的解读，再次为我们奠定夫妇伦理作为“元伦理”的地位。同时尤为难能可贵的是，这一工作既是对“易学”的正本清源，又一改传统儒家“孝悌也者，其为仁之本欤”这一千年不易之论，而堪称为儒家的“仁学”思想重新奠基，在中国历史上第一次把夫妇之际而非父子之际视为“仁学”之本，视为仁学的最终的人性依据，从而以对传统儒学“仁学”理论的创造性阐释，使焦循成为前近代的中国新儒学思潮中当之无愧的理论先驱和领袖一世的思想旗帜。

---

① 焦循:《易学三书》,《易章句》卷七，“系辞上传”，北京：九州出版社，2003年，第344页。

② 焦循:《易学三书》,《易章句》卷八，“系辞下传”，第376页。

③ 焦循:《孟子正义》(下)，北京：中华书局，1957年，第445页。

④ 焦循:《易学三书》,《易通释》卷五，第121页。

⑤ 焦循:《易学三书》,《易图略》卷六，“原卦第一”，第95页。

⑥ 同上，第94页。

如果说明清之际思想家对“父子伦理”的反叛、对“夫妇伦理”的呼吁虽此起彼伏、不绝如缕，虽与明清的“唯情主义”文学思潮互为呼应，并从中诞生了诸如《西厢记》《牡丹亭》《红楼梦》三大文学名著，却受制于社会强势的意识形态统治而尚未成为社会的主流话语的话，那么，随着君权专制体制土崩瓦解的20世纪的到来，这一历史的涓涓细流终于汇为现代巨观。值得注意的是，在这一全新的历史时期，这种对“夫妇伦理”的呼吁则表现得更为直率，它径直把对男女恋爱、男女爱情的大力鼓倡推至历史的前台。这种力倡除了可见之于在“科玄论战”中梁启超推出永葆着其“上不臣天子下不友诸侯”之身的所谓的“爱先生”，以与科学主义的所谓的“赛先生”分庭抗礼外，还可突出地见之于朱谦之在《一个唯情论者的宇宙观及人生观》里所推出的“爱情的宣言”。朱谦之在把中国古老的《周易》生命哲学还原为“情”的同时，在宣称宇宙生命就是所谓“真情之流”，人生哲学乃旨在“爱情”的同时，明确告诉人们“生命派和反生命派的根本论点，就是一个主张‘恋爱’，一个不主张‘恋爱’，一个说男女生活是圣洁的，一个说男女生活是不圣洁的”,① 以其对男女爱情的极力讴颂和力挺，使其俨如一代“情圣”。

这一切，最终导致了巴金的《家》这一文学名著在现代的问世。巴金的《家》之所以可以被视为是曹雪芹《红楼梦》的现代版，之所以可以既被作为文学史的名著又可作为思想史的名著来阅读，乃在于它和《红楼梦》一样，用其无比深沉的历史的巨笔，同为我们描绘传统家族中父子型统治与男女恋爱之间的似乎不可调和的尖锐冲突，同代表了对前者的激烈抗议和对后者的热情礼赞。所不同的是，如果说《红楼梦》的主人公宝玉离家出走并遁入空门，而为其美好的愿念画上了一个无奈的休止符的话，那么在巴金的《家》里，“恋爱”在挣脱家的“血的锁链”的同时，则已被明确贴上了“造反”的标签，从中我们依稀仿佛地听到今天新左派的“我越谈恋爱，我就越要造反”这一时代的呐喊。其以主人公觉民虽离家出走却又再创新家，而从中体现出了一种“由民做主”的新的历史追求。它为我们寓意着，新时代的中国

① 黎红雷编：《朱谦之文集》第一卷，《一个唯情论者的宇宙观及人生观》，福州：福建教育出版社，2002年，第494页。

人不仅可以以其切实的行动，重返《诗经》所描绘的“窈窕淑女，琴瑟友之”的不无浪漫的周人的时代，而且也恰恰是在这种之于中国古老历史的重返中，又同时可以为我们开出了一个告别君主专制的新的民主时代，一个从“家和”到“共和”的“新的外王”的时代的到来。

四、结论

“父与夫孰亲?”这是《左传》桓公十五年所记载的一位年轻的女性向其母亲提出的一个问题。① 其实，它也是整个中国历史向人们发出的千年之问。从某种意义上来说，一部中国历史，就是一部父子型关系与夫妇型关系此长彼消、互争高下的历史，就是一部在父子伦理与夫妇伦理之间一决出何者为伦理之元之始的历史。

显而易见，历史本身已经为这一问题给出了答案。整个中国历史的发展表明，二者之间既是此长而彼消的，又为此长而彼亦长的。因此，二者之间既存在着紧张的张力、对立，又不乏深刻的互依与统一。这毋宁说以一种历史与逻辑相一致的方式告诉我们，对于一种健全的社会人际关系的建立来说，二者同样都是不可或缺的，故从根本上并不存在二者孰优孰先的问题，以至于可以说，正是在这个意义上，中国思想史上的所谓的“元伦理”之争乃不失为一个地地道道的“伪问题”！这是因为，如前所述，如果父子伦理更多地以其一定的等级、秩序的坚持，为我们代表着人际关系的稳定的话，那么，夫妇伦理则更多地以其对等的交际、交往的强调，为我们指向了人际关系的开放领域。从根本上说，二者不唯不冲突，且恰恰相辅相成、相映成趣，并从中使我们的人类社会适成为一序而不泥、和而不同的人际共同体，恰如语言的客观性的“说明”与语言的流通性的“理解”，二者看似相悖而实为相通，并从中使我们人类的语言表达兑现为亦语亦默的心灵的互动。舍此而取彼，误矣；取此而舍彼，亦误矣。

---

① 《左传》桓公十五年：“祭仲专，郑伯患之，使其壻（婿）雍纠杀之。将享诸郊。雍姬知之，谓其母曰：‘父与夫孰亲?’其母曰：‘人尽夫也，父一而已，胡可比也!’”虽然雍姬最后听从了其母意见而选择了维护其父的立场，但她的这一提问仍表明当时人们在父子与夫妇之间的两难态度。

同时，这种“父子伦理”与“夫妇伦理”之争，既是一个“伪问题”，又不是一个“伪问题”，而是一个不折不扣、毫不含糊的“真问题”，以至于其真实地使我们置身于其间，犹如置身于“地狱的入口”一般而不容闪避必须直面。之所以如此，乃在于一旦我们从宏观的普遍历史走进微观的具体历史，一旦我们设身处地地置身于现实的历史语境，我们就会发现二者之间的确存在着似乎势如水火的冲突，发现夫妇伦理之于父子伦理的抗争，以其实际的“有感而发”而具有其历史的和理论上的合理性。且不说中国历史上一度与专制政治结为神圣同盟的“父子型”人际关系如何地一统天下，而为我们民族留下了至今尚未抚平的切肤之痛，即使在人类的今天，这种“父子型”的人际关系的统治不仅依然没有过时，且假手于科学的知识话语和挟市场的资本逻辑之威，而使自己的统治变本加厉，更加地不可一世。这样，随着夫妇伦理被父子统治再次地逼入绝境，随着深植于夫妇伦理的“生命对话”精神面临着灭顶之灾，重拾两性伦理的问题，不能不被提到人类今天的议事日程。而作为最为引人注目的“后启蒙思潮”的20世纪女性主义的狂飙骤起，以及其对那种祛身、祛性并以“绝对的同一”为旨的现代“伪平等”的激进声讨，和对一种根身、根性并以“差异的同一”为旨的“和式平等”的热切呼吁，恰恰可看作是对这一课题的历史回应。

因此，《周易》讲“伤于外者，必返其家”。“家”永远是我们生命的皈依之地。然而，当打拼天下的我们伤痕累累地回到自己家中之时，这个家里不仅应该有我高堂之上敬仰的父亲，还应有我枕席之畔心爱的女人，他们都是我生命不可须臾分离的可敬可亲的“家人”。没有前者，我们以家的尊严的缺失而“无家可归”；没有后者，我们以家的温情的割舍同样难逃“无家可归”的命运。而在一个“上司”和“下属”的关系无处不在的时代，在一个现代的“克隆”技术已令所有的女性统统“闭经”的世纪，现实语境决定了，我们人类所面临的至痛至悲的“无家可归”的悲剧，与其说是一种“无父”“弑父”的悲剧，不如说是一种“无妻”“暴妻”的悲剧。同理，这也意味着，当代人类对其“家”的回归的当务之急，与其说是“重饬父子之际”，不如说是“齐家自妻始”。

溯其文本的来源，“齐家自妻始”的思想应最早出自《诗经·大雅·思齐》篇中的所谓“刑（型）于寡妻，至于兄弟，以御于家邦”一语。而该篇以描述周文王如何以长于“齐家”而著称于世。这不正为我们表明了，以丰富而深厚的男女间“敦伦”实践为依托的周人的伦理思想不仅没有过时，而且随着历史的推移而愈来愈彰显出其历久弥新的理论魅力了吗？

4. 中国传统身体观与当代堕胎难题

王珏

华中科技大学哲学系

提要：本文揭示了在当代西方堕胎争论背后起作用的身体图式，以及这种身体图式如何使堕胎问题最终在西方语境中成为没有答案的难题。并援引医家和儒家的思想材料，说明中国传统身体观如何更平衡地解决了同一个身体中的母亲与胎儿的关系问题，从而既避免了西方语境中的陷阱，又因为更贴近怀孕身体的真实关系而在应用上具有伦理优势。

关键词：生命伦理学；堕胎；身体；中国传统身体观

堕胎是当代生命伦理学中最具争议的问题之一。在美国的公共语境里，一个人对堕胎的态度已经不只是对一个伦理问题的回答，甚至是判断一个人是否道德的根据。然而在当代西方语境中，这个问题同时也因为陷入“pro-life”（胎儿的生存权）与“pro-choice”（妇女的选择权）旷日持久的争执中而找不到答案。虽然西方文化在堕胎问题上陷入困境，但它从来没有试图想象非西方文化有可能另辟蹊径，走出这一困局。在一般西方观点看来，非西方文化多半落入异教时代古罗马所处的那种罪恶境地：缺乏对胎儿价值的尊重，并且杀婴行为盛行①。而中国正是这种非西方文化的典型的代表。然而这种观察实际上只是外在和表面的，它并不了解中国传统文化所构想的生育制度和生育伦理，以及胎儿或婴儿在其中所处的位置。针对这种情况，本文试

① 参看《家庭史》，安德烈·比尔基埃等著，袁树仁等译，北京：三联书店，1998年，第121页。

图以西方的堕胎难题为背景，阐释作为中国传统生育制度的基础的传统身体观的运作方式，及其恰好避免了西方堕胎难题的症结而具有的优越性。本文还将进一步讨论传统身体观在当代所受的挑战，及其在面对当代中国自身的生命伦理困境（如堕胎手术的滥用问题）时所可能发挥的作用。

一、当代西方语境中的堕胎难题

堕胎的最为特殊之处在于，与其说它是一个应用伦理学上的道德问题，不如说首先是一个形而上学和存在论的问题，即**在一个身体中的两个“人”之间的关系问题**。构成堕胎争论的背景的是双方共同认可的某种特定的怀孕身体图式，这一图式是在动力的意义上说的（dynamic）①，与生理学上的对身体的生理过程的描述不同，它要回答的是在同一个身体里，究竟是有一个人、还是两个人，如果是两个人的话，又怎么在他们之间分配对同一个身体的控制权。那些认为胎儿在发育过程中的某一点（比如有知觉）成为人的论证，不过是在溜滑梯而已（“slippery slope arguments”，因为胎儿的发育是一个完整的过程，我们永远无法说明为什么就是在这一点而不是在别的点上胎儿成为人），并不会对怀孕的身体图式有根本的改变，因为总要在某一点上，同一身体里的两个“人”之间的关系问题成为焦点所在。

在承认胎儿是人的前提下，维护妇女堕胎权利的最著名的论证由 Judith Jarvis Thomson 提出②：想象有一个病重昏迷的小提琴家，而你是唯一适合救他的人。小提琴家的崇拜者们弄昏你，等你醒来的时候发现自己已经与小提琴家身体相连了。这时把你们分开，会立刻杀死小提琴家。但如果能等上九个月的话，就可以把痊愈的小提琴家安全地与你分开。虽然你把自己的身体借给小提琴家九个月是慷慨的、高尚的行为，并且小提琴家也确实有权利生存下去，但显然他并不具有要求使用你的身体的权利，因而你切断与他身体

---

① 参看梅洛-庞蒂：《知觉现象学》，姜志辉译，北京：商务出版社，2001 年，第 137 页。“心理学家经常说，身体图式是动力的。”“身体图式既不是存在着的身体各部分的单纯移印，也不是对存在着的身体各部分的整体意识”，“身体图式根据他们对机体计划的价值主动地把存在的身体各部分联系在一起”。

② Thomson，“A defense of Abortion”，in the Ethics of Abortion，ed. by Baird&Rosenbaum，Buffalo：Prometheus Books，1989，pp. 29－44.

上的联系是可允许的。类似地，堕胎也是可允许的。

Thomson 的批评者则认为这个类比并不适当，因为那个例子中的“你”是无辜地和小提琴家绑在一起的，而在非强迫怀孕的情况下，主动自愿地介入性行为就已经意味着你对这一行为的结果（在你体内生长的孩子）负有责任了。这个责任的发生或者出于默认原则，或者出于疏忽原则，比如在因我的疏忽而导致的车祸中受伤的人显然要由我负责。David Boonin① 为 Thomson 补上了这个漏洞。David Boonin 举例，虽然用餐后留在桌上的零钱通常被默认为留给侍者的小费，但这并不意味着当我不小心把钱包留在桌上时，我不能追回钱包。因而只要性行为不是必然导致怀孕，自愿的性行为就不构成默认。换言之，基于默认原则的反堕胎的论证不能成立。而另一个基于疏忽原则的论证也不成立。因为在车祸的情况，我是使一个本来已经独立存在的人处于需要帮助的境地，而在怀孕的情况下，我则首先使一个本来并不存在的人存在，其次才使他处于需要帮助的境地，而如果我使他重新回复到不存在的境地，那也就没有责任了。

Boonin 的论证延续了 Thomson 论证的基调，他和 Thomson 一样把女性与她身体之间的关系，类比为与她的一项财产之间的关系。Thomson 曾经设想有一种人的种子（people-seeds）漂浮在空中，虽然我可以给我的窗户装上防护网，但在某些情况下，一个种子仍然飘进来并且着根了，但这个人类植物并不因此就发展出使用我的房子的权利。Boonin 只是把这个论证更细化为：虽然我也许要为我的疏忽而付出一些代价，比如清理房子所需的费用，但我毕竟保有索回我的财产——房子——的权利，如同我保有索回我遗落的钱包的权利一样。

最激烈反对 Thomson 的论证由 Baruch Brody② 提出。Brody 直接攻击 Thomson 论证的基础——“有生命的权利，并不同时保证给予利用他人身躯

---

① David Boonin, “A Defense of ‘A Defense of Abortion’: On the Responsibility Objection to Thomson’s Argument”, in Abortion, ed. by Bennet, Burlington, VT: Ashgate/Dartmouth, 2004, pp. 59 – 86.

② 布罗迪（Baruch Brody）：《反对堕胎的绝对权利》，见《生死的抉择：基本伦理学与堕胎》，波伊曼编选，杨植胜等译，台北：桂冠图书股份有限公司，1997 年，第 161—176 页。

的权利，也不保证可以继续使用另一个人的身体，就算那人是为了自己的生命而需要这样做”——认为这种论证没有区分救某人的生命与夺走它的区别，换句话说，Thomson 实际上只论证了我没有责任为挽救他人的生命而让其使用自己的身体，然而堕胎涉及的是另外一种完全不同的情形，也即为重新控制自己的身体而夺去另一个人的生命。Brody 主张，就胎儿是一个清白无辜的人而言，在任何情况下母亲都没有夺走他生命的权利，甚至在继续怀孕会危及母体及强暴致孕的情况下，母亲也没有堕胎的权利。为了救母亲而实行的堕胎通常被类比为自卫杀人的情况，Brody 则论证这种类比并不成立，因为 A 自卫的合理性只能建立在 B 有能力并有企图伤害 A 的基础上，然而胎儿对于我们所指之事既没有概念也没有企图，进一步说，胎儿的角色并没有做出会威胁母亲生命的事，因而在这种情况下堕胎就是杀掉一个无辜的人。同样，在强暴致孕的情况下，犯罪的人并不是胎儿，也不是胎儿允准此暴行，胎儿既没有意图也没有实施过暴行，因而母亲必须承担起怀孕。虽然母亲的处境是不公平和不幸的，但不公平和不幸不足以构成夺走一个无辜者生命的理由。

然而 Brody 的论证也有内在的困难。因为如果我们想有意义地谈到诸如“胎儿既没有意图也没有做出会危害到母亲的生命的行为”之类的话，我们首先要能肯定胎儿确实是一个可能做出如上行为的主体，而这要求胎儿是能够控制一个身体的。然而在怀孕期间胎儿与母亲实质上分享了同一个身体，因而 Brody 的论证如果要能成立，那么他首先要解决这样一个问题：我们如何能够真实地设想身体的一个部分有意图地做出伤害身体的另一个部分的行为，而不免于荒谬呢？

此外，在实践上 Brody 的论证将导致这样一个局面：当母亲和胎儿的生命利益冲突的时候，母亲不能主动地做任何事解除这种冲突，第三者也不能介入这种冲突，只能采取一种严格随机的方法来决定在这种情况下谁应当被拯救①。这无疑是一个在道德上令人沮丧的局面。并且如 Thomson 所正确指出的那样，以这种方式解决问题，似乎是拒绝承认母亲的人格地位，因为母亲对

---

① Baruch Brody，“Thomson on Abortion”，Philosophy & Public Affairs 1（Spring 1972），p. 340. 转引自 Ruiping Fan，“The Ethics of Human Embryonic Research and the Interests of the Family”，蒙作者赐阅此文，特此表示感谢。

其身体的完整的控制权被剥夺了；说“我并不能在你们之间作选择”并不是公正不偏的，“女人们已经一再地说‘这个身体是我的身体’，然而这些呐喊都无回应地消失在风中”。①

由以上的例子，我们可以清楚地看到，不管是反对堕胎还是赞成堕胎的论证，在根底上受同一种身体图式的制约：每一个身体作为一个功能体都受并且只受一个自我的制约。如舍勒所说：“只要身体作为对一个某物（Etwas）而言‘本己的’（eigen）物事而被给予，这个某物在此物事中作用，并且直接地知道自己在起作用，那么这个‘某物’就是人格。死的物事（暗指其他非人格之物）通过最原初的‘私有财产’、通过身体的中介而与人格相联系。”② 亦即，“是一个人”与控制一个身体直接相等。“在单独的一个人类的皮肤之下，所留下的空间只够赋予一个人格以完整和平等的权利。”③

这样的身体观就使得一种关于堕胎的讨论必然陷入困境：要么是把妇女堕胎的权利建立在对身体轮廓或对子宫的所有权的主张上，比如 Thomson 的论证实际上说的是：确实，胎儿有生存的权利，但很不幸，并不是在这个身体里。这样胎儿被从怀孕的身体图式中完全抹煞了。要么，把胎儿生命权建立在母亲所让出的、对自己身体的控制上，而压抑母亲在怀孕的身体图式中的地位；堕胎的反对者多急于强调胎儿的独立性——以使胎儿获得可与母亲抗衡的生存上的价值——以致有意无意地淡化胎儿依赖于母亲这一事实，并忽略了从这一事实中他们所可能获得的支持。这种倾向的一个表征就是对胎儿的不恰当的可视化：当代反堕胎运动大量地使用胎儿的超声波照片，在这些照片中胎儿像圣婴一样飘浮在光晕中，仿佛完全不需要母亲的身体一样。这从来不是母亲感受自己腹中胎儿的真实方式④，然而遗憾的是，当前大多数的反堕胎论证或隐或现地都与这种对胎儿身体地位的错误表象相关。

以上这两种倾向显然都不能够真实地言说怀孕中的身体关系（在同一个

---

① Thomson，“A Defense of Abortion”，in the Ethics of Abortion，p. 34.

② 舍勒：《伦理学的形式主义与质料的价值伦理学》，倪梁康译，北京：三联书店，2004 年，第 585 页。

③ Mary Anne Warren，“The Moral Significance of Birth”，in Abortion，p. 116.

④ 参看 Rosalind P. Petchesky，“Fetal Images：the Power of Visual Culture in the Politics of Reproduction”，in Abortion，pp. 139 – 168.

身体中有两个人)。而西方文化的另一特质——漠视母亲的意义，则从根本上加剧了这种语言的无力。

西方文化表现出一种抹煞与母亲的关联的倾向，Irigaray 模仿弗洛伊德在《图腾与禁忌》中的分析，把这种现象称为作为西方文化基础的弑母情结。这一情结通过西方历史上的各种理论和仪式而得到加强。比如在古希腊，新生儿要获得城邦的公民权必须要经过“十日礼”的仪式，以证明他是一个出身合法清楚的人。其仪式是在亲属面前将新生儿放在地上，并给他一个名字，一个属于男性家系的印记。“孩子与土地接触，他便经历了另一个源头。**另一个源头抹去了在母亲的鲜血和肚腹中出生的事实**。十日礼表演的是出生来到父亲的世界上：这是法律上的诞生，因为希腊的法律只从父亲承认亲子关系开始才承认亲子关系”。① 西方历史上另一个具有相同含义的著名仪式就是圣餐：通过吃下基督的血与肉，把我们和神紧紧联系在一起。对此，Irigaray 不无讽刺地说：“当所谓唯一神的、父—神的牧师宣讲‘这是我的身体，这我的血’时，我们也许应该提醒他，如果我们的身体和我们的血不曾给他生命、爱和精神的话，他也不会在这里了。我们，女人—母亲，也是他正在分发给吃的东西。”②

因而在西方文化中，怀孕的身体最经典的形象就是：一个无自己的名称和特质的容器，如柏拉图在《蒂迈欧篇》中所提到的那种接受者（chora，也翻译成空间或者载体)：“打个比喻，我们把承载体称为母亲，生成物的来源称为父亲，合而为一的则是孩儿。”（50D）当承载者承受万物时，她完全不丧失她的本性；也不以任何方式在任何时候占据任何一种形式，尽管事物进入她的时候是拥有形式的。这些进进出出的事物乃是不朽存在的摹本，承载者就由她所承受的各种形式所改变、所表现。（50C）③ 母亲因而仅仅是不在产出物身上打上自己的印记的一个通道、一个空间，经由她的隐蔽的存在，形式得以自身生产自身，完成自身的统一和闭合，并最终把母亲排除在这一

---

① 《家庭史》，安德烈·比尔基埃等著，袁树仁等译，第 249 页。着重号为本文作者所加。

② Irigaray，“The Bodily Encounter with the Mother”，in the Irigaray Reader，Cambridge：Basil Blackwell，1991，p. 45.

③ 译文参考柏拉图：《蒂迈欧篇》，谢文郁译，上海：上海人民出版社，2003 年。

自身统一的闭合圈之外，遗忘在不可名状的黑暗中。在这一生产过程中，我们看到的只是“一”的不断的产生，而永远不可能有真正的“二”。然而母亲的真实意义却在于她是那**能够从自身中产生出另一个身体的身体**，无能问及于“二”也就无能问及真实的怀孕的身体。

反过来说，一种不执着于身体轮廓上的界限的语言，一种能真实地言说“二”的关系、能肯定女性在生育中积极地位的语言，也许能为西方语境中的堕胎难题提供一条出路。而我认为，中国传统身体观所诉诸的恰好是这样一种语言。

二、“一体”的中国传统身体观

下面我将主要讨论医家和儒家的思想中所包含的身体观，而暂且搁置较不注重现世身体与家庭的道家，因为前者与堕胎语境的关系要更直接一些。

1. 中西身体观念的差异

西方文化从一开始就表现出对身体外观和轮廓的迷恋。这种迷恋在古希腊表现为对分节（articulation）的迷恋。在“观相术”这篇假托亚里士多德的论文中，强健而分节良好的脚踝，代表勇敢的心灵，分节不良（anarthroi）的双腿与脚踝代表软弱与胆小。“Anarthros”也被悲剧作家用来形容极端虚弱、毫无生气的模样。因而“arthroi”并不是现代解剖学意义上的关节，而是给予身体其特定形状的分隔与区别。“arthroi”还可以表示冠词，而言语只不过是“透过舌头将语音分节”的行为。因而古希腊对“arthroi”的讨论从来就与贯注于身体内的勇气、力气或者激昂的情绪相关，与一种内部的控制相关。

随着解剖学的兴起，对 arthroi 的关注转而变为对肌肉结构的兴趣，并且肌肉被看作是“受意志控制而动作的器官”。① 由此就确立起西方文化中看待身体的基本方式：一个完整的独立的身体与一个控制它的自主意识相应。

与之相反，中国文化则从来没有把身体的轮廓作为观察身体的中心。在传统语境中，“身”“形”和“体”都可以用来意指身体。在《释名》中，

① 以上对西方的身体观念的分析及所举的例子均参见栗山茂久：《身体的语言——从中西文化看身体之谜》，陈信宏译，台北：究竟出版社，2001 年，第 139—163 页。

“身”同“伸”。而“伸”通常也用来解释“神”之一字。《礼记·祭义》：“子曰：气也者，神之盛也。魄也者，鬼之盛也。合鬼与神，教之至也。”神者伸也，鬼者归也，两者都不可被实体化的理解，而是与一种独特的气本论相关。如张载所言，“鬼神者，二气之良能也”（《正蒙·太和篇》），“阴精阳气，聚而为物，神之伸也。魂游魄降，散而为变，鬼之归也”。（《易本义·系辞传》）。就此而言，“身”在中国传统语境中除了有表示躯体形质的一面，如《说文》“身，躳也，象人之身”。更重要的是，要标明身体存在论上的地位，身已经是在一个更大的相互关联的语境中被看待的，而不仅仅是被看作一个封闭的功能单位。“形”与“体”也是如此在两重含义上（模棱两可地）使用的。一方面都与具体的形器相关，比如“在天成象，在天成形”，或“神无方而易无体”（《易·系辞上》），都可用来指具体的躯体；另一方面，又都有表现的意思，“形，见也”（《广雅·释诂三》），“体”还有“生”的意思，“鬼神之为德，其盛矣乎。视之而弗见，听之而弗闻，体物而不遗”（《中庸》）。

仅仅由身体的不同词源意义，我们已经可以感觉到，中西方看待身体的方式是在截然不同的两个方向上发展的。在英文里，“身体”在词源学上与古德语 botahha（桶、瓮、酒桶）有关，即一个“桶状的”（tubby，tubby 在英文中是形容一个人矮胖的常用词）人。与这个词源一致，西方传统中有关身体的主要比喻是“容器”（container）等意象。① 而在古代中国传统中，身体比喻用的却是有机的意象，如“养气”等。更清楚地说，这个差别是：在西方传统中身体首先是被看作物，它是一个人成为人所首先要拥有的物，经由这个特殊的物，人才能与其他的物发生关系；并且就奴隶不能真正拥有自己的身体（也即不能自由地支配自己的身体）而言，奴隶还不是人，而只是被别人所拥有的一个工具。② 而在中国传统中，身体则被视为一个过程（process），不是一件东西（a thing），而是某种需要去完成（done）而不是拥

① 安乐哲：《自我的圆成：中西互镜下的古典儒学与道家》，彭国翔编译，石家庄：河北人民出版社，2006 年第一版，第 479 页。

② 如舍勒：《伦理学的形式主义与质料的价值伦理学》，第 585 页。

有的（has）东西。①

具体而言，中国传统身体观较之西方的身体观主要有三点不同：

第一，中国传统身体观不像西方文化那样关注身体的轮廓和界限，“形”不作轮廓看，而毋宁说是作动作讲，采取的是一种由内向外“生色”的践形观。“血气者，人之华也。”（《淮南子·精神训》）“华”通“花”，如“桃之夭夭，灼灼其华”。花必然要开放，将其艳色显现于外，所谓“诚于中，形于外”（《大学》）。造成这种差异的部分原因是：西方文化采用了一种动物的视点，着重的是身体如何成为一个单独的、封闭的、自主的功能体，所以身体的轮廓与不同身体之间的界限成为关心的重点；而中国传统倾向于一种植物的视点，要求观察和体会“气”（或者说“生气”）的流动与充盈，② 所以外形并不是第一位的东西，比如中医讲的“望”所关心的并不是外在的轮廓，望的是“色”，而“色”首先指的是气，“颜者，两眉之间也。心达于气，气达于眉间，是之谓色”（《说文解字注》）。而气又与内在的心理状态直接相关，志—气—形相互通贯，如《礼记·祭义》所说的：“孝子之有深爱者，必有和气，有和气者，必有愉色，有愉色者，必有婉容。”

第二，如上面已经提到的，中国传统身体观不承认心身对峙的二元论，而认为志、气一体流通，可以相互感动，所谓“志一则动气，气一则动志”。心虽为身之主，但也只是气之流行的一个面相而已，并不与其他的感官相分离。比如孟子虽然强调心之官则思，并强调心之官统领和权衡其他感官（《孟子·告子上》），但孟子从来不像康德那样认为有排除感官干扰的纯粹道德律，相反，心所能感受到的东西与感官所感受到的东西没有质的区别。如孟子所说的：

> 口之于味也，有同嗜焉；耳之于声也，有同听焉；目之于色也，有同美焉。至于心，独无所同然乎？心之所同然者，何也？谓理也，义也。圣人先得我心之所同然耳。故义之悦我心，犹刍豢之悦我口。（《孟子·告子上》）

---

① 安乐哲：《自我的圆成：中西互镜下的古典儒学与道家》，第 483 页。

② 参看栗山茂久：《身体的语言——从中西文化看身体之谜》，第 204 页。

事实上，在前秦的主要思潮中多有以感官感受来比喻人的道德感受的，如《大学》：“所谓诚其意者：勿自欺也，如恶恶臭，如好好色，此之谓自谦，故君子必慎其独也！”

这种倾向在思想上的一个后果就是使中国哲学缺乏西方式的意志概念。在西方传统看来，意志是人所具有的一种能力，它可以使人选择这一行为，而不选择那一行为；而人的道德能力就在于能够凭此自由意志超越感性上的影响，而严格遵照理性认为正确的行为（比如康德意义上的纯粹的道德命令）行事。显然，意志的概念已然预设了感性与理性、身体与心灵的分离。然而中国哲学却不存在这样的断裂，心之所思所感直接就是身体上的所感所为，不需要经过意志的中介；相反，如果道德行为不是“若决江河，沛然莫之能御”（《孟子·尽心上》）地油然而生的，反而会被认为是还不够完满和纯粹的，所谓“不得于心，勿求于气”（《孟子·告子上》）。这实际上预设了一种与西方截然不同的身体模式：心身不是分离对峙的，而是同质一体的；身体也不再是一个封闭的功能单位，而是本身就处在不断的伸展与流通中的，“身者伸也”。如《管子·内业篇》所说：

> 精存自生，其外安荣。内藏以为泉原，浩然和平，以为气渊。渊之不涸。四体乃固；泉之不竭，九窍遂通。乃能穷天地，被四海。……心全于中，形全于外。

精，就是气，只是因为气之精微部分可以产生知觉，所以又称作“精”。“精也者，气之精者也。气，道乃生，生乃思，思乃知，知乃止矣！”（《管子·内业篇》）可以说，在中国传统中身体最根本的形象是源泉，“源泉混混，不舍昼夜，盈科而后进，放乎四海”（《孟子·离娄下》）。所谓“万物皆备于我矣。反身而诚，乐莫大焉”（《孟子·尽心上》），都要在此等处体会。

这种看待身体的方式在存在论上有两个后果：第一，身体本身就可以充任意义的来源，这是压抑身体的西方传统所无法想象的；第二，经由身体性存在所获得的意义已然是在关系中的，因为支撑身体存在的“气”本身就是在不断的伸展与流动中。下面我们探讨儒家的身体观时会再次回到这个问题。

第三，因为不承认身体是受意志或灵魂等控制的一个功能单位，因而也不承认身体只可以有一个中心。比如，虽然中医认为身体有五脏六腑，但他们不同于西方作为功能单位的器官，而只是血气的储存和往来的场所，“所谓五藏者，藏精气（神）而不泻也，故满而不能实。六腑者，传化物而不藏，故实而不能满也”（《素问・五藏别论》）。五脏六腑之间与其说有一个控制中心，不如说只是个“小德川流，大德敦化”的“相育而不害，并行而不悖”的局面。再如，虽然通常心被认为处“君”位而下辖其他身体官能，但这种关系并不是西方所设想的意志对身体的绝对支配的关系，而毋宁说“君”与“官”的关系本身要服从更高层次上的和谐。所以重要的只是知其本末顺逆，“从之则治，逆之则乱”（《素问・金匮真言》）。这种不是从一个中心出发，而是由本及末、由原至委地看待身体的方式将比西方的身体模式更适宜处理怀孕中的身体关系，因为在这种关系中本来就有两个人，两个中心。

以上就是中国传统的以气为本的身体观的几个特点，下面我们进一步探讨这种身体观中与生育相关的部分。

2. 中国传统中人生始化的身体图式

“人生始化曰魄，既生魄，阳曰魂。用物精多，则魂魄强。是以有精爽，至于神明。”（《左传・昭公七年》）魂魄均指气的作用而言。而在这一气的作用中，我们又可把“人生始化”分成两个阶段来探讨：一个是反始，即追溯至生殖的身体；另一个则是探讨受形之后，胎儿在母体中发育的情况。

（1）生殖的身体

气始而生化，气散而有形，气布而蕃育，气终而象变，其实一也。（《素问・五常政大论》）

水者，地之血气，如筋脉之通流者。……是以水者，万物之准也，诸生之淡也，违非得失之质也。是以无不满，无不居也。集于天地而藏于万物……人，水也。男女精气合，而水流形。（《管子・水地》）

女子七岁肾气盛，齿更发长。二七而天癸至任脉通，太冲脉盛，月事以时下，故有子。……丈夫八岁肾气实，发长齿更。二八肾气

盛，天癸至，精气溢泻，阴阳和，故能有子。（《素问·上古天真论》）

上述引文多通用水、气，一个原因是水的流动接近于气的流动，因而水常被用作气的象征。“水之在沟，气之在躯，其实一也。”（《论衡·寒温》）“血脉之藏于身也，犹江河之流地。”（《论衡·道虚》）另一个更重要的原因是，正如云、雨、风是同类之物一样，水和气也常常可以相互转化，“血气者同类而异名”（《灵枢·营卫生会》）。比如天癸，“言天一之阴气耳，气化为水，因名天癸。其在人身则为元气，人之未生，则此气蕴于父母，是为先天之元气也。人之既生，则此气化于吾身，是为后天之元气。第气之初生，真阴甚微，及其既盛，精血乃王，故女必二七，男必二八，而后天癸至。天癸既至，在女子则月事以下，在男子则精气溢泻，盖必阴气足而后精血化耳。阴气阴精，譬之云雨。云足则雨必至矣，本来一物也”。①

就此而言，传统的生殖的身体是一种同质的身体，生殖的能力俱本于天癸。然而同质并不意味着闭合的相同，男女虽然是一气化成，但天然地蕴有一种相互推荡的生成空间，“刚柔相推，变在其中矣”，所谓“天地氤氲，万物化醇；男女构精，万物化生”（《易·系辞下》）。表面上似乎是两个身体生出一个新的身体，新的身体再重复前者的行为，而代代相继下去，实际上不过是一气自身内部的跌宕流转而已。男女生殖的身体的意义只在于借两个身体之间的一点差异、一点跌宕、一点相感的态势，而使先天秉有的元气得以推荡和流转。元气如水，只要有一点倾斜跌宕，就无不至，无不满，所以男女构精、两气交感之时，必也是元气淋漓，生气弥漫之时。然正如“水至平则止”，所以“男女精气合”，至“水流形”——产生新的生命——之时即趋向平缓。到“第生之元气”随年增长至足以气盛相感之时（比如女子二七、男子二八）之年，新一轮的生命过程才会再度开始。由此，生命之间的生气的流转也就得以“满而不溢”地活泼泼地进行下去，如“溥博渊泉”，时以出之（《中庸》）。

① 参看伊泽裳轩：《素问释义》，北京：学苑出版社，2005年，第19页。

这是西方思想所不能理解的一种“二对生”① 的身体模式，在他们看来，生殖的身体只有两种可能：两性的身体要么相同，要么根本不同。前者如在文艺复兴之前在西方文化中占主导的“单体”的身体观，认为女性与男性在解剖上来说是同性的（盖仑）；后者如文艺复兴后在现代生物学和医学的基础上确立起的身体观。②

在前一种情况下，生殖的过程只是一个封闭的自我的自身复制的过程，然而这种单一的谱系很难从内部找到延续下去的动力，所以只好把女性贬抑为空洞的质料，以制造出质料与形式之间辩证的张力。在“单体”的生殖的身体观下，繁殖中的一切活动都被归因于男性的精子（亚里士多德的《论生物的繁殖》），女性的卵子直到 1827 年才被发现。③

在后一种情况下，虽然确立了两性身体的差别，然而由此营造出的却是倾向于脱离生殖来探讨性别的氛围。被置于中心的是性爱，受孕的能力反而被边缘化了。这种倾向并不是偶然的，毋宁说正延续了前一种身体观。在古希腊，“单体”的生殖身体观的反面：就是对两性吸引的恐惧。认为两性的差异所导向的并不是生育，而是毁灭。早在古希腊神话中就记述了代表天空的乌拉诺斯与代表大地的该亚如何长时间地结合在一起，令该亚腹中的孩子们无法出世，以致最后他们的孩子克罗诺斯不得不割断父亲的性器官，以让宇宙生成顺利进行下去。④

西方生殖的身体观困在这两个极端之间：或者否认女性在生育中的平等作用，或者否认性爱与生育的必然联系。然而中国传统身体观却能走出一条“中道”来：女性的身体作为阴阳相感之一端，必然要与另一端相感，而产生出新的生命来。新的生命不是意外的偶然产物，也不需要设定某种外在的动

---

① “二对生”的用语，引自张祥龙：《中外哲学比较导论》，即出。张祥龙老师对中国文化根基所蕴有的“二对生”的思想模式的探讨，对本文有很大的启发，本文的写作也得到张祥龙老师的精心指导，特此表示感谢。

② 费侠莉：《繁盛之阴：中国医学史中的性（960—1665）》，甄橙等译，南京：江苏人民出版社，2006 年，第 23 页。

③ 转引自汉斯·昆：《基督教大思想家》，包利民译，北京：社会科学文献出版社，2001 年，第 113 页。

④ 吕克·布里松：《古希腊罗马时期不确定的性别——假两性畸形人与两性畸形人》，桂林：广西师范大学出版社，2005 年，第 113 页。

因。男女性别的差异与新的生命的产生就包裹在一气之中，自然流转，这种内部不可分割的一体联系就为我们说明母亲的意义留下了足够的空间。这是“弑母”的西方文化所难以想象的。

（2）胎儿在母亲体内的发育

> 万物背阴而抱阳，冲气以为和。故曰一月而膏，二月而肤，三月而胎，四月而肌，五月而筋，六月而骨，七月而成，八月而动，九月而躁，十月而生。（《淮南子·精神训》）
>
> 男女精气合，而水流形。三月如咀。咀者何？曰五味。五味者何？曰五藏。……五藏已具，而后生肉。……五肉已具，而后发为九窍。……五月而成，十月而生。（《管子·水地》）

以上关于胎儿在母体中发育的描述有很多相同之处，但最重要的一点就是：都以三月为界。之前称为膏（呈液态的油脂）、肤（肿物）等，到三月，始称胎而具有五藏。五藏者，气流通之场所也，五藏具则气顺，而逐次生肉、筋、骨、肤、毛发等等。因而三月是从气向形发展的关键，但这还不是以三月为分界的主要原因，更重要的原因是自三月开始，母体的气开始与子体的气相互感应了。古人重视胎教的原因便在此，“故妊子之时必慎其所感，感于善则善，感于恶则恶，人生而肖父母者，皆其母感于物，故形意肖之”（刘向《列女传》卷一）。一般认为这种“外感而内象”的过程始于三月，“妊娠三月名始胞，当此之时，未有定象，见物而化”（徐之才《逐月养胎方》）。此外，母亲自己的心情对胎儿也有很大的影响，如《素问·奇病论》就说：“（胎病）此得之在母腹中时，其母有所大惊，气上而不下，精气并居，故令子发出癫疾也。”此谓“母气既伤，子气应之，未有不伤者”（《论衡·气孝篇》）。简言之，胎儿的发育过程就是与母体之气相交感的过程。

3. 儒家的身体观

虽然儒家与医家都把以气为本的“一体”的身体观作为表达思想的根本模式，在人生始化的图景上两家的思想也没有根本的区别，但医家重视人的由来只是为了在受形之后保命全角，而儒家还别有“继述”之道。“君子反古复始，不忘其所由生也，是以致其敬，发其情，竭力从事以报其亲，不敢弗尽也。”（《礼记·祭义》）由此而发展出一种以孝为中心的文化。“夫孝者：

善继人之志，善述人之事者也。”（《中庸》）

孝不只是一种内心的情感，更重要的是表达了对人生的位置和人生的节奏的深层体验，如果用西方哲学上的术语说，这首先是一种存在论上的体验。并且正是中国文化看待身体的特殊方式——如前已分析的，身体直接可以充任意义的来源，并且这种意义总已经是在关系中的——使这种体验成为可能的。

孝的一个重要的根源就是把己身看作是属于父母之身的：

> 曾子曰：“身也者，父母之遗体也。行父母之遗体，敢不敬乎？……”……乐正子春曰：“……吾闻诸曾子，曾子闻诸夫子曰：‘天之所生，地之所养，惟人为大。’父母全而生之，子全而归之，可谓孝矣。不亏其体，不辱其身，可谓全矣。故君子顷步而弗敢忘孝也。今予忘孝之道，予是以有忧色也。一举足而不敢忘父母，一出言而不敢忘父母。一举足而不敢忘父母，是故道而不径，舟而不游，不敢以先父母之遗体行殆。一出言而不敢忘父母，是故恶言不出于口，忿言不反于身。不辱其身，不羞其亲，可谓孝矣！”（《礼记·祭义》）

而推本己身到父母之身上，同时也就意味敬妻、敬子：

> 妻也者，亲之主也，敢不敬与？子也者，亲之后也，敢不敬与？君子无不敬也，敬身为大。身也者，亲之枝也，敢不敬与？不能敬其身，是伤其亲；伤其亲，是伤其本；伤其本，枝从而亡。（《礼记·哀公问》）

由此儒家发展出一种以家庭为本的文化：“君子之道，造端乎夫妇；及其至也，察乎天地。”（《中庸》）“上治祖祢，尊尊也；下治子孙，亲亲也；旁治昆弟，合族以食，序以昭缪，别之以礼义，人道竭矣。”（《礼记·大传》）这种文化也相应地表达为一种“一体”的身体图式：“父子一体也，夫妻一体也，昆弟一体也。故父子首足也，夫妻胖合也，昆弟四体也。”（《仪礼·丧服传》）

三、从中国传统身体观出发对堕胎问题的可能解决

生命伦理学发展的一个严重困难在于，难以在来自不同背景、不同文化和不同信仰的人群之间建立具体的、充满内容的规范。比如在持严格的基督教反堕胎观点的人看来，任何形式的维护堕胎的论证在道德上都是堕落的。因而我所希望论证的中国传统身体观在堕胎问题上的优越性，也不是实质道德内容上的。我的主张只是：中国传统身体观可以提供一种更贴近于真实的怀孕情境的描述，因而在应用上具有伦理优势。

首先，中国传统身体观为同一个身体中母亲和胎儿的关系提供了更平衡的解释。前已说明：（1）中国传统身体观以气为本，而不以身体轮廓为限；（2）女性的身体作为气化相感之一端，也积极介入胎儿的成形与发育中，因而我们很可以把一个身体中母亲与胎儿的关系概括为："一体而两分，同气而异息。"

如《吕氏春秋·精通》所言：

> 父母之于子也，子之于父母也，一体而两分，同气而异息。若草莽之有华实也，若树木之有根心也，虽异处而相通，隐志相及，痛疾相救，忧思相感，生则相欢，死则相哀，此之谓骨肉之亲。

这是执着于身体轮廓上界限的西方身体观所不能达到的。因为这种身体观总是从个人（受意志控制的一个封闭的功能体）出发的，只有个人才是最终有意义的单位，这样怀孕的情境就被理解为互相对立的个人之间的关系，然而"在单独的一个人类的皮肤之下，所留下的空间只够赋予一个人格以完整和平等的权利"，于是就留下了一个几乎无法解决的僵局，或者说一个只能以某种极端的方式（an all-or-nothing strategy）来打破的局面：要么某些个体根本不被看作是平等的对象和有意义的单位，因而可以对他们做任何事情，要么每个个体都是平等的、有意义的单位，因而任何事情都不能做。① 前一种

---

① 参看 Ruiping Fan，"The Ethics of Human Embryonic Research and the Interests of the Family"。虽然该文分析的是干细胞利用和研究中的问题，但因为这个问题与堕胎有相交叉的地方，所以此处揭示的这个困境也适用于关于堕胎的辩论。

倾向以 Warren① 为代表，她主张胎儿和人的相似或者他成为人的潜能，都不足以和一个成年的妇女相抗衡，因而在怀孕的任何阶段，女人以结束她不想要的怀孕，来保护她的健康、幸福甚至生命的权利，永远超过任何胎儿所可以有的生命权，即使他已经发育完全了。后一种则如前所引用到的 Brody 的想法，也即只能采取一种严格随机的方法来决定胎儿和母亲谁应当活下去。这两种打破困境的方式都没有真正地解决问题，他们毋宁说在道德上是令人沮丧的。然而遗憾的是，当代西方的堕胎辩论多徘徊于这两个极端之间。在这个方面，中国传统身体观的意义就在于可以从方法论上帮助克服这些由单边的（one-sided）观点所衍生出的极端的推论②，因为中国传统中的“身体”已然是在联系中的。

其次，用社会学的术语来说，人类社会中的生育制度可以分析为三个环节：生殖——单系抚育——双系抚育。③ 动物通常只在生殖的环节中才需要两性合作，以后由母亲单系抚育即可。但人类则绝大部分是双系抚育，因为人类的后代需要最长时间的照料，非单力所能完成，这在大多数情况下又意味着组织家庭。所以人类选择这种组织社会的方式并不是偶然，而是与人类繁衍生息大有关系。这样，脱离具体的家庭处境而探讨堕胎的决定无疑是抽象的和不切实际的，虽然，严格说来，堕胎问题从生理上说只发生在单系抚育的时间里。

中国传统身体观的特殊之处就在于它从来已经把三个环节合为一体。如前所述，在传统的生殖的身体中，两性关系已然与生育联系在一起，而在儒家思想中，这种关系更被扩展到以家庭为中心的语境，“君子之道，造端乎夫妇”。身体的存在既不以外部轮廓为界线，也不受内在的中心（意志或理智）的控制，而是要在伦理的大身体——“父子首足、夫妻牉合也，昆弟四体”——的一体中，依其本末地得到调节。“物有本末，事有终始，知所先后，则近道矣。”（《大学》）这才是中国思想做伦理判断的根本方式。在堕胎

① 娃妊：“赞成堕胎的人格论证”，见《生死的抉择：基本伦理学与堕胎》，第177—188页。

② 参看 Ruiping Fan，“The Ethics of Human Embryonic Research and the Interests of the Family”。

③ 费孝通：《乡土中国·生育制度》，北京：北京大学出版社，1998年，第99—124页。

问题上也是如此。堕胎的决定不是某个人依自己的意志或权利所做出的，而是把己身和子身都推本于亲之体，以亲之体为本，然后再顺着由亲之体扩展开来的伦理结构与需要，而做出伦理决定。

从共属于亲之体来理解怀孕的深层关系并不意味着只是被动地接受生物过程的发生①，相反，这意味着要积极塑造伦理关系。首先，只有在婚姻关系下的受孕才是被纳入“一体”关系中接受的，因为如前所述的，中国文化已然是在生殖——生育——养育的一体中以家庭为中心而看待一切问题的，所谓“昏礼者，礼之本也”（《礼记·昏义》）。而且将诞生的孩子也随它对既有伦理关系的贡献的不同而具有不同的意义。

如果已有太多的孩子，或因为其他的原因而不适宜要这个孩子的时候（如母亲身体太虚弱），都允许堕胎。比如南宋的陈自明在其《妇女大全良方》卷十三中说：“夫妊娠羸瘦，或挟疾病，脏腑虚损，气血枯竭，既不能养胎，致胎动安不得，终不能安者，则可下之，免害妊妇也。”这表明中国更倾向于从相关的伦理关系中来探讨生育问题的特点，这与执着于胎儿神圣地位、或者妇女的自由权利的西方的思考方式是截然不同的。

中国的这种思考方式同时也是最贴近于怀孕妇女真实处境的思考方式。怀孕不只是生物过程，同时也是随着妇女身体变化而积极改变着的社会关系的过程，妇女往往是在这个过程中才做出堕胎的艰难选择的。堕胎并不是逃避责任的行为，相反它往往是对其他人——与胎儿具有伦理关系的人以及将来有可能出生的孩子——真正负起责任的行为。然而当代西方主流的维护堕胎论证方式都基于自主权或“房子”这类抽象的比喻上，而使怀孕妇女的真实处境反倒成为一件无关痛痒的事。就此而言，基于中国传统身体观的思考方式更具有伦理优势。

最后，中国传统身体观在允许堕胎的前提下还可以给予胎儿尽可能多的保护。胎儿与母体一气相感，血脉相连，胎儿的意义永远不会仅仅类同于一

① 马尔萨斯曾经认为近代以前中国的人口行为，完全依从“自然的”生物过程，因而只有“积极制衡”（战争、瘟疫、饥荒等）所导致的死亡率上升，才能制止这种增加。然而已有研究资料表明中国妇女的生育率实际上低于同期欧洲妇女生育率，这只能说明古代的中国人已经对生育有理性的控制了，而不可能是一任自然的。参看李中清、王丰：《马尔萨斯的神话与中国的实际：人类四分之一的人口史》，北京：三联书店，2000 年。

条鱼①，堕胎意义也永远不会类同于修剪头发。而且随着胎儿的成长，胎儿的意义也就越大。三个月后胎儿与母体气息相通，痛疾相及，堕胎的选择也就愈加慎重。古代医书于此多有提醒，“（堕胎）在三月之间，若过此则成形难动，动必有伤母之患”（元·孔齐《至正直记》）。这也符合当代通行的对胎儿进行分阶段保护的做法。

综上所述，虽然我们不能说中国传统“一体”的身体观就可以彻底解决堕胎的争论，或者从这种身体观出发而做的堕胎决定在任何条件下都是合理，但中国传统的身体观至少为进一步探讨合理的堕胎留出空间，为进一步的探讨提供语境上的支持，而不会就此停留在全部或零（all-or-nothing）的僵局中。并且在理想的条件下②，中国传统身体观所提供的语境还是可以做到：既允许有限度的堕胎，又考虑到各方面的人情事理，并尽量给胎儿，尤其是三个月以后的胎儿以保护。

然而这种保护是有前提条件的，也即，只有在婚姻关系下的受孕才被纳入“一体”关系中。而随着当代社会生活方式的急剧变化，大多数的堕胎其实发生在婚外，堕胎手术的滥用也因而成为一个日益严重的社会问题。但我们还可以从传统身体观的其他方面找到制约这种倾向的力量。

儒家身体观以己身为父母之身体的延伸（所谓“遗体”），由此特别讲究谨言慎行，“故道而不径，舟而不游，不敢以先父母之遗体行殆”（《礼记·祭义》），“是故知命者，不立乎岩墙之下”（《孟子·尽心上》），“君子有不幸而无有幸”（《论衡·幸偶篇》）。如果真能恢复起这种身体观，那么伤害身

① 如果只从胚胎学的观点上（比如脑电波、婴儿的活动能力或独自成活能力）来鉴别对胎儿保护的程度，那么我们永远无法说明为什么胎儿要比一条鱼得到更多的保护，既然胎儿在上述方面并没有表现出多于鱼的能力，这种困难已经表明离开与母亲的关系而探讨胎儿的地位是一个没有出路的方法。然而恰恰是这种观点、这种思路流行于当代西方的堕胎论证中。

② 所谓理想的条件，指的是摆脱历史条件的局限。比如杀婴就是一定历史条件下的恶俗，与经济条件紧密相关。“《周书》曰：国无三年之食者，国非其国也；家无三年之食者，子非其子也。”（《墨子·七患》）因而虽然中国很早以前就有杀婴尤其是杀女婴的记载，然而这并不能证明杀婴与中国传统的生育思想和制度有本质的联系，相反，民间的劝善书多以“孤阳不生”来劝诫杀女婴。如果只以历史上的某些现象为标准，无疑会曲解中国传统生育思想和文化的真实含义。

体、损及血脉的堕胎也就不能再被轻率地视为“一次不走运的小手术了”。我相信，当前中国社会堕胎问题不是移植某些西方的观念就能解决的，最好出路仍然保留在传统身体观中。

5. 身体现象学与实践形上学

吴俊业
台湾“清华大学”

一、导言

本文所说的“实践形上学”是简缩语，它是所谓实践进路的形而上学的概括称呼。透过实践活动及其践履成果，我们对于事物的生成变化会有一些经验与体悟。这些经验与体悟可以拓展为关于宇宙人生的普遍秩序与生化原理的洞见，并进而建立起关于存在一般的解悟。按照一定学理，将这些存在解悟有组织地辨以示之，便构成实践进路的形而上学。依据学界的普遍共识，中国传统儒、释、道思想皆蕴含某形态的实践形上学，而尚待厘清的只是一些衍生的问题，譬如实践形上学所涉及的形上论断究竟是虚是实、如何证成他们的有效性、他们与传统心性论关系若何，等等。① 然而，用“实践”（practical）规定中国传统形上学的进路，往往即设定了以西方形而上学传统

① 从实践进路与思辨或理论（观解）进路的对比，把握中国和西方形上学的差异是牟宗三著名的想法。参牟宗三：《中国哲学十九讲》，台北：学生书局，1983 年，第 115 页；《中国哲学的特质》，台北：学生书局，1984 年第六版，第 14 页。但类似的对比也见诸其他中国哲学学者的论著，远者如方东美提出“超越形上学”与“超自然形上学”的对比（参方东美，《原始儒家道家哲学》，黎明文化，台北市，1992 年，初版，第 16 页及以后），晚近汤浅泰雄生造“meta-praxis”或”meta-medico-psychology”等语词，以在关注身体议题的脉络下，突出东亚思想与西方传统探究物理宇宙的“metaphysics”相区别。参汤浅泰雄：《“气之身体观”在东亚哲学与科学中的探讨——及其与西洋的比较考察》，编收于杨儒宾主编：《中国古代思想中的气论及身体观》，台北：巨流图书，1997 年第二版），第 63—75 页。

为参照典范，在对比之下，将“理论”（theoretical）视作后者的一贯特点，并据之厘定何谓“实践”。基于实践与理论的对比，其他诸如体悟与思辨、主观境界与客观实有等对照标签，便顺理成章般进一步分别配给中、西形上学传统。

理论与实践的对比由来已久，但以之标示中、西形上学之特质，分判中、西哲学之差异，是否顺适妥贴？这个问题的答案似乎取决于衡量的着眼点。若单就议题取向，以辨识中、西形上学之特质，则我们的确可以罗列文献，以佐证二者分为实践与理论的兴趣所主导。① 然而，假若我们能够返本溯源，把焦点放回建立形而上学系统的理论活动之上，乃至追溯到孕育这些理论活动发祥的具体存活（concrete existence），则上述的对立图式，便会如同其他哲学思想史标签一样，显得充满着隐含的假设与约化。

按照以上方式返本溯源，揭示潜藏在形而上学已成的理论体系底下的存活基础，也就是对传统诠释框架履行某种“解构”。熟悉现象学与解构主义发展者知道，“解构”一词源自海德格尔（Martin Heidegger）的“Destruktion”，原来是指一种针对西方形上学传统的批判诠释工作。它的目的在于拆解形而上学传统长久累积形成、逐渐僵化的概念架构，释放出沉淀在这些概念架构底下的存活的此在（Dasein）及其原初的存在经验（original experience of Being）。② 海德格尔的“Destruktion”本有破有立，后来德里达（Jacques Derrida）将”Destruktion”转为“deconstruction”，解构因而去除了“原初存在经验”的设定，并聚焦为形上学语言批判的哲学书写与阅读策略。在当代人文科学中，德里达的解构主义蔚为一时风尚，若依照他的路线，对于中西形而

① 这方面的例子很多，例如关子尹的对比研究显示，西方范畴论的建立，多以语言（特别是有认知意义的语言）和逻辑结构为线索；但在中国，相应的理论建构——如《尚书·洪范》的“九畴”、《周易》的卦序或《大学》的“八条目”——则是扣紧人事实践而展开的。参关子尹：《从比较观点看“范畴论”问题》，编收于关子尹：《从哲学的观点看》，台北：东大图书，1994 年，第 157—218 页。

② 海德格尔对于“解构”之规划，参 Martin Heidegger，Sein und Zeit（Tübingen：Max Niemeyer，1967，11th edition），§ 6，§ 8，pp. 19 – 27，39 – 40，以及 Martin Heidegger，Grundprobleme der Phänomenologie（Frankfurt am Main：Vittorio Klostermann，1975），§ 5，pp. 26 – 32。Grundprobleme der Phänomenologie 全书的工作基本就是解构西方传统四个关于存在的论题。

上学特质的传统诠释施行解构，则首当其冲者，应为当中隐含的本质主义假设：真的存在着自身统一而纯粹的、各自范围清晰，彼此泾渭分明，可以互相对比的西方形上学和中国形上学传统吗？抑或，一旦尝试探究西方哲学和中国哲学自身特征，厘定二者异同，我们便不免素朴设定某种自在的本质——某种经由重重筛选、排除、清洗程序，方从混杂的经验历史中挤压产生的观念虚构物？

我们经历过后现代思潮的洗礼，对于来自反本质主义阵营的诘难，纵非耳熟能详，大概也不感陌生；而就我们的议题而言，这些诘难也并非空穴来风。因为无可否认，欲将理论与思辨定为西方形而上学的主轴，我们便必须跳过尼采、神秘主义，甚至某些先苏和晚期古希腊哲学；同样，要把中国形上学统归为实践形上学，便势必忽略名家、墨辩，以至某部分的中国自然哲学。

本质主义论争无疑是跨传统的比较哲学的重要议题，但其彻底检讨所牵涉的学理深广，有待另文为之。本文的焦点是放在另一进路的解构之上：习常的诠释框架在对比理论与实践之际，除忽略了各个学统内部的驳杂外，还假设了理论与实践之间有明确的界限，而理论之存在可以不受实践的杂染。在西方学统中，理论与实践的区分往往是以赋予前者优位为依归，而这种价值观则与西方哲学及科学传统之奠立息息相关。它随着古希腊人创建哲学与科学学统，推崇理论观照生命（*bios theoretikos*）而确立，并在后世着意继承与重启这个学统的哲学家——包括笛卡尔（René Descartes）、黑格尔（G. W. F. Hegel）、胡塞尔（Edmund Husserl）等——的著作之中一再重申。①

当然，中国哲学研究者不必素朴接受这种立足西方哲学科学文化本位的价值观，但对于理论活动优位的批判却可有不同的路径。其中一条路径是单纯颠覆理论与实践的高下定位，扭转两者的主从关系，推崇实践而贬抑理论。这条路径看似简单直接，多为中国哲学研究者所采取，但事实上却往往沿袭了对比理论与实践的陈套，甚至因循了西方传统的理论与实践观。另一条路径则是选择搁置传统的对比图式，先消解其相关概念的自明效力，以图继而

① 关于“bios theoretikos”在西方思想中的地位及其观念发展史，参 Hannah, Arendt，Vita Activa（München：R. Piper，1981，2nd ed.），§1－§2，pp. 14－23。

重新根本定位中、西形而上学。本文是采取这种批判进路的一次尝试，它涉及两个论旨：（1）相较于理论与实践进路的对立，透过两种实践或践行的区分来理解中、西形而上学的分野，在存活论上更为根本和具体。（2）两种实践或践行分别落实于两类不同的身体行动之中，他们的差异反映为两种肉身性的差异。因此，通过相关的身体现象学的分析，我们能够更加具体鲜明地理解中、西形而上学的差别与特质。

上述的论旨牵涉甚广，为免议论流于空泛，我们论述将聚焦在亚里士多德与儒家的道德形而上学之上。“形而上学”（Metaphysics）一词虽然是源自后世对亚里士多德著作的编辑整理，但是，亚里士多德对于所谓“第一哲学”（prote philosophia）的规划，却实质上奠定了西方形而上学的基本议题，[①] 而他所铸造的诸多概念术语，亦具体形塑了西方思想传统日后理解实有时的基本语词。故此，在一定程度上视亚里士多德为典范形态的西方形而上学，应不失公允。另一方面，我们之所以聚焦于儒家的道德形而上学，一则因为道德实践为中、西传统共有，我们较易辨识出彼此的对应与差别，一则限制于道德形而上学，在文献上也不会过芜杂。

二、从理论与实践的对立到两种实践

以下的解构涉及检讨一些习以为常的规定，为免批判失焦、引发误解，我们先对“理论”这个惯常的标签，稍作分疏。使用“理论”标示学问传统的特色时，这个标签可以有不同的含义。它的经典含义源自亚里士多德对于不同学问的区分。众所周知，亚里士多德将学问或知识（dianoia，episteme）分为理论（theoretical，theoretike）、实践（practical，praktike）与制作（pro-

① 亚里士多德对第一哲学的研究对象有三重规定：或为终极原因和原理，或所谓“存在作为存在”（on he on），或为最高实体即神。这三重规定分别见诸 Aristotle，Metaphysics，第Ⅰ、Ⅳ、Ⅵ卷。对应这三类对象，亚里士多德赋予形而上学研究不同的称谓：就其探究终极原因和原理而言，则称为“智慧”（sophia）；就其研究“存在作为存在”而言，则称为“第一哲学”（prote philosophia）；就其研究最高实体（神）而言，则称为“神学”（theologia）。本文引用亚里士多德著作依据 Barnes 编的英译全集本：Jonathan Barnes（ed.），Complete Works of Aristotle（Princeton：Princeton University Press，1984）。

ductive，poetike）三大类，而形而上学则为理论科学之一。① 亚里士多德的科学分类出现在多种论著之中，他们按照的分类原则各有不同，而隐含的理论概念由此也并非单一。然而要之而论，亚里士多德是在科学分类的层次谈论何谓“理论性”的：理论之学与其他学问的根本差别，或在于知识对象之高下②，或在于求知活动之自足与否③，或在于知识体系的形式性格④。

但是，假若我们单从知识分类的层次着眼，则儒家的道德形上学在一定程度上也具有“理论性”的特质。例如，它所探讨的“天”与“天道”也并非一般对象，它建立学说也不是直接旨在成物或事功，而它的论述同样是在一定学理贯通之下，展开对于宇宙人生之存在整体的思想，而有别于一般抒发感怀、赞叹或单纯描述，等等。故此，若传统的诠释框架并非无的放矢，则理论与实践的分判便不应局限于狭义的知识分类的问题，而是另有所指。借用海德格尔的解构思路来阐释，则理论与实践的标签，实指中、西两个传统分别以实践和理论两种存活态度或取向为根本，去理解何谓实有，并以之为继后的形而上学理论的资源。简言之，理论与实践不是知识的类别，而是存活的基本格式；二者的分别不在于两种话语陈构或知识体系的对比，而是在于两种跟实有打交道、经验和理解实有的存活方式之差异。⑤

这种存活格式是形而上学理论的前理论基础，海德格尔称之为“形而上

① 参 Aristotle，Metaphysics 1025b25。亚里士多德的区分与其所举的例子大体自明：实践之学包含伦理学与政治学，它是关乎人类行动的学问；制作之学则关乎美与有用物品之制成，囊括诗学与众多巧艺之知；理论之学不涉及实用而纯粹追求知识，例子包括数学、形上学与自然科学。亚里士多德分类背后的原则与相关的学科概念则是有待深究之哲学议题。

② 理论科学所认识的对象恒定不变，最为尊贵。参 Aristotle，Nichomachean Ethics 1139b 15 ff. 。

③ 理论之学纯为求知而求知，独立自足，实践之学与制作之学则否，参 Metaphysics 1025b25，1026a18 – 19，1064a16 – 19，b1 – 3；Nichomachean Ethics 1139a26 – 28，1141b29 – 32。

④ 理论之学为知识最高典范，它从公理出发，建构演绎系统，参 Aristotle，Posterior Analytics I. 6。

⑤ 理论与实践的分别也可以专指不同学统内，典范话语的陈构方式和形态之别，例如西方学统自亚里士多德以后，陈述辩证式的论文渐成思想论著的主流，而在中国哲学学统中，强调语用脉络、随机应答的语录则始终风行。但这种话语形态的差别可视作从基本形而上态度的区分衍生而出。

的基本立场”（metaphysische Grundstellung）。[①] 这种基本立场涉及人如何立足于所谓“存在的真理”（Wahrheit des Seins）当中，并在此真理中面对与理解自身，进而理解天地万有之根本方式。形而上的基本立场是明确形构的形而上学理论之土壤，它促使后者成长，并发展出某种特定取向。[②] 若不拘泥于名相，则我们不难察觉，海德格尔这种形上学解构与胡塞尔回溯“生活世界”（Lebenswelt）为滋养理论科学及其理念的意义土壤，在思路上相当类似。两者的重要差别在于，虽然同样旨在揭示理论演生的历史，同样致力回溯前理论的“土壤”，但胡塞尔始终不摆脱从“准理论”的角度来考察后者的结构与建构，故此把知觉活动当作生活世界现象学的典范现象。相较之下，海德格尔在颠覆传统理论优位上则显得更为贯彻。前期海德格尔对于此在的日常状态（Alltäglichkeit des Daseins）及其周遭世界（Umwelt）之细致描述与分析，固然已为理论优位之批判提供了有力的现象学凭据，[③] 而中后期讨论“形而上的基本立场”时，海德格尔强调此在对存在真理的被动领受及其筹划（Entwurf）活动，其立论更显然并非局限于知识与理论的层面。[④]

在现今的哲学与人文科学研究中，海德格尔这种解构思路不乏回响，批判理论与实践的分立、质疑理论的优位、揭示实践为理论之基础，仿佛成为当代思想者的共同出发点。当然，哲学思潮并非一时的风尚，对于传统之解构与颠覆若是相应，则所依的义理便不是强加于传统之上，而是可以透过恰当诠释传统而得到印证的。事实上，海德格尔的解构即致力于揭示，亚里士多德形而上学本身已包括线索，显示其理论开展的基础并非纯然理论性的。我们以下将援引海德格尔的诠释，解构亚里士多德形上学，显示其“形而上基础立场”是建构在以某种非理论的、践行活动的典范之上的。

---

① “Metaphysische Grundstellung”是中期海德格尔转入存在史思维后引入的用语，散见于三十年代中后期的多种论著中，尤集中于海德格尔在 1937 年对于尼采的解构诠释，其一般规定参 Martin Heidegger，Nietzsche II（Pfullingen：Neske Verlag，1961），p. 70，p. 82，p. 137，p. 212，p. 258。

② 关于这点，海德格尔详释于前揭 Nietzsche II，p. 137。

③ 诸如周遭世界优先于科学意义的客观世界、践行中关顾环境的“周察”（Umsicht）优先于知觉与理论观照（Theorie）以及“及手性”（Zuhandenheit）优先于“手前性”（Vorhandenheit）等。

④ 参前揭 Nietzsche II，p. 258。

亚里士多德的形上学研究涉及多种论著，进路与论述层次并非同一。诚然，开出以逻各斯的结构为线索，剖析何谓实有的思路，这是亚里士多德哲学令人赞叹的理论成就。区分所谓“第一序实体”（prote ousia）和“第二序实体”，引介十范畴，尤其是精辟地演示了如何透过诉诸陈述，诉诸广义而言的理论性语言之结构，以建立对于实有的把握。然而，依理论进路理解实有的结构，却只是亚里士多德探讨实有的进路之一。在这个进路下，我们是从一个相对静态的、既成的观点，看待何谓实有；我们先设定某个实有为既予的（given）或者以海德格尔的术语言之，为“手前现成的”（vorhanden），继而思索对其陈述论说的种种基本格式。这种逻辑进路在义理上极为整齐明快，因而深具哲学理论的魅力，唯其是否切合我们具体的存在经验？我们在切身经历的万事万物中，有多少是“一有永有”的事物？我们不是无时无刻不处于一个充满生成毁败、运动变化的世界当中吗？然而，一旦我们放弃朴素接受实有既予，转而从动态的观点考察，回头追问实有因何形成、如何形成，展望实有将会如何，则我们便接近于亚里士多德形上学的另外两组研究进路：他们一者是总结先苏以降的自然哲学的四因说，即从形式、质料、目的、动力四者拆解万有存在之原因；① 另一者是解答何谓变动，释除传统古典哲学对流变世界的疑虑的潜能现实说，即以潜存能力的实现过程来分析生成毁败，诠释一切演生历程的基本性格。

与范畴说相较，上述两组进路无疑更为贴近我们活于其中的生活世界，建立在更为具体的、原初的存在经验之上。这三组形上学进路的区分可以透过海德格尔的时间性概念而更加分明。海德格尔指出，西方形上学普遍以时间为建立其对存在的理论理解的界域，而范畴说、四因说与潜能实现说中隐含的存在观，便恰巧对应于由抽象至具体的三个不同的时间界域。从现成的、既予的实在出发，范畴说的焦点锁定于“当下”或“现在”的时间维度中呈现的“有”，以探究种种述说这现前的实有之基本格式。然而，时间并非仅为抽空的“现在”之累积，实有并非只是单薄的当下在场。从时间界域来考

① 四因说之焦点探究出现在《物理学》（Physics）的卷一与卷二。在《形而上学》卷十二，亚里士多德对此学说有扼要的综述与阐明，参 Metaphysics，XII. 1，1069b3 – 7，XII. 2。

虑，四因说的特点即在于引入过去的维度，回溯实有的来历、缘由与原因，并予以存在其应有的厚度。范畴说着眼当前，四因说回顾过去，潜能实在说则进一步前瞻未来维度，以潜能实在的目的论架构，阐明从过去到现在的动变。存在之生成被阐释为一个实现（actualization，Verwirklung）既有潜能（potentiality）的过程，而存在则相应理解为由潜能过渡而至的实在（actuality，Wirklichkeit），存在理解由是植根于一个更为饱满而具体的时间界域之上。

据存活现象学的思路，存在理解的界域虽是奠立存有论或形上学探索的土壤，但它并非纯粹先验的概念框架，而是于人的活动中开展的意义场域。以海德格尔《存在与时间》的术语言之，界域之“开显”（Erschlossenheit）乃寓于吾人与存在者打交道之“发现”（Entdecken）当中；存在的解蔽与存在者的揭示是共同源初（gleichursprünglich）。然而，发现存在者的方式林林总总，存在意义界域的开显究竟是以哪类活动为参照典范？针对这个问题，海德格尔的解构提出了独特的见解。按一般看法，西方哲学传统的重点始终在于静态的理论观照（theoretical contemplation），但海德格尔对古希腊特别是亚里士多德形上学的诠释却显示，他们隐然以之为典范的人类活动，恰好不是理论观照，而是一种特定的人类践行，即古希腊所说的 *poiesis*，也就是说，制造（Herstellung，production）。

制造活动乃古典形上学隐含的存在经验的界域，这点首先可从亚理士多德自己对四因说与潜能现实说的解释方式得到印证。在《形而上学》与《物理学》的四因说阐释中，如银盘、铜像这类人为制成的日用品与工艺品都是亚里士多德偏好援引的例子。① 制造是人类亲身介入事物“由无至有”的历程的主要方式之一，吾人以此体验为起点，提出对何谓存在，何谓事物的生成的一般解释，本已颇合常理，而依据这种存在解释把握盘子、塑像之类的事物之“在”，用四因来说明其生成，用形式、质料的结合来说明其存在，更是格外自明。就是因为以制造活动为典范，故此亚里士多德才在阐释四因说时，往往必须进一步阐释，他的理论在多大程度上，除对制造成品有效外，还可以延伸至其他领域的存在者之上，尤其是非人为制成的自然，以及非质

① 参 Aristotle，Physics，II. 3，194b－195a，Metaphysics，1013b 6－9。

料性的精神构成物。①

除了上述初步的文献线索以外，海德格尔对于古典存在论的解构诠释则进一步在义理层次上的铺陈佐证，显示制造为古典存在理解之界域。在致力于解构诠释存在史的讲课《现象学的基本问题》（*Grundprobleme der Phänomenologie*）之中，海德格尔指出，中世纪哲学以 actualitas 理解存在已经暗示，传统存在论隐然将存在勾连到作行（agere，actum）之上，而在对于本质（essential）与实存（existential）的存在论框架的解构中，海德格尔进一步点明，古典存有论用以陈构存在的关键概念——*morphe*、eidos、idea、to ti en einai、physis 和 ousia 等等，皆是源自所谓“此在制造地与存在者打交道（das herstellende Verhalten zum Seienden）”所缔造的界域的。②

海德格尔在《存在与时间》前后时期的讲课中，多有依循以上观点对古典哲学文本作极细致的诠释的尝试，在此我们无法详加复述。我们只列出一组较易明晰的思路作为例证：若依循知觉脉络，则事物的外观理应由形构来决定，其形方则相方，形圆则相圆，诸如此类。用古希腊哲学术语来说，morphe 决定 eidos 与 idea。然而，海德格尔指出，在古典哲学的论述中，eidos 与 idea 与 morphe 的关系刚好与上述的相反。“相”被当作优先，而“形”则受相所决定。这正显示，古典哲学乃从制造的脉络来把握何谓存在。所谓 eidos，idea，首先不是指事物在一般知觉活动中所呈现出的外相，而是被理解为前于具体事物形成的理想模样（Vorbild）。③ 简而言之，它是指制造者以其心灵之眼所视见，并指导其应当如何形塑质料，赋予后者恰当形式的“相”。正因是从制造的界域出发，亚里士多德才一再将 eidos 表述为 to ti en einai——这个后世有时简单翻译为 essence 的字词，实指事物早已如此。它是事物在没

---

① 参 Aristotle，Physics，198－199。关于亚里士多德以工艺制作为基本模型，延伸说明其他领域的存在，参 Broadie，“Nature，Craft，and Phronesis in Aristotle，”Philosophical Topics，15（1987），pp. 35－50。关于制造（Herstellen）是古典哲学理解自然（physis）的界域，参 Martin Heidegger，Aristoteles Rhetorik. Gesamtausgabe Bd. 18.，p. 214。

② 参 Martin Heidegger，Grundprobleme der Phänomenologie. Gesamtausgabe Bd. 24. Hrsg. Friedrich-Wilhelm von Herrmann. Frankfurt a. M.：Vittorio Klostermann，1975，§ 11，pp. 140－157。

③ 参 Grundprobleme der Phänomenologie，pp. 149－151。

有被实现实在以前，早已呈现的理当如此之相，而事物之制造乃依此理相之实现。①

由此，构成中、西形上学根本差异者，与其说是理论与实践的对比，倒不如说是两种实践或践行活动之差别：西方传统源自从制造活动理解实有，中国传统形上学其中一个主脉则是从实践活动理解实有；用古希腊哲学术语表达，这两种践行分别对应于 poiesis 与 praxis。“何谓在?”“何谓有?”——我们既可以从制造形成来理解，也可从人生实践的创造来理解。人生实践不限于道德实践，但将焦点放在后者，似乎较容易彰显出两种践行形态的对比。

三、两种肉身性：实践与制造作为身体行动

实践与制造皆为人的践行活动，亦即，皆为肉身的行动，二类践行活动的关键差异反映在二者各自肉身性（Leiblichkeit，corporeality）的差异之上。通过后者之阐释，我们可对于前者及由之引申的存有论界域的差异，有更为具体和质实的理解。当代哲学对肉身的探讨受现象学的启发甚深，我们以下尝试循现象学思路，勾勒出实践与制造两类践行活动的肉身性之差异。肉身现象学的发展肇始于胡塞尔而大成于梅洛-庞蒂，我们会先参照两人的现象学分析，概括出肉身的几个主要的现象特性，然后再考察实践与制造如何以不同方式不同偏重，实现肉身的这些现象特性。

肉身性是现象学贯彻其原初规划时所衍生的重要哲学议题。按照胡塞尔的构想，现象学承接笛卡尔的宏愿，旨在透过对意义之源作哲学阐释，以实现知识奠基之理想。胡塞尔因袭传统意识概念为立论始点，经由还原法，将实有转化为现象，而所谓现象者，即呈现之意义也。胡塞尔视呈现之意义为超越意识之所意向，而意向之即建构之。由此，现象学遂开展为一门针对意识之或隐或显的意向性，予以概念化的分析与描述的超越论哲学。然而，胡塞尔在贯彻现象学的观念时，其具体研究却渐渐触及传统意识概念的界限，以至开出诸多越出原来主体性哲学框架的崭新议题，而肉身性即为其中之一。

现象学对身体之关注，首重其具体实现意向性的功能：意识之意向性需以身体中介，方能意指于呈现的意义，肉身性由是渗透一切与意义所关的人

---

① 参 Grundprobleme der Phänomenologie，pp. 151 ff. 。

类经验和行动之中。用近代哲学术语言之，则现象学所关注者，非单纯为经验对象的身体，而是带有超越论意味的身体。就此超越论维度的肉身性，胡塞尔的《观念二》（*Ideen II*）与梅洛-庞蒂（Maurice Merleau-Ponty）的《知觉现象学》（*Phénoménologie de la perception*）提供了典范性的现象学分析。按其勾勒，肉身性包含以下几个现象学特点：

①身体是我的世界的导向零点；它是我存在的定锚（anchorage of my Being）。身体虽与其他可感可知的经验对象相若，可见、可触、敲之有声、嗅之有味，但它却不是一般对象。一般经验对象在场与否，并无定数，部分出于形势或偶然，部分则取决于我的意愿，但身体却如影随形，总是出现在我的经验与行动的场所之内。固然，身体未必是我当下焦点所在，我的注意力往往超越我的身体而落在我所关注的对象上，但身体却始终伴随我的经验与行动，烘托焦点现象，随着呈现之物而连带呈现。我无法摆脱自己的身体，亦无法将之完全对象化，在自然而直接的知觉中，我只能从某些有限的视角，经验我的身体某些有限的部分。身体如此特殊，我甚至不应仅仅将之当作拥有某种特殊性质或地位的对象①——因为身体之所在即是我之所在，它将我定锚在某个具体的此地和此时（here and now）当中，在我履行一切经验与行动之前，便已事先标定了他们由之出发面对的世界的零点（zero point）。身体这种定位功能在导向空间（orientational space）的建构上尤其明显。在日常的经验与行动中，我身处的空间首先不是一个欧几里德的几何体系，或者一个笛卡尔式的坐标系统，而是一个由“前”“后”“左”“右”“上”“下”等基本方向规定所组成的场域。它所涉及的基本空间规定不是绝对地界定，而恰好是参指于某个特定导向的身体而确立。例如，我的面向决定何谓前后，我的身体姿势决定何谓上下，我的四肢所在决定何谓左右，等等。

---

① 胡塞尔在《观念二》中称肉身为“Ding besonderer Art”，参 Edmund Husserl, Ideen zu einer reinen Phänomenologie und phänomenologischen Philosophie. Zweites Buch: Phänomenologische Untersuchungen zur Konstitution.（Husserliana Vol. 4），ed. Marly Biemel（Haag: Martinus Nijhoff, 1952），第 156 页；笛卡尔在《沉思录》的“第六沉思”中则承认身体有某种特殊的地位使我有权称之为“我的身体”。参 René Descartes, Meditationes de Prima Philosophia, in Oeuvres de Descartes, Vol. 7, ed. by Charles Adam & Paul Tannery（Paris: L. Cerf），p. 75.

②身体是通往世界的管道（access to the world）。身体除了以特定方式，将我投置于世界**之中**（*into* the world）以外，同时也以特定方式，让我**通往世界**、**面对**世界（*toward* the world）。透过身体，我不仅是在世存在，厕身世间某处，我还是朝向世界的存在；世界拥有我，但我亦拥有一个世界。这种中介角色是身体作为器官（organs）的基本含义，它提供了自然而然的管道，让我能与世界打交道。一般来说，身体的自然中介功能有两大方向：通过身体的知觉器官，世界得以作用于我，影响与规定我的心灵；通过身体的行动器官，我得以作用于世界，使得世界依据我的心灵状况而有所转化。

③身体是感觉丛聚的平面（surface of sensations）。知觉器官的个别功能——耳闻、目睹、手触、鼻嗅、舌尝——各自展示对象不同的性质，而透过其共同协作，让我察识到众多不同类型的知觉对象。然而，较诸可以辨识的对象与对象性质更为底层之处，还铺展着一层层混然丛聚的感觉（sensations）。身体便是这些感觉发生的场所（field）。这个感觉场所虽然尚非井然有序的对象世界，但它也不是一片混乱。套用胡塞尔的讲法，综合早在被动的感性层面中发生，感觉并非是混沌无序地涌入心灵的杂多（manifold），而是一旦出现，便已包含原始的分类与结构。同类的感觉会互相融合，不同的感觉会有中断、对比、前景背景等关系，有表示个殊事物性质的声、色、香、味、触，也有不关于个殊事物却关于环境整体的冷、热、干、湿，有展示内、外区分与牵连的双重感觉（double sensations）（例如触物同时有被触感），也有建构地伴随一切感觉，关乎主体自身的动静行止的运动感（kinaesthetics），等等。

④身体乃表达的自然媒介（natural medium of expression）。除了知识、感觉与践行之功能外，身体也具有表达与承载理念的功用。身体是主体表达自己与表达某个意义的最自然而然的媒介，其表达力始于近乎本能的情感表达、动作和身体姿势，并进而发展为指示、示意等肢体动作与表情，乃至使用发声器官陈构语音，以及更为复杂的、释放身体纯粹的“举止意义”（gestural signification）的舞蹈与歌咏等。具体意义和表达活动都离不开身体的表达力，例如，语言交流不但仰赖身体活动以产生音符与字符，承载语意，而且往往伴随着各种表情和手势，展示说话的自我，并协助建构语意——通过

手势指示以确定指涉，通过表情动作补足弦外之音，通过声调抑扬以提示解读方向，等等。

⑤身体作为中转点（Umschlagspunkt，turning point）。身体的定锚作用、中介功能、身体作为感觉场域、身体的表达力等特征，皆牵涉身体的一个基本的存在性格，梅洛-庞蒂称之为肉身的含混性（ambiguité）。身体既不是意识，但又并非单纯的外物；它既非完全属外，又非完全属内；它不是死物，似乎隐含精神特质，但又会生成毁败，显然属于自然；它既是我的体现，亦是非我、异我的张扬；它既具有意向性，同时又具有因果性……身体这一连串非此非彼、亦此亦彼的特性，使得我们难以依照传统存有论框架划定其地位，它仿佛总是一连串由此至彼、由彼复此的**过渡运动**，或者用胡塞尔在《观念二》中的说法，身体是一个中转点，在观念论以及种种主动综合发动以前，便已联结了精神和自然、自由与必然、我与非我。①

以上五个特征，是概括自胡塞尔与梅洛-庞蒂就超越维度的肉身性的分析和描述。换言之，他们所指的，是普遍渗透于一切经验和行动，使之成为可能的肉身条件。对于制造与实践这两种人类行动的基本模式来说，这些普遍条件当然同样有效。例如，制造活动自然而然需要诉诸知觉与感觉的导引，需要肢体的介入操作，而实践活动则理所当然会落实于身体行动，其价值与理念会表达于身体语言之中。在这里，我们无须一一列明这些普遍条件如何实现于制造与实践的活动之中，我们的目标在于以肉身性为线索，勾提这两类活动的根本差别。以下将尝试揭示，制造与实践对于肉身性的体现各有不同，而且各有偏重。

我们的阐释先从厘清制造与实践的意向性的一般特质和差异入手。制造与实践皆为人的行动，因而也同具有意向性，而二者意向性的首差异在于，制造旨在成物，实践旨在成己。② 当然，“成己”“成物”乃汉语思想传统惯用的字眼，但相同的对比，也早见诸亚里士多德的《尼各马科伦理学》。在该

---

① 参 Ideen zu einer reinen Phänomenologie und phänomenologischen Philosophie. Zweites Buch，pp. 160 – 161，P. 286。

② “成己”所涉及的“己”，其意谓可窄可宽，既可指个体自我，也可指包含众我的我群。若将实践分为道德伦理与社会政治两个向度，则前者偏重完成个体自我，后者则偏重实现理想的我群。依据先前的规划，我们讨论焦点会锁定在道德实践之上。

书第六卷的著名的理智德性分析中，亚里士多德点出这项差异，并予以目的论式的解释："制造有在其自身以外的目的，实践则没有。因为好的实践自身便是一个目的。"（NE 1140b）制造是为了产生某件独立于这个活动以外的制成品，反之，实践则不是为了外在的目的，而是为了成就自身，进一步则是为了实现行动者的某种理想特质，养成某项美德。见义勇为之目的就是见义勇为，进一步是为了成为勇者，养成勇敢之德。两类行动之终点目的既有差别，其始点也有不同。制造须透过形构已有的质料，方能产生成品，其活动故此预设了外在的质料来源，此来源最终可追溯至作为原始质料蕴藏的自然。对比之下，实践则似乎较为自足，若说实践也不能无中生有，必须设定一些原材料的话，则其质料不过就是行动本身与行动者自己。实践所涉及的是自我的转化，是产生灵魂的良善、实现人格的美德。

其次，实践的"成己"是涉及整体自我的转化与提升，而不单是个别面向或能力的增添而已。就如中西传统伦理思维一致强调，德性与德性之间有内在的连结，不能孤立地、个别地评量。勇敢之为勇敢，必须依赖其他德性之协助，临阵退缩、欺善怕恶，固是懦夫行径，然而"暴虎冯河""倚立危墙"也是失诸愚鲁。"过犹不及"（《论语·先进》），或用亚里士多德著名的讲法，美德在于"在适当的时间，适当的地方，以适当的方式行适当之事"，而审时度势，知己知彼，掌握中道，正须诉诸各种美德协力之功。相较之下，制造于"成物"之余，或许亦能在制造者身上产生改变，然而它所衍生的，却往往是限于个别专长的增益和技巧的发展。

让我们正式转到制造的肉身性之议题上。在一定程度上，它体现了制造的意向性特点。在制造活动中，身体主要扮演着器官（organ）的角色，肢体的中介使我得以按照构思，形塑质料，完成产品；感知器官的中介则使我察知质料的状态，进而调整我的构思与活动，使之顺适质料的自然天性而行。概括言之，制造的身体首要是转化与形塑自然质料过程中的必要的媒介与工具——众所周知，器官的拉丁字源 *organum* 和希腊字源 *órganon* 皆有工具的意思。作为器官或工具，身体是天赋的，但也会因训练而改变。通过制造过程的反复操作，我们可以对于肉身动作的某些有用的组合格式（pattern），愈来愈娴熟，进而养成身体的习惯，发展出相应的身体技能。

这些身体技能可以是相当复杂，涉及身体多个部分的巧妙配合，乃至肉身整体器官的一体运作。梅洛-庞蒂在《知觉现象学》便偏好从肉身各部分的“协作”（synergy）来说明肉身的统一性（unity）：我的双手之为我的双手，就在于他们紧密无间，合作完成一事。由于身体技能可以是如此涉及整全，而在工艺制作中，身体与心灵，以及身体与外在自然之间，难以截然划出分界，于是中国传统以身体技巧之精熟与修道者境界之高明为一脉相通的想法，便似非引喻失当。

然而，制造活动所培养的身体技能不必然是牵连整体的。它也可以是十分简单，甚至可以只是手巧、耳聪、目明等个别器官的精良化。正因如此，反复操作的成果便可能只是巧手工匠，乃至熟练技工之培养，却无助于身心整体的形构。再者，工具总带有中立性格，故此，制造的肉身性内含倾向，可容许为现代大量的、机械化的生产机制所驯服，变成与具体成品割裂、在精密的分工和调配下异化和耗用的劳力资源。

与制造活动相较，实践似乎是更为具体地涉及整全的身体自我。实践需要实现于身体行动之中，这些身体行动大多相当复杂，涉及身体各部分的互相协调。因此，践履娴熟也一样会使身体养成某种技能，例如，应对进退之松容合节，动静行止之合乎礼仪之观，等等。但是，实践的身体显然不只涉及身体技巧的养成，它还包含上述其他身体的现象特征——只不过这些特征都染上一层道德伦理的色彩：

（1）道德实践上的身体定锚。西方伦理学着重普遍主义，其流弊却是将道德践履者割离具体实践脉络，使之萎缩为某种抽象的主体性，甚至被架空为某种价值的载体。对于效益主义典型攻讦矛头往往在此，传统儒家对于墨家“兼爱”的批判，也可从此途解读出其当代意义。如儒家的“爱有差等”“推己及人”“亲亲而仁民，仁民而爱物”，乃至“修齐治平”等主张所揭示，具体的道德践履总是从某个特定伦理脉络出发，基于当中某个零点，辐辏开展。而这个特定伦理脉络中零点，则至少部分是由血缘关系所决定。“身体发肤，受之父母”，正是身体性的血脉缘故，我事先被投至在一个特定的伦理网络之中，使我成为一个道德上有血肉的人格，承担着种种人伦责任，在种种远近亲疏内外之差别中寻找中节之道。

（2）道德感的身体性。具体的道德实践不离道德感。在西方，虽然理智主义当道，但西方伦理学从未完全抹杀情感的地位，即使康德，也无法轻忽道德法则的敬畏对构成真实道德行为的重要性。在经验论传统中，更不乏以同情共感（sympathy）为道德基础的伦理学学说。在中国伦理思维传统中，道德感的重量更为明显，而其阐释则往往连系于身体维度的表现，例如，恻隐在于怵惕，仁在于知痛痒，不仁宛如肢体顽痹，等等。①

（3）道德实践与身体表达性。在实践中，身体动作会随着反复的演练而自然变得娴熟，但实践的身体活动不是旨在追求“技巧娴熟”而已。言行动静的中节合礼除了为着完成某事（如晨昏定省、奉茶请安、洒扫、应对、进退），还是德性之表达——用现代术语来说，有着记号（symbolic）的功能。身体外观的威仪理应为内在美德的外显，所谓“形于外”，乃“诚于中”的表现。实践中的身体表达力至少牵涉两个层次：一者是明确借由身体的行动去表达的道德意义或价值，包括最简单直接的社会性的身体记号之使用（例如鞠躬以示敬意、握手以示友善等等）、受极其复杂社会礼仪规范的身体行动（如至婚仪、祭祀、丧礼）以及个人因情境、目标之殊异而量身创造的身体语言（例如诱惑、暗示）。另一者是伴随前者而自然发生的、无意地自行组织起来的身体表达功能。在语言表达中，言说总伴随着无意的姿势、表情、动作而人所共知，后者对揭示说话者的心境、性格，对形塑说话场合的气氛，甚至对建构说话内容的真正含义，皆有莫大的关系。梅洛-庞蒂称此为言说活动在表达“概念意义”（conceptual signification）之外的身体性的“举止意义”（gestural signification）。在道德实践的德性表达中，同样也伴随着的诸种自然发生的身体姿态、言行举止。他们自发地组织而形成的风格，用中国传统术语，即所谓修道者之“气象”。“气象”可说是相应于德目表达的身体举止意义。

（4）道德实践与身体之中转功能。最后，道德实践透过身体的参与，让自然与精神的中转渗透其行动之中：道德实践是人文的，同样也是自然的；既是精神性的，也同时是身体性的。自然不但是原始的欲望、性情等自然材质，仅仅有待修养功夫的对治与转化。除道德实践所对的自然外，还有一渗透于实践之中，从内部给予支持的自然。这层次的“自然”包括两义：一为

① 参黎德靖编：《朱子语类》（北京：中华书局，1986 年），第七册，第 2562 页。

经由道德演练而积淀下的身体习性，作为潜存的某种“第二自然”（second nature）。另一为超越的自然，即通过身体性的情绪感受或所谓仁心的感通，而犹如泉源般涌入我的实践生活当中的自然。它使后者犹如是自然的流露，是“从自家生命流出”“沛然莫之能御”的天道。西方有自然与人文（Nature and Culture）对比的传统，其伦理思维往往只论及自然材质与后天习性两个层面的自然。中国传统视天道性命相贯通，自然与人文并不割裂，于是能进而视道德实践为道通自然的大化流行。

四、总结：实践进路的形上学与制造进路的形上学

从上述的回溯和解构诠释，我们可以对中、西形上学传统的特质有更为鲜明与具体的掌握。

首先，制造与实践既分别以“成物”与“成己”为意向目标，则自然而然，西方形而上学倾向将焦点放在物之上，并以物之存在为始点，建立对于存在一般的理解，而用以拆解事物存在的概念——例如，形式（Form）与质料（Material）、实体与属性、潜能与现实等概念，则成为把握其他存在物的一般指引。① 反之，中国形而上学传统则倾向将焦点放在实践的人之上，借由内省与功夫上的体会，打开关于人的存在的心性论理解，并依据对心性内容的实践掌握，扩展至关于存在根源的内容之洞察（所谓“尽其心者，知其性也。知其性，则知天矣”），借由实践的人与天道的关系，安顿万事万物之存在。②

其次，实践与制造的进路的差异也导向不同的宇宙生成观。从制造的界域出发，工匠制作成物的典范在西方传统宇宙占据主导地位。世界之生成是以并非单纯的“从无生有”（creatio ex nihilo），而是被理解为从混沌无序到有序的历程，相应于此，神则扮演着具有大能的造物者（Demiurge）的角色。

---

① 物的形而上学首出性，可参海德格尔《存在与时间》第 20 节，Martin Heidegger, Sein und Zeit，§ 20，pp. 92 – 92。依据海德格尔，中世纪将上帝理解为 ens increatum（非创造而成之物）或 summum ens（最高之物），笛卡尔将存在者分为 res extensa（广延物）与 res cogitans（思维物），都是物体概念主导西方存在理解的例证。

② 在中国思想史脉络中，儒家的实践形而上学是消解传统“天道远，人道迩”这类天人分立的紧张关系的一种重要方式。

神的创世不是唯意志式的说有光，便有光，而是按照先在的“理相”去形塑原初的质料，以形构万有的造物。① 反之，基于实践的界域，中国的道德形上学在论及天道之生化时，则很少诉诸“造物”的想法，同时也疏于谈论其形构历程的细节。若论及事物之生成，则笼统地说“为物不贰，生物不测”，若论及天道之生化，则偏好强调“健行不息，生生不易”的表现，正因为道德的创生主要见诸君子念兹在兹、日新其德、至诚无息的成德奋进之上，而不在于完成一件外物，使之成为独立存在，便已一了百了的制作活动。这种以道德实践的创造性为楷模，以理解宇宙生化的思路，最明显的或许莫过于《中庸》以“诚”通贯天道与人道共通的论述。“诚者，物之始终”“不诚无物”在道德领域是颇有说服力，因为道德行动如先前所述具有表达的面向，故真诚似乎便是真实的道德行动的必要条件。至于“诚者天之道”这种宇宙论宣称，则应为在以实践界域为基础的进一步延伸。

再次，由制造活动构成基本的存在理解出发，则心灵与身体的区分，理性与世界分立、人文与自然之对举等二元架构，虽然并非必然的结论，但也显得是合理衍生的观点。在制造活动中，身体主要发挥器官的功能，它扮演着制造者的构思与有待形塑的世界之间的中介角色。由此，似乎只需再进一步，我们便会把理智构思完全交付这个关系的一端即心灵，并将身体单纯视作心灵用以影响世界的外在工具，而自然则当作为只是中性的、静态的素材，对立于精神而有待后者赋予理智形式。当然，从实践进路出发，也可合理衍生出上述几种对立：成德过程有克己复礼的工夫，有天下归仁的理想，难道不也因此涉及对于自然欲望的克制和对治，涉及对于世界的改造吗？然而，似乎正由于对实践的身体性之重视，中国的道德形上学传统实际上并未发展出强烈的二元论存在观。透过身体的中转功能与其含混的、非心非物的存在地位，成德实践便不必只是尽归为人文改造的功劳，反而往往表现为如天道之自然流行，而人则是以尽性之方式参赞其中。于是，荀子式的“化性起伪”

---

① 基督教为西方文化引入“无中生有”（creation ex nihilo）的创世观，但这个观念是源自犹太宗教的传统，对于西方哲学而言，原来是格格不入的。反而，基督教在神学层次必须借助古希腊的哲学理论，在说明上帝创世时难以完全撇清受制造概念主导的古典存在理解。

缺乏回响，而孟子式讲究如因应自然之势般启发良知良能，使天道如流通己身，沛然莫之能御地展现，则成主流观点。①

最后，要补充的是，除了从以人生实践的创造为界域外，中国形上学传统尚有另一身体主导的存在观，尚待考察。身体除了透过操作、制造，以及透过价值的表达、实现，还可透过其自然的繁衍而体察存在。除了把东西造出来而明白体会何谓从无到有，也可通过把它生出来、孕育出来去理解存在的形成。在人身体上，此种理解即在于两性的自然交合与繁衍。中国有循此自然身体的繁衍为基础以理解存有的思路，它既见诸《易系辞下》所直接论断的“天地絪缊，万物化醇；男女构精，万物化生”的想法，亦见诸后来普遍从“阴阳二气交感”理解万物化生的学说。总括而言，上述三种形而上学观点对应于身体在三种不同的姿态中参赞存在，体证从无至有的基本方式：

①身体作为工具器官能改造自然，形成器物。这对应于制造进路（productive or poetic approach）的形而上学。

②身体作为表达媒介能体现（embody）和实现理念，参与理念化的创生。② 这对应于实践进路（practical approach）的形而上学。

③身体作为自然生命体即会自然成长与繁衍，为自然生化的一分子。这对应于自然进路（naturalistic approach）的形而上学。在中国思想传统中，这个进路特别发展为气化的形而上学。

这种自然繁衍的身体性之于前两者（实践身体性和制造的身体性）的关系，则是有待探讨的进一步议题。

---

① 孟子书因此也常以事物之自然势态为喻，阐释道德实践与本心之萌发。“牛山濯濯的典故、杞柳杯棬之辩，水势就下之论，乃至浩然之气”的讲法，可说皆为道德“自然化”的例子。在儒家主流观点中，道德并非单属人文，而人文也并非对立于自然。

② 身体对于理念的表达性正是孟子践形论的基础。关于践形论在中国身体思想中的重要地位及其源流发展略述，可参杨儒宾为其所编的《中国古代思想中的气论及身体观》所作的“导论”，特别是第23—28页。更详细的论述见诸杨儒宾，《儒家身体观的原型——以孟子的践形观及荀子的礼义身体观为核心》，《孟子思想的哲学探讨》（台北：“中央研究院”中国文哲研究所，1995年），第199—258页。

6. 作为身心修炼的礼仪实践

——以《论语·乡党》篇为例的考察

彭国翔

清华大学人文学院哲学系教授

内容提要

历来《论语》诠释中最受忽略的莫过于《乡党》一篇，而以往的研究也几乎完全限于礼制的角度。本文以《乡党》为例，从功夫论的角度探讨《乡党》中的义理蕴涵。依本文之见，《乡党》一篇记录的是孔子的“身教”。这种“身教”强调两点：一是将礼仪实践与日常生活融为一体。将日常生活礼仪化，同时也将礼仪日常生活化；二是将礼仪实践作为一种身心兼顾的修炼方式。正是通过《乡党》这篇对于孔子在日常生活各种不同境遇中礼仪实践的详细记录，作为身心修炼的礼仪实践不再只是一种抽象的理念，而是在作为人格典范的孔子身上得到了活生生的聚焦和突显。其中，我们不仅可以看到礼仪实践遍在于日常生活的点点滴滴，还可以看到作为“圣之时者”的孔子是如何在礼仪实践中具体贯彻“时”的境遇性原则，更可以看到礼仪实践如何展现为一种“体态”“心态”表里共建、交关同构的身心修炼。这种作为身心修炼的礼仪实践，正是铸造君子与圣贤人格的必由之路。所谓君子与圣贤，正是那种通过身心修炼而在日常生活的任何情况下都能够使自己行为“得体”的人格典范。孔子所谓“从心所欲不逾矩”，描述的也正是这种作为身心修炼的礼仪实践的圆满成就。

关键词：孔子；《乡党》；身教；礼仪实践；身心修炼

一、引言

当代儒学发展迄今，尽管并非如一些批评者所谓的仅仅局限于道德形上学或哲学领域，而是在政治、社会思想方面都不乏深广的探讨，① 但心性论探究的细致入微，的确构成当代儒学理论重建的一大特色。② 相对而言，对于儒家传统中另一个重要向度——礼仪实践——的讨论，则似乎稍嫌不足。当然，如果我们对于当代儒学的理解不限于中文世界，而是能够将20世纪以来英文世界儒学研究的发展考虑在内，那么，关于“礼仪”（ritual）的理论反省，20世纪以来英文世界中反倒取得了较为丰富的成果。③ 不过，即使将英文世界中关于“礼仪”的研究成果纳入视野，儒家传统“礼仪实践”的一些蕴涵，仍有待于进一步的发掘和诠释。至于如何拓展这一思想课题，儒家传统基本的原始文献恐怕仍然是“源头活水”，而深入细致地检讨那些具体的原始文献，也更是诠释与重建免于“虚发”的“不二法门”。

以往对于儒家传统尤其先秦儒学的“礼仪”问题，基本上并未引入功夫论的视角。或者说，大体上认为功夫问题只是宋明儒学言说脉络下的产物，先秦儒学并无功夫论可言。换言之，在先秦儒学的礼仪实践和宋明儒学的自我修养功夫之间，应当是“所同不胜其异的”。这一点，或许是以往学界对先秦儒学与宋明儒学之间的差异提揭过重，对儒家传统这两个重要阶段之间的

---

① 参见何信全：《儒学与现代民主》（台湾：“中央研究院中国文哲研究所”，1996年）；李明辉：《儒家视野下的政治思想》（台北：台湾大学出版中心；北京：北京大学出版社。2005年）；彭国翔：《牟宗三早年对中国农村问题的研究》，《“清华”学报》台湾，36卷1期，2006年6月，第135－195页；彭国翔：《牟宗三的共产主义批判——以〈全集〉未收之〈共产国际与中共批判〉为中心》，《新亚学术集刊》香港，第19期，2006年10月，第451—494页；彭国翔：《牟宗三的“自由”与“自由主义”观》，《思想与文化》，上海：华东师范大学出版社，2007年12月，第176—197页。

② 这一点具体体现在牟宗三、唐君毅等人一系列诠释与重建中国哲学的巨著之中，如牟宗三的《心体与性体》《佛性与般若》《才性与玄理》《从陆象山到刘蕺山》，唐君毅的《中国哲学原论·导论篇》《中国哲学原论·原性篇》《中国哲学原论·原道篇》《中国哲学导论·原教篇》等。

③ 譬如以下著作：Herbert Fingarette，Confucius：The Secular as Sacred，New York：Harper Torchbooks，1972（该书中译本有彭国翔、张华译：《孔子：即凡而圣》，南京：江苏人民出版社，2002年）；Robert Eno，The Confucian Creation of Heaven：Philosophy and the Defense of Ritual Mastery，Albany：State University of New York Press，1990；Patricia Buckley Ebrey，Confucianism and Family Rituals in Imperial China，Princeton：Princeton University Press，1991.

连续与连贯未能正视所致。① 然而，在笔者看来，从功夫论的角度来理解先秦儒学的礼仪实践，恰可以揭示其中所蕴涵的一个重要向度。事实上，先秦儒家的礼仪实践，正是自我修养功夫的一种方式，绝非种种外在社会角色的简单履行。孔子“礼云礼云，玉帛云乎哉”（《论语·阳货》）的反问，正是要人们深入反省礼仪实践的深刻蕴涵。而作为自我修养功夫的礼仪实践，进一步来说，根本是一种在日用常行中各种境遇下无时无处不在进行的身心修炼。所谓君子与圣贤，正是那种通过身心修炼而在日常生活的任何情况下都能够使自己行为“得体”（“合乎礼仪”“合理”）的人格典范。孔子所谓“从心所欲不逾矩”，描述的也正是这种作为身心修炼的礼仪实践的圆满成就。

在先秦儒学的脉络中，“礼仪”问题可以诉诸的文献，最为人们所常用的当为《荀子》和《礼记》。这两部文献中，的确有许多丰富的材料能够引以为据。不过，本文愿意“略人所详”而“详人所略”，对于作为身心修炼的礼仪实践的思考，笔者将通过对《论语·乡党》这篇几乎被人忘却的文献的具体解读来加以论证。对《论语》的注解和诠释，古往今来可谓汗牛充栋，但通行本《论语》20 篇之中，至少在现代，② 无论是学术研究还是

① 对于先秦儒学和宋明儒学之间连续性的忽视，既有主观方面的因素，以往“文献不足征”，也是一个重要的客观方面的原因。20 世纪 90 年代以来，郭店和上博新出土的儒家文献，在一些重要的观念方面，正可以说明这两个阶段之间的连续和连贯。参见彭国翔：《从出土文献看宋明理学与先秦儒学的连贯——郭店与上博儒家文献的启示”，《中国社会科学》，2007 年第 4 期，第 104—115 页。

② 现代学术建立以前，《乡党》篇多与礼学相关，研究者均注重考察其中所涉及的礼仪形制，极少有义理的探究。如清人江永（1681—1762，字慎修，号慎斋）曾有《乡党图考》十卷（有学海堂本），其后王鸿渐（仪堂）又有《乡党图考补正》六卷（光绪三十四年黄县丁氏刊本），于《乡党》一篇所涉礼仪形制，考证备极详尽。其余各种关于《乡党》篇的研究，仅以清代为限，如《贩书偶记·经部·论语类》所载魏晋《乡党典义》一卷（清道光丙午观德堂刊本）、王鎏（1786—1843）《乡党正义》十四卷（清道光辛丑艺海堂刊本）、成僎（生卒不详）《乡党备考》二卷（约清道光间信芳阁刊木活字本）等，皆属此类。即便以注重义理的宋明理学家包括朱熹（1130—1200）等也大都视《乡党》为记录孔子日常言行的“行状”，并未挖掘其中的思想内涵。朱子《四书集注》中对《乡党》的注释影响包括韩、日等东亚地区的儒者甚深，故此篇在韩、日以往儒家的诠释中也大体不脱考证、训诂一途。唯一的例外，或许是日本学者中江藤树（1608—1648）。藤树将《乡党》独立地加以考察，撰成《论语乡党启蒙翼传》，除考证训诂之外，也从义理的角度作出了自己的诠释。《论语乡党启蒙翼传》一书为黄俊杰教授告之，惜笔者迄今未及见。

通俗讲论，[①] 最乏人问津的恐怕非《乡党》篇莫属。然而，在笔者看来，正是通过《乡党》这篇对于孔子在日常生活各种不同境遇中礼仪实践的详细记录，从而使得作为身心修炼的礼仪实践不再只是一种抽象的理念，而是在作为人格典范的孔子身上得到了活生生的聚焦和突显（活化和具象）。其中，我们不仅可以看到礼仪实践遍在于日常生活的点点滴滴，还可以看到作为“圣之时者”的孔子是如何在礼仪实践中具体贯彻“时”的境遇性原则，更可以看到礼仪实践如何展现为一种“体态”“心态”表里共建、交关同构的身心修炼。这种作为身心修炼的礼仪实践，正是铸造君子与圣贤人格的必由之路。

二、礼仪实践与日常生活的一体性

就体裁而言，我们可以看到，如今通行本《论语》20 篇之中，除了《乡党》一篇之外，其余各篇内容基本上都是由孔子及其弟子之间的对话构成。[②] 仅就体裁而论，已经可见《乡党》一篇的独特性。就内容来看，《乡党》更是与其他各篇不同。该篇除了最后一节，从头到尾都只是记录孔子日常生活中的各种行为细节，并无任何“微言大义”。且记录之详细，几流于琐碎。如此我们不免会问：既然《乡党》一篇无论在形式还是内容上都与《论语》其他各篇“格格不入”，为什么编纂者会在《论语》中将其单列一篇呢？进一步而言，我们或许可以问：《论语》的编纂者之所以不厌其烦地“实录”孔子日常生活中的这些点点滴滴，是否其中有深意存焉呢？当然，对于《乡党》篇的编纂者来说，其意义或许不言自明，但从后人尤其当今的我们来看，意义的诠释与重建必须以一种“译码”（decoding）的方式来进行，恐怕就是舍

---

① 譬如，南怀瑾先生的《论语别裁》于《论语》中的思想颇能深入浅出，使一般社会大众受教匪浅，但其中唯独没有讲论《乡党》一篇。盖南老先生认为该篇“都是描述孔子的生活形态，以现代新闻报道的方式来看，也可以说是孔子生活的‘花絮’”，“现在讲这一篇书很难讲”。李零的《丧家狗——我读论语》（太原：山西人民出版社，2008 年）寓庄于谐，对《论语》中知识性内容有很好的注解，对其中的思想意义也往往有独到的发挥，但作者在讨论《乡党》一章时也注意到：“本篇比较特殊，和其他篇不一样，通篇没有对话，完全是叙述体。”并且，作者也说：“这篇东西很枯燥，难点很多，没有耐心，读不下去。”（第 194 页）

② 以往有一种不知起于何时的皮相之见，即认为宋明儒学语录的对话体裁是受到禅宗的影响所知，殊不知《论语》这部儒家最早的经典之一最为明显的体裁特征恰恰是对话体。

此别无他途的了。

所谓的“日常生活”，大概无非“衣”“食”“住”“行”以及平时的“言行举止”。“言行举止”中的“行”和“举止”，可以归为“行”即“行为”一类，如此，日常生活大体就可以概括在“衣”“食”“住”“行”和“言”这五类之下了。而《乡党》一篇18节文字，[①] 除了最后一节之外，其他所有文字内容，几乎完全可以归入“衣”“食”“住”“行”和“言”这五类。“衣”是记录孔子如何着装的；“食”是记录孔子如何饮食的；“住”是记录孔子如何起居的；“行”是记录孔子的动作举止和日常行事；“言”则是记录孔子如何说话的。下面，我们就具体来看一看《乡党》篇对这五个方面的记录，然后再分析其中的意义。

1. 言

《乡党》开篇两节就对孔子如何“言”有生动的描述：

> 孔子于乡党，恂恂如也，似不能言者。其在宗庙朝廷，便便言，唯谨尔。（第一节）

> 朝，与下大夫言，侃侃如也。与上大夫言，訚訚如也。君在，踧踖如也，与与如也。（第二节）

这两段记载中，第一段是说孔子在乡里之间，其容貌温恭谦逊，好像不能说话一样。而在宗庙朝廷之上，则能言善辩、条理分明，毫不含糊，只是非常谨慎恭敬。第二段是说孔子上朝，君主还没有来时，与地位较低的“下大夫”讲话，侃侃而谈，和气而又欢乐；与地位较高的上卿谈话，恭恭敬敬，自己也不失威仪。君主已经来了，则恭敬而不安，行步安详。

---

① 《乡党》一篇原不分节，何晏注、邢昺疏分为25节，后来朱子则分为17节，与最后山梁雌雉一节合在一起共18节。至于究竟分为多少节，亦无一定之规。如近人钱穆《论语新解》（香港：新亚研究所，1964年6月再版）据朱子分为18节，杨伯峻《论语译注》（北京：中华书局，1958年6月版）则分此篇为27节。海外学者在翻译此篇时，有据杨伯峻分为27节者，如 Roger T. Ames and Henry Rosemont，Jr.，The Analects of Confucius：A Philosophical Translation，New York：Ballantine Books，1998. 本文分节据钱穆《论语新解》。

2. 衣

关于孔子的穿着，《乡党》篇有如下一段：

> 君子不以绀緅饰，红紫不以为亵服。当暑，袗絺绤，必表而出之。缁衣羔裘，素衣麑裘，黄衣狐裘。亵裘长，短右袂。必有寝衣，长一身有半。狐貉之厚以居。去丧，无所不佩。非帷裳，必杀之。羔裘玄冠，不以吊。吉月，必朝服而朝。（第六节）

这一段意思是说：孔子不用玄色和浅绛色做衣服的镶边，不用红色和紫色作为平常居家时的便装。夏天的时候，穿粗的或细的葛布单衣，但一定裹着衬衫，并让它露在外面。穿黑衣时里面衬羔羊皮做的裘；穿白衣时里面衬小鹿皮做的裘；穿黄衣时里面衬狐皮做的裘。平常居家穿的皮袄身材稍长，但右边的袖子要裁得短些。晚上睡觉时一定要有小被，有一个半人长。用狐貉皮的厚毛来做坐褥，以接待宾客。除非在丧事期间，腰上系的大带上面要佩戴各种装饰品。除非在上朝和祭祀的时候穿用整幅布做的裙子，其他时候穿的裙子一定要裁去多余的布。吊丧时不穿黑色的羔裘，不戴玄色的帽子。大年初一，一定要穿着朝服去上朝。

3. 食

关于孔子的饮食，《乡党》篇有两段记载：

> 食不厌精，脍不厌细。食饐而餲，鱼馁而肉败，不食。色恶，不食；臭恶，不食；失饪，不食；不时，不食；割不正，不食；不得其酱，不食。肉虽多，不使胜食气。唯酒无量，不及乱。沽酒市脯不食。不撤姜食。不多食。祭于公，不宿肉。祭肉不出三日，出三日，不食之矣。食不语，寝不言。虽疏食菜羹瓜，祭，必齐如也。（第八节）

> 君赐食，必正席先尝之。君赐腥，必熟而荐之。君赐生，必畜之。侍食于君，君祭，先饭。（第十三节）

第一段是说：吃饭不因为饭米精细就吃得过多；吃肉不因为烹饪的精细就吃得过多。饭食气味变了，鱼肉腐败了，都不吃。饭食和肉类颜色味道变坏了，不吃；烹饪的生熟失度，不吃；不到该吃饭的时候，不吃；没有按照一定方法切割的肉，不吃；调味品不合适，不吃。肉品虽多，不要吃得超过五谷。只有喝酒不加限制，但不及醉即止。买来的酿制时间不足一夜的酒以及街市上买来的肉，都不吃。饮食完毕，姜碟不撤，但仍不多吃。参与国家祭祀典礼所得的祭肉，不过夜即分赐于人。自己家里或朋友赠送的祭肉，存放也不超过三天。超过三天，就不吃了。吃饭就寝时都不说话。即使是粗食、菜汤和瓜类，临食前也要作为祭品。并且，祭祀时也一定容貌恭敬严肃。第二段是说：国君赐给食物，一定要端正席位而坐，先加品尝。国君赐给生肉，一定煮熟后先供奉给祖先。国君赐给活的牲畜，一定要养着。与国君一起吃饭，在国君祭祀时，先吃饭，就像是先代国君尝食一样。

4. 住

"住"是指平常的日常起居。对此，《乡党》篇有如下的几段记载：

> 乡人饮酒，杖者出，斯出矣。乡人傩，朝服而立于阼阶。（第十节）
>
> 疾，君视之，东首，加朝服拖绅。君命召，不俟驾行矣。（第十三节）
>
> 寝不尸，居不容。见齐衰者，虽狎，必变。见冕者与瞽者，虽亵，必以貌。凶服者式之。式负版者。有盛馔，必变色而作。迅雷风烈必变。（第十六节）

第一段是说：遇到乡里人们一起饮酒，要等到老人先离席后，孔子才离开。遇到乡人行傩礼驱鬼，孔子一定穿上朝服，站立在家庙的东阶上。第二段是说：孔子生病，国君前来探望，孔子一定头向东方而卧，身上加披朝服，还要托上一条大带。国君有命召见，孔子不等到仆者驾车，就徒步先行了。第三段是说：睡觉的时候不像尸体那样直挺四肢、仰面而卧；平常在家时不像做客那样过分讲究容仪。遇到有穿丧服者，即使平素很亲密，也一定改变容色，以示哀悼。遇到大夫和盲人，即使一天数次相见，也一定每次都表示礼貌。乘车时，遇到送丧服的人或者持有邦国图籍之人，一定手扶车前的横木表示敬意。遇到他人盛宴款待，一定从席上改容起立，表示谢意。遇到疾雷大风，一定肃然改容变色。

5. 行

“行”可以分为两类。一种是指狭义的动作举止；另一种是指广义的日常行事。首先，我们看看狭义的动作举止。《乡党》篇有三段栩栩如生的描绘，分别是讲接待外宾、上下朝和出使国外举行典礼时的行为举止：

君召使摈，色勃如也，足躩如也。揖所与立，左右手，衣前后，襜如也。趋进，翼如也。宾退，必复命，曰：“宾不顾矣。”（第三节）

入公门，鞠躬如也，如不容。立不中门，行不履阈。过位，色勃如也，足躩如也，其言似不足者。摄齐升堂，鞠躬如也，屏气似不息者。出，降一等，逞颜色，怡怡如也。没阶，趋进，翼如也。复其位，踧踖如也。（第四节）

执圭，鞠躬如也，如不胜。上如揖，下如授，勃如战色。足蹜蹜如有循。享礼，有容色。私觌，愉愉如也。（第五节）

第一段是描写孔子接待宾客时的行为举止，意思是说：国君派孔子出去接待外宾，孔子一定面色庄重，行路也如同临深履薄一样。向两旁的人作揖行礼，左右兼顾，衣服前后俯仰，却整齐不乱。从中庭快步趋进时，体态舒展美好，如鸟儿展开双翼。宾客辞别，一定回去复命，说：“来宾不再回头了。”第二段是描写孔子在朝堂上的行为举止，意思是说：孔子走进朝廷大门时，一定敛身谨敬，好像大门容不下身子一般。站，不站在门的中间；走，不踩门槛。经过国君的座位，面色一定变得庄重，脚步一定轻快起来，言语也好像说不出来一样。提起下摆向朝堂上走时，恭敬谨慎，憋着气似乎不能呼吸一样。走出朝堂，降下一节台阶，面色便放松起来，流露出怡然自得的样子。下完了台阶，便疾步向前，好像鸟儿舒展翅膀一般。回到自己的位子，就显出内心恭敬不安的样子。第三段是说：孔子出使外国举行典礼，当他拿着圭时，恭敬谨慎，好像力量不够的样子。向上拿，就好像在作揖；向下拿，就好像在交给别人。面色庄重，脚步也紧凑狭窄，仿佛走独木桥一样。献礼的时候，满脸和气之色。以私人身份和会见外国君臣，则是轻松愉快的样子。

其次，我们再来看看广义的日常行事。对此，《乡党》篇也有三段记载：

入太庙，每事问。①（第十四节）

朋友死，无所归。曰：于我殡。朋友之馈，虽车马，非祭肉，不拜。（第十五节）

升车，必正立，执绥。车中，不内顾，不疾言，不亲指。（第十七节）

第一段是说：孔子到了太庙，每件事都要发问，即使知道，也仍然如此。第二段是说：朋友死了，没有人管，孔子就说："丧葬由我来料理吧。"朋友有馈赠，除非是祭祀用的肉，即使是车马，孔子也不拜谢。第三段是说：孔子上车，一定先端正地站好，抓住扶手带，然后再跨登上车。在车中，不回头看，不高声说话，也不用手随处指点。

对于了解孔子来说，如果《论语》其他各篇可以使我们"听其言"，那么，与其他各篇不同的是，《乡党》一篇则可以让我们"观其行"。通过《论语》其他各篇孔子与弟子们之间的对话，我们可以领悟到孔子所表达的"道理"。而透过《乡党》一篇中孔子日常生活各个方面的行为举止，作为一个活生生的人，孔子则跃然纸上。如果《论语》其他各篇主要是孔子的"言传"，那么《乡党》一篇则几乎完全是孔子的"身教"。在"身教"胜于"言传"的意义上，我们不但不能忽略《乡党》，反而更应当深思熟虑其中的蕴涵和意义。

孔子的"身教"是什么？由《乡党》中的孔子形象，我们可以得出两点结论。第一，孔子"以身作则"所要"教"的是他的礼仪实践；第二，礼仪实践涵盖日常生活的各个方面，对孔子来说，无时无处不是礼仪实践的道场。

我们或许已经无从揣测该篇编纂者的心意，但后世历代《论语》注家在注解《乡党》一篇时几乎无不指出该篇要在记录孔子的礼仪实践，或许也可以在"人同此心，心同此理"的意义上不断印证编纂者最初的心迹。因此，表面上看，《乡党》一篇只是不厌其烦地记录孔子的日常行为，既包括"公领域"，也不乏"私生活"，衣食住行，巨细无遗。其实，这些方方面面、点点滴滴，无一不是礼仪行为的实践和体现。

① 此句亦见《论语·八佾》。

我们不妨仍然从“言”“衣”“食”“住”“行”这五个方面举例加以分析和说明。就“言”来说，譬如，孔子之所以分别有“于乡党”和“在宗庙朝廷”不同的“似不能言”和“便便言”，是因为乡里之间，交往的都是亲朋故旧，不必计较言辞；而宗庙是行礼之处，朝廷是布政之所，所言必须严密周洽。之所以对“上大夫”和“下大夫”有“侃侃如”和“訚訚如”的分别，是因为爵位尊卑的差异，要求表达方式的区别。这里的不同，在于“礼”的要求。就“衣”来说，为什么孔子的穿着会在颜色、材料和样式方面有如此的讲究，决不是如今人一样，除了季节时令的因素之外，多从美感的角度考虑，而基本是根据礼制的要求。譬如说，为什么孔子“羔裘玄冠不以吊”，是因为“丧主素，吉主玄，吉凶异服”。① 就“食”来看，对于以上所引的两段，如今的解释大都从养生的角度，但这是现代人的视角，其实就当时的语境而言，更多的还是礼仪方面的考虑。与其穿着一样，孔子在饮食方面如此之多的禁忌，所谓“不食”，决不是孔子的“偏食”和过分“讲究”，因为孔子当时并没有多少讲究吃穿所必须的“奢侈”的前提条件。最能于此有所说明的，莫过于孔子在陈国绝粮时的表现。当面临饥饿这一危及人类生命的问题时，任何人都有可能为了“吃饭”这一基本的生存条件而不顾一切。但孔子在回答子路愤愤不平的询问时，仍然强调君子小人的区别往往正是在困境中才得以显示，所谓“君子固穷，小人穷斯滥焉”。② 如何不妄为而流于“滥”？就在于能否守礼。就“住”来说，情况也是同样。譬如，即使抱病在床，国君前来探视，也不能失君臣之礼。所谓“东首，加朝服拖绅”，孔子披上朝服并拖上大带，自然是讲求礼仪的表现，但为什么一定要头向东方呢？这仍然是为了合乎礼仪。因为孔子头朝东方，国君探视时即可“南面而视”，如此才不违君臣之礼。至于说“乡人饮酒，杖者出，斯出矣”，以及“见齐衰者，虽狎，必变。见冕者与瞽者，虽亵，必以貌。凶服者式之。式负版者。有盛馔，必变色而作。迅雷风烈必变”，也无不都是守礼的表示。最后，就“行”来说，比如第四节一大段对孔子在朝堂之上种种动作、姿态甚至面部表

---

① 见十三经注疏整理本《论语注疏》北京：北京大学出版社，2000 年，第 147 页。

② 原文见《论语·卫灵公》：“在陈绝粮，从者病，莫能兴。子路愠见曰：‘君子亦有穷乎？’子曰：‘君子固穷，小人穷斯滥矣。’”

情的刻画入微，所谓“鞠躬如也”“色勃如也”“足躩如也”“怡怡如也”“翼如也”“踧踖如也”以及“如不容”“其言似不足者”“屏气似不息者”等等，简直如同现在的电影镜头。之所以如此，也都是要栩栩如生地突显孔子在礼仪实践过程中的一举一动。

就今人而言，总不免将礼仪实践与日常生活割裂开来，由此往往产生两点认识，一是认为礼仪实践只是属于某些特定场合的行为；一是认为礼仪实践只是表面的形式。对现代世界来说，这两点或许常常是正确的观察。但是，《乡党》一篇向我们显示的两个方面：礼仪实践几乎涵盖日常生活的所有内容，以及孔子在实践各种作为日常生活点点滴滴的礼仪行为时无不有相应的情感流露，恰好针对这两点提供了否证。对于《乡党》中的孔子来说，礼仪实践不仅不外于日常生活，反而与日常生活一体相关，构成几乎日常生活的全部内容。并且，礼仪实践也不只是履行外在的仪式，而是表达内心情感的必要方式。正是透过礼仪实践，日常生活的各种行为才获得了“价值”和“意义”。也正是在这个意义上，我们可以说，孔子在将日常生活礼仪化的同时，也将礼仪日常生活化了。在完全图像化的（visualized）《乡党》中，活生生的孔子透过其言谈举止、举手投足向我们展示的，正是一幅幅作为礼仪实践的日常生活的场景和画面。

三、作为身心修炼的礼仪实践

西方学者芬格莱特（Herbert Fingarette）曾经称孔子为“The Secular as Sacred”，直译即“以凡俗为神圣”。的确，对孔子来说，无论是“天国”“净土”还是“无何有之乡、广漠之野”，都不在此世（this world）之外。只要我们能够以礼仪实践点化日常生活的点点滴滴，那么，日常生活就会成为一种充满了“价值”和“意义”的“斯文”的生活，一个人也会相应成为一个“文质彬彬”的“君子”。如此，神圣的“天国”、纯洁的“净土”以及逍遥自由的“无何有之乡、广漠之野”，就会在我们的日常生活中实现。孔子“从心所欲不逾矩”的境界，正是消解了自由与必然、凡俗与神圣之间的鸿沟而使之一体无间的结果。不过，如何才能够既摆脱单纯生物存在的状态，又避免庸俗的圆滑与世故，在日常生活的各种场合都做到“彬彬有礼”，最终使我们的日常生活与礼仪实践融为一体，举手投足无不从容中道，所谓“从心所欲不逾矩”，关键在于全身心地投入。换言之，对孔子来说，日常生活中事无大小都要“守礼”，决不是为了简单地符合外在的各种社会规范，而是要借此对“礼”所蕴涵的精神价值“体之于身，验之于心”。事实上，《乡党》中一幅幅孔子的生动形象，正是孔子通过各种礼仪实践来进行身心修炼的最佳写照。

礼仪实践首先离不开身体的参与。《乡党》所记录的孔子的“衣食住行”和“言”，几乎都是由一系列的“体态”构成的。尤其是关于孔子接待外宾、上下朝和出使国外举行典礼的行为举止的描绘，更可见在礼仪实践的过程中身体所必须完成的一系列复杂的动作。在接待外宾时，要面色庄重，脚步轻快，所谓“色勃如也，足躩如也”。向两旁的人作揖行礼，一方面要左右兼顾地打躬弯腰，一方面还要保持衣服在前后俯仰之间整齐不乱，所谓“揖所与立，左右手，衣前后，襜如也”。上朝进门时，要鞠躬谨慎，似乎没有自己的容身之处。所谓“入公门，鞠躬如也，如不容”。经过国君的座位，要面色庄重、脚步轻快，言语好像说不出来一样。所谓“过位，色勃如也，足躩如也，其言似不足者”。走上朝堂要提起衣服的下摆，谨慎恭敬，屏着气好像不能呼吸一样。所谓“摄齐升堂，鞠躬如也，屏气似不息者”。下朝走出来，降下一级台阶，面色便放松起来，显出怡然自得的样子。下完了台阶，便疾步向前，好像鸟儿舒展翅膀一般。所谓“出，降一等，逞颜色，怡怡如也。没阶，趋进，翼如也。复其位，踧踖如也”。出使外国举行典礼时，拿着圭时，恭敬谨慎，好像力量不够的样子。向上拿，就好像在作揖；向下拿，就好像在交给别人。面色庄重，脚步也紧凑狭窄，仿佛走独木桥一样。献礼的时候，满脸和气之色。以私人身份和外国君臣会见，则是轻松愉快的样子。所谓“执圭，鞠躬如也，如不胜，上如揖，下如授，勃如战色。足蹜蹜如有循。享礼，有容色。私觌，愉愉如也”。如此等等，无不可见礼仪实践本身就是一种“修身”的活动。每一种体态动作是否准确到位，同时也就是相应的礼仪行为是否恰当得体的反映。当时衡量一个有社会地位的人是否堪称“君子”，一个基本的标准就是看该人在各种场合中是否有“威仪”。而所谓“威仪”，很大一部分内容是就一个人礼仪实践过程中的言行举止等“体态”而言的，所谓“故君子在位可畏，施舍可爱，进退可度，周旋可则，容止可观，作事可法，德行可象，声气可乐，动作有文，言语有章，以临其下，谓之有威仪也”。①

儒家传统中身体的角色和意义，晚近在一些学者的推动之下，逐渐获得了学界较为广泛的重视。② 笔者也曾经讨论了宋明儒学功夫论中身体的向度，并利用20世纪90年代以来新出土的儒家文献进一步论证了先秦儒学修身传统的身体向度。③ 在笔者看来，对整个儒家传统而言，并无身心之间截然的二元两分，人被视为一个身心交关的存在过程。儒家的修身功夫不只是一种单纯精神性的心性修养，同时也是一种身体的修炼。④ 只是当初的论证并未以《乡党》为例，这里对《乡党》篇的分析，正可以进一步支援笔者的分析和判断。事实上，《乡党》中的孔子形象，恰恰是为身体在儒家传统中的重要角色和意义提供了绝好的权威性见证。唐君毅先生（1909—1978）也曾经通过与基督教、佛教和道教传统的对比，指出了儒家对于身体的重视。所谓“人之德充内形外，而显乎动静，发乎四肢，而通于人伦庶物，家国天下。则儒家之言尽伦尽制，貌似平庸，而此复有大不平庸者存。此大不平庸处，在此中之心性或仁种，既超越于此身体形骸之上，又贯彻于身体形骸中，再运用此身体形骸，以迸发昭露于此身体形骸之外，以达于人伦社会关系中之他人之精神，对他人之心性或仁种，加以吹拂，以使之亦化育而生长。此方是真

---

① 《左传·襄公三十一年》。杨伯峻：《春秋左传注》（台北：源流出版社，1982年），第1195页。

② 杜维明首先提出“体知”的观念，一方面继承儒家“德性之知”和“良知”的传统，一方面援入西方如波兰尼（Michael Polanyi）的“个人知识”（personal knowledge）、赖尔（Gilbert Ryle）的“知道如何”（know how）等观念资源，强调身体、情感等因素在通过认知、体验而获得知识和智慧的过程中所发挥的不可或缺的重要作用。继而杨儒宾又着力于考察先秦儒学中的身体观，黄俊杰也曾探讨身体在中国古代思想尤其儒家政治论说中的角色和意义。参见杜维明：《论儒家的体知——德性之知的涵义》，原载刘述先编：《儒家伦理研讨会论文集》（新加坡：东亚哲学研究所，1987年），第98－111页；杨儒宾：《儒家身体观》（台北：台湾“中央研究院中国文哲研究所”筹备处，1996年11月初版，1999年4月修订一版）；黄俊杰：《中国古代思想史中的“身体政治论”》和《古代儒家政治论中的“身体隐喻思维”》，载黄俊杰：《东亚儒学史的新视野》（台北：喜马拉雅基金会，2001年）。

③ 彭国翔：《儒家传统：宗教与人文主义之间》北京：北京大学出版社，2007年，第241－248页。

④ 彭国翔：《儒家传统：宗教与人文主义之间》，第十章《儒家传统的身心修炼及其治疗意义》，第230—263页。

正之树立吾人之现实生命，亦使人安身而立命的切挚之道。而其他之宗教因其重在由此心此性之超越性、无限性之表现，以建立超越的信仰，遂不免视此身为情欲之罪恶之所依，为苦之积聚处，为炼养之鼎炉之工具，此正是未能善于安顿此身，而树立此身之生命者也”。①

孔子曾经有过“礼云礼云，玉帛云乎哉”的反问。显然，这说明孔子认为礼仪实践的真正意义并不仅仅在于外在的形式。人们内心的情感丰富细腻，流动变换，如果没有一种客观的轨道使之获得合理且具有公共性的表达，则社会生活中人与人之间难以获得彼此之间的沟通。对孔子来说，礼仪本来应当是表达人们内心各种真情实感的不可或缺的途径与方式。但是，如果礼仪异化为被迫要去服从和履行的种种外在强加于人的社会规范，那么，礼仪就会沦为纯粹的“虚文”，礼仪实践相应就会失去了其表达人们内心真实情感的功能和意义，从事礼仪活动的人也就无异于傀儡和“行尸走肉”。无论是孔子“人而不仁，如礼何”的反问还是对子夏“礼后乎”的认可，② 都是对这一点的明确强调。因此，除了身体的参与之外，礼仪实践同时也是一种修“心”的功夫。在礼仪实践的过程中，真情实感的由衷贯注是绝对必要的。反观《乡党》中孔子的言行举止、衣食住行，也同样印证了这一点。我们可以看到，孔子的各种礼仪行为不仅由一系列“体态”构成，同时也是其“心态”的流露。换言之，不同的“体态”也正是不同“心态”的表现。譬如，孔子在乡里和朝廷之上以及与下大夫和上大夫之所以有不同的言谈方式，所谓“恂恂如也，似不能言者”“便便言，唯谨尔”“侃侃如也”以及“訚訚如也”，正是由于其内心情感状态或者说的“心态”不同。

对于作为身心修炼的礼仪实践来说，“身”“心”的分别只是理论分析的方便，就实践的过程本身来说，“体态”和“心态”是彼此交关、密不可分的。一个恰当的礼仪行为，一定是由恰当的体态和相应的心态共同建构而成。对此，我们不妨再以孔子出使外国举行典礼时的那一段记载为例加以说明。

---

① 唐君毅：《唐君毅全集》卷六《中国人文精神之发展》（台北：学生书局，1991年），第371—372页。

② 两句引文皆出自《论语·八佾》。第一句是：人而不仁，如礼何？人而不仁，如乐何？第二句是：子夏问曰：“‘巧笑倩兮，美目盼兮，素以为绚兮’，何谓也？”子曰：“绘事后素。”曰：“礼后乎？”子曰：“起予者商也，始可与言《诗》已矣。”

所谓“执圭，鞠躬如也，如不胜。上如揖，下如授。勃如战色。足蹜蹜如有循。享礼，有容色。私觌，愉愉如也”。这里，身体的姿势和内心情感的状态是互为表里的。当孔子拿着圭似乎力不能胜时，其心态是恭敬谨慎的；当孔子脚步紧凑，好像在沿着独木桥行走时，其心态是庄重严肃的。并且，也正是由于内心恭敬谨慎，孔子持圭才会“如不胜”；也正是由于内心庄重严肃，孔子才会面部表情“勃如战色”，走路才会脚步紧凑，如行独木桥上。整个《乡党》篇中“如也”共出现16次，应当是出现频率最高的两个字。而这两个字，正是同时对“体态”和“心态”的形容。就此而言，贯彻于日常生活的礼仪实践，就绝不只是一些公共仪式的简单履行和一些身体姿态的机械显示，而正是一种凝聚精神、运转身体从而使自我的存在与他人、社会、自然和宇宙一体流行、圆融无碍的身心修炼功夫。

礼仪实践作为一个“体态”与“心态”相与表里、融合无间的动态过程，由《乡党》中孔子的言行举止获得了形象和具体的展现。不过，“体态”和“心态”能否互为表里、融合无间，往往很不容易做到。也正是在这个意义上，作为一种身心修炼的礼仪实践，又是一个需要不断学习的无有止境的过程。孔子曾经对子路说过“六言”（六种品德）及其“六蔽”（六种流弊）的话，所谓：

> 好仁不好学，其蔽也愚；好知不好学，其蔽也荡；好信不好学，其蔽也贼；好直不好学，其蔽也绞；好勇不好学，其蔽也乱；好刚不好学，其蔽也狂。（《论语·阳货》）

这里，“仁”与“愚”、“知”与“荡”、“信”与“贼”、“直”与“绞”、“勇”与“乱”以及“刚”与“狂”这六种品德及其六弊，相差仅在一线之间。往往稍有不慎，就会流于“愚”而犹自以为“仁”，流于“荡”而犹自以为“知”，流于“贼”而犹自以为“信”，流于“绞”而犹自以为“直”，流于“乱”而犹自以为“勇”，流于“狂”而犹自以为“刚”。而一旦产生“六蔽”而不自知，又一定会在“心态”和“体态”两个方面同时有所表露。由我们的日常经验即可知，正如“仁”“知”“信”“直”“勇”和“刚”一定会在诸如眼神、面部表情以及行、住、坐、卧等各种体态中都有所表露从而形成特定的“气象”一样，“愚”“荡”“贼”“绞”“乱”和“狂”也同样从来都不只是对“心态”或“体态”任何单方面的描述，而必然是“身心”两方面兼而言之。譬如，当我们说一个人“愚”时，一定是涵盖其精神心理状态和行为表现这身心内外两个方面。其他“荡”“贼”“绞”“乱”和“狂”，也是一样。至于如何才能体现“六德”而避免“六蔽”，如孔子所说，关键在于“好学”。

孔子对“学”是极其重视的，不但《论语》以“学而时习之，不亦说乎”开篇，孔子本人的自我界定也正是“学”而非其他，所谓“十邑之内，必有忠信如丘者焉，不如丘之好学也”（《论语·公冶长》）。那么，“学”又是指什么呢？广义的“学”，当然指从理论到实践各种各样的学习，不过，由《论语》的文本尤其《乡党》一篇的语境来看，“学”更多地应当就是指学习作为身心修炼的礼仪实践，否则，是无法“时习之”的。在《论语·泰伯》篇中，孔子有一段类似于上引论“六德”与“六蔽”的文字，所谓“恭而无礼则劳，慎而无礼则葸，勇而无礼则乱，直而无礼则绞”。这里，孔子就明确点出了区别“恭”和“劳”、“慎”和“葸”、“勇”和“乱”以及“直”和“绞”的关键就在于有没有“礼”。至于如何才能做到“有礼”，这就需要将日常生活的任何场合都能作为身心修炼的契机，在日常生活的时时刻刻使我们内心的各种情感都能获得恰当的表达方式。

不过，正如《乡党》中的孔子形象所展示的，作为身心修炼的礼仪实践虽然随时随地、无时无刻不在进行，但同时又始终是因时制宜、因地制宜的。在不同的场合，对待不同的人，言行举止都需要有所不同。而这一点，就涉及了日常生活中作为身心修炼的礼仪实践的境遇性原则。能否贯彻这一原则，也是能否成就圣贤人格的一个重要保证。

四、“时”：礼仪实践的境遇性原则

本文第二部分开头已经提及，《乡党》最后一节与该篇其他各节有所不同。这一节是如下一段记载：

> 色斯举矣。翔而后集。曰：“山梁雌雉，时哉！时哉！”子路共之，三嗅而作。（第十八节）

这一段的意思大体是说，孔子与弟子们在山谷中行走，遇到几只雌雉。他们看见人们脸色稍有变动，便举身飞向天空，在空中盘旋观察再三，然后才飞下来停在一起。孔子于是说："看见这些山梁上的雌雉了吗？懂得时宜呀！懂得时宜呀！"子路向他们拱拱手，他们又振翅飞走了。

对比该篇其他各节，我们可以看到，如果说其余所有各节几乎都是孔子各种行为举止的描绘，并没有孔子的言论记录，那么，这里却恰好相反，整个一节的中心在于孔子的一句话，所谓"山梁雌雉，时哉！时哉！"不再有对孔子日常生活衣食住行的任何描绘。通观《乡党》全篇，只有这最后一节是"说"，前面 17 节几乎全都是"做"。① 或许正是由于前后反差如此之大，对于这一节，不仅历来注家认为难懂，历史上的异解也极多，甚至很多人怀疑是脱误。因为就《乡党》篇几乎完全"实录"孔子日常生活中的礼仪实践来说，最后一节显然是个"例外"。但是，依笔者之见，这一段文字之所以放在最后，并非偶然。事实上，孔子所谓"时哉"的话，恰恰道出了日常生活中作为身心修炼的礼仪实践所当遵从的最为重要的境遇性原则，正可以视为整个该篇的总结。

由前面对《乡党》篇的考察可见，"时"的境遇性原则贯彻于日常生活中礼仪实践的各个方面。就"言"来说，对不同身份的人，如对"下大夫"和"上大夫"，孔子说话的态度和语气有所区别。在不同的场合，如国君在与不在，孔子说话的方式也有所不同。就"衣"来说，居家穿的衣服和上朝穿的衣服，不论在色彩还是在形制上，都有所不同。如平常居家的衣服不用红色和紫色，出席丧礼时不戴紫羔和黑色的礼帽；居家穿的皮袄身材较长，而右边的袖子稍短；上朝和祭祀的时候穿用整幅布做的裙子，其他时候穿的裙子则一定要裁去多余的布。就"食"来说，对于不同的食品有不同的要求。如吃肉与饮酒即有所不同，吃肉不能超过五谷，酒则可以不限量，只要不喝醉即可。对于不同性质的食品，处理的方式也不一样，如参加国家庆典得到

① 前面也有两节记录了孔子的话。一节是："问人于他邦，再拜而送之。康子馈药，拜而受之。曰：'丘未达，不敢尝。'"另一节是："厩焚，子退朝，曰：'伤人乎？'不问马。"这两节虽然似乎也记录了孔子的原话，但显然重点不在"话"本身，而仍在于孔子所为之"事"。

的祭肉不能过夜，自家或朋友送的祭肉则存放不超过三天。就“住”来说，自己平常居家时不过分讲究容仪，但国君前来时，即使卧病在床，也要披上朝服，加上大带，并且头一定要朝向东方。就“行”而言，在不同的情境下，走路的姿态都不一样。如经过国君的座位时，要脚步轻快；走上朝堂时，要提起衣服的下摆；退朝走下台阶后，要快进几步。总之，在日常生活的各种礼仪实践活动中，孔子都会根据不同的场合，选择恰当合宜的行为方式。所谓“时哉”，说的正是那种因地制宜、因时制宜的境遇性原则。对于掌握“时”的原则从而在礼仪实践的过程中得心应手的孔子，芬格莱特曾经将其比喻为音乐大师，所谓：“娴熟于礼的个体都类似于音乐表演的大师，尽管他总体上遵从预先定好的乐谱曲调，但是，他却以一种创造性的、艺术家的、积极主动的方式来诠释着这首乐曲。与此形成鲜明对照的，是一个刻板的空谈家或仅仅一个学徒对同一首乐曲的机械演奏，他们费力地履行着预定各种程序的每一个手法和转折变化，尽管所有的动作都做到正确无误，但是其中缺乏任何的艺术性可言。”① 诚然，由于礼仪实践遍布于包括衣食住行等在内的日常生活的各种境遇，不同境遇中的礼仪实践具有不同的要求，只有“择时而动”“因时而化”，我们的一言一行才能始终“得体”“合礼”，身心之间的和谐无间、圆融流畅，也才能在举手投足之间获得自然充分地流露。孟子所谓“其生色也睟然，见于面，盎于背，施于四体，不言而喻”（《孟子·尽心上》），正是对这种身心修炼“得时”的生机盎然的精神气质的描绘。也只有始终把握“时”的境遇性原则，礼仪实践才真正是内心情感与其外部表现形式的统一，不致流于“玉帛云乎哉的”形同虚设。

作为“时机”，“时”不仅是指时间上的不同时刻，同时也是指空间上的各种场所。正是在时空的双重意义上，作为境遇性原则的“时”，使得作为身心修炼的礼仪实践涵盖了日常生活的点点滴滴、方方面面。儒家身心修炼的功夫之所以往往不像佛道两家身心修炼的功夫那样吸引人，就在于儒家并不在日常生活之外另觅一个修炼的时空，后者尽管有时可以使身心的修炼更为专一，但往往只能在特定的时空条件下进行，无法涵盖日常生活的全部；作为修炼成果的某种身心状态，也只能在特定的时空条件下保有，不能成为任

① 中译本《孔子：即凡而圣》，第108页。

何情况下存在的常态。佛教在中国之所以会发展到禅宗，所谓“行住坐卧，皆是禅定”（《六祖坛经·坐禅品第五》），“担水砍柴，无非妙道”（《景德传灯录》卷八），正是有见于此。儒家“时”的原则，就是要将存在的任何境遇都转化为身心修炼的机会，将生活中的所有经验都作为身心修炼的资源。如果礼仪实践不能随时随地进行，可以有时“行礼”有时“无礼”，身心修炼可以“时做时辍”，那么，“礼仪”就成了脱离生活、可有可无的东西，“学而时习之”也就无从谈起了。反观《乡党》中的孔子形象，正是善于将日常生活中的任何一种境遇作为礼仪实践的“时机”，不断地进行身心修炼，从而实现终极性的自我转化，最终“优入圣域”。

孟子曾经将孔子和伯夷、伊尹以及柳下惠三位圣人比较，并将孔子称为“集大成者”，所谓：

> 伯夷，圣之清者也；伊尹，圣之任者也；柳下惠，圣之和者也；孔子，圣之时者也。孔子之谓集大成。（《孟子·万章下》）

这里，在孟子看来，虽然伯夷、伊尹和柳下惠三位都可以说是圣人，但同样作为圣人，孔子仍然高于这三位而堪称圣人的“集大成者”。之所以如此，就在于孔子是“圣之时者”，能够“得时”。显然，对孟子来说，“时”是一个比“清”“任”和“和”更高或至少有别于后三者而真正使孔子成为集大成者的一种价值原则。换言之，“圣”之所以为“圣”，关键就在于能够在日常生活中通过作为身心修炼的礼仪实践，根据所在的境遇随时随地对周遭的人物和事件给予最为恰当、得体的回应，始终贯彻如《中庸》所谓的“时中”原则,① 做到“泛应曲酬，发必中节”。②

四、结语

总之，本文以《论语·乡党》篇为例的考察，既在于稍事发覆，以补充

---

① 《中庸》第二章：“仲尼曰：君子中庸，小人反中庸。君子之中庸也，君子而时中；小人之中庸也，小人而无忌惮也。”

② 该语原是朱子在为其业师李侗（字愿中，称延平先生，1093—1163）所作《行状》中用来描述李侗修养所臻境界的，参见《宋元学案》卷三十九《豫章学案》。

该篇由于受到无论是古代注家还是现代经典诠释研究者长期忽视所产生的理解上的不足，更重在借此彰显孔子所代表的先秦儒家以礼仪实践为身心修炼的功夫论内涵，由此发掘身心修炼的功夫实践在整个儒家传统中的一贯线索，从而也相应使儒家的功夫论不再仅仅囿于宋明儒学的脉络。

笔者曾经指出，儒家功夫论的一个基本特征，就在于不但不以日常生活为身心修炼的负担，反而恰恰善于将人伦日用的每一个瞬间和场景作为实践身心修炼的机会，在人情世事的风云变幻中始终保有内心的祥和与自由。如果一个人只有在某种特定的身心状态（如静坐和调息）下才能不乱方寸，那么，一旦离开那种人为营造的宁静和安详，卷入纷繁复杂的大千世界，又如何保持身心的主宰与凝定呢?① 恰如王畿（1498—1583）所谓，较之从言语所得的“解悟”和从静坐所得的“证悟”，只有“从人情事变炼习”，能够做到“左右逢源”“愈震荡愈凝寂”，才是身心修炼功夫纯熟所达到的“彻悟”境界。② 孟子所谓“义精仁熟”的化境，也正是如此。由本文的考察可见，《乡党》一篇决不只是单纯记录孔子日常生活的“流水账”，而是对孔子将日常生活与礼仪实践融为一体的“聚焦”式“录像”。并且，日常生活中无时无处不在的礼仪实践，对孔子来说根本是一种身心修炼的方式。孔子将日常生活礼仪实践化，同时也将礼仪实践日常生活化，正可以确保日常生活中任何时空条件下的举手投足、动容语默都成为一种身心修炼的功夫践履。如果我们再次回到《乡党》的文本，仔细体会孔子的一举一动、一言一行，相信我们会强烈而深刻感受到孔子实在是随时随地、时时刻刻都处在身心修炼的状态并乐在其中。所谓“学而时习之，不亦乐乎”，只有在这个意义上才能获得更为深入的理解。事实上，正是在“时”的境遇性原则下，通过将日常生

---

① 彭国翔：《儒家传统：宗教与人文主义之间》，第 248 页。

② 王畿对“解悟”“证悟”和“彻悟”的解说如下：“君子之学，贵于得悟。悟门不开，无以征学。入悟有三：有从言而入者，有从静坐而入者，有从人情事变炼习而入者。得于言诠者，谓之解悟，触发印证，未离言诠。譬之门外之宝，非己家珍。得于静坐者，谓之证悟，收摄保聚，犹有待于境。譬之浊水初澄，浊根尚在，才遇风波，易于淆动。得于炼习者，谓之彻悟，磨砻锻炼，左右逢源。譬之湛体冷然，本来晶莹，愈震荡愈凝寂，不可得而澄淆也。根有大小，故蔽有浅深，而学有难易，及其成功一也。”见《王龙溪先生全集》卷十七《悟说》。

活、礼仪实践和身心修炼三位一体化，孔子从“十五而有志于学”到“七十而从心所欲不逾矩”，不断地“学而时习之”，最终以“即凡俗而神圣”“不离俗而证真”的方式实现了身心的终极性转化，造就了圆满的“圣人”人格，为人类提供了一个可以效法的伟大典范。

7. 试论“中国思维”中的“身体隐喻”

萧延中
华东师范大学政治学系

元首明哉，股肱良哉，庶事康哉。
——《尚书·皋陶谟》

“思维方式”是一个学术界经常使用的常识性概念，但是在众多的研究成果中，似乎都把它认作一个无须论证的前提假设，并未对此进行基本的界定而径直地进入对思维方式的内容的探讨。在笔者看来，这实际上起码留下论证理路上的某种模糊区间的可能。因此，我们的讨论就应从一个明确的起点开始，这个起点就是所谓“认知结构”（cognitive structure）。“认知”不完全等同于“认识”，它是指形成人们认识的基础要素、方式和途径，是关于形成认识的“所以然”。笔者认为，“身体政治”是中国传统政治思想内在认知架构的基础要素之一，对中国传统政治思想的整体结构和思维规则产生了重要影响。

一、“身体隐喻”的认知意涵

“身体政治”（body politics）是由法国思想家米希尔·福柯（Michel Focault）中晚期研究中所使用的分析性概念，引进国内则是20世纪90年代初期的事情。继“知识考古学”之后，福柯转向“历史系谱学”方向，此后，作为主体自身的“身体”以及它与社会客体之间的关系，就成为福柯“话语”的兴奋点。通过一系列细腻的个案描述和宏观透视，福柯试图告诉人们“身体在道德领域中是罪恶，在真理领域中是错觉，在生产领域中是机器”的现代性观念,① 究竟是如何形成的。或许由于受到福柯研究作品的影响，“身体政治”也已逐渐进入政治社会学领域的主流话语。英国著名社会学家布赖恩·特纳（Bryan S. Turner）在其最近的综合性论著中专章讨论了“普通身体社会学”问题，并把“全面把握身体形象在社会空间中如何发挥功能”“真正从社会学角度评价各种社会身体在长时间内的交互作用，即达成对于身体体现之集体性理解”以及“以一种彻底的历史感来认识身体及其文化形态”，作为“身体社会学”研究的基本目标。②

对于本文的论题而言，福柯的思想只是启示而不是方法，这种启示就是：作为认知结果的“知识”，实际上就是已在思想者头脑中预设的一套观察和归纳问题的基础模板或框架，人们据此去看待、评价和分析客观事物。在这个结构中，“身体”具有重要的基础性意义。在以往的政治思想史研究中，人们一般会把分析的视角投射到主体以外的政治权力和社会关系的维度上去，而生产思想的主体自身则处于被“遗忘”“淡漠”和“省略”的状态。换言之，作为认知主体的认知结构，被排除出思想史分析的范围之外。但对问题做了这样的缺省之后，我们将无法回答诸如：为什么人们面对同样的事物，却可能“读”出完全不同甚至大相径庭的意义？作为同样的人类存在，世界各文明系统之间又为什么会呈现如此之大的差异？具体到中国传统政治思想史的角度，我们将无从解释中国古代思想家为什么总对某些问题和命题特别地关注，而对于另外的一些问题和命题却从未设问？例如，中国古代思想家对“天—君—臣—民”的系列命题极为关注，论述甚丰，但对于“权力”（power）与“权利”（right）的关系却极少提及；作为政治学基础的人性问题，在中国思想传统中十分发达，但这并未能导致关于权力制衡意义上的制度思考。显然，对于诸如此类的问题，仅仅从地域环境的角度给予解释是远远不够的，而认知结构的奠基则是一个重要的视角。虽然生存环境与知识结构不是决定论的，而是相互依赖性的，但也必须指出，当某种知识系统相对稳定下来的

---

① 汪民安（主编）：《身体的文化政治学》，河南大学出版社，2004 年，第 1 页。

② 布赖恩·特衲《社会理论指南》，李康译，上海人民出版社，2003 年，第 584 页。

时候，它就会向社会生活的各方面弥漫和扩散，以毋庸置疑和不证自明的“习俗”和“精神”的要素，成为支配、左右和控制社会生活的内在力量。在这个意义上，的确如福柯所说：“知识”就是“权力”，精神结构就变成了建构世界和解释事实的认知依据。这里可以借用余英时先生关于思想史“内在理路”（theory inner logic）的方法论概念，只是我们是在认知的角度予以运用，所探求的是思想脉络之所以形成的知识基础，即关于“知识的知识”。在这其中，关于“身体”① 在政治思想形成方面的建构作用，又是一个值得展开讨论的层面。

社会学的奠基者之一的涂尔干（Emile Durkheim），在晚年将学术视野渗透到人类学的方向上。其名著《宗教社会的基本形式》，开启了一宗学术流派的先河。在研究原始部落的宇宙模式时，涂尔干独具慧眼地指出，人们不是根据宇宙模式塑造和推想人类社会，恰恰相反，而是人们生活于其中的社会组织的结构成为人们赋予宇宙事物以意义的基本原型。换言之，不是宇宙决定社会，而是社会决定宇宙。因为在这里，宇宙并不是物的外在实体，而是与社会一样的“事物”。他说：对于早期人类来说，“他们本身就是事物，而宇宙中的每一件事物都像人一样，是部落的一部分，是部落的正规成员，在社会组织的整个格局中都有一个确定的位置”。② 该书的结论部分已涉及人类社会知识的起源与结构问题。他强调“社会在逻辑思维的形成过程中的作用”，指出“只有当人们在感官经验所形成的即兴的概念之上，成功地形成了作为所有智识之共同基础的、整个稳定的观念世界时，逻辑思维才成为可能。事实上，逻辑思维始终都不是个人的思维，在任何时代里，它都是一种‘具有固定形式’（subspecies oeternitatis）的思想”。③ 其后，他与莫斯（Marcel Mauss）合作的小册子《原始分类》，实际上是这项工作的继续。④

涂尔干关于人类社会关系之模型是知识建构来源的理论，的确显示出创

---

① body 与 flesh 不同，前者意为一个不可拆分的“实体”，后者则一般指与“灵魂”相对的“肉体”。

② 涂尔干：《宗教生活的基本形式》，渠东、汲喆译，上海人民出版社，1999 年，第 189 页。

③ 涂尔干：《宗教社会的基本形式》，渠东、汲喆译，上海人民出版社，1999 年，第 572 页。

④ 涂尔干、莫斯：《原始分类》，汲喆译，上海人民出版社，2000 年“导言”部分。

造性活力，同时也引发了广泛的争论。① 我们认为，涉及中国思想史知识建构的起源问题，需要对涂尔干的理论作若干修正。这就是：与其说整体社会关系构成了思想范畴的来源，不如再进一步，首先是个体化的“身体隐喻”导致了中国社会关系的结构，再由这种结构塑造出中国人对待外在事物的基本分类。这里，所谓“身体隐喻”是指人们认识客观事物时，实际上以自己的身体作为直接和基础的参照系和预设结构，由“身体”的系统和结构去联想外界事物，此时，外界事物只是个人身体的一种外推性理解的结果，从而建立起一种“主—客”之间同构的、鲜活的有机整体模型。由于“身体”是人们感知最直接和最细腻的物体，所以它就在视觉、听觉、味觉、触觉等感观层次建立起“主—客”之间最直接、最便捷和最准确的沟通桥梁。这种认知方式与西方认识论传统显示出很大的不同，以至于在一定的意义上，导致了中国政治思想与西方政治思想，在理论进路、命题设定和论证方式等方面的明显差异。

二、中国政治思想建构的“身体”基础

台湾学者黄俊杰先生对于“身体政治”做过较完整的界定，他指出：“所谓‘身体政治学’（body politics），是指以人的身体作为‘隐喻’（metaphor），所展开的针对诸如国家等政治组织之原理及其运作的论述。在这种‘身体政治学’的论述中，‘身体’常常不仅是政治思想家用来承载意义的隐喻，而且更常是一个抽象的符号。思想家借以作为‘符号’的身体而注入大量的意义与价值。”②

正如学者已经指出的那样，在中国传统典籍中“喻论”早已超越出语言修辞的范畴，而具有明显的政治意义。张颂之先生从“政治父子喻”“政治身体喻”“政治治病喻”“政治烹饪喻”“政治运掌喻”“政治放牧喻”“政治狩猎喻”“政治理水喻”“政治器物喻”“政治五行喻”十个方面对中国传统

① See, Jennifer M. Lehmann, Deconstructing Durkheim: A post-post- structuralist critique. London: Routledge, 1993. 特别是其中的第二部分：Durkheim's（social）epistemology. And N. J. Allen, W. S. F. Pickering and W. Watts Miller, ed. On Dukheim's Elementary forms of Religious Life. London: Routledge, 1998.

② 黄俊杰：《中国古代思想史中的“身体政治学”：特质与涵义》，载《国际汉学》第四辑，大象出版社，1999年，第200页。

“政治喻论”展开了全面的论述，可谓匠心独运。① 但是，如果我们对此做进一步的归纳，则可看到在这些喻论的背后，其实都隐藏着一个活跃的和大写的“人体”，各种比喻均可视为“个人身体”在某一方面的展开：“父子”与生殖有关，“烹饪”与营养有关，“治病”和“运掌”与生理有关，而“放牧”“狩猎”和“理水”则与劳动有关；只有“器物”和“五行”具有形而上的符号意义。这样，我们可以说，张文所提“政治身体喻”其实并不应与其他各喻处于平行状态，而是中国传统政治喻论的本质和核心。

检索史籍，上述论断得到了众多的印证。早在古典文献《尚书》中就有关于“元首明哉，股肱良哉，庶事康哉”的论述。② 如果直译，就是说，如果头脑是明智的，四肢也还发达，那么，一切事情就会有好结果。这种说法是用“身体”说明“政治”的典型例证。到了春秋时代，思想家更是常常以“股肱”比喻辅臣，所谓：“君之卿佐，是谓股肱。股肱或亏，何痛如之？”③ 孔子曾说“民以君为心，君以民为体”，④ 就假定政治关系为一种有机体的自洽融合。孟子以手足心腹的身体器官，比喻君臣关系，“君之视臣如手足，则臣视君如腹心；君之视臣如犬马，则臣视君如国人；君之视臣如土芥，则臣视君如寇雠”。⑤ 管仲也说：“心之在体，君之位也，九窍之有职，官之分也。心处其道，九窍循理。”⑥ 这样的论式几乎成为古代政治思想家的共识。

从古人造字的角度，我们也能看到“身体”其实成为思维的背景。我们以与“政治”联系较紧密的“阶级”现象说起。在甲骨文和金文中，凡涉及“下等人”的字，如“仆”“妾”“奴”“臣”“孚”“系”“并”“尹”等字，均与“跪之人形”相关。其原初的造字意义是对人身体的束缚。按《说文》解释：“仆，给事者。”头上从辛，即以辛纹面做奴隶之标志。开始指家奴，后来成为属下的通称。“妾”按《说文》原意是“有罪女子给事之得接于君

① 张颂之：《中国传统政治诸喻论》，《孔子研究》，2000 年第 6 期。文中似乎对重要思想家董仲舒少有提及，可能与作者的论文构思有关，但至少这不能不是一个疏忽。

② 《尚书 · 皋陶谟》。

③ 《左传 · 昭公九年》。

④ 《礼记 · 缁衣》。

⑤ 《孟子 · 离娄下》。

⑥ 《管子 · 心术上》。

者”，其甲骨文是一个下跪之人形，她不仅要服侍长者，而且还包括“侍寝”。“奴”字不用多说，是一个举双手而呈跪姿之人，降兵为奴之意。而“臣”字，金文上部为表示向上注目，《说文》释为“臣，牵也，事君也，象屈服之形”。以“牵”释“臣”为声训，指臣系于君，就像主人牵着宠物，后者需柔顺臣服。“孚”字从“手”从“子”，象形为抓获儿童。后加入人旁为“俘”，引申为战争中所获战俘。《说文》释为“俘，军所获也”，指抓获战败者因不服而绳牵捆绑。“系”字初文会意为以绳索捆于颈上，后加人旁。《说文》“系，束也”，本意也是捆绑，甲骨卜辞中引申为奴。“并”字初文是将两腿捆在一起，本义是合并。与上述诸字相反的，则有“尹”“君”“史”“令”等字。“尹”字左侧为“手”而右侧为“杖”，显然象征着惩罚之权力。所以《说文》曰“尹，治也。”在“尹”下加一“口”字，就形成“君”，原意是持杖之人以口令人。“史”在甲骨中与吏为一字，都与“手”有关。按《说文》的解释，后来分为以手“记事者”为“史”，以手“治人者”为“吏”。“令”之初文与“命”为一字，《说文》列为“口”部，“令，发号也”，“命，使也”，现代连用为“命令”。① 毋庸赘言，在这些观念背后，都潜藏着一个“身体”。正如申小龙教授指出的：

> 汉民族的“主体投射”，不是主客体对立的主体投射，而是主客体统一，人与自然合一意义上的主体投射。它不是把自然对象化，在对象认识的基础上反思，而是认为世界内在于人而存在，认识人自身，也就认识了自然界或宇宙的根本意义，于是反身自求，从主体自身寻求人和世界的普遍意义。通过自我反思、自我体验、自我直觉和自我证悟，穷尽人和万物的一切道理。显然，这是一种内向思维，内向型的主体投射，表现在符号上，就仅仅是在语义所指上体现原始思维某些特征的诗性智慧，而在本体论上，即符号结构形态本身，系统、彻底地人化自然，将人的主体意识与自然法则的统一，内化在汉字符号的结构上。②

---

① 参阅：刘志成：《文化文字学》，巴蜀书社，2003 年，第 304—308 页。

② 申小龙：《汉字人文精神论》，江西教育出版社，1995 年，第 96—97、103 页。

在中国古人的感觉和观念中，“身体”首先是一个自洽与和谐的有机体，其中各种器官都各自发挥着不可替代的作用。但是，不可或缺性与重要性并不是一回事。换言之，虽然对有机体运转来说，各种器官需紧密协调，但在其对有机体的贡献而言，存在着一个“优先排序”。这个排序的依据不是以生理功能为指标，而是一种带有强烈认知建构色彩的文化分类。这样，对于中国古人来说，考察“身体”至少可以有三种不同的视角。

第一，“上”与“下”。

把身体分为“上”与“下”两部分是最自然、最直观的一种视角，但这一划分则富有深意。董仲舒在《春秋繁露》中的论述最为明确和典型，兹引如下：

> 是故人之身，首坌（音：分）员，象天容也；发，象星辰也；耳目戾戾，象日月也；鼻口呼吸，象风气也；胸中达知，象神明也；腹胞实虚，象百物也。百物者最近地，故要以下地也，天地之象，以要为带。颈以上者，精神尊严，明天类之状也；颈而下者，丰厚卑辱，土壤之比也。足布而方，地形之象也。是故礼带置绅，必直其颈，以别心也。带而上者尽为阳，带而下者尽为阴，各其分。阳，天气也；阴，地气也。故阴阳之动，使人足病喉痹起，则地气上为云雨，而象亦应之也。天地之符，阴阳之副，常设于身，身犹天也，数与之相参，故命与之相连也。①

这里，董子把人体划分为两大部分，以“腰”（“脐”）为界，上端象“天”，属“阳”；其下象“地”，属“阴”。由于“腰”（“脐”）处于天地阴阳的汇合之处，所以是为“中”。如仅就上端而言，则以“颈”为分界，再分为两部分。头顶的最上端，储有“神明”，而愈往下走就愈接近“百物”，直至“中脐”。“中脐”以下，则由“清”转“浊”，是装载排泄物的地方。就其功能属性而言，“下”虽然仍是不可或缺的，但在其重要性排序中，绝不能与头顶相比。借以西方政治学的一个术语表达，就理论的理想状态而言，“下”只是一种“必要的恶”（It is necessary evil.）。

---

① 《春秋繁露卷第十三·人副天数第五十六》，苏舆：《春秋繁露义证》，中华书局，1992 年，第 355—356 页。

按照这一“身体程序”，我们会看到，愈往上面，地位愈高，功能愈重；而愈往下走，情况恰好相反。古人常有“天下国家一体也，君为元首，臣为股肱，民为手足”的说法。① 一般用头颅喻“君主”，用胸腔喻“辅臣”，用肢体喻“官吏”，而用手足喻“百姓”。

> 国犹身也，顺物自然而心无所私，则天下理矣。”② “臣作朕股肱耳目。”孔疏：“君为元首，臣为股肱耳目，大体如一身也。”③ “宰相，陛下之腹心；刺史、县令，陛下之手足；未有无腹心手足而能独理者也。④

反映在制度安排上，这种“政治身体”也被扩展和折射到空间领域：“天下譬犹一身：两京，心腹也；州县，四支也：四夷，身外之物也。”⑤ 封建割据，诸侯坐大叫作“尾大不掉”。“中国与边境，犹支体与腹心也。夫肌肤寒于外，腹心疾于内，内外之相劳，非相为赐也！唇亡则齿寒，支体伤而心憯怛。故无手足则支体废，无边境则内国害。”⑥ 此外，在兵法上所谓“咽喉”之地，不仅地势险要，而且关系重大。日常社会中所谓“宁当鸡头，不当凤尾”，在形容紧密联系的关系时讲“皮之不存，毛将焉附”和“牵一发而动全身”等等，都是这种“政治身体”建构的直接表现。诚如张颂之先生所说：“肢体连心，兵家的对敌原则是伤敌十指不如断其一指。身体结构须合乎比例，如果出现指大于肱、尾大不掉、鼻子大于头等病态，政局就危险了。”⑦ 追根溯源，这些思想的基础思维模板，则根植于关于身体结构之“上”、“下”不同地位的体认。

第二，“左”与“右”。

“身体”不仅可分为“上”与“下”两部分，而且还需分为“左”与

---

① 《申鉴·政体》。

② 《资治通鉴》卷二一〇。

③ 《尚书·益稷》。

④ 《资治通鉴》卷二〇三。汉以后朝代此种说法仍连绵不断：“轩昊之代，君为心，兆民为百骸。”（《文苑英华》卷七七一卢硕《喻古之治》）“若损百姓以奉其身，犹割股以啖腹，腹饱而身毙。”（《贞观政要·君道》）

⑤ 《资治通鉴》卷一九七。

⑥ 《盐铁论·诛秦》。

⑦ 张颂之：《中国传统政治诸喻论》，《孔子研究》，2000年，第6期。

“右”两部分。这不仅反映出古人观察“身体”的多层视角，而且更体现出“身体”被进一步抽象化和符号化的取向。崇右抑左是一个具有普遍性的人类现象①，但就中国传统文化而言，此一视角主要出于对人体性别差异的感知，“男”与“女”这与天俱来的异质性本身，就成古人划分阴阳两界的初级模板。

法国著名汉学家葛兰言在其名篇《中国的尚右与尚左》中敏锐地指出，在中国古典文献中，“左”与“右”的优劣划分与人体性别直接相关。男属阳而女属阴，所以，“左”与“右”的优先性对于他们（她们）来说正好相反。葛兰言发现了“中国人惯用右手，但却崇尚左方”的矛盾现象。根据对经典礼书的深入解读，他指出：“在中国，礼仪不仅统治着生理学，而且也统治着宇宙论。它表达世界的结构，而世界的结构与个体的结构没有什么不同。宇宙的建构与人体的建构严格地建立在同样的原则之上。”②“君子居则贵左，用兵则贵右。”“吉事尚左，凶事尚右。”③《礼记正义》郑玄注：“丧尚右。右，阴也。吉尚左。左，阳也。”④

郭沫若、钱穆、周予同、钱玄同、闻一多诸先生均认为，《周易》之“乾”“坤”两卦之象实由男、女身体差异转化而来。如把“—”和“- -”竖着看，恰是男、女生殖器之象征：

> 我以为原始的易卦，是生殖器崇拜时代底东西；“乾”“坤”二卦即是两性底生殖器底记号。(1923 年 5 月 25 日)⑤“易”的 - - 就是最显明的生殖器崇拜时代的符号。—表示男性的性器官，- - 表示女性的性器官。(1927 年 9 月)⑥ 八卦的根柢我们很鲜明地可以看出是古代生殖器崇拜的孑遗。画一以象男根，分而二以象女阴，所以由

---

① Rodney Needham, ed. Right and lift: Essays on Dual Symbolic Classification. Chicago/London: The University of Chicago Press, 1973.

② ［法］葛兰言：《中国的尚右与尚左》，简涛译注，载《国际汉学》第三辑，大象出版社，1999 年，第 473—504 页。

③ 《老子·三十一章》。

④ 《十三经注疏》，第 1283 页。

⑤ 钱玄同：《答顾颉刚先生书》，《古史辩》，第一册，上海古籍出版社，1982 年。

⑥ 周予同：《周予同经学史论著选集》，上海人民出版社，1983 年，第 86 页。

> 此而演出男女、父母、阴阳、刚柔、天地的观念。(1928年)① 人事尽可能的繁复，但分析到最后，不外两大系统。—属男性的。--属女性的。人事全由人起，人有男女两性之别，无论在心理上生理上均极明显，不能否认。“易经”的卦象，即由此观念作基础。“—”代表男性，“--”代表女性。这是卦象最基本的一个分别。(1948年5月)②

后人在此基础上又进一步，系统论证了男、女身体差异与《周易》卦序排列组合的对应关系。③ 由此可知，中国思想中之最重要的概念“阴”“阳”与人体直接相关。④ 正如葛兰言所指出的那样，在中国传统中流行着所谓

① 郭沫若：《郭沫若全集·历史编》，第一卷，人民出版社，1982年，第33页。

② 钱穆：《中国文化史导论》（修订本），中华书局，1994年，第69—71页。

③ 赵国华：《生殖崇拜文化》，中国社会科学出版社，1989年。

④ 有关“阴阳”理论的起源问题，历史学家众说纷纭。1928年，梁任公发表《阴阳五行说之来历》一文，引发了关于这一问题的大讨论。著名学者均卷进其中。有关“阴阳”理论的起源问题大致有：一、自然取象说；二、“性器”源说；三、《易》源说；四、“十月太阳历”说；五、“枚卜”源说。（参阅：谢松龄《天人象：阴阳五行说导论》，山东文艺出版社，1989年版，第26—28页。）台湾学者孙广德则从“语义的演进”和“官职的转化”以及“其他思想的烘托”三个方面，对前人的研究作了归纳。（参阅：氏着《先秦两汉阴阳五行说的政治思想》，台北：商务印书馆，1993年，第3—44页。）甲骨文中只有“日”“月”，而没有“阴”“阳”。这说明“阴阳”概念晚出。汉代许慎《说文》对此的解释是：“阴，（暗）也；水之南、山之北也。”意思是，阴，即阳光所照不到的地方。相反，阳，则是“高，明也”。这也就是我们今天所说“阴天”和“晴天”的意思，并没有什么神秘的含义。阴阳成为一对宇宙论概念，最早见于《周易》。关于《周易》的成书年代，学术界有争议，但其卦文中关于殷代前期社会生活的描写和记载，证明其思想形成很早。郭沫若持此看法。（氏着：《中国古代社会研究》，科学出版社，1955年，第40页。）范文澜甚至认为，原始阴阳说在夏代以前就已出现了。（氏着：《与颉刚论五行说的起源》，《燕京大学史学年报》，1931年，第3期。）阴阳二字见于较早的典籍还有《老子》：“万物负阴而抱阳。”《庄子》中“易以道阴阳”，也是在抽象的宇宙论层面上使用的。《国语·周语》记载西周末年伯阳父把地震的原因归结为“阳伏而不能出，阴迫而不能蒸”，显然已具有了阴阳失调的意思。至于上述各典籍中关于“大—小”“上—下”“内—外”“出—入”“进—退”“往—来”“生—死”“凶—吉”“福—祸”“泰—否”“损—益”等等，就不胜枚举了。关于“阴阳”在宇宙中这种全方位的统摄作用，《周易》叙述得极为清楚：“一阴一阳之谓道。继之者善也，成之者性也。仁者见之谓之仁，知者见之谓之知，百姓日用而不知。”（《周易·系辞上》）这就是说，阴阳始终存在、贯穿于宇宙之中，不同的人从不同的角度去理解它，会产生不同的结果。而且人们时时刻刻生活于其中，反而因“司空见惯”而“熟视无睹”了。但这种“习惯性麻木”和“熟悉性遗忘”并不能说明“阴阳”的动力小了，反而说明它的力量已渗入骨髓。

“男左女右”的习俗，探其究竟则与人体所处方位的感觉和情境有关。在中国传统政治习俗中，君主（男性）会见诸侯时是坐北朝南。此时他的左边为东，而右边为西；东方是太阳升起的方向，这将导致一昼的明亮，而西方为太阳下落的位置，这又将导致一夜的黑暗。所以，明亮为阳，黑暗为阴，左方就比右方受到更多的尊崇。由于女性属阴，所以对于她们来说恰好相反，一切将颠倒过来，右方就比左方受到更多的尊崇。① 所以，男尚左而女尚右，实指人体交媾过程中之“主动”（施与）与“被动”（接受）关系的象征，并不存在一个绝对“尚左”状况。基于对身体性别的体认，因而在朝觐、誓盟、婚约、建筑、殡葬、征战、列阵等礼仪方面均有体现。在这一认知框架下，“实用的”（右手）并不就是“优越的”，反而“优越的”应处于“无为”状态，所以君主应“南面垂立”，而臣子则需“北面勤奉”。这样，所谓“为无为”就成了儒道两家共同遵奉的政治准则。②

这样，由“男女”至“阴阳”，由“阴阳”生“周易”，以至于中国传统文化的各种表达形式都被囊括于其中。这也就是说，基于对“身体”性别差别的敏感和关注，中国古人已把“身体”化入农时、历法、仪式、军事、宗教以及政治等生活现实的方方面面，从而使这些不同的生活侧面，都可以在同一种技术框架下得到解释，其理论基础具有明显的一致性。在纷繁复杂的中国文化系统中，各个不同的子系统之间之所以可能互换和通约，追根溯源，原因在于其背后站着一个人们熟悉得不能再熟悉的事物：自己的“身体”。

第三，“身”与“心”。

特别值得强调的是，在中国思维的“身体隐喻”中，“心”是一个极其核心与重要的概念。往往一些抽象且重要的事物会用“心”作比喻。学者早已发现，在古代中国，具有生理意义的“脑”（“脑”与五脏中的肝、脾、肺、肾一样，均属“肉”部，所以有生理涵义），虽然在形象方面也很重要，但相对于具有精神意义的“心”来说，就显得相形见绌了。《黄帝内经》对

---

① ［法］葛兰言：《中国的尚右与尚左》，简涛译注，载《国际汉学》第三辑，大象出版社，1999 年，第 486—489、497 页。

② 葛兰言原文为即席讲演，没有文献出处。旅德学者简涛先生不仅专为此篇文章撰写学术性导言，而且根据先秦典籍和十三经及其注疏，逐一进行校注，给读者带来了历史典籍阅读的训练和理解上的极大方便，实功不可没。笔者在此受益匪浅。

于人的“五脏六腑”之功能，及其“身—心”关系，做过充分的论证：

> 心者，君主之官也，神明出焉。肺者，相傅之官，治节出焉。肝者，将军之官，谋虑出焉。胆者，中正之官，决断出焉。膻中者，臣使之官，喜乐出焉。脾胃者，仓廪之官，五味出焉。大肠者，传道之官，变化出焉。小肠者，受盛之官，化物出焉。肾者，作强之官，伎巧出焉。三焦者，决渎之官，水道出焉。膀胱者，州都之官，津液藏焉，气化则能出矣。凡此十二官者，不得相失也。故主明则下安，以此养生则寿，殁世不殆，以为天下则大昌。主不明，则十二官危，使道闭塞而不通，形乃大伤，以此养生则殃，以为天下者，其宗大危，戒之戒之。①

中医著作如是说，而政治理论则不仅在思路上与此同出一辙，就语言表达方面而言也几乎完全一致。董仲舒在《春秋繁露》中也同样强调“心”在中国政治思维中的重要位置：

> 一国之君，其犹一体之心也：隐居深宫，若心之藏于胸；至贵无与敌，若心之神无与双也；其官人上士，高清明而下重瘘，若身之贵目而贱足也；任群臣无所亲，若四肢之各有职也；内有四辅，若心之有肝肺脾肾也；外有百官，若心之有形体孔窍也；亲圣近贤，若神明皆聚于心也；上下相承顺，若肢体相为使也；布恩施惠，若元气之流皮毛腠理也；百姓皆得其所，若血气和平，形体无所苦也；无为致太平，若神气自通于渊也；致黄龙凤皇，若神明之致玉女芝英也。君明，臣蒙其功，若心之神，体得以全；臣贤，君蒙其恩，若形体之静，而心得以安；上乱，下被其患，若耳目不聪明，而手足为伤也；臣不忠，而君灭亡，若形体妄动，而心为之丧。是故君臣之礼，若心之与体；心不可以不坚，君不可以不贤；体不可以不顺，臣不可以不忠；心所以全者，体之力也；君所以安者，臣之功也。②

---

① 《黄帝内经·素问·灵兰秘典论》。

② 《春秋繁露·天地之行》。

我们已经看到，从“上”与“下”（具体），经“左”与“右”（过渡），到“身”与“心”（抽象），中国的“身体思维”形成了一种“内部要素”与“外部要素”相互印证的思想体系。

有了这样的一个“身体”摹本，人们就可以据此想象、比附和建构作为“身外之物”的政治社会，甚至宇宙空间。清代马骕《绎史》引三国时吴人徐整《五行运历年记》，把这一由“身体”推向宇宙起源的思维过程，表示得十分清晰：

> 元气鸿蒙，萌芽兹始。遂分天地，肇立乾坤。启感阴阳，分布元气。乃孕中和，是为人也。首生盘古，垂死化身。气成风云，声为雷霆。左眼为日，右眼为月。四肢五体，为四极五岳。血液为江河，筋脉为地理。肌肉为田土，发口为星辰。皮毛为草木，齿骨为金石。精髓为珠玉，汗流为雨泽。身之诸虫，因风所感，化为黎虻。①

所以，法国著名社会人类学兼汉学家葛兰言（Marcel Granet）才说：“古代中国人以他们尊奉的生活准则的模式想象自然的法则，他们认为这个法则只要不违反他们固有的生活原理，它的正常运用就是适当的。由此出发，他们的生活规律决定季节的交替；他们的休息的祭礼也允许自然休养；他们冬季的蛰居也使万物相互独立；他们的习惯一旦失去秩序，宇宙的秩序也会紊乱。……他们从自己在无雨的季节蛰居于家中的习惯出发，推想自然的习惯与人类的习惯相同。接着他们便认为人类习惯的种种行为可以作用于物质世界，使物质世界习惯的戒律。事实上，他们生活的规律是事物规律的模写。然而，农夫们可了解的自然的正常秩序却表现为他们自身生活秩序的正常性。基于这种认识，他们感到自然界秩序的正常性与其自身生活的正常性之间具有连续性。……给予自然界以影响的办法决不是为了达到这个目的而设置的手段，而是从仅仅为了人类生活的需要而设置的习惯中产生的。”②

---

① 马骕：《绎史》，台北：商务印书馆，《国学基本丛书》，卷一，第 2 页。转引自：陈启云《中国古代思想文化的历史论析》，北京大学出版社，2001 年，第 51 页。

② ［法］葛兰言：《中国古代的祭祀与诗歌》，中国人民大学出版社，1989 年，第 173 页。

三、“身体”有机体的政治意涵

在古代中国的思想体系中，“身体”绝不仅仅具有生理学上的意义，而且更由此构成了政治关系和政治思维的要素和基础。其具体表现主要在以下几个方面：

第一，“父—子”“家—国”“君—臣”的同构体。

如上所述，中国传统文化中，在从“生物血缘”到“文化血缘”的扩展过程中，“身体”始终作为一个潜在的“基因”而发挥着政治作用。在这个基础上，“家—国”同构，“君—臣”一体的思想体系，才有生成的可能。而把二者连接在一起的关键认知要素就是“孝”。

《孝经》开篇就引孔子言：“身体发肤，受之父母，不敢毁伤，孝之始也。”由此开发出去，才是“立身行道，扬名于后世，以显父母，孝之终也”。再由是才推出“政治”，即所谓“夫孝，始于事亲，中于事君，终于立身”。① 问题的第一指向就是“身体”，而且被当成“天之经也，地之义也，民之行也。天地之经而民是则之，则天之明，因地之利，以顺天下。是以其教不肃而成，其政不严而治”的基础政治问题，② 这应当被看成一个非同小可的“思想事件”。朱熹也认为“修身”当以“孝悌”开始，“故君子不出家而成教于国；孝者，所以事君也；弟者，所以事长也；慈者，所以使众也。……一家仁，一国兴仁；一家让，一国兴让；一人贪，一国作乱；其机如此”。③ “孝”的本质是“身体”之遗传、复制的价值保障，通过这一观念和伦理机制，使个体肉体之“死”，不成为伤害群体生命之“亡”的重要条件。正如荀子所论：“天地生君子，君子理天地；君子者，天地之参也，万物之总也，民之父母也。无君子则天地不理，礼义无统，上无君师，下无父子，夫是之谓乱。”④ 由此“孝”就超出了个人品德的范围，而与社会共同体的生存和发展产生了关联，所以才具有了政治意义。

---

① 《孝经·开宗明义》。

② 《孝经·三才》。

③ 朱熹：《四书集注·大学》。

④ 《荀子·王制》。

“身体思维”是一种“身体”与“国家”均按有机运动原理运行的“同构”假设，正是出于“同构”，二者才可以互相比拟、互相转移和互相推演，从中自然推导出“君”—“臣”—“民”之间的互为主体性的关系。成书于孟、荀之前的《礼记》曰：“民以君为心，君以民为本。心庄则体舒，心肃则容敬。心好之，身安之。君好之，民必欲之。心以体全，亦以体伤；君以存，亦以民亡。”① 在这个角度讲，既可以说“君本”，也可以说“民本”；但由于“心”占有更为关键的优先性，它在身体器官中具有更为重要的功能，所以反映在政治上就“推”出“君高于臣”的结论。② 如果说孟子还坚持“君”—“臣”—“民”之间的互为主体性的理论，那么，到了荀子“君”的功能则得到了加强；再到韩非子就直接主张国君为“天下之耳目”了。道家之葛洪把这一关系表述得更为清楚：

> 故一人之身，一国之象也。胸腹之位，犹宫室也。四肢之列，犹郊境也。骨节之分，犹百官也。神犹君也，血犹臣也，气犹民也。故知治身，则能治国也。夫爱其民所以安其国，养其气所以全其身。民散则国亡，气竭即身死，死者不可生也，亡者不可存也。是以至人消未起之患，治未病之疾，医之于无事之前，不追之于既逝之后。民难养而易危也，气难清而易浊也。故审威德所以保社稷，割嗜欲所以固血气。然后真一存焉，三七守焉，百害却焉，年命延矣。③

中国传统政治共同体是从其社会共同体中演化而来的，这也就是说，前者只是后者的一种层次角度上的扩大，而不是基本性质上的抽象。所以，所谓“国”在很大程度上只是“家”在更大范围上的复制，而在政治功能上二者如出一辙。这就是学者常说的“国”是“家”的放大，“家”是“国”的微缩。修、齐、治、平的政治理路，适用于从“人”到“天下”的所有层次。天子统御万民，就要以天为榜样，“养民如子”，由此形成“民奉其君，

---

① 《礼记·缁衣》。

② 刘畅：《心君同构：作为一种思想史现象》，《天津社会科学》2004 年第 5 期，第 128—133 页。

③ 《抱朴子·内篇·地真》。

爱之如父母”的融洽关系，① 所谓“天子作民父母，以为天下王”。② 天下是一大家，天子就是万民的父母，天子爱民如子，子万民的话语，不仅在诸子那里，而且在长期的思想话语中都史不绝书，不胜枚举。天子为万众臣民的父母，天下成了一家，天子派往各地统治一方的地方官员，就具有了代表天子统治的意义。由此，“县官之于百姓，若慈父之于子也”，③ 地方官与其统治的民众之间也形成父子关系。汉代的县官一词，或指地方官员，或指天子。从宋代开始，县官就被称为父母官了。④

中国传统“身体政治”的另一个重要方面就是被学者称之为“心君同构”的现象，换言之，就是思维的结构表现为用身体器官的功能进行类比，从而推导出“君尊臣卑”之支配秩序的政治原则。如《吕氏春秋》说：“夫耳目鼻口，生之役也。耳虽欲声，目虽欲色，鼻虽欲芬香，口虽欲滋味，害生则止。在四官者不欲，利于生者则弗为。由此观之，耳目鼻口，不得擅为，必有所制。”⑤ 而这个“必有所制”就是“心之所为”。出土汉代《帛书五行篇》曰：

> ［说］（耳目鼻口手足六者，心之役也），耳目也者，说（悦）声色者也；鼻口者，说（悦）臭味者也；手足者，说（悦）佚愉者也。（心）也者，说（悦）仁义者也。之数体皆有说（悦）也，而六者为心役，何也？曰：心贵也。有天下之美色自（置）此，不义，则不听弗视也；有天下之美臭味自（置）此，不义，则弗求弗食也。居而不间尊长者，不义，则弗为之也。何（也）？曰：几（不胜，小）不胜大，贱不胜贵也哉！故曰心之役也。耳目鼻口手足六者，人体之小者也。心，人体之大者也，故曰君也。⑥

所说：“民国之主人者，实等于初生之婴儿耳，革命党者，即产此婴儿之

---

① 《左传·襄公十四年》。
② 《尚书·洪范》。
③ 《盐铁论·授时》。
④ 张颂之：《中国传统政治诸喻论》，《孔子研究》，2000 年，第 6 期。
⑤ 《吕氏春秋·贵生》。
⑥ 庞朴：《帛书五行篇研究》，齐鲁书社，1980 年，第 61 页。

母也。既定方针既立之矣，则当保养之，教育之，方尽革命之责。”① 而“唱支山歌给党听，我把党来比母亲；母亲只生我的身，党的光辉暖我心。”② 也成为人们所习以为常以至于达到“百姓日用而不知”程度的“集体心声”了。据此，学者指出：“如果说‘天人合一’是从人体外部寻找某种权威性证明的话，那么，‘心君同构’则是从人体内部寻找某种合理性的依据。古人崇尚‘具象思维’，因此，与难以捉摸的体外之‘天’相比，体内之‘心’不仅距离更近，而且可触、可感。所以，从某种意义上说，‘心君同构’或‘心君合一’比‘天人同构’或‘天人合一’更具有理论说服力。以‘心’论‘君’，恰如以‘天’论‘君’，是先秦两汉政治思维论证王权、君权合理性的又一种思想资源，其价值在于为王权政治提供另一种理论依据。”③

第二，“政治”“伦理”与“社会”的一致性。

众多学者早已指出，政治与伦理的紧密渗透是中国传统政治思想的特征之一。④ 我们的问题是：在观念形态的角度，这种二者紧密渗透的发生机制应当如何理解？换言之，在思维逻辑的角度上讲，作为价值的“伦理”究竟在怎样的思维基础上与作为秩序的“政治”构成关联？

中国古人对“心”二重性属性的界定具有关键的意义。如上所述，“心”首先是身体的器官之一，但它同时又是一个储存“灵性”的特殊器官。在很大的意义上，正是由于“人”有“心”（不是心脏），才显示出了其与动物的根本区别。也可以说，正是“心”的感觉，使“人性”得以彰显。由于“心”有“思”的功能，因此孟子把它称为“大体”，而把“耳目之官”叫作“小体”。孟子著名的“心之四端”说最为经典：

> 人皆有不忍人之心者，今人乍见孺子将入于井，皆有怵惕恻隐之心。非所以内交于孺子之父母也，非所以要誉于乡党朋友也，非

---

① 《孙中山选集》，人民出版社，1982 年，第 153 页。

② 总政治部编：《雷锋日记选》，解放军文艺出版社，1989 年。

③ 刘畅：《心君同构：作为一种思想史现象》，《天津社会科学》，2004 年第 5 期，第 128—133 页。

④ 梁漱溟先生关于中国传统思想的特质在于“政治伦理化，伦理宗教化，宗教政治化”的内部循环。这是对中国文化极透彻的观察。参见：《中国文化要论》。

恶其声而然也。

由是观之，无恻隐之心，非人也；无羞恶之心，非人也；无辞让之心，非人也；无是非之心，非人也。恻隐之心，仁之端也；羞恶之心，义之端也；辞让之心，礼之端也；是非之心，智之端也。人之有是四端也，犹其有四体也。有是四端而自谓不能者，自贼者也；谓其君不能者，贼其君者也。

凡有四端于我者，知皆扩而充之矣，若火之始然，泉之始达。苟能充之，足以保四海；苟不充之，不足以事父母。①

毋庸置疑，儒学最重要的价值理念，即所谓“仁”“义”“礼”“智”“信”之“五常德”，离开了人“心”这一基础将无从谈起。正如孟子所说：“仁义礼智，非由外烁我也，我固有之也。”由于人体具有普遍的同构性，因此“……口之于味也有同耆焉，耳之于声也有同听焉，目之于色也有同美焉。至于心，独无所同然乎？心之所同然者何也？谓理也义也。圣人先得我心之所同然耳。故理义之悦我心，犹刍豢之悦我口”。② 这种身体感受的同构性会不断地得到“扩充”，可以布乎四体，使德润身，完成“践形”；更可以与“社会”大众声气相求，可以“知言”，可以“与民同乐”，求天下之大利。当把这种身体感受“扩充”“推恩”到社会和政治生活层面时，就得到了孟子那众所周知的政治学原则：“人皆有不忍人之心。先王有不忍人之心，斯有不忍人之政矣。以不忍人之心，行不忍人之政，治天下可运之掌上。”③ 毋庸赘述，从“心”到“政”，再从“政”到“掌”，处处都渗透着“人体”的潜含印迹。

同理，除“圣人”以外，一般人，包括“君子”在内，“心”也未必全善，自然本能也需约束。所谓：“饮食男女，人之大欲存焉，死亡贫苦，人之大恶存焉。故欲恶者，心之大端也；人藏其心，不可测度也。美恶皆在其心，不见其色也，欲一以穷之，舍礼何以哉？”④ 所以“修身”甚为重要，而这对所谓君君、臣臣、父父、子子、夫夫、妻妻，各等角色一概适用。于是，《礼

① 《孟子·公孙丑上》。
② 《孟子·告子上》。
③ 《孟子·公孙丑上》。
④ 《礼记·礼运》。

记·大学》中格、致、诚、正、修、齐、治、平之著名的“八条目”，必以“修身”为始，而以“平天下”而终，就得到了一个可能进行推论的整体秩序：

> 大学之道，在明明德，在亲民，在止于至善。知止而后有定，定而后能静，静而后能安，安而后能虑，虑而后能得。物有本末，事有终始，知所先后，则近道矣。古之欲明明德于天下者，先治其国；欲治其国者，先齐其家；欲齐其家者，先修其身；欲修其身者，先正其心；欲正其心者，先诚其意；欲诚其意者，先致其知；致知在格物。格物而后知至，知至而后意诚，意诚而后心正，心正而后身修，身修而后家齐，家齐而后国治，国治而后天下平。自天子以至于庶人，一是皆以修身为本。其本乱而末治者否矣，其所厚者薄，而其所薄者厚，未之有也！①

如何实现这一境界呢？其途径只有一条：就是“教化”。而“教化”的内容又可再分为两途：从内部而论是“正心”；从外部而言是“礼仪”。而“正心”和“礼仪”都是个人性、具体性和可操作的。因而“身体”此时得以成为“政治”的展现。

其一，所谓“正心”，是指通过“身体”上部最为重要的“耳”“眼”“口”等器官感觉，使外部事物得到一种协助的中和，从而产生一种符合“德”的行为：

> 乐不过以耳听，而美不过以观目，若听乐而震，观美而眩，患莫甚焉。夫耳目，心之枢机也，故必听和而视正。听和则聪，视正则明。聪则言听，明则德昭。听言昭德，则能思虑纯固。以言德于民，民歆而德之，则归心焉。上得民心，一殖义方，是一作无不济，求无不获，然则能乐。夫耳内和声，而口出美言，以为宪令，而市诸民，正之以度量，民以心力，从之不倦。成事不贰，乐之乐之至也。口内味而耳内声，声味生气。气在口为言，在目为明。言以信名，明以时动。…… 若视听不和，而有震眩，则味入不精。不精则

① 《礼记·大学》，重点号为引者所加。

气佚，气佚则不和。于是乎有狂悖之言，有眩惑之明，有转易之名，有过慝（音：特；意：奸邪、罪恶）之度。出令不信，刑政放纷，动不顺时，民无据依，不知所力，各有离心。①

“正心”不能是一种外在的强迫行为，而是根据人性中本来既有的“心之四端”，通过正确的引导和强化而使之光大，在美景的欣赏与和乐的陶造中，人的精神境界不知不觉地得以提升。

其二，所谓“礼仪”则是指通过“身体”的感受和形体的表演，反映出社会关系等差结构，进而使“支配—服从”的政治关系秩序化。在祭祀、殡丧、迎娶、接待、誓约等重要场合，以一举手、一投足的身体表演之间，显示自己的身份，完成一组社会关系的等差组合。儒家“重仪”，实质在于“显义”。春秋时北宫文子认为，“仪式”并非仅仅是某种虚饰，它的政治整合意义重大，关系到权威的信念和秩序的顺畅。“有威而可畏，谓之威；有仪而可象，谓之仪。”所谓进退施舍、周旋容止的语言与动作，因为它是一种象征，一种符号，人们可以通过模仿、复制、再现，“则而象之”。这样，社会就有了秩序，有了秩序，政治就安然无恙。所以“威仪”是建立和保持秩序的必要文化设施。他对卫侯说：“君有君之威仪，其臣畏而爱之，则而象之，故能有其国家，令闻长世。臣有臣之威仪，其下畏而爱之，故能守其官职，保族宜家。顺是以下皆如是，是以上下能相固也。”②《礼记正义》引郑序云，“礼者，体也、履也。统之于心曰体，践之于行曰履”。也就是说，“仪”是一种“身”与“心”相结合的某种综合运作（operation）。孔子深知三者之间的关系，故反复强调，“仪”的确是符号、是形式，但这种符号与形式则并非可有可无，因为它在中国政治中占有特殊的地位。

唯名与器，不可以假人，君之所司也。名以出信，信以守器，器以藏礼，礼以行义，义以生利，利以平民，政之大节也。若以假人，与之政也；政亡，则国家从之，弗可止也。③

---

① 《国语·周语下》。

② 《左传·襄公三十一年》。

③ 《左传·成公二年》。

在这样的角度上，著名华裔学者陈学森先生（Hok-Lan Chan）认为，研究中国传统政治时，应当把“政治象征”（Political symbolic）摆在与“政治实体”（political substance）同等重要的位置。他认为：“在中国，符号特性，包括正当性权威概念本身，是从古代宗教信仰、儒家经典、道家宇宙论和法家传统中获得的。上述这些概念，以及与这些概念如影相随的仪式和象征，具有人为设计和精心修饰的倾向，甚至他们在不同时期的简化形式也是如此。统治者和其支持者通过大量的仪式操纵以应对现实的政治需求。…… 尽管如此，各种等级的传统仪式与象征仍维持着人们各自与众不同的地位身份，对于中国许多帝制政体的政治合法性来说，这具有重要意义。这些各种各样的象征，经常因形势的不断变换、国家政治状况的更迭而得到加强。作为另外的政治手段，历朝历代统治者的即席表演，也为获得他们声称的合法性权威提供认可的支持。”① 正如汉代学者所言：“政小缺，法令可以防，而必待雅颂乃治之，是犹舍邻之医，而求俞跗而后治疾。”②

综上所述，在一定意义上说，正是由于“身体”成为思想得以推演的基础，从而才可能使“政治—社会—伦理”三者自然而有机地融合为一体。

第三，政治有机体的整体循环观

如上所述，古代思想家常诉诸人体的五官，如心、眼、耳、口、鼻等，推论国家各部分机构，并且特别强调“人体的器官”与“国家有机体”之间在功能方面的一致性和相似性。如人的生命周期呈生老病死，其情绪也有喜怒哀乐，而“国家有机体”也会呈现出类似的“生命周期”和“群体表情”。有机体自身是一个自洽的循环结构，身体如此，国家亦如此。

既然“政治”是“身体”，那么自然会“生病”。因此，“治国如治病”屡见于经典史籍而不鲜：

> 非独针道焉，夫治国亦然。③ 上医医国，其次疾人。④ 夫治身与

---

① Hok-Lam Chan, Legitimation in Imperial China. Seattle and London: University of Washington Press, 1984, p. 22 – 23.

② 《盐铁论 · 申韩》。

③ 《黄帝内经 · 灵枢 · 外揣》。

④ 《国语 · 晋语八》。

治国，一理之术也。① 三代之时，君为臣，兆民为疾。② 圣人以治天下为事者也。必知乱之所自起，焉能治之；不知乱之所自起，则不能治。譬之如医之攻人之疾者然，必知疾之所自起，焉能攻之；不知疾之所自起，则弗能攻。③

汉代以降，此种隐喻则更为常见，并渐成风气：

唯针艾方药者，已病之具也，非良医不能以愈人。材能德行者，治国之器也，非明君不能以立功。医无针药，可作为求买以行术伎，不须必自有也。君无材德，可选任明辅，不待必躬能也。由是察焉，则材能德行，国之针药也。④ 膏肓纯白，二竖不生，兹谓心宁。省闼清净，嬖孽不生，兹谓政平。夫膏肓近心而处厄，针之不达，药之不中，攻之不可，二竖藏焉，是谓笃患。故治身治国者，唯是之畏。⑤ 夫与死人同病者，不可生也；与亡国同行者，不可存也。岂虚言哉！何以知人之且病也？以其不嗜食也。何以知国之将乱也？以其不嗜贤也。……是故养寿之士，先病服药；养世之君，先乱任贤，是以身常安而国永永也。……夫人治国，固治身之象。疾者身之病，乱者国之病也。身之病待医而愈，国之乱待贤而治。⑥ 为国之法，有似理身。……盖为国之法，有似理身。平则致养，疾则攻焉。夫刑罚者，治乱之药石也；德教者，兴平之粱肉也。夫以德教除残，是以粱肉理疾也；以刑罚理平，是以药石供养也。⑦ 治国与养病无异也。病人觉愈，弥须将护，若有触犯，必至陨命，治国亦然。⑧

我们需要注意到，所谓“医国”之说只是一个较低层次的“实证问题”，

---

① 《吕氏春秋·审分览》。
② 《文苑英华》卷七七一卢硕《喻古之治》。
③ 《墨子·兼爱上》。
④ 桓谭：《求辅》，《群书治要》卷44引。
⑤ 《申鉴·杂言上》。
⑥ 《潜夫论·思贤》。
⑦ 《后汉书·崔骃后实传》。
⑧ 《贞观政要·政体》。

在国家“政治身体”的“生命周期”这样的宏观理论方面，“身体政治”思维仍然发挥着重要作用。这个宏观理论就是改朝换代。“身体”有生、老、病、死，“政治”也同样周期循环。无论这一政治生命的转换方式是“革命”还是“禅让”，其转换的发生不仅呈现“实然”，而且内涵“应然”。所以，在中国传统政治思想中，我们虽然可以见到对“禅让”的赞美，但却看不到对“革命”的恐惧，似乎一切都在情理之中。这个“情”就是“身体”之“感情”，这个“理”当是循环之“病理”。所以，在中国古代政治思想的史料中，凡儒、道、墨、法，没有任何一家否定过“革命”的必然性。诚如学人所论，在传统中国思想中“革命没有否定作用”,① 而只是一种循环，因为“与死者同病，难为良医；与亡国同道，难与为谋”。② 这一现象正好说明，在中国古代政治思想的背后隐藏着一个更为基本的思想体系，这就是“身体”。正如有机体循环不是对整体的破坏，而是对机体的修复，所以“革命”所形成的破坏性因素才能得到宽容。孟子之所以要说“贼仁者谓之贼，贼义者谓之残。残贼之人，谓之一夫。闻诛一夫纣矣，未闻弑君也”,③ 是因为在这里“杀人”是为了“救人”，“诛一夫”，乃救世道，无所谓“弑君”也。同理，从旧王朝到新王朝，“五百年必有王者兴”，除了以历法证明以外，“政治身体”的自然更新机制（循环），在很大程度上也是一个潜在的，但却是实在的思想支撑。

所以，在“治国如治病”的视角下，“朝代”也与“身体”一样需要不断地吐故纳新，这种“更始”的大动作就是“革命”。改朝换代被视为政治有机体生长变迁的“常态”。时间经过了一个周期,④ 政治有机体就行将老化，社会舆论和政治感知系统就会自动地“报警”，提出更新的要求。报警的方式很多，谶纬、乱象、天灾、人祸……；同时，祥端、瑞符、异兆……也会相继呈现。这些“信号”可能是人为地操纵和想象，但其意义则在于明确宣称“更始”信息的来临。就像人体生病，必然在症状上有所体现一样，所

---

① 陈学凯：《正统论与革命观》，陕西人民出版社，1998 年，第 131 页。

② 《淮南子・说山训》。

③ 《孟子・梁惠王下》。

④ 大约 300—500 年。

以，古代的谶纬之学和蛊惑之流，其实都可被视之为那一时代的“政治身体症候学”，而非“迷信”“愚昧”等简单判断所能概括。

第四，“形而上”与“形而下”合一的政治哲学推演。

在中国古代“政治身体”理论中，我们还可隐约感到其思维路线从“形而下”导向“形而上”，再由“形而上”支撑“形而下”的互动过程。传统中医之“五脏”的心、肝、脾、肺、肾，后四种均为“月”旁。《说文》释“月”归“肉”部，意思是说，这些器官都是有形之物，唯“心”不然。这就说明，在中国古人的观念中，唯独“心”是无形之物，所以“心”不可释为“心脏”。如果照此推演，那么，“五行”中之金、木、水、火、土中，金、木、水、土都往下走，都受万有引力的直接支配，唯独“火”很难用形质去描述，因为它将往上走。所以“欲火攻心”可归入中国式“形而上”的一类。① 再如季节，一年之际，春、夏、秋、冬，四季分明，以此再进一步外推，则可与东、西、南、北，一一对称。但是，在古人那里，为给“心”安一个位置，于是就有了“季夏”和“地中”。在现代人的观念中，涉及“地中”概念还可以理解，因为这个方位是一个实在的位置，但对于“季夏”这个并不实存的季节，则颇有微词。但中国传统“身体思维”的文化框架下，我们会看到，无论是“心”与“火”，还是“季夏”和“地中”，所强调的其实都是其“形而上”的性质，表示在世界上存在某种体现“精”和“神”那样性质的东西。有时这种“精—神”可以与具体物质相对应（如“火”），有些干脆就没有相应的对称物（如“季夏”），但古人如此思维的意义，无非是想说明，看不见的“精—神”不仅不意味着不存在，而且在一定程度上，他们比物质存在具有更重要的意义，占用更显赫的位置。

所以，从“有形”出发，而又超越“有形”约束，“身体”观念成为从“形而下”推演“形而上”的必经途径。假如没有“身体隐喻”这个逻辑起点，那么，以经验为前提，外推和反证明抽象的事物，都将成为不可能。春秋时齐国著名的政治家晏子对“和”与“同”不同质的著名论证，是其典型：

① 参阅刘力红：《思考中医》，广西师范大学出版社，2003 年，第 23 页。

> 和如羹焉，水、火、醯、醢，盐，梅，以烹鱼肉。燀之以薪，宰夫和之，齐之以味，济其不及，以泄其过。君子食之，以平其心，君臣亦然。君所谓可，而有否焉，臣献其否，以成其可，君所谓否，而有可焉，臣献其可，以去其否，是以政平而不干民无争心。……先王之济五味，和五声也，以平其心，成其政也。声亦如味，一气，二体，三类，四物，五声，六律，七音，八风，九歌，以相成也；清浊大小。长短疾徐，哀乐刚柔，迟速高下，出入周疏，以相济也。君子听之，以平其心，心平德和。……若以水济水，谁能食之？若琴瑟之专壹，谁能听之？同之不可也，如是。①

这里，解释“和”与“同”这样的抽象概念，是从“口”（吃）和“耳”（听）两种经验的器官感觉推导而出的。这就典型地体现出“身体功能”与“政治哲学”之间的相互关系，通过“身体隐喻”能准确、节约地对抽象事物做出区分和辨识。② 董仲舒关于“人副天数”的论证，甚至一直把“身体”与“宇宙”连为一体，以此说明那个异常宏大的“天人合一”：

> 天地之符，阴阳之副，常设于身，身犹天也，数与之相参，故命与之相连也。天以终岁之数，成人之身，故小节三百六十六，副日数也；大节十二分，副月数也；内有五脏，副五行数也；外有四肢，副四时数也；占视占瞑，副昼夜也；占刚占柔，副冬夏也；占哀占乐，副阴阳也；心有计虑，副度数也；行有伦理，副天地也；此皆暗肤着身，与人俱生，比而偶之弇合，于其可数也，副数，不可数者，副类，皆当同而副天一也。是故陈其有形，以着无形者，拘其可数，以着其不可数者，以此言道之亦宜以类相应，犹其形也，以数相中也。③

---

① 《左传·昭公二十年》。

② 毛泽东在著名的《实践论》中也曾用“口”这个器官感觉说明“实践”的重要性。他说：“要想知道梨子的味道，就得亲口尝一尝。”

③ 《春秋繁露卷第十三·人副天数第五十六》，苏舆：《春秋繁露义证》，中华书局，1992 年，第 354－357 页。

董子表面上的确是在说，人之所以共有骨头366块，是因为一年有近366天；人的大关节12个，是由于一年有12个月；眼睛之所以有时闭有时睁，是由于天体自然分为昼与夜；…… 并且“于其可数也，副数；不可数者，副类”，不得不闪烁其词，但是就当时的一般水平而言，如果我们承认人对自身的理解毕竟比对宇宙的理解更为确切和直观，那么，董子思维的实际路线恰恰是从“身体”出发而推知“宇宙”，而不是相反。每读董仲舒此段论证，之所以会总感觉“也似乎未必没有一点道理”，原因不在于其比附的偶然巧合，而在于古人以“身体”推演“万物”是“中国思维”的重要特质之一，今人仍隐约、潜在地受其影响。

据此，我们认为，“身体”是中国传统政治思维“天人合一”理念的真正基础，舍此，或将掉入古人思维建构的陷阱，或将以今非故而造成“误读”。

四、“身体隐喻”的政治认知后果

这一部分，我们从“认知效果”和“政治后果”两个层次，对中国传统政治思维中的“身体隐喻”做一小结。

第一，这里，认识宇宙起源以理解人体结构为前提，“身体隐喻”在中国传统思维方式中占有特别重要的位置。我们用图来建立关于“身体功能”与“社会政治”及其“宇宙结构”之间相互关系的基本假设。

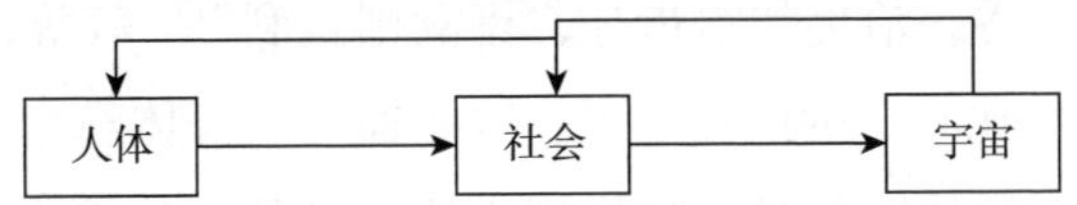

首先，古人以认知自己的“身体”为基点，从“自身”得到一套关于结构与功能的体认；其次，在人与人之间的社会交往中，使用关于“身体”的知识去概括社会与政治关系的结构；最后，用有关社会组织结构的知识赋予宇宙以“拟人”的意义。但是，一旦宇宙模型被建构以后，由于它超越的自然性、必然性和客观性，反过来对古人解释社会政治结构产生作用；而社会政治组织的功能约束着个人的思维和行为。由此，从史料的表层看，的确是“天与人归”，宇宙结构成为决定人类社会的摹版，但从发生学角度看，则是最易理解的“人体”本身，成为建构宇宙模型的起点。所以，中国传统政治文化的特质，不是宇宙建构社会、社会建构行为的决定论关系，而是“人体

结构”与“宇宙结构”的互动关系。最为关键的是，在一定意义上，正是这种基于“身体”结构的认知方式，决定了中国传统政治文化带有更加浓重和强烈的“人文主义”色彩。

第二，“身体隐喻”是一种“节约”的思维方式。思想者常诉诸人体的“心”“眼”“耳”“鼻”“舌”“身”等生理器官，以及“喜”“怒”“哀”“乐”等机体功能，以此比喻和申论国家有机体各个机构的作用。这种我们称之为“身体生理思维（取向）”的本质，是用人的感知去建立理解抽象问题的途径。这种以感觉为基础的认知方式具有诸多特性，由于诸如“痛”“痒”“喜”“怒”“哀”“乐”这样的知觉是人人皆有的，特别有利于发挥“功能相似”的想象，所以他们就极容易得到理解。如儒学思想中的重要概念“仁”，其古字“初义大概是身与心痛痒相关，而以爱惜身体、生命之心为‘仁’，并推己及人，引申而为‘体恤民隐’之意”。① 以这样的基础做“感性移情”（empathy），以此去推论和说明那些抽象的、宏观的和超越的问题，实际上就缩短了思考的时间，降低了理解的难度。在这个意义上，身体姿态（礼俗仪轨）就有可能超越语言逻辑（推理论证），具有符号意义的器物（问鼎轻重）也可能反映文本规定的制度安排，甚至那些抽象的伦理政治命题（正义，合法性），也可能通过人体的功能进行比喻。如孔子两次讲过“己所不欲，勿施于人”；② 老子申说“治大国若烹小鲜”；③ 李世民关于“治民如治目，拨触之则益昏，治吏如治齿牙，剔漱则益利”④ 等等，都建基于“设身处地”和“将心比心”的前提之下。这些都是“身体隐喻”直接推演的证据。显然，这里“身体”既是一种推理方法，又是一种道德律令，二者合二为一，从而使诸如“什么是德性”“为什么需要德性”和“怎样达到德性”这样复杂的三重命题的论证，通过简洁的体验得以一次性完成。这就是“身体隐喻”的“思维节约”功能。身体政治使“个人身心”与“社群伦理”可

① 姜广辉：《论中国文化基因的形成——前轴心时代的史影与传统》，《国际儒学研究》第6辑（2003年2月）。

② 《论语·颜渊》和《论语·卫灵公》。

③ 《老子·六十章》王弼说：“不扰也。躁则多害，静则全真。故其国弥大，而其主弥静，然后乃能广得众心矣。”见：《王弼集校注》，中华书局，1980年，第158页。

④ 《贞观政要·任贤》。

能更顺畅地联系在一起，从而形成整体性意识。人体可分为心、气、形三个层次，而“气”则为联通“形”“心”的共同载体，即所谓“民以君为心，君以民为体”。由于以身体为基础，所以中国传统论述政治问题，少有抽象的概念和纯粹的逻辑，而处处充满了生动、形象、直观的比喻性生活用语。如果我们不认为只有抽象的概念具有真理的深刻性，那么，中国政治思想则显得更直接地表现社会生活。其中最重要的优势就是它以最小的交易成本实现了人类认知的普遍性。

但是，这种思维方式同时也具有强烈的“经验论”倾向，形成明显的“具体性思维方式”（concrete mode of thinking）的特质。既然人们思考问题总是以人自身为参照系，用人的感觉去衡量一切，作为判断事物的准则，那么，当超出人的感觉以外的事物时，就会自然认为“不能直接看见的事物就是不真实的”的结论。这样，相对而言，一方面，超越性的“宗教性”必然带有“人”的痕迹，西方意义上的绝对“神”和形而上“理念”等观念很难产生；另一方面，抽象性的“逻辑性”也会相对淡漠，因为这种抽象性已超出了个人身体之观察的感知极限。如“日心说”在中国思维中就很难产生。与此相适应，思想的“工具化”倾向也十分突出。如果把认识事物并把握其中的规律的目的，限定在它能给人们带来益处的基点上，那么，“事物对人们的用处”就会显得比“事物本身”更重要。因为，认知“事物本身”只是为实现“事物对人们的用处”的必不可少的手段，所以，“手段”无论多么重要，但比起“目的”来说，也永远是第二位的。奥地利学者雷立柏（Leopold Leeb）用中文著有《〈圣经〉中的马》一篇，专门与金克木先生的《〈论语〉中的马》做了比较，[①] 他的结论是“孔子的思想着眼于人，于事物对人的用处，不是在事物本身，所以是一切工具化”。[②] 笔者认为雷立柏的评论是一语中的的。“经世致用”之所以成为中国政治思想万古不朽的名训，其道理也无出“身体隐喻”其右。

第三，“身体隐喻”的思想方式又不可避免地存在着范畴界限模糊和多重不确定性的特征。由于“身体政治”是以有机体内部循环为其基本的人之架

① 《读书》1997 年，第 6 期。

② 《圣经的语言和思想》，宗教文化出版社，2000 年，第 121—129 页。

构，因此各要素之间的相互依赖就显得十分重要。如前所述，相对于其他器官而言，“心”处于更为优势的地位，但这并不是说其他器官的配合就可以忽略。相反，在“君”处“无为”而“臣”必“有为”的经典论述中，我们看到的恰恰是英国“君主立宪”和日本“天皇制度”的影子。在由“不忍之心”推出“仁政”和由“家”推出“国”的“身体政治”思维中，“统治者”与“被统治者”之二元对立的紧张和冲突，被大大淡化或有意或无意地减缓了。在“孝道”的框架下，父亲对子女的专断不仅能得到理解，而且前者对后者的蛮横还会在“子不孝父之过”前提下受到赞扬，因为无论“父”还是“子”，他们都是“家族”有机体中的一个部件，在这个整体秩序中，“爱护”与“管束”形成了同语反复。“父”与“子”不可逾越的等级关系，“亲亲”“尊尊”和“贤贤”的政治原则，① 并不妨碍其利益的一致性。所以“阶级意识”在中国传统政治文化中十分淡漠。当把“家族”原则扩展为“国家”政治时必然出现同样的情况。在“国家身体”的视角上，“元首”（君）、“股肱”（臣）和“肢体”（民）之间虽呈等级秩序，但在“身体”（邦、国）的系统结构中，形式上三者呈“互为主体性”（inter-subjection），这就形成了在中国传统政治话语系统中，大量出现缺省（掩盖）主语的句式，如“为民做主”“以民为本”“民为邦本”等等。在这些缺省主语的句式中，我们可以清晰地看到，所谓“民本”的主语是“君”和“邦”而不是“民”，“民”充其量只是“君”和“邦”的目的，是“君主政治”结构中的一个要素而已。“为民做主”“以民为本”“民为邦本”掩盖甚至否认“君”也拥有自己独立利益的现实，其话语功能具有一箭双雕的双重作用：其一可以增强政治统治者话语权威的道德高尚性，其二相对减弱了制度约束之必要性的思路。所以，在中国传统政治思想的“语法”中，其一，“民”从来就是一个复数意义上的“整体”，这就意味着作为个体的权利需要有具体的主体来“代表”；其二，“民”从来都是处于“被动语态”的结构中，即使在语法表层使用虚拟形式的主体结构，但其基本语义并未改变“民”之被动地位和被支配的状态。在“大学之道，在明明德，在亲（新）民，在止于至善”的名言中，并没有明确指出“谁需要‘明明德’?”但在其后的“在亲（新）民”中

① 阎步克：《士大夫政治演生史稿》，北京大学出版社，1996 年，第 86—99 页。

则揭示出需“明明德”者非“民”也。如上所述，“圣人”不需要“明明德”，因为他是“德”的创立者，已经“在明明德”，[①] 所以需要“明明德”是处于“圣人”与“民”之间的人物。在道德上这些人物是“君子”，在政治上这些人物是“帝王”。前者是“道”的化身，后者则是“势”的代表。无论在中国政治思想史中“道—势”之争的紧张曾达到多么激烈的程度，从主体（主语）角度上，都不曾与“民”发生直接性的关联。换言之，在“主—宾”结构中，没有“民”的位置，只有当句子被扩充到牵涉状语的情况下，“民”才发生意义。

这里，我们仅举中国政治传统中的几个著名的命题加以比较：

（1）人民做主（People are master.）

在这里，“民”是一个整体性的抽象概念，动词用复数形式。“民”虽然是主语，但他却实现不了“主人”的功能，因为我们只见过具体的“主人”，如果“主人”也是抽象的，那么就意味着他背后还需要一个真实的“主人”。

（2）为民做主〔One is a master who represents the people（who are master）〕

在这个句子里，主语是具体的，所以动词用单数。既然是“主人”，那么他就必然要求有宾语，即要说明他是谁的“主人”。这时，具有整体性的抽象概念就被适当地充当了宾语。“代表”是由主体所发出的，而宾语在此则是一种“再现”。句中出现两个“主人”，一个是行动的主人，而另一个则是作为“再现”对象的“主人”。

（3）治民要务〔It is important that the people are ruled（by King).〕

此句中，在形式上主语的确是“民”，但被动语态则表示出在“民”背后还隐藏着一个真正的主语。虽然整个句子都在强调“民”的重要性，但发挥作用的则是那个看不见的主语。

（4）以民为本（It is a base that one is to do any thing for people.）

中文里省略了主语，并没说“谁”要“以民为本”。如果说是“民”要

① 参见：拙文《中国传统文化中崇“圣”现象的政治符号学分析》，《政治学报》（台湾），第36期（2004年6月）。

"以民为本"，则将陷入同语反复的循环定义的逻辑错误，它将产生不了意义。如果只说：One is the people，把主语与宾语直接统一起来，就显示出用具体取代抽象的专制主义本质；但把"民"置于主体目的的状语地位，专制主义的性质就将得到理据的支持。所以，在此 for 即是"目的"，也是"理由"。

（5）民为邦本（A base of the community is from it's people.）

此句主语和谓语都很明确、清晰，句子成立。其中宾语中的所有格 it's 是不可省略的，因为那样就会出现主语和宾语的不对称。我们不能说这个共同体的基础来源于所有"民"，包括与此共同体无关的"民"。

进一步讲，即使论及"为民"，其具体内容也不完全是指经济利益，在很大的程度上是指"为民洗心"，使在道德上后天不足的"小人"，得到"君子"的引导而趋向"明明德"，达到"止于至善"的境界，这也就是天下大治的理想境界。

总之，在"身体政治"的思维框架下，"私域"与"公域"的彼此重叠，"专制"与"民本"的相辅相成，从而使个人之"权利—义务"等主体观念无从生成。人们在思考问题时，常常将伦理或道德等抽象命题置入一种具体而特殊的时空脉络之中，一般并没有严格按照由问题的"前提—推导—结论"这样的论证程序进行，而是先引用先哲圣贤的话语、思想和行为，作为其立论的依据和证明。如果说所谓"政治思想"的本质是探讨"统治"与"被统治"之间的逻辑关系，那么，在"身体政治"有机体中，"上"与"下"、"左"与"右"和"心"与"身"之间的统属结构中，"'君'凭什么应当拥有支配的权利?""而'臣'又为什么需要履行辅佐的义务?"等政治思想的核心命题，则得到了另外的一番解答。毋庸赘言，这些问题恰恰就是现代政治学（politics）中最基础的"正义"（justification）与"合法性"（legitimacy）的涵义，只是中国古人的论证形式完全不同罢了。

第二篇

体感与体知

8. 论日本近现代哲学中的“感性论”倾向

——以中村雄二郎的“共通感觉”为例

黄文宏
台湾“清华大学”哲学研究所

摘要：本论文的目的在阐释日本近现代哲学中的“感性论”倾向的意义。对此，本文将讨论的重点置于中村雄二郎对“共通感觉”的阐释，共通感觉也是中村哲学的一个主要概念。首先，在第一节中，我们讨论滨田恂子对日本近现代哲学的两个观察。其次，在第二节，我们展示中村对共通感觉的两个基本意义的理解：共通感觉首先表示“五感的综合”，在这个意义下，它也可以说是最具根源性的感觉，这个意义主要来自亚里士多德。共通感觉的第二个意义则是来自西塞罗，它意指人生存于一个共同的社会中的“常识”。再次，在第三节中，本文讨论 Blankenburg 与木村敏对精神病理分析，两人分别讨论了“寡症性精神分裂症”与“离人症”，并且将病因视为是共通感觉的不同障碍所造成的结果。笔者将解释的重点置于中村雄二郎对木村敏理论的讨论，特别是“自我是场所性的”这个看法。最后，在第四节，笔者反省并批判了中村的几个观点，并且认为中村其实将“共通感觉”诠释为一种把握全体情境的“实践智慧”（phronesis）。在这里，笔者也试着思考由日本的感性论所可能开启的几个领域。

关键词：日本哲学；中村雄二郎；木村敏；西田几多郎；共通感觉；常识场所

一

滨田恂子在其《近·现代日本哲学思想史》当中，将日本在第二次世界大战后的哲学发展，区分为二个世代。“战后第一世代”的发展主要是对围绕于京都学派哲学的后继开展或反省。至于日本哲学自 1970 年以后所谓“战后的第二世代”的发展，滨田提出两个值得我们注意的观察：其一为“理性的绝对原则的挫败"，另一为"日本或东洋思想与欧洲思想的比较"。①

我们先思考滨田的这两个观察。首先，就"日本或东洋思想与欧洲思想的比较"来说。如果我们将滨田的观察对比到我们所在的处境，我们很快地就会发现，思想的"比较"不单单是日本近现代哲学的问题，而是普遍发生于"东亚哲学"的现象，特别是近现代的中日韩哲学。近代以来，中日韩的学者在"自我理解"的时候，往往必须借助西方思想为媒介来进行。绕道西方思想来自我理解，这几乎可以说是我们的共同命运。即使在日本这也不单单是1970年以后才发生的事，而是自明治开国以来日本哲学界的共同现象。既然"绕道西方"，就无可避免地要牵涉"比较"的问题。滨田在"比较哲学"这个方向上所举出的哲学家主要有中村元、川田熊太郎、井筒俊彦。如果我们就这一点来观察日本哲学的发展的话，那么我们可以发现，日本近现代哲学的发展，原则上仍然沿着中村元所给出的"特殊化"与"普遍化"这两个方向在前进。②但不同于初期关心于种种不同文化的特殊面与共通面，日本近现代哲学的一个独特地方，毋宁是渐渐地由哲学的"排比"提升到哲学的"对决"。也就是说，它不再只是单纯地对异文化的兴趣，也包括着从"自身的问题意识"而来的"相互批判"，在相互批判中寻找"共同基础"。在这个层面上，西方思想并不是作为一种权威而被接受，而是将不同的哲学置于日本自身的思想体系来看，试图建立一种对东西方皆具说服力的哲学，将"日本哲学"提升到"世界哲学"的层次。③ 换言之，唯有透过世界哲学，日本哲学才真正突显其主体。或许我们可以说，唯有在"客观地"自我观察当中，我们才能真正"主观地"思考；唯有在普遍性当中，才能认清自己的特殊性。日本在这条自我探寻的道路上，无疑地，以西田几多郎为首的"京都学派哲学"扮演了一个非常重要的角色。随着时间的推移，这个学派的思想也渐渐扩散到其他学科的各个领域（例如，社会学、精神病理、文化分析等等），成为日本哲学的一个代表。由近几年

① 参阅滨田恂子：《近・现代日本哲学思想史》（横滨市：关东学院大学出版会，2006年），第235页以下。

② 滨田恂子：《近・现代日本哲学思想史》（横滨市：关东学院大学出版会，2006年），第244—245页。

③ 参阅黄文宏：《京都学派哲学在台湾的研究与发展》，《近六十年海峡两岸人文社会科学研究的回顾与展望》（台北：台湾大学人文社会高等研究院）。

来，西方哲学界对京都学派哲学的重视，及其在哲学层面上所提出的洞见，我们可以说日本哲学自明治开国以来的努力，已经取得了初步的成果。

至于滨田的另一个观察——“理性的绝对原则的挫败”——则是牵涉比较特殊的问题。滨田认为日本战后第二世代思潮的移动是由“理性”往“感性”再到“身体化”的推移，最终衔接20世纪80年代后半的“理性的退场”，并且认为这是日本近现代哲学的主要趋势之一。在这个往身体化趋势的发展上，滨田所列举的哲学家有：中村雄二郎、市川浩、坂部惠、广松涉、汤浅泰雄等。对于这个问题，笔者感兴趣的地方在于，什么是“理性的绝对原则的挫败”？这个“感性化”或“身体化”的动向与日本近现代哲学的另一个潮流——“理性信奉的哲学”——之间是不是对立的？① 或者说，所谓“从理性到感性”的意义是什么？它是不是必然造成“理性的退场”？笔者认为，这么一个倾向不会是单纯地以“感性”替代“理性”的问题。这是因为被滨田归类于“理性信奉的哲学”的哲学家有今道有信、山本信、渡边二郎、新田义弘、滝浦静雄、沢田允茂、大森庄严等，② 而就笔者所熟悉的日本现象学家新田义弘（1929— ）的哲学来说，新田根据后期海德格尔哲学所提出的“非显现的现象学”（Phänomenologie des Unscheinbaren）或所谓的“否定性的现象学”（Negativphänomenologie）想法，强调“明”“暗”间的“交相游动”（Wechsel-Spiel），就与传统以“理性”为“光照”的想法截然不同。③ 笔者在这里虽然无法详细讨论新田的洞见，但可以肯定的是，即使是滨田所谓“理性信奉的哲学”，也不是单纯地回归理性的绝对性。这样来看的话，如果我们内在于“感性”与“理性”的区分来看，那么日本近现代哲学的发展是在思考一个更根源的机能呢？还是在思考感性与理性的根源性统一？让感性与理性作为这个根源性统一的两种表现样式？或者是在思考感性与理性的

---

① 滨田列举了战后第二世代的三个主要潮流，其分别是：（1）比较哲学；（2）理性信奉的哲学；（3）身体化的动向。参阅滨田恂子：《近·现代日本哲学思想史》（横滨市：关东学院大学出版会，2006年），第235页以下。

② 参阅滨田恂子：《近·现代日本哲学思想史》（横滨市：关东学院大学出版会，2006年），第252页以下。

③ 关于新田义弘哲学的简短说明，也请参阅滨田恂子：《近·现代日本哲学思想史》（横滨市：关东学院大学出版会，2006年），第260—261页。

结合？要回答这个问题之前，我们应该先了解日本近现代哲学的“感性论倾向”的意义。它与强调“直观”与“逻辑”的西田哲学之间有什么关系？这是本文在构思上的一个主要线索。

在策略上，笔者先从滨田所列举的哲学家当中，选择中村雄二郎的“共通感觉”为题目，了解中村对这个问题的讨论，并借以了解日本近现代哲学中“感性论”的一个主要倾向。但笔者这个选择并不是随意的，一般来说，“感性论”或“感觉论”是中村哲学的代表思想，其核心的概念就在“共通感觉”。透过中村哲学来进行这个研究，在某种意义上是具有代表性的。中村的《感性的觉醒》（《感性の覚醒》）（1975）、《哲学的现在》（《哲学の現在》）（1977）与《共通感觉论——关于知识的重组》（《共通感覚论——知の組みかえのために》）（1979）共同构成其感性哲学的三部主要著作。其中《共通感觉论》不仅是最晚近的作品，对共通感觉的思考也最具代表性。① 在此，笔者就以《共通感觉论》为主，来铺陈中村对“共通感觉”的发挥，并探讨日本思想透过“共通感觉”这个论题所要突显的部分。在行文上，我们首先（第二节）铺陈“共通感觉”的两个基本意义。沿着亚里士多德的思路，笔者认为共通感觉的“存在”只能从共通感觉的“活动”来了解，它是西谷启治所谓的“活动的活动”（作用の作用），如何讨论这种“纯粹活动”是本文思考的主要线索。由于共通感觉的无法对象化，中村紧接着（第三节）借由精神病理的讨论，特别是 Blankenburg 与木村敏的分析，透过“共通感觉的丧失”来突显“共通感觉的活动”，这是中村所谓“反像的方式”。笔者认为，中村在铺陈上突显了隐藏在木村敏思想中的“自我是场所性的”的说法，这是典型的西田哲学的延伸与应用。借由这样的方式，中村强调了共通感觉作为人与世界的“根源性的统一性”这个侧面。笔者认为这种人与世界的根源性统一的思考方式，并不存在于具有素朴实在论倾向的亚里士多德哲学当中，至少亚里士多德的“共通感觉”仍然是在主客对立的思考下，以“全般者（共通感觉物）”作为共通感觉的所对。这样来看的话，中村的思路很明显

---

① 滨田恂子：《近・现代日本哲学思想史》（横滨市：关东学院大学出版会，2006年），第 297 页。亦请参阅大塚信一：《哲学者・中村雄二郎の仕事——〈道化的モラリスト〉の生き方と冒险》（东京都：トランスビュー株式会社，2008 年），第 247 页以下。

地是受到西田几多郎的影响，中村个人其实也以西田哲学的研究者自许。最后（第四节），笔者反省并批判了中村的几个想法，并且试着思考日本近现代哲学的“感性论”走向的意义。笔者认为近现代日本哲学往感性论的推移，就中村哲学来看，其目的是要结合感性与理性。但是，在这个结合的同时，中村不仅扩张了“共通感觉”的意义，也促使我们需要更深入地了解古希腊以来“感知”（aisthesis）的意义。

二

关于“共通感觉”的一般意义，我们先注意中村在《共通感觉论》中的一段文字：

> common sense（コモン˙センス）［……］拥有社会性常识的意义，也就是说，拥有在一个社会当中每一个人所“共通”（コモン）地拥有的、适当的判断力（センス）的意义，它在今日也主要是在这个意义下被理解的。但是，共通感觉本来是意指穿透且共通（コモン）于各种感觉（センス）并且又将这些感觉予以统合的感觉，一方面贯穿我们人类所谓的五感（视觉、听觉、嗅觉、味觉、触觉）同时又将五感统合而作动的综合性的与“全体性感悟力”（センス），这就是“共通感觉”。（强调号“”乃笔者所添加）① （S. 7）

中村在这里先陈述出共通感觉最通常的意义：当我们谈到“common sense”（コモン˙センス）的时候，它往往包括着两个意义。首先，它表示一种社会性的“常识”。也就是说，它是内在于一个社会当中的成员所共同拥有的适当的“判断力”或“感觉”（センス）。这种意义下的“共通感觉”或“常识”，其基础在于我们共同的日常经验。由于我们是社会性的存在，必然生存于某种历史、社会与文化的“共同场所”当中，所以常识就表示着在某个时代、社会、文化当中不言而喻的东西、自然而然地就会知道的东西，或者说是一个社会文

① 本文所有关于中村雄二郎《共通感觉论》的引文皆直接以页码表示。引文出自中村雄二郎：《共通感觉论——知の组みかえのために》（东京都：岩波书店，2003 年）。

化当中被视为“理所当然”（わかりきったもの）与“自明”的知识。① 常识作为理所当然与自明的知识，也表示了常识可以是一种“准则”，它是生存于一个特定的共同体中不会受到质疑的前提。在这个意义下，不同的共同体拥有不同的常识。常识由于它是自明的，是我们了解的潜在前提，所以我们不会注意到它的存在，严格说来，由于它的无法对象化，我们也无法注意它的存在，它深深地潜藏于日常经验的底部。这等于是说，在我们的日常经验当中，存在着一个无法被我们的分别意识所完全穿透的层面。这种 common sense 的意义可以上溯到古罗马时代西塞罗，其拉丁文的表示为 sensus communis。

相对于此，common sense 还有另外一个意义。它是“共通”于五感（视觉、听觉、嗅觉、味觉、触觉）并且“统合”五感的综合活动。中村说它是一种“全体感悟力”（全体的な感得力），并且是能够“将感觉的全部领域统一地把握的根源性感觉能力”（S. 8）。这个意义主要源自亚里士多德的 koine aisthesis。对于 koine aisthesis，中村根据亚里士多德《论睡眠》（De Insomniis）第二章的文字（455a13 – 23），这样来总结“共通感觉”的意义：

> 我们人类不仅可以相互比较与识别同种类的感觉，例如可以在视觉相互之间与味觉相互之间比较与识别，也可以在不同种类的感觉之间相互比较与识别，例如在视觉与味觉之间。我们不仅可以感觉地分辨出各种作为视觉上对象的颜色，例如白与黑、红与绿，也可以感觉地分辨出视觉上的白色与味觉上的甜味。这样的识别是透过什么达成的呢？由于感觉地分辨是先于判断之前的事，所以我认为识别应该是透过一种感觉能力而达成的。但是，它作为感觉能力，并不是个别性的东西，不是与视觉或味觉在同一层次上的东西，而是将不同种类的各种感觉总括同一的能力。将感觉的全部领域统一地把握的根源性感觉能力，换句话说，它必须是“共通感觉”（S. 8）。

换言之，中村认为亚里士多德观察到这么一个事实：在感觉（或译为“感知”）的层面上，我们不仅可以识别同类的感觉物（例如，白与黑、红与

① “常识是建立在我们之间共通的日常经验之上的知识，并且它同时也包含了内在于某特定的社会与文化的共通的意义场域当中被视为是理所当然的与自明的知识。”（S. 5）

绿），也可以识别不同类的感觉物（例如，白与甜），而这种识别的工作先于思维而发生在感知层面上，也就是说，在我们与对象之间有感性接触的时候，一种辨识与分别的活动就已然在作用着。在我们感知到白色与甜味的同时，这个分别就必须存在。亚里士多德认为这种辨识能力属于“感觉”（aisthesis）（或译为“感知”），不属于思维。因而不同于康德式的以感觉为“纯然受动性的”，亚里士多德认为在先于判断的“感觉”领域中，就已然存在着“分别”。这样来看的话，我们的“感知”必须包含一种主动性的综合。问题在于，这种发生于感性中的主动性综合要如何理解？

在《灵魂论》（*De Anima*）当中，亚里士多德提到我们的特殊感觉，例如：“视觉”“听觉”“嗅觉”等，这些个别的感觉的所对都是特殊性的东西，例如，视觉的所对是某个特殊的“白”、听觉的所对是某个特殊的“声音”，各个特殊的感觉都有相应的“特殊感知物”（De Anima，418a13 - 17）。相对于这种个别的特殊感知物，亚里士多德还区别开一种“共通感知物”（koina aistheta，common sensible），并且认为这也是发生在我们的感知中的事情。共通感觉的“所对”，例如，运动、静止、形状、扩延、数量、统一等。亚里士多德认为“共通感知物”作为共通感觉的“所对”不能透过任何的“特殊的感觉”来把握（De Anima，425a - 425b）。因而共通感觉并不与视觉或味觉处于同一层次，因为它的所对不是“特殊性的”存在，而是“共通性的”，是共通于各种特殊性的感觉的。这样来看的话，共通感觉确实是一种不同于五感的感觉。但是，亚里士多德并不认为在五种感官之外，还存在着另外一种特殊的感官来把握这些共通感知物（De Anima，424b - 425a）。换言之，他否定了“第六感官”的存在，于是共通感觉的存在与作用应如何说明就成了问题。

在这里，我们可以看到，共通感觉有两个主要意义，分别源自亚里士多德与西塞罗。但不论是 sensus communis 或 koine aisthesis，这两种共通感觉都无法对象化地来处理，因为他们都是先在于对象的领域，属于让对象为可能的范围。对于共通感觉的这两种意义，中村虽然认为两者之间并无必然的基础关系，但是，如果我们以共通感觉（koine aisthesis）为主并且将常识（sensus communis）视为“内在性的共通感觉的外在化”的话，那么我们可以更清楚地了解共通感觉的各种运作（S. 10）。在这里，我们也跟随着中村的思考来看“共通感觉”的问题。

我们知道，共通感觉（koine aisthesis）是将不同种类的感觉总括为一的能力，或者说，是将各种感觉“统一地把握的根源性感觉能力”，并且这样的活动发生在感性。“发生在感性”的意义是说，它是一种内存于五感的感觉，这种感觉感知五感的活动，让五感得以感知、分别各自的对象，在这个意义上，我们可以说它是“根源性的感觉能力”。五感透过它而各自感知、分别其对象，或者说，透过“共通感觉”五感才能感觉到它的“感觉物”（看到苹果的“这个红色”、嗅到玫瑰的“那个香气”）。由于共通感觉“共通”于五感，其实我们也可以说，五感都包含了一种主动性。或者反过来说，我们的五感或感觉是主动性、选择性的，并且这种选择性先在于知性，其来源则是在共通感觉。我们的感觉不是纯然受动的，它主动地选择感知的对象，选择什么能进入感知之中，什么不能进入感知之中。

对于共通感觉的问题，中村先从共通感觉的存在问题开始思考。他认为单从日常生活中“隐喻”的使用，就可以说明在我们的感觉之间确实存在着共通的部分。例如，在日文当中，某些味觉的语词常常被挪用到视觉、嗅觉、触觉、听觉，其中最有名的例子是日文的“甜味”（甘い）这个语词。人们在使用这个语词的时候，远远超出了味觉的范围，而跨越到其他特殊的感觉领域，例如，关于嗅觉的有“玫瑰甜美的香味”（《ばらの甘い香》）；刀剑的尖端钝了有“刀尖钝了（刃先が甘い）”（触觉）的说法；关于曼陀林的声音（听觉）有“甜美的音色（甘い音色）”这样的说法。我们虽然知道这些感觉分别属于“不同的”感觉，但能用“共同的”语词来形容，这表示我们同时知道，各种感觉之间存在着某种“共通性”。能同时分别这种“共通性”与“差异性”的，就是共通感觉。

关于这一点，笔者认为由共同感觉共通于各个感觉又能够分别各个感觉，我们可以说它是对感觉活动本身的感觉。这样来看的话，共通感觉是在五感的活动中识别五感内容的感觉活动。在这个意义下，它确实如西谷启治所说，是一种“在感觉中的‘活动的活动’的能力”（感覚に于ける“作用の作用”の能力）。[1] 而就经验的层面来看，人的五种感官（眼、耳、鼻、舌、身）分

---

① 参阅西谷启治：《アリストテレス论攷》（《西谷启治著作集》第5卷）（东京都市：创文社，1993年），第68页。

别对应到五种感觉（视、听、嗅、味、触）。如果我们说五种感觉的位置在五种感官的“活动”的话，那么共通感觉的位置就在“活动的活动”。它引导并且让我们的眼睛看到颜色、耳朵听到声音、鼻子闻到味道。但是问题在于，要怎么样来了解这么一种活动的活动？

中村首先认同亚里士多德的看法，认为共通感觉并不是任何特殊感官的感觉。换言之，人除了眼、耳、鼻、舌、身五种感官之外，并没有另外一种具有肉身形式的第六感官。共通感觉虽不同于五种感觉，但是，它并不脱离特殊的感觉，而且只能与特殊的感觉一起作用，它就发生在各个特殊的感觉当中，是综合与分别五种感觉的感觉，它的活动并不在五感的活动之外。依中村的说法，它是一种先于感觉对象而给出感觉对象的“全体性感悟力”。笔者认为，这是中村在《共通感觉论》中所特别重视的地方。

在这里，我们注意共通感觉作为“全体性感悟力”的这一面。如上所述，由于我们并没有特殊的第六感官，全体性的感悟力也发生于对象性的知觉之前，这等于是说先在于分别意识之前，共通感觉的作用已经发生了。我们不能借此指出第六感官，或以处理对象的方式来面对共通感觉。这样来看的话，全体的感悟力发生在一种西田所谓“主客未分”的状态。这样的状态既是“主客未分”，也可以说是“无分别”或“主客合一”，它是在我们的经验当中与“场所”无分别地为一的环节。① 其中，“主客合一”代表这样的东西与我们之间并没有距离，或者用中村的话来说，它“太过于近身了”（あまりに身近で）（S. 44）。由于太过于近身，所以我们没有办法对共通感觉“采取距离”，无法“采取距离”，就如同日常经验中的无分别面，我们没有办法以“客体”的方式来处理它。那么究竟要如何来理解日常经验的“无分别面”呢？对于这个问题，中村采用了一种“反像的方式”（阴画のかたち）（S. 44），也就是说，透过共通感觉的“欠缺（丧失）”来说明共通感觉的存在，在这里，中村进入了精神病理的讨论。

① 参阅黄文宏：《西田几多郎的“直观”论》，《台大文史哲学报》第 73 期（2010 年 11 月），第 173—196 页。

三

我们知道，共通感觉除了“五感的综合”之外，还有“常识”的意义。中村认为这两个意义是相通的。作为“常识”的共通感觉所表示的我们日常经验中自明而无法对象化的一面，它也是我们健全地生活在一个社会当中不可或缺的一个前提。在这个意义下，共通感觉的丧失表现在日常生活上某些必要的能力的丧失。对此，中村借用 Blankenburg 与木村敏在精神病理上的研究，来说明当这种无法对象化的“共通感觉”或“常识”严重丧失的时候，在我们身上可能引起的一些问题或病症。诚如中村所说，“精神分裂症正是共通感觉的病理学的固有领域”（S. 39）。在这里，中村首先引用 Blankenburg 对“寡症性分裂症”的描述。“寡症性分裂症”属于一种没有伴随着妄想的单纯性精神分裂症，Blankenburg 将这种分裂症的基本障碍理解为“自然的自明性的丧失”。中村用德国的女店员 Anne Rau 的面谈记录来说明这种症状（S. 34 – 35）：

> 我到底缺少了什么呢？它〔译注：我所缺少的〕不过是某种微不足道的、不寻常的、重要的东西，如果没有这个东西似乎是没有办法生存的……
>
> 不论是谁都应该知道他要怎么样来行为。不论是谁都有条理与思想。不论是动作、人性、与他人的关系等，这里的一切都有规则，谁都会遵守这些规则。但是，对我来说，我还没有明白地了解这些规则。我就是缺少这些基本的东西。
>
> 我所欠缺的东西，是一定我在与他人的交往的时候——非常理所当然地——知道的东西，这个东西我是知道的。这对我来说，就是没有办法。
>
> 我现在——当我跟大家一起做什么事情的时候，我就没有办法持续，没有办法好好地做。例如洗东西这一类的——困难的地方，困难的地方到底在哪里，我要怎么说好呢？——对我来说，这些就没有办法作为理所当然的事情来做。我觉得什么地方怪怪的。

> 我对自己没有自信，面对事情的时候也没有坚定的立场。就算我会编织笼子也是这样——因为这只是一个侧面而已——另外一个侧面，像其他人一样，从心里专心一致地投入工作——也就是说，稳当并且牢牢地保持自己的这一面，对我来说是没有的。

这个面谈记录，记载了一个寡症性分裂症者在日常生活当中所遭遇到的困难。她没有办法理所当然与他人一起工作、交往，对理所当然的事情感到奇怪。她本来的能力（例如编织笼子）失去了。患者在这里明白地表示，她之所以没有办法做，是因为她遗忘了某些对她来说是自明性的东西，或者说某些本有的能力失去了。用 Blankenburg 的话来说，这就是所谓的“自然的自明性的丧失”（S. 34 – 36）。Blankenburg 认为一般地来说，不论是在“伴随着妄想的精神分裂症”或是“没有伴随着妄想的精神分裂症”当中，都存在着共通感觉能力的丧失。并且这种能力是逐渐丧失的，我们慢慢变得没有办法正确地来看事情，对他人的关怀与情感渐渐失去，患者渐渐失去人际关系，脱离社会规范，甚至最终在发病的时候，我们会失去我们特有的感觉，例如，工匠失去目测的能力，少女失去其品味的能力，等等（S. 40）。这样来看的话，“本有的能力的丧失”是精神分裂症的一个特征，问题在于，在这里患者所真正失去的东西是什么？Blankenburg 认为在精神分裂症中所真正失去的“与其说是对明白的真与假之间的辨识与分别，不如说是对我们日常经常遭遇到的‘多半为真’（多分真实）与‘多半为假’之间的辨识与分别”。（S. 40 – 41）换句话说，患者所失去的是对日常生活中“或然性真理”的辨识与分别，而这种辨识与分别“或然性真理”的能力，正是“共通感觉（常识）”的活动。沿着这个想法，Blankenburg 将精神分裂症的形成，诉诸日常生活中自明性知识（常识）的丧失。

Blankenburg 的说法影响了日本精神病理学家木村敏（Kimura Bin）的精神分析理论。在讨论了 Blankenburg 的说法之后，中村紧接着转述了木村敏对精神分裂症与离人症的理论。木村敏将这两种病症，都视为是一种共通感觉的障碍。但是，不同于 Blankenburg 所突显的是共通感觉的“常识面”，木村敏的分析所突显的是共通感觉作为“全体的感受性”这一面。中村所注意到的是木村敏对离人症的分析。离人症是精神障碍的一种类型，病人在这种初期症状当中，对周遭世界、对他人以及自我会逐渐失去现实感，也就是说，患者在知觉与情感上会渐渐地对周遭的一切形成一种疏离。关于这种疏离或失去现实感的状态的描述，中村介绍了木村敏报道的两个病例。这两个病例分别出自24岁女性患者本人的亲口陈述与42岁女性患者在信件中的描述（S. 47）：

> 即使是听音乐的时候，也只是各种声音进入耳朵当中而已，即使是观看绘画的时候，也只是各种颜色或形状进入眼睛之中而已。既没有任何内容，也没有任何意义。(24岁女性患者)

> 我虽然能够理解热与冷这种温度的高低，但是却没有办法确实地感觉到热与冷这种感觉。……真的就只是触动到视觉听觉而已，只是肉体地感觉到而已，在精神的感觉层面上，如往常一样什么也感觉不到。(42岁女性患者)

在这里，我们可以看到离人症是一种知觉与情感的疏离。从患者的陈述来看，上述这两个病例的共同点在于“自我疏离”。或者更恰当地说，它是“自我”与所内存于其中的“世界”的疏离，自我似乎离开了自我，成了自我外部的观察者。木村敏认为在上述的病例中，患者欠缺将人与世界的关系现前的感受性，因而“世界”对患者来说，不过就只是“感觉刺激的丛束”（S. 47－48）而已。患者没有办法根据自己的感觉主动地构成一个世界，对她来说，周遭世界无法形成、失去了现实感，或者说，患者生存于一个与他自己完全疏离的世界。从这种“现实感”的丧失，木村得出一个结论：

> 在这个时候，我们就必须在所有的人类活动的根柢处，承认一种感受能力。就像它可以被称为“与现实的生命的接触”（Mikowski）或者“与世界的共感的全体关系”（Erwin Straus）一样，这是能够带来人类与世界的根源性连结的一种感受能力。(S. 46－47)

换言之，木村敏认为我们必须承认人与世界之间存在着一种“根源性的连结”，透过这种根源性的连结，世界内的事物才得以现前，才得以取得“现实存在”（Wirklichsein）的意义。这种根源性的连结或无分别的统一才是经验中最为根本的地方，因为唯有透过这种根源性的“感受力”，世界内的事物才得以现前。

> 共通感觉将人与世界以根源的方式连结在一起，并且对我们人类而言，它拥有让本来可称为“世界”的东西得以现前的活动。而欠缺这种感受性的时候，“世界”就只是作为一种单纯的“感觉刺激的丛束”而刺入我们的感觉的表面的混沌而已。我们无论如何都不可能积极地将其构成为“世界”。(S. 47－48)

木村敏认为，共通感觉是一种让周遭世界得以现前的基本感受性，“世界的‘现实性’毕竟是我们自己的‘生存意志’（生への意志）的反映。”它反映出我们在现实世界中的生存意志。对离人症的患者来说，当“世界”的现实性丧失的时候，“自我”亦会跟着解体，“自我无法作为自我而被自觉”。(S. 48) 换言之，离人症患者由于共通感觉的障碍，无法构成一个世界，没有“自我”所内存于其中的“世界”，“自我”亦跟着悬空。出现在离人症患者身上的“世界的现实性的丧失”与“人的自我解体”其原因都是来自“共通感觉的障碍”，而木村敏的“共通感觉”所指的是一种根源性的感觉能力。

中村在这里接受木村敏的看法，认为离人症患者所真正欠缺的是一种自我与世界的根源性连结，并且认为共通感觉正是这种连结的所在。反过来说，当这种根源的连结受到阻碍，世界就成了一束感觉刺激的丛体，世界内的事物什么也不是，它失去了现实性。失去了现实性的世界并不因此化为全然的虚无，它只是无法形成与自我关联的对象，自我生存于一个与自己毫无关系的世界当中，这导致自我疏离。同样地，对他人的关怀与情感也会跟着失去。

笔者认为，这种作为自我与世界的根源性统一的共通感觉，其实可以视为是西田所谓的“主客未分的状态”的一个实例。（关于“共通感觉是一种场所”的说法，请参阅黄文宏：《西田几多郎的“直观”论》，《台大文史哲学报》第 73 期，2010 年 11 月，第 173－196 页。）因为主客未分或主客合一的无分别状态，是主客分别的基础。当主客合一的活动失去作用，客体就无法作为客体而出现在主体之前，世界因而失去了现实性，成为一种“混乱”(chaos)。自我在这种混乱当中无法找到自己的位置来安置自己，成了“无所措手足”的状态。不论是“本有的能力”或“现实感”的失去都是“共通感觉”的综合能力的丧失，用西田哲学的术语来说，也可以说是“场所”的丧失。或者我们也可以说这是一种“场所错置”（场违い）。我们日常语言中所谓的“气氛不对”“不合时宜”“分不清楚状况”等措辞，种种不合情境的反应（inappropriate response）都是源于“场所错置”的结果。对于这种共通感觉的丧失所造成的症状，中村喜欢使用“可怕的”（恐ろしい）这样的语词来形容，因为在我们的内心当中，或多或少都会找到相应的感觉。

沿着自我与世界的根源合一的观点，中村认为在木村敏的分析底下，还隐藏了一个没有为木村敏所明白地说出来的观点，即“‘我’是‘场所’”（《私》とは《场所》である）（S. 49）。“‘我’是‘场所’”这样的说法，很明显地是受到西田几多郎的影响，西田也有类似的说法，“……我们的自我毋宁是场所性的……”（NKZ 8，256）但是，这是什么意思呢？笔者认为我们可以将西田的“纯粹经验”分析出“分别”与“无分别”两个环节，其中主客未分或主客合一的环节属于无分别的层面，无分别的层面是分别层面的基础，当无分别面无法作用的时候，分别面也无法作用。经验的“无分别面”，用心理学的语词来说，也可以说是“自我”，只是这里的自我不是指被意识到的自我，而是纯粹的“能经验”或“能意识”本身。①

同样的观点，如果我们从“‘我’是‘场所’”这个角度来看的话，我们必须主张真正的“自我”不是“物”（もの）而是“事”（こと）。“もの”表示一种具实体性的定性存在，它是在亚里士多德逻辑学当中占据文法主词的“实体”（hypokeimenon）。而“こと”（事或事态），表示一种“发生”（Geschehen），在文法上它占据述词的位置。如木村敏所举的实例：

> 例如，在说“这朵花是红的”的时候，“这朵花”是作为“物（もの）”而被置于主词的位置。而“红的”则是“事态（こと）”。在“红的”这个事态被说出的背景当中，存在着说出这个事态的“我”。换句话说，在这朵花是“红的”这个形态下，让（译注：这朵花）自身得以出

① 参阅黄文宏：《西田几多郎的“直观”论》，《台大文史哲学报》第73期，2010年11月，第173—196页。

现的“现在，在这里”（いま、ここで）的场所，就是“我”这个事态。①

木村敏在这里想说的是，自我不是一个“物”或“实体”，而是一种“事态”“事件”或“发生”。它是让“这朵花”以“红色的”事态，出现在“现在，在这里”（いま、ここで）的这个“场所”。换言之，“我”就是“现在，在这里”的这个“场所”，它让场所的“内存有者”得以存在，让主客对立与主客的关系得以产生，它是一种“让存有”（Sein-lassen）。对离人症患者来说，“自我”的实感是由共通感觉所保证。所以中村进一步认为，当离人症患者说“没有自我”或“自我丧失”的时候，它的意思并不是指作为实体的意识性自我的失去，而是“共通感觉的丧失”。共通感觉的丧失造成“这朵花是红色”无法现前，经验到这个事态的“自我”亦不存在。当离人症患者说只有颜色或形状进入眼睛之中，然而什么都没有看到，只有声音进入耳朵，什么都听不到，对“存在丝毫没有感觉”的时候，这不能单单视为是“现实感的丧失”，而是东西失去了“存在”的述词，事物不再能够作为事物而现前。这样来看的话，“共通感觉的丧失”其实是自我与世界的根源性连结的失去，失去这种根源性的连结，事物就无法在“现在，在这里”取得实感。这反过来说则是意味着，我们透过共通感觉来把握现实，透过共通感觉在意识的层面上获得“现在，在这里”的实感。

四

最后我们思考几个问题。首先我们先看看滨田的观察。滨田对战后第二世代的两个观察，都是将其连结在对近代理性主义甚至对德国观念论的批判来看。② 这两个传统虽然对理性各有不同的理解，但都相当重视广义下的

① たとえば《この花は赤い》と言う场合、《この花》は《もの》として主语的位置におかれている。ところが、《赤い》の方は、《こと》である。しかも《赤い》ということが言われている背景には、そのことを言っている《私》がいる。いいかえれば、この花が《赤い》というかたちで自己を現わしている《いま、ここで》という场所、それが《私》ということなのである。（S. 49）

② 参阅滨田恂子：《近・现代日本哲学思想史》（横滨市：关东学院大学出版会，2006年），第235页。

“理性”，黑格尔就将笛卡尔的哲学视为是往绝对观念论发展的一个初期阶段。就中村的例子来看，对近代理性主义的批判是比较明显的。在此，近代理性主义所意指的主要是由笛卡尔所开启的二元论的思考方式，这其实也是西田几多郎在《善的研究》中的出发点。作为西田哲学之开始的“纯粹经验”，其批判的矛头也是指向二元论的思考方式，并且以我们经验中主客未分的状态为主要思考的对象。一般来说，中村的哲学并不属于京都学派，只能说是受到西田几多郎哲学影响相当大的思想家。西田的影响是普遍存在的现象，近现代日本哲学在某种意义上可以说都是从西田哲学出发，或者受到西田强烈的影响，而这是因为西田说出了深藏于日本人经验中的东西。对此，西田的一个贡献就在于他开启了经验中的“无分别”部分。① 在这里，人与世界（场所）是无分别地为一。从这个角度来看的话，中村也是衔接在这个方向上，强调共通感觉之原始的主客合一性。但是，不同于西田哲学，中村关心的方向在现实世界的知识问题，特别是对近代科学知识狭隘化的批判，其主要的观点在于知识的“惰性化”无法适当地反映现实的“生动性”，特别是二元论思想对近代世界所造成的知识的宰制与窄化。由于科学知识都是建立在主客分别的层面，中村的批判也是指向近代理性主义的笛卡尔。在这里本文所要思考的第一个问题在于：什么是二元论的思考方式？笛卡尔的二元论思考方式是不是必然引向主体对自然的宰制？

我们知道，笛卡尔式的二元论思考方式将“心（精神）”与“物（自然）”视为各自独立的实体。前者以思维为本质，后者以扩延为本质。这种二元论严格地区别开“心”与“物”，让各自成为自立不依他的存在。这种二元论所遗留下来的问题在于：物质性的东西（物）与非物质的东西（心）如何相互影响？笛卡尔本人虽然在事实上承认心物间交互作用的存在，但是，如果我们彻底化他的思想来看，作为“物”的身体是扩延性的存在，它不能作用于非物质性的精神。同样地，作为精神实体的“我”则是非物质性的存在，它也不能作用于物质。因而严格说来，这样的“我”并不是真正的“行为者”，它不是身体上变化与运动的原因，只能是其“观察者”，“我”只能

① 参阅黄文宏：《西田几多郎的“直观”论》，《台大文史哲学报》第 73 期（2010 年 11 月），第 173—196 页。

观察“我”在意识领域内的发生。沿着这种想法，物的世界遵守必然的机械法则，以必然的因果关系连结在一起，这是一个可以量化的世界。另一方面，精神的部分则不受因果法则的约束，它属于自由的世界。但是这种笛卡尔式的“自由”，严格说来，并不是行为上的自由，而是意识层面上的自由，因为“我”并不真正产生身体的结果，并不是身体行为的真正原因。在这种心物二元的想法下，自然界成为“观察的客体”，自我成为“观察的主观”，而且是“纯粹的观察者”。这样的话，就哲学的角度来看，彻底化笛卡尔的心物二元论的结果，就会如机缘论者，如格林克斯（A. Geulincx，1624—1669）、马勒伯朗雪（N. Malebranche 1638 – 1715）甚至莱布尼兹那样，主张“心物平行论”或“预定和谐说”，认为心物之间只有偶然的关系或以上帝为唯一真正的原因。在这个意义下，我们不能改变自然界，只能思考它。笔者认为，这是我们站在笛卡尔立场上，彻底化心物二元论的一种逻辑上的必然结果。

对于笛卡尔式二元论的影响，我们或许也可以从社会学的角度，主张在笛卡尔二元论的影响下，“自我”成为“纯粹观察者”。并将这个观点与培根的“知识即力量”结合，进而主张当“认识”主要意味着“观看”与“看穿”的时候，“观看”与“看穿”同时也意味着“权力”。纯粹的观察者成为权力的拥有者或自然的掌控者（S. 69）。“纯粹观察”成为中村所谓“支配的，成为冷静的**目光**”（S. 56）。中村甚至借用边沁（Jeremy Bentham）“圆形监狱”的构想来说明观看所拥有的支配性（S. 70f.）。换句话说，中村认为二元论的思考与“知识即力量”的结合，“自我”将成为支配世界的“主体”，“自然界”则相应地成为被支配的“物”或“客体”，自然界的意义被窄化为“物的世界”。但笔者认为，如果我们沿着哲学的逻辑来思考，从笛卡尔二元论式的思考，我们得不出“支配”自然界的想法，因为如上所说，笛卡尔式的主体并不是“行为者”而是“观察者”，纯粹的观察者如何支配这个世界？即使在这里加入“知识即力量”的想法，也要考虑思想的兼容与否，混杂的思想并不是世界的逻辑。在这一点上，中村的思考毋宁是不充分的或者说比较不具哲学性的。但即使如此，我们一样不能排除中村的分析与观察确实包含着相当的洞见，只是在逻辑的层面上仍有许多再补充的地方。这是笔者的一个批评。

心物二元论虽然在理论上有其待解决的问题，但无论如何，由心物二元论所带来的“纯粹观察”的想法是近代科学知识的基础，科学只能建立在对象化的思维上面，也应放弃主观的期待与干扰，客观地来看实事本身，而这种科学所带来的实用性是不争的事实。在中村看来，近代科学问题并不在科学的对象化本身，而在科学所造就的对人生丰富经验的排除，换言之，“经验的窄化”是近代科学所带来的结果。就科学来说，它让科学甚至哲学不能够恰当地响应生动的世界，哲学在这里失去了生命力。但哲学如何重新获得其生命力呢？在中村看来，“哲学的生命力”与“经验的解放”有很大的关连性，经验的解放牵涉到让经验为可能的共通感觉。那么经验应如何从窄化中解放？或者说，中村在面对“经验的窄化”所提出来的构想是什么？这是本文要思考的第二个问题。

中村认为，我们的经验都是“生动的”（生きられる），常恒地处于变动之中，或者说，经验在本质上就是具生命力的经验。而任何具生命力的东西，如果我们不对它有所作为的话，生命依其自身的法则总是会减弱、消散、最终死灭而去。有生必有死，生命本身就包含着死亡，这是生命的本质。① 对经验来说，“减弱、消散、死灭”表示经验渐渐地失去其丰富性、窄化乃至完全惰性化为一种定性的存在，它让我们再也感觉不到丰富多变的经验，经验完全失去了动性，成为死灭的存在。中村认为经验的贫乏来自感知的贫乏，而我们之所以无法感觉到经验的丰富性，其原因在于我们“感性的惰性化”。感性惰性化追根究底其实是感觉的统合能力的惰性化，常识或统合能力的固定化则是源于“共通感觉惰性化”（S. 31）。因而，如何让感性“觉醒”或保持“动性”可以说是中村哲学的关心所在。

回复日常经验的丰富性，也可以说是西田哲学的一个重点，② 而“存有

① “确实，人们也可以将现实的常识视为一种生存的东西（生きもの），它自身总是会减弱、消散、死灭而去。”（S. 19）中村在这里虽然是在谈“常识”的生命力，但笔者认为同样的观点也适用中村对所有具生命力事物的理解。生之为生总是包含着死。亦请参阅西田几多郎：《逻辑与生命》（NKZ 8）。

② 参阅西田几多郎《善的研究》新版序中“自然科学的黑夜观”与“存在本身的白日观”（NKZ 1，3 –4）。

即活动”则是其基本看法。[1] 台湾的哲学家洪耀勋（1903—1986）曾说过一句很有意思的话，“反对固定的存在概念，是生命哲学共同的固有的目标”。[2] 这其实可以视为是东方生命哲学的一个共同的基础。在这样的哲学思维当中，由于存有的动性，一切都是刹那生灭、无有暂住的，事物没有“是什么”（Was）的问题，或者说，事物的是什么就在它的“如何”（Wie）活动当中，只能从活动来了解它的意义。中村雄二郎的哲学也是内在于这个传统来思考，他同样透过“活动”来了解“经验”与“共通感觉”的存在。对中村来说，人类的感性是历史性的存在，它在历史中形成与变化，而其深层的结构则在“共通感觉”。对于共通感觉这种历史性的存在，问它的“是什么”就等于是在问它的“如何活动”。由于中村关心现实世界知识的重组，因而对他来说，问共通感觉的“如何活动”就等于是在询问共通感觉“如何有效地活动”。而由于共通感觉的无法对象化，我们只能透过共通感觉“无法有效地活动”来说明它的存在，“精神病理分析”与“感性的惰性化”都是共通感觉无法有效地活动所造成的结果。这是中村的思路。但是，中村的想法并不是要将“存在”的问题化约为“有效性”的问题，也不是要以感性来替代理性，而是要将两者结合。因为感性与理性间的分界并不是截然分明的。

中村的这个看法，我们可以注意他对笛卡尔的研究。中村要我们注意笛卡尔哲学中的“sens”（感觉）的概念。他认为笛卡尔在《方法导论》中，将“良识”（bon sens）与“理性”（raison）互换地使用，这意谓着“良识”（bon sens）其实是一种更高层次 sens（感觉）。良识是“一出生不论是谁都平等地具备的东西”，是“正确地判断、区别开真伪的区别能力”，它也被称为“理性”（S. 133）。换言之，良识是我们用来正确判断与区别真伪的能力。笛卡尔的 sens 并不局限于五感，而是表示一种高层次的理性、“精妙的预感”“高阶的直观”或“灵感”（S. 155）。它同时拥有通常意义下的“感觉”与“理性”的意义。这也就是说，它可以视为是高层次的“理性”，也可以视为

---

① 黄文宏：《西田几多郎与熊十力》，《台湾“清华”学报》新 37 卷第 2 期，2007 年 12 月，第 403—430 页。

② 洪耀勋：《实存哲学论评》（台北市：水牛图书出版事业有限公司，1988 年），第 49 页。

是高层次的“感觉”，中村认为良识其实就是共通感觉。更进一步地，良识也可以视为是“理论”与“实践”的结合。“良识赋予行动一种**理性的性格**，并且赋予思想一种**实践的性格**。在这里，思想的要求与行动的要求之间是融合、紧密一致的”。（S. 156）。中村因而说：“没有理性的目的，根本不可能会有条理的意志活动；没有实践目标，根本不会有思考的自由活动。”（S. 156 f.）也就是说，在共通感觉或良识的层次，理论与实践、感性与理性的区别是不必要的。理论与实践这两种活动形态都出自一种社会生活的基本需求，这种社会的“判断力”（サンス），就是“良识”（ボン・サンス）（S. 157）。这样来看的话，由于个别感觉唯有透过共通感觉的活动才得以现前，“共通感觉”统合五感并给予秩序，如果我们将这个给予秩序的东西予以实体化，它就是我们通常所谓的“理性”。而就“共通感觉”是以某特殊的“感觉”为主来进行综合，并且先于思维而言，它属于“感性”。良识是感觉，也是理性，它表示了感性与理性之结合的可能。在这里，我们看到中村其实继承了古代西塞罗修辞学的理想，想要透过共通感觉来重新思考“现实世界”（现象世界）与“理论世界”（本体世界）的结合。①

我们知道，相对于西田哲学，中村关心的是“知识的重组”。对于这个问题，中村这样来思考：“感性的惰性化”造成经验的窄化，经验的窄化让建立在经验之上的知识无法回应丰富变动的日常生活世界。感性的惰性化源自共通感觉的惰性化，如果再进一步询问“共通感觉的惰性化”的原因的话，那么中村的回答在于近代科学所造成的“视觉化倾向”。换言之，“视觉”让自然成为客体，成为可以操作与支配的对象。如我们先前所讨论，中村认为近代视觉化倾向，其根源在笛卡尔二元论的思考方式。笛卡尔的二元论让“认识的主体”与“被认识的客体”分离，“观看者”与“被观看者”形成对立。视觉以眺望的方式将具动性的世界给予固定化或对象化，形成一种服从机械法则的自然观。换言之，整个二元论的思考方式才是真正的问题所在。

对于近代文明的这个倾向，中村并不否定这种以二元论或“视觉”为基础的文明确实有它的优点。科学与技术的发达、知识与思想的广泛传播就是一个例子。在中村认为，更恰当地来说，近代科学的真正问题并不在“视觉

① 中村的想法，请参阅《共通感觉论》，第164页以下。

化的倾向”，而在“视觉的独大”。要解决这个问题，中村建议用“触觉”来替代“视觉”，这是因为中村认为共通感觉的综合，主要是透过五感中的一种感觉来进行。这个主导的感觉在中世纪是“听觉”，而在近代则是“视觉”。“近代文明的视觉优位的方向，并不是在与触觉结合的形式上来发展的，而是在与触觉切断的形式上来展开的。”（S. 55）在这里，我们可以再进一步询问，为什么中村要建议“触觉”或所谓的“体性感觉”来取代“视觉”的位置呢?① 对此，我们还需要另一篇专论的文字来处理。但中村的基本思路在于认为“体性感觉”比视觉更能够把握到“全体”。换言之，以触觉为主导的共通感觉更能够全体地把握世界。问题在这种“全体”的意思是什么？笔者认为这是中村批判二元论思想的基础所在。在这里，我们进入第三个问题：中村如何来理解共通感觉所包含的“全体的感悟力”？

对此，我们再回头注意木村敏对离人症的分析。木村敏虽然受到 Blankenburg 很大的影响，但是，不同于 Blankenburg 所重视的是 common sense 的“常识”的一面（自然的自明性的丧失）；木村敏所重视的是一种更为“根源性的感觉”。木村的解释突显了“人与世界的根源性连结的**感受能力**”，它是我们与所在的场所的无分别地合一的关系，同时也表示“自我”就是“现在，在这里”（いま、ここで）的“场所”本身。对于这种人与世界的根源性统一的感受能力，中村认为这其实就是亚里士多德所说的“共通感觉”。②

在这里，我们可以明白地看到，中村与木村所突显的侧面很明显地都是受到西田几多郎哲学的影响。中村在铺陈木村敏的思路的时候，主要是根据西田哲学中“自我是场所性的”这一点。这表示“自我”不是主词性的实体，而是与其所在的场所无分别地为一的“现在，在这里”。在这里，我们可以看到近现代日本哲学中侧重日常经验中“无分别性”的这个倾向。它虽然不从主客分别来谈，不从笛卡尔式的心物二分着手，但不将自我视为与物相对的纯然意识性的存在，反而更能具体地思考我们的“实存”（Existenz）。这

① 中村采用了胜木保次的感觉三分说，其所谓的“体性感觉”主要是透过“体性脊髓神经”所传达的感觉，包括触觉、压觉、温觉、冷觉、痛觉（统称为“皮肤感觉”）以及运动感觉（S. 93）。

② ……这是能够带来人类与世界的根源性连结的一种感受能力。亚里士多德所说的“共通感觉”（sensus communis，koine aisthesis）难道不正是这样的东西吗？（S. 46 –47）

个思维的方向，由于无法对象化地来看，所以就主客对立的语言与思考来说是“无”；就它是与我们最近的东西，与我们的实存无分别地为一而言，它是我们根源的主体或生命本身；而就它主客未分地世界的合而为一来说，它是将自我与非我皆包含在内的“世界”或“全体”(das Ganze)。

对于这个问题，如果我们从两重世界的区别来看，滨田所谓的“往感性的推移”，在中村哲学身上，其实可以理解为是往“日常生活世界的推移”。因为思想面对“概念的必然世界”，而感觉面对“或然的日常世界”，前者属于常恒的“理型世界”，后者属于流变的“生活世界”。中村所努力结合的正是这两个世界。诚如 Blankenburg 所说，存在于“感觉”或“判断力”（サンス）中的真实，虽然是“拟似的真实”，或者是“或然地正确”的东西，它并不是对真理的不充分的认识，反而是确然性真理的基础（转引自中村《共通感觉论》S. 41)。如果以亚里士多德“直觉”与“演绎”的区分来看，演绎推论无法自我证成推论的大前提，思维的大前提的获得只能透过“直觉”或“感知”(aisthesis)。而就中村的哲学来看，直觉所包含的无分别面，其位置只能在“感性”或更恰当地说在“共通感觉”，它牵涉到一种全体性的把握。共通感觉是主客的根源性统一，这是中村“感性论”的重点。

从这个角度来看的话，近现代日本哲学的“往感性的推移”并不是肯定康德式纯然受动性的感觉，而是重新肯定古希腊哲学传统中具主动综合性的“感觉”或“感知”(aisthesis)，感觉的主动性来自于共通感觉。但是，共通感觉并不是一种特殊的感觉，重新肯定感性也不是单纯地回归亚里士多德的 koine aisthesis 或西塞罗的 sensus communis，而是问向感觉的深层结构、问向对象性感觉的来源。笔者认为，中村“全体感悟力”的想法其实是亚里士多德的“实践智”(phronesis）的一个延伸，实践智是对一整个“实践情境”或海德格尔所谓“事态全体”（das Ganze von Tatbeständen）的感知。因为，中村所理解的“共通感觉”其实是现前一个“世界”的活动。① 换言之，它并不是现前一个对象，而是“召唤”（Ruf）一个世界，世界出现了，世界内存

---

① 木村敏说：亚里士多德所名之为“共通感觉”的这种基本的感受性，将人与世界以根源的方式连结在一起，并且对我们人类而言，它拥有让本来可称为“世界”的东西得以现前的活动。(S. 47)

在的事物才能现前。但我们的问题在于亚里士多德的“共通感觉”究竟有没有包含这一面?

对于上面的分析,我们可以根据 Pavel Gregoric 的想法,从“感知物”来了解“感知”。“特殊感知物”(idia aistheta)对应到我们的“特殊感知”;“共通感知物”(koina aistheta)则对应到我们的“共通感觉”。[①] 但亚里士多德在思考“共通感知物”的时候,他所举出来的例子(运动、静止、形状、扩延、数量、统一)仍然是个对象。但是,不同于特殊的对象,他们是全般性的或普遍性的对象。亚里士多德并没有将“共通感觉”连结到对一整个实践情境的把握,而是将这个问题归属于“感知”的问题。诚如海德格尔的研究指出:实践智确实是一种“感知”(aisthesis),它是对一整个“事态全体”的把握(GA 19, S. 160)。再者,不仅实践智需要一种感知,几何学的纯粹对象(例如,纯粹的三角形)也是一种“感知”(GA 19, S. 160ff.)。其实在整个亚里士多德哲学的系统当中,灵魂的任何思虑皆必须来自于感知,感知是一切思维的起点。它是灵魂的活动中最为根本的部分,一切的疑问皆停止于此。但“感知”不等于“共通感觉”。感知不仅牵涉到实践智(phronesis)中个别变动事态全体的把握,也牵涉到理论智(episteme)中,对常恒的几何学大前提的把握。这样来看的话,真正的问题应是在“感知(或译为直觉)”,而不在“共通感觉”。

现在,如果我们站在亚里士多德的立场上来看,亚里士多德使用了“共通感觉”一词,而且很明白地否定了第六种感官的存在,他很可能是要表示有些东西没有办法只在“思维”的层面来处理,而必须归属于“感觉”或“直觉”来体验。感知不只关连着特殊性,它也关联着全般性的存在,共通感知物不同于特殊感知物的地方就在于它是“全般性的”或“普遍性的”存在。在这个意义上,我们也可以说“特殊的感知物”透过共通感觉才能成为“全般性的对象”而进入思维。无论如何,亚里士多德对共通感觉的考虑很明显地不同于中村,他不是从知识失去实效性着手,而是一种纯然认识上的考虑。如果感知牵涉到全般性存在,那么感知就必须越出当下,由于特殊的感

① 参阅 Pavel Gregoric: Aristotle on the Common Sense, New York: Oxford University Press, 2007. S. 29.

知只及于特殊的当下，超越当下只能是当下的“感知”与“构想力”连结的结果。这样来看的话，共通感觉意指着在我们的感知机能当中，包含着一个与构想力连结在一起的部分，特殊感知必须透过与共通感觉的连结才能提交给思维。① 如果我们将这个想法连结到亚里士多德的《灵魂论》来看的话，那么不仅某个具体的感觉是由共通感觉所给予，建立在人类理性上的思维也必须以共通感觉为基础。在亚里士多德看来，一个人如果没有感知能力，他根本无法学习与理解，因为思想也必须拥有“形像”（phantasma），借由这种形像我们才可以思考。换言之，虽然概念不是形像，但是脱离了形像，概念无法发生（*De Anima*，431b－432a）。思想的运行所必须的“形像”是由“构想力”（phantasia）所给予的，构想力是灵魂主动的造像能力，它让形像得以现前，可以说是一种造像的机能（*De Anima*，428a）。透过造像的机能，物才能作为物而出现在我们眼前。感知源源不断的活力正是来自于与构想力的连结。由于主客相对而生，物的出现也同时意味着自我的出现。在这个意义下，我们可以说，共通感觉表示一个根源的领域，这个领域是知性与感性分别性活动的“所从出”。

论文至此，就诚如海德格尔在《存有与时间》中所说：“在这个‘事物本身深深隐藏着的’领域中，任何的研究都要防止对自己的成果有过高的评价。”② 海德格尔虽然是针对存在问题（Seinsfrage）而发，但在面对共通感觉的复杂性与必要性之时，笔者亦深有同感，论文的完成只能说是为了发现问题而写。对此，或许正如 Pavel Gregoric 所说，共通感觉对亚里士多德来说，并不是一个术语（technical term），我们也不能期待它有一个明确的指涉。③

---

① Pavel Gregoric 也提到了共通感觉的这个意义。Koine aisthesis can be interpreted as “the proper name for the sensory capacity of the soul which comprises the perceptual and the imaginative capacity of the soul.” Pavel Gregoric：Aristotle on the Common Sense，New York：Oxford University Press，2007. S. 124.

② “Jede Untersuchung in diesem Felde，wo»die Sache selbst tief eingehüllt ist«，wird sich von einer überschätzung ihrer Ergebnisse freihalten.”（GA 2，S. 36）在这里的“事物本身深深隐藏着的”，是海德格尔引自康德《纯粹理性批判》的话，康德用它来形容“先验推证”（主观的纯粹知性概念如何运用于经验的对象）的复杂性与必要性。参阅 KrV. B. 121.

③ Pavel Gregoric：Aristotle on the Common Sense，New York：Oxford University Press，2007. S. 204f.

或许正因如此，对于共通感觉我们才能有许多想象的空间，乃至用它来连结近代的感性与理性。透过中村对共通感觉的研究，我们可以发现人与所在的场所之间有一种根源性的接触，我们与场所的体验关系主导着我们的感性与知性的活动。这种询问根源领域的思考方式与现象学有某种程度的亲和性。用海德格尔式的话来说，人作为“世界内存在”在本质上就是“脱自地”（ek-statisch）与所在的世界根源地为一。这在中村的语言就是共通感觉的“全体感悟力”。因而，笔者认为日本哲学的回归感性，其实是要回归一种主客分别前的世界接触，在这里感知或体验扮演了一个重要的角色。

9. 身体与山水：探索“自然”的当代性

何乏笔（Fabian Heubel）
台湾“中央研究院中国文哲研究所”

一、微观形上学

“只有在能改变所是的情况下，所是不是所有一切。”① “所是”意指现世的封闭内在性关联（geschlossener Immanenzzusammenhang）。“不是所有一切”指向以改变的方式超越这一内在性的可能。但改变的力量从何而来？阿多诺认为，康德的批判理论以既真诚又残酷的方式使得精神被“囚禁于内在性”。（ND，381）换言之，康德仍然相信，在先验哲学的框架中，可调解批判与形上学。然阿多诺在这方面相当悲观，认为哲学被困在以下的悖论中：一方面形上学不再可能（其对传统形上学意义下的超越性做辩护是不可能的）；另一方面，对“封闭的内在性关联”的批评而言，形上学则是必要的。他指出：

---

① Theodor W. Adorno，*Negative Dialektik*，Gesammelte Schriften，Band 6，Frankfurt am Main：Suhrkamp 1973，391.（以下简写为 ND 加页码）“Nur wenn das，was ist sich ändern läßt，ist das，was ist nicht alles.”

“所有的绝对者只能透过内在性的质料和范畴来表达，但无论是内在性的局限或它的概念本身不得尊奉为神。”（ND，399）由此可知，阿多诺将超越性与内在性相串联，强调绝对超越性不可能，但另一方面又要谨慎防范内在性的绝对化，反对盲目地以内在性取代超越性的哲学趋势。

超越性失去了批判功能，构成了意识形态的因素。超越性与内在性、理想性与物质性、精神与形体的对立便阻碍“所是”的改变：“超越性的观念所包含的意识形态非真理，在于身体与灵魂的区分，其乃是分工的反射作用，并且导致对思想作为自然控制原则的崇拜……”（ND，392－393）与此不同，阿多诺借由辩证法的名义，强调内世性、历史性对超越性的重要意义（ND，354），并指出“形上学不可避免地萎缩到其原先反对之物的过程已达至消失点”，即形上学的物质化已发展到不可逆转的极处（ND，358）：“任何对超越性的体思（Eingedenken an Transzendenz）不再可能，除非根据于消逝毁灭。永恒不是以其本质显现，而是曲折地、借由暂时性来显现。”（ND，353）在此说法中，阿多诺虽然反驳“传统形上学”，但并非采取彻底地反形上学立场。他所寻找的乃是一种唯物论的、具体的、能承认内世性、历史性和身体性之重要意义的形上学。追求不再奠基于内在性与超越性之对立关系之上的超越性，或说：由内在性所延伸的超越性。

然而，这种融入内在性的超越性仍然能确保批判的可能吗？仍然能拉开使得现有世界陌生化的批判距离吗？融入物质性中的形上学（eine ins Materielle eingewanderte Metaphysik），能否使得一种渗透到现有社会之根底及其所包含的自我毁灭原则的批判成为可能？明确回答此问题的困难甚至不可能性，铭刻在阿多诺所谓“思想的自我反省”（Selbstreflexion des Denkens），以及否定辩证法概念之上：这种思想是能反对自身的思想，即避免否定的否定终究过渡到肯定立场的思想。不采取“立场”的批判是可能的吗？不僵化在立场的肯定性上的批判又是否可能？不断地生成流变的批判该如何构思？不再以永恒的超越性、非历史的真理或不变之价值为基础的批判又有何依靠？阿多诺的回答是“几无”，即几乎没有：“启蒙几乎没有留下任何形而上的真理内涵，用现代音乐的术语来说是 presque rien（几乎无声）。……正在消退之物越来越少，成了越来越微而不显。这就是在认识批判上，以及在历史哲学上，形上学之所以移入微观论的原因。形上学在微观论中找到了一个避躲总体的

场所。”（ND，399）

阿多诺在《否定辩证法》（*Negative Dialektik*）末尾初步描绘的微观形上学（mikrologische Metaphysik）将超越性构思为非同一性，以反驳黑格尔式的巨观形上学，即反驳偏向不变、意志性、同一性和整体性的形上学（ND，351）：“形上学所构思的绝对性，将是非同一性，其乃在同一性的强迫性瓦解之后走出来。”（ND，398）笔者看来，在这类的观点中，阿多诺将和解批判与形上学的尝试推到极致，使得内在超越性作为批判理论之“形上学”出发点的可能性萌生。其中内世最细小的因素，对绝对者而言，具有重要意义，而且一种“微观凝视”能爆破同一性之外壳，而走出内在性关联的封闭性：而且这种突破是“从内部”产生的。

二、在无余中拯救平淡：林寿宇的抽象山水画

这是极少主义（minimalism）的绘画，抑或平淡的绘画？即林寿宇的绘画究竟是属于西方范畴的极少主义，还是东方范畴的平淡绘画？抑或属于两者？林寿宇的白色绘画是否借由极少主义美学与平淡美学的呼应关系而获得独特生命力？甚者，能否看成在现代脉络下，拯救文人画及其平淡气质的典范性尝试，同时又要透过平淡绘画来转化对现代艺术的基本认知？笔者将从这两角度初步解读林寿宇的绘画，以反思观展所触发的深刻经验甚至自我觉醒。此进路经由笔者与林寿宇先生的访谈而获得进一步的发展。简言之，他在发展独立绘画风格的过程中，融入了跨文化的动态沟通：一方面与欧美抽象绘画交流［如蒙德里安（Piet Mondrian）、纽曼（Barnett Newman）和罗斯科（Mark Rothko）等］；另一方面，在访谈中提到“寻根”的因素，即与老庄思想以及文人画的对话（他从小即甚熟习此一脉络，而到伦敦后亦常至大英博物馆观赏山水画）。然而，一旦讨论林寿宇绘画中的“极少”与“平淡”，一旦两者的互动开始生发，对这两者的固有理解便开始改变。两者进入双方互为转化的过程，使得沟通的跨文化性浮现。其实，关键不在于，使用极少主义来探讨林寿宇绘画是否恰当（一开始，笔者倾向于驳斥极少主义的诠释范畴），或说，不在于林寿宇是否为一位道家式的极少主义者，成功将抽象绘画赋予中国特色。笔者所关切的是，林寿宇的作品如何让极少与平淡发生关系，如何和解了不可和解之物。

平淡的角度如何改变对极少主义的理解？平淡绘画的特征之一，在于单一颜色展现极为细致的层次处理（尤其是黑色或白色的层次）。颜色的层次乃呈现出远与近、隐与显的关系，借此营造出无限与有限、超越性与内在性、形而上与形而下之间的通透关系。在其中，从形而下世界过渡到形而上世界能够不涉及两个世界间二元论的断裂，乃是透过颜色层次的精微差异化而达成。此情形可称之为：物质差异的精微化或微观化。尤其在宋代的山水画中，此面向特别明显（在宋代，平淡作为文人文化之美学理想，已获得多方面肯定）。如同徐复观在《中国艺术精神》指出的："淡是由有限以通向无限的连接点"，依此，"淡"触及了重要的哲学问题。笔者将透过阿多诺有关形上学的沉思试图粗略阐明。

在《否定辩证法》的末章，阿多诺提出形上学将必须物质化的主题，认为形上学不再可能，除非承认入世性、历史性与物质性。为此，形上学融入"微观论"（Mikrologie）。在形上学融入微观论，而唯物主义发生微观化的思想改革中，阿多诺看到了形上思维唯一可能的出路。他认为，强调精神优越于身体，贬低内在性而提高超越性，这种传统欧洲形上学的标准运作不再可行，导致在20世纪所发生的文化失败被虚伪的安慰话语所遮掩。对形上世界或超越性的信仰不再是批判当下处境的源泉。因为如此，他为拯救形上学的可能性，将形上学所剩余的真理内涵浓缩到"几无"（presque rien）的微观领域，到一种与物体发生微观感通的可能之中。

由此可打开林寿宇绘画的形上学真理内涵。白色系列所涉及的绝对性，让人感到无限敬畏，且仅是借由原作的微观物质分析方能理解。这种分析要觉察到白色层次的精微度和立体感，甚至必须关注绘画过程中所使用的胶带在撕开后所留下来的微观颗粒（为了清楚认知画中微观物质性，必须使用放大镜来鉴赏，而以一般的摄影复制无法体会）。在此"几无"的极致隐微中，林寿宇绘画的"无限"向度及"自然"特质始敞开；同时，与文人平淡观的呼应便成立。此一角度乃要求对极少主义的重新理解。现在，极少主义实已不再意味着艺术的简化或极少化（极简主义、极少主义），也不再是指绘画对艺术之底线或极限的探索（低限主义、极限主义），而更是指向几无的微观世界：极少乃等于"几无"。林寿宇绘画中的极少主义是一种"极微主义"。

几无的形上学内涵充满历史文化的自我觉醒。出发点乃是形上学在今天已经彻底不可能：根据阿多诺的思想，形上学的高尚意义或抚慰功能已在集中营里燃尽无余。经由无余的意识，形上学才有几微的余地。笔者以“极微主义”理解极少主义乃意味着对双重不可能性的严酷反思：现有的文化不能简单地继续，也不能简单地抛弃。文化面临延续的不可能性与非延续的不可能性。由此可理解林寿宇“去掉笔触”的抉择（此乃访谈的重要论题）。在访谈中，他强调蒙德里安或罗斯科的画作还有笔触。他似乎完全地舍弃笔触（他以英语 completely abandon 表示），乃至让观者认为，画作上的色块是喷上去或贴上去的。对文人笔墨艺术更彻底的告别实在难以想象。但微观地来看，笔触并非消失无余，仅是被推到消失的边界：笔触浓缩到色块层次及其边界的几无之中。或说，林寿宇去掉笔触，以拯救平淡，在当代为平淡留下了一线生机。

然而，他所付出的代价甚高：绘画的极致贫化，终究导致绘画已死的宣告。此推断的彻底性很重要，因为由此微观形上学的不可能性与平淡绘画的不可能性之间的呼应关系便获得印证。与其说阿多诺以形上学与微观论的连接要建立新的形上学，不如说要在衰败的那一刻表达与形上学的团结一致。相似地，与其说林寿宇要建立新的绘画，不如说他透过抽象绘画与平淡绘画在其衰败的那一刻表达与其团结一致。在此绘画的开端就有一种对 20 世纪现代艺术具有代表性的无余经验。换言之，林寿宇去掉笔触的抉择，创造性地回应了文人画的“不画之画”，而一旦踏入放弃绘画的封笔境地，这个绝然姿态的代价有多大？这是否更加彻底地响应着在现代处境下“让无来为”已经不再可能的危机？平淡之新前景，其不可能的可能性何在？

对文人的笔墨艺术在 20 世纪之不可能性的尖锐意识，深刻影响了林寿宇绘画发展的关键阶段，即从决定去掉笔触的方法论抉择（大约 1960 年），及至宣布绘画已死（1984 年）。奇妙的是，在两种现代主义姿态之间，抽象又平淡的绘画成为可能。此绘画由抽象绘画与山水画的历史呼应产生。虽然对绘画本身的告别可理解为去掉笔触的必然后果，但在去掉笔触之后与放弃绘画之前的那一期间，出现了一种虽然脆弱但却能维持漫长二十年的呼应关系。在此二十年间，林寿宇一直坚持他自己的画风，即便代理他作品的画廊曾建议其更改风格，以扩大买画族群（对于画廊的建议，林寿宇不是选择改变风格，而是换了画廊。因他在访谈中表示其拒绝当艺术市场的妓女）。林寿宇对艺术流行的藐视，对艺术自律性的坚持，俨然持有文人的超俗风度，或在英国文化氛围下，一种贵族的优雅姿态，使得林寿宇在漫长的二十年中，沉浸于风格的精微变化中，同时又避免自我重复。

在林寿宇之后应如何思考平淡绘画的可能性呢？他对蒙德里安绘画仍然存在笔触的说法，在笔者看来，不仅是呼吁以微观目视观看绘画的必要性，不仅印证了连接无余与平淡的绘画解读，以及对“极少主义”的微观论理解，更是引发有关“自然”的反省，引起林寿宇画作能否解读为抽象山水画之问题。蒙德里安在走向抽象之前，画了许多风景画，经历了从自然到抽象的艺术过程。朝向抽象的突破究竟使得铭刻在现代性之上的非自然与反自然态度获得胜利。尽管当今的自然生态问题十分严峻，就当代艺术而言，此倾向仍然具有主导力量，因而使得某些评论者认为，林寿宇绘画中的自然性显得过时。① 不过，假如抽象绘画在欧洲的发展与风景画紧密相关，在不得不重新界定人与自然之关系的历史情境下，能否想象逆转的可能：将从风景至抽象的途径，逆转为自抽象到风景的道路（在法国，有画家透过“抽象风景”的概念来探索这一可能性）？换言之，如果，林寿宇经历了从山水画到抽象画的过程，为何不能思考，借由这一抽象境地的达成，或能重新打开山水画的可能。对林寿宇而言，这条路是行不通的，但这并不意味着此路不存在。的确，林寿宇反省平淡绘画及山水画在当代之不可能性的透彻与严谨，便构成审视当今的或未来绘画发展的判断标准。林寿宇去掉笔触，以拯救平淡，因而在当代为平淡留下了一线生机。或许，重新探索平淡与自然的关系，能打开从微观形上学的几无到无之创生性的过渡，从几无到余让自然的过渡。

三、自然与超自然

阿多诺就内在超越性的许多重要论点都涉及对康德哲学的反省。就跨文化问题的建构而言，尤其在思考批判理论与当代儒学的情况下，这部分特别值得注意。无论是《否定辩证法》中的《关于形上学的沉思》或以《自由：

---

① 例如，陈泰松《在 Sphinx 面前的不语：论“一即一切，林寿宇 50 年创作展”》一文指出：“不过，即使现代世界的东方，自然也早已逝去无从。就此而论，林寿宇以其精湛的艺术修为，为此留下些许回忆时光……”（《今艺术》2010 年 7 月号，第 137 页）。

实践理性的后设批判》为标题的章节，或是阿多诺有关道德哲学的讲座，都触及对康德的批评。《道德哲学的问题》的一句话将引导以下的讨论："超越自然者……，乃是体任自身的自然。"① 在笔者看来，此说法呈现出内在超越性思想的基本形象：超越性并非指在内在性之外的本质性存在，反而既是内在性的"分枝"，又"超出"之。阿多诺多次提及的"超出"（entragen）面向，因为反省、体认或自我觉察的逆向运作而成为可能。在超越自然者乃是体认自身自然的说法中，超越性由内在自然（immanente Natur）所产生：在赤裸自然（bloße Natur）之外，便出现体认自身的自然。然而，阿多诺将赤裸的自然又分为两面向，并且体认自身的自然由两者的辩证而来，即是自然落败（Naturverfallenheit）与自然控制（Naturbeherrschung）、神话与理性的辩证。神话是指前主体化的自然关系：人迷惑在自然关联（Naturzusammenhang）、在神话的绝对内在性之中。与此相对，自然控制反而牵涉主体性的涌现，以理性、精神或意识建立人对自己的自然，以及对外在自然的双重控制。但人因为不能承认自己是自然的一部分，是由自然所分插出来，人乃一再重新陷入神话的自然迷惑，落入自然衰败的状态。自然衰败与自然控制的盲目辩证，已是《启蒙的辩证》（*Dialektik der Aufklärung*）的重要主题。确认自然关系为启蒙辩证的关键问题后，霍克海默和阿多诺以"体思主体中的自然"（Eingedenken der Natur im Subjekt）为出路。不过，在《启蒙的辩证》中，何谓体思主体中的自然，并未获得明确的解说。此说法更是呼唤，批判应该要透过对自然关系（人与自己的自然性，以及与自然环境的关系）的分析，重新确定批判的可能性条件。《启蒙的辩证》已指出，自我控制（或福柯所谓自我主宰）无法突破封闭的内在性关联。相反的，理性的自然控制是问题的一部分，是"迷惑关联"（Verblendungszusammenhang）的一环："当我们真正地注意到、认识到，我们是自然的一部分的那一刻，我们不再是自然的一部分了。"（PM，154－155）

自然与人、或说人的自然部分与人的超自然部分非常微小，只有一点点。

① Adorno，*Probleme der Moralphilosophie*，herausgegeben von Thomas Schöder，Frankfurt am Main：Suhrkamp，1996，p. 155.（以下简写为 PM 加页码）"Das，was Natur transzendiert……，ist die ihrer selbst innegewordene Natur."参阅 Adorno，ND，285.

人能超自然，因为能觉醒到自己是自然的一部分。此处，超越性显现为无宗教的超越性，亦即一种由自然的内在性所产生的，但又不陷入自然关联的超越性。超越性在人自己的自然中不就是那一点点不属自然的部分，那一“几无”吗？由此可了解微观形上学的积极面。《否定辩证法》有关形上学的沉思反而仅是以消极的、碎败的或在无余中消失的方式围绕着“几无”。同时可明白，这种几乎没有超拔于封闭内在性的超越性，需要一种新的主体概念，即一种不受限于自然控制的另类主体。

四、体任自身的自然：蒋三石的石上水墨

艺术的真理内涵，至少在今天，经常来自对不可能性的觉醒。尤其是笔墨的文人艺术，书法或山水画，不得不面对自己历史文化的（不）可能性条件。在现代化的压力下，中国文人的生活方式几乎一无所剩。对文人文化之当代性的反省则必须面临这一无余的绝境。蒋三石面对笔与墨、对山水画的实验性探索，也从什么都不可能的经验出发。将蒋三石的绘画放在台湾历史文化脉络之下，并思索其历史文化的可能性条件，首先涉及“外省第二代”的文化意识。当然，对理解石上水墨，此历史文化脉络仅是模糊的背景。但笔者认为有提及的必要，因为一方面，台湾文化气氛的改变，对文人画的实验性转化具有不可或缺的鼓励作用；另一方面，则因为蒋三石的石上水墨系列乃来自人与自然的互动，易导致历史文化因素的被忽略。石上水墨的产生所蕴含的内在动力，实乃顺着当代台湾的历史文化条件，但同时却能摆脱这些条件，指向目前已开始萌生的一种可能的未来。蒋三石的山水画脱离了台湾社会的杂乱现象，但或许正因为拒绝了呈现台湾社会的浮躁和恐惧，而容许对文化发展逻辑的微观察觉。

水墨画在今天还有任何的真理内涵吗（即阿多诺《美学理论》所谓的Wahrheitsgehalt）？水墨画不是被命定为封闭的特殊主义，并陷入文化认同政治的符号化危机？笔者揣想，蒋三石山水画的真理内涵来自跨文化的性质。石上水墨中的跨文化涵义，尤其表现在身体的层面上。蒋三石在将近十几年的准备过程中，逐渐摆脱了对自我控制的要求，即摆脱了从小影响她对书法和水墨画的态度。她吸纳行为艺术的方法，连接情境的自发性与实验性的绘画技术（除了毛笔之外另使用许多其他自然素材当画具）。与超现实主义者的

自动书写不同，蒋三石的自动绘画不是心理主义的。关键不在于取消意识的自我控制，以表露被压抑的欲望和无意识的原始冲力。无疑，对深层身体冲动（包含性欲）的肯定属于绘画的可能性条件，尤其是对抗填鸭教育的身体规训。

对装饰性的拒斥与绘画活动的自由自在相呼应。身体的状态乃展现出与中国主体性观念的连续性与非连续性关系。在气的身体观或气化主体的脉络下，“心”或“神”或“理”总是扮演主宰的功能。“气”的容纳，在精神与形体的关系中，避开了欧洲身心二元论的许多弊病。尽管如此，气化主体的观念应如何响应现代转化的挑战，并非易于回答的问题。

虽然石上水墨的作品与19世纪50年代至60年代的抽象表现主义或不定形艺术有所呼应，却不应将蒋三石绘画的现代性质化约为意识主体的消除，以及无意识之偶然运作的接纳。抽象表现主义，尤其波洛克（Jackson Pollock）的行动绘画和罗斯科的气氛绘画，充分展现了艺术中的身体探索，将身体优先性的哲学命题进一步容纳到艺术领域，使得身体的活动及气氛的营造取代对再现、图画结构或主客关系的着重。在身体的优先性中，主体性（自我与自身的关系）乃获得崭新意义：精神不再优越于身体，或说精神性与身体性的等级结构被瓦解。在艺术中，身体的敞开符合价值重估的倾向，使得哲学对身体的承认在艺术中获得具体的实现。然而，对主体性的理解，不再仅是从精神出发，而是同样亦能从身体出发的趋势，直到今天，实赋予身体解放一种必然要打破精神束缚的强制性：身体的优先性与越界态度的崇拜总难脱离关系，也因此创造性与越界常被绑在一起。

笔者在蒋三石的作品中看到从身体的偶然性到自然性的过渡，并将此过渡解读为从解放中解放的经验。第一层解放涉及欲望或冲动能量，身体能量从意识或理性的压抑解放出来。这种解放在艺术上主要以表现主义或超现实主义的方式呈现。然第二层对解放的解放则意味着辩证的逆转，涉及艺术的非表现或非主体的运作。偶然性的接纳乃试图减少或取消意识主体的介入，以及对艺术作品的控制，但仍然涉及意识与无意识的对立。与此不同，蒋三石绘画过程中的自然性，便在主体化与去主体化之间产生动态平衡。绘画过程由去主体化开始。主体要放下意向性或特定的构图，进入放空状态，毫无保留地投入自然情境的当下：石头、水、光影、气候、植物的姿态或自然的气味。对自然环境精微变化的观察，逐渐让自然物的对象性消失，使自然成为生机生物的世界，让自然气化与气化主体发生感通。放空的准备阶段也就是一种自我敞开的过程，有时很快速完成，有时长达几个小时。兰溪的自然环境，根据不同气候或强或弱的水流、富有野趣的植物和石块、两岸陡峭的石壁、树叶、蝉、鸟、青蛙等各种声响，有助于离开尘世而沉浸“非人间”的情境。

如此，去主体化摆脱主体的同一性向度，使得主体的非同一性向度打开。由此观之，去主体化也是主体性的构成部分。在自然环境中，与自身自然的和解便能发生，而绘画成为此过程的痕迹。一旦缺乏与自身自然的和解，完满的主体性（gelingende Subjektivität）是否可能？主体性的完满，若缺乏与“自然异托邦”（natürliche Heterotopie）的关系，缺乏与在此世的内在性之中的超越场所的关系，又是可能的吗（此处便显现出中国山水画的异托邦性质）？进一步提问：因为与自然环境的互动，究竟有助于自己与自身自然的和解，那么外在自然的破坏是否让完满主体性不可能实现？

《启蒙的辩证》在有关荷马《奥德赛》（*Odyssey*）的解读中，提出对理性和启蒙的批判，借由“主体性的原始历史”走出以自然控制（控制自己的自然与外在的自然）为基础的主体性模式。在阿多诺的哲学活动中，寻找一种不再与同一性捆绑在一起的主体性，乃成为《否定辩证法》及《美学理论》的核心主题。借此，新的主体观念从而萌生。就此而言，自由不再单单等于摆脱冲动能量或身体活动，不再等于理性的自我控制。自由现在便包含一种能力，即体认自我控制的强制性，以及让冲动能量及身体活动的内在动力发生的能力。于是，阿多诺也无法接受单是奠基在同一性之上，或单是抛弃同一性，而将自身丢入非同一性之中。以自我控制为自然控制的批判方向，乃不意味着对自然的天真的回归，或启蒙与自然的非辩证对立。用哲学家伯梅（Gernot Böhme）的词汇说法，身体存在（Leibsein）及自然存在（Natursein）成为主体修养工夫的真正任务。主体性的自我启蒙导致主体性概念的转化。主体性乃是指同一性自我与非同一性自我的沟通。在此意义下，蒋三石的绘画有助于体会何谓“体任主体中的自然”，如何透过对自己自然性的觉醒来超出自然。

10. 味觉的意义

——中国哲学的视域

贡华南

华东师范大学现代思想文化研究所哲学系教授

摘要：不同于西方哲学形式即本质的存在论传统与视觉优先的方法论传统，中国哲学在存在论上将“味”理解为物之性、道之性、人之性。与对物性与精神包含目的性的设定相对应，中国哲学在方法论上更强调自身的参与、介入，具体说，在感觉经验层面倚重主观性多于客观性的“化学性感官”，特别是味觉。基于味觉的“感”在心性修养基础上则被塑造成贯通于形上、形下的精神活动。在方法论上强调“味—物”和“味—道”之“玩味”“体味”，在对文本诠释方面强调“解味”“回味”，从而形成了中国哲学独特的方法论。万物有味，人们才愿意回归自然，愿意与之合一；玩味、体味自然，才能进入有意味的自然，才能与之合一。

20世纪中国哲学首先遭受的是现代方法论的挑战、方法论的危机。梁漱溟先生、“科玄”论战中的“玄学派”都意识到了这个问题。梁漱溟将与生命、绵延、本体相应的方法“直觉”与感觉、理智对立，又将“直觉”与儒家思想传统最核心的范畴“仁”建立联系。张君劢1923年在清华大学的演讲以类似的方式突出了直觉的方法论意义。中国哲学之后的进程正是沿着这纲领所开辟的方向展开的。朱谦之在《一个唯情主义者的宇宙观及人生观》中将直觉当作通达有情世界的唯一道路；熊十力有“性智”与“量智”之分，将性智规定为识体之知、对本体界的实证之知，即“证会”“体认”“身作证”。熊氏弟子牟宗三将智的直觉视作中国哲学的基石，甚至认定否定智的直觉则“全部中国哲学不可能”。金岳霖不大谈“哲学的方法”，而是谈“哲学的态度”，谈“中国哲学的态度”。他说“元学的态度”在中国哲学中始终得到贯彻与体现，也可以说就是中国哲学的方法。金岳霖弟子冯契基于中国哲学史的研究将“认识论”扩展为“广义认识论”，即在“感觉能否给予客观实在”和“科学知识何以可能”问题之外，又拓展出“逻辑思维能否把握宇宙发展法则”和“理想人格如何培养”问题。基于此，在其“转识成智”理论中，也将“理性直觉”作为成就形上智慧的一个重要环节凸显出来。

将中国哲学命系与理智、逻辑对立的直觉、性智、智的直觉，余心未安！遂回到生命，回到感觉，试为混沌凿窍，寻求贯穿于形上、形下的中国哲学方法论。

一、物味与味物

在西方思想史上，味并不是物之独立自存的属性，而是与人的特定感官活动联系在一起的属性，如洛克把气味归结为“第二性质”。但在中国思想传统中，对于“味”，我们见到的是完全相反的看法。在《尚书·洪范》中，有一段对于“味”的经典而影响深远的表述：

> 五行：一曰水，二曰火，三曰木，四曰金，五曰土。水曰润下，火曰炎上，木曰曲直，金曰从革，土爰稼穑，润下作咸，炎上作苦，曲直作酸，从革作辛，稼穑作甘。

“五味”是“五行”“作”（作，发也，生也）出来的，他们就是“五行”的“性”。以下对此说得更明白：

> 水味所以咸何？是其性也。（班固：《白虎通·五行》）

咸由水发（作），即水之性。我们要注意的是，某一类味是由特定种类的事物所生发（生，作）出来的，它是这些事物本身固有的性质。具体事物同样有五味之别。同一种物，在不同时候表现出来的味也是不同的。“味”即“性”，“性”即“味”。《神农本草经》以来医家多用“性味”① 一词，其因

① 味即性，而古时又有“气生万物”传统，因此，气、味、性三个概念都可以表达本质。传统医学中“气味”一词与“性味”意义大致相同。比如“四性”又称“四气”，即寒性、凉性、温性和热性。李时珍也说过：“寇氏言寒、热、温、凉是性，香、臭、腥、臊是气，其说与《礼记》文合。但自《素问》以来，只以气味言，卒难改易，姑从旧尔。”（李时珍：《本草纲目》序例第一卷上）“盖上古圣贤，具生知之智，故能辨天下品物性味。”（《本草纲目》序例第一卷上）可以看出，“气味”既涉及口之所尝，也涉及鼻之所嗅与身体之所感，这三者活动方式都是：感官都要通过与物体零距离接触，相互融合、相互作用才能辨别出来。

盖在此。医和说“天有六气，降生五味”（《左传》昭公元年），也是强调“五味”的客观性质。“味”是客观的“气”的一种存在形式，每种事物都有其不同的存在形式，因此也就有不同的“味”。“味”即物，物即“味”。“味”是事物最重要的特征，或可称“味”为物之性，即物的本质特征①。

以“味”辨物的观念在传统药学、农学中影响深远，在中药理论中依靠“味”（气味）来识别、确定物是很普遍的做法，中药配方，药物的一种就叫“一味”。以味辨物观念进而影响到文化的其他层面②。由此塑造了“以味论道”“以味论诗”“以味论乐”“以味论人”等立体文化结构。

人的意味成就了“物”的观念，所以，此“物”显然不同于亚里士多德所关注的“实体”意义上的“物”。“物，谓凡物可以养人者也。”（焦循：《孟子正义》）“物者，身外之物，有象于己。”（《毛诗正义》）“不诚无物”（《中庸》），“心外无物”（王阳明），这样的论断自“以味论物”经验结构看也不无道理。

既然物的本质是“味”，而“味”通过视觉的“看”是无法把握的，那么，把握物的本质就只能通过“味—物”方式。“味—物”之“味”是动词，即尝味，知物就是知味。知味、解味即是去“尝味”：使物与人接，相互融合而无隔（与“看”不同）。尝味，味才得以出，就人来说，才能“得味”，即知物。

> 神农……尝百草之滋味，识水泉之甘苦，……当此之时．一日而遇七十毒，由是医方兴焉。（《淮南子·修务训》）

神农遍尝百草，以味辨物。辨物需要看、闻，但最重要、具有最终决定性质的是“尝”。这个经典传说展示了中国人认识世界，以及与世界打交道的方式的独特性：知行都与味缠结在一起。

---

① 钱穆先生在《味道》一文中根据中国传统思想提出“唯味有道”说法，参见钱穆：《中国思想通俗讲话》，北京：三联书店，2002 年，第 100—104 页。

② 传统医家一直认为，伏羲画八卦与神农尝百草其根据、目的都是一致的，即伏羲画八卦阐明百病之理，神农尝百草创立医学，黄帝作《内经》阐发医理。通过这个说法，我们不难发现传统医学、农学与其他学之间的相互影响与渗透。

今人钱穆对此亦有精当论述：“疑目视耳听，其与声色相接，显分内外。……唯口食，则所食皆化而为己有。故唯味，乃可继之以道。”① “耳餐”“目食”皆非真正能知味者，知味得味必须去尝味，去与事物相融合，使事物进入人，人亦入得事物之中，人物方可得物之味。

> 口之于味，有同耆也，易牙先得我口之所耆者也。使口之于味也，其性与人殊，若犬马之与我不同类也，则天下何耆皆从易牙之于味也？至于味，天下期于易牙，是天下之口相似也。（《孟子·告子上》）

正常人“口”的结构、功能大致相似，借用金岳霖的概念，正常人的口可以有“正觉”，正觉之同嗜就是正味。有正觉有正味，所以，正常人都会有“刍豢之悦我口”的体验感受。反言之，有正觉就有正味，有正味就可以味辨物，以味来确定物的性质。

当然，识味、知味必须经过专业的修习、涵养。只有不再急于进食的人而且有心尝味的人才能既使对象进入人，人又能进入对象，味才得以出，也才能得以知。“尝味”的这种超脱与自由性质在“玩味”概念中得到淋漓体现：“玩味”就是尝味者反复不断地品味对象（已经不是“所对”了），就是能够自由地出入，所谓“玩”就是人与对象自由反复的相互作用，物不滞人，人不滞物，两相即相融。当然，在中国文化中，“欲味”不单单属于“口”，而且属于精神层面的事情。

二、道味与味道

物有“味”，事有“味”，道、理、意、性、情、象（范畴）亦皆有“味”，这是传统思想，特别是儒道释思想对于道或理的共同看法。由此，中国传统出现了大量与味相关的范畴：道味、理味、性味、情味、意味、趣味、兴味等等。物有滋味，其意是物可以滋润、滋生、滋养人，可以作用于人，而这就是人所关注物之为物的“本质”。与此相似，“道味”之“味”亦有两

① 钱穆：《中国思想通俗讲话》，北京：三联书店，2002年，第104页。

层意思：首先是指道的核心、主旨、本质，即道之为道，道区别于其他的东西。

依照传统哲学观念，“意味”乃“味”的一种特殊形态。“味”首先指自然物的气味、滋味，即向人的感官欲望开放，吸引人与之相就的物之性、自然之理、自然之道（如王夫之《尚书引义·顾命》所言“色声味之授我也以道”）。这些物本身具有的自然之理、自然之道乃是客观的。同时，“味”也是一个饱含目的性的概念，以“味”为“性”观念在本体论上设定万物都具有合目的的特性。万物以其“味”满足人的欲望、合乎人的目的。通过尝味、品味既实现人的目的，也实现物的价值。

“意味”不同于“滋味”在于它出自人的目的、为了人的目的，即出自并为了人之“意”。“可欲之谓善”，“善”乃被人们所向往并合乎人的一般意愿者，或者说，具有召唤人的品性。道之“味”指道具有召唤人的结构特性，即道乃真善美统一的价值理想，它既是规律，也是规则、规范、理想。道因而能吸引人、感召人，对人具有相亲性。由于与人的目的、价值追求相联系，“道”始终对人内含着召唤结构，吸引人与之相就。“理”“情”这些范畴同样都是实然与当然、应然的统一，即不仅表述对象世界，而且表达人自身的理想境界，同“道”一样皆亲切有味，可亲可爱。

有味者可以感染人、吸引人，它直接且持续绵延地给予，品味者在此绵延中不断接受“味者”（物）的馈赠，同时品味者也自然地投入、参与、融入有味之物中，从而使物味（物性）与人味（人的目的、价值）不断地相互融合。

物中的“意味”则是物自身展现的、与人之“意”（价值理想）相契合的特征、品格。物的生成随着“意味”的注入，其现实形态既包含着自身之气味，也交融着人所给予的“意味”。王夫之将此生成过程表述为性与天道交互授受的过程：“色声味之授我也以道，吾之受之也以性。吾授色声味也以性，色声味之受我也各以其道。”（《尚书引义·顾命》）在性与色声味之道相互授受过程中，人之性与物之味逐渐生成。物（味）我（性）的成就互为前提，“成己以成物”不仅使自然形态的“物味”（物之性）得以生成，也使物中充满着“意味”，使物成为集“气味”与“意味”于一体的存在。所以，意味的获得包含着欲望的满足、目的价值（人性的不断丰富与日趋健全）的实现，同时也标志着物性、物道的成就与确立。简言之，意味的追寻拥有合规律与合目的双重指向，追寻意味成为中国哲学独特的把握意义之路。

同样原因，理、情、象（范畴）也具有召唤人的结构。真“情”之动可以感染人、吸引人，它直接且持续绵延地给予，品味者在此绵延中不断接受“味者”（物）的馈赠，同时品味者也自然地投入、参与、融入“真情”之中。成功的文学作品或以优美的景物吸引品味者进入生机盎然的世界，或以情意之咸苦酸辛甘诸味感动品味者。在文学鉴赏、评论中，“味”（情味、滋味）是真正的文学作品的标准，有“味”才称得上是好的“诗”或“词”“文”。在我们今天生活中甚至有以“味”论人的说法，比如说“某人没有女人味”“某人没有男人味”“某人没有人味”“某人是脱离低级趣味的人”，这里，“味”指“女人”“男人”“人”之为“女人”“男人”“人”的一般性质与要求。当我们说“某人有味道”时，“味”则更多地指能引起他人兴趣的内在品质。

道、理、性、情、意等既皆有味，那么，理解、把握他们就不可能用纯粹客观的方法，比如，用知性的范畴、用逻辑 + 经验等观察、证明方法，以这样的方法可以把握道、理、性、情、意等“对象”之“实然”，但其“味”对于这样的方法无疑是多余的、异质的“荒唐言”“辛酸泪”“痴”（借《红楼梦》第一回语）。（其实，把握物亦存在此类问题。）对于这些有味的东西，如何“知味”“解味”“得味”呢？传统思想对此采用的方法是：“味道”。

味道忘忧……（曹植：《曹子建集》卷第九）

有吕子者，精义味道……（嵇康：《嵇中散集》卷第六）

于是甘贫味道，研精坟典十余年。（王肃：《孔丛子》卷第七）

苟有卓然不群之士，不出户庭，潜志味道……（葛洪：《抱朴子·外篇》卷第二）

闲居味道，所造日深。（朱熹：《晦庵先生朱文公文集》卷三十）

这里的“味”是动词，它有“尝味”“玩味”“体味”等意思。正如前文所述，尝味首先要“入”：对象入我，我入对象，两者相互融合而不是相互分离、拉开距离、悬置自我（如科学活动之精神准备）。

首先要把圣贤言语与自己的存在联系起来，而不应当脱离自身存在去做抽象的思辨。接近圣贤言语，进入其中才能有益于己，吃了才能知味，才能“切己”。切己的东西对自身才有感染力，反过来，主体进入，尝了滋味之后，“道”对自身才会起作用，才会形成进一步追求的动力。这也为“味道”过程得以进一步展开提供了动力。朱熹说：

然而实是见得入头处，也自不解住了，自要做去，他自得些滋味了。如吃果子相似：未识滋味时，吃也得，不消吃也得；到识滋味了，要住，自住不得。①

在朱熹看来，以切己的滋味（个体自身的情感认同、趣味、乐趣）作为行动的动力可以保障“味道”过程持续不断地展开，所谓“要住，自住不得”就体现了个体自身认同、个体趣味、乐趣形成动力的强大。

三、“咸”：从“味”到“感”

从词源看，“咸”为本字，“咸”“感”为孳乳字。作者以为，以盐、咸解“咸”之意义最佳，“咸”本字之“皆”义、“交合”（交感）义都可以依据“咸”字得解，并且能够贯穿于“五行”“八卦”“阴阳”等中国传统核心观念。

就甲骨文“咸”字看，它从戌从口，金文“咸”从戈，从人，从口。“戌”或“戈”与“口”相聚而成的“咸”有坚物入口的意思。据著名历史学家、民族学家任乃强先生推测，此如坚戈一样能入口而具有刺激性的东西乃是“盐”。盐之性为咸，在古人那里，拥有“咸”之性的乃是同一种类之物，“咸”就成了“盐”的代名词。

盐对先民的生活影响巨大，小至个人生存，大至部落政治，盐都起到至关重要的作用，甚至影响到文明的程度。盐为生存必需品，且有地域性，在上古时代，拥有盐即可通过交换而获得各种财富，因此，盐被当作一“宝”。由盐的交易而使产盐地成为众部落的集聚中心，从而各种智慧得以积聚与加

① 《朱子语类》第一册，第 132 页。

速增长。在这个意义上，盐既是经济助推剂，也是文化助推剂。

《易》以“咸”来命名卦，这与《易》之作者亦有历史的关联。《系辞》说：“古者包羲氏之王天下也，仰则观象于天，俯则观法于地……于是始作八卦。”包羲氏即我们通常所说的“伏羲氏”，他来自制盐技术高超的古羌族。伏羲氏拥有高超的制盐技术，其对盐的性质有深刻的认识与体验。伏羲仰观俯察不可能遗忘、丢弃这样与其生活息息相关的体验与认识，更有可能的是将这样熟悉的经验普遍化，以之作准绳来理解人与世界。

《系辞》说圣人创设八卦是为了“通神明之德，类万物之情”。那么“咸”怎样通神明之德呢？我们知道，咸能够刺激打动人，远古之人似乎就是利用咸的这样的特性作比拟，以为如其能打动人一样可以通神。在古代典籍中，人们屡屡以“巫咸”来称呼以筮术为业的巫师，其原因就在于这些巫师拥有“咸”的本领，即能够与神交通。这些巫咸活动的时间上自黄帝，下至殷帝，因而，不可能是一人，而是一类能通神巫师的泛称。另据考证，以筮术出名的巫咸，乃是出自产盐、制盐得名的“巫咸国”。咸乃盐之性味，两者可以相互变通，咸即是盐。古代呼盐为咸，咸有打动人的能力，**众巫正是将咸通人、通物的能力夸大为**通上下、通神人天地的能力，而有从灵山升降上下，以通天地神人之说。在远古，卜筮是《易》的一个极其重要的功能，作《易》者与众巫一样要通天地鬼神。他（们）最常做的就是“近取诸身”，将咸经验（身与盐互动）普遍化为一种存在者之间的关系模式。当然，“咸”味之普遍化，其中亦有对咸味作用夸大与神秘化的成分。

咸在五味中占据首位。把握五行的途径是先把握其性质，把握五味的途径只能是“味”而不是“看”。这种原始的经验随着五行说的流行而成为主导的文化经验，并上升为思想道路，中国传统所谓“味道”是也。作为五味之一味，咸首先是水与盐的“交合”。因此，咸兼有水与盐的特征与作用。《说文解字》说：“咸，坚也；衔也。”“咸，衔也”，即盐遇口，融化而生咸味。所谓“咸，坚也”，即指其中盐的特征与作用。咸随水来，咸来水即来，故咸随水而有润下之功用。咸之润下又不同于水之润下，由于其中有盐这样的坚物，咸水较之单纯的水更有穿透力：它可以如同“戍”“戈”这些坚物一样作用于人的感官；也可以如此穿透他物，成为他物之一部分而使之坚硬，如咸水入土使土成为盐碱土，入食物而使食物保持更持久（腌肉、腌菜）。所以，咸之人物既如水一般润下，而又如坚戈一般具有穿透性。咸不仅是水与盐之合，对于人来说，它还是五行之情与人之欲的“合”。咸既润口，又如坚戈一样击中、穿透人之口；另一方面，口尝味盐（咸）时，既受其润，又受其如坚戈一般的刺激，所感触必敏感而愉悦。人欲咸，欲与咸通、与咸合，由与咸合而其欲得以满足。王夫之基于此对“味”的结构进行过精微的剖析。他认为，“味”首先是人与“五行”之间的互动，即“人动以欲，五行动以情”；其次，“味”是“五行”对人之“合”，即“合于人之舌与脏”：

> 五行本无适味。如木则五味俱有……盖自其一定者而言之，则天下之物无有正味……五味者，合于人之舌与脏，而见以为咸、苦、酸、辛、甘尔。有所合者必因乎动。人动以欲，五行动以情。润下、炎上、曲直、从革、稼穑者，情也。作者，动也。作动以变，而五味生焉。水不咸，而润下者咸。可煮为盐者，水之润下者也。①

“有所合者必因乎动”，盐以咸动人，人以其欲迎之。盐为人身体的必需品，人欲盐乃是正常、正当的需要。

作《易》者为什么以“咸”来命名上兑下艮这个卦呢？上兑下艮，其意为“交合”。以“咸”义释“咸”，“咸”卦的命名问题就与上兑先艮之象相吻合了。就味来说，咸是水与盐的交合，是五行之情与人之欲的交合；就巫术来说，咸是人与天地鬼神的交合（巫咸），而在八卦系统中，“咸”则表述的是阴阳两类存在者之间的“交合”。《易·咸》曰：

> 咸　艮下兑上　咸：亨。利贞。取女吉。初六，咸其。拇。六二，咸其腓，凶。居吉。九三，咸其股，执其随，往吝。九四，贞吉。悔亡。憧憧往来，朋従尔思。九五，咸其脢，无悔。上六，咸其辅颊舌。

《易·咸》之卦辞是“艮下兑上”，爻辞则涉及“拇、腓、股、脢、辅、颊、舌”之交接。《彖传》把“咸”解释为“感”，这使“咸”超出了“咸”

① 王夫之：《船山全书》，岳麓书社，1998 年，第 142 页。

之水与盐合、五行之情与人之欲合，而有了新的意义。不过，“超出”并不意味着“脱离”，咸卦之咸与五味之咸还是具有明显的关联。我们先撇开其“感”来看看“咸”义。就《易经》说，“咸”表述的是“山上有泽”“男下女”“艮下兑上”“柔上刚下”等两种对立势力之间相互吸引、相互成就的意象。在这些意象中，“山上有泽”乃是其本象，“男下女”“艮下兑上”“柔上刚下”则是本象的引申与普遍化。泽能润，山能坚能承受，此正是我们前文所提及咸味之“咸”的两种品性，而两种品性相互吸引、交合而成就的正是典型的咸味之“咸”象。

以“山上有泽”立象一方面鲜明地呈现了“咸”味之“咸”的结构、性状，以“咸”命名该卦不正是此意吗？另一方面，通过立象而成为一卦，其意义又超出咸味之咸而指向类的普遍性，“男下女”将咸卦之义引申到人类社会，“艮下兑上”“柔上刚下”“二气感应以相与”则将咸卦表述为贯穿于人与自然界的一种普遍的存在模式与思想道路。所以，以咸命名此卦，不仅仅是利用其名，更主要的是利用其内涵：以五味之一的“咸”来诠释上兑下艮，同时也以上兑下艮诠释“咸”。这样做的结果是使咸味之咸普遍化为一种结构或模式，即两个存在者之间交往互动，相互吸取、相互成就。以“二气感应”为特征，“咸”卦强调的正是二存在者之间的互动。在这个意义上，咸也成为“阴阳”说之阴阳关系的理想模型。由此，“咸”同时体现着阴阳说、五行说、八卦说的核心精神，也使这几种理论得以贯通，从而既在各种理论视域内，又共同作用形成重视交感（咸）的文化传统。

六十四卦乾坤皆交，“咸”不仅是独立的一卦，其被置于下经之首卦而具有重要的方法论意义，而且它也是贯穿于所有卦之中的一卦。故“咸”是存在者之间普遍的性质与关系。由于将“咸”理解为揭示万物自身性质的词，表述的是万物自身的普遍性质，由此，“咸”有了“皆”的意思。

《咸·彖》以“感”解“咸”，使“咸”发展出“感”义：

咸，感也。柔上而刚下，二气感应以相与。止而说，男下女，是以“亨利贞，取女吉”也。天地感而万物化生，圣人感人心而天下和平。观其所感，而天地万物之情可见矣。

在这里，《彖》以“感”解释“咸”，遂使“咸”的意义进一步扩展到天地、刚柔、万物、男女（《序卦传》）。天地、万物、男女、夫妇、父子、君臣、上下涵盖了人类生存所面对的整个的世界，“咸”则是贯穿这些领域的统一原则。但《彖》以有心之“感”而不再拘泥于无心之“咸”来阐释这个原则，原因何在呢？

唐代李鼎祚《周易集解》卷三十一曰：“‘咸’、‘感’古今字也。”他以为古代的“咸”就是“感”字，这显然模糊了两字之界限。从两字起源看，“感”晚出，由“咸”与“心”二义组合而成。如果两者为同一字，那么，为什么还要劳神在“咸”之下加上个“心”呢？强调“心”出于何意？从我们前文考察中可以知道，“咸”最初指味道之“咸”，后来，“咸”义扩大到人与天地鬼神之合，而新造出“鹹”字表示味道之“咸”，以示两者之差别。当其意义进一步扩展到表达人与人交合，人与物交合，特别是人有心追求这种交合时，“有心之咸”更能表现这种“咸”的状况与特质。

咸卦所指显然不仅是指人的“有心”与“无心”，感的有我或无我，还指有心之人之感与无心之物之感，所谓“咸，皆也”正指的是咸道的普遍性。不曰感而曰咸，是因为有心之感不足以涵盖感的范围，无心之咸才可以涵盖万物之间普遍的状态、关系、性质。“咸”既是普遍的性质，自然可以转化为普遍性的符号或象征，或它即是普遍性，即是“皆”“同”“共”。

咸无心而感有心，无心之咸包括无心之物与物交合，也包括有心之人与无心之物的交合；人之感仅指后者，不过，它可以区分为有我之感与无我之感。有私虑的为有我之感，无私虑的为无我之感，无私虑不即是无心，以公心感即是有心之感。咸涵盖天地人事，指万物中任意两存在者之间的往来不已的交互作用，感出于人，限于人，指两有心之人之间的相互往来。一说感，其中就包括二者之“往来”，单说人之感通，乃略言也。我与物之感，详言之，即我到达物，以我触物，物则以其自身回应我，来到我这里，物我往来不已，故我可“通”物。二气感应乃直接从存在论上说，其范围包含天地人事，其精神贯穿于《易》之始终，所谓“六十四卦之汇皆在于咸”。所以，“咸”与“感”的意义并不等同。《彖》把“咸”解释为“感”，“咸”的意义限定在有心之感，从而突出了人在交互作用中的地位，使之具有了方法论意义。

感是有心之咸，所以，感既像水能浸润万物；又像坚戈一样具有强大的穿透力，足以击中、穿透所感之物。因此，感也是一种味（体味）物的方式。目光不能穿透交感变化而有味的世界，但感可以润泽、穿透万物，通达万物并将万物带到自身以化己，此即传统所谓“感通”是也。康德称味觉为“化学性”感觉，称口与气味相互吸取，相互成就。在中国文化中，味觉如是，视觉、听觉，乃至拇、腓、股、脢、辅、颊等一身皆感焉，一身皆与万物（不仅气味）进行化学反应：彼此交养成就，人与物之间互变互化，此乃中国文化一个鲜明特质。

“咸”不等同于“咸”，但“咸”是“咸”的一种，是一种有滋味的“咸”；“感”是有心之“咸”，也可以说是有心之“咸”。“咸”卦之“咸”可以看作是五味之“咸”的功用，由“咸”卦之“咸”引申来的“感”与咸味之“咸”亦有深刻的关联。万物有味，把握有味的万物需要“味之”。人之“味物”，即以其口作戈，尝味万物，击中、嚼碎、湿润、穿透、通达万物，确定万物之为万物。有感而可“通”天地万物、可“知”天地万物。以“感”为根基与根据的“知①”因此而拥有特别的意义。

咸、感都源于“咸”，就意义谱系看，由咸而咸而感，三义的演化与关联展示出中国传统重“感”文化传统的源与流。就味来说，咸是水与盐的交合，是五行之情与人之欲的交合；就巫术来说，咸是人与天地鬼神的交合（巫咸），而在八卦系统中，“咸”表述的是阴阳两类存在者之间的“交合”，“有心之咸”（“感”）表述的是有心之人与他者的交合，“知”同样展示着不同存在者之间交合、交通的存在关系。由咸到咸，从咸到感，这正是“五行”与“八卦”、“阴阳”诸说共同塑造的思想道路。

四、心在窍为舌、开窍于舌

我们还可以从传统思想世界对感官的观念来进一步理解以味为性思想的缘起。

---

①《说文解字》卷五曰：“知，词也。从口，从矢。”“知”由“矢”“口”构成，其原始含义也与二义相关，而与“咸”所组成的“戈”（或“戌”）、“口”的意义大体一致，二者都是“口”与利器之合。在这个意义上“知”与“咸”“感”为一类。

当“味”而不是“形”被理解为物的本质属性，味觉的意义也就突显出来。“味”虽依托“形”而存在，但“形”不是一物之为一物者，相反，“味”使“形”得以实现、完成。有形之物可以通过视觉看到、把握到，作为本质的无形的“味”必须借助于味觉来把握。

比较古代中国与古希腊、古印度对感觉秩序的规定无疑对理解这些哲学大有裨益。众所周知，古希腊哲学重视“视觉”。柏拉图与亚里士多德对此都有明确的表述。

诸神最先造的器官是眼睛……于是我们就开始有哲学。（柏拉图《蒂迈欧篇》45b2 –47b2）

求知是所有人的本性。对感觉的喜爱就是证明。人们甚至离开实用而喜爱感觉本身，喜爱视觉尤胜于其他……我们也更愿意观看。（亚里士多德《形而上学》980a22 – a2b）

在所有感觉中，视觉被放在第一位，听觉次之，其他感觉则被轻视、贬低。视觉是一种距离性感官，它具有直接性、不介入对象等特征，因此视觉所获得的经验最“客观”，最接近对象本身的性质。尤其值得注意的是，古希腊哲人推崇视觉往往与事物的“形式”联系在一起。“形式”又被理解为事物的本质，亚里士多德的“四因说”清楚地表明了这一点。视觉与形式、本质的这种关联又促使古希腊以来的西方思想在哲学、科学、绘画等领域不断强化、训练视觉。**柏拉图说视觉产生了哲学**，这种声音在后世不绝于耳。现象学家汉斯·乔纳斯对于视觉与西方传统哲学的许多基本观念之间的关系做了深刻的揭示：“视觉所及之处，心灵必能到达。”①

印度佛教哲学对感觉秩序的排列类似于古希腊，他们也将“视觉”放在第一位。佛教经论中“感官”的秩序通常为“眼耳鼻舌身”（“五根”），与此相应的感觉秩序通常是“色声香味触”（“五尘”）。在广义的“色”中包含着“相”（“形色”）。“相”的范畴在佛教思想中极其重要，但将“色”与“眼”对却又使“相”的观念不同于古希腊的“形式”范畴。“色”被理解为事物

① 汉斯·乔纳斯：《高贵的视觉》，见《哲学与现象学研究》，1954 年，第 519 页。转引自卡罗琳·考斯梅尔《味觉》，中国友谊出版公司，第 31 页。

的本质（所谓“有实质”），而“相”不是事物的本质。“四大”及其所造物皆可称为“色”，换言之，以“色”为事物的本质，故又可以“色”称物。

古代中国对感觉的秩序、等级的规定大异于古希腊与古印度。尽管不同典籍中诸种感官与感觉排列的秩序有所不同，但在对待视觉态度上却差不多是一致的，即视觉及所看不是第一位的东西。

不管是“味色声”（《左传》），还是“耳目口腹”（《礼记·乐记》），视觉之所对都不拥有优先性。为什么古代中国没有像古希腊与古印度哲学一样把视觉放在首位呢？如前所述，视觉在把握事物本身性质方面优越于其他感官，但古代中国以“五色”（白、青、黑、赤、黄）与“五味”“五声”相对，说“五色”而不说“五形”，显然关注更多的是事物的“色”而不是它的“形”。“唯江上之清风，与山间之明月，耳得之而为声，目遇之而成色。”（苏轼《前赤壁赋》）为什么是“目遇之而成色”，而不是“目遇之而成形”呢？“形”与“色”相比，更具有“客观性”，“色”则是“目”与“对象”之“相遇”，用今天的话说即是：“色”是主客相互作用的产物，而“形”则纯粹是对象自身的特征。于视觉，不是关注“形”，而是关注“目遇而成”之“色”，这与对“目”（眼）所承担的任务有关，具体说就是，“目”的任务是由内而外地表达自身，是“出意”、是“传神”，它的认识功用为表达功用所牵制。

“味色声”的排列秩序，以及将“味”理解为物的本质，都规定着味觉的特殊意义。作为本质的“味”通过视觉之“看”是无法把握的，承担这个把握本质使命的注定是味觉。

“一阴一阳之谓道”（《系辞上》），气味阴阳在味觉上的开展就有了一般存在论的意义，这意义就是与天地相交，就是在一呼一吸、一饮一食之间展开大道，并且以此保持对大道的通达。柏拉图说视觉产生了“哲学”，在中国思想传统中，我们仿此可以说，味觉产生了“道学”，并且亦理所当然地承担起通达、把握道（本质）的使命。

味觉的官能是“舌”。中国人对“舌”的理解非常有意思，在汉语思想中，舌又名灵根、心窍。与这些名称同样神奇的是舌的功能，即舌主辨味和表音声。《灵枢·忧恚无言》有：“舌者，音声之机也。”音声以及语言都由舌的活动产生，语言对世界的辨别、呈现都通过舌来实现，其道出的东西又与心相关。而在实质层面，“舌”又承载着辨味的功能。舌之能表音声与辨味，乃在于它与“心”的关联：

心气通于舌，心和则舌能知五味矣。（《黄帝内经·灵枢·脉度篇》）

舌为心之苗。①

舌者，心之官也。②

心在内，其接物应事的载体为何？诚然，五官七窍身体发肤之活动皆由心主宰，皆可作心之载体。但就关联的密切性来说，舌又拥有特别的地位。舌为心之窍，为心之苗，为心之官，这些说法无疑都是为了强调舌与心的一体性。心开窍于舌。唯其有窍，故能授受万物；唯其根柢于心，故能辨百味。尽管此处的心为“肉团心”，但心与舌的内在关联无疑使味觉拥有较之视觉、听觉更为突出的地位。舌与心互为表里也（历史地）造就了两者活动机制的一致性。理解了“感”或“心”的活动机制与“舌”（味觉）的活动互为表里的特征，我们就不难理解中国思想方式的特性。同时，由舌与心的一体性，我们或许也可以理解在色声味等物的诸多性质之中，何以以“味”为性，由味通道了。

五、一身皆感焉：诸觉之“感化”及其影响

味觉优先，特别是味觉向“感”的扩展，使得味觉成为其他“官觉”的样板，对于这些官觉来说，味觉已经成为他们追逐的方向与目标。正如古希腊哲学中，视觉优先导致其他官觉的视觉化一样，“味觉化”“感化”成为其他官觉——包括身体之觉及心觉——之必经之路。

在诸官觉中，耳目为人提供了最多的信息。就认知说，他们提供了事物的实然信息，但耳目不仅关注外界到底是什么，还关注外界对自己的作用、意义，也就是说，外物不仅作为“实在”（“实”）出现，更重要的是作为耳目之感（“欲”）的相关物出现。耳目之感包含着主体的期待与希求，即期

① （清）张隐庵：《黄帝内经素问集注》，学苑出版社，2004年，第52页。

② 同上。

待、希求所感之物或人的回应：所感之物或人以何种方式到来，有利于己或有害于己，等等。

就功能看，“眼”是“看”，即看对象之“所是”。但如我们前文所论，在中国思想世界中，占据主流地位的不是“纯粹的看”，不是“以实观之”，而是“以礼观之”“以仁观之”“以道观之”“以象观之”等方式的“看”。所看的不仅是对象之实然，更重要的是对象之“意味”，也就是说，眼睛不仅在看对象是什么，不仅在摄取对象的信息，而且还在接受这个存在者，在相应地交流，把自己给予对方，在等待另一个存在者的反馈。“看”不再是同时性地展开，它像“（玩）味”一样物我来来回回、相互作用而持续绵延，占用时间。这样的眼睛一边在看，一边“传神”。在中国哲学中眼睛亦能感，且善感。

> 传神写照，正在阿堵中。(《世说新语·巧艺》)
>
> “传神写照”，是把神传出去，是通过眼睛，神与物交，神与物游。强调眼睛给予、投入、参与，而不是理解为“镜式”反映。顾恺之对眼睛的看法具有代表性，眼耳关乎神明，所以眼睛主要的作用不是“看”，而是“传神写照”，是感。既是“感”，那么，眼睛就不仅不会与所看拉开距离，单独关注对象之所是；主体也不能成为纯粹观看的主体。眼睛成为与他者交往、交流、交互作用的载体，他者“来”则接应之、“往”则与之。宗炳将此表述为“应目会心”：
>
> 夫以应目会心为理者，类之成巧，则目亦同应，心亦俱会。（宗炳《画山水序》）

对于这些中国的思想家来说，视觉不是单向的投射，而是与世界万物不断地交往。所看到的不仅是对象的形色，还有对方对看者的反应，因此，所看之中又包含自己，自我与外物相互交融。所看之中，有物有我，物我相互进入而交融为一，此以“往而返”的方式活动正是“味”或“感”的特征，可以说，眼睛不仅在“看”，更重要的是在“感”，用眼睛在“感”。“传神写照”“应目会心”深刻地揭示了万物对自身的作用性质，而不是人对万物的“模仿”或“反映”。

就听觉说，按照古希腊的观念，听觉与视觉一样是一种距离性官觉，或按照康德的理论，听觉与视觉一样是一种“机械性感觉”，即听者与所听不会发生相互作用，特别是化学性作用。显然，这都是单纯从“认知”角度得出的结论。事实上，正如“纯粹的看”是一种文化理想一样，“纯粹的听”——纯粹认知意义上的听——也只是西方的一种文化理想。在中国思想世界中，“听”与“看”一样是以特定价值观念为主导的，听觉同样也经历着“味化”“感化”。

听觉对应着声响，对声响的理解在不同文化中是有差异的。《礼记·乐记》对声响进行了自觉的区分与规定：“凡音之起，由人心生也。人心之动，物使之然也。感于物而动，故形于声。声相应。故生变；变成方，谓之音。比音而乐之，及干戚羽旄，谓之乐……声成文，谓之音。……凡音者，生于人心者也；乐者，通伦理者也。”“声”“音”“乐”之区分是建立在“礼乐”文化系统之上的，他们之差异首先是文化的差异而不是自然之“质”的差异。相应于三者的区分，听者也被划分为三种类。“知声而不知音者，禽兽是也；知音而不知乐者，众庶是也。唯君子为能知乐。是故，审声以知音，审音以知乐，审乐以知政，而治道备矣。是故，不知声者不可与言音，不知音者不可与言乐。”（《礼记·乐记》）“声”“音”“乐”三个等级对应的是“禽兽”“众庶”“君子”三种价值存在。“乐”在此价值等级中占据着最高位置，这使声响之价值化成为听觉理所当然的对象，也使听觉摆脱客观的、不关于己的距离性的姿态，以种种方式进入到与他者的交往过程中。孔子曰：“非礼勿听”（《论语·颜渊》）；荀子曰：“以学心听”（《荀子·正名》）。“以礼听”与普通的“听”的差异在于，后者仅仅关注声音本身，关注其强弱、高低，以及与其他声音间的差异；前者则首先关注的是声音的发出者、制造者，并根据声音的发出者的具体差异，以之为基准调整自身的接受与反应的态度与姿态。更可注意的是，在这样的听与被听之间不是单向的接受、反应，事实上，被听者亦因听者之差异，因应之而做出种种反应、调整。听与被听双方就处于这样互相影响与相互因应之中。

因此，听者与被听者彼此交融推动着“听”这一事件的展开，听的内容即所听继而超出声响的范围而指向声响之“意味”。当“耳”指向“意味”，搜寻“意味”，不仅声响成为被听者，甚至是“无声”，甚至是“形色”……都可以成为听的对象。“色”“气”“耳”“目”都是与听者相对的另一存在者

“意味”之所寄，都如“辞”一样表现着发自于“心”的“意味”。因此，他们都和“辞”一样可以被“听”到。

“感”之官有眼、耳、鼻、舌、身，更重要的是“心”。视觉、听觉都在长期文化演进中被“味化”“感化”，其他感官活动、心灵活动亦如此。明代来知德精辟地发挥《易传》说：“周公立爻象曰‘拇’、曰‘腓’、曰‘股’、曰‘憧憧’、曰‘脢’、曰‘辅颊’、曰‘舌’，一身皆感焉。盖艮止则感之专，兑悦则应之至。是以四体百骸，从拇而上，自舌而下，无往而非感矣。”“（来知德：《易经集注易经享义·家》）”；（来知德为明代人）；“感”是以“味”为原型的一种存在者之间的交往方式、思考方式，同时也是一种存在方式，即物与人这种持续交互作用的方式。“感”不限于经验方式，它也是一种理性活动方式，在概念层次上，“象”与感相应；在思考方式上，不是“沉思”而是“感思”；在把握目标上，感所通的是“幽明之故”；这样就在各个层次上塑造了独具一格的“感文化”，相应的诠释学基础就是“解味学”。

11.“体知”解意

——兼及中国哲学的创造性转化议题

张兵

陕西师范大学马克思主义学院

由杜维明先生提出并极力提倡的“体知”观念，已经受到更多人的关注，并在学术讨论上有着积极的反应①，乃至有人已将其作为一个哲学研究中的基本概念去诠释一些实践领域中的问题。然而，作为一个“新”词，“体知”的关键问题，诚如杜先生自陈，“是一定要在理论构建上有突破，而不仅仅是

① 最近关于“体知”规模较大的学术专题讨论，当推2006年7月广州中山大学举办的“体知和人文学”研讨会，以及当年12月在台北召开的“体知”与儒学研讨会。

一个实践层面上的问题”。[①] 在“体知”的理论建构上，首先需要廓清的是“‘体知’何以可能”的问题，指向的是作为其隐暗维度的本体论基础。与此发问相应，此“何以可能”亦关涉到以“体知”所标示的中国传统哲学创造性转化的效度，即其作为一套现代话语系统，能自然地相承于古代话语，又能顺畅地契入全球化背景下的当代生活，同时，这一与当代生活的契接无碍，必要在实践功夫上显示出其独特的理论内涵，即作为“体知”的“修身”实乃“身体自然知—‘道’”这一为己之道。

一、“体知”语辨

以系谱学的方法对“体知”进行历史的考索，对于“体知”之源的探察，虽非最究底之处，却也不是可有可无。据相关考证，“体知”一词最早出现于《后汉书·志第一·律历上·律准》：“音不可以书以晓人，知之者欲教而无从，心达者体知而无师，故史官能辨清浊者遂绝。”[②] 然亦仅几处可见，故可谓在古代文本中，“体知”系不彰之词。与“体知”意相关而常见者，有二程对“天理二字”的自家“体贴”，延平教朱熹对“喜怒哀乐未发时作何气象”的“体验”，等等。语相似者亦可观朱熹关于横渠“体”字义析：

> 问：“‘物有未体，则心为有外’，此‘体’字是体察之‘体’否?”曰：“须认得如何唤作体察。今官司文书行移，所谓体量、体究是这样‘体’字。”或曰：“是将自家这身入那事物里面去体认否?”曰：“然。犹云‘体群臣’也。伊川曰‘‘天理’二字，却是自家体贴出来’，是这样‘体’字。”(《朱子语类》卷九十八沈僩录)

在宋明儒学中，察、味、认、体、会、证、验等词与“体”的搭配使用更为常见，其中“体验”尤为杜先生所重，乃至其屡称中国古代哲学为“体

---

① 杜维明：《杜维明文集》卷五，郭齐勇、郑文龙主编，武汉出版社，2002 年版，第 370 页。

② 相关考证参见：景海峰《中国哲学“体知”的意义》，《学术月刊》2007（5），第 65 页；陈立胜《满腔子是恻隐之心——良知何以是体知》，收入《体知与人文学》，华夏出版社，2008 年版，第 166 页；黄俊杰《论东亚儒者理解经典的途径及其方法论问题》，收入《中国诠释学（第六辑）》，山东人民出版社，2009 年版，第 99 页。

验之学”①。因此，当杜先生于1984年首揭“体知”之义，有学者戏谑称其为“杜维明所撰”，在“体知”义解上亦可说得通，及称“它（体知）能为我们生活里所熟悉的经验模式提示一个新层面的认识”②，给人耳目一新之感，此“新”则需有辨。

与此辨相关者，还有关于杜先生最早提出“体知”一词的时间考证，以往多集中于杜先生本人写作的中文文献，考虑到杜先生双语写作③，且英文文献又占较重比例这一实情，这一考证是不够周全的。中文文献中，最早阐述“体知”是在1984年，针对王弼“‘圣人体无‘何以可能’”这个难题，作者做了一个认知方式上的区分：“英国哲学家赖尔（G·Ryle）在其《心的概念》（The Concept of Mind）一书中指出‘认知’（to know that）和‘体知’（to know how）的分别。”④ 这一分别，在1981年的英文文献中已经提到，且用来分析“自我认识”（self-knowledge），⑤ 而“自知”“知人”是杜先生在阐述“体知”内涵时经常举的例子。事实上，更早的英文文献出现在1976年，在探究宋明“身心之学”的体验特色时，作者区分了“如何”（how）和“什么”（what）的问题，进而指出宋明儒学强调的是体验性的理解而非纯认知性论证的技巧。⑥ 也是在这篇文章中，杜先生首次将“体”看作探讨宋明儒学的关键性概念，并逐一详解了“体察”“体味”“体认”“体会”“体证”“体验”这些以“体”字开头的复合词的含义。

虽然“体知”的提出源自赖尔对知的两个区分，但相对于波兰尼（Michael Polanyi）的personal knowledge（亲知）和the tacit dimension（默会的维

---

① 可参见：《杜维明文集》，卷一第168、239页，卷三第377页，等。

② 《杜维明文集》卷五，第343页。

③ 由于杜先生本人没有将自己的文章翻译为英文或中文的习惯，故下文提到的英文文献或中文文献，除无特别说明，均指杜先生本人所手书的文章。

④ 《杜维明文集》卷四，第73页。

⑤ Tu wei-ming, The “Moral Universal” from the Perspectives of East Asian Thought, from Confucian Thought: Selfhood As Creative Transformation, N. Y.: State University of New York Press, 1997, p. 20.

⑥ Tu Wei-ming, “Inner Experience”: The Basis of Creativity in Neo-Confucian Thinking, from, Humanity and Self-Cultivation: Essays in Confucian Thought, Boston: Cheng & Tsui, 1998, p. 104.

度）而言，赖尔的“knowing how 对于捕捉‘体知’的韵味还是显得太浮泛、太笼统了”。① 因此杜先生后来常用 personal knowledge 来解释“体知”。一个值得一提的细节是，中文版《杜维明文集》（收录了杜先生英文的中文译本）中，“体知”一词出现的文章，按发表时间计，最早的乃是 1975 年刊于美国《人文》杂志的 *The Value of the Human in Classical Confucian Thought*（《先秦儒家思想中的人的价值》），其中译者将原文的 a personal knowledge of the good 译为“一种对善的个我体知”。② 此外还可举出一个例子，后来被杜先生亦拿来指示“体知”的传统术语“明明德”之“明德”，杜先生用英文将“明明德”解释为 to cultivate our personal knowledge。③ personal knowledge 在杜先生的访谈中间或名之为“亲知”“真知”“个人之知”；他曾引用伊川“虎伤人”的话头来说明观念与亲身经历之间的关联性④，此语亦常被究“体知”者引用，原文如此：

> 真知与常知异。常见一田夫，曾被虎伤，有人说虎伤人，众莫不惊，独田夫色动异于众。若虎能伤人，虽三尺童子莫不知之，然未尝真知。真知须如田夫乃是。故人知不善而犹为不善，是亦未尝真知。若真知，决不为矣。（《二程集·河南程氏遗书卷第二上》）

但“亲知”虽突出了“知”的“亲身体验”或“设身处地着想”的意思，但仍然“未能申明修身哲学的精微之处”⑤，相较而言，embody 是一个更

---

① Tu Weiming, The Global Significance of Concrete Humanity, New Delhi: Munshiram Manoharlal Publishers, 2010, p. 378 – 379.

② 《杜维明文集》卷三，第 261 页。其英文出处可参见：Tu wei-ming, The Value of the Human in Classical Confucian Thought, from Confucian Thought: Selfhood As Creative Transformation, N. Y.: State University of New York Press, 1997, p. 76.

③ Tu Wei-ming, The Confucian Sage: Exemplar of Personal Knowledge, from Way, Learning, and Politics: Essays on the Confucian Intellectual, N. Y.: State University of New York Press, 1993, p. 37.

④ 杜维明、东方朔：《杜维明学术专题访谈录——宗周哲学之精神》，复旦大学出版社 2001 年版，第 29 页。

⑤ Tu Weiming, The Global Significance of Concrete Humanity, New Delhi: Munshiram Manoharlal Publishers, 2010, p. 399.

恰当的词，“体知”也就对译为 embodied knowing 或 embodied knowledge。[1] 同样，embody 一词在杜先生的英文文献中亦很早出现，“embody” the way 即中文的“体道”[2]，“体”的直接意思是“体现”（to embody）[3]（此两处所引之文作于 1976 年）。作于 1970 年的 *The Unity of Knowing and Acting*: *From a Neo-Confucian Perspective*（《从宋明儒学的观点看“知行合一”》）一文，更强调了 embody 一词所具体的“知”之非纯知的特征，其中一句释《孟子·尽心上》“尽其心者，知其性。知其性，则知天矣”语中的“知”，此处有必要将原文列出：

> The word *chih*（“know”） in the present context connotes not only cognitive knowing but also affective identifying or experiential “embodying”.[4]

今将其译为：

> 此处，“知”这个词不仅仅指认识上的知，同时也意味着情感上的认同或经验上的“体现”。

因此，以 embodied knowing 表达的“体知”包含了递进的三层意思：（1）体验也是一种知，“知”在这里表达的是体验的普遍性及其可被知的公共性品格；（2）“体知”是涉及亲身感受之知，不仅强调亲感亲历，而且有亲受之应，即在“为己之学”中实得于己的“自家受用”之处，亦是传统哲学作为修身哲学自我创造性转化的过程，在此过程中所获得的“知识”必能受用以达到变化气质的实际效用；（3）“体知”所知者，主要在于本体的证会，是对人之所以为人的大本大源处的“知”，亦即《大学》“此谓知本，此谓知之

---

① 参见：The Global Significance of Concrete Humanity, p. 366, 371；《杜维明文集》卷五，第 640、646 页。

② Tu Wei-ming, The Confucian Perception of Adulthood, from, Humanity and Self-Cultivation: Essays in Confucian Thought, Boston: Cheng & Tsui, 1998, p. 44.

③ Tu Wei-ming, “Inner Experience”: The Basis of Creativity in Neo-Confucian Thinking, p. 103.

④ Tu Wei-ming, The Unity of Knowing and Acting: From a Neo-Confucian Perspective, from, Humanity and Self-Cultivation: Essays in Confucian Thought, Boston: Cheng & Tsui, 1998, p. 87.

至也”之“知”。以此三者观之，“体知”不是一个平面范畴，它是一个认识论、工夫论、本体论的立体有机统一体，既是“以身体之”的亲知真知，又是“身体力行”的着实践履，以及“体之于身”而“以天下万物为一体”的生态存在。从“体知”的内涵看，我们也可以把中国古代哲学称作“体知之学”。

二、“体知”之“知”的现代元素

杜先生经常把儒家的人学称作体验之学，过去乃至现在亦有很多人也经常用“体验”来表征中国哲学，那么，为什么要舍其已就而另立“体知”呢？“体知之学”与“体验之学”是否只是床上架床屋上起屋？杜先生提到，“体知”以体验为基础①，显然，“体知”涵括了“体验”的内涵，同时又强调了体验所欠缺的维度。以第一部分结尾由语辨而列出的“体知”三义看，其二、三义项可谓之体验，但第一义项表达了“体验”所薄弱的一个维度：“体验”也是一种“知”，此种之“知”既非仅限于前科学的个人感受，亦非宗教体验中神秘的沟通能力，而是一种更科学的“知”。

至此，借助对“体知”语词表达用法的考察，我们可以回应前面所提出的问题，即对“‘体知’给人耳目一新之感”的辨析。显然，这一感觉对生来其文化即浸润于汉语世界的人有效，而英语世界绝不会有新旧之心理落差。在汉语世界，其“新”之感在于，“‘知’则赋予了‘体’以现代话语色彩，由此，以体验、体贴、体认、体会、体证、体恤、体味、体察、体玩、体究所标志的中国哲学的独特性通过‘体知’进入到现代语境”。②“知”是“体知”的现代元素，“体知”所开出的认识论不再是屈已同人，而是站在西方认识理论发展的前沿成为论说的制高点，同时又不失却自家本来意思，是传统文化创造性转化的得意之作。

返观杜先生提炼“体知”的心路历程，我们能更深入地感受到“体知”所代表的儒学研究上的创造性转化。杜先生以复兴儒学为己任，但却是以很自觉的多元文化背景来反思现代精神与儒家传统这个课题。面对儒家传统失语、无墙博物馆化（museumization）的窘境，杜先生不是简单地从民族感情

---

① 《杜维明文集》卷五，第340页。

② 参见拙作：《身体观研究视野下的“体知”述议》，《哲学动态》2010（11），第28页。

出发，而是先有一个对中西文化的认真考虑。1962 年初入美国学术界，他抱着这样一种心理准备，“如果事实显示，我信以为真的道理业已被证伪，那么我就决不会因此而抱残守缺，甚至会弃之而在所不惜”。① 在这一生命碰撞的体知中，杜先生益发坚信儒学作为人学的价值，作为一个活生生的传统，是能够发扬光大的。在当时西方宗教、哲学二分的情况下，东方体验之学由于不合思辨程序极易被归入宗教学，因之“学术界人士对体验之学总抱着怀疑的态度”②，表现之一就是，当时的东方哲学研究大都开设在宗教系。这一东方哲学的观感印象实际上是一个黑格尔式的老调调儿。“我们所叫做东方哲学的，更适当地说，是一种一般东方人的宗教思想方式——一种宗教的世界观”,③ 或者，儒家传统所讲的做人的道理，超不出常识范围，属日用平常，本无甚可言。中国传统哲学要么被归为浅薄的常识，要么被归为宗教的神秘体验，而总在严肃的学术研究之外。实际上，这一窘境并不由中国传统哲学自身所致，恰恰源于这一浮浅的哲学、宗教二分：

> 借用一个吊诡的方式，儒家既不是一种哲学又不是一种宗教，正因为儒家既是哲学又是宗教。如果仅把儒家当作一种哲学，一种理智的思辨，一种纯智的解析，一种逻辑的争论，一种思想的厘清，那么儒家的体验精神就会被忽略；如果仅把儒学当作一种宗教，一种直觉的体验，一种灵魂的信仰，一种绝对的皈依，一种感情的超升，那么儒家的学术精神就会被贬低了。④

有学者评价道，“杜维明先生造出一个‘religiophilosophy’（宗教—哲学）的词来描述儒学，其良苦用心正是力图要在西方学科分类的体制和语境中兼

① 杜维明、东方朔：《杜维明学术专题访谈录——宗周哲学之精神》，复旦大学出版社 2001 年版，第 3 页。

② 《杜维明文集》卷一，第 156 页。

③ 黑格尔：《哲学史讲演录》第一卷，贺麟、王太庆译，商务印书馆 2009 年版，第 125 页。

④ 《杜维明文集》卷一，第 166 页。

顾儒学的宗教性和哲学性”,① 在我看来，其真正的目的，在于重申儒学的活的生命力。在“知识论中占据要津的‘思辨’落到第二义，取而代之的是体验和实践”的时代气息中，重申儒学“体验之学”的价值有了外来上的助缘。在这一新定位中，“体验”一定是可说的，否则此体验只能被归入宗教式的神秘冥悟。因此，问题的关键在于：如何通过现代的语言文字把儒家的体验精神一丝不苟地展示出来?② 作为一种积极的反应，“体知”不同于简单的格义或平面解释，而是有其内在的肌理，亦由此故，外在层面的话语系统转换正体现了儒学内在的“创造性转化”。③

这一创造性转化，首先在于倡明了“体验”也是一种“知”，且不同于西方传统中源于局外观察者的客观之知，“体知”是整个身心介入的“知”。如对“致知在格物”之“格物”的识解：

> 不能将“格物”解释成身居局外的观察者对外在事物进行无动于衷的研究。相反，它代表了一种认知方式，认知者在这种方式中不仅被已知事物渗透，而且还被转化了。④

“体知”首先所要极力摆脱的，就是那种认识论上的归约主义，彻底跳出自笛卡尔以来各种排斥性的二分法。体现在身、心关系上，排斥性的二分主张认识系“心”的匠心独运，将“身”在认识发生中的实际作用化约掉。与此不同，体验之知强调“将自家这身入那事物里面去体认”，如明道之“入塔识相轮”而非“对塔说相轮”：

> 先生尝语王介甫曰：“公之谈道，正如说十三级塔上相轮，对望而谈曰，相轮者如此如此，极是分明。如某则戆直，不能如此，直入塔中，上寻相轮，辛勤登攀，逦迤而上，直至十三级时，虽犹未见相轮，能如公之言，然某却实在塔中，去相轮渐近，要之须可以

① 彭国翔：《儒家传统的身心修炼及其治疗意义》，收入《儒学的气论与工夫论》，杨儒宾、祝平次主编，华东师范大学出版社 2008 年版，第 10 页。

② 《杜维明文集》卷一，第 154 页。

③ 《杜维明文集》卷一，第 560 页。

④ 《杜维明文集》卷三，第 539 页。

至也。至相轮中坐时，依旧见公对塔说此相轮如此如此。”介甫只是说道，云我知有个道，如此如此。只他说道时，已与道离。（《二程集·河南程氏遗书卷第二上》）

识某物必要身浸其中，以身体之，否则，所识只是空口之论说，只是“戏论”，只是“玩弄光景”；没有身心上的亲历亲证，它便不能成为真知。但强调“体知”的亲历亲感并不意味着“体知”局限于“见闻之知”，或者说，“体验（之知）”与“经验（之知）”有别。这一点上，西方认识理论研究的新进展能够给予我们支持。自从莱考夫（George Lakoff）和约翰逊（Mark Johnsen）提出 embodied mind 之后，“具身性认知”（embodied cognition）引起了越来越多人的关注，其中的 embodied 强调认知与人的身体密切相关，用莱考夫本人的话说，甚至抽象的理性概念最初也源于身体经验的隐喻投射，“我们的身体像什么以及他们如何在世界中发挥作用塑造了我们用以思考的恰当的概念”。① 与这一认识论上的新兆相应，有学者断言：“从‘经验’进一步推进到身体性的‘体验’，则不失为现代西方哲学从形而上走向形而下、从抽象走向具体、从玄远纯思走向亲己事实的一种更为彻底的经验主义的走向。”② 彻底的经验主义者和中立的一元论者坚持心智和世界都是由“纯粹经验”（pure experience）构成，“这一纯粹经验自身既非精神的也非物质的”，③ “体验的视角（embodied perspectives）始于自然与文化是尚未分离、先已存在的实体这一位置”，④ 而非是两个不连续的实体间的互动。以“心”与“身”的关系而言，心身本就是一，不是二，亦不是二之后的合一，这一观点恰与梅洛-庞蒂在身—心上的暧昧相映成趣。

从“经验”到“体验”这一转变，能够在杜先生英文写作中对“体验”一词的表达选择上体现出来。最初用于表示中文“体验”的是 experience（经

---

① 转引自：李恒威、盛晓明：《认知的具身化》，《科学研究》2006（2），第 184 页。

② 张再林、燕连福：《从经验到体验：现代西方哲学的彻底经验主义走向》，《江海学刊》2010（2），第 56 页。

③ Antony Chemero, Radical Embodied Cognitive Science, Cambridge, Massachusetts: the MIT Press (Bradford Book), 2009, p. 183.

④ Lisa Blackman, The Body: the key concepts. Oxford and New York: Berg, 2008. p. 37.

验）一词，后来受马塞尔（Garbriel Marcel）的启发采用了 inner experience（内在经验）①，再后来采用了英文的 embody（体验、体现）一词②，显示了体验不同于经验之处。但不同于西方认知科学中向经验的彻底回归以及仅仅将身体看作认知的基础，“体知”还包括其在高认知水平的复杂运作，即“体知”不是认知的低级阶段和前科学的混沌感受性，它有着直接经验性的品格，同时也是“在打破主客对立乃至价值中立的格套之后进行层次较高、方面较多、视野较广的综合性分析”。③ 借用杜先生解喻“体知”所使用的传统术语，乃横渠的“德性之知”。

> 大其心则能体天下之物，物有未体，则心为有外。世人之心，止于闻见之狭；圣人尽性，不以见闻梏其心，其视天下无一物非我，孟子谓尽心知性知天以此。天大无外，故有外之心不足以合天心。见闻之知，乃物交而知，非德性所知；德性所知，不萌于见闻。（《正蒙·大心篇第七》）

“德性之知，不萌于见闻”，依阳明解释，乃“良知不由见闻而有，而见闻莫非良知之用”（《传习录中·答欧阳崇一》），即“德性之知”涵纳“见闻之知”。一个“梏”字，显示了“体知”（德性之知）可应用于高层次上对事物复杂性的研究，它可以包括逻辑分析一类认知的“隔离的智慧”，在此基础上实现一个更全面的了解和把握。

如此，“体知”作为现代话语，给人以耳目一新之感，使此体验之学的生命力透溢出来，但此“新”却是与现代西方理论相砥砺激发而出。亦由此故，“体知”能站在现代话语系统中的优势位置，不再因中国古代哲学缺乏近代笛卡尔式认识论而曲为之说、凑泊缝合，更由于其知“性”、知“天”、知“德”的生活品格而不同于西方纯粹认识论领域中的 embodied cognition。“大其心则能体天下之物”之“体”，大约是西方人很难肯认的，而这恰恰是“体知”中最具传

① Tu Wei-ming, “Inner Experience”: The Basis of Creativity in Neo-Confucian Thinking, p. 103.

② 《杜维明文集》卷二，第 309 页。

③ 《杜维明文集》卷五，第 349 页。

统特色之处，对此可能性的追究，必然移及“体知”的形而上学根基。

三、“体知”之“体”的名词用法

对“大其心则能体天下之物”的“体知”之“能”的动词追问，必然诉及到“仁者以天地万物为一体”的名词“体”上。

> 张载“大其心则能体天下之物”和程颢“仁者以天地万物为一体”的观点是一致的。张载这句话中的“体”是动词，程颢的是名词。我们可能说张载判定人的心量可以体知天下之物的基础，即是程颢所谓的一体之仁。①

“一体之仁”之“体”，指向的是亲在的身体以及由此亲在之身推及的天地万物一体之体，则此“体”与“体验”之“体”不在一个平面。朱熹亦有此分判，其言与前所引沈僩录之语相续：

> 问：“‘物有未体，则心为有外。’‘体’之义如何？”曰：“此是置心在物中，究见其理，如格物、致知之义，与‘体、用’之‘体’不同。”（《朱子语类卷九十八》钱木之录）

朱子有此区分，但识用却别。牟宗三先生亦曾于此指出，朱子“重在认知意义之体认、体究与体察，是即未能真明‘体物不遗’之切义与实义”，即“此‘本体、宇宙论地’体之，转为名词而见其为万事万物之体，即成体用之体”。② 体察、体究之可能即在于承体起用，依古人之意，此用当不限于察识，而大要在于实有诸己之转化。这里涉及中国哲学中本体论的规模和格套，牟先生亦已辨之，朱子以心一性、心一理对勘，终成认知横列之平铺，在本体论上亦成静函形态的存有之平铺，不若象山本体论的直贯之一体。如果从东西方整个宏观地看，中国哲学中的一体无碍格套更明显。笛卡尔的身心二分与西方神人二分的思想传统相关，在此框架下，人面对的是一个“全然的他者”（wholly other），人的超越适成一“外在超越”。在对外在绝对的超越

① 《杜维明文集》卷五，第346页。

② 牟宗三：《心体与性体（上）》，上海古籍出版社1999年版，第463—464页。

中，唯“心”之思为贵，故在“绝对的他者”中，把“身体整个化除掉，是重大课题，也是凡圣之分的关键”。[①] 在中国古代传统中，没有圣俗二分，没有“舍离”（舍离此身方可优入圣域）的观念，因此，中国人讲的是“内在超越”，讲“身心不二”，身体的特殊性与人的处境的具体性不仅不是人的自我证成的束缚，反而是“修身”（self-cultivation）的真正起点。故中国古人的超越不是“信念的跃迁”（leap of faith），而是自家身体上的充养扩展：人固然嵌陷于大地之中，但本就同天连为一体。

这种一体的思维方式，从“人能弘道，非道弘人”的角度看，可谓之身体思维（embodied thinking）[②]，此也可印证我们前所述的“体知”的认识义内涵。“‘身’在中国文化传统中是十分神圣的”，[③] “用实践性的术语说，正由于身体是自我的活的具体性，而非灵魂的狱所或紊乱激情的体现，它才是个人充分实现的合宜田园”，[④] 因此，中国古人讲身体，其真正内涵必合心而言之，以身名之或以心名之，其要乃在身心一体[⑤]。宋儒“心体”之说，必非西人所谓心之“纯思”，心之本然实“气之虚灵知觉”，乃至有学者名之为“心气”。[⑥] 借助“心气”一语，我们可以展开对“体知”之“体”的名词用法中“小体”“大体”的剖判。此大小体之说连同“德性之知”之广与“闻见之知”之狭实源于《孟子》：

> 公都子问曰：“钧是人也，或为大人，或为小人，何也？”孟子曰：“从其大体为大人，从其小体为小人。”曰：“钧是人也，或从其大体，或从其小体，何也？”曰：“耳目之感不思，而蔽于物；物交

---

① 《杜维明文集》卷二，第 300 页。

② Tu Weiming, The Global Significance of Concrete Humanity, p. 372. 需要说明的是，中文翻译者将其译为“包容性的思想”，应该说没有完全把握杜先生使用该词的意旨。参见《杜维明文集》卷四，第 703 页。

③ 《杜维明文集》卷二，第 309 页。

④ Tu Weiming, The Global Significance of Concrete Humanity, p. 372.

⑤ 笔者在阐述这一点的时候也感受到语言表达上的吊诡，如身是“身心一体”之身，心是“身心一体”之心，这一身、心根本义的表达还是借助了西方身心二分上的“身、心”义。因此，本文中“身”“心”不明确其所指时，其意为何，作者、读者就要随文就义了。

⑥ “心气”之说，参见杨儒宾《儒家身体观》，台北“中央研究院”中国文哲研究所筹备处，2008 年，第 371—412 页。

> 物，则引之而已矣。心之官则思，思则得之，不思则不得也。此天之所与我者。先立乎其大者，则其小者弗能夺也，此为大人而已矣。”（《孟子·告子上》）

“小体”为耳目之官，“大体”为心之官，如依西人感（感性认识）—思（理性认识）之二分，“小体”之感为深思者所鄙，“大体”之思恰为其所推重之超感性的纯粹之知。此种诠释恰恰消解了古人之“思”的完整性，而“思”所成之一体完全成了一种内在的精神性，若阳明“自明其明德，复其天地万物一体之本然”只成一种纯粹的心理感受，则“大其心则能体天下之物”乃至《易·系辞》“知周乎万物而道济天下”也只是一种混沌的、浪漫的讲法。这种对“思”的唯智论的解释恰恰是杜先生所要避免的，“孟子意义上的思，不仅涉及心（情感）和脑（思维），而且涉及‘身’。它意味着一种整体的或整合式的学习方式”，① 从其“大体”自有其“小体”之用，“大体”的功能可说是身心一体的功能，因此“大体”“小体”也非异质之二体，实则只有一体，王夫之释之最是明白清楚，“孟子以耳目之官为小体，而又曰‘形色，天性也’。若不会通，则两语坐相乖戾”（《读四书大全说卷十·告子上·十四》），其会通可见：

> 故从其一本，则形色无非性，而必无性外之形色，以于小体之外别有大体之区宇。……由此言之，则大体固行乎小体之中，而小体不足以为大体之累，特从小体者失其大而成乎小，则从所小而有害于大耳。大小异，而体有合；从之者异，而大小则元一致也。（《读四书大全说卷十·尽心上·二十》）

正由于“小体”不仅不是“大体”之累，而且是“大体”之用，完善“此体”即可成“大体”之用，因此我们也可以把“身体”（身心合一之身）称“小体”，而把推身而至“浑然与万物为一体”之体称“大体”。当然，古人语境中“身”亦有区区“七尺之躯”意，从躯壳上起念，即“间形骸而分尔我者，小人矣”，但古人更注重的是“身”之贯通义，“虽小人之心（身）

① 《杜维明文集》卷三，第259页。

亦莫不然，彼顾自小尔”（《王阳明全集·大学问》），此亦即横渠所谓“不知以性成身而自谓因身发智”（《正蒙·大心》）之别，实则“贪天功为己力”而累于身。“体物体身，道之本也，身而体道，其为人也大矣”，此一身能兼万物，“大体”亦可谓之“大身子”了。①

> 吾儒之学，直从天地万物一体处看出大身子。天地万物之始，即吾之始；天地万物之终，即吾之终。（《刘子全书卷八·中庸首章说》）
>
> 人能放这一个身公共放在天地万物中一般看，则有甚妨碍？虽万身，曾何伤？乃知释氏苦根尘者，皆是自私者了。（《二程集·河南程氏遗书卷第二上》）

此“身”是公共之身而非一己之身，“体验”既是“将自家身入那事物里面”，亦是“将那事物入这自家身里面”，故此“身”之“能”，即以“小体”言亦可说“天之所予我者”。“但指其充塞处言之，谓之身；指其主宰处言之，谓之心”（《传习录下》），“充塞”“主宰”与横渠“天地之塞，吾其体，天地之帅，吾其性”（《西铭》）义通，究底皆源于孟子“夫志，气之帅；气，体之充也”（《孟子·公孙丑上》），“气”乃身心一体更可观之层面。身、心、气、性都只是一般物事，言偶不同，但以气贯穿之最让人易晓。以此观之，告子“生之谓性”亦可纳入“大体”之中：

> “生之谓性”，“生”字即“气”字，犹言气即是性也。……若见得自性明白时，气即是性，性即是气，原无性气之可分。（《传习录·中·启问道通书》）

无论告子还是朱熹对“气”的臧否，其实二者“但知气之用，未知气之体，并不曾识得气也”（《读四书大全说卷十·告子上·一》），气之体即此“生气”，“生”实乃“生生之谓易”之“生”、“天地之大德曰生”之“生”。

---

① “小体”“大体”的英文译词亦值得玩味，其分别为 the small body/the great body，颇可说此“大体”由“此在之身”而来。英文表述参见：Tu Wei-ming，On the Mencian Perception of Moral Self-Development，from，Humanity and Self-Cultivation：Essays in Confucian Thought，Boston：Cheng & Tsui，1998，p. 66.

在这一动态的创生之中，“凡山川、动植、灵蠢、花果以至于万物之资者，皆‘气’运而成也”,① 而在“二气交感化生万物”中，“唯人也得其秀而最灵”(《周敦颐集·太极图说》)，故“人能推，物则气昏，推不得，不可道他物不与有了”(《二程集·河南程氏遗书卷第二上》)。因此，人能推此身而与天地万物为一体，从根本上说乃在于人与天地万物本然一体，“从草木瓦石到生灵鬼神，根据传统的说法，都由一气贯穿。身体固然是气，心知、灵觉、神明亦无不与气有关”,② 这一由气而“把无生物、植物、人类和灵魂统统视为在宇宙巨流中息息相关乃至相互交融的实体”的观点，杜先生称之为“存有的连续”(the continuity of being)，“存有的连续，是中国人本体论的一个基调”③。作为“人类存在的最终基础的‘大体’”④，杜先生总结到，这一天人一体性建基于以下三点：(1) 存有的连续；(2) 万物的有机统一；(3) 人的感受能力的无限性。⑤ 其中，人由“小体”至“大体”的“能推”(人的无限感受力) 实在于作为存有连续的“气”的本然之体，这也是杜先生所谓“内在超越”之超越的本体不离具体的感受意识这一独特性所在。

从“气”的观点看，程颢所谓“仁者以万物为一体”既有其“今气已不贯皆不属己”“一体不容已之情”的身体感受层面，又有“通天地，亘古今，无非一气而已”(《困知记卷上》)、“游气纷扰，合而成质者，生人物之万殊”(《正蒙·太和篇第一》) 之本然层面。“气”的这两个层面也可以在其进入英语世界时的困难上折射出：

> 何谓“气”? 有人说，这是不可翻译的 (untranslatable)。虽然是不能翻译，总应有些道理吧? 于是史华慈教授把它译成 psycho-physiological stuff，一种心理兼生理的东西。但我认为 vital force，即生命力，这生命力是非精神非物质的，但又是亦精神亦物质的，好

① 转引自：《杜维明文集》卷三，第230页。

② 《杜维明文集》卷五，第6页。

③ 《杜维明文集》卷三，第222页。

④ 《杜维明文集》卷四，第188页。

⑤ Tu Weiming, The Global Significance of Concrete Humanity, p. 204.

像更接近气的含义。①

对于“气”的这一“含混性”，杨儒宾称之为“儒家的气可以上下其讲”，“就经验义而言，气是物质因，它是构成万物的质料。就体证圆融义或就道体承体起用的创生义而言，儒家的气实即代表本体作用之‘神’”。② 从“气之体”上看，“浑然与物同体”这句话中，“‘体’清晰地表达着作为万物基础的生命力之血气的‘气’的意义”③，如果用“听”这种方式描绘从“小体”扩充至“大体”的过程，如庄子所说，不应“听之以耳”而“应听之以心”，更进一步应“听之以气”。

绎至此处，可以看出，“体”的名词用法意指“气”作为本体论意义上的一体之本然。在此规模上的“大体”，既有其实然的一面，又有其“感而遂通”的一面，与此相应，作为“小体”的身体，实质是身心不分而以身统名之的身体，其与“大体”本就通过作为默会的维度（the tacit dimension）的“气”贯通为一，这同时也是“体知”之“体”动词用法的本体论前提。

四、修身：身体自然知“道”

“体知”语辨显示了“身体能够知道”（embodied knowing）已经被更多的人接受，如斯利夫特（Nigel Thrift）所说，“更多的人是生活在一个非客观认知（non-congitive）的模式中”④，人们更多的是以“体知”的方式与世界打交道。对“体知”之“体”的动词、名词用法的探讨，又使我们看到，中国古人“气”的观念，奠定了此“体知”所以可能的本体论基础，而此本体与身体相通且人以所禀之“秀”而能以身体体现（embody）之。亦如杜先生所说，“我并不拥有我的身体，严格地说我的身体并非我的所有物，亦非一个直接给定的生命事实。我试图通过学习视、听、言、动、坐、立、行、住而

---

① 《杜维明文集》卷二，第 299 页。

② 杨儒宾：《儒家身体观》，台湾“中央研究院中国文哲研究所”筹备处，2008 年，第 13 页。

③ 《杜维明文集》卷三，第 234 页。

④ Nigel Thrift，‘Still Life in Nearly Present Time：The Object of Nature’. Body and Society，2000（6），p. 36.

成为我的身体。事实是，我是通过我的身体才开始意识到我自己”。[①] 与“体知”认知方式的推出相应，西方现代哲学中出现了“身体转向”，尤其以梅洛-庞蒂为代表的法国现象学运动，赋予了身体积极意义，“人的‘本己身体’融心身于一体，它充满‘活性’，不仅具有‘我思’，更是体现了‘我能’”，[②] 女性主义更是把身体的“我能”推向极致，不仅与传统“作为灵魂的坟墓”的身体观相对，而且一意摧毁后现代哲学中“灵魂是肉体的监狱”[③]这一社会建构论立场，“肉身化转向（corporeal turn）在很大程度上是女性主义内部对占主导范式的社会建构论者的反应和反动，以此接近身体”[④]。在社会建构论者看来，所谓生理的身体是“无”，或可称之为 tabula rasa，即“准备用于雕刻的空白面”[⑤]，这种“铭刻的身体”强调“加诸身体之上的行为而不是集中在身体的所作所为”[⑥]，成为女性争取自身权益的沉重负载，然而由于西方文化中悠长的自然/社会二分，女性主义者对“我能”身体的标举又易于流于生理本质主义。固然西方人能够认同“体知”认识论意义上的“身体能够知道”，但却很难达至“身体能够知—‘道’”这一本体——工夫之维。

在中国古代传统中，“体知”更侧重于“知—‘道’”，即对于本体的证会，这一证会作为人之所以为人的自觉，必然表现为一个现实的转化过程。“它（体知）预设了一个很奇特的东西，我称之为 knowing as a tranformative act（了解同时又是转化的行为）。这就是受用，是一种对人有转化功能的认知”，[⑦] 因此，“体知”所注重的修身工夫不同于西方纯粹的身体锻炼技法，强调生命的安顿来自于“上下与天地同流”“仁者浑然与物同体”的天人合德。“德者得也，须是实到这里须得”（《二程集·河南程氏遗书卷第二

---

① Tu Weiming, The Global Significance of Concrete Humanity, p. 365 -366.

② 杨大春:《身体的神秘：法国现象学的一个独特维度》，《学术月刊》2010（10），第 38 页。

③ 福柯:《规训与惩罚》，刘北成、杨远婴译，生活·读书·新知三联书店 2007 年版，第 32 页。

④ Lisa Blackman, The Body: the key concepts. p. 72.

⑤ Barbara Brook, Feminist Perspectives on the Body. London and New York: Longman. 1999, p. 11.

⑥ 布莱恩·特纳:《身体与社会》，马海良等译，春风文艺出版社 2000 年版，第 49 页。

⑦ 《杜维明文集》卷五，第 346 页。

上》)，“得”即由“小体”之“以身体之”而达至“浑然一体”之“大体”的“体之于身”（to embody it in one's body）。“体知”之“体”，实际上是身体自身的主动体现（embodiment），“形色，天性也，唯圣人然后可以践形”（《孟子·尽心上》），其践形知性知天，又只以身体之睟面盎背而观之，“形体之所以能生色睟盎，根本的原因不是用人的道德意识强加在形体上的结果，而是人身内部本来就具足这种条件”,[①] 以此之故，修身工夫根本不在于逆躯壳起念，而在于顺，用横渠的话说，是在“以性成身”下的“因身发智”。

述及此，我们可以顺便用身体的观点给朱陆之争一个新的解释。在朱陆，乃至整个中国古代，身心不二可说是其共法，即朱子之格物亦非如近人所谓主客二分之客观认知，而主要指“随处提撕、随处收拾、随时体究、随事讨论”（《朱文公文集卷六十四·答周南仲》）之意，其所以被象山目为“揣量模写”“依放假借”（《陆九渊集·与朱元晦二》）之似是而非者，在于，“从本体论的角度来讲，不可否认地，朱熹把自我实现的最终基础和他实际的能力来源割裂开来，使他多少背离了前儒之道”,[②] 以大小体言之，他“摧毁了人的大体和小体之间的统一”[③]。因而，在儒家的成人教化中，“礼”并非是外在的，如社会建构论者的外部铭刻，“幼儿绝非意料之外的靶子，各种规矩置于其上，他们参加使自已成为大人的礼仪游戏，是因为受到劝诱，而非强迫”。[④]

以此观之，古人作为“体知”的修身，其“修”主要不是“修治”“约治”之义，而是基于身体内部的充养、扩展之意，即“身体自然知－‘道’”。对此修身方法的关键，明道言之最详：

> 孟子言万物皆备于我，须是反身而诚，乃为大乐。若反身未诚，则犹是二物有对，以己合彼，终未有之，又安得乐？《订顽》意思，乃备言此体，以此意存之，更有何事。“必有事焉而勿正，心勿忘，勿助长”，未尝致纤毫之力，此其存之之道。(《宋元学案卷十三·明

---

① 杨儒宾:《儒家身体观》，第 161 页。

② 《杜维明文集》卷四，第 79 页。

③ 《杜维明文集》卷四，第 188 页。

④ 《杜维明文集》卷三，第 533—534 页

道学案上·识仁篇》）

明得天人本自一体、人能与其合流之义，则修身实是不需“致纤毫之力”，“不须防检，不须穷索”。当然，修身并非不需防检穷索，只是如根本不明，则作为助缘之防检穷索只成一种强制。象山亦如此启沃后学，“且如圣贤重教，亦是人固有。岂是外面把一件物事来赠吾友？但能悉为发明：天之所以予我者，如此其厚，如此其贵，不失其所以为人者耳”，其下批评伯敏工夫只是“死守定”可从反面发明此义：

> 防闲，古人亦有之，但他底防闲与吾友别。吾友是硬把捉。告子硬把捉，直到不动心处，岂非难事，只是依旧不是。某平日与兄说话，从天而下，从肝肺中流出，是自家有地物事，何常硬把捉。（《陆九渊集卷三十五·语录下》）

因此，防闲也只是在“根本苟立”的基础上得施其用，若只在“治心”上用功，只是硬把捉，其思虑纷杂亦强禁绝不得，“人之有喜怒哀乐者，亦其性之自然，今强曰必尽绝，为得天真，是所谓丧天真也”（《二程集·河南程氏遗书卷第二上》），由是至阳明称赞象山“自谓理会文字颇与人异者，则其意实欲体之于身”（《王阳明全集卷三十三·年谱·四十岁》）。而至阳明所谓的“致良知”之“致”字，如“致中和”之“致”字，“传达了‘充分发展了’的意思”，相应地，“致良知”可英译为诸如“先天知识的扩展”“道德知识的扩展”“良心的扩展”“原生意识的充分实现”等。①

“致”字反映了修养工夫是每个人积极的参与而非消极的顺应，它要求尊重人的身体，正视人的欲望，不是完全将人欲看作一己之私。回眸一下围绕着杜先生“克己复礼”解所引发的争论，可使此问题脉络更清晰。“‘克己’这个概念在英文中可被译为‘to conquer oneself’，但这个英文词组的特殊含义易引起误解。因为孔子这一概念不是意指人应竭力消灭自己的身体的欲望，

① 《杜维明文集》卷三，第376、318页。

反之，它意味着人应在伦理道德的范围内使欲望获得满足”,① 释“克”为克胜（conquer）是把身体的欲望完全看作了需要摒除的私欲，则“克己”只是一个纯粹的否定概念。虽然杜先生在语文学上承认释“克”为“克胜”的正当性，但在义理和实践层面上“克己”与“修身”可以等同，包含着人自我成长的积极因素。何炳棣先生认为释“克己”为“修身”是完全置礼的主要约制面于不顾，即使刘宝楠释“克己”为“修身”，也主要是指“约束之约”的“约身”，大体言之，“克己”主要是“深自贬抑之义”。② 随后刘述先、孙国栋教授也加入了讨论。把“克己”释为“克去己私”确是数千年来诠释此句之义的主流，但将“克”释为“能”“修身”也并非不可以成立，反而恰恰可由此窥天人之际的神髓。释“克”为“修”，刘宝楠之前龙溪已言之：

> 克己犹云修己，是克治之意。己即“由己之己”。《传》以己为身之私，既克去之，又欲由之，是二己也。（《王畿集卷三·书累语简端录》）

龙溪的这段叙述显示了“克”与“己”之间的多头关系，既云己乃“为仁由己”之己，又云克乃“修治”之意，前后不能相通。近溪则以“由己”之意顺训“克”为“胜”、为“能”：

> 曰：“克去己私，汉儒皆作此训。今遽不从，何也?”罗子曰：“亦知其训有自，但本文由己之‘己’，亦克己‘己’字也，如何作得做‘由己私’?《大学》：克明德、克明峻德，亦克己‘克’字也，如何作得做‘去明德’‘去峻德’耶？况克字正解，只是作胜、作能，未尝作去。今细玩《易》谓‘中行独复’，‘复以自知’，浑然是己之能与胜处，难说《论语》所言，不与《易经》相通也!”（《罗汝芳集·近溪子集卷礼一》）

此“克”依“为仁由己”义起，既其承体起用之自然之义，不需“发狠

---

① Tu Wei-ming, The Creative Tension between Jen and Li, from, Humanity and Self-Cultivation: Essays in Confucian Thought, Boston: Cheng & Tsui, 1999, p. 6.

② 何炳棣：《“克己复礼”真诠》,《二十一世纪》1991（12），第139—146页。

去觉照，发狠去探求”，常力行之乾乾本是身体之自然。若“克”依“己私”之私，则需时时提撕，如近溪早年面对“万起万灭之私，乱吾心久矣”之困境，做对水境澄心之法，终积为心火而身亦病之。后“救心火者”山农直斥其“不动心”为“制欲非体仁也”，若“知扩四端，若火燃泉达，非孟氏之训乎？如是体仁，仁将不可胜用，何以制欲为？”（《罗汝芳集·附录一·传记年谱》）。

因此，作为修身的“体知”，蕴含着“身体自然知‘道’”的着实工夫，其不待把捉修饰源自气的一体贯通，或称之为“存有的连续”。在此框架下，作为“体知”的修身，其气质变化“不是非此即彼（either-or）式信仰的飞跃，而是既此又彼（both-and）的向自我的回归”①，就“知”上形容，“体知”之“知”并非“耻一物之不知者”（《陆九渊集卷一·与邵书宜》），而是“知所先后”（《礼记·大学》）之“知”，“先立乎其大者”，如此，仁将不可胜用矣！

五、结语

身体总是特殊的、具体的，并且无时无刻不与它周遭的情境交织渗透，因此身体总是处境中的身体。从身体出发，就是从活生生的、具体的、有差异的身体出发，这就与从无人格的、无面相的、无差异的“思”出发截然不同，从而能够带给我们与世界打交道的方式的重大改变。如果把以笛卡尔为代表的认识方式称之为“思知”的话，我们可以把女性主义者推动的认知方式称作“体知”（embodiment knowledge）。显然，前者追求一种超具体时空的绝对之知，把差异吸纳入最高的“一”之中；后者则把知置于具体的情境网络之中，最终形成的是一个差异的整体而非同质的一，最终要的，在“体知”之中，“知”和“行”不是如在“思知”中被冷静地断为两截，而是知行内在地不断交织在一起并构成人的存在的过程。

当代女性主义者对女性身体的关注、对女性行为的关注为我们理解“体知”提供了最好的路径，或者甚至也可以说，女性主义者提出了“体知”的方法——当然这需要我们的解释。这个“不同的声音”是女性主义者吉莉根

① 《杜维明文集》卷四，第89页。

（Carol Gilligan）首次在她的《不同的声音——心理学理论与妇女发展》（*In a Different Voice*：*Psychological Theory and Women's Development*，Cambridge，Mass：Harvard University Press，1982）一书中喊出来的。吉莉根的著作起初主要是为了回应柯尔伯格（Lawrence Kohlberg）关于人类道德发展的解释，在她看来，吉莉根的解释是男性解释，是一种强行把女性纳入男性模式的男性思维，即：柯尔伯格关于道德发展水平的阶段划分以及每一阶段的评价指标是偏颇的、男性化的。以柯尔伯格和吉莉根都谈论过的“海因茨困境”为例：

海因茨的妻子患病就要死了，有药可以治好她的病，但药剂师拒绝低价出售药品，海因茨买不起。此种情况之下，海因茨是否应当偷药？

柯尔伯格只测验男孩，当其他研究者以柯尔伯格的级别测验女孩与男孩的道德发展时，他们发现女性的发展程度通常不如男性。以吉莉根的测验对象杰克（Jake）和爱咪（Amy）为例，杰克的回答如下：

杰克：人的生命比金钱更贵重，如果药剂师只赚 1000 美元，他仍旧可以生活下去，但是如果海因茨不去偷药，他的妻子就会死去。①

杰克把这个困境看作“人类面临的数学问题”，着手建立逻辑等式和运算出答案，因此一个普遍有效的原则（生命比金钱更贵重）是运算的关键，也就是说，“他的答案是由理性推论出来的”，“任何遵循理性的人也都可以得出相同的答案”。② 这一评价原则不受具体情境限制而普遍有效，相对于杰克的“果断”，爱咪的回答则摇摆不定：

爱咪：这个嘛，我认为不应当偷。我想可能有除了偷药之外的其他办法，比如说他能借到钱，贷款或其他什么的，但是他的确不

① 卡罗尔·吉莉根：《不同的声音——心理学理论与妇女发展》，中央编译出版社 1999 年版，第 24 页。

② 卡罗尔·吉莉根：《不同的声音——心理学理论与妇女发展》，中央编译出版社 1999 年版，第 25 页。

应去偷，他的妻子也不应当死。①

按照柯尔伯格的标准，爱咪对困境的反应给人一种完全不同的印象，一种由于没有逻辑而阻碍发展的印象，一种独立思考方面的无能为力，在情感的支配下无所适从，与同龄的男孩道德发展水平相比有着明显的差距。但在吉莉根看来，情况不是这样的，女孩不明确的态度并不意味着她处理问题的低能，只能说明她处理问题的方式与男孩不同而已。男孩试图超越各种具体的环境从而找到普遍的原则，然后由普遍原则裁定具体的行动，吉莉根称之为“正义”（Justice）思考；女孩则试图在具体的环境中考察各种可能的关系，关注每一个人和更多的背景，从而找到协商解决的办法，吉莉根称之为“关怀”（Care）思考。爱咪后来的叙述让我们看到，她的解决方法是试图使海因茨和药剂师沟通或者和其他更多愿意提供帮助的人沟通，使他们了解情况，进而改变他们的看法。因此，没有形成“正义原则”并不意味着女性的畸形和欠缺，恰恰相反，“关怀思考”也有它自身的优势，“他（杰克）把道德问题从人与人之间的关系中抽象出来，按照公平逻辑寻找一条客观途径确定由谁来赢得这一争执。但是，这种等级秩序，连同它对输赢的意象，以及它所包含的暴力可能逊色于爱咪把困境建构成一个联系的网络，一张通过交流过程来编织的关系网的做法”。② 更深入的思考发现，正义思考与关怀思考背后有着反差巨大的假设，这些假设是知识获得和行为判断的前提和特征。以历史上的男性自由主义政治哲学为例，他们思考的男性特征是：

（1）他们假设，在某些重要且基本的意义上，人是自由的、独立于他人的；

（2）他们假设，家庭领域本质上是私人的，不受国家干涉或甚至不能被政治哲学家所讨论。③

知识论领域的女性主义者则提出：

---

① 同上，第26页。

② 卡罗尔·吉莉根：《不同的声音——心理学理论与妇女发展》，中央编译出版社1999年版，第31—32页。

③ Jennifer Mather Saul, Feminism: Issues & Arguments, New York: Oxfam University Press, 2003. p. 214.

（1）至今仍没有很多人注意到，情感在理论论证中扮演的重要角色；

（2）知识的追求者不该被视为孤立的个人，而应该被看成知识社群的一员；

（3）社会网络（context）对于了解科学运作是非常重要的。①

两者最重要的区别在于思考的出发点，正义思考依赖于一个“把人从人与人关系中抽象出来”的理性人，关怀思考则起于一个具体处境中的人，是一个“披挂着血肉”的人。因此，关怀思考实际上是一种身体思考，用杜维明先生的用语，是一种“体知”（embodied knowing），用吴光明先生的用语，是一种“体思”（body thinking）。通过对“体知”“体思”和“思知”之间关系的辩白，我们可以回答吉莉根所遭遇的挑战，即：关怀思考和正义思考是截然不同的吗？如果答案是肯定的，吉莉根的差异（difference）又有可能被演化成对立（opposition）；如果答案是否定的，女性又如何发出自己的声音？杜维明对“体知”和西方传统中的“认知”关系的剖解有助于我们化解这一难题，即体知“不仅不违背一般的认知原则，而且希望会有一些突破”：

> 这里可以分几个不同的层次：第一个层次是主观性很强，不能disinterested（公充），考虑任何问题都有自己价值预设、宗教感情等。……这个层次当然根本不能进入学术界，是非学术界的一个普遍情况。第二个层次是有disinterestedness（公充性），有价值中立的能力，能把感情的预设等减低到最低限度。我把这种能力称之为“隔离的智慧”，即已经了解主观参与的影响，所以想尽可能遵循客观事实，以分析、讨论、辩难的方式作研究，并愿意接受批判。第三个层次是在第二层次的基础上意识到自己对伦理学、美学、宗教学中更深刻的意蕴无法参透，以至需要寻求更有效的途径和进一步的能力，如悟性、美感等。②

当然，这里的解释也有一些问题，如对三个层次的截然划分，我们也可以效仿康德的态度，即这些只是在理智思考中将其拆分了，实际不是这样的，

---

① 同上，第215页。

② 杜维明：《杜维明文集》卷五，郭齐勇、郑文龙主编，武汉出版社2002年版，第372—373页。

这也同样可用来推证“思知”是“体知”的一个剪影，是“体知”的某一个姿态，剪去了“体知”中流动的东西——这也是西方传统“思知”中其确定性仰仗于“反思”的原因所在。实事上，体知不需要一个后来的思（后思）给其打上一个保证的“补丁”，因此也就消解了反思哲学不能解决的难题：反思补丁的无穷后退问题①与后反思—原意识之间的变异问题②。这两个问题实际上均源于对“思”的内部结构划分，将“思”分成两个层次，这两个层次的思有着目光朝向和时间序列的不同，则他们之间的关系就被“构造”出来了。如“海德堡学派”所指明的，“自笛卡尔以降，对自身意识的理解和解释大都局限于从反思和自身认识的模式出发进行的，即把自身意识看作是一种关于自己的对象知识”，③“自己去打量自己”就成了当代认识何以可能的康德式问题，这一问题的解决必须要转换立场，即打量自我的“自身认识”或“自身意识”④ 一定是有身体的，同时也不是胡塞尔所说的是对摆脱了身体的纯粹“精神自我”的把握，不是“从身体抽象出来”的方式，而是身体（当然是身心一如之身体）之感。“感”一定是当下的、即时的、流动的，但“体感”的这一特征又往往会被人们误为一种直接的、没有深度的把握世界的方式，或者直白地说，“体知”与“体感”没有反思的深度，类似于动物式的本能反应。如有学者在评论杜维明的“体知”概念时将其与康德的“通常的人类知性”（gemeine Menschenvernunft，相当于英文的 common sense）相比，认为“他们均是未经反思的认知或意识”⑤，这是把“体知”矮化并将其纳入

① 借助赖尔（G·Ryle）分析，可将这个问题表述为：一个意识本身无法把握自己，必须借助于一个较高等级的行为才能被把握，而这个较高的行为要想被把握，则又须借助于另一个更高等级的行为，如此可以无限地回退下去。

② “变异”问题也可以用胡塞尔的术语表述为：在反思中显现出来的东西，已经经历了想象性的变异，它曾经是当下的，但它现在只是被当下化了，如布伦塔诺关于怒火和反思到的怒火二者之间的区分。

③ 倪梁康：《自识与反思》，商务印书馆 2006 年版，第 660 页。

④ 与这两个术语的名称所指示的不同，“自身认识”与“自身意识”在西方传统中绝不涉及身体，倪梁康在翻译此词时也颇费踌躇，并解释道：“相信读者只要不把语法学中‘反身动词’的‘身’看作‘身体’，也就不会对‘自身意识’中的‘身’做类似的理解。”（倪梁康：《自识与反思》，商务印书馆 2006 年版，第 18 页）

⑤ 陈少明主编：《体知与人文学》，华夏出版社 2008 年版，第 226 页。

“思知”的框架中的结果。当然，回应这个问题在于，“体感”中的反思（我们暂且还用“反思”这个名称）是不同于“思知”中的反思的，它没有一个可供打量的、纯净的、称定的陆地，它是航行在茫茫大海上的人生之舟对舟身问题的即时发现、即时调整。则“体感”中的反思也是即时的、流动的，更重要的是，它是双向的，这一双向性在男女的交往中体现得最为鲜明，杜维明也提到“最能体现沟通理性而且最能说明体知精神的也许要算男女交媾这一创生生命的普遍现象了”①，因为感之双方都不是以一种对象化、工具化、外在化的方式对待对方，因为在每一个小的细节上都能感触对方的细微变化并作出反应，因此也就不会造成剥削、征服、控制等突出男性中心的暴力行为。

正如更多的人不是生活在一个纯粹理论的层面上一样，人与世界打交道的方式是“声色并茂”地全身心地介入，而非理性静观下的“思知”。就像吴光明所说，西方人用“脑”思考不同，中国人的“思”则是从“心”，连着“肝”带着“肠”从而是与整个的身体不分的。“体知”“体思”的提法既强调了“知”的切身性，又表明身体的感受和体验也具有反思的深度，同时也有其族类的普遍性和公共性，只是与意识的抽象普遍性有别。

可以毫不夸张地说，当代女性主义者对父性统治的批判、对女性身体的关注、对女性行为方式独特性的探讨为我们引出了“体知与体感”的方法论，这与西方认知科学中具身化认知（embodied cognition）的新进展一致。在非一非异、阴阳交感的男女一体的身体中，我们才可能体会到“体知”与“体感”丰富而立体的含义，即：它不仅是一种获得知识的“知”和“感”，也是一种“去生活”的存在的样态；它不仅在存在论上有其坚实的基础，而且在行为方式上有其现实发生的力量；它不仅是我们日用平常而不知的亲己之“知”“感”，也是“深造之以道”的、具有双向反思的深度之觉；它不仅是艺术和宗教的招牌菜品，也包含了客观性认知这一“隔离的智慧”。

① 杜维明：《杜维明文集》卷五，郭齐勇、郑文龙主编，武汉出版社2002年版，第360页。

12. “恻隐之心”与“疼痛镜像神经元”

——对以“识痛痒”论仁思想一系的现代解释

陈立胜

广州中山大学哲学系

以识痛痒论仁，虽出自程门，但其端倪则已见于孟子有关恻隐之心的论说，而其影响则贯穿于王阳明、刘宗周思想，并一直延伸于当代新儒家的仁说之中。以识痛痒论仁生动地描述了仁者与他者生命的感通性、息息相关性。仁者视生民困苦荼毒“疾痛切于己身”，这种将他人的痛苦作切身感受，从个体主义的立场委实不好理喻。在西方哲学中，他者的痛痒，可以视为“他人的心”问题的应有之义，是一近乎无解的哲学难题。我只能原本感受到自己的痛痒，我如何能够“**切身**”感受他者的痛痒？仁者将天地万物之痛痒作为**切身**之痛痒观，又是如何可能？究竟如何理解这种“**切身性**”？它只是一种“精神境界”，或者只是一种常人无法理喻的“神秘体验”？

本文首先阐发以识痛痒论仁在儒家的仁说之中有一源远流长的思想谱系，在此基础上进一步揭示痛感体验作为儒家仁说的重要内容，实包括（Ⅰ）识自家痛痒（Ⅱ）关心自家痛痒（Ⅲ）能识他者痛痒（Ⅳ）关心他者痛痒四个完整环节。由（Ⅰ）过渡（Ⅱ）常识视为自明，而由（Ⅰ）（Ⅱ）为何会过渡到（Ⅲ）进而及（Ⅳ），儒家曾给出一定的“说明”，但这些“说明”在今天往往或被视为“形而上学”，或被归为“神秘主义”。苏格兰学派倒是从“常识”层面给出了某些“解释”，这些解释究竟多大程度上切中“恻隐之心”之实情，还是值得进一步追究的问题。近年来镜像神经元的发现，为从（Ⅰ）（Ⅱ）过渡到（Ⅲ）提供了一种“科学解释”，即仁者之对他者痛苦之感受的“**切身性**”获得镜像神经元理论的“支持”。但是，如何由（Ⅲ）及（Ⅳ），则仍然存在着较大争议。

一、“恻隐之心”的“识痛痒”之机

儒学是人学，也是仁学，成就“人”，亦即实现“仁”，“仁”可谓儒学之核心范畴。儒家修身工夫论的根本旨趣不外是“观仁”“识仁”“体仁”与“成仁”，而生命的**痛感体验**一直是儒家“体仁”“识仁”的一个重要内涵。二程子的高足谢上蔡（良佐）曾说：“仁是四肢不仁之仁，不仁是不识痛痒，仁是识痛痒。”① 识痛痒就是对痛痒有所觉，不识痛痒就是对痛痒无所觉。对痛痒的觉知构成了仁之体验的本质内涵，“识痛痒”一语活画出仁之切身性质。这种切身的“觉知”体现的是“生”之意，即宇宙生生不息、息息相关的生力、生机与生趣。由此生之觉而与天地万物感通无碍：“心有所觉谓之仁，仁则心与事为一。草木五谷之实谓之仁，取名于生也，生则有所觉矣。四肢之偏痹谓之不仁，取名于不知觉也，不知觉则死矣。事有感而随之以喜怒哀乐，应之以酬酢尽变者，非知觉不能也。身与事接而心漠然不省者，与四体不仁无异也。然则不仁者，虽生无以异于死，虽有心亦邻于无心，虽有四体，亦弗为吾用也。”②

“四体不仁”的说法，众所周知，衍生自程明道（颢）“识仁”的种种论说：“医书言**手足痿痹为不仁**，此言最善名状。仁者，以天地万物为一体，莫非己也。认得为己，何所不至？若不有诸己，自不与己相干。如手足不仁，气已不贯，皆不属己。”“医家以**不认痛痒谓之不仁**，人以不知觉不认义理为不仁，譬最近。”③ “人之一肢病，**不知痛痒谓之不仁**，人之不仁亦犹是也。”④ 手足痿痹，即是说手足丧失了感受痛痒的能力，即所谓“麻木不仁”。“麻木不仁”在今天属于典型的道德话语，但在传统文献里面，它一直是医典里面经常出现的术语，《内经》将经络不通、血脉不畅，而导致手脚丧失了感受痛痒的能力称为“不仁”，如《血气形志篇》云“形数惊恐，经络不通，病生

---

① 《上蔡语录》卷二，文渊阁四库全书本。

② 朱熹：《论语精义》卷第六下，“谢曰”条，《朱子全书》，第七册，上海古籍出版社/安徽教育出版社 2002 年版，第 419 页。

③ 《河南程氏遗书》卷第二上，《二程集》，中华书局，第 15、33 页。

④ 《河南程氏外书》卷第三，《二程集》，第 366 页。

于不仁”。[①] 这里的“不仁”即是没有觉知的意思，《痹论篇》中“其不痛不仁者，病久入深”，[②] “不仁”与“不痛”并置，其意思仍不外是“不觉”。王冰注“不仁”曰：“不应其用”，因此“手足不仁”，即指肢体丧失正常的活动能力，处于心无法使唤的状态。[③] 尽管《论语》中“人而不仁”“为富不仁”等“不仁”的用法均是道德用语，但这并不妨碍理学家们依然接纳作为风疾的“不仁”这一医学用语，例如陈白沙在书信中即有“盖自去秋七月感风，**手足不仁**，至今尚未脱体”等说法。问题是“仁”作为儒学义理系统核心范畴如何与今日生理学意义上的“识痛痒”联系在一起？而作为“负价值”的“不仁”又如何与“不识痛痒”“麻木”相关？难道这只是儒学“能近取譬”的又一表现？或者只是理学家当机指点的一个“话头”？抑或另有深意存焉？[④]

其实早在孟子就开始用“痛感”来描述“仁”之体段。他认定“恻隐之心”是“仁心”的最重要的表征，是人禽之别的关键。“恻隐”二字即是“痛感”语，其义是“伤痛至极”（朱熹注曰：“恻，伤之切也；隐，痛之深也。”）。在著名的见孺子入井的例子中，孟子对“仁心”的描述用语是“怵惕恻隐之心”，“怵”，恐惧之意，“惕”，惊骇之状。“怵惕”亦为医典用语。“怵惕恻隐”，意即恐惧惊骇、悲伤痛苦。用“怵惕恻隐”描述仁心的表现，值得玩味。宋人杨万里在其《孟子论》中对孟子以“痛觉”论恻隐有一番精彩发挥：“隐也者，若有所痛也。恻也者，若有所悯也。痛则觉，觉则悯，悯则爱。人之手足痹而木者，则谓之不仁。盖方其痹而木也，搔之而不醒，抶之而不恤，彼其非不爱四体也，无痛痒之可觉也。至于无疾之人，误而拔一发则百骸为之震，何也？觉其痛也，觉其一发之痛则爱心生，不觉四体之痛则爱心息。孟子曰不仁者以其所不爱，及其所爱，此不觉于人者也。曰人病舍其田而芸人之田，此觉于人而不觉于身者也。曰指不若人，则知恶之；心

① 《黄帝内经》（全二册），姚春鹏译注，中华书局2010年版，第228页。

② 《黄帝内经》（全二册），姚春鹏译注，中华书局2010年版，第370页。

③ 参徐仪明：《性理与岐黄》，中国社会科学出版社1997年版，第149页。

④ 笔者在修订本文时，读到杜维明先生新著 The Global Significance of Concrete Humanity：Essays on the Confucian Discourse in Cultural China（New Delhi：Center for Studies in Civilizations，2010），内第11章即以 Pain and Humanity in the Confucian Learning of the Heart-and-Mind 为题，对心学一系识痛痒与仁之内在联系进行了深入探讨。

不若人，则不知恶，此觉于身而不觉于心者也。以觉吾之痛，觉彼之痛则爱人；以觉彼之痛，觉吾之痛则自爱。自觉而自爱，则何理之不悟？觉人而爱人，则何物之不覆？是故不爱始于不悯，不悯始于不觉，不觉始于不痛。古之君子以不如舜为忧，此一痛也；以一夫不被其泽为责，此亦一痛也。故曰痛则觉，觉则悯，悯则爱。"①

我们再看王阳明的"良知"概念，学界一般都会把王阳明的良知理解为"是非之心"，理解为普遍的道德判断原则，而与康德的实践理性绾结在一起，此自是良知内涵之一面。但王阳明还说良知只是"一个真诚恻怛"，"恻怛"的意思仍然是"伤痛""哀恸"。而在他讲"是非之心"时，又常常与"疾痛"相连："夫人者天地之心，天地万物本吾一体者也。生民之困苦荼毒孰非疾痛之切于吾身者乎？不知吾身之疾痛，无是非之心者也。"② 感受到"吾身之疾痛"与"是非之心"关系竟然如此密切，把良知与"痛感体验"联系在一起，在康德的实践理性论说里面是找不到的。本来在王阳明"心"之种种界定那里，"知痛痒"就是一个不可或缺的环节："心不是一块血肉，凡知觉处便是心。如耳目之知视听，手足之**知痛痒**，此知觉便是心也。"③ 我们可以设想一个只有人形而不拥有七情六欲的"天使"，倘若他（她）没有任何痛感的体验，会不会拥有恻隐之心呢？说到底，恻隐之心是嵌在腔子之中的生命觉情，二程子即有"满腔子皆恻隐之心"的著名话头。"良知"是"是非之心"，它是**普遍的**；"良知"又是"知痛痒"、"真诚恻怛"，它又是**具体的**，它即**具于身体**之中，弥漫于腔子里，是具身（具体）之知（embodied knowledge）。

从痛感体验指示良知，在阳明后学中，罗近溪（汝芳）、胡庐山（直）最擅此道。近溪子外父张心吾无法知晓"浑身自头至足无不是灵体贯彻"之说，近溪子即于外父脑背力抽一发，外父连声叫痛，手足共相战动。"君之心果觉痛否？"近溪问曰。④ 罗近溪还说过："心上疼痛的人，便会满腔皆恻隐，遇物遇人，决肯方便慈惠，周恤溥济，又安有残忍戕贼之私耶？"⑤ 欧阳南野

① 杨万里：《诚斋集》卷第八十六，四部丛刊本。

② 王阳明：《答聂文蔚》，《王阳明全集》卷二，上海古籍出版社 1992 年版，第 79 页。

③ 《王阳明全集》卷三，第 121 页。

④ 《罗汝芳集》，凤凰出版社，2007 年，第 411 页。

⑤ 同上书，第 15 页。

(德)、罗念庵(洪先)的弟子胡庐山为谢上蔡以觉训仁辩护说:“古者医书以手足痿痹为不仁言弗觉也,诚觉则痛痒流行,而仁理在其中矣,**岂觉之外而别有痛痒?别有仁理哉**?是故觉即道心,亦非觉之外而别有道心也。人惟蔽其本觉,而后为多欲,为人心,当其为多欲为人心,则虽有闻见知识,辨别物理,亦均为痿痹而已,而奚其觉然?则谓觉为觉于欲者非也。”① 这里,胡庐山将“识痛痒”与“仁理”均收在“觉”之中,使得儒学一体生命的觉情完全扎根于身体之中。舍此觉情,即便是能够辨别物理,仍然属于“痿痹”。他在阐发孔子栖栖遑遑之追求时,依然是诉诸“疾痛求理”的痛感体验:“曰:‘孔子进以礼,退以义,然乃皇皇乎车不维,席不温,若求亡子于道路者,何哉?’曰:‘是乃仁也。今夫人自形气观,则一身重,次及家族;自宰形气者观,则民物天地皆吾大一身也。是故天地吾头足,君亲吾心腑,家族吾腹胁,民庶吾四肢,群物吾毛甲,是孰宰之哉!即所谓生而觉者仁是也,唯生而觉,则此大一身者理而不痹矣。苟天地不得理焉,则头足痹;君亲不得理焉,则心腑痹;家族不得理焉,则腹胁痹;民庶群物不得理焉,则四肢毛甲痹。孔子之时,岂独头足心腑痹也乎哉?使孔子而无觉则已,孔子先觉者,夫恶能木木然不**疾痛求理**也。孔子曰:天下无道,某不与易也,而谁与易之?故曰:是乃仁也。’”②

不过,明确将孟子“恻隐之心”与程门“识痛痒”明确联系在一起的,当是刘宗周师徒:“满腔子皆恻隐之心,以人身八万四千毫窍在在灵通,知痛痒也。**只此知痛痒心便是恻隐之心**。凡乍见孺子感动之心,皆从知痛痒心一体分出来。”③

可见,“痛感体验”(“识痛痒”)自孟子以降一直是儒家仁说思想的一个核心要素。儒者在表述对生民的关怀之情时,亦常诉诸“视民痒痾,疾痛切身”一类语式。《左传·哀公元年》已有“视民如伤”之语,程颢坐县衙时

---

① 胡直:《六锢》,《衡庐精舍藏稿》卷二十八　文渊阁四库全书本。

② 胡直:《征孔子》,《衡庐精舍藏稿》卷二十九。

③ 黄宗羲:《明儒学案》卷六十二,《黄宗羲全集》,第八册,浙江古籍出版社 2005 年版,第 906 页。另,《孟子师说》所载该语与此处所引略有出入,见《黄宗羲全集》,第一册,第 68 页。只此知痛痒心便是恻隐之心,实是针对朱子如下说法而发:“饥寒痛痒,此人心也;恻隐、羞恶、是非、辞逊,此道心也。”在刘宗周看来,朱子的说法“太分析”。

即以此为座右铭。即便到近代，深受西方科学影响的维新派在说仁时，亦仍不弃以识痛痒论仁之路数。“固言脑即电矣，则脑气筋之周布即电线之四达，大脑小脑之盘结即电线之总汇，一有所切，电线即传信于脑，而知为触、为痒、为痛，其机极灵，其行极速，唯病麻木痿痹，则不知之由，电线已摧坏，不复能传信至脑，虽一身如异域然，故医家谓麻木痿痹为不仁，不仁则一身如异域，是仁必异域如一身，异域如一身，犹不敢必即尽仁之量，况本为一身哉！”“仁之至，自无不知也，牵一发而全身为动，生人知之，死人不知也；伤一指而终日不适，血脉贯通者知之，痿痹麻木者不知也。”① 谭嗣同的这些说法实未逸出传统以识痛痒论仁的矩镬。

当代新儒家代表杜维明先生在论及识痛痒论仁时曾明确指出：“痛感体验乃是为人之本质特征；无能感受痛苦既被视为是健康方面的一个重要缺陷，而且也被看作是道德方面的一个重要缺陷。人即可以感受到痛苦，无能于此即是有害于我们的仁。这种对痛苦的肯定态度乃是基于具身化（embodiment）与感受性（sensitivity）乃是仁的两个基本特征这一信念推出的。”杜先生从宇宙论与具身感受性两个向度，深刻揭示出痛感体验在儒家仁说之中的关键地位。在宇宙论上人与天地万物皆是大化流行之中的“环节”，人作为一种宇宙论的存在（cosmological being）与天地万物乃一气贯通，人因其感受力最为充分，其“情绪之敏感”“心理之回应”“智性之感受”皆与“感受性”紧密相关，因此“我们的感受性让我们不仅在象征的意义上，而且在肉身贯通的意义上‘体现着’（embody）不断扩展的宇宙”。这种“体现”无疑是一种具身感受，正是这种具身感受性使得儒家道德本心在本质上是嵌在肉身之中的“觉情”，是“智性的觉识与道德的觉醒”。②

二、“识痛痒”诸环节中的形而上学疑难

“识痛痒”在仁说里面从不限定在识自家的痛痒上面，识痛痒之为仁一定

---

① 谭嗣同：《仁说》，中华书局 1958 年版，第 8－9 页、10 页。

② Tu Weiming：The Global Significance of Concrete Humanity：Essays on the Confucian Discourse in Cultural China，New Delhi：Center for Studies in Civilizations，2010，p. 342，p. 346，p349.

是与识他者的痛痒联系在一起的。那么，这个“他者”指谁呢？谁是“能痛痒”者呢？无疑他人与我一样都是“能痛痒者”，但是从孟子开始，具有痛痒能力者就不曾局限在人类，万物（动物乃至植物）亦能感受到痛痒。

孟子从衅钟之牛的觳觫（恐惧战栗貌）中真切感受到牛之痛痒，并由此而得出见其生不忍食其肉、闻其声不忍见其死之结论。

李渔在其《闲情偶寄》“紫薇”一文中指出：“禽兽草木尽是有知之物，但禽兽之知稍异于人，草木之知又稍异于禽兽，渐蠢则渐愚耳。何以知之？知之于紫薇树之怕痒。知痒则知痛，知痛痒则知荣辱利害，是去禽兽不远，犹禽兽之去人不远也。人谓树之怕痒者，只有紫薇一种，余则不然。予曰：草木同性，但观此树怕痒，即知**无草无木不知痛痒**，但紫薇能动，他树不能动耳。人又问：既然不动，何以知其识痛痒？予曰：就人喻之，怕痒之人，搔之即动，亦有不怕痒之人，听人搔扒而不动者，岂人亦不知痛痒乎？由是观之，草木之受诛锄，犹禽兽之被宰杀，其苦其痛，俱有不忍言者。人能以待紫薇者待一切草木，待一切草木者待禽兽与人，则斩伐不敢妄施，而有疾痛相关之义矣。”① “无草无木不知痛痒”，天地万物均是能痛痒者，这本身即是对痛痒具备敏锐感受能力（所谓“八万四千毫窍，在在灵通”）的仁者切身证成的。试对比一下笛卡尔对动物能否识痛痒的思考，动物是一架机器，没有思维，没有自由意志，于是它的“觳觫”与“哀鸣”，只不过如人无意识的动作（如“痉挛”）一样，纯粹是“机械动作”。是的，谁能说机器识痛痒呢？

“识痛痒”“知痛痒”之为“仁”牵涉四个环节：（Ⅰ）能够感受到自家的痛痒；（Ⅱ）能够关心自家的痛痒（搔痛痒）；（Ⅲ）能够“切身”感受到他者（他人乃至一切有生者）的痛痒；（Ⅳ）能够关心他者的痛痒。这四个环节是环环相扣的，任何一个环节的缺失都构成不了完整的“仁”之体验。

其中由感受到自家痛痒到关心自家的痛痒，就常识面言是同一过程的两个环节，纯然是一个无思无虑的（unthinking）自发过程。“识痛痒”之际即会当下去爬搔痛痒，人之爬搔痛痒是识痛痒之本能的、当下的反应，“一切痛

① 李渔：《闲情偶寄》卷五，浙江古籍出版社 1985 年版，第 247 页。

苦的感觉都与摆脱痛苦的愿望分不开”，我想用不着卢梭之类的哲学家的指点，① 每个识痛痒的人都会理解这一点。能够感受到自家的痛痒与能够关心自家的痛痒，这是任何一位生理正常的人的基本能力，肢体的麻木不仁已非“正常”，此属不言自明的常识。这只是就常识面而言，这并不排除一些“反常”与“例外”的情形存在。这种“反常”与“例外”的情形大致可以分为两类，一是纯然负面意义上的感受自家的痛痒，如在受虐狂那里，他感受到自己的痛痒，但却以给自己制造痛痒为快，这是一种纯然以痛苦为快乐的行为；另外一种是纯然正面意义上的感受自家痛痒，如孟子天将降大任于斯人的说法，修身君子为了更高的目标，而忍受自家的痛痒，在这里忍受自家的痛痒并不是把痛痒本身作为可以“享受”的东西，因而与自虐狂的情形有着本质的区别。介于两者之间的是某种极端的禁欲主义者的情形，比如说鞭笞派，他自然亦识痛痒，但亦以给自己制造痛痒作为“圣德”、作为“赎罪”之途径而甘之若饴，这里尽管忍受痛痒的目标定向并不在痛痒本身，而在于成就“圣德”、在于“赎罪”，但其对痛痒甘之若饴的态度又表现出某种自虐狂的色彩。排除这些“反常”与“例外”的情形，我们可以认定由（Ⅰ）→（Ⅱ）乃是自然而然的过程，那么需要解释的则有以下几个问题：

问题A：一个根本无法体验到自家痛痒的人能不能形成仁的体验？

问题B：由（Ⅰ）→（Ⅱ）两环节如何向（Ⅲ）过渡？亦即一个识自家痛痒、关心自家痛痒的人能否也能够识他者的痛痒？

问题C：一个能识他者痛痒的人能否进一步关心他者的痛痒？即由（Ⅲ）→（Ⅳ）如何可能？

其中问题A，在传统中国思想之中并不构成一个实质问题，因为身心一如始终是古典思想的基调，孔孟论德性均喜欢取譬于食色一类身体自然需要。他们从未设想一个毫无食色之心的人能否拥有德性的问题。试设想存在一个纯粹的无身体的理性心灵（a purely rational incorporeal soul），它如何能够“感受”到他者生命的惊恐，又如何能够将痛苦之中的他者的处境“理解”为需

① 卢梭著、李平沤译：《爱弥儿》（上卷），商务印书馆1978年版，第74页。

要“求助”的处境，把孺子匍匐入井这一处境“感知”为一“道德处境”？它或可收到乃至执行相应的“指令”（一个绝对应当的指令），然而严格追究起来，这条指令最终也只能出自拥有怵惕恻隐能力的存在者。①

因此，真正构成挑战性的问题是**问题 B** 与**问题 C**。对这两个问题，儒学一直持肯定的答案，并把这两个环节的过渡能力（能识他者的痛痒、能关心他者的痛痒）看作人之为人的根本能力，是一种“**构成性的能力**”。② 孟子说恻隐之心人皆有之，孟子把能够感受到他者的痛苦、能够关心他者的痛苦作为人之为人的本质界定。而在程明道与谢上蔡师徒那里，尽管他们的表述表面看来把自家的识痛痒能力视为仁者的最基本也是最重要的德性，但是这个识痛痒的能力一定是就关联他人、关联天地万物而言的，一个只识自家痛痒而对他者痛痒漠不相关的人，在程门那里是典型的“麻木不仁”。王阳明讲真诚恻怛、知痛痒之良知亦是就将他者之痛痒作切身体验而论。

从识万物之痛痒到不识痛痒构成了儒家仁德光谱之至仁与不仁两个极点。萧吉《五行大义》在引《文子》二十五等人说后，将“肉人”列为最低等级，据称肉人“狂痴无识，**痛痒莫分**，虽能动静，与肉不异”，③ 肉人显系行尸走肉之人。痛痒莫分，固属“不仁”，但一个能够感受、关心自家痛痒的人，甚至亦能够感受到他者痛痒，却仍然对他者施加伤害，甚或以给他人制造痛痒为快乐的人（残忍者、施虐狂）才是“不仁至极”。**至仁**则是将天下众生的痛痒当作自己的痛痒的人，至仁者不忍心见到他者受苦，并通过努力尽量让他者摆脱痛苦。

一切有生皆具有识痛痒的能力，儒家只是认定唯有人不仅能够识自家的痛痒、关心自家的痛痒，而且亦能够识他者的痛痒、关心他者的痛痒。人能

---

① 关乎道德情感在道德建构之中的不可或缺的地位，可参 H. B. Acton: The Importance of Sympathy, Philosophy, Vol. 30. No. 112 (Jan., 1955), Cambridge University Press, pp. 62 – 66.

② 这里我用“构成性的能力”（constitutive abilities）一词区别于其他的能力（如会开飞机、会讲八国语言、会用脚作画等等），前者的缺失，将使得人不再成为人，后者对人之为人并不是必不可少的。

③ 萧吉：《五行大义》，上海书店 2001 年版，第 139 页。按萧吉所引《文子》二十五等人之说，与今本《文子》出入较大，一是称谓有别，二是排序亦有别。今本《文子》将“肉人”列为第二十四等。见彭裕商：《文子校注》，巴蜀书社，第 152 页。

推其识痛痒之心，物因其气昏，则推不得。的确，匍匐入井的明明是孺子，为何“乍见”者会感到“惊恐”（怵惕）与“伤痛”（恻隐）？他惊恐什么？又为何而“伤痛”？“乍见”“乍听”甚至“念及”（“每念斯民之陷溺，则为之戚然痛心。”——王阳明）他者受苦，自家即感到伤痛，如果从绝缘的个体立场看，这委实不可理喻。孟子并没有解释其中的所以然，他只是说这一切皆出于当下的第一反应，而不是来自任何外在的功利的考虑（不是为了讨好小孩的父母、不是为了获得好名声等等），非思而得，非勉而中，如其说是**自愿的**（voluntary），还不如说是**不由自主的**（involuntary）。

程颢与王阳明倒是给出了“解释”，程颢的解释是人与天地万物是一气贯通的，故人能对天地万物的痛苦有所感、有所应。王阳明则说天地万物本来就和我是“一体”的，故生民之困苦必切于自身（疾痛之切体）。“生民之困苦荼毒孰非疾痛之切于吾身者乎”，实是儒者真实无妄的感受，是当下“切身”之体验，毋庸置疑。“一气贯通”“万物一体”本亦是儒者真切的体证之所得。但这些“解释”，在经受“启蒙”的现代人看来，无非是“形而上学”。即便深切体认到所有生命皆是同一“生命意志”之现象的叔本华，在其应征论文《道德的基础》中断定道德的真正根基是同情，并尝试给出一系列“由经验证实的证明”，而一旦触及人与天地万物一体相关这一话题时，他也自觉地将之称为“形而上学”，并赘于文末。

三、“识他人痛痒”何以可能的常识阐释及其不足

一个人如何感受到他者的痛苦（**问题 B**），又如何能够关心他者的痛苦（**问题 C**），在西方哲学之中，经典的处理方式是“**借类比而推论**”（inference by analogy）：我知道自己有某种感受之际，会表现出某种相应的表情与姿态，；当我看到他人表现出某种表情与姿态，“联想”到自己在此种表情与姿态下的内心感受，遂“推断”斯人乃处在某种感受下。

本来，“他人的心”的问题在无数的西方哲学家那里已似无解的问题，为他人担心则更是一个“难题”，毕竟要关心他人，首先是要理解他人，理解他的痛苦、忧虑与不幸，把处在某种境况下的人感受为不幸的人，并进一步为他操心。何以又会有这个“进一步”？自家痛痒自家知，自家痛痒自家爬搔。他人的痛痒为何会成为我关心的对象？他的痛痒如何能够成为行动的

动机？叔本华径直断定，这一过程是“理性不能给以直接解释”的，“这一问题，如果我们彻底加以探究，事实上，乃是一**难解之谜**，置入实践中的**神秘主义**”。①

坚守常识的苏格兰启蒙学派不会从“神秘”的向度解释这种现象，他们一直从经验、从同情经验（sympathy）的分析入手，尝试解决这个难题。休谟在其《人性论》用了不少篇幅讨论这个问题，他注意到这样一种现象：我们看到愉快的面容，自己的心中也会产生愉悦与宁静，而瞥到一张愤怒或悲哀的脸，我们也会油然而生一种沮丧。恐惧、愤怒、勇敢等情绪皆具有传导性，就像我们看到他人打哈欠，自己也会跟着打哈欠一样。② 他把这种现象视为**同情**现象，这种现象表明人类心灵生活之间具有交互性一面：“人们的心灵是互相反映的镜子，这不但是因为心灵互相反映他们的情绪，而且因为情感、心情和意见的那些光线，可以互相反射，并可以不知不觉地消失。”③ 心灵这种“相互反映”“相互反射”的能力即是同情。休谟求助于他的印象与观念的联结思想进一步描述同情的发生机制：“当任何情感借着同情注入心中时，那种情感最初只是借助其结果，并借脸色和谈话中传来的这种感情**观念**的那些外在标志，而被人认知的。这种观念立刻转变成一个**印象**，得到那样大的程度的强力和活泼性，以致变为那个情感自身，并和任何原始的情感一样产生同等的情绪。”④ 在这个过程之中，“**想象**”发挥了作用：“当我们的想象直接考虑他人的情绪并深入体会这种情绪时，它就使我们感觉到它所观察的一切情感，而尤其感觉到悲伤或悲哀。”⑤

“想象”一直是“同情”理论最常诉诸的一个环节。亚当·斯密在《道德情操论》的首篇第一章一开始就提出一个问题：每当我们看到他人遭遇不幸时，就会为之悲哀、感伤，这是一种人人与生俱来的“**原始感情**”，但是，

① 叔本华：《伦理学的两个基本问题》，任立、孟庆时译，商务印书馆1996年版，第257页、302页。

② 这种情感、情绪的传导现象不仅仅局限在人身上，甚至在某些动物身上也可以观察到，见《人性论》之“论动物的爱与恨”一节。

③ 休谟：《人性论》，关文运译，商务印书馆1980年版，第402页。

④ 休谟：《人性论》，关文运译，商务印书馆1980年版，第353页。

⑤ 同上书，第419页，第355页。

我们对他人的感受并没有“直接体验”，我们何以能够知道他人的感受，又何以能够同情他的感受？众所周知，斯密的回答是，同情者看到他人处在痛苦之中，他会产生一种“**想象**”，设想自己处在这种悲惨境地下会有何种感受：“由于我们对别人的感受没有直接经验，所以除了**设身处地的想象**外，我们无法知道别人的感受。”① “引起我们同情的也不仅是那些产生痛苦和悲哀的情形。无论当事人对对象产生的激情是什么，每一个留意的旁观者一想到他的处境，就会在心中产生类似的激情……在人的内心可能受到影响的各种激情之中，旁观者的情绪总是同他通过**设身处地的想象**认为应该是受难者的情感的东西相一致的。”② 想象在斯密的同情机制之中实质上起到了一种连接两个不同感受主体之间感受状态并将之归为一类的作用。毕竟“我们的想象所模拟的，只是我们自己的感观的印象”，而不是受苦者本人的感官印象。唯有凭借想象，我们才能把自己置于他的位置上，“我们设身处地地想到自己忍受着所有同样的痛苦，我们似乎进入了他的躯体，在一定程度上同他像是一个人，因而形成关于他的感觉的某些想法，甚至体会到一些虽然程度较轻，但不是完全不同的感受”。③

诚如上述，诉诸“想象”是对这一现象的最常见的经验解释，至于人为何会产生这种“想象”，这究竟是一种什么性质的想象？为何这种想象会造成感同身受的效果？这一系列的问题苏格兰的思想家们似未予以深究。或许当思维中断的时候，“想象”就会登场了。

四、来自“疼痛镜像神经元”的支持

孟子、程颢、王阳明在表达他们对他者痛苦的感受与关心时，从未明言，他们是看到某人处在某一境地，表现出某种表情与姿态，比如说一边捂着腮帮子，一边呻吟不已，脸部的肌肉、眼睛与鼻子都处在某种“变形”的状态，“联想”到自己牙疼的狼狈状大致与此相类，遂“推断”斯人乃在牙疼，而经“想象”，如我处在这般境地，肯定亦很痛苦，由此而生同情。当儒者真切

① 斯密著：《道德情操论》，蒋自强等译，商务印书馆 1997 年版，第 5 页。

② 同上书，第 7 页。

③ 同上书，第 6 页。

感受到他者的痛苦之时，难道是他们粗心大意漏掉了其中这些复杂的环节？当他们在断言视民痒痾、疾痛切身之时，实只是因“想象”而有所感受？诚然苏格兰学派之“想象”并不是一时间因素，而是现象学意义上构成性分析（constitutive analysis）之一环节，① 但之所以诉诸“想象”这一本质环节解释“同情”想象，其背后个体主义的理论预设自是昭然若揭的。如立足于儒家天地万物一气贯通之存在论，从儒家对他者痛苦感同身受的具身感受性之仁观出发，则自不会诉诸“想象”这一环节解释所谓的同情现象。

最近十余年来认知神经科学、发展心理学的研究进展为我们重新审视这些问题提供了新的契机。尤其是镜像神经元的发现，被认为是为我们重新理解同情与交互主体性提供了“神经生物学的机制”。研究者发现在我们大脑皮层的运动前区有一个**镜像神经元系统**（MNS /mirror neuron system），它负责监控运动行为，在看到他人的行动、表情时，它会激活我们自己相应的行动与情绪神经机制，而产生“切身”参与的感受。这也就意味着对他者的行动、意图阅读、躯体感觉、情绪的理解乃是**当下的、直接的**，而不是“**想象性**”的。例如，当我们观察到他人的行动时，我们自己的相应的运动系统也被激活了，仿佛是我们自己在执行同一动作。又如，看到别人闻到难闻的气味皱起眉头的厌恶表情，我们自己脑岛之中的镜像神经元也被激活了，就如我们亲自闻到难闻气味感到厌恶时一样。② 看到他人打哈欠会引发自己打哈欠，这是情绪感染经典例证，现在研究人员发现，即便是看到打哈欠的字眼，或者听到打哈欠的字眼，大脑的镜像神经元区域都会有所激活。他人情绪能够穿透旁观者的情绪生活，在后者之中激发起相关的或相类似的体验，这些现象不仅为扫描脑部神经活动的功能核磁共振成像技术（**fMRI**）所观察到，也为扫描面部表情的肌电图（electromyography）技术所印证。一个人的运动、知觉、情绪状态会激活看到这种状态的另外一个人的相应的表象与神经过程，这种对他人行动的内运动的模仿（inner motor simulations）对于切身理解他人

---

① 感谢台湾“清华大学”黄文宏教授指出这一点。

② Wicker 通过功能核磁共振成像技术观察到，亲身闻到难闻气味与看到他人闻到难闻气味的表情，大脑前岛叶相同部位均被激活。见 Rizzolatti，Giacomo and Craighero，Laila：Mirror neuron：a neurological approach to empathy，Neurobiology of Human Value，Springer-Verlag Berlin Heidelberg 2005，pp. 117 – 118.

的行动是至关重要的，它为我们无须任何反思性思考而直接理解他人行动的意义提供了一个“共享的状态”。镜像神经元的这种工作机制构成了我们社会性大脑以及我们理解、与他人同感的能力的基本特征。由于镜像神经元的发现，很多学者认为同感（empathy）是直接在体验之中理解他人感情与内状态的能力，它就深深扎根于我们活生生的身体体验之中，正是这种体验让我能够直接将他人确认为同类。①

对儿童镜像神经元活动的观察与研究则表明，婴儿天生就拥有进入他人体验、参与他人体验的能力，这种同感能力完全是前语言的天赋本能。这一结论被视为是对发展心理学、道德教育理论的一种“范式转变”，如心理学家Stein Bråten就说，婴儿具备的这种“**他者—中心的参与**”（altercentric participation）能力，对传统笛卡尔式的自我、对莱布尼兹没有窗户的单子主体、对皮亚杰以自我中心（egocentric）为出发点的儿童发展心理学都是一种“颠覆”。②

行动、触觉、情绪领域之中运作的模仿性镜像机制也同样是我们与他人痛苦共感的生理根基所在。近年来对“**疼痛镜像神经元**”（pain mirror neurons）的研究表明，对他人痛苦的感知，也会激活自家痛苦处理过程之中的某些神经网络。换言之，由于疼痛镜像神经元的作用，使得我在看到他人痛苦的时候，亦会激活我自己的某些神经结构，这些神经结构跟在自己痛苦体验时发生活动的神经结构大多是重叠的在一起的。这就意味着在感知到他人痛苦的时候，我不仅**意识**到他人的痛苦，而且也**真切地感受**到他人的痛苦。

疼痛体验可以沿着两个现象学轴加以描述：（1）**感觉识别向度**（the sensory-discriminative dimension），包括疼痛的空间延展（何处痛痒）、时间延续（何时痛痒）以及强度性质（痛痒程度）。（2）**情感—动机向度**（the affective-

---

① Avenanti and Aglioti：The Sensorimotor Side of Empathy for Pain，Mauro Macia（eds.）：Psychoanalysis and Neuroscience，Springer，2006，pp. 241 –242.

② 详参Bårten，Stein：On Being Moved：From Mirror Neurons to Empathy，John Benyamins Publishing Company，2007，Part Ⅲ，pp. 149 –236.

motivational dimension)，包括刺激物的不快以及它所引起的行为与自动的反应。[①] 帕特（PET/ Positron Emission Computed Tomography 正电子发射型计算机断层显像）与功能核共振成像均证明在疼痛体验之中存在一个被称为“疼痛基质”（pain matrix）的复杂神经网络。疼痛的感觉与情感因子是在这个疼痛基质的两个独立的结点（nodes）得到编码的，即感觉运动结与情感结。疼痛基质的感觉运动结包括首级与次级躯体感觉区（Somatosensory cortices）、感觉运动结构如小脑（the cerebellum）、皮质运动前区以及运动区。疼痛基质的情感结至少包括前扣带回皮层（anterior cingulate cortex /the ACC）与岛叶区域（insular regions）。肌体的疼痛体验从针刺到幻痛（phantom pain）在疼痛基质的不同结上均有反映。人类的痛苦体验绝不限于肌体损伤层面，不过，神经影像学的研究表明心理疾痛乃至社会痛苦（social pain），其背后的神经回路与加工过程与肌体痛苦的机制大多也是交叠在一起的。例如，肌体感受到疼痛刺激时活跃的前扣带皮层部分在社会伤害的体验时亦被激活。在听让人感伤的音乐或故事的过程之中，前扣带皮层部分活动的信号明显加强了。[②] 甚至读一系列有关疼痛含义的词语（如“折磨”“痉挛”和“痛苦”）都会激活人脑中处理疼痛反应的区域，尽管没有即时的生理反应出现。王阳明“每念斯民之陷溺，则为之戚然痛心”，看来确实是切身之感受。“正是由于我们对别人的痛苦抱有同情，即设身处地地想象受难者的痛苦，我们才能设想受难者的感受或者受难者感受的影响。当我们看到对准另一个人的腿或手臂的一击将要落下来的时候，我们会本能地缩回自己的腿或手臂；当这一击真的落下来时，我们也会在一定程度上感觉到它，并像受难者那样受到伤害。”[③] 亚当·斯密观察到的这一现象完全得到了镜像神经元理论的支持。有研究者通过对看到夹在车门的手指图像的受试者、看到被针刺手指的图像的受试者的大脑进行功能核共振成像扫描，发现他们与疼痛相关的前脑岛与前扣带皮层均被激活了。

---

① Avenanti and Aglioti：The Sensorimotor Side of Empathy for Pain，Mauro Macia（eds.）Psychoanalysis and Neuroscience Springer，2006. P. 236.

② Ibid. pp. 238 – 239.

③ 斯密：《道德情操论》，第 6 页。

自家疼痛与看到他者疼痛之际，大脑前扣带回皮层均会被激活，不过自家疼痛激活的是与尾侧与前侧相关的区域，而他者疼痛更多激活的是头端区域中的两个不同的簇（distinct clusters），因此对他人疼痛的同感不会导向自我与他人表象的完全融合。① 而如果要求受试者将观察到受痛苦刺激的图像（如夹在门缝中的手，或受到电击的身体某个部位）想象为亲人或朋友的图像，则其疼痛基质所激活的强度明显增加。这可以被视为是疼痛同感也具有社会亲缘性的一面。

五、结语：镜像神经元阐释的有效性及相关问题

疼痛镜像神经元的研究成果对于我们重新理解同情现象提供了新的契机，对他人痛苦之“感同身受”看来是有其神经学的生理基础之支持的。无论如何，乍见孺子入井，与乍见石头入井，看似相同的知觉行为，实则在根本上是两种性质不同的“看见”，前者让我感受到恐惧、哀痛，让我“心头一震”，后者只不过是一中性的物体下落活动而已。一个人可以冷静地看一块石头入井，心头不起一点波澜；一个人乍见孺子入井，亦能冷静旁观、心头不起一点波澜吗?② 俗语说“人心是肉长的”，只有这颗肉长的心才能怵惕、才能恻隐，才能被感动，才能感动人。良知之为“真诚恻怛”原本即是“嵌在

① Melita J. Giummarra and John L. Bradshaw：Synaesthesia for Pain：Feeling Pain with Another，J. A. Pineda（ed.），Mirror Neuron Systems，DOI：10. 1007/978 – 1 – 59745 – 479 – 7 _ 13，Humana Press，New York，NY 2009，p294. Jean Decety and C. Daniel Batso 的研究也指出，亲身的痛苦与对他者痛苦的直接感受所激活的神经网络只是部分重叠的，而不是完全一致的。感受他人的痛苦更多是脑岛与脑皮层的脑喙侧（rostral）激活。见 Jean Decety and C. Daniel Batson：Empathy and Morality：Integrating Social and Neuroscience Approaches，J. Verplaetse et al.（eds.），The Moral Brain，DOI 10. 1007/978 – 1 – 4020 – 6278 – 2 _5，Springer Science + Business Media B. V. 2009.

② 人对他人、对生命物的知觉与对无机物的知觉实是类型有别的知觉，胡塞尔在《观念》第二卷之中对区域本体论（regional ontology）的阐发有助于澄清这个问题。不过，在中国古典思想之中，“物”通常是指有情之物，如指纯然之物则往往与器并称为“器物”。这也就意味着“物”总是承载着某种“价值”，王阳明在论及一体之良知时说见瓦石之毁坏而必有“顾惜之心”，但他亦很精细地选择自己的用语，分别以“怵惕恻隐”、“不忍之心”“悯恤之心”指示人知觉到他人（孺子）、动物（鸟兽）、植物（草木）受到伤害、摧残时的“感受”。

肉身”之中，牵涉知、情、意诸面向的有厚度之“知”，是一种切身之知、一种“体知”（embodied knowing）。疼痛镜像神经元的发现为这种“切身性”“具身性”提供了一种科学的解释。有了这个发现，四肢百体，痛痒相关；一家九族；痛痒相关；天地万物；痛痒相关，一言以蔽之，“天下一家，痛痒未尝不相关也”,① 儒家的这一万物一体的生命情怀不应再被仅仅视为某种神秘体验，某种意识营造的精神境界，它还是扎根于身体之中、拥有某种生理—心理基础的活生生的体验。

作为真诚恻怛的良知究竟是“呈现”抑或是“假设”，这一度是一段著名的现代学术公案，镜像神经元的发现是否坐实了“呈现”说了呢？抑或镜像神经元理论本身也不过是一“科学之假设”？毋庸置疑的是，任何人类生命的体验都不应简单地归结为生理活动的层面，就像爱情不应被化约为（reduced to）一系列肾上腺分泌出的荷尔蒙指标、多巴胺作用状况一样，儒家对他者生命一体相关的情怀也不应被化约为疼痛镜像神经元一系列激活状态。其实对于儒家修身之生存体验而言，良知之呈现，实在不需要什么科学发现来“背书”。虽然镜像神经元作为“同感”的生理基础，为感同身受、设身处地这些道德词汇背后所涉及的生理与心理机制提供了某种说明与解释，**但是理解他人情感、感受的“同感”与带有关爱动机的“同情”之间的区别与联系能否在镜像神经元层面上得到有效的解释，至今还是一个问题。**② 而“恻隐之心”究竟多大程度上与“同感”“同情”相关，笔者拟撰另文予以

① 陆象山：《与朱子渊》，《陆九渊全集》卷十六，中国书店 1992 年版，第 128 页。

② “同感”（empathy）究竟是一种“最低限度的同情”，抑或是与“同情”根本有别的一种情感？“同感”一词的理解却因论者不同而表现极大的混乱，同感（empathy）、同情（sympathy）、共情（compassion）这些概念往往是不加区别的互换使用，其歧义性、模糊性甚至随意性，至今未能解决。见 Verducci，Susan：A conceptual of empathy and a question it raises for moral education，Education Theory，Winter 2000，Vol. 50，Number 1，p. 66. 而对这些概念的厘清工作本身，也因人而异，莫衷一是。这方面的研究文献可参 Douglas Chismar：Empathy and sympathy：the important difference，The Journal of Value Inquiry 22：4（1988）；Gustav Jahoda：Theodor Lipps and the Shift from “Sympathy” to “Empathy”，Journal of the History of the Behavior al Sciences，vol. 41（2），Spring，2005. 即便在善于辨析概念、明察本质的现象学家那里，对于同情（与同感）的本质，亦存在不少的分歧，看看舍勒（Max Scheler）与斯坦因（Stein）的争论就足够了。

探讨。

镜像神经元理论的提出，为环节（Ⅲ）即**问题 B** 提供了一种科学的解释，即为我能够**切身**感受到他者的痛痒提供了神经学上的解释。孟子讲“怵惕”，王阳明讲“疾痛切于身”这些指示仁者与他者生命相感通的说法，得到了脑神经科学的有力支持。但是，由环节（Ⅲ）如何过渡到环节（Ⅳ），即前面所提到的**问题 C** 却仍然有待追究。

【论文初稿曾选读于黄俊杰教授主持的“东亚经典与文化”学术研讨会（中国台北：2010 年 10 月 4 日—5 日），承李明辉、杨祖汉、陈少明诸先生指教，特此致谢！】

13. 康德论“通常的人类知性”

——兼与杜维明先生的“体知”说相比较

李明辉

台湾“中央研究院中国文哲研究所”研究员

台湾大学“国家发展研究所”合聘教授

台湾“中央大学哲学研究所”合聘教授

（广州）中山大学长江学者讲座教授

一、杜维明先生的“体知”说

20 世纪 80 年代中叶，杜维明先生首先提出了“体知”的概念，随后分别在不同的场合借文章或访谈阐释这个概念。这些文章与访谈记录均已收入 2002 年出版的《杜维明文集》第五卷之中。由这些文章与访谈记录可知：他之所以提出“体知”的概念，主要是为了说明儒家所谓“德性之知”的意涵与特性。底下笔者将归纳杜先生自己的说法，勾勒出“体知”的几点特性。

首先，“体知”一词中的“体”字直接指涉身体，间接指涉“身体”的隐喻所指向之活动，如体会、体验、体悟、体察、体味等。因此，杜先生以

embodied knowing 来翻译“体知”一词①，可以兼顾这两层意涵。这预设了杜先生所谓“存有的连续”之想法②；落到人身上来说，“身、心、灵、神四层次在儒家的人学里并不是截然分离的四阶段，而是一个连续过程中互相融贯的四度超升”。③

其次，杜先生从张载所谓“德性之知”与“闻见之知”的区别来说明“体知”的意涵。依杜先生的理解，“体知”固然是指“德性之知”，但它不能完全脱离“闻见之知”。他解释道：“闻见之知是经验知识，而德性之知是一种体验、一种体知，不能离开经验知识，但也不等同于经验知识。”④ 这种解释系脱胎于王阳明所说：“良知不由见闻而有，而见闻莫非良知之用。故良知不滞于见闻，而亦不离于见闻。”⑤

第三，杜先生对于“体知”的理解预设了王阳明的“知行合一”说。在这个义理背景下，他将“体知”理解为一种“作为转化的行为之知”（knowing as a transformative act）⑥，并且解释说：

> 体知必然意味着创造的转化，有体知而不能因受用感而达到变化的功效，是自相矛盾的。固然，体知的创造转化不一定是道德理性的突出表现，但道德理性的体现，必然借助体知的形式，否则便难逃认识的格套。因为这个缘故，体知所预设的知行观不是“知难行易”，而是“知行合一”。⑦

---

① 参阅其《宏愿、体知和儒家论说——回应冯耀明批评“儒学三期论”》及《儒家论说的生命力——兼答冯耀明先生》，见郭齐勇、郑文龙编：《杜维明文集》武汉：武汉出版社，2002 年，第 5 卷，第 640 页，646 页。

② 参阅杜维明：《试谈中国哲学中的三个基调》，见《杜维明文集》，第 5 卷，第 4—6 页。

③ 杜维明：《从身、心、灵、神四层次看儒家的人学》，见《杜维明文集》，第 5 卷，第 336 页。

④ 杜维明：《论儒家的“体知”——德性之知的涵义》，见《杜维明文集》，第 5 卷，第 344 页。

⑤ 《传习录》，卷中，《答欧阳崇一》，见吴光等编校：《王阳明全集》上海：上海古籍出版社，1992 年版，第 71 页。

⑥ 杜维明：《儒家“体知”传统的现代诠释》，见《杜维明文集》，第 5 卷，第 371 页。

⑦ 杜维明：《身体与体知》，见《杜维明文集》，第 5 卷，第 358 页。

第四，“体知”是人的尊严在生命之不同层面（感性、理性、智性、神性）的表现，因此杜先生分别论及“感性的体知”“理性的体知”“智性的体知”与“神性的体知”①。

第五，“体知”具有一种难以明言的特性。以骑脚踏车为例，杜先生指出：学会骑脚踏车不难，但我们很难借由机械力学、肌肉结构、身心调节、系统控制等经验科学所累积的知识完全精确地描绘并说明“学会骑脚踏车”这个现象②。因此，他解释道：

> 如果套句中国儒家思想的术语，“体知”是探讨“百姓日用而不知”的学问。“日用”是指在日常生活中随时随地适用，“不知”是指没有提升到更高的层次，因而不得洞察其精义。大家都知其然，但极少有人真正深悉其底蕴。③

以上五点是杜先生为其“体知”说所勾勒出的要点。至于他们是否能构成一套有理论意义的系统，则有待进一步的讨论。杜先生自己也承认：他对“体知”这个概念仅提出初步的构想，希望借此引发学者的兴趣，进一步深入其中的相关问题。尽管杜先生提出“体知”说，是为了说明儒家所谓“德性之知”的意涵与特性，但在建构“体知”的概念时，我们不妨借助西方的相关思想资源，作为参考或对照。笔者在研究康德哲学时，发现康德一再提到的“通常的人类知性”（gemeiner Menschenverstand）具有“体知”的若干特征，可以供我们在建构“体知”概念时作为参考。

二、康德形上学中之“通常的人类知性”

在康德的著作中，“通常的人类知性”一词往往与“通常的人类理性”（gemeine Menschenvernunft）、“健全的人类理性”（gesunde Menschenvernunft）、“健全的人类知性”（gesunder Menschenverstand）互换其词。他们均相当于英

① 参阅杜维明：《从“体知”看人的尊严（提纲)》，见《杜维明文集》，第5卷，第362－363页。

② 参阅杜维明：《身体与体知”》，见《杜维明文集》，第5卷，第355页。

③ 同上。

文中的common sense一词，而可追朔到当时以莱德（Thomas Reid，1710—1796）、欧斯瓦尔德（James Oswald，1703—1793）、比提（James Beattie，1735—1803）、史蒂瓦尔特（Dugald Stewart，1753—1828）等人为代表的苏格兰“常识哲学”（common sense philosophy）。在康德的知识论系统中，“理性”与“知性”分属不同的层面，各有其功能，但在目前的脉络中，“理性”与“知性”二词却可以互换。

康德所谓“通常的人类知性”是指一般人未经哲学反思——或者说，“百姓日用而不知”——的认知或意识。他在1783年出版的《一切能够作为学问而出现的未来形上学之序论》一书（以下简称“序论”）之末章对这个概念提出了如下的说明：

> （1）〔……〕健全的知性是什么呢？它就是通常的知性（就它正确地下判断而言）。而通常的知性是什么呢？它是认知与具体地运用规则的能力，而有别于思辨的知性——它是抽象地认知规则的能力。故通常的知性几乎无法了解“一切发生之事系借由其原因而被决定”这项规则，而且决无法如此普遍地理解它。因此，他要求一个来自经验的例证，而且当它听说：这无非意谓“每当它见到一片窗户玻璃被打破或是一件家用器具消失时，它所想到的东西”之际，它就理解这项原理，而且也承认它。因此，除非通常的知性能见到其规则（尽管这些规则实际上是它先天地所具有的）在经验中得到证实，否则它没有其他的运用；是故，先天地且无待于经验地理解这些规则，是思辨的知性之事，而且完全在通常的知性底视野之外。但是形上学确实仅与后一种知识有关；而且诉诸那个在此完全无所判断的证人——除非我们身陷困境，而且在我们的思辨中得不到建议与协助，否则我们一定会鄙视他，的确是健全的知性之一项恶兆。①

康德在此将“通常的知性”（健全的知性）对比于“思辨的知性”。由康

① Prolegomena zu einer jeden künftigen Metaphysik, die als Wissenschaft wird auftreten kännen（以下简称Prol.），in：Kants Gesammelte Schriften（Akademieausgabe，以下简称KGS），Bd. 4，S. 369f. 本文引述康德较长的文字时，均依序加以编号，以便于讨论。

德的说明可知：他所谓“通常的知性”是一种局限于经验之中的认知能力。这种能力只能把握具体的经验，而无法理解形上学的原理（如因果律）；而我们要理解形上学的原理，就得靠“思辨的知性”。

在《序论》的《前言》中，康德直接提到莱德、欧斯瓦尔德、比提等人，并且对他们提出如下的批评：

> (2)〔……〕他们发明一种全无理解而刚愎自用的省事办法，即诉诸通常的人类知性。事实上，拥有一种正直的（或者像人们近来所称的，纯朴的）人类知性乃是一项伟大的天赋。但是我们要证明这种天赋，必须借由行动（Taten），借由深思熟虑且合乎理性的思想和言论，而非在我们无法提出任何明智的理由为自己辩解时，将这种天赋当作一种神谕而诉诸它。在理解和学问都无能为力之际，然后（而不在这以前）才诉诸通常的人类知性，这是近代的精巧发明之一。由于这项发明，最无聊的空言之辈得以自信地与最深刻的才智之士分庭抗礼，并且与他相持下去。但只要尚有一丝理解残存，我们一定会避免利用这个应急之方。严格说来，诉诸通常的人类知性无异于诉诸群众底判断——这是一种喝彩，哲学家为之脸红，但是耍小聪明而大受欢迎的人却为之扬扬得意而刚愎自用。可是我应当想到：休谟也能像比提一样，要求于一种健全的知性，此外还能要求于比提一定没有的东西，即一种批判的理性——这种理性节制通常的知性，使它不会擅自进行思辨，或者在仅论及思辨的情况下不会想有所决定，因为它无法为它的原理提出辩解；只有这样，它才不失为一种健全的知性。凿子和槌子极适于用来处理一块木料，但是对于铜雕，我们就得使用蚀刻针。故健全的知性和思辨的知性一样，两者皆有用，但各以其道。当问题涉及直接应用于经验中的判断时，前者有用；但是当我们应当一般性地、纯由概念去下判断时，譬如在形上学中，后者有用。在形上学中，自命为健全的（但往往作为反义语）知性完全无法下任何判断。①

① Prol., in: KGS, Bd. 4, S. 259.

这段引文与上一段引文的意涵大体相同，但是康德在这段引文中进一步强调“思辨的知性”之功能，即：它可以节制思辨的知性，使之不会僭越其权限，而在经验的领域之外进行思辨。康德在《纯粹理性批判》中分析西方传统自然神学中的“上帝”概念。他指出：传统的自然神学将“上帝”界定为一个“最实在的存有者”（ens realissimum）之理念（Idee），这是一个“先验的理想”（transzendentales Ideal）①。我们的理性必然要求这个理念，因为它是一切概念决定（Begriffs-bestimmung）之形式条件。但是这个理念无法提供任何知识内容，也无法成为知识的对象。然而，传统的自然神学却将这个理念先是“实在化”，继而“实体化”，最后“人格化”，由此产生一种“先验的幻相”②。“思辨的知性”可以防范这种幻相，故又可称为“批判的知性”。

最后，康德在《序论》的结尾针对“通常的人类知性”作了以下的总结：

> (3)〔……〕在作为纯粹理性底一门思辨学问的形上学之中，我们决无法诉诸通常的人类知性；但如果我们被迫离开形上学，而且放弃一切纯粹思辨知识（它始终必须是一种知识），因而也放弃形上学本身及其教益（在某些事务上），并且唯有一种理性的信仰被认为对我们而言是可能的，也足以满足我们的需求（或许甚至比知识本身更有益），则我们或许可以这么做。因为这样一来，事情底态势便完全改观了。形上学必须是学问，不仅就整体而言，也就其所有部分而言；否则它什么都不是。因为就它为纯粹理性之思辨而言，除了在普遍的洞识之中，它无处立足。但是在形上学之外，或然性与健全的人类之性或许有其有利的与合法的运用，但却是按照完全独特的原理——这些原理底重要性总是系乎对于实践事物的关系。③

康德在这段引文中所提到之“理性的信仰”（vernünftiger Glaube）一词即

① I. Kant：Kritik der reinen Vernunft（以下简称 KrV），hrsg. von Raymund Schmidt（Hamburg：Felix Meiner，1976），A 576/B 604.（A = 1781 年第一版，B = 1787 年第二版）

② 同上注，A580ff. /B608ff.

③ Prol.，in：KGS，Bd. 4，S. 371.

相当于他在1786年发表的《何谓“在思考中定向”?》(“Was heißt: Sich im Denken orientieren?”,以下简称“定向”)一文中所提到之“理性底信仰”(Vernunft-glaube)。这篇论文旨在探讨上帝存在之可能论证。康德在《纯粹理性批判》中分别批判西方传统神学所提出的三种上帝论证(存有论论证、宇宙论论证、目的论论证),并且归结说:这些上帝论证都是建立在先验的幻相之上。总而言之,单凭思辨理性,我们既无法肯定亦无法否定上帝之存在。依康德之见,人类的知识仅局限于可能经验的对象;或者如康德自己所说,“对于事物底知识,范畴除了应用于经验对象之外,并无其他的运用”。① 因此,如果理性要思考超经验的对象(如上帝之存在),就无法根据知识的客观根据(即范畴),而只能根据一项主观原则去下判断。这项主观原则即是一种对**理性底需求**的感受。

在理性之理论性运用与实践性运用当中,“理性底需求”均有其功能。在其理论性运用中,“理性底需求”主要是为了在知识的客观原则不足的情况下“确认”(fürwahrhalten)上帝的存在。在这个脉络中,“上帝”的概念属于一种主观的形式条件,借以使我们的知识在一切可能经验的界限内尽可能地达到完整性与系统上的统一性。这种条件康德称为“理念”,而上帝的理念则特别称为“理想”。在《定向》中,康德将“上帝”概念之形成过程描述如下:当我们为了达成知识之系统性统一而必须使用一个概念(如“上帝”概念),而这个概念在直观中又无任何与之相符合的对象时,我们唯一能做的便是:先根据“一切判断之最高原理”(矛盾律)来检查这个概念,确定它不包含矛盾;其次,将这个超越经验的对象与经验对象之关系置于范畴之下,以便至少以适合于理性之经验运用的方式来思考这个超感性之物。然而,单是借由“上帝”的概念,我们对于上帝的存在及其与宇宙(可能经验的所有对象之总合)间的实际联系依然无所知。至此,我们可以说:“上帝”的概念**在概念上是可能的**。在这个脉络中,由于“理性底需求”之介入,“上帝”的概念不仅在概念上是可能的,而且**在理论上也是必要的**②。康德将这种需求称为

---

① KrV, B146ff., § 22.

② 参阅I. Kant: “Was heißt: Sich im Denken orientieren?” (以下简称“Was heißt: S. i. D. or. ?”), KGS, Bd. 8, S. 136f.

“纯粹的理性假设”（reine Vernunfthypothese）①。

然而，“理性假设”仅是**有条件地必然的**，这就是说，唯有当我们想要说明宇宙中的秩序与合目的性时，我们才必须预设上帝的存在。反之，在其实践性运用中，“理性底需求”却是**无条件地必然的**，这就是说，“我们之所以不得不预设上帝底存在，不仅是由于我们**想要**判断，而是由于我们**必须判断**”②。更确切地说，“上帝”概念之无条件的必然性在于我们促进“最高善”——亦即道德与幸福之成比例的结合——的义务，如康德在《定向》中所言：

> （4）因为理性之纯粹实践的运用在于道德法则之规定。但是道德法则均导向在世界上可能的最高善（就它单凭自由而有可能性来说）底理念，亦即道德（Sittlichkeit）；从另一方面，他们也导向不仅关乎人类自由、而是也关乎自然之物，亦即最大的幸福（就它依道德底比例而被分配来说）。如今理性需要假定这样一种有依待的最高善，而且为此之故，假定一个最高的智性体（Intelligenz），作为无依待的最高善——并非为了由此推衍出道德法则之约束性威望或是遵从道德法则的动机（因为如果他们的动因不是单从本身确然无疑的道德法则被推衍出来的话，他们就不会具有任何道德价值），而仅是为了赋予最高善底理念以客观实在性，也就是说，防止最高善连同全部道德仅被视为一个纯然的理想（如果某个东西底理念不可分离地伴随道德，而这个东西却不存在的话）。③

这段文字虽然简略，但其意涵却很清楚。后来康德在《实践理性批判》的《纯粹实践理性底辩证论》中有更详细的说明，我们可以将其论证重述如下：我们的实践理性必然要求“最高善”，即德行与幸福之一致，这是一项道德法则。但是在现实世界中，有德者未必有福，而道德法则又不可能是虚假的；这便使我们不得不“设定”（postulieren）灵魂在来世的继续存在，俾使德行与幸福有可能在来世达成一致。而为了要保证德行与幸福之一致，我们

① 同上，S. 141.

② 同上，S. 139.

③ 同上。

又必须“设定”一个最高的智性体之存在。这个最高的智性体一方面必须具备足够的智慧，能根据人类行为背后的存心来判定其道德性，另一方面必须具备足够的能力，能按照人的德行来分配他所应享有的幸福。换言之，唯有全知全能的上帝才足以保证福德之一致。这便是康德对上帝存在的“道德论证”。

在《实践理性批判》中，康德将这种借由“道德论证”而“设定”的上帝存在，连同意志之自由与灵魂之不灭，称为“纯粹实践理性之设准（Postulate）”。在《定向》中，康德则将这种“上帝”概念称为“理性底信仰”，以对比于“理性底洞识”（Vernunfteinsicht）与“理性底灵感”（Vernunfteingebung）①。所谓“理性底洞识”涉及康德在《定向》一文中对门德尔颂（Moses Mendelssohn，1729—1786）所提出的批评。在该文的开头康德便提到：门德尔颂在《黎明，亦名论上帝存在之演讲录》（*Morgenstunden oder Vorlesungen über das Daseyn Gottes*，1785）及《致雷辛底友人》（*An die Freunde Lessings*，1786）中明白地信从“在理性底思辨运用中借由某种引导工具来**定向**的必要性之格律”，而门德尔颂有时称这种引导工具为“共感”（Gemeinsinn），有时称之为“健全的理性”（gesunde Vernunft），有时又称之为“纯朴的人类知性”（schlichter Menschenverstand）②。康德一方面虽然承认门德尔颂的贡献在于坚持“**仅在理性中**寻求一项判断底可容许性之最后试金石”③，但另一方面又惋惜门德尔颂不了解他自己所诉求的引导工具“并非**知识**，而是理性之被感受的**需求**”④。如果联系到康德对苏格兰“常识哲学”的批评，我们可以从康德的立场说：门德尔颂之错误在于欠缺“批判的理性”之节制，因而将理性之主观原则（理性底信仰）误认为客观原则（理性底洞识）。在这个脉络中，我们才会理解康德在引文（3）中所言：“在形上学之外，或然性与健全的人类之性或许有其有利的与合法的运用，但却是按照完全独特的原理——这些原理底重要性总是系乎对于实践事物的关系。”换言之，在思辨哲学中不足为据之“通常的人类知性”在实践哲学中却大有发挥的余地。

---

① 参阅 I. Kant：“Was heißt：Sich im Denken orientieren?”（以下简称“Was heißt：S. i. D. or. ?”），KGS，Bd. 8，S. 140f.

② 同上，S. 133.

③ 同上，S. 140.

④ 同上，S. 139.

三、康德伦理学中之“通常的人类知性”

康德在《道德底形上学之基础》（*Grundlegung zur Metaphysik der Sitten*，以下简称“基础”）一书中对于“通常的人类知性”着墨颇多。此书除了前言之外，共有三章，其第一章题为《由通常的道德的理性知识通往哲学的道德的理性知识》。所谓“通常的道德的理性知识”其实便是指“通常的人类知性”所意识的基本道德法则（定言令式），此即“除非**我也能意愿我的格律应成为一项普遍法则**，否则我决不当有所行动。”① 康德接着写道：“通常的人类理性在其实践的判断中也完全与此相合，并且始终记得上述的原则。”② 这是康德的道德思考之出发点。由于这项基本道德法则系直接呈现于一般人的道德意识之中，而不必经过反省或推论，故他在《实践理性批判》中称之为“理性底事实”（Faktum der Vernunft）：

> （5）我们可将这个基本法则底意识称为理性底一项事实〔……〕但要无误解地将这项法则视为既与的，我们可得注意：它并非经验的事实，而是纯粹理性底唯一事实，理性藉此事实宣告自己是原初的立法者（此乃我所欲，此乃我所命）。③

在《基础》第一章中有一段文字详细说明了“通常的人类知性”在道德思考中的意义：

> （6）于是，我们在通常的人类理性之道德知识中便得到了其原则；通常的人类理性当然不如此抽象地在一个普遍的形式中思考这项原则，但实际上却始终记得它，且用它作为其判断底准则。在此，如果我们不教给通常的人类理性丝毫新东西，而只像苏格拉底一样，使它注意它自己的格律，则我们不难说明：它如何凭这个指南针，在所遭遇的一切事例中极善于分辨何者为善、何者为恶、何者合乎义务、何者违反义务。

① Grundlegung zur Metaphysik der Sitten（以下简称 GMS），in：KGS，Bd. 4，S. 402.

② 同上。

③ Kritik der praktischen Vernunft（以下简称 KpV），in：KGS，Bd. 5，S. 31.

> 因此，我们也不难说明：我们不需要科学和哲学，便知道我们必须做什么，才是真诚而善良的人，甚至是贤明而有德的人。我们甚至可能已事先推断：了解每个人必须做、因而也必须知道的事，也将是每个人（甚至最平凡的人）底事情。在此我们却无法不敬服地看到：在通常的人类知性中，实践的判断能力超过理论的判断能力之处是何等多！在理论方面，如果通常的理性敢脱离经验法则和感官知觉，便陷于全然的不可思议和自相矛盾中，至少陷于不确定、隐晦与不稳之混沌中。但在实践领域中，就在通常的知性将一切感性动机排除于实践法则之外时，判断力才开始显出其极大的优点。于是，无论通常的知性想玩弄其良心或关乎“应当称为对的事情”的其他要求，还是也想真诚地决定行为底价值，以教导它自己，它都变得甚至敏锐起来。而最重要的是：在后一种情况下，它能期望深中肯綮，就像每个哲学家都可期待的一样；甚至在这方面，它几乎比哲学家还要更可靠，因为除了通常的知性底原则之外，哲学家的确无法有其他的原则，但由于许多其他与此问题不相干的考虑，他却可能轻易地搅乱其判断，且使之偏离正确的方向。①

从这段文字我们可以归纳出“通常的人类知性”之三项特征：第一，它的道德知识是一种不待学习，甚至无待于哲学与科学的先天知识；第二，这是一种未经反省——或者说，“百姓日用而不知”——的理性知识；第三，虽然在理论知识方面，它极不可靠，但是在实践判断方面，它却是可靠的，甚至比哲学家还要可靠。由于这三项特征，笔者曾借用波蓝尼（Michael Polanyi，1891—1976）的用语，将“通常的人类知性”之道德知识视为一种“隐默之知”（tacit knowing）②。

然而，一般人可能会问：既然“通常的人类知性”之道德知识是一种不待学习、甚至无待于哲学与科学的先天知识，那么道德哲学还有什么用处呢？故紧接着引文（6），康德提出以下的设问：

---

① GMS，in：KGS，Bd. 4，S. 403f.

② 参阅拙著：《康德伦理学与孟子道德思考之重建》，台北：台湾“中央研究院中国文哲研究所”，1994 年，第 11—20 页。

（7）照这么说，如果我们在道德的事务上只有通常的理性判断就够了，而且我们请来哲学，顶多只是为了更完整而清楚地陈述道德底系统，且陈述其规则，使之更适于运用（尤其更适于辩论），而非为了甚至在实践方面使通常的人类知性脱离其幸运的纯真，且借哲学将它引到一条探讨与教导底新途径上，这样岂不是更恰当吗？①

换言之，如果“通常的人类知性”比哲学家更为可靠，那么道德哲学对于道德实践岂非无关宏旨，而是至多只有理论的意义，以满足我们的认知兴趣而已？

针对此一设问，康德立刻回答道：

（8）天真是个美妙之物，但在另一方面，极糟糕的是：它无法被妥善维持，而且容易受到引诱。因此连智慧——它平常在于行止，多过在于知识——也需要学问，并非要从它那里学到什么，而是要为它自己的规范争取认可和持久性。人在他自己内部的需要和爱好（他将这些需要和爱好之完全满足概括于幸福之名下）中感觉到有一种强大的抵制力量，反对义务底一切命令（理性向他表示这些命令非常值得尊重）。如今，理性不稍宽贷地命令其规范，而在此却对爱好无所承诺，因而仿佛冷落且漠视那些极激烈且在此看来极合理的要求（他们不愿因任何命令而被撤消）。但由此却产生一种自然的辩证，亦即一种癖好，以诡辩反对那些义务法则，怀疑其有效性（至少怀疑其纯粹性和严格性），并且尽可能使之顺应我们的愿望和爱好，也就是说，从根败坏之，且剥夺其全部尊严；但是连通常的实践理性最后都无法同意此事。②

这段引文的第一句话系针对鲁索之讴歌自然人性而发。对康德而言，鲁索所歌颂的自然人性与苏格兰常识哲学家所倚重的“通常的人类知性”都是道德实践所不可或缺的基础，但是他们有一个共同的问题，即：他们无法避免因私欲之诱惑而被相对化。对康德而言，道德法则是理性法则，具有普遍

① GMS，in：KGS，Bd. 4，S. 404.

② 同上注，S. 405.

的效力，但是我们的私欲却会要求豁免于其普遍的效力，因而颠覆理性法则之命令。康德将这种颠覆称为“自然的辩证”。“通常的人类知性”固然不同意私欲之要求，但若它要避免“自然的辩证”，就需要道德哲学之护持。

在这个意义下，道德哲学并非要提供我们新的道德法则，而是要贞定“通常的人类知性”所已意识到的道德法则，防范“自然的辩证”之侵蚀。康德不仅一次强调：我们对于道德法则的意识无待于道德哲学，而是早已先天地存在于“通常的人类知性”之中。例如，在《实践理性批判》一书中，康德就针对其批评者提泰尔（Gottlob August Tittel，1739—1816）的论点写道：

> （9）一位想对本书有所责难的评论家说：在本书中并未提出一项新的道德原则，而仅提出一项新的程序；当他这么说的时候，他比他自己可能想要说的还更中肯。但是，有谁真的想为一切道德引进一项新的原理，并且仿佛首度发现道德，就好像在他以前，整个世界对于义务为何物一无所知或者全都弄错了？①

这段话正好呼应了康德在引文（6）中所言：“我们不教给通常的人类理性丝毫新东西，而只像苏格拉底一样，使它注意它自己的格律……”苏格拉底之诘问法正是要借由问答，引导其对话对象自行发现他早已知道的真理。

在《基础》第一章的末尾，康德将其关于“通常的人类知性”之讨论总结如下：

> （10）通常的人类理性非由于任何思辨底需要（只要它甘于仅是健全的理性，就决不会感觉到这种需要），而是甚至基于实践的理由，被迫走出其界域，并且进一步踏入一门实践哲学底范域中，以便在那里为其原则底根源及其正确决定（对比于以需要和爱好为依据的格律）取得消息和明确指示；因而它得以摆脱由相互对立的要求造成的困窘，并且不致冒由于它容易陷入的暧昧而失去一切真正的道德原理之危险。是以，当通常的实践理性陶冶自己时，在其中不知不觉形成一种辩证，迫使它求助于哲学，正如它在理论性运用中所遭遇的情形一样；且因此实践理性

① KpV，：in：KGS，Bd. 5，S. 8 Anm.

> 的确正如理论理性一样，除非在对我们的理性的一项全面批判中，不会在其他任何地方得到平静。①

这段话清楚地说明了道德哲学（尤其是道德底形上学）之实践意义在于厘清道德法则之真正根源，以防范“自然的辩证”。这种工作也是一种“批判”，但却是一种“纯粹实践理性之批判”。

现在我们可以将本节与上一节所述作个总结。康德在形上学与伦理学中对于“通常的人类知性”有极为不同的评价：在形上学探讨中，他认为“通常的人类知性”是靠不住的，若不加以节制，便会僭越其权限。反之，在伦理学探讨中，他信任“通常的人类知性”，视之为“理性底事实”。但他同时指出：“通常的人类知性”有陷于“自然的辩证”之危险，故我们有必要借由道德底形上学对“通常的人类知性”进行批判，以防范这种危险。因此，这种“批判”其实是对“通常的人类知性”之哲学反思，其目的不在于提供新的道德法则，而在于将一般人未经反思的道德意识提升到反思的层面，以贞定其自身。这种“批判”具有实践的意义，因为它本身即是一种道德教育。

在此顺便提一下：康德在《判断力批判》中提到一种“共感”（Gemeinsinn/semsus communis），作为“品鉴判断”（Geschmacksurteil）之基础。但他也特别指出：尽管在日常语言中，这种“共感”往往与“通常的知性”混淆不清，但两者在本质上完全不同；简言之，前者以情感为基础，后者则以概念为基础②。

四、“通常的人类知性”与“体知”

现在我们可以回头讨论“体知”的问题。以上所述显示：康德在伦理学的脉络中所理解之“通常的人类知性”与杜维明先生所描述的“体知”之间有不少共通之处，以致我们甚至可以说：康德在伦理学的脉络中所理解之“通常的人类知性”即是一种“体知”。以下我们将两者加以比较。

第一，杜先生所理解的“体知”是指“不由见闻而有”的“德性之知”，而康德在伦理学的脉络中所理解之“通常的人类知性”也是指一般人之先天

① GMS，in：KGS，Bd. 4，S. 405.

② Kritik der Urteilskraft，in：KGS，Bd. 5，S. 237f.，§ 20；参阅 S. 293 – 296，§ 40.

的道德意识。这是两者之间最根本的共通点。

第二，既然这两者都是不待学习的，所以他们都具有一个“百姓日用而不知”的“隐默面向”①。就此而言，他们均是未经反思的认知或意识。

第三，尽管他们都是未经反思的认知或意识，但也可以被提升到哲学反思之层面。康德认为：这必须通过“道德底形上学”之提撕。杜先生则强调：“体知”可以表现于感性、理性、智性、神性之不同层面上。这无异承认：它不会永远停留在“百姓日用而不知”的阶段，而可以上提到哲学反思之层面。

第四，如第一节所述，杜先生的“体知”说预设了王阳明的“知行合一”说。笔者则要指出：康德的道德哲学也肯定“知行合一”之义。在《序论》一书出版的同一年（1793 年），康德也发表了一篇长文《论俗语所谓：这在理论上可能是正确的，但不适于实践》（“über den Gemeinspruch：Das mag in der Theorie richtig sein，taugt aber nicht für die Praxis”）②。在这篇论文中，康德分别从道德学、国内法、国际法三个层面申论理论与实践之一致性。其实，康德在道德学的脉络中所讨论的“理论”与“实践”之关系即是宋明儒者所讨论的知行关系。因此，康德在此脉络中主张理论与实践之一致性，即涵“知行合一”之义。这个问题极为复杂，在本文无法细论；对于这个问题，笔者已有专文讨论，读者可自行参阅③。

第五，杜先生虽然将“体知”理解为一种先天的“德行之知”，但同时根据王阳明之说，强调“体知”与经验知识（闻见之知）的关联。康德在理论哲学的脉络中所理解之“通常的人类知性”系一种经验知识，而他在实践哲学的脉络中所理解之“通常的人类知性”则是一种先天的道德意识，故其“通常的人类知性”的概念原本就同时包含先天的面向与经验的面向。这可以

---

① 此语出自 Michael Polanyi：The Tacit Dimension，Garden City/N. Y.：Doubleday，1966.

② 此文之中译收入李明辉译：《康德历史哲学论文集》台北：联经出版公司，2002 年，第 93—144 页。

③ 参阅拙作：《从康德的实践哲学论王阳明的“知行合一”说》，《中国文哲研究集刊》，第 4 期，1994 年 3 月，第 415—440 页；亦刊于韩国《中国学报》，第 34 辑，1994 年 7 月，第 25—43 页。修订版则刊于王中江主编：《中国观念史》，郑州：中州古籍出版社，2005 年，第 507—529 页。

与王阳明“良知不离于见闻”之义相呼应。

以上五点是康德的“通常的人类知性”与杜先生的“体知”之共通点。然而，我们不能忽略其间的一项重大区别，此即：康德的道德哲学并非建立在“精神与身体的连续性”之基本预设上。这点正是席勒（Friedrich Schiller，1759—1805）批评康德伦理学并试图加以修正之处。席勒批评康德将道德主体局限于理性人格，而排除一切感性成分（包括情感），故试图借由“美”来统摄我们的理性生命与感性生命。故对席勒而言，道德主体是一个统合了理性与感性、义务与爱好（Pflicht und Neigung）之完整的人①。这一点倒是呼应了杜先生有关“存有的连续”之构想。

对笔者而言，杜先生的“体知”说是个饶有意味且深具理论潜力的构想。但是杜先生仅为此构想勾勒出一个基本轮廓，其意涵尚有待于进一步的深化与系统化。在进一步的探讨中，康德关于“通常的人类知性”之讨论或许可以提供若干比较参考的思想线索。

14. 回归与重设：格物在民主与科学联合脉络中的新意涵**

邓育仁

台湾“中央研究院欧美研究所”

关键词：身境观点；格物；科学；科技；公民论述

---

① 关于席勒对康德伦理学的批判与修正，请参阅拙著：《四端与七情——关于道德情感的比较哲学探讨》台北：台湾大学出版中心，2005 年，第 1 章。

** 本文初稿（约为本文第一、二、三节，以及第五节部分文本）题为《身境观点下“即物而穷其理”的新意涵》，发表于《宋明理学学术会议 2011——朱子诞辰 880 周年纪念》学术研讨会（2011 年 1 月 7—8 日，桃园：台湾“中央大学文学院”），很感谢林月惠、陈荣灼、李瑞全、潘朝阳教授的评论、批判与提问。另，作者曾以“哲学论述的新方略——以格物为例”为题演讲（2011 年 5 月 18 日，嘉义：台湾“中正大学”哲学系），感谢王一奇、侯维之、许汉、谢世民的批判与提问，以及陈瑞麟会后的建议。感谢陈奕融、杜迺翔对本文提出许多使行文更通顺、说明更清楚的建议。

一、导言：古典精华与当代意涵

本文试图由当代的言说情境与生活脉络去阅读古典智慧的新意涵。发掘新意涵的阅读策略不是要去改变古典的智慧，而是基于以下两个研究方略上的考虑：（一）由发掘新意涵而更深入了解原有的古典精义何在；（二）新的言说情境与生活脉络本来就不得不有发掘新意涵的阅读要求。此二理由并非本文所独有，他们是改写自唐君毅谈论朱熹与王阳明对《大学》“格物致知”如何各有其阅读新意的说法。① 朱熹在《格物补传》里，以“即物而穷其理”解“格物”。《格物补传》十分精简，有初步定位的功能，但仍容许不同角度的阅读。本文以《朱子语类》来探究“即物而穷其理”的意涵。在行文秩序上，先选择《语类》中的几则谈话，定下本文的主导观念——以实践为主导、以身境合宜为道理的格物意涵；接着检阅《语类》里涉及身境合宜的道理的例子说明；最后放到当代的生活脉络与论述场域，试着阅读出“即物而穷其理”所能具有的新意涵。

有必要先声明的是：本文的目的不在于完整地重现朱熹对于格物的看法，而在于检别出其中的精华，特别是能贴近当代情境而能古今对话的观点与理念。有所检别当然就会有所侧重，要点是能不能侧重得恰到好处而同步展示古典的精华与当代的新意涵。如此作法背后的理念是：由传承古典智慧而有的新意涵，是拥有深刻内涵的创新与创意的源泉。传承与创新是本文同步所关怀的。

进入实质讨论前，值得再由另一个角度简要地说明本文切入问题的论述手法。对于当代科学研究与科技的问题，由根本的、全幅的立场出发恐怕不是好方式。因为在现代社会，特别是立宪民主的政治社会里，科学与科技是公共议题，而且愈良好的民主社会对公共议题愈会有多元的合理观点。由根本的、全幅的立场出发，恐怕只会落入不同观点之间意见冲突或各说各话的情况。本文采取的论述策略是：在有所侧重中，设下贴近生活脉络的理念，而循此同步完成二项工作：（一）承接古典智慧的精华；（二）提出介入科学

① 唐君颜：《唐君颜全集：中国哲学原论·道论篇》，台北：学生书局，1986 年，第 302 – 303 页。

与科技公共议题的立论角度。"身境合宜"是本文承接古典智慧且同时切入当代科学与科技问题的核心理念。这样的核心理念相当贴近生活脉络，在理论的架构上大抵属于中间层次，不是那么根本，但也非枝微末节，且颇能结合到其他的论述观点而进行实质的讨论。由中间层次开始的论述方式，不是要放弃根本的儒学理念，而是要使儒学能站到公民论述的位置，实质地参与公共议题的讨论。

公民论述的位置总以在相互尊重、平等互惠的合作观点下，彼此都能合理接受为具有理由地位的论据出发。原则上，具有理由地位的论据可由贴近生活脉络的描述与设想，以及已经建立得很好且通过严格考验的科学研究成果来筛选。但请注意，如何权衡具有理由地位的论据对于所要处理的问题有多少效力、相关性多高，以及重要程度多大，仍有相当大的商榷与争议的空间，难以事先规定，大抵必须以逐案讨论的方式来确定。在哲学基本立场差异很大的情况里，如果辩论双方都坚持由自己的基本观点出发来讨论，那么，很可能的情况会是，彼此都不把对方所提出来的论据当作是具有理由地位的论据——你提的理由对方认为根本算不上是理由，而对方认为重要的理由你却觉得太离谱，根本连考虑都不用考虑。本文提出的模式是：即使彼此的基本哲学观点差异很大，仍可先以站到公民论述的位置进行讨论，虽然未必能因此达成共同的决定或商榷出共同采取的观点，但至少都在认真斟酌彼此的观点与理由的场域中进行。（当有必要在时限内做成共同的决定时，则以合理正当的民主程序来议决。）这不表示基本哲学观点差异很大时，彼此只能以站到公民论述的位置进行讨论。在此位置上有过良好的讨论，彼此可再进一步去斟酌原先觉得"太离谱"且不具理由地位的论据。彼此可将这类论据当作基本假设，而以探索新观点或异类观点的角度，去推敲、推衍看看。在这种假设推衍的讨论中，虽然歧见甚深，且相互知道并明白不会接受对方的观点，但双方仍比较有机会发现并了解对方值得欣赏的地方。试图去发现并欣赏歧见甚深的异类观点，其实也是深刻反省自己所持的基本观点究竟有何重要内涵的契机。①

---

① 关于儒学如何站到公民论述的位置的论述，请参阅拙作《隐喻与公民论述：从王者之治到立宪民主》。

本节说明主题与论述策略。第二节“实践与身境观点”与第三节“身境合宜的道理”由实践与身境观点阐述格物的核心意涵。第四节借唐君毅、牟宗三与杨儒宾对朱熹格物理念的定位，略加澄清身境合宜的道理，而由此转入当代新意涵的讨论。第五节“科技与科学的深度”探索格物在当代的生活脉络与论述场域中可能遭遇的问题以及能有的新发展。此节工作主要在于界定核心问题，并借吴德沃（James Woodward）对于科学律则与因果秩序的说明（Woodward 2003），设下初步的立论方向。第六节“身境观点下的科学律则”以第五节初步立论的方向为起点，以儒学的格物理念进一步提出如何由贴近生活脉络与身境合宜的角度，妥善处理科学、科技，以及科教与公民科学素养的问题，而通盘解决格物在当代的核心问题。① 第七节是结论，简要谈述朱熹的天地观，并总结在格物的新意涵里，人于天地之间的新位置。

二、实践与身境观点

朱熹谈即物穷理，不是要别立一种认知的、理论的道理与研究态度，而仍是在以实践为主导的传承与场域，谈论待人、处事、接物，以及如何做出合宜表现的能力。以下二则谈话颇能定下格物的实践意涵（为了方便行文，以下所节录的谈话都给予编号）：

（1）不是要格那物来长我聪明见识了，方去理会，自是不得不理会。（《朱子语类》卷第十五大学二经下，第290页）

（2）所谓格物，只是眼前处置事物，酌其轻重，究极其当处，便是。（《朱子语类》卷第十五大学二经下，第294页）

---

① 明末到1900年以前，“格致”一直用来指称西方科学，而1900年以后“科学”一词取代“格致”的用法意味着科学与儒学脱钩的变局；参阅金观涛、刘青峰2004。本文认为，格物致知本来就不等于科学研究，但这不意味着儒学不必去面对科学；相反地，重新发掘格物的深刻意涵并反省现代科学的问题，是儒学站到公民论述位置的重要课题。在此值得一提的是，明末耶稣会士利玛窦（Matteo Ricci）借朱熹“格物穷理”之名传入西方科学（徐光台2002），而今（如果本文以下的论述正确）在科学已然兼具文化霸权地位的时代里，“格物”的人文意涵是解构科学霸权地位，且发掘科学研究在人文与生活脉络中合宜位置的重要的反思角度。

在此，值得多加注意第一则话语里“不得不”可以有两层意思：实践要求的层次与当下行动的层次。在实践要求的层次上，“不得不”相当于“必须”，意味着在实践场域里要有恰当合宜的表现，就必须理会格物的事，必须下格物的工夫。在当下行动的层次上，“不得不”意味着假使不去格那物，就不会有当下这行动；亦即说，格物是当下行动成为该当下行动必要的维度。第一层次的意思容易明白，第二层次则不是那么直接明朗；在下一节的例子检阅里，将对第二层次做进一步的说明。

第一则谈话明白地说格物不是为了增长见识与聪明（虽然格物能增长见识与聪明），第二则谈话则明明白白地将格物放在实践的脉络里。格物本身就是一种实践的表现，它要求由合宜地斟酌并处置眼前的事物做起。两则谈话合起来阅读，意味了格物是工夫，同时也是目的。① 说它是工夫，因为下工夫才能达成致知的目标。说它同时是目的，因为格物不只是当事人做事时不得不有的维度，也是当事人在行动中总必须持守改善的目标。工夫与目的同时在实践的场域中表现出来，只是有做得比较好或比较不好，工夫下得深或仍下得浅的差别。因此，假使将认知与行动分两段看，而将格物放在第一段的认知，在对事物有恰当的认知后才有所行动，那其实是没有掌握到以实践为主导的格物意涵——格物是切身就事物去做，而在做中调节自家对于事物道理的理解。在此意思上，“致知、格物，只是一事”（朱子语类卷第十五大学二经下，第292页）。

《语类》有一则由行动表现来形容格物致知的谈话：

> (3) 未知得至时，一似捕龙蛇，捉虎豹相似。到知得至了，却恁地平平做将去，然节次自有许多工夫。(《朱子语类》卷第十五大学二经下，第297页)

“捕龙蛇”“捉虎豹”都是扣连着身体的感觉与动作，以及情境的形容方

---

① 许多学者亦持与此相同的诠释观点。例如，陈来（2000：288—289）认为格物以致知为目的，而致知乃格物过程中自然实现者；乐爱国（2000：144—146）认为格物与致知是同一个过程，无先后次第关系；藤井伦明（2009：84）认为格物与致知不是条件与结果的关系，而是同时成立的；刘述先（1984：132）认为格物与致知原本只是一事的两面。

式，他们点出形势紧绷的身境感觉。有了此初步对于身境的描述，接下来便很自然地当从身境观点解读“平平做将去”的意涵：一种身境皆平实舒缓而工夫节次仍确实分明的实践过程。格物致知中所获得的知，或者说，即物穷理下对于理的掌握，无论是在初步或圆满的阶段，都是情境中自家切身的感觉与体会。

以上三则谈话，初步定下了本文由实践与身境观点，来阐述即物而穷其理的格物意涵。由此观点看，如果将认知与做事分两段，而把格物放在第一段的认知上，是错解了朱熹以实践为主导的格物意涵。下一节由身境观点进一步谈格物的对象以及所要理会的道理。

三、身境合宜的道理

在确立由实践与身境观点来理解格物后，接着有必要澄清的是格物的对象，以及格物过程中当事人切身体会的道理是怎样的一种道理。大略而言，任何事物都能成为格物的对象。每一事物都有其道理，而格物要理会的是事物的道理。具体一点来看，《语类》里提到的格物例子，大抵都环绕在人伦日用、水火、草木、虫鱼鸟兽上，当然也包括像竹椅、车舟等器物。人伦以君臣、父子、夫妇、长幼、朋友的道理为核心。人伦的道理是所谓的当然之理、当然之则。水火、草木、虫鱼鸟兽，以及器物的道理，通常被归类为实然之理。当然之理告诉人应该做什么，或约束人不应该做什么；实然之理是事物实际有的秩序、形态或规律，而没有应不应该的约束与要求。初步来看，这两种道理泾渭分明，而朱熹对于格物的说明似乎把两种道理混在一起。不过，当由实践与身境观点重新检阅《语类》里的例子说明时，可明白地看出，在恰当的解读下，朱熹的例子指向比起抽象区分下的当然之理与实然之理更切身、更贴近生活脉络的道理，本文称之为“身境合宜的道理”，简称“身境之理”。

朱熹使用例子说道理时，常以指出身境不合宜的地方来反映合宜的道理何在。例如：

> (4) 且如赤子入井，一井如彼深峻，入者必死，而赤子将入焉！(《朱子语类》卷第十五大学二经下，第285页)

（5）且如作舟以行水，作车以行陆。今试以众人之力共推一舟于陆，必不能行，方见得舟果不能以行陆也。（《朱子语类》卷第十五大学二经下，第288页）

（6）如竹椅相似：须着有四只脚，平平正正，方可坐；若少一只脚，决定是坐不得。若不识得时，只约摸恁地说，两只脚也得，三只脚也得；到坐时，只是坐不得。（《朱子语类》卷第九学三论知行，第156页）

（7）因行街云：街砖便有砖之理。因坐云：竹椅便有竹椅之理。枯槁之物谓之无生意则可，谓之无生理则不可。如朽木无所用，止可付之爨灶，是无生意矣。然烧甚么木，则是甚么气，亦各不同。这是理元如此。（《朱子语类》卷第四性理一人物之性气质之性，第61页）

（8）譬如镜焉：本是个明底物，缘为尘昏，故不能照；须是磨去尘垢，然后镜复明也。（《朱子语类》卷第十四大学一经上，第267页）

（9）如人既知乌喙之不可食，水火之不可蹈，岂肯更试去食乌喙，蹈水火！（《朱子语类》卷第十五大学二经下，第311页）

（10）如昆虫草木，未尝不顺其性，如取之以时，用之以节：当春生时，不殀夭，不覆巢，不杀胎；草木零落，然后入山林；獭祭鱼，然后虞人入泽梁；豺祭兽，然后田猎。所以能使万物各得其所者，惟是先知得天地本来生生之意。（《朱子语类》卷第十四大学一纲领，第256页）

这几则谈话，都很浅白，无须另外解说其意。不过，值得特别点明的是，朱熹谈井、舟、车、竹椅、街砖、镜、乌喙、水火、昆虫草木、山林泽梁等的道理，都是从生活脉络中的身境关系说起。井之理以入井说，舟之理以行水与推舟说，车之理以行路说，竹椅之理以可坐与坐不得说，砖之理以行街说，镜之理以能照与磨去尘垢说，乌喙之理以不可食说，水火之理以不可蹈说，昆虫草木、山林泽梁之理以取之以时与用之以节说。即使枯槁朽木也有它的用处，例如付之爨灶。即物而穷其理是切身去体会事物的适用处。体会得愈深刻、贴切、周全，则愈能契合地善用事物适用之处。在这意思上，即物穷理所穷的是身境之理，是切身就事物的适用处所展开的道理，而不是悬空的、不在生活脉络与实践中的抽象原理。《语类》有一段谈话颇能总括此处例子共同指明的道理：

(11) 凡言物者，指形器有定体而言，然自有一个变通底在其中。须知器即道，道即器，莫离道而言器可也。凡物皆有此理。且如这竹椅，固是一器，到适用处，便有个道在其中。(《朱子语类》卷第九十四周子之书通书，第 2404 页)

以下仅就现代生活中常见的器物来说“到适用处，便有个道在其中”的身境道理。以门上的横式把手为例来说，通常这种器物位在约略成人将手自然向前提到腰际高度的门上位置，长度约略长过成人手掌的宽度，柄身厚度小于成人拇指与食指扣起来时所能掌握的厚度。开门时，你很自然地提手，掌心朝前向下，借重力放下手，四指搭在把手上，拇指内扣，微微运劲，且同步借重力，顺着门把手的轴心，旋转地将门把手压下而推开或拉开门。在整个过程里，你的手仿佛知道门把手的道理，在身体移到门口时，自然地运劲提起，手掌手指自动就位，借重力，也微微使力，完成开门的动作。即使你心不在焉，手还是仿佛知道门把手的位置与道理般，在不经心之际已然将门打开。或者，一时手没扣好门把手，不过，手指宛如自动去探索般地试出门把手的位置与方位，而重新就位。以上所描述的过程，是开门，也是格物。你的手，以及全身，掌握到门把手的道理，而整个过程是个身境契合的例子。此例十分简单，但请勿因它的简单性而忽视其中当事人对于此身境之理有着“贴骨贴肉”般的切身体会。简单的事，简单地切身去做，便是身境合宜的格物。

上一节提到，格物是当下行动成为该当下行动必要的维度。由身境之理更能清楚地看出此意涵。以上述门把手的例子来说，身就门口，手探触把手而开门的动作，是一项行动，其中身境合宜的调节，即是格物。如果一时之间手与门把手没有相宜地扣合好（或者，当手指发现门上的不是横式把手而是喇叭锁时），手指自动去探索般地试出门把手的位置与方位而就位的动作，亦是格物。如是之格物，是开门此项行动不可或缺的维度。

有时候你会因双手捧着物品，而改以侧身，微幅地半蹲，延伸出手肘至门把手上沿，而以整个身体往下降的方式开门。这是一种变通的办法。门把手的方位、高度等细节，容许各式的变通办法。变通的办法常得付出比较高的风险代价；例如，稍不小心，手捧的物品便会洒落一地。变通有其极限处。

假使你伸不开手肘，改用背部去开门，也许白忙一场又付出代价。身境合宜的做法，以及可行的变通办法，都是门把手在生活脉络中展示的道理。当然，不是每一项生活脉络里的道理都像门把手那般简易。例如要学会弹吉他，就得切身地反复练习。左手按而右手拨弦，配合因此传出的吉他乐声，练到手指宛如自己拨按琴弦而“声带手、手带声”连动展开的境地，才能弹好一首曲子。

连动而展开的身境之理，其实没有必要去设定内、外的区隔，因为这种道理就在身境合宜的连动中充分地展现出来。《语类》有一则记录朱熹被问到“格物须合内外始得?”的问题，他回答：

(12) 他内外未尝不合。自家知得物之理如此，则因其理之自然而应之，便见合内外之理。(《朱子语类》卷第十五大学二经下，第296页)

本文提议的阅读方式把“物之理”解读为实践意涵下事物所展示出来的身境之理，而不是认知意涵下静态的、客观的道理。“内外未尝不合”意味着此处所言的道理，严格来讲，没有内外不合的问题。再进一步说，没有内外不合的问题意味着此处所言的道理本来就不适合用内外的框架来区隔。身境之理的要点在于由切身就事物去做而连动展开，而不是身境分隔地去认知事物客观的道理；这相当于以下二则分别所说的“如何分内外”与“不当论内外，但当论合为与不合为”的意思：

(13) 洒扫应对中，要见得精义入神处，如何分内外！(《朱子语类》卷第十八大学五或问下传五章，第407页)

(14) 又问：“如此，则不当论内外，但当论合为与不合为。”先生颔之。(《朱子语类》卷第十五大学二经下，第288页)

“不当论内外，但当论合为与不合为”的道理总还是要求人切身就事物去做，而切身处总会有自家体会的层面。即使很简单的事，在简单地处置中，总能对其中简单的道理有一种亲切、隐密、贴着骨肉般的了解。亲切是亲身经历、切身历练；隐密是亲切中有一种自家有所体会又难以用言说明白地分析，但对于有过相当体会的人却能点明的几微；贴着骨肉则意味着对于事物道理的了解，包括自家体会的几微，仍总要回到切身处来说、来体会。需要切身地反复练习的事，使当事人更能自觉到：亲切、隐密、贴着骨肉般的了解有着工夫深浅的差别。顺着工夫深浅的差别，当切身体会到最深处时，会如语录所形容般：

> （15）便是就自家身上至亲至切、至隐至密、贴骨贴肉处。（《朱子语类》卷第十六大学三传五章释格物致知，第 323 页）

行文至此，需要再次强调的是本文有所侧重与古今对话的阐述方式。朱熹讲学应是首重修身与人伦的道理。本文侧重器物在生活脉络中身境合宜的道理。由器物而谈身境之理，能明白地打破对于当然之理与实然之理二截区隔的方式。朱熹没有此二截区隔，不是因为他混淆了不同种类的道理，而是他总将道理放在人伦日用中体会：器物的道理要就器物场域身境合宜处切身去体会；人伦的道理要就人间身境合宜处切身去体会。无论在哪种场域，格物的工夫都在于就合宜处切身去体会。合宜处总有实然与当然的维度，而合宜的道理自然也就是涵融实然与当然于一全幅格局中的道理了。①

有两个朱熹没有直接讲但颇值得明白地提出来的重点。第一，有时，器物身境合宜的道理要求人去改善器物。例如第六则谈话里提到的竹椅，如果只剩三只脚，椅子就不能平平正正坐得稳。要坐得平稳，当然得去改善椅子。陆上行舟是行不通的，水上行舟是最起码的道理。加上风帆，会使行舟更顺当，加上船舵，会使调控航向更简易。再进一步说，器物身境合宜的道理有时会要求人去改变环境。例如，开通运河使行船更安全，同时可以搭配防洪、灌溉的功能设计。第二，切身去格物的工作除了当下情境的体会外，还要从比较宏观的角度来理解行动的后果与意义。例如第九则谈话里提到“取之以

---

① 朱熹曾说：“所以格物，便是要闲时理会，不是要临时理会……但所谓格物，也是格未晓底，已自晓底又何用格。”（朱子语类卷第十八大学五或问下第五章，第 394 页）本文预设《语类》所载无自相矛盾处。在此预设下，本文将重点放在当事人当下的行动上，阐述格物如何是当下行动必要的维度，而所格之理是身境之理。至于“是要闲时理会，不是要临时理会”“也是格未晓底”“已自晓底又何用格”的重点应在于要“平时看得分明”（朱子语类卷第十八大学五或问下第五章，第 394 页），临事时便能做出合宜的决定。由此来看，格物所格之理，可分二层次。第一层次是本节所提的身境合宜的道理；在此层次里，格物是当下行动必要的维度。第二层次是平时就要看得分明而非临事才去穷究的道理；此层次的道理落在本文第五节起所说的同步要求下宏观见解的范围里。

时”“用之以节”的道理。如果只就当下情境理解砍柴的道理，而没有从比较宏观的角度理会砍柴，那么当人人努力砍柴时，便是山林遭到破坏时。此二重点合起来说，格物的工夫要求人切身体会当下的情境，并同步由宏观的视野理解行动的后果与意义，而一切大小格局器物的制作与使用都以身境合宜为其内涵与要求。

本节大抵确定了以下几个要点：对朱熹而言，格物是当下行动成为该当下行动必要的维度；格物所要理会的道理是身境之理；内外框架的设定不适合用来定位身境之理，说身境之理“在内”或“在外”，皆不合适；身境合宜处本来就有当然与实然的维度；除了当下情境的体会外，格物的工夫同时要求人由宏观的视野理解当下行动的后果与意义；而器物的产制、调节与使用都以身境合宜为其内涵与要求。

四、观点比较下身境之理的意涵

在进入讨论格物的当代意涵之前，此节先以格物在器物场域中的身境之理为准，选取唐君毅、牟宗三与杨儒宾对于朱熹格物理念的部分看法，而在观点的对比与定位中，进一步澄清身境之理的意涵。所选取的三位学者的看法都是从根本的、全幅的视角阐述朱熹的格物理念的。由于本文只限于器物场域，且是由中间层次入手，以下的比较与讨论，恐怕对唐、牟、杨的见解都难免有不公允之处。不过，如果能对身境之理略加澄清，也就完成本节从古典观点转入当代意涵过渡性的工作目标了。

首先，唐君毅认为我们应该严格区分实然之理与当然之理，而对实然之理更深切的认识，有助于我们更深刻准确地掌握到具体行为上的当然之理。他以此批判朱熹以“即物而穷其理”解格物时，只言理，但“于当然之理与实然之理，未严加区分”。① 本文以身境之理解说在格器物时身境连动所展开的动态道理。格物是在行动中展开，所穷之理是在行动中展现。格物工夫愈精深，由此展现的道理愈深刻合宜。实然之理与当然之理之间严格的区分，已经是在身境分隔的观点设定中，经过高度抽象化的概念区分。以对比的方式来说，身境之理是贴近生活脉络、身境连动中动态展开的道理，而实然之

① 唐君毅 1986：第 351—352 页。

理与当然之理是在身境分隔的观点设定下，事物实际上如何与事物应当如何的二分架构里所展示的抽象道理。至于如何细说身境之理、实然之理、当然之理三者之间的关系，则有待进一步研究。不过，本文以下所讨论的科学律则是一种实然之理，其中对于科学律则与身境之理之间关系的阐述，部分地说明了身境之理与实然之理的关系。①

大抵而言，牟宗三以超越层次、经验层次与定义层次的三分架构定位朱熹的格物理念。他认为，朱熹格物的实义应是“就事事物物之存在之然而究知其超越的所以然”。② 在此格物意涵下，所格之理是一种超越的形而上的道理。此应是朱熹格物实义所在，因为超越的形而上的道理对人的道德实践与自觉有着重要的关系。但朱熹常不自觉地落入经验的形而下的层次，而“就存在之然自身之曲折”说格物。③ 此经验层次的格物与实然之理相关，但不必与人的道德实践及自觉有关。有时，朱熹将名目式的定义误认为是由格物所得的道理。例如，“如说‘性只是理’，或说‘性只是存在之然之所以然之理’，此处并无格物之实，只是一反省上之重言，一重言式的、名目式的定义”。④ 对朱熹的格物理念来说，此三分架构究竟具有多少的说明效力，并不在本文讨论的范围内。本文可以确定的是：身境之理不是超越的形而上的道理，因为身境之理根植于身境连动的器物场域；它不是经验的形而下的曲折之理，因为曲折之理乃实然之理，而身境之理的展开涵融着实然与当然的维度；它也不是名目式的定义，而是身境连动中展开的道理。当然，朱熹曾以形而上与形而下的区分说过“所谓格物，便是要就这形而下之器，穷得那形而上之道理而以”（朱子语类卷第六十二中庸一第一章，第 1496 页），不过，他更强调，道理就在日用事物上，而道理与日用事物“元不相离”（朱子语类

① 在此值得一提的是，在当代认知科学与哲学的研究里，Andy Clark（1997，2003，2008）对于人与器物关系的说明最接近本文身境观点的论述；其他相关论述请参阅 Chemero 2009，Johnson 2007，Noë 2004，Rowlands 2010，Wheeler 2005。Clark 侧重以实然层次为定位，建立身器连动的认知模式，并探索其中涉及的哲学意涵；本文由贴近生活脉络的描述方式，发掘涵融当然与实然维度的身境之理，并探索身境观点的哲学后果。

② 牟宗三 1969，第 385 页。

③ 牟宗三 1969，第 386 页。

④ 牟宗三 1969，第 386 页。

卷第六十二中庸一第一章，第 1497 页）。如前所引，他更强调“器即道，道即器”（朱子语类卷第九十四周子之书通书，第 2404 页），而没有经验与超验的分别以及实然与应然的断层。

与唐、牟两位不同，杨儒宾认为，实然/应然（当然）以及经验/超越的分别，不是理解朱熹格物理念的恰当方式。他说：“朱子虽然严分形上形下，他的分析心灵的性格特别显著，但很吊诡的，他说的理从来没有‘经验’与‘超越’的分别，也没有‘应然’与‘实然’的断层。”① 循此，杨儒宾进一步提问：“朱子为什么不承认格物所得的理，乃是外在的理则‘内化’的结果？”② 杨儒宾由此提问而讨论并说明朱熹格物致知中豁然贯通的意涵。本文所提的身境之理，吻合杨儒宾不由实然/应然以及经验/超越的分别去发掘朱熹格物理念的做法。从身境之理是身境连动中展开的道理来看，本文对于格物理念的阐述，颇能响应杨儒宾所提的“为什么朱熹不承认格物所得之理乃外在理则内化结果”的问题，因为内外区隔的框架不适合用来描述并说明身境之理。杨儒宾强调，对朱熹来说，由格物以致豁然贯通而无内外隔阂的体悟，并不等于无思量分别的境界；很重要地，豁然贯通的体悟总仍保有能思量分别的活动。③ 由器物场域展开的身境之理不分内外的格局来看，身、境、物没有内外隔阂的设限，颇能呼应豁然贯通而无内外隔阂的体悟；而由身境之理是节次分明动态展开的道理来说，能思量分别本来就是格物于豁然贯通的体悟中应有的历练与境地。

最后，值得一提的是，《语类》里提到有人问及比较抽象或形而上的问题时，朱熹常如此回答：“莫如此问，只理会明德是我身上甚么物事”（朱子语类卷第五性理二性情心意等名义，第 88 页）、“且只就身上理会，莫又引来一句来问”（朱子语类卷第五性理二性情心意等名义，第 88 页）、“不要如此看”（朱子语类卷第十四大学一经上，第 266 页）、“不必如此看”（朱子语类卷第十五大学二经下，第 290 页）、“不须如是说”（朱子语类卷第十五大学二经下，第 292 页）、“何消如此说”（朱子语类卷第十五大学二经下，第 294

---

① 杨儒宾 2002，第 239 页。

② 杨儒宾 2002，第 241 页。

③ 杨儒宾 2002，第 228－230 页。

页）。如果只就理本身来看，朱熹曾说："所以谓格得多后自能贯通者，只为是一理。释氏云：'一月普现一切水，一切水月一月摄。'这是那释氏也窥见得这些道理"（朱子语类卷地十八大学五或问下传五章，第 399 页）。本文由身境之理说明格物的理念，亦颇能呼应《语类》里着重即物并切身体会的工夫，而非就道理本身进行的谈话（或朱熹所说"那释氏也窥见得这些道理"下的言说）。

五、科技与科学的深度

第三节里提到一项朱熹没有直接讲，但可由其谈话推出来的格物要求：切身体会当下的情境，并同步由宏观的视野理解行动的后果与意义。为求行文简明，本文称此为"切身与宏观的同步要求"，简称"同步要求"，而在同步要求下对事物的理解称为"同步理解"。由工匠、农稼的技艺传统来斟酌，基本上同步要求仍可在合理要求的范围内。牛山之木尝美矣的故事，是伐木者与放牧牛羊者都能同步理解的故事。但很明显地，现代科技改变环境与调节生活脉络的幅度、深度与复杂度，已经使得同步要求与同步理解成为难以办到的事：没有人能在科技发展之初即能充分地洞悉未来的后果与意义。面对科技物，格物工夫的同步要求与理解，恐怕是没有人能够充分达到的要求与理解。对于同步要求的问题来说，其实要点在于承认同步理解的重要性，以及人的有限性，而自觉地明白到对于当下情境与行动后果的理解总有程度的差别，以及歧出与误解的风险。在此自觉下，格物工夫的同步要求，重点就不在于当下即洞悉未来的后果与意义，而在于总愿意保持学习、开放、知道什么时候该认错，以及与人合作的态度，而在动态的过程中调节并深化同步的要求与理解。这一点很重要，本文称之为"同步自觉"。在儒学的传承里，成人①是人伦日用中不可或缺的维度，是对生活脉络中当事人的描述，也是规范与要求。当事人作何决定，有何行动，都会将他塑造成怎样的一个人。按前述的分析，格物是当下行动成为该当下行动必要的维度。因而，活在当代的科技社会里，欠缺格物的同步自觉等于是在成人的过程里有了重大的缺陷与瑕疵。严重的情况将是自欺，活在表面上自我感觉良好但其实是作茧自缚的迷梦里。

---

① 在此文脉里，"成人"表达"成为人"而非"成年人"的意思。

现代科技的背后总有着科学研究的支持。换个角度说，科技物上总有以科学律则为本的道理。按前文，格物所格的是身境之理，然而科技物所本的是科学律则。初步来看，身境之理与科学律则之间仍有相当的距离，因此科技物似乎落在格物工夫的范围之外。本文称此格物问题为“范围问题”。由当代科学哲学的角度来检阅，范围问题所涉及的理论深度与复杂度远超出本文能完善处理的范围。不过，完善的证明不是本文的目的。以下所采取的论述策略是：将格物的身境道理放到当代科学哲学的论述场域，而以重新设定的手法，收编当代对于科学律则的重要论述的优点，而解决范围问题，并确立在科学与科技的论述场域里，格物的基本理路仍能是一个可取且值得发展的研究取径，或者，换个角度说，格物与身境合宜的道理仍能提供一种适宜处理科学与科技问题的看待方式与探索方向。

现代生活里的日用产品，几乎样样都是现代科技的产品；在经济规模与量产的产销制度里，手工制品不是退出市场，就是成为昂贵的代名词。以下，谨以一种简易的科技产品——洗手盆——为例来说明。在设计上，洗手盆的弧形凹面需要很平滑，才能符合现代生活起居的卫生要求。陶瓷颇能符合这项要求，而陶瓷洗手盆的产制预设了相关的科技设备与科学道理。当你在家里使用陶瓷洗手盆时，按前述对于格物的说明，你当下的动作总有格物的维度，而所格之物乃身境合宜的道理。此处的问题是：此时的格物的对象要不要包括制作陶瓷洗手盆背后的科学律则？很明显，答案应是“不包括”。对于多数人而言，那是生产陶瓷洗手盆公司研发部门人员该做的事，不是消费者、使用者有必要去做的事。因此，格物的重点仍在身境之理，而不必牵涉科学律则。不过，当由研发的角度来审度时，无论是用到哪些科技或涉及哪项科学律则，最终产品能不能导向或贴近身境合宜的道理则是研发者必须审慎考虑的事。由于朱熹的年代没有现代科技，也没有现代的科学研究，显然地，他没有机会考虑格物与科学律则之间的关系。在此情况下，我们大抵有两种解决方案。第一，格物与科学律则不相干，而如果身境之理与科学律则之间有任何值得探究的关系，那就让专家去处理，毕竟，现代社会是高度分工且重视专业与服务的社会，因此格物的对象本来就不必包括科学律则。第二，现代公民应当具备基本的科学知识；如何将科学律则所开展的基本观点融会到平常生活里格物与身境之理的实践理念里，仍是很值得探索的方向。本文采取第二种方案，一种以生活脉络为本、身境之理为主导的理路来探索科学律则在此理路中的位置。当然，探索新视野总是艰难的哲学工作，而其蕴意之发掘也难以在一个人手中完成。本文以下所说，要点不在于证明以下将提出的观点，而是以刍议与邀请的姿态来进行。

由于科学与科学哲学的传统来自西方，很自然地，本文的论述策略是由学习他者的长处出发，看看是否能由合适的切入点与调节方式，将他者的优点收编到自己的论述传承里。切入点方面，本文选择吴德沃（James Woodward）2003 年《使事物发生：一个对于因果说明的理论》（*Making Things Happen: A Theory of Causal Explanation*）中对于科学律则的分析入手。当然，如果目标在于完善的论证，只由此切入点入手恐怕说服力仍不够。不过，如前所述，对于看待方式的初探以及刍议性格的论述，要点在于提出值得发展的新意与探索方向，如果由此切入点能多少达到此工作目标，那么也就够了。

大略来说，《使事物发生》承接英美哲学中十分出色的科学哲学的论述，而由实践的角度，描述并统合科学研究里各种良好的因果说明，并以此解决科学哲学里的重要问题与难题。以下的讨论分四步骤进行。第一步借由简明的例子来阐述吴德沃对于科学律则的看法。第二步以比较抽象的方式阐述《使事物发生》如何以因果秩序为核心来说明科学律则。第三步由身境场域中实践观点与因果观点相即连动展开的视野，① 给予科学律则与身境之理一种深层的相即而又有所区隔的相互关系。最后，在前三步骤的基础上反省格物与科学律则之间应有的关系，并以重设问题的方式思考如何商榷并解决范围问题。前两个步骤于本节处理，后二步骤则在下一节处理。

吴德沃从检视对于科学说明与科学律则既有的重要观点出发，发掘其中的根本问题所在，而针对问题提出他的新方案。以下的讨论，以他对于逻辑经验论（logical empiricism）的批判为基准来进行。简扼来说，在逻辑经验论的传承里，对于现象或事件的科学说明，必须具备逻辑论证的形式，其前提必须包括科学律则，在配合适当的先行条件下，正确地推论出要被说明的现象或事件的结论。在此观点传承里，常借由如下的简易推论，来突显科学说明应具

---

① 关于实践与因果观点相即连动的论述，请参阅拙作《隐喻与自由：立命在民主与科学联合脉络中的新意涵》，《台湾东亚文明研究学刊》8.1（即将出版）。

备的基本的逻辑形式（其中，前提一、前提二、结论是方便讨论的编码）：①

前提一：所有的乌鸦都是黑的。

前提二：a 是乌鸦。

结论：所以，a 是黑的。

这是一个有效的论证，如果前提皆真，即可确保结论为真。前提一是全称条件句，在逻辑上它等于说："对于任何事物 x 而言，如果 x 是乌鸦，那么 x 是黑的。""前提二"中，a 指特定的事物，相当于平常话语里名字的用法。如果"前提一"与"前提二"皆为真，那么由他们联合推衍出来的结论即为真。以此简易推论所例示的逻辑形式，概要地界定了科学说明的基本模式，称"演绎律则模式"（deductive-nomological model）。科学说明必须用到科学律则，而科学律则必须如"前提一"般具备全称条件句的形式。科学律则必须配合如"前提二"般的描述具体情况的先行条件，正确地推论出结论。在科学律则与先行条件皆真的情况下，如果结论已经通过经验检证而被判定为真，那么此推论说明了为何结论所描述的现象或事件成立。如果结论尚未通过经验检证或仍有待商榷，那么此推论预测了结论所描述的现象或事件成立，或结论所描述的现象或事件将发生，或当进行实验观测时，结论将通过经验的检证。②

当然，不是任何全称条件句都能有科学说明里科学律则的地位。有的全称条件句允许例外的情况发生，例如有些乌鸦是白的，但这不妨碍我们在平常生活的脉络里继续接受"所有的乌鸦都是黑的"的全称叙述，白乌鸦只是少有的例外情况，可用例外的方式处理。但要具备科学律则地位的全称条件句不能有例外的情况。有例外就是有反例。当确认有反例时，就必须去修改原先以为具有科学律则地位的全称条件句，或者因暂时没有很好的修改方案而以"其他情形均若相同"（*ceteris paribus*）的附加条件来暂行，或者不再接

① 本文只以具备下述逻辑形式的说明模式为限。因为争议的关键与核心在于此类型的说明模式，且为求简明，以下不再进一步检视机率的说明模式以及对于统计律则的辩论。

② 除了推论的逻辑要求外，科学说明与预测都严格要求准确度（accuracy）。在此，准确度不是争议所在，故略。

受它科学律则的地位。[①]

科学律则没有例外的要求，不是指实际上刚好没有例外的情况，而是一种科学律则的必然性要求。假设“所有的乌鸦都是黑色的”是科学律则，那么假若你是乌鸦（实际上你是人，不是乌鸦），你会是黑色的。换言之，全称条件句支持“如果这般这般的条件成立，那么如此如此的后果成立”的条件推论，而科学律则除了支持条件推论外，也支持与事实相反的假想情境的推论。[②] 吴德沃的核心论述在于以“科学律则是全称条件句，没有例外，且支持前述假想情境的推论”的观点为批判对象，而提出其替代方案。他的观点是：[③]

> 主张一：科学律则不必是严格意义下的全称条件句；
>
> 主张二：科学律则允许例外的情况；
>
> 主张三：科学律则所支持的假想情境的推论，以调控（manipulation）或干预（intervention）的可能性设想为限，不包括“实际上你是人但假若你是乌鸦”这种抵触同一性且缺乏调控内涵的假想。

在此三项主张中，“主张三”是核心重点，“主张一”和“主张二”都是在“主张三”成立下确认的观点。以下用阿基米德原理（Archimedes Principle）为例来说明为何“主张三”是比较合适可行的观点。

请先斟酌此问题：室温中，有一块冰浮在一杯水上，一部分露出水面，一部分浸在水里，此时水面高度是 h；当冰块完全溶解时，请问水位将增高、维持 h 的高度，或下降？正确答案是：维持原先 h 的高度。阿基米德原理是适合用来说明此现象的科学律则。初步而言，阿基米德原理可表述如下：

当固态物体置于流体中时，它所受到的浮力相当于它所排开的流体体

---

① 对于必须附加“其他情形均若相同”的律则，吴德沃认为：重点在于确认该律则的适用范围，而不在于如何将附加条件写入律则里；参阅 Woodward 2003：307 – 311。

② 在此文脉里，条件推论与假想情境的推论之间区隔如下：当实际上你不是乌鸦时，在条件推论的模式下，得不到任何确定的结论；在假想情境的推论模式下，可以从“你不是乌鸦但假若你是乌鸦”的假想，推导出“你会是黑的”的结论。

③ 对于科学律则进一步的说明，请参阅 Woodward 2003：265 – 288。

积的重量。①

此处问题所涉及的流体是水。由阿基米德原理可直接推衍出：

当固态物体浸在水中时，它所受到的浮力相当于它所排开的水量的重量。

由于冰的密度低于水的密度，当冰块放到水里时，它会一部分浮在水面上，一部分浸在水面下。明显地，浸在水面下的部分排开与此部分相同体积的水量。根据阿基米德原理，冰块受到的浮力相当于此被排开的水量的重量。此时冰块的重量与所受的浮力相当。这等于说，冰块的重量等于被排开的水量的重量。由于室温，冰块将逐渐溶解成水。当固态的冰化成液态的水时，其重量不变（但密度改变了）。因此，当冰块完全溶化时，它所注入的水量的重量等于一开始所排开的水量的重量。因此，所注入的水量体积等于一开始所排开的水量体积。因此，水位维持原先的高度。②

按照前述逻辑经验论建构科学说明的基本模式（演绎律则模式），要回答前述室温中冰块与水的问题，必须建构出一个合适的全称条件句为前提，搭配恰当的先行条件，而正确地推导出结论。例如：③

> 对任何事物 x 而言，如果 x 是冰块，于室温中浮在盛水的杯子中，且杯中水位的高度是 h，那么当 x 完全溶化时杯中水位的高度仍是 h。（根据阿基米德原理及其他相关的物理定理，此前提为真；它是一个能由比它更基本、涵盖面广的科学律则所导出的涵盖面小的科学律则。）
>
> a 是冰块，于室温中浮在盛水的杯子中，且杯中水位的高度是 h。（a 是特定的物体，h 是特定的高度；由观测可确定此前提的真假值。）
>
> 所以，当 a 完全溶化时杯中水位的高度仍是 h。（这等于说水位维持原先的高度。）

为求行文简明，以下称此论证为“水位论证”。在前提皆真的情况下，水

① 请参阅阿基米德论浮体之命题 3 至 7，见 Heath（ed.）1897：255 – 258。

② 诚然，以上的说明用到其他的科学律则，例如质量守恒定律以及冰化成水的相关律则。在此仅以阿基米德原理为例进行讨论。

③ 以下对于阿基米德原理在演绎律则模式中的角色说明，请参阅 Hempel 1965：347；吴德沃的批判则请参阅 Woodward 2003：194 – 196。

位论证确保结论为真。这样的科学说明，重点在于确保所要说明的项目为真，或确保所做的预测正确。不只如此，它还确保如下的假想情境的推论结果：你是人，不是冰块，但假若你是冰块，并落在符合前述室温、放在水里等条件的情境里，你化成水后，水位仍会维持原先的高度。

在此，本文先提一个初步的总体评述，随后申论吴德沃的见解。前述所提的确保关系，使科学结论具有很大的信服力，但结论的信服力不等于科学的说明力。误将信服力当成说明力，是误解科学说明的重点所在，而且还蒙蔽了科学律则在科学说明中的主要功能。以下，就以吴德沃对于科学说明与科学律则的见解做进一步的剖析。

科学的说明力表现在以下两种对于被说明的项目的掌握：第一，用来说明的项目（以下简称“说明项”）与被说明的项目（以下简称“被说明项”）之间相关性（relevance）的掌握；第二，在相关范围内，对于合宜的假想情境以及其中的问题设定与推论的掌握。无论第一点还是第二点，科学律则都扮演重要的角色。先说第一点。按阿基米德原理，水位论证里提及的容器和温度是不是杯子和室温并不重要，容器可以是瓷碗或其他材质打造的器具，而温度只要在冰会溶成水的范围内即可。再者，水位高度的比较不必限于一开始与完全溶化后，从头到尾水位其实一直维持等高。演绎律则的说明模式强调逻辑推衍，以及“若前提皆真则确保结论为真”的关系。在此模式下，科学说明中实质的相关性与重不重要的区别，总被逻辑推衍与确保关系给蒙蔽或比下去了。诚然，逻辑经验论者可以建构一个比水位论证更细致的、符合演绎律则模式的新说明，直接将阿基米德原理当作前提来推导，而把水位论证之前的说明整合到新的逻辑论证里。不过，即使如此，此新的符合演绎律则模式的论证是更复杂了，但所突显的仍是逻辑推衍，以及“若前提皆真则确保结论为真”的关系。在演绎律则模式下以逻辑论证重新建构的科学说明，将科学结论之所以具有很大的信服力的逻辑结构突显出来，不过，虽然此类重建工作有其不可磨灭的重要性，但结论的信服力不等于科学的说明力。

第二点是关于合宜的假想情境与其中的问题设定与推论。按阿基米德原理，对于浮力的确认与计算，取决于被排开的流体的重量。以此浮力与被排开的流体重量为不变的定点来变换并设想各种可能的情况。首先，设想你将整块冰压入水底，那么，根据阿基米德原理，浮力等于排开水量的重量，显然，整块冰所排开的水量大于原先只没入水中的部分所排开的水量，此时浮力会大于冰块的重量，因此，可以预期地，当外力消失时，冰块会浮上来。再请设想你在冰块上放上另一块比较小的冰块，迭置后整体的冰块仍浮在水上。根据阿基米德原理，当重量增加时相应地浮力也增加才能维持漂浮的状态，这意味着排开更多的水量，在容器不变下，水位因而会升高。我们还可以再设想更多的假想情境。以上两个例子的要点，在于例示合宜的设想情境，总在于如何调控以及如何根据律则推论调控的后果的设想上。当然，有时候所设想的调控方式不是现代科技能办到的，但也能是合宜的设想。合宜与不合宜之间没有一刀两断的界限。不过，当我们对相关的律则掌握得愈好，相应地对于说明项与被说明项之间的相关性会有更好的掌握，而合宜与不合宜设想之间的分判就会更准确。以上两个例子明显落在合宜的范围内，而“你是人但假若你是冰块”的设想可以是有趣的想象游戏，但无可调控且欠缺相关性（恐怕只有在想象的魔法世界里，你才有机会变成冰块），因此不在科学说明合宜的设想范围内。①

吴德沃的要点是：科学说明不在于提出符合演绎律则模式的逻辑论证，而在于对于被说明项所提出的说明，是根据科学律则，而且不只能说明被说明项，还能以成套的方式回答各种合宜的假想情境中所设下的问题。换个角度说，科学律则在科学说明中的功能，不在于以全称条件句的形式出现在符合演绎律则模式的论证前提里，而在于以“浮力等于被排开的流体重量”这类的不变关系（invariance）为定位，来成套地、有系统地回答各种合宜设想下的问题。② 值得特别注意的是，当从合宜设想中不变关系的定位来理解科学律则时，科学律则不必是严格意义下任何事物都必须符合的全称条件句，因而也能允许例外的情况。例如，在缺乏重力场（或相当于重力场的加速状态）的时空领域里，阿基米德原理不适用。科学家不会因此就去修改阿基米德原理，而是将缺乏重力场的时空域排除在阿基米德原理的适用范围之外。这意

---

① 同样地，“你是人但假若你是乌鸦”可以是有趣的想象游戏，而不是合宜的科学设想。至于如何将前述乌鸦论证改写成能支持科学设想的论证，请参阅 Strevens 2008：228 – 230。

② 关于以不变关系为定位而回答各种合宜假想情境的问题的进一步说明，请参阅 Woodward 2003：chap. 5。

味着阿基米德原理不是严格意义下的全称条件句，也允许例外。对科学说明来说，它的律则地位在于其适用范围内不变关系的定位功能，而不在于要求所有时空域里的现象都吻合它定位下的不变关系。① 科学律则的适用范围并非在确立不变关系之时就能被明确地界定出来。进一步的研究、观测与实验等多方的尝试，是更准确把握科学律则适用范围的不二法门。

以前述阿基米德原理所例示的科学说明与科学律则为本来看，在现阶段科学研究里，物理学基本律则适用范围的界限相当明确，基本上都能以通则的方式界定出来，而生物学、经济学等特殊科学中的律则，适用与不适用之间仍有许多尚待掌握的地带。不过，无论是物理学或生物学、经济学，当被说明项清楚地落在适用范围内时，在相关的科学说明中，调控与后果之间的不变关系的定位仍是科学律则的主要功能。调控与后果之间的不变关系将因果秩序与科学律则紧密地扣连在一起。在此，仅以下述两个因果秩序的类型来进一步说明：②

> 第一类型：A 是 B 的原因，B 是 C 的原因。以箭头符号来表示，箭头符号尾所接的是原因，箭头符号头所指向的是结果，此类因果秩序的形态可如此表示，A→B→C。
>
> 第二类型：A 是 B 的原因，A 也是 C 的原因；亦即，A 是 B 和 C 的共同原因。此类因果秩序的形态可如此表示，C←A→B。

无论是第一类型或第二类型，在没有被干预或调控的情况下，B 和 C 之间都具有相互关联性，也就是说，B 的出现总联系着 C 的出现，反之亦然。假设你以特定的方式介入，当使 B 出现时 C 没有出现，当使 C 出现时 B 没有出现，那么可以确认 B 和 C 之间不存在谁是原因、谁是后果的问题，在没有被干预的情况下，他们之间的相互关联性很可能是由于有着共同的原因。这相当于说，他们很可能位于第二类型的因果秩序，而以 A 为共同的原因。在第二类型里，如果你介入使 A 出现，那么 B 和 C 都会出现。

---

① 大略而言，以地球重力场区域而言，阿基米德原理的适用范围涵盖地球的海域、水域以至大气层平流层上方。

② 对此二形态进一步的说明，请参阅 Woodward 2003：98－107，2007：23－25。

再者，假设你在没有介入干预的情况下观察到 A 出现时 B 和 C 都出现，但如果介入干预，在 A 出现前以特定的方式调控 B，使得 A 出现时 B 不出现，在这调控情况下，C 没有出现，并且以另一特定的调控方式使 A 出现时 C 不出现，在这调控情况下，B 仍出现，那么便有很好的理由确定 B 和 C 原先未受干预时的相互关联性是由于两者位于第一类型的因果秩序，而 B 是 C 的原因，A 是 B 的原因。

根据上述对于因果秩序与相互关联性的说明理路，吴德沃主张：因果之所以为因果而有其可理解性，干预与调控的设想是不可或缺的要素。假使排除掉干预与调控的设想，等于排除掉对于因果秩序的理解，结果会是只有相互关联性而欠缺对于因果秩序的理解。从科学研究的角度来说，没有干预与调控设想的研究，能确立的是相互关联性的形态，以及基于此类形态所能做到的预测，但见不到因果秩序，也掌握不到科学律则。吴德沃无意将所有的因与果之间的不变关系都视为科学律则。典型的科学律则总能以数学式来精确地表示它所确立的不变关系，其适用范围相当明确，并通过严格的经验检证，而且能成套地、有系统且精确地回答种种合宜的调控设想下的问题。①

本节大抵确立了科技场域里同步要求与同步自觉的重要性，以及科技背后科学律则引起的范围问题。论述至此，范围问题尚未解决，不过，在以吴德沃的见解为切入点中，本节确立了下述具刍议性格的研究方向：科学律则不必是严格意义下的全称条件句，且允许例外。科学结论的信服力不等于科学的说明力。科学律则在科学说明中的主要功能在于以不变关系为定位，确立说明项与被说明项之间的相关性与重要关联何在，而在其适用范围内成套地、有系统地回答种种合宜的假想情境所设下的问题。因果秩序与科学律则都实质地与调控的设想扣连在一起，亦即，全然地排除调控的设想，等于将因果秩序与科学律则从科学研究中排除。最后，典型的科学律则通常都已通过严格的经验检证，能以数学式精确地表示它所确立的不变关系，能以通则的方式明确地界定其适用范围，或至少其适用范围相当明确，且能在不变关系的定位下，确立说明项与被说明项之间的相关性与重要关联何在，而成套

① 参阅 Woodward 2003：285 - 288。

地、有系统且精确地回答种种合宜的调控设想下的问题。

六、身境观点下的科学律则

吴德沃以“合宜调控下仍维持不变关系”的观点为核心，阐述科学说明如何以科学律则的不变关系为定位，而回答“假若如此调控，那么会有何后果”的问题。此观点直接将科学与科技紧紧扣连在一起。例如，在阿基米德原理的定位下，不只可以有前述冰块迭置的智性推想，早在古希腊时期，它已经被用来估算船只载货量与船身吃水的深度。不变关系的定位，界定科学律则在科学说明中的角色，也同步将科学律则扣连到科技物的研发、设计与应用上。另外必须指出的是，阿基米德原理是在以浮力、压力等现象为主题的流体力学中的一项科学律则。科学家已经发现许多重要的流体力学的律则。这些律则除了彼此相关外，且都能由古典力学的基本律则与定义推衍出来。本文预期，以上对于科学律则不变关系定位的说明，仍适用于基本的科学律则，而且愈是由基本的科学律则来检视，愈是能揭示律则定位、因果秩序，以及合宜调控之间的基本关系。以下便以落在古典力学基础位置的牛顿第二运动定律为例，进一步探讨这种基本的关系。①

以 **F** 表示力，m 表示质量，**a** 表示加速度，第二运动定律可简要表示如下：②

$$\mathbf{F} = m\mathbf{a}$$

以日常话语来表达，此式子相当于说：力一定时，质量与加速度成反比

---

① 参阅 Pearl（2009：408）由因果观点对第二运动定律的简评。

② 牛顿第二运动定律亦有其适用范围。当速度远低于光速时，此定律不变关系的定位功能非常准确有效。若速度接近光速，则此定律不适用。此涉及相对论，对之公允的讨论恐会大幅增加本文篇幅，且由阿基米德原理至牛顿第二运动定律的相关讨论应足够例示本文的主要论点，故略过关于相对论的讨论。不过，值得一提的是，在 Hans Reihenbach（1957）对于相对论的哲学分析里，提出在时空域中测量时空而建立起时空模式并校准测量单位与方式的主题见解，颇能呼应本文所提的身境观点。另有必要交代的是，牛顿第二运动定律原本的表述方式（Newton 1846：83）与本文援引的当代通用的式子之间有着微幅的差别。牛顿没有直接用到加速度的概念，而是以时间差中动量（momentum）的差异，陈述其第二运动定律。当时间差趋近于零时，牛顿原本的表述就相当于当代通用的式子；参阅 Westfall 1977：151 –152。

（质量愈大则加速度愈低，质量愈小则加速度愈高，反之亦然）；质量一定时，力与加速度成正比（力愈大则加速度愈高，力愈小则加速度愈低，反之亦然）；加速度一定时，力与质量成正比（力愈大则质量愈大，力愈小则质量愈小，反之亦然）。第二运动定律所展示的正反比关系，使科学家能有效地由加速度与质量而推测力的大小，由加速度与力而推测质量的大小，由力与质量而推测加速度的值是多少。不过，推测不等于调控。由身境经验来看，人所能调控的是力与质量的大小，但没有能力完全不经由对于力与质量大小的调控而直接调控速度。这意味着因果秩序与干预设想之间有其界限：你可以设想由改变力与质量的大小而改变速度，但不可以设想由直接改变速度的方式而改变力与质量的大小。当你骑脚踏车时，减轻负重或增加脚踏的力道是调高速度的方式，增加负重或者放轻力道是调低速度的方式，但你不能以完全不经由力与质量的调控而直接调高速度的方式去改变负重或力道（这般的设想恐怕只适用于魔法世界）。关于速度改变的设想限制，是一种原则上必须如此的限制。它不同于在有限科技能力下导致的设想范围的限制。例如，假使太空深处来了一颗直奔地球、质量庞大的彗星，在现阶段人类有限的科技能力下，我们所能设想的改变彗星速度与方向的方式相当有限。不过，第二运动定律以及我们对于身境关系的基本理解，容许科学家以操控质量与力的方式，设想如何去改变彗星运动的速度与方向，虽然在如何操控的细节上仍颇难想象。然而，科学家原则上不能做的设想是：不通过对于质量与力的操控而直接改变彗星的速度与方向。

以上对于第二运动定律的说明方式，例示了本文由身境观点看待科学律则的立论的基本方向：律则定位与因果秩序总需要与基本的身境理解相扣连。第二运动定律精确地定下力、质量与加速度之间的不变关系，而基本的身境理解确立了完全没有通过力、质量的调控而直接调控加速度的设想，是不恰当的设想。这意味着：以不变关系为定位的因果观点，总与基本的身境理解所展开的实践观点，相即连动而展开。在此连动展开的视野中，科学律则的发现与建置，相当于由更精确的表示方式、更有系统的论述，以及更严格的证据考验的角度，淬炼不变关系的定位，以及在此淬炼下，更准确地规约身境观点中合宜的调控设想及界限。

或许有人会主张：有必要从更基本的形而上的角度讨论本文所提的相即

连动观点。在此，简洁的初步回答是：不一定必要。在相即连动的观点下，仍能有各种对于科学律则更基本的形而上的立论方式。不过，本文无意卷入这种更基本的形而上的论争。本文的要点是：由朱子格物谈话所展开的身境观点进一步拓展到当代对于科学律则的论述来看时，相即连动的观点并非特别建构出来的立论观点，而更好说是一种提醒，是你我本来就自然而然会用上，或者说，在情境中自然会展开的观点；只因它太贴近，或者说，我们总浸润在它之中，它的重要性反而被忽略了。诚然，提醒有时候有用，有时候没用。在哲学论述上，有一种没有用的情况值得在此提出：由于陷入特定的论述框架，导致即使提醒了仍难以重新领会身境场域中相即连动而展开的基本观点。对此情况，评述该论述框架成了必要的工作。前述吴德沃对于逻辑经验论的评述，先是明白地表列出逻辑经验论对于科学律则的基本假设，而以实例描述与说明的方式，解除原有假设作为“基本”假设的地位，指出其不妥当之处，并提出新的思考方向与替代方案。吴德沃所完成的工作，可以说为本文铺下了一席让人（特别是那些深深相信科学律则必须具备严格的全称逻辑形式且没有例外的人）回头重新领会“相即连动”观点的空间。不过，本文也了解到，对有些人来说，所谓的“相即连动”的观点，只是一个观点，即使它不是经由建构而提出，仍需要说明理由，而且通过评述他者的论述框架，指出他者的不妥当之处，不表示相即连动的观点就是妥当的观点。如前所述，“相即连动”太贴近了，近到可以说相即连动所展开的观点总是我们做事时看待事物的原点。平时，在不假思索时，此原点总约束着我们做事时能有的视野，但它不在视野内。一种探问原点的基本道理的方式是由设想他者身境交涉的情况开始。为求简明，以下以一种简化过的、对于他者身境交涉的情境设想，做进一步的说明。

请设想一段毛毛虫爬树采食鲜嫩新叶的故事。它在树底的位置孵化。身体两侧配备感光细胞。原则上，当左侧光比较强时，便往左侧运动，当右侧光比较强时，便往右侧行进，当两侧光的强度相当时，则维持前行的动作。在它的栖息地里，光源来自上方。在树底位置的它，很自然地会调适出循着树干往上爬行的动作。它孵化的时节也是树木长出新鲜嫩叶的时候，而新叶总在接近树梢范围处抽发。当它往上爬行进入新叶范围时，鲜嫩的生化气息发挥作用，刺激它身体前侧分设左右的侦测细胞。此时，侦测新叶的细胞取代感光细胞，成为调节运动方向的感觉器。原则上，当右侧气味强时则向右运动，当左侧气味强时则向左行进，而两侧气味相当时则向前行进。在接近新叶范围的它，很自然地会调适出沿着树枝向新叶群聚处行进的动作。无论是以光照或以新叶的气味来调节运动的方向，树干、树枝表层的空间布局，界定了毛毛虫行进范围的界限。

这段设想相当于是对毛毛虫身境合宜的感觉运动方式的描述。本文邀请读者进一步去设想此毛毛虫栖息地，究竟有着怎样的规律与事实，使得以上所描述的感觉运动模式，成为身境合宜的模式。在此栖息地里，光总来自上方，而树干界定了以上下方位为主导的空间结构。在此空间里，原则上，光的强度与上下的高度成正比。在一定的高度上是新叶群聚的区域，也是空间开始出现分叉结构的地方。假设除了感觉运动外，毛毛虫对其栖息地的规律与事实具有基本的认知能力，那么以上对其栖息地的描述，会是在它身境观点中展开的规律与事实。请注意，对它而言，“光的强度与上下的高度成正比”不只是规律，也是在它栖息地里定位“如此做则可得到那般的后果”的不变关系。在此，此规律所定位的是“往光比较强的方向运动，则可得到往上方空间区域行进的后果”。上方的空间区域也是新叶群聚的区域，因此，此规律所定位的亦是“往光比较强的方向运动，则可得到往新叶群聚区域行进的后果”。

以上虫虫天地的设想，其要旨在于邀请读者以此设想为参照点，而回头理解前述身境交涉中，以不变关系为定位的因果观点，如何总与基本的身境理解所展开的实践观点，相即连动地展开。这样的连动观点，实质地规约了人在有所为的行事过程中能有的身境观点，以及由此观点展开的事实与规律。由虫虫身境观点展开的天地，以上下方位主导其空间结构，而树干、树枝表层的布局，定下虫虫运动的范围。光照与新叶的生化气息，是此天地中不变关系定位下调节虫虫运动方向的原因。此不变关系的定位总与虫虫往采食场进发的实践要求连动在一起。请注意，在此天地里，虫虫采食场即新叶群聚的区域，亦即上位空间的区域，亦即光照比较强的区域。采食场、新叶群聚处、上位空间，以及光照比较强的区域之间的相互关联性，是虫虫天地里重要的基本事实，“光的强度与上下的高度成正比”是其中重要的基本律则，而“往光比较强的方向运动，则可得到往上方空间区域行进的后果”是律则定位下因果与实践连动展开的重要秩序。在此，请进一步想象：当毛毛虫作茧自缚、破茧而出成为飞蛾后，原先虫虫天地里的基本事实、基本律则与重要秩序，在其以上下方位为主导的生活空间里，仍是有效的基本事实、律则与秩序，但成为飞蛾后，在复眼的感知模式与飞翔的运动模式下，上下方位仍然重要，但有效的空间已向四方拓展，运动轨迹也不再限于树干、树枝的表层，而所侦测到的光影变化则更细致，无论从时间或空间维度来看，其分辨率均大幅地提升，因此对于光影的变化有更细腻、更迅速的反应。在新的感觉运动模式下，新事实、新律则、新秩序将随新的身境观点展现开来。

由以上的设想，本文邀请读者参酌的观点可总结如下：连动观点总预设着生活脉络与感觉运动模式之间往来调节的关系，由特定的生活脉络（例如，虫虫天地）与特定的感觉运动模式（例如，由侦测光照方位而调节运动方向的模式）所形成的、合宜的身境交涉方式，规约了当事者能有的身境观点，以及由此身境观点展现开来的事实、律则与秩序。不同的感觉运动模式规约了不同的身境观点，而展开不同的事实、律则与秩序。有时，因感觉运动模式与生活脉络的变化（例如，毛毛虫变成飞蛾的情况）而有了新的身境调节关系与观点，相应地，所展开来的事实、律则与秩序，也将有所不同，或展开来的全幅视野有了新的维度与意涵。人的生活脉络与感觉运动模式，自是比毛毛虫及其栖息地复杂很多。虫虫天地的设想，邀请你回到一种原初的身境合宜的道理，重新体会那简单的身动中，身境观点展开的事实、规律与秩序，以及全幅视野中的维度与意涵。作为一项科学律则来说，阿基米德原理就相当于“光的强度与上下的高度成正比”在虫虫天地里的地位——一种身境观点的场域里，以不变关系定位因果秩序与调控方式、通过经验检证、有其适用范围且客观的科学律则。牛顿的科学定律在很大的程度上是奠基在当时的天文观测，而望远镜是当时天文观测必须善用的新工具。此新工具大幅拓展人的天文视野，以及观测的精确度，它在人间的地位，大可比拟为破茧后拓展空间视野与侦测更细致光影变化的飞蛾复眼。新视野、新事实、新规律与新秩序经此新工具的发掘，使更深刻、更精确、涵盖面更广的科学探索成为可能。虫虫天地的设想提醒人科学律则本有的人文的意涵：

> 身境观点下科学律则的人文意涵：不要被科学律则高度抽象、宛若具备全称形式的数学式给蒙蔽了，能以数学式精确地描述科学律则是件自豪的事情，但数学式背后有着律则定位的因果秩序及其适用的范围，有着因果与实践连动的身境观点，而身境观点总预设着一种身境合宜的场域与道理。①

当科学工作者只专注于客观的科学律则与定位后的因果秩序而忘记背后层层的脉络时，那正是他误自淘空其工作的人文脉络意涵的时候。

回到格物的范围问题。前面提到，格物是当下行动必要的维度，而所格的道理是身境之理。格物的工夫同时要求人由宏观的视野理解当下行动的后果与意义。对此要求，本文称之为“同步要求”；对此理解，本文称之为“同步理解”；而在同步要求与同步理解下，对人的有限性有深刻的自觉与反省，本文称之为“同步自觉”。如前所述，在此自觉下，格物工夫的重点在于“总愿意保持学习、开放、知道什么时候该认错，以及与人合作的态度，而在动态的过程中调节并深化同步的要求与理解”。循此脉络而初步言之，格物的范围问题是：格物所格之理包不包括科学律则？由本节对于科学律则的分析来说，科学律则不等于身境之理，因此不是格物在当下行动中所格的道理。但由同步要求来看，特别是在现代科学与科技的时代脉络里，同步理解中的宏观视野，总会卷入科学律则，或由科学律则所架构出来的分析事物形态、规律与趋势的平台（以下统称之为“科学平台”）。对于科学平台毫无认识与素养的人，恐怕无法做到最起码的同步要求。由此来看，格物与科学律则之间的关系应改写成：格物有两个维度，在当下行动里格身境之理，并在同步要求下善用科学平台。要能善用科学平台，不会只是当下行动的事，而需要相当时日的准备与培养。要准备与养成这样的能力，也不会只是个人的事，而需要从整体社会的情况来考虑。由现代公民社会的角度来看，这相当于邀请你我如此重新提问格物的范围问题：在格物的同步要求下，现代公民应当具

① 如果拙作《隐喻与自由：立命在民主与科学联合脉络中的新意涵》所论正确，那么因果与实践连动的身境观点展示了儒学立命在当代的新意涵。再进一步说，如果本文所论正确，那么站到公民论述的位置是儒学淬炼立命与格物的当代意涵，以及两者之间深刻关联的场域与脉络。

备怎样的科学素养?

要恰当地回答格物的新范围问题，恐怕不能只由儒学的基本立场来考虑，而必须斟酌儒学之外其他合理的立论观点，以站到公民论述的位置，衡量哪些理由是彼此都能认可为具有理由地位的立论方式与态度出发。可以预期的是，如此的公民论述场域会卷入科学教育、科学普及，以及人文、社会、科学研究与科技发展的政策辩论。显然地，如果只从格物的身境观点与同步要求而站到公民论述位置的哲学反思来对应，是无法完全回答此场域中会涉及的种种问题。但是，很重要地，以上对于科学律则的描述与说明，提醒所有参与辩论的公民一种身为人就会卷入的连动的身境观点。阿基米德原理、牛顿第二运动定律，以及其他的物理科学律则所共同描绘出来的物理事实、秩序与规律，背后总有着因果与实践连动的身境观点，而身境观点总预设着一种身境合宜的场域与道理。

近代以来，物理科学与科技所展示的非凡成就，往往给人一种印象：我们可以切割掉背后的连动的身境观点与预设，而只就科学律则确认他们所描述的事实、秩序与规律，总体来看，就是世界本然的事实、秩序与规律。在此科学观点下，连动的身境观点、身境合宜的场域与道理，以及其中展示出来的人文意涵，都不过是人的感觉或错觉。追根究底，真相是：物理科学律则下的物理事实、秩序与规律，才是世界本然的样貌。站到公民论述位置的儒学，不必去肯定或否定此科学观点的立场，因为无论去肯定或否定，都会卷入太多陷入各说各话，且在公民论述位置上不必要的形上学争论。但由上述对于格物、即物穷理、身境之理、同步要求、同步理解、同步自觉、连动的身境观点，以至对于科学律则所在脉络的提醒，一步一步邀请持该类科学观点的人，也站到公民论述的位置，重新斟酌他有没有必要因物理科学与科技的非凡成就，坚持他对世界本然的形上学的认定，而以此坚持介入科学与科技的公共议题。公民论述的位置邀请人由衡量哪些理由是彼此都能认可为具有理由地位的立论方式与态度出发，而贴近生活脉络的提醒，总是衡量是否具有理由地位的共同出发点。

本文没有直接解决范围问题，而是将它重新设定为适合放到公民论述场域的公共议题。循此，本文所提的身境观点下格物的新意涵，不只是儒学的发展，也是儒者以公民身份对科学与科技议题发声的新取向。此取向的重要内涵值得在此以如下的对比方式重新表述。如果全然以物理科学律则来界定世界的本然样貌，那么人间的意义、人文的意涵，以及身境脉络展开的种种风采都将失落，或只被认可为表象与错觉。姑且称此立场为“科学主义”的立场。持科学主义立场的人，会活出与持格物理念的人非常不同的人生历练。对他（科学主义者）而言，一切人间的选择与作为，包括他自己的选择与作为，追根究底而言，都没有值得喝彩或谴责的地方，因为都只是表象或错觉。如果他对别人或自己有所喝彩或谴责，那么如果他自觉程度够高的话，他将发现（或认定）自己不过在自欺欺人，或是无可奈何地“玩”一场表象与错觉的游戏（当然还有其他的可能情况，于此可不必再多说）。如是无可奈何的“玩”法，长期而言，将淘空公民论述位置的核心内涵；换言之，相互尊重、平等互惠的合作理念势将毁坏。这意味着科学主义不在公民论述考虑的范围内。

持格物理念的人总愿意去贴近生活脉络，以及在此贴近的过程中活出并体悟身境合宜的道理，并在同步理解与自觉中，站到公民论述的位置发声、讨论，以及做好群己之间必须做的共同决定与个人取舍。对于这般人，当自觉程度愈高时，对人生的历练、身境的道理，以及群己之际的生活节奏与脉动，会有更深刻的体悟与自觉。站到公民论述位置的儒学，由邀请你将前述身境观点下的提醒，当作具有理由地位的提醒，而重新斟酌你原先由科学主义立场所提出的言论与做的决定背后所根据的理由，区分哪些理由在公民论述位置中具有理由的地位，哪些理由只在科学主义下才算具有理由的地位。你不必放弃科学主义的立场，儒学也不会要求你一定得放弃，当然更不会以“为了你好”的态度而以人情压力或胁迫手段逼你就范。站到公民论述位置的儒学，会以上述方式邀请你也站上公民论述的位置，来共同思考重要的公共议题，参与公共政策的辩论。至于科学主义的立场是否正确，是否值得接受，则可以放到其他合适的辩论场域来进行。

以上一节吴德沃对于科学律则的说明为基础，本节由儒学格物进一步提出：以不变关系为定位的因果观点，总与基本的身境理解下的实践观点，相即连动而展开。在此连动视野中，科学律则的发现与建置，相当于由更精确、更有系统的表示与论述方式，以及更严格的经验检证的角度，淬炼不变关系的定位以及调控的设想与界限。科学律则总以其不变关系定位的地位，在连动的层层脉络中显露其身境观点下的人文意涵。科学主义不是科学研究的成果，而是在斩断连动的层层脉络下所提出的一种形上学的观点。本节由儒学格物的立场出发，邀请科学主义者共同站到公民论述的位置，重新去了解、探索、讨论科学律则的意涵。格物的范围问题仍未解决，不过，在对于科学律则的探讨中，确定了在现代科学与科技的时代里，格物同步理解中的宏观视野，总会卷入相关的科学律则及其应用，而格物的范围问题应改写成“现代公民应当具备怎样的科学素养”的问题。此问题不适合只由儒学来处理，而应当放到公民论述的场域来通盘考虑。由儒学格物出发所提出的连动观点、身境合宜的场域与道理，以及身境观点下科学律则的人文意涵，提供了一种贴近生活脉络与回归视野展开的原点而重新思考下，如何看待科技、科学律则与现代公民科学素养的角度与邀请。

七、结论：天地之间的新位置

《语类》里有许多由贴近生活脉络理解天地的谈话与问答。大抵而言，天空总在人的视觉经验中呈现包覆大地的态势，而以自然的弧度延伸向远方地平线或海平线之下。① 在朱熹的年代，他承接当时天包覆地、地在天中央、天日月星皆左旋只是迟速有别的观点。他邀请人如是设想：虽然人只看到半边天文，但“天文有半边在上面，需有半边在下面”（朱子语类卷第二理气下天地下，第 12 页）。有时，他以日用器物比喻：“天正如一圆匣相似，赤道是那匣子相合逢处，在天之中”（朱子语类卷第二理气下天地下，第 12 页）。以此朴素的天地架构为准，在朱熹的设想里，“日月升降三万里之中，此是主黄道之间相去远近而言。若天之高，则里数又煞远。或曰八万四千里，未可知也”（朱子语类卷第二理气下天地下，第 17 页）。以 1 里等于 1 800 尺②而宋代 1 尺约现代公制 31 厘米③换算，朱熹依当时天文观点所设想的天之高（84 000 里）仅约 46 872 千米。由现代的天文观测，地球到月球的平均距离约 384 400

① 关于天包覆地的视觉经验及其弧度延伸的模式，请参阅 Heelan 1983：68 – 69。

② 杨生民 2005，143 – 144 页。

③ 梁方仲 2008，740 – 743 页。

千米,[①] 此距离展开的空域就已经大幅超过朱熹设想的天地大小。[②] 从现代已知的天文星系观视，当时所设想的天地，或可借苏轼《赤壁赋》“渺沧海之一粟”来形容（《苏轼文集》卷一赋，第 6 页）。在时间观方面，从当时“自开辟以来，至今未万年，不知已前如何”“天地会坏否”的提问，以及朱熹“不会坏。只是相将人无道极了，便一起打合，混沌一番，人物都尽，又重新起”的回答，可以推定在那微小天地里，从混沌而展开的有序世间，前后仍不到 1 万年（朱子语类卷第一理气上太极天地上，第 7 页）。按现代天文学的推算，宇宙约起于 137 亿年前。[③] 与此比较，当时所设想仍不到一万年的岁月，颇可借苏轼《赤壁赋》“寄蜉蝣于天地”来形容（《苏轼文集》卷一赋，第6 页）。

朱熹对于他由传统里所承接的天地观点，总以回归人文生活脉络的位置，而谈出一种如何理解天地的方式。即使《语类》里读起来像是在提出证据的话语，细心品读下，总还是一种与人文生活脉络相即的如何理解天地的方式。例如，他曾谈到“天包乎地，其气极紧。试登极高处验之，可见行气相催，紧束而成体。但中间气稍宽，所以容得许多品物”（朱子语类卷第二理气下天地下，第 18 页）。此处借登高山的经验去理解“天运不息”“轻清者为天，重浊者为地”的天地观（朱子语类卷第一理气上太极天地上，第 6 页）。由现代科学与科技所展开的天文学回顾，朱熹所承接的天地观点早已遭到淘汰。虽然他如何理解天地的方式也因此不再合宜，不过回归人文生活脉络而重新出

---

① 此值取月球与地球之间最远与最近距离的平均值，请参阅美国航太总署（National Aeronautics and Space Administration）网页：http://eclipse. gsfc. nasa. gov/SEhelp/ApolloLaser. html。

② “八万四千”在佛家用语形容数量极大者，“悉皆修习八万四千波罗蜜门，八万四千诸三昧门，八万四千陀罗尼门，永断八万四千微烦恼障，八万四千微所知障”（《大乘本生心地观经》，中华电子佛典协会线上检索：http://www. cbeta. org/result/normal/T03/0159＿007. htm）、“起于八万四千法门之因行。成于八万四千波罗蜜。”（《法华经演义》，中华电子佛典协会线上检索：http://www. cbeta. org/result/normal/X33/0625＿004. htm）。或许朱熹说八万四千里只表示极大的意思。不过，由“日月升降三万里”为定点来推敲，“八万四千里”应同为表述对于里数的推估，而且由“未可知也”所表达的没有把握的态度反推，大抵亦可确认“八万四千里”是对里数的估算，而非极大的意思。

③ 137 亿年是根据对宇宙微波背景辐射的侦测结果所做的推算，请参阅美国航太总署网页：http://www. nasa. gov/centers/goddard/news/topstory/2003/0206mapresults. html。

发，仍是面对现代科学与科技重要的理念传承。本文循儒学格物的理念深入去发掘其中身境合宜的道理，以及同步的要求、理解与自觉，而在贴近当代民主、科学与科技的生活脉络中，进一步提出实践与因果相即连动而展开的观点、身境观点下科学律则的人文意涵，以及如何讨论且商榷科技、科教与公民科学素养的公民论述位置的理念。

总结而言，由现代科技场域的生活脉络来看，格物仍是当下行动必要的维度。格物的工夫总在同步地展开身境合宜的道理与包涵科学素养的宏观视野中，邀请人切身去体会生活脉络的层层意涵而回归视野展开的原点。回归与展开，是儒学站到公民论述的位置而对科学、科技、科学素养与教育的立论起点。

第三篇

身体与语文

15. 庄子与人文之源

杨儒宾
台湾“清华大学”中文系

一、重读的必要

《庄子》这部经典就像国史上的经典一样，解释的多义性是它必然的命运。著作一旦被视为经典之后，特殊化为普遍，记号化为象征，各种不同的诠释总会出现的，宗教性的经典最明显，其他性质的经典多少也难免。即使我们不从道教徒的眼光看《庄子》，① 它依然会是部引发众声喧哗的经典，至少在魏晋时期，《庄子》一书已是当日士人共同关注的重要典籍，名列三玄之一。再怎么看，《庄子》一书都是中国文化史上一部重要的精神修炼传统的著作，所以后世如有人将《庄子》与佛教、存在主义、马克思、海德格尔等相比，我们不会太感意外。而在儒家价值体系主导的年代，如果《庄子》曾被拿来与儒家相比，也是可以预期的。

魏晋时期的庄子学所以值得注意，乃因庄子思想的基本性格在此时期呈现两极分化的解释，有两面可说。首先，庄子与儒门价值相融说在此一时期首度取得显赫的解释权，至今保存完整的第一部《庄子注》，亦即向郭的《庄子注》可为此说代表。向郭的《庄子注》将庄子定位为已知“大本”，然而尚不能充分体现此大本的哲人，他天资极高，但未始藏其狂言，其地位不如圣人，孔子才是真正的体道者。就广义的观点来说，向郭的《庄子注》可视为“庄子儒门说”② 的前

---

① 《庄子》有些人认为是部宗教性的经典，它是“南华仙人”或长桑公子弟子所著的非人间之书。庄子师长桑公子之说见《真诰・稽神第四》，成玄英的《庄子疏》亦主此说。至于以庄子为“南华仙人”，道经中多有此说，见《太极真人敷灵宝斋戒威仪诸经要诀》，后世道教徒也多言庄子为仙人，《庄子》书为仙书。

② 关于此说在唐宋后的发展，参见徐圣心，《“庄子尊孔子论”系谱系谱综述——庄学史上的另类理解与阅读》，《台大中文学报》，2002 年第 17 期，第 21 – 66 页。

驱。向郭此一观点大抵反映魏晋玄学家共同的认识，他们强调儒道同风，道述玄理，儒证斯境。老庄可视为“述者之谓明”的哲学家，孔子才是智及仁守的圣人，两者的地位异质异阶。

其次，另一种相反的解释在此时期也特别流行，此种解释认为庄子代表“非汤武而薄周孔”的系统，他抨击儒家的价值体系不遗余力，竹林七贤普遍被视为这种破坏性或解构性的庄老之信徒，阮籍著《达庄论》畅衍庄子追求超越世俗礼法的自由之意义，此论在当时具有指标的意义。而当时反对玄学与名士之风者——如范宁、王坦之等辈，他们所看到的庄子恰好也符合这种形象，只是他代表的意义完全不一样了。庄子被认为破坏了人间的价值体系，“利天下也少，害天下也多”。① 这种笔者称之为“解构型”的哲人之意象源远流长，往上追溯，司马迁也是这样看待庄子的。而身为伟大史家的司马迁所以有此看法，乃因《庄子》一书中，主要是《外篇》《杂篇》的一些篇章提供了这样的意象。《外篇》《杂篇》的这些篇章纵使不是庄子自著，但至少是庄子后学所著，他们也有一套足以自圆其说的庄子观。这种解构型的庄子很难说是“儒门的庄子”，因为他们所要解构者，通常就是儒家的价值体系。

如果我们拿“庄子—儒家”当作讨论的主轴，那么，《庄子》一书中可以找到两组恰相对立的面貌，一是主张气化日生日成的庄子，此一庄子对孔子相当友善，他的思想与儒家的形上学系统相近，《庄子》内七篇可以往这个方向解释，这样的哲人可称为创化论的庄子。另一种庄子面貌可称为解构论的庄子，此部分的庄子论述之义理内涵深浅不等，大致上说来，时贤曾颇注重的《骈拇》《盗跖》《渔父》诸篇，其解构的意图明确而义理疏浅。然而，内七篇中的《齐物论》亦有极深刻的解构思想，《庄子》比任何典籍更有资格被称作“否定的哲学”。一部《庄子》，两种面貌，后人取舍不同，其思想定位遂会相去霄壤。笔者在下文将阐明：解构论的庄子也是创化论的庄子，解构乃就堕性的体制而言，创化则从创造的源头立论，两者相反却所以相成。

笔者认为正是依此相反相成的图像，我们发现到庄子与儒家价值体系早已秘响旁通。回归《庄子》原典，重新辨识庄子身份，我们有理由将此书当

---

① 此语出自王坦之，《废庄论》，引自房玄龄等著，《晋书》（台北：鼎文书局，1980），卷75，第1964页。

作儒门内的经典，至少也是儒门旁的经典。为儒家计，它需要的是精神的活化，而不是版图的扩大。本文重新建构儒家与庄子的关系，其结果不会是两家学术版图的一消一长，而是双方互蒙其利。笔者以儒家的原始精神重新看待庄子，也以庄子的原始精神重新看待儒家，希望儒家与庄子的“本来面目”可以更鲜活地呈现。庄子与儒家的根源性是本文的“成见”，这个“成见”乃是《庄子》此文本提供的，笔者希望本文不是所谓的以儒解庄，而是不折不扣的以庄解庄。我们现在需要做的工作，乃是光明正大地将庄子请进孔门的大成殿，只是这座大成殿不见得是帝国体制下的建筑，而是庄子愿意息焉游焉的安宅。

本文很难避免踏入学派归属的争议，但本文的重心确实不在此。在底下的铺陈中，笔者将从人文精神的根源处着眼，探讨庄子与儒家关怀的价值根源之双边关系，本文可以说是另一种版本的《原道》。笔者认为：庄子对以往的中国人文传统之建立以及尔后可能的贡献，都比我们一般理解的要大得多。

二、庄老异同

庄子在历史上的面貌是千面的，真身难觅。他的人文精神所以蔽而不明，暗而不彰，关键在于他很早即被列入道家，而且和老子并称。所以我们如从他与老子的关系入手，厘清其异同，似乎可得到答案的线索。此线索其实不难找，就在《庄子·天下》篇本身。《庄子·天下》篇就像孟子的《尽心·下》篇末章、《史记·太史公自序》或《文心雕龙·序志》篇一样。这些书的最后一章类似后世典籍首章的序言。《庄子·天下》篇如果不是庄子，至少是可代表庄子的学者之著作，而此人当是某原始《庄子》文本的编纂者，此篇诠释《庄子》的权威是毋庸置疑的。

在《天下》此篇中，庄子广论天下学术，我们看到庄子采取一种泛道论的形上学立场，他认为人世间的一切文明皆来自一种可称之为“一”或“太一”的“道”的创造：“圣有所生，王有所成，皆原于一”。“圣”、“王”是历史的、文明的概念，“一”是道的代称，文明的超越依据来自于形上之道的创造，依此太一之道所形成的规范即是所谓的“内圣外王”之道。庄子在此先秦时期最重要的论学术源流的文章中，采取的是一种形上学的立场，这种形上学的内涵乃是一种具有精神创造性的道，庄子更进一步对“一”或“太一”作实质的规定，他称作“神明”。“神明”当是战国时期形成的复合名词，“神”者，伸也，它意指创造性，“明”意指彰显之功用。后儒或直接援引“内圣外王”之说以印证道之全体大用，绝非无故，我们有理由认为：内圣外王之道可以视为一种原始版本的体用论。

“太一”既然是文明的公分母，一切学术的价值因此乃依它与此“太一”的关系而论。我们看此篇文章安排当时所谓“得一察焉以自好”的学术巨子之地位，从（一）墨子、禽滑厘以下，接着（二）宋钘、尹文，（三）彭蒙、田骈、慎到，以至（四）关尹、老聃，其地位一层一层加高。庄子的排序是有逻辑的，其等第所以加高的理由乃在道的精神性愈来愈加显著，墨家的价值取向基本上是外主体的；宋钘、尹文是无关主体的；彭蒙、田骈、慎到此类思想家已重精神性，但却是“枯木禅”型的。关尹、老聃层次比前述各家高出一大截，他们知道存在的统一依据在于“太一”，“太一”兼摄“无”与“有”。万物皆出太一，万物自身比起太一并不足贵。“太一”与“物”乃是本体论断层的差异关系，两者乃隔绝性的异质异层，所谓“以本为精，以物为粗”。关尹、老聃更重要的贡献，乃在他们知道“太一”的真实内涵在于深层的精神之本体，学者要务，即当常居于深层的精神之内，毫不溢出，这就是所谓的“澹然独于神明居”。

相对于关尹、老聃自居于深层的意识，世界处在一种未分化的朴拙状态中，庄子的世界则是精神连着气化的动能，不断地涌现新的意义形式，其理不竭，其来不蜕，永无歇期。王夫之说：庄子将自家置于老子之后，乃因庄子曾沿承老子之学，但等到自家“朝彻见独”，也就是有证体经验（不只一般泛泛而言的体证经验）之后，他就自立一种可名为“天均”之学的宗旨，独立一宗于战国的思想土壤上。均是陶轮，“天均”是个隐喻，它意指非人为的创造力像陶轮不断运转，而构成此运转的动能是日生日成的气化，“内聚的深层意识”与“涌现的气化意识”此组对照概念可视为老庄之别。

比较老子与庄子之学，可使用不同的理论模式，但由于两家的精义多落在心性—形上学领域，言之所不能尽，意之所不能到，析辨异同极为费神。我们如能从隐喻入手，不失为一条方便理解的途径。哲学的建构离不开隐喻，从 Stephen Pepper 开始直到当代的 Mark Johnson，论者已多。但此一理解的理论工具早在前近代的东西哲人已使用过了，虽然谈不上系统化，但大义固在。

我们刚刚使用的“天均”一语即出自王夫之注《庄》所用的隐喻。王夫之不但认为庄子是天均之学，他自己的学问也是天均之学，同一时期的好友方以智也有类似的主张。借着天均的隐喻，我们发现从战国时期的庄子到明清之际的王夫之与方以智之间，一条贯穿两千年儒家义理的线索浮现出来了。天均之学就像“均”字所显示的，它是以中贯轴转动的圆周运动带动陶轮的旋转，“圆”“中”如何表述，此事一直困扰中国第一流的思想家。从女娲创世神话到老子的喻道，我们都可见到前人奋斗的轨迹，但直到庄子出来，我们才看到“圆”“中”找到了恰如其分的表现的形式。

透过隐喻此线索，我们找到了相应的哲人图像。笔者认为相对于庄子使用了“天均”的隐喻，老子之学则用了神话上“大母神”的隐喻。在大母神的世界中，万物皆由母神所创造，但万物也由母神所怀抱。在母神深厚的胸怀拥抱中，万物沉入半醒半醉的无何有之乡，这是场宁静而永恒的梦。梦中的个体没有“个性”，“个性”只要稍加伸张，老子就会“镇之以无名之朴”，“个性”即会立刻被“浑化”在整体的运化当中，这是种内敛的“啬”之哲学。① 庄子的“天均”之学反对这种钝化主体的直接性，庄子强烈主张：道体要以气化的精神主体之面貌出现。这种气化的精神主体一方面不断地创生出新的形式，但在创造中，它依据某条不可见的象征性的轴心展开，轴心的两端相转相待，交相衍化。就像“均”字所意指的陶钧的运转模式：中心之轴带动陶轮不断从底层升起，作浑圆的转动，轮面各区域不断递衍到对立面的位置，东西相反而相成。庄子所用陶钧、环中、车轴、归墟诸隐喻，皆是此义。

对照老庄，我们可看出“大母神”模式与天均模式的差别，“独与神明居”与“游乎一气”的差别，唯真心模式与物化模式的差别。庄子在《天下》篇对老子的解释，可以代表某种绝对意识的知识类型，这种类型的知识主张在各种世间的知识底层有一共通而普遍的真理贯穿其间，学者只有透过主体的转化，才可以契近这种深层的价值层面，而这样的转化通常要透过纯

① 这也是方以智何以常讥评老子为守财奴的理由，《东西均·全偏》说：“老子专惜之不用耳!”亦是此意。参见方以智著，庞朴注释：《东西均注释》（北京：中华书局，2001），第144页。

化或钝化感性与智性的作用，并回归到一种未分化的身心状态才可体得。但这种绝对意识的知识类型很容易造成深层意识与世间价值的冲突，文化在主体意识的内转历程中往往被转化掉了。因为绝对意识的价值所在之地通常意味着时间的退化、空间的混沌化以及主体的未分节化。伴随着绝对意识的知识类型而来的，偶尔会有解构绝对意识的知识类型跟着出现，这种解构如果仍预设建构的前提，它即有工夫论的意义，我们可称之为"转化绝对意识"的知识类型。

《天下》篇所显示的老庄之别反映了"绝对意识"与"转化绝对意识"之类的知识类型，这个类型具有跨学派、跨文化的解释效率。就儒家体系而言，我们不妨举最同情庄子的明末王夫之、方以智为例，因为我们在他们身上看到相似的精神再度显现出来。王夫之批判王阳明唯心哲学不遗余力，其立足点正落在类似庄子的天均哲学之基础上，这是建立在整体论的、超乎心物区别的、历程的、气化的论述上的一种思想。同样的情形又见于方以智《东西均》此天均哲学的代表作上，方以智对"心学"多所批判。① 晚近论中西文化交流史的专著中，方以智总会被讨论，他常被视为科学精神的先行者。然而，就成熟期的方以智思想论，他最关心的的毋宁是如何从当时极为流行的主流思潮，主要是指王学与佛学中的本心系统中走出。笔者认为在反意识哲学与主张含摄心物的体用论之立场上，他的立场与王夫之相同，也与庄子相呼应。

事实上，一种潜入意识直握万物本质的哲学不管在东方西方，都有相当的吸引力。魔笛的吸引力是迷人的，但也是危险的，因为这种直接的一体性几乎无可避免地会带来世界意义的弱化。黑格尔在《哲学史讲演录》中批判老子道："统一在这里是完全无规定的，是自在之有，因此表现在'无'的方式里。这种'无'并不是人们通常所说的无或无物，而乃是被认作远离一切观念、一切对象——也就是单纯的、自身同一的、无规定的、抽象的统一。因此这'无'同时也是肯定的；这就是我们所叫作的本质。"② 黑格尔对东方

① 参见方以智著，庞朴注释，《象数》，《东西均注释》，第 202—215 页。此书的写作背景可以说即是针对"心学"而发，不仅《象数》篇为然。

② 黑格尔著，贺麟、王太庆译，《哲学史讲演录》（北京：商务印书馆，1983），第 131 页。

哲学不是太友善，他对儒家哲学理解之偏差更令人诧异。然而，就老子哲学而言，黑格尔的评介不能说没有洞见。我们如将他评老子、印度哲学、史宾诺莎处比较而观，不难看出他反一种无中介内容的直接意识之立场是相当清楚的，黑格尔的立场始终一致。①

放在“绝对意识”与“转化绝对意识”的知识类型底下看待老庄关系，两者的异同不难看出。当庄子说老子“以深为根，以约为纪”时，其意不是指其人活在深层的玄暗意识中，接近于一种无内容的“一”之状态吗？而他批评老子“以物为粗”“以有积为不足”，所说不是指其哲学抽象地割裂了心与物，因此，丧失了建构文化世界的功能吗？我们如将《庄子・天下》篇的用语和黑格尔《哲学史讲演录》的批判作一对照，除了态度上的友善与否有差别外，内涵可以说是相同的，因为他们属于同一种知识类型，所以有相同的关怀。

相对于老子的“以物为粗，以有积为不足，澹然独与神明居”，庄子主张的合理的物我关系乃是“应化解物”。“应化”者，与大化相应，并参与变化之流；“解物”者，与物相解，融合无间。庄子哲学的工夫论虽然预设了“朝彻见独”此转化意识的历程，但成熟的庄子思想却不能以绝对意识论的框架限定之，它毋宁是种气化的道论立场，道不仅在心斋层，也在粪便层，它是在超越心物之别的全体上展现出来的。庄子这种应化哲学具有非比寻常的意义，它乃是透过一种主体的批判，亦即对深层意识的批判，而建立起来的调整心物关系的一种主体。简单地说，庄子以形气主体取代意识主体。庄子的形气主体显示出一种游化或游气的身体观，这样的“身体”强调一种心气不断跃出，气与天游、心与天游的身体图式。如从形上学的角度着眼，他的形

① 请再看下列这段话：“当希腊人说：绝对、上帝是一，或者当近代的人说：上帝是最高的本质，则那里也是排除了一切规定的。最高的本质是最抽象的，最无规定的；在这里人们完全没有任何规定。这话乃同样是一种否定，不过只是在肯定的方式下说出来的。同样，当我们说：上帝是一，这对于一与多的关系，对于多，对于殊异的本身乃毫无所说。这种肯定方式的说法，因此与‘无’比较起来并没有更丰富的内容。”此段文字出自《哲学史讲演录》，第131页。这段话是紧接着引文批判老子的话来的。以黑格尔之逢“东方”必反的心理惯性，他此处会将老子与希腊人或“近代人”比较，可算是难得的记录了。

气主体可说是建立在气化的主体上面，有气化的主体才有应化的存在模式。

透过一种新主体的建构，庄子建立起可具体地“应化”之主体，此主体伴随“解物”而来，庄子对“物”的着眼甚高。相对于慎到等人“与物宛转”，主体受制于物；以及老子“以物为粗”，物消失于主体；庄子却超越两边，超越两边的前提乃是物不可以对象的方式出现。庄子论主体与物的始源关系时，强调“以神遇而不以目视”的命题，非表象式的感应而通乃是心物最原初的关系。物不是智性主体的对象，也不是如幻的主体之镜中的呈现物。庄子看出在物之本源上，即不断有新的意义形式（理）之创化，新理日出，连绵不断。“物”与其说是具有永恒本质的“个体”，不如说是处于变化之流的“事件”之假称，“个体”此概念在庄子思想中不好理解，了解物的流动性质，并参与其流动性，此之谓“解物”。“解物”与“应化”是一体的两面，当主体参与大化之流后，它才可同时参与非对象的物之本来面目。所以与其说庄子思想是意识哲学，不如说它是玄化的物之哲学，也就是物化哲学。庄子物化哲学平观心物，心物两者是共属的，两者是有机的整体的两翼。

更具体地说，这种气化的身体透过一种不断涌现的语言分节作用，我们可称为“道言”的“卮言”，在精神与语言的分化处，一种筑基于形气主体的新的意义形式不断涌现。这种创化的动能也见于庄子对技艺的重视，在一种完美的技艺行为中，匠人的全身都融入“官知止而神欲行”的浑化层次。形体本身提供了一种精微的调整全身各感官功能的直觉之“知”，用杜维明先生喜用的语言即是体知。体知的真正内涵乃是形体本身即有超乎感官之知上的综合性之知，它经由各感官而不受限于任一感官的通道，以“神”的面貌介入实际的技艺之运作。一位好的工匠之技艺是种创造，他完成了具体的形气主体之实践，也完整地保全了物之本相，所谓“以天合天”。在技艺的实践中，一种形气主体转化到物—我合构的实践模式就此展开。

当庄子从老子的意识哲学走出，在下文中，我们将看到他给身体、世界、语言、技艺都带来新的向度。此时的庄子恰好不是扮演文化世界中拆除大队队员的角色，而是扮演不断新化世界、理化世界的建构者。这样的庄子显然已走出“道家”与“老子”的藩篱，骎骎然地走进文化世界意义建构的领域，我们已到了该重新辨识庄子身份的阶段了。

三、人文的背叛或证成？

当我们解开老庄连体的枢纽，老归老，庄归庄后，庄子思想的重新定位就被置放在日益迫切的议程表上来了。庄老对照，庄子的形象并不难领会，但如何恰如其分地突显其特质，委实不易。笔者在不同的场合里，曾用“儒门内的庄子”定位之，这个标签有很大的好处，因为长期以来，庄子的形象总是和道家结合在一起，现在连结的结构变了，老庄脱钩，相反的，庄子和中国思想史的大脉动之儒家结合起来，这种“联姻”可以造成成说急遽翻转的戏剧效果，强化读者的印象。但这个标签也有不利之处，因为它牵涉了笔者急欲避免的传统学派分类的瓜葛。本文的重点在哲学，而不在思想史的兴趣，其目的不在重构历史上发生的事，而在澄清庄子本身的理论问题。既然重点在理论之解释，底下笔者想从另一种大破大立的角度着眼。笔者既然认为庄子的核心义建立在基本存有论上的文化创化论，他关心的是气化主体的存在状态，而此状态乃是落在人文世界基础之上的语言、气化与技艺。既然庄子长期给人的印象是反人文的，那么，如要彻底地给庄子重新定位，我们不妨选择从“人文的”，亦即“人文精神”一词中的“人文”一词入手探讨。笔者的判准一言以蔽之，庄子是“人文精神”的庄子。

笔者这种选择要冒一些风险，首先，庄子似乎一向不以“人文”的形象见长，这种非人文或反人文的形象源远流长，最早对庄子下评论的荀子即说：庄子“蔽于天而不知人”，在天人的关系轴上，庄子被摆在“天”的一边，而下评论的荀子则被认为摆在“人”的一边。荀、庄相去不远，两人对天人关系同感兴趣，荀子对庄子的评语，以及荀子可能隐含的“人优于天”的立场，似乎都可在他们各自的著作中找到相呼应的文献证据。荀子是战国结束前夕学识最丰富的思想家，我们很难怀疑他的判教的资格。荀子的论点下文再论，此处仅就庄子考虑，我们只要看到其书中天人相对的语词，通常庄子是将“人”与俗伪联在一起讨论，而“天”则与“真”“本源”同论，庄子所向往的固是“畸于人而侔于天”的人格，荀子的批判是可在《庄子》文本里找到依据的。单就文字层而论，选择“人文”一词似乎不算聪明。

其次，现代中文使用的“人文”或“人文主义”是一个容易引发混淆的语汇，由于“人文主义”一词有来自中国传统的因素，也有来自 humanism 译语所带来的新说，它在当代学术论述的语境中，很可能被择一使用，更可能的是不自觉的混用。① 不同文化系统间的混用已易导致语义歧出，加上humanism一词在当代西方社会的语境中，也是有名的歧路丛出，历史一进展，即有新义被带进来。虽说西方的humanism都有强调人的精神作用借以强化人的价值这样的倾向，但如何强化，强化之依据何在？在上帝？在传统？在主体？在唤醒的阶级意识？言人人殊，因此，它的歧义多到连共同的核心要义恐怕都不见得找得到。选择一个亟待澄清的语汇去澄清一个复杂的哲学史之案例，这样的选择似乎不够妥当。

Humanism歧义这么多，但笔者所以仍选择使用“人文”一词作为庄子与儒家的联系项，乃因用人文主义界定儒家价值体系，这是很常见的一种叙述。② 常见不一定代表恰当，但笔者将指出：这种共同论述有其合理性，澄清其间的分际后，这种共同论述可以形成讨论的共识之起点。如果我们能在此语言的共识之基础上，找到庄子与儒家的核心义之人文主义可以相互发明，那么，两者之间的共通性就不显得怪异，而庄子儒门说自然会显示出其合理性。连带地，庄子和儒家的基本性格之相互澄清也有可能达成。

当代学者论儒家的人文主义时，笔者认为至少有三义可说。首先，第一种儒家人文主义可称作“礼乐伦理的人文主义”，这样的人文主义是由社会结构面的礼乐与人群关系面的五伦组成。第二种人文主义可称作“道德意识的人文主义”，此种人文主义强调人的主体意识中自然有一种道德法则作为依据，陆王所谓的“心即理”或程朱所谓的“性即理”是也，世间秩序固然由世间的关系所组成，但人文秩序的价值面向却是主体赋予的，这样的主体意识使得人的行为所涉及的领域都充满了价值感，这种增进人的存在向度的价

---

① 笔者曾参加一次有关人文主义的会议，大会有如下的说明：“China is being featured in the conference insofar as it provides a specific space in which an array of humanistic provocations and practices—from Greco humanism to liberal humanism, from Renaissance humanism to Neo-Confucian humanism, from various Marxist/Maoist engagements with humanism to Irving Babbitt's brand of humanism, from Lu Xun and his brother's call for “human literature” in the 20's to Wang Xiaoming and Chen Sihe's call for restoration of “humanistic spirit” in the 90's—are brought into play.”

② 唐君毅先生的著作最容易看到这样的标目，其著作如《人文精神之重建》《中国人文精神之发展》《中华人文与当今世界》，这些书皆冠以“人文”之名。

值之体系因而可称作人文主义。第三种可称作“体用型的人文主义”，这种类型的人文主义类似黑格尔所说的绝对精神，它预设了主观精神与客观精神的发展。这三种人文主义可视作彼此矛盾的三组命题，也可视为一以贯之的命题之三种层次。事实上，当代新儒家学者在定调儒家的人文主义精神时，几乎都强调儒家的人文并没有和超越界阻绝，但又会通向于客观精神的国家社会，他们理解的人文主义传统显然不是存在主义式的沙特那种类型。新儒家学者所主张的人文主义，大体是可以发现创造的根源，并在人的生活世界中找到中介物（如诗、书、礼、乐）价值的思想体系。这种人文主义，沙特、卡谬等人一定不以为然。

儒家常被视为人文主义，而“人文主义”却是有歧义的。但笔者认为我们如能仔细思索上述这些线索，并审视其以往的语义史，不无可能可以找到解决问题的门径。我们不妨省思“文”与“人文”的语义。“文”在传统用语中，通常指为有文采之呈现，最常见的文采乃是文化所展现者，亦即诗书礼乐，《论语》记载的孔门四教：“文、行、忠、信”的“文”，大概指的就是这个层面的意思。但“文”既然指向可见之文采，它很容易带来一种“使之可见的事物”之对照。“文”“行”对照已有此涵义，但此种“文”偏向人伦道德的领域。殷周以来隐约形成的“文”“德”对照，也是如此。更常见的对照概念则是“质”“实”这类的语汇，《论语》有“文质彬彬”之说，朱子注：“凡物之理，必先有质而后有文，则质乃礼之本也。”“文”“质”相对，此种语言套式形成流传久远的传统。然而，此处所说的“相对”乃是对照而不是对反，此对照绝非意味着本质的决裂。就本质而论，“文”与“质”更常被视为一体的展现，有质才有文，反过来说，质也自然会显现为文，文、质乃显隐的两种面向。文质、显隐的图式落在形上学领域来讲，即有“道之显者谓之文”① 的说法。“道之显者谓之文”此命题乃理学之常论，道—文对峙的语式可视为体用论语式的翻版，在体用论的思考方式之下，一切的现象、功用都会被视为来自一个超越的源头，“文”因此成了“道”的显像。

---

① 《论语·子罕第九》：“子畏于匡。曰：‘文王既没，文不在兹乎？天之将丧斯文也……’”云云。朱子注：“道之显者谓之文，盖礼乐制度之谓。不曰道而曰文，亦谦辞也。”

理学的命题一般会建立在对先秦儒典的解释上面，在形上学领域内，理学通常是将先秦儒典隐微而尚未确定性的语言作更精确的发挥，“文”的性质即是如此。在《国语·周语下》中，我们看到“夫敬，文之恭也；忠，文之质也”，一连串将诸德目视为“文”的展现之说法。此时的“文”与其说是“德之总名也”,① 不如说“文是诸德之本体”。这种原始的本体论之语言不仅可在道德领域见到，在自然界的论述中也不陌生，《文心雕龙·原道篇》开宗明义说道：“文之为德与天地并生”即是此说之前驱，此说再向下推陈到细部，即有《情采篇》所说的“形文”“声文”“情文”之论，“文”遍布在色界、声界、意识界，亦即一切法界的形式皆衍自于“文”。《文心雕龙》的论点承自《易经》而来，笔者认为《易经》文本的“文”皆具此义。② 他们的论点或许不能化归为后世的体用论之语式，但确实都含有神秘化的或神话式的体用论之意。

“文”的形上学意义源自《易经》，“人文”一词则不但具形上学意义，连语词最早的源头也是出自《易经》：“观乎人文，以化成天下。”“人文”指的是圣贤之道所系的礼乐文章，然而，如论礼乐文章的终极依据，不管是心性论或是形上学的解释，其源头总是来自超越之道，此《文心雕龙》所以说：“人文之元，肇乎太极。”显然，古义中的“人文”与目前流行语中的“人文主义”之“人文”大异其趣，古义中的“人文”不是指一种人为的文明之意，相反的，它是指一种作为“道之显者”身份之“文”遍现于人的世界。文与道同在，它具有本源的地位，所谓“河洛由文兴，六经由文起”，文甚至在圣经之前，而且为其本。这种古义的人文精神预设了一种诡谲的厚度，人文由道生出，但道也要外显为人文。“人文”的关键在于它和道的绾合处，“人文”不是和源头之道断了线的自我意志之大主体所在地。我们有理由认定：庄子如定居在这种源头的人文精神的灵台中，恐怕会比挂名局居在道家的屋檐下贴切，他的自我感觉应该也会舒服多了。

如果我们对儒家传统与“人文”古义不太陌生的话，不难理解当代新儒

① 这是韦昭注解《国语·周语下》引文的语句。

② 《易经》言：“天下文明”、“文在中也”、“文明以止，人文也”、“通其变，遂成天地之文”等等，这些地方的“文”字多可解释成天道外显之文采之意。至于这样的“天道”到底为宋儒的本体宇宙论之类型，或是汉儒的气化宇宙论之类型，此处姑且不论。

家学者理解的人文主义基本上继承宋代理学的精神而来，而宋代理学的“人文”又是源自对远古圣经的创造性转化。众所共知，理学的兴起一方面是抗议佛老垄断了心性形上学的领域，而又不能够提供“道与世间”正确而合理的关系；一方面也抗议佛老在世间法的领域上，并没有太大的贡献。理学家的人文主义，即是针对着他们认定的佛老的不足而发，他们透过“明体达用”“全体大用”的思维模式，联系了此界与彼界，形成了一个连续性的世界。① 文化世界因为有“体”的加持，它构成了有厚度的意义载体。

我们将庄子定位为一位关心基本存有论的人文主义者，这样的定位无疑颠覆了一种流行的非人文主义的庄子观，这种非人文主义的庄子观在当代的庄学研究中虽广为流行，但其源头很早，流程很长，此种庄子形象当创始于荀子。荀子对庄子的定评是“庄子蔽于天而不知人”，荀子这句话稍加改头换面，在后世儒者的著作中不断诸现。荀子是思想深刻的一代大儒，他对当时思想家的批判纵使不见得公平，但都有个理路。错误而深刻的理路比泛泛而论的正确消息要重要多了，本文对庄子的定位和荀子完全不一样，但很感谢他反而诡谲地提供了我们建构儒家—庄子汇通的平台。

荀子批判庄子之语所以值得留意，乃因天—人这组词语在他自己个人的著作中，也是组重要的术语。在《天论》此一名文中，荀子提出“明于天人之分”“唯君子为不求知天”此著名的命题。②《天论》很可能有特定的针砭对象，但此篇所提出的天人关系在他的著作中是非常一致的。荀子的“天”基本上是物性意义的自然天，它与人的世界不相干。人的世界是“人类”此种属所创造出的礼义世界，文化在此，价值在此。它与自然的意义不相干涉，自然对人的作用是它提供了基本的与料以供人类创造，这就是所谓的“天生人成”。③ 在“天生人成”此基本的原则规范下，凡天生者，不管是大自然的

---

① 关于理学的体用论思想，参见楠本正继，“全体大用の思想”，《日本中国学会报》，第4辑，1952年，76－96页。岛田虔次，《体用の歴史に寄せて》，《仏教史学论集——塚本博士颂寿记念》（京都：塚本博士颂寿记念会，1961年），416－430页。

② 天既然是物质意义的天，荀子的“不求知天”当然也不排斥当顺天之自然法则行事，这种功利性的天人合一与“不求知天”并不矛盾。

③ 荀子思想的基本原则为“天生人成”，参见牟宗三：《荀子大略》（台北：台湾学生书局，1982年），第213页。

物质（所谓天职）或人的自然本质（所谓天官、天情），都是有待转化以符合人的价值体系的。从荀子的眼光观察，庄子所关心的恰好是此义之外的非人文世界，所以说他“蔽于天而不知人”。

荀子常被视为人文主义的典型人物，他的人文主义正是和“天”切断关系的人文主义，[①] 圣人“不求知天”，他关心的是礼义之统的人伦世界。从荀子眼中看到的庄子似乎将意识的焦点集中到“天”上，反而和“人”切断了关系。然而，我们看到庄子的天具有二义，天人的关系也见有二义。首先，庄子的“天”之意义部分承袭当时的用法，泛指人以外的大自然。《逍遥游》篇所说：“天之苍苍，其正色耶？其远而无所至极者耶？”《天运》篇说：“天其运乎？地其处乎？”这些文句中的“天”，即是此物质意义之天。荀子的批判是否针对此点而发呢？

如果依荀子的理解去了解庄子的天人关系，那么，庄子应该对“天”有知识的兴趣，而忽略了人界的价值。在战国晚期，确实有股“前天文学”或“准天文学”的热潮，《天下》篇记载喜论天地事物的黄缭即为代表性人物之一，惠施、邹衍、屈原都探讨过天的论题，《列子》记载的杞人忧天的故事也曲折地反映了这股新兴知识的现象。回到庄子，我们在其书中也发现到《天运》等篇章蕴含了原始天文学的消息。荀子批判庄子，是否就是针对这股原始天文学的热潮而言，我们不易确定。但可以确定的是：如果针对这一点而发，庄子显然不需要太介意，因为这部分的知识在他的体系中，并没有占太大的地位。

但人与作为自然的天之关系是否即是知识论类型的，恐怕也不见得。我们观看庄子论天人的关系时，确实常将人放在这种宇宙性的“天”之意识下定位，由于庄子的主体是种气化主体，气化主体的存在样态是种“宇宙性”，[②]“宇宙性”也就是一种“天”的模态，因此，人的本质本来即是与天

---

① 先秦的“天”之涵义是多重的，冯友兰《中国哲学史》指出“天”有五义：物质之天、主宰之天、运命之天、自然之天、义理之天。依据其说，荀子的“天”自然不是主宰的，也不是义理的天，其主要的用法是“自然”的天。

② 身体具“宇宙性”，此用语借自汤浅泰雄，《身体の宇宙性》（东京：岩彼书店，1994）此书书名。此义并不难理解，海德格尔的“世界”，西田几多郎的“场所”，虽用语不同，内在的空间感之层次也不一定相同，但同具有超主客的价值之空间性之义。

同在，用庄子的语言讲，这就是“游乎天地之一气”。“气化”此主体透过气化的游荡，原则上，它以神秘而超自觉的方式融进了造化的运行，主体与自然一体难分。因此，我们如硬要依荀子的定义，称庄子“蔽于天而不知人”，在此背景下不是讲不通的。然而，气化主体下的“天”“人”之意义乃意味着本真的状态，日常意识不属于本真状态，日常意识状态下的气化主体是潜藏的，有待体现的，实际上没有气化可言，① 也没有天人同游的共构关系。既然被告只是同名而不同人，所以荀子即使真的从这种“人之宇宙性”观点批判庄子，庄子没有理由接受荀子的审判书。

由天人同构的气化关系是本真境界而非日常意识语汇，我们进入庄子的“天”之核心内涵，此即笔者认为庄子所用的“天”乃意指非人为的本初状态，所谓“无为为之之谓天”（《天地》篇）之意。庄子强调人的可自觉的意志或感官之机能为“人”，而超乎意志或感官之上的自动自发之机能为“天”。人的感性、智性如果能够完全由整体的生命机能贯穿，分殊性的意识融入整体性的意识，这就是“由人返天”的构造，也可以说是由人为进入“自然”的层次。庄子的技艺哲学之目标在“自然”，其关键即在转化人的感性－智性构造变成全身的直觉之感之运作，这是种非分殊性意识所及之行动，所以可谓之“天”，此“天”接近于“神”之意。在此一身心图式下的天人关系是连续性的，脱离整体运作的背景之理智与感性一旦因工夫熟化而融入“神”之状态，它就会再返回到整体的背景去，与之合一，也就是达到“天”的层次。庄子一直强调“圣人藏乎天”，要作“天之君子”，但他实质的想法乃是天人不相胜而相续。如果学者能让身心机能不分歧化，而是从整体中跃出且与整体配合，以工夫成熟境界证成原初之本真，这种本真、自然的行动即是“天”。②

比较庄、荀两人的天人思想，其特色马上可以对照而出。荀子批判庄子“蔽于天而不知人”，他这里所说的“天”“人”完全是依照自己的定义下的。在“天生人成”的思维模式影响下，“天”成了材质义，它有待“人”之转

---

① 笔者这里所说的“日常意识”借自 Henri Lefebvre 意指被消费社会体制构成的意识。海德格尔批判一般人日常的存在状态乃存在情绪里，其说略同。

② 毕来德：《庄子四讲》（北京：中华书局，2009），也有类似的主张，请参照。

化加工。荀子的“圣人”颇像一位伟大的工匠，工匠的创造是对材料的精致加工，大自然提供材质，圣人提供特殊的技术，两者合作，遂有人类的人文世界。相对之下，庄子自己认定的“天”乃是一种生命未分化的本真状态，“人”呈现的是现实的身心模态。“天”代表始源的完整，“人”则代表身心分化后的诸种功能。庄子的圣人是位伟大的艺术家，艺术家开始创造时，焦点意识与支持意识不相涉，意识主体与形气主体无法融合，人自人，天自天。等到工夫纯熟后，他全身皆是创造的主体，全身皆显为神气所流串的一体性。荀子之“不求知天”与庄子之“入于寥天一”，其说各有所当。至于荀子之批庄，其天人概念指涉不同，所以其天人关系可说是各说各话，荀子的理解与庄子本义并不相干。

回到庄子本怀，笔者认为他不是“蔽于天而不知人”，而是他对天人关系另有理解。天人关系恰好也是千年来儒学最关心的议题，儒学从唐中晚期的李翱开始，对“性命之学”即有狂热的追求。如果依据当代新儒家学者的解释，“性命之学”进一步的规定即是“天道性命相贯通”，这样的学问恰好与庄子的天人之学领域重叠。笔者认为：理学家在重构天人之学时，他们一方面很成功地打通了意识与超越界沟通的管道，从此，他们的人文精神渗透了造化的力道。依照理学家体用论的基本思维格局，他们应该证成文化世界的内涵即为“道之显者也”，但因为理学家道德形上学的要求太强，他们的深化同时也窄化了天人关系的幅度。笔者认为庄子因为缺少此方面的负担，所以我们一方面固然可以批评说：此缺席造成了庄子道德感的强度不足，同时也造成了他忽略既存的礼义结构与人格成长的有机关联，荀子在这方面即比他敏感，荀子对人的理解也比较能得到当代反先验的社会学家、人类学家甚至哲学家的支持。

然而，就荀子批庄的另一面而言，我们却看到了《庄子》书中具有同样深度的思想风光，荀子却忽略了。庄子看到现实的人文世界必然会有异化，它需要被解而化之；而人性的始源即具有新理日出的创造动能，它有更化自己及世界的能量。庄子的天人思想比起荀子来，较难得到当代人的共鸣，乃因整体的时代氛围与之不同调，庄子远远走在时代的前端。当庄子以形气主体取代意识主体，而且以一种共属性的气化主体（形气主体之深层向度）作为思想的核心时，我们看到一种新的天人关系形成了，一种气化的连续性之模式重新架构了天人的管道。庄子此一定位在自然哲学与在文化哲学上都产生了极深远的影响，我们要进一步落实他的“人文之源”的内容了。

四、人文之源与气化主体

笔者要重述上文已确定的两点：（一）庄子哲学的出发点是建立在对老子哲学的超越上，他做了主体的转化工作，将道论设立在气化主体而非唯心主体（绝对意识）的立场上；（二）人文精神的古义之一指的是道—文连续体在人的世界之展现，人文精神是“道”经由“人”的创造性体现出来，而不是“道”由“人”创造出来。笔者将进一步指出：站在当代思想氛围的立场，比起上世纪以前的学者，我们更有机会可以用“人文精神”一词定位庄子思想。笔者将庄子贴上“人文精神”此一标签，并非源于廉价的比较哲学之立场，而是认为在根源的意义上，也就是在基本存有论的视座上，庄子与人文精神的本质确实可以相互辉映。笔者这里使用的“基本存有论”明显地借自海德格尔《存有与时间》的用法，海德格尔将基本存有论建立在“此在”（Dasein）的基础上，依笔者的理解，它主要的特点有二，一是所有事物的本体论意义皆需在“此在的存在论分析”中理解，此在具有本质的优先性，万物的意义依此而建立。其次，“此在存有的显著特色乃是它本身可理解存有，此在自身的特色即在它是存有论的”。“此在”自生自证，既不共也不依他，它与其他的存有物不同质不同层。①

基本存有论牵涉到人与世界的根源性关系、语言与技艺问题，笔者认为这三个问题都是围绕着气化主体展开的。或者说：基本存有论是气化主体的问题，此种主体无可避免地会牵引人与自然的根源性关系之问题，至于语言与技艺则是气化主体展现的模式。笔者认为除了将“此在”换成“气化主体”外，此在作为基本存有论来源的两点理由，气化主体都具备。但庄子的“气化主体”仍预设一种体证道体之后的具体性之发展，此“体证”因素在海德格尔思想中较薄弱。牟宗三先生批判海德格尔的“此在”作为基本存有论的基础之资格堪疑，牟先生站在天道性命相贯通的立场自然会提出此疑。然而，施孟坚先生最近撰文，主张海德格尔早年也有实践哲学，其“此在”

① 上述观点参见英译本 Being and Time，pp. 32 – 34。

未尝没有工夫论的内涵，兹不细论。庄子在气化主体、语言与技艺这三个问题上都提出了符合人文精神的解释。①

就人与世界关系而言，我们当紧扣“人文”的一种古义：“人文之元，肇自太极。”“太极”一词出自《易经》与《庄子》，此词语通常作为本体宇宙论的语言来使用，在“道在屎溺”“枯槁有性”此泛道论的格局下，它构成了儒道的自然观的核心。众所共知，庄子有自然哲学，理学家也有自然哲学。在理学家的自然哲学中，我们看到天地被他们视为生生的创化体，大自然是互摄的整体。除此之外，太极还以因陀罗网模式的一多兼容，在整体的大自然且在个个分殊的自然物中完整呈现。理学家看待自然，总是会将它提升到“道之显者”此至高的地位。然而，在性命之学基本框架的牵制下，大自然所呈现的意义大抵是作为天道性命相贯通此大原则下的一个子项目，自然本身的复杂面貌并未开展。然而，在《庄子》书中，我们看到大自然呈现出一种更丰饶的面貌。

与自然产生关联的知识有多种，美学是其中的一种，庄子对中国美学的贡献之大，众所共知。然而，以“美学”一词定位庄子的影响，这种标签其实误导的作用大于引导的功能。我们现在回到“美学”的原意，它原来即带有感性之学的意思，换言之，如果摄所归能的话，“美学”的焦点应当放在主体一种特殊的与物交往的知识，而不是自然的物相具不具有“美”的属性。当美学从对象转到一种带有宇宙性的主体，笔者称之为气化主体时，“美”字已无法穷尽人与自然交涉的学问，笔者认为我们不妨将“美学”视为“感学”的一个次类型。②“感学”虽说是依照一种新的主体意义而设立，但它的范围主要在人与自然间的关系，感学的核心落在气化本身，庄子的美学贡献之核心其实落在超越能所关系之上的“感学”本身。

我们探讨人与自然的基源关系，所以要牵涉到“美学”的重新定义，乃

---

① 参见施益坚：《何谓“实践诠释学”？——从海德格尔早期的弗莱堡讲稿（1919—1923）说起》，此篇收入李明辉、邱黄海主编，《理解、诠释与儒家传统：比较观点》（台北：“中央研究院”中国文哲研究所，2010 年），第 33 – 52 页。

② 何乏笔先生也提过这个问题，他建议用“觉学”代替“美学”一词，但“觉学”的东方意识哲学内涵太强，此语多少令人联想到“证悟”之意，窃以为“感学”相比之下仍较差强人意。

因此学在今日华文世界大兴，而其领域恰与本文的关怀高度重叠。我们提出气化主体在基本存有论中的核心地位，又提出此主体超能所的特色，乃因庄子的思维很难用精神—自然或意识—世界—刀两切的本体论断裂方式思考之，“气化主体”的概念既预设与世同在，也预设形上—形下的连续性。勉强就方便法门地强分能所而论，我们发现庄子在客观面上特别注重道的创化的能量，此能量以气化的形式不断生起。事实上，就创生动能而论，《庄子》与《易经》是中国文化传统中谈得最彻底的两部典籍。但关键不仅在此，更在庄子很强调在始源的创化机制中，世界即有原生的理蕴乎其中，《天下》篇所谓“其理不蜕”，《知北游》所谓“原天地之美而达万物之理”，《养生主》所谓“依乎天理”所说皆是。这些“理”都比经验性的理之层次高，庄子的理不是认识论的概念，而是感学形上学的概念，它属于“道”的分化。借用老子“道生之，德畜之”的语式，我们不妨说：“道生之，理成之”，理不但是道的分化，它还是道在杂多的世界最初的根源秩序。我们不宜忘掉：庄子是最早强调“理”的重要性的哲人，世界本身即有可理解的意义结构，这样的存有论之肯定最早出自《庄子》，理学家后来所作者，大体即缘此一思路而来。

由于世界本身即为有意义形式的构造，而在气化主体的共构存在之运作下，人与自然之间即会呈现一种原初的和谐关系。主体与外物之原初关系，不是认识，不是利用，甚至也不是美感的欣赏，而是一种气感的流通。在此气感的流通中，一种尚未明文化的“理”已酝酿其中，海德格尔说：诠释的首要任务在传来消息，气化主体感物的第一步不是明镜应物，而是在主客未分的共属状态中的一种机感，此时身体得到未明文化的讯息。始源的心物关系乃是一种气化共感的、原生美感的，在感中酝酿了文的形式，也可以说彰显了最始源的人文精神。《庄子》与《乐记》所以将音乐此人文之大宗逆推到天地之氤氲流化，我们不难理解。

如果世界本身即有原生的秩序，它有伦有序有理有类，而且此伦序理类与人的气感是共生的，那么，庄子提供的这种世界图像正是儒家形上学最盼望的类型。此原初的世界图像一旦落实到现实的人文世界来，我们有理由相信：庄子对伦理价值也不是否定的。诚然，我们可在《庄子》一书中较偏冷的章节中，读到庄子对伦理教化的嘲讽之言。但我们也不宜忘了“子之爱父，不可解于心，君臣大义无所逃于天地之间”的名言。庄子这段名言出之于

《人间世》篇，在此篇中，庄子一再言及人间政治事务之险恶，也劝导学者如何在此乱世中，保身全性，安然度过。然而，正是在此篇中，庄子劝导学者：父子君臣之间无法用利益计量，万一不可免，也只能承担了，这就是“知其不可奈何而安之若命”的真谛。《人间世》篇这些话无人怀疑出自庄子之口，其语也不是不了义。以此为准，庄子对君臣、父子这两伦的判断与一般的儒生的判断并没有出入，① 他的伦理观似宜重看。②

人际伦理学的问题点到为止，因为庄子在此领域发挥的力道不够，庄子对后世人文精神的影响主要也不在此面向。③ 底下，我们还是转到基本存有论与其表现的问题。

五、人文之源：语言与技艺

如果气化主体乃与世同在，气与物游，而且在主体—世界的连续体之构造中即有未分化的秩序存焉。从人文价值的角度衡量，此即原始的混沌状态中孕育了“文”的潜能。但“文”要由潜能变为能量、由无名的文变为人文，这需要一种彰显的过程。但彰显不仅是直接性的由潜藏转为实现，而是在彰显中有原生的诠释，彰显不是直接拷贝潜藏的原本，而是在彰显中即有非意识化的定位作用。气化主体感物而兴不会止于此无名、无别的同体状态，它需要破裂而出，并将此原始的经验转化到人文的世界来。此际，“语言”居间扮演了转化的枢纽。笔者这里使用的彰显、诠释、语言这类语词，明显地

---

① 黄宗羲提供了一种对照的观点，他在《明夷待访录》的《原君》此篇名文中说道：“小儒规规焉，以君臣之义无所逃于天地之间。”依据其说，庄子不但没有毁坏世间的伦理价值，他的观点反而接近墨守世俗礼法的俗儒了。这一推论当然更极端了，不可取。但庄子此语在后世相当流行，所以黄宗羲的批判也许不见得针对庄子，而是另有现实世界的指涉，无暇细考，兹不赘论。

② 庄子的深情是许多庄学名家都注意到的，从明末到当代，不断有人重复提出这种观点。一位深情的哲人会反僵化的伦理体制，这是可以理解的，《庄子》书中不乏这类的叙述。但一位深情的哲人会反对情感本身的情之秩序，这是很难想象的。牟宗三先生认为道家并不反伦理教化，它从事的乃是“作用的保存”，亦即庄子并不提出伦理学的命题，他只关心 how，如何使真正的人伦价值不异化地展现出来。“作用的保存”大致就是政治人物所谓的“可作不可说”，很可能这就是庄子的立场。

③ 晚明觉浪道盛、方以智师徒很强调庄子的忠孝概念，笔者认为这是时运使然，其理论效果没那么有说服力。

带有当代诠释学的气味，事实确也如此，笔者认为在当代诠释学提供的“诠释”“语言”“彰显”之概念，对我们了解庄子思想起了很好的指引作用。如果比起前代学者来，我们在今日反省庄子的语言思想，真有后出转精之处的话，那大概就是我们生在语言哲学成熟的21世纪此后出时代的优势了。因为经过所谓“语言的转化”以后，我们思考人文科学的立足点完全不一样了。

语言是人类诸机能中最神秘的一种，在神话思维中，语言与存在几乎同义，语言不仅指义对象，它就是对象本身。《旧约·创世纪》说：太初有道（语言），道（语言）与上帝同在。《创世纪》的叙述来自久远的神话传统，语言之根源深矣，远矣。然而，神话的语言智能在史上并没有得到充分的正视，自从哲学突破的时代以来，人们对语言的理解基本上越来越抽象化，语言的魔咒力量日益减弱，而逻格斯的控制力道越来越强。直接经验的丰富性被牺牲掉了，它只剩下没有血肉的骷髅。① 在西方，“工具说”或“约定说”始终相当流行。根据这种理论，语言是约定俗成的，词是客观物可以相映的符号，透过了语言的中介作用，人可以清明地认识世界，以祈改善世界。上述这种观点预设了镜子的隐喻，人心像明镜，它可客观地表象外在事物，这种透明的主体是知识论导向的认知主体，它在西方社会有个极顽强的传统。②这种镜子隐喻的知识论导向的主体在东方也不陌生，荀子就可视为此说的代表。在台湾曾一度十分流行的逻辑实证论，也可视为哲学界中语言抽象化的巅峰之作。

然而，西方世界从Herder、Humboldt以下，彼邦学者对语言的本质另有思考，其规模已远远走出“语言约定俗成”或“语言工具说”的藩篱。基本上，“人是语言的动物”或“人类的语言性”是许多不同学派的共识。语言就是人性，语言就是存有，不是人说语言，而是语言透过人自己说。类此之言，乍看怪异，而今触目可见，学子已不感新鲜。目前哲学界有关“语言”本质的讨论文章汗牛充栋，笔者无能妄赞一辞；国内的相关引介也多，笔者

① 参见卡西勒（Cassirer，Ernst）著，于晓等译，《语言与神话》（北京：三联书店，1988年），第102—115页。

② 参见理查·罗蒂（Richard Rorty）著，李幼蒸译，《哲学和自然之镜》（北京：三联书店，1987年）。

同样也只能三缄其口。但放在本文的立场下考虑，笔者认为当代语言哲学中，至少有两义是特别值得注意的：首先，是语言与精神的关系；其次是语言与彰显（创造）实在的关系。笔者认为在这两点上，庄子迥异于东方大部分思想家的独特视野，两千年来他踽踽独行，反而在近世欧洲找到了同行者。时序进入21世纪以后，他的思想更有资格引发广泛的回响，事实上引发的共鸣之声也已不少。由后视昔，我们不能不赞叹庄子的语言思想远远超出他当时同代学者的水平。

人的语言性或“语言构成世界的存有论基础”诸义在今日已大显，但其源头至少可追溯到18世纪的洪堡特。洪堡特（Humboldt Wilhelm，Freiherr von）的《论人类语言结构的差异及其对人类精神发展的影响》在语言学说史占有极重要的地位，卡西勒（Cassirer，Ernst）说：洪堡特的作品在语言思想中“不只是一个显著的进展而已，它在语言学史中标出了一个新时代”。① 洪堡特对语言的革命性见解，乃在它从“内在语言形式”的观点界定语言，语言不是静态的，不是既成的规则，不是约定俗成的公共工具，语言是精神作用的具体化活动。用洪堡特自己的话语说：“语言不仅只伴随着精神的发展，而是完全占取了精神的位置。语言产生自人类本性的深底，所以，在任何情况下我们都不应把语言看作一种严格意义的产品，或把它看作各民族人民所造就的作品。语言具有一种能为我们觉察到，但本质上难以索解的独立性，就此看来，语言不是活动的产物，而是精神不由自主的流射，不是各民族的产品，而是各民族由于其内在的命运而获得的一份馈赠。”② 洪堡特此书可谓天才之作，理论内涵既新，语言材料又丰富。从他开始，接受语言和精神间、个人语言和民族精神间是相互体现的论述日益增多，③ 引文的文句已很扼要地指出了这样的关联。

看过洪堡特的话语，我们不妨参看庄子《寓言》篇怎么论卮言：“卮言日出，和以天倪，因以曼衍，所以穷年。不言则齐，齐与言不齐，言与齐不齐

---

① 卡西勒（Cassirer，Ernst）著，刘述先译，《论人——人类文化哲学导引》（台中：东海大学出版社，1959年），138页。

② 洪堡特（Humboldt Wilhelm，Freiherr von）著，姚水平译，《论人类语言结构的差异及其对人类精神发展的影响》（北京：商务印书馆，1997年），第20页。

③ 新洪堡特学派的Sapire、Wolf等人可为代表。

也。故曰无言。言无言，终身言，未尝言；终身不言，未尝不言。”上述这段论语言的文字在《齐物论》篇中又重新出现了，只是它的主词变成了道。述词全同，主词有别，笔者认为最好的解释乃是语言即道，道即语言。我们如果反思“道”的语义，发现此字除了“道路”一义外，原本即有言说之义。如此说来，道与言同体生起，这样的连结似乎符合“原始语言”的意义了。

透过洪堡特“内在语言形式”以至海德格尔“存有之安宅”之对照，我们不得不很严肃地擦亮眼睛，反思为什么庄子在《天下》篇论及自己的学术时，那么重视语言的问题，从“以谬悠之说，荒唐之言，无端崖之辞”开始，迤逦至“以卮言为曼衍，以重言为真，以寓言为广”，再至“芒乎昧乎，未之尽者”，这些看似缥缈的状词皆指向了语言活动。庄子论其他各家诸子，都没花这么多的篇幅讨论语言，除了名家，基本上可以说连提都不提；即使名家，庄子所重者，仍是在其哲学命题，而不是语言本身。在《天下》篇这么珍贵的书写空间局限下，庄子为什么花了一半以上的篇幅去描述自己思想中的语言问题?①

笔者认为：庄子的卮言，无疑就是一种精神体现者的语言，我们不妨称之为“道言”。“卮”是道的象征，它以旋转的形态，不断地从深层涌现。从它以“不化”带动“无尽之化”，从无尽深渊明朗化隐晦的讯息而言，庄子和洪堡特看到了同样的精神活动之现象。但在语言精神一体化的活动中，洪堡特看到个人语言和民族精神之间的一体难分，民族精神透过个体语言显示出来，个体语言则因集体精神而得以沟通。庄子没谈到民族语言的问题，他恐怕连民族的意识都没有。他对语言的民族精神之共通性着墨较少，但他触及了语言作为存有安宅的面向。

庄子的语言（卮言）具有本体论上的优越位置，这是从言—道的连结结构即可推衍出来的。我们不妨再回想“应化解物”的另一层意义，亦即它在语言层上的作用。应化者，语言作为“化声”也，它如天籁之生起。“解物”也者，语言体现物，尽之于物，而物随化流，所以语言也要随化而解。王夫之注“道物之极，言默不足以载”曰：“道不可尽，尽之于物。故于道则默，

① 这是闻一多提的问题，参见闻一多，《古典新义》，收入朱自清等编，《闻一多全集》（台北：里仁书局，2000 年），第 2 册，第 283 页。

于物则言……随其言而成，乃谓之随成，随成而无不吻合。”① 在卮言随大化而起的运动中，道不可见，唯物可论。物不自现，因言而显。从意义的存有论观点考虑，语言就是诠释的精神，无物不因语言而彰显。我们如果不从一神论的上帝从无创造万物，或从原始材料（如水、土）创造万物的观点考虑，而是从万物的本体论意义由隐而显考量，那么，语言可视为既是诠释者也是创造者。

然而，语言彰显万物，万物有名之后，言一物的连体逻辑结构即有自己的行程。卮言伴随精神活动而来，脱离创造的母体之后，它很容易体制化，言语（parole）变为语言（language），语言拟像化为俨然的主体。语言的活化与僵化、创造性与体制性的张力由此展开。但就庄子的观点而论，语言终究当在活动中自行衍生意义，不主故常。卮言之作为存有之安宅，其宅终究非静态之安稳者，而是变化之力场。

本文要提及庄子与人文精神之关系之第三点，乃从技艺入手。技艺在《庄子》书中的地位诡异，一方面我们看到庄子发出“毁绝钩绳，而弃规矩，攦工倕之指”（《胠箧》）这样的呼声；一方面我们看到许多类似运动特技的特写镜头画面在他的著作中不断出现，在《养生主》及《达生》两篇中，这样的特写镜头出现得尤为密集。这两种立场相去天壤，我们因此不得不赞同刘笑敢指出《庄子》一书不同作者的洞见。② 关于技艺价值的两歧现象该如何解释，我们在下一节将另有说明。本节从正面立论，笔者认为庄子对技艺有相当独特的见解，它将技艺提升到人的存在意义之层面。

《庄子》一书中，我们看到特别多的劳动者与技艺的故事，这些劳动者中有解牛的庖丁、有制轮的轮扁、有为鐻的梓庆、有承蜩的丈人、有射箭的伯昏无人、有冶陶的工倕、有操舟的津人、有驾马的东野稷（虽然他不是最理想的驾者），这些技艺卓绝的人物大体可分成两组，一组是器物的制造者，一组是器物或动物的使用者。庄子举的例子不少，但可想见的，没举到的劳动故事还有很多。庄子本身是漆园吏，他对劳作一点都不陌生。由于这些匠人出身低微，与他们对话的国君反而多不得道，所以李约瑟以下，许多学者都

① 王夫之，《庄子解》（台北：里仁书局，1984 年），卷 25，第 237 页。

② 刘笑敢：《庄子哲学及其演变》（北京：中国社会科学出版社，1988 年）。

相信庄子在此作了阶级意识的批判。笔者相信庄子表彰贫贱者的用心是有的，但笔者更相信庄子所以列出这些故事，主要是想借以指出：我们的环境是由器物环绕而成的，我们的生活则是由这些制器、用器的活动组成的世界。

在中国的经典诠释传统中，“器”一向不是重要的哲学概念，一直到晚明，才有“天下惟器而已”的命题。① 而“器物”与人文世界的紧密关联，我们恐怕要到了20世纪因海德格尔论物的“徼向性”（in-*order*-to）结构与布什亚的“物”之象征内涵，我们才比较清楚地了解新器物的创造不只是带来生活的福祉，也不只是在外在的世界影响了主体，更重要的，它使得我们与世界的关系产生了深刻的变化。透过了现代的视野，我们返回看《庄子》与《易经》，我们不能不承认：《庄子》与《易经》的复杂思想体系中，至少有器物哲学的内涵。物是主体从绝对的同一性分化后，人与世界产生关联的重要步骤。虽然某些动物（如猩猩）也有制造器物的能力，但就器物所代表的意义而言，只有人类才是使用器物的动物，因为器物对我们而言不仅是生存工具的作用，它还有文化意义的问题。器物一旦出现了，它就成了一个中介的文化网脉，它使得主体与环境可以合构意义迭密的人文世界。

庄子有器物哲学，但比较起朱子的格物，或方以智、王夫之对物的理解，我们发现庄子事实上没有赋予器物完整的意义，或者说：没有如海德格尔那般赋予物“主体”的地位。庄子论制器用器，制物用物，他都是强调具体的人文活动不能脱离这些器物而存在。但庄子所着重者乃在透过器物而展现人文价值，“透过”的重点在于气化主体之游心于物，它与物形成共游互渗的关联，而不是种表象的关系。一种成功的制器或用器行为需要全身参与，其运作的主体肯定是气化主体，而不是只依意识主体的焦点意识去运作。此之谓“以神遇而不以目视”，“官知止而神欲行”。

从气化主体的提出，到理想语言的日生日化且随物而成，再到气化主体凝聚技艺且因器物而完成生活的意义。我们看到庄子的人文精神主要都是依循着气化主体的轴心步步落实的，主体即“脱自”（ecstasy），依“脱自”而日生日化以成自体。但它的“脱自”不只是主体的向外射放，而是有“与物

① 此词语出自王夫之注解，《系辞上·第12章》，《周易外传》，《船山全书》（长沙：岳麓书社，1996年），卷5，第1026页。

共化共游”的辩证历程。至于这样的人文精神之内涵是否足够，这是另个层面的议题了。

六、同一、解构与创化

如前所述，庄子的思想建立在基源的存有论基础上，语言有身体性（形气主体性），技艺有身体性（形气主体性）；而身体主体（形气主体）乃是道在人间的孔窍，道只能透过这个孔窍才可以在世间展开它的行程。身体本身就是一个庄子喜欢运用的喻根——陶钧，它有个神秘的中心轴，依秘教天人同根的图式，此中心轴即是作为宇宙轴的太极。宇宙轴不但有定位世界秩序的作用，它还会带动世界变化不已的旋转，庄子说：结合了外化与内不化，意义即从无法定点化的中心不断涌现出。此说如成立，庄子思想乃是为穷究人文世界而立，因为只有座落在形气主体此陶钧之基础上，人文世界才可巩固。脱离了气化主体的运作，中轴虚转，语言呓喃，技艺落空，最后终无人文可言。语言与技艺破碎处，一切法不成。

人文之源的假说如果成立的话，我们马上面临一个庄子诠释学的障碍：《庄子》一书中对构成人文世界的主要内涵，如道德、技艺、语言，常抱着批判的态度。庄子的批判是一条鞭，他从人的感性、智性之起源处开始，一连串的批判顺河而下。他首先指出这种感性—智性主体会因语言与反省意识的活动而造成自身不断的分化。语言分化以后，它会顺着自性繁殖的轨道，不断再分化下去，所以最好“言无言”。智性主体因其向外活动的性格会发展出技艺的活动，但技艺活动一旦发展下去了以后，它会有自己发展的轨道，如此会造成人的主体有了机心，“纯白不备”，所以最好像汉阴丈人一样，不要使用机械。至于构成儒家人文精神的核心之伦理道德，庄子的揶揄是很著名的，盗亦有道，诗礼发冢，若此之言，不时可见。他宣称：“仁义者，先王之蘧庐，可以一宿，不可久住”，此段话语更可视为对人文制度根本的批判。他反语言、技艺、伦理的态度这么明显，因此，后世读庄者只要一张目，很难不看到带着嵇康、李卓吾形象的哲人闪烁于其书之间。

我们彰扬庄子的人文精神的同时，不能对同样明显的不利的文字视若无睹。笔者同意论者如果提出这样的质疑，他的质疑是有合法性的。然而，如果我们仔细观察《庄子》书中这些批判人文价值的言论，稍加归纳，不难发现他们来自两个不同的来源，笔者称呼第一种来源为同一哲学的模式，另一个是解构哲学的模式。同一哲学意指“与道同一”的哲学主张，这种主张在东方世界特别流行，许多哲学流派都有类似的想法，其名称虽然有出入，或言永恒哲学（Perennial Philosophy），或言冥契主义（mysticism），但同样强调人的本质与世界的本质是相同的，而且“与世界的本质同一”具有最高的价值。持此说的学者不仅出于理论的兴趣，他们同时在工夫论上也显现了回向天人同一的体证境界之倾向。在《庄子》诠释史上持这种同一说的诠释者多半来自佛道两教的高僧高道，或者一部分受到佛老影响但具有浓厚理学天道性命说倾向的儒者。如果要点名的话，笔者认为成玄英的《庄子疏》、憨山的《庄子内篇注》以及陆西星的《南华真经副墨》可为代表。成玄英、憨山和陆西星都是所谓的高道或高僧，他们娴熟方外之学的性命之说，他们本身极可能也经历过与道同一的冥契体验。以过来人身份诠释读者不易进入的性命秘苑，他们的诠释会有很强的效应，这是可以预期的。

这种从同一哲学的角度进入以诠释庄子本地风光者，是否有说服力呢？笔者认为他们在解释文本上有部分的合理性。我们看《庄子》书中，尤其《内七篇》中，确实有不少非常彻底的悟道风光之语句。我们看下列诸句：“天地与我并生，万物与我为一”（《齐物论》）、“以其心得其常心”（《德充符》）、“离形去知，同于大通”（《大宗师》）这些语言如果不从无限心的角度解释，其论点总是别扭。笔者曾比较郭象与成玄英对这些语句的解释，怎么看，郭象的注解都怪，很难想象能将庄子“无言独化”思想发挥得如此淋漓尽致的思想家，他注解性命论的语句时，其解释竟完全走样。相对的，成玄英的解释都很地道。郭象的注偏离了庄子原文，成玄英的疏又偏离了郭象注，结果反反以显正。就论及性天相通的修炼语言而言，成玄英此高道更能充分了解庄子的向上一机。①

然而，了解庄子的性命思想，不一定了解庄子更重要的关怀。我们如果只从同一哲学的角度诠释庄子，那么，庄子思想和老子将不会有什么两样。事实上，我们上文所提到的这几位高僧高道，他们真的是将庄子当成老子的

① 拙作，《注庄的另一个故事——郭象与成玄英的论述》，郑志明主编，《道教文化的精华》（嘉义：南华大学宗教文化研究中心，2000年），第297—335页。

注释者，成玄英所谓：“申道德之深根，述重玄之妙旨。”① 好像庄子之于老子，就像孟子之于孔子，或保罗之于耶稣，他们都是教下的哲人。但我们不会忘掉《天下篇》的警示：老庄分列，各成一宗，庄子不是不曾体验内圣外王之道所出的“太一”，但他的使命正是要经历老子，而又走出老子。庄子是老子的修正者而不是追随者，庄子从来没有“道家”的意识，他没听过“道家”之名，也没有立下“乃所愿则学老子”的弘誓，他是心与天游、独往独来的哲人。

庄子既有同一哲学的思想，而又能赋予人文活动本体论的基础，笔者觉得一点都不冲突，而且完整的庄子正是需要两者兼具。就同一哲学与人文精神两种向度而言，笔者认为庄子人文精神之特色并不是在于他反对同一哲学，而是在于他走出同一哲学并消化同一哲学。同一哲学发展到巅峰，大致都会发展出类似冥契主义的体证哲学，冥契主义的第一义可以说是“主客为一，万物一体”。当主客同一时，学者不能有反思的活动，在则不思，思则不在。从意识活动、语言到制器尚物，这一连串的活动都会将人带出那玄冥的层次，所以都需化掉。《内七篇》以浑沌之死——死于代表理智活动的倏忽之凿窍活动——作结，具有极浓厚的象征意义，庄子显然对意识的分化发展有很高的戒心。

但有戒心是一回事，体证者该不该或能不能常居在孤立的未分化境界又是一回事。任何体道者都很难长期处在证悟的当下经验，但建立在冥契经验上的思想通常都会因沉溺于此特殊法悦的同一经验，而忘掉气化的跃出精神之意义。在理学家文献中，大师（如王阳明）劝告学者不可因耽溺静坐之寂静之乐，因而忘掉伦理的责任，这种记载是很多的。即使佛教出世法特重，但类似的规劝之言也不时可以听到，可见同一思维具有特殊的吸引力，所以才需要被特别标记红圈。但在各种克服绝对意识之同一性倾向方面，庄子的立足点特显险峻，气化的跃出精神是庄子最基本的关怀，他不是老子，不想“澹然独与神明居”。

至于造成庄子反人文精神的第二种来源，笔者假借当代诠释庄子者常用的一个语汇，称之为解构主义的论点。“解构主义”是当代的一个重要思潮，

① 引自郭庆藩：《庄子集释》（台北：河洛图书出版社，1974年），第6页。

笔者假借其名，主要意指它“瓦解既存结构”的语义。同一哲学可视为超人文的思想，解构主义论述可视为反人文的思想。由于《庄子》文本中反礼乐、反体制、反语言的文献极多，我们先前多少也触及此一现象，故在此不予细论。对于《庄子》文本中这些解构精神的文献，笔者不会视若无睹，而且还会认为这些文字有极重要的作用。先别说在中国长期的超稳定之社会结构中，庄子的解构精神起了多大的消炎解毒剂的功能。如果少掉了庄子的因素，我们很难想象处在乱世或政治浊世中的传统知识分子会少掉多大的精神支持力量。何况，我们从一些真正的大儒身上，也可看到他们对现存的体制通常也有极深的反感，他们同样也会发出现实层面意义的批判力道，他们和庄子不同者，乃在其批判的层次不一样。所以如就反现实存在状态的解构精神而论，庄子和儒家不但没有矛盾，两者事实上有可能形成互补的作用。①

庄子的解构精神和人文精神所以不会相互抵触，还有更深的理由。简单地说，构成创化性来源的因素和异化的因素是同体的，形成人文精神的因素也有可能是反人文精神的障碍物，而作为人文之源的创化精神很容易和精神发展定型以后的异化意识产生冲突。学者必需要借着解构，以利化源新生。庄子对于人的精神之容易撕裂主客、全面异化，有极深刻的理解。庄子对“人心险于山川”之认知在其著作中不时可见，《齐物论》与《人间世》诸篇更可视为存在主义式作品的样板。但庄子超出于一般的存在主义哲学家者，在于他看出：结构与异化是连体婴，秩序与压迫是连体婴，意识、语言、器具都有两面性，他们一方面是人文之源，但也容易沦为异化之源。人类的文明始于“始制有名”，以后历史必然会带来社会的意识形态化。而文明所以必然会带来意识形态的异化，乃因人性随着语言—精神的外展，它自然会撕裂浑全，而引来“有左有右、有伦有义”等的二元对立之状态。② 简言之，凡我们在精神初发之处所看到的人文精神跃动之真机，只要一落入分化—结构的阶段，它就会变为危机。

① “儒道互补说”是目前学界很流行的论述，本文无意涉及此说内涵。笔者在此只是强调：就转化现实的批判精神考量，儒庄具有相似的关怀，可以互补。

② 关于语言、意义、结构、权力、异化的复杂关系，参见叶维廉先生《言无言：道家知识论》及《意义组织与权力架构》两文的解说。两文收入《历史、传译与美学》（台北：东大图书公司，1988 年），第 115—154、209—250 页。

庄子对“结构”有强烈的不信任感。他看待人与社会结构的关系，不会认为人是在社会结构中成长，也是在社会结构中结构自己的人格的。在他看来，结构就是对逍遥的一种限制，所以我们看到庄子对结构面的批判不遗余力。然而，当庄子对结构面提出批判时，他并没有退回到未分化的意识状态，庄子浑沌说的另一个故事给我们很大的启示。在这个有名的汉阴丈人与子贡的对话中，我们知道汉阴丈人代表一种彻底在其自体的浑沌精神，孔子对子贡表示此种浑沌精神只知其一，不知其二，亦即它只是抽象的在其自体之完整意识，无法处理真正的人间生活，汉阴丈人的修行仍不到家。结合《应帝王》篇与《天地》篇两个浑沌故事，我们发现庄子想要跟我们讲的真理：为避免精神的异化，它需要一面创化，一面解构，两者缺一不可。

在现行的《庄子》文本内，我们发现一组邪恶的三胞胎，创化的庄子与同一性的庄子及解构的庄子同时存在，表面上看来，亦即人文、超人文、反人文三者连袂而至，《庄子》一书的性质所以会引发长期的诠释学之争议，主要的原因即在于《庄子》文本本身的暧昧性。然而，我们有很强的理由主张：庄子人文精神的特殊，在于它的人文延展到超人文领域，并且需要反世俗人文的活动以便开展出它的人文向度。所谓的人文—超人文—反人文正是它的三位一体，矛盾非矛盾，它是精神辩证的发展。

七、第三期的人文庄子说

“人文精神的庄子”并不是一种新说，如果我们放在庄子诠释史的脉络下考虑，这种“人文庄子”的诠释声音始终不断，魏晋、晚明是其中的两个高峰，我们现在对庄子所作的解释可视为第三期的人文庄子说。如果庄子道家说是庄子学的主流的话，那么，庄子人文说当是庄子学最主要的支流，如果我们把此种诠释途径视为连绵1800年的庄学修正运动也未尝不可。

庄子人文说的第一波高峰在魏晋时期，郭象《庄子注》为此说代表作。魏晋是文人个性解放的时代，但也是名教规范最严的年代，自然与名教的关系成了此时期主要的思想课题，此期的庄子人文说即是放在“自然—名教”的论题下展开的次类型论述。如果不就社会的影响，而是单就理论的圆融而论，“自然名教一致说”显然更符合先秦儒家及某部分的道家思想的论点，就当时的论述考察，它的理论内涵也较深刻。然而，郭象的庄子注观点与当日门阀体制的意识形态太接近，他的“适性说”几乎等于要求所有人安居于其阶级位置的命定说。郭象这类型的玄学家虽然善谈名理，但在德行操守上并没有太多值得赞美之处。他们对工夫论的问题通常也没有善解，郭象会通孔庄的诚意令人怀疑，其理论效果也要打折扣。当代儒者熊十力、钱穆所以常以名士为戒，良有以也。

郭象《庄子注》所提“自然名教一致说”虽然可视为第一期人文精神庄子修正运动的代表作，但此种理论只有在境界的形式上有些沟通的效果，实质上的效用相当有限，而且恐怕名声还不太佳。庄子和儒家的密切关系只有放在理学的脉络下，才可以清楚地对照出来。第二阶段的庄子人文精神修正运动几乎伴随理学的诞生而起，但此运动在宋元时期若现若隐，面貌不清。直到17世纪的明末清初，庄子人文精神修正运动才达到第二次的高峰。推动此波运动的人物乃是理学家或理学化的高僧，方以智与王夫之为此波运动的代表人物。此波运动可以说与理学并兴，当理学从汉唐儒学的格局中走出，正式接受佛老心性一形上命题的挑战后，庄子始终是理学家隐藏的一支友军。理学家所以和庄子结盟是有理路可寻的，因为两者同样重视气化的能动性与真实性，在缘起性空的对照背景下，中国儒道在形上学方面的差异被淡化了，其共同性则加强了。然而，直到明末，方以智、王夫之等人因为要克服以王学后学及禅学为代表的唯心哲学的偏差，有意援庄入儒，才赫然发现两者原本为一家，至少是血缘相近的同族。

关于理学的演变与庄子的接受史，其细节非本文所能详论，但笔者想指出一个极有意思的平行现象，此即明末庄学流行，同一时期，同样接受庄子的一些大儒者几乎同时反对三教中的心学体系，而且共同强调一种建立在《易经》基础上的体用论的哲学。其中，像王夫之这般卫道意识极强的哲人，他可以说是最典型的儒家文化传统主义者，但他注解《庄子》，其热情与精到似乎犹胜过他的《周易内外传》。庄子从老子入，而最后却抛弃了内省的大母神模式；同样的，王夫之、方以智同从王学或禅学出发，后来纷纷叛离了“心学”的立场。明末的庄子和明末的理学可以说惺惺相惜，命运相同，这样的平行现象恐怕不是偶然的，笔者认为庄、儒的结缘是本质性的。在明末的思想转型之关键期中，《庄子》比起儒家其他的经典，它提供了更多的理论资源。对长期卡在意识哲学领域的明末儒者而言，“重新发现庄子运动”所带来的信息太强烈了。庄儒的结盟与其说是庄子需要儒家，不如说是儒家需要庄子，更不如说是两者相互需要。庄子的人文精神修正运动至此由量变而质变，庄子思想的本质已经需要重新定位了。可惜，方、王之后，儒家潮流没有顺着他们的轨道发展下去。

17 世纪中叶的庄学修正运动著作具有极强的说服力，它不但是庄子学的思想高峰，即使放在整体理学史的视野下考虑，它的意义也是一样的重大。方以智、王夫之之后，庄子诠释史上恐怕再也找不到可以与之比埒的著作。方、王注庄新义时出，鞭辟入里，直欲掀千古公案。然而两人的著作都不容易读，其精金粹玉般的理论很容易被注释体的艰涩文字掩盖过去，《药地炮庄》的文字更类似需要读者苦参的禅门公案。然而，经过时光之流反复冲刷，终究会刷去表层的迷障，显现出他们的光彩的。我们看到方、王一方面消极地为庄子破坏伦常礼乐辩护；另一方面两人更积极地从精神的发展着眼，指出天均之学一种动态的全体大用之学。双管齐下，建构起沟通庄儒的平台。透过他们的眼睛，我们发现了一位会持作用的保存伦理价值的哲人；一位会在世界的本源上体现生生不息的力量，而且居间发现了原生的理则的哲人；一位对作为生活世界最需要的技艺有极深刻体认、对中国美学精神有最深远影响的哲人；有了这种不同的新视野，我们无论如何不宜再用解构的标签强加在他的身上，反而当将他视为人文精神最根源的展现者。

我们现在该处在庄子人文精神修正运动的第三波了，至今为止，笔者不认为在开发庄子思想上，整体而论，近代学者有超越方以智与王夫之的成就太多之处。因为大部分的人的理解都没有站在这两位巨人的肩膀上，他们看到的庄学风光自然没有方、王两人的全面与深入。然而，就个别的领域而论，如在美学、文学批评甚至部分的比较哲学领域，这个时代的诠释也有后出转精之处，到底现代性的一些学科如人类学、神话学、语言学等等，可以提供我们以往学者没有注意到的盲点。截长补短，我们未尝不可在第二波修正运动的基础上，将庄子更精准地带返到一种创发性的、原初秩序的、心与物化的源头上去，这是个尚未结构化的场所，却是人文精神展现的源头，也是庄儒共享的场域。我们需要洗刷眼镜，仔细分辨这个源头的性质，误释或忽视都会带来难以衡量的灾难。笔者不认为人文的源头即等于人文的全景,① 但此源头至少是原汁原味，还没受到体制的异化宰制。庄子是最早也最完整揭开这幕风景的哲人——不管我们要不要称呼他为儒者。

16.《庄子》身体观的三维辩证：符号解构、技艺融入、气化交换

赖锡三

“国立”中正大学中文系

摘要：本文探讨《庄子》身体观全幅面貌。笔者发现《庄子》一书主要从三个面向展现其对身体的洞察：一是从礼教身体的批判观点入手，呈现出符号解构的精神；另一从工匠身体的观照角度入手，呈现出技艺融入的精神；其三则由真人身体的超越面向入手，呈现气化交换的精神。文中进一步分析这三个面向间的辩证关系，最后将《庄子》身体观的圆融姿态，界定在符号身体与气化身体的统合无碍。

关键词：庄子；身体；礼教；语言；权力；解构；技艺；气

一、老庄整全之身的原型来源：神话的流动变形身体

《庄子》深受神话思维启迪，善于透过寓言想象而带人超脱滞固僵化的惯习，以激发新鲜的思维活力，令身心遨游于自由境地。如《逍遥游》开篇立宗，眼前摊展的不是人间画面、非正典言论，而是荒诞的鱼鸟变形与浩瀚的宇宙景观：冥海与天池遥遥对映、南北空间远游翻转，一幕幕水击三千、扶摇九万、翼若垂云、野马尘埃等恢宏景观浑然一气。神话情节、诗性想象激发了人们追求辽阔天池的飞翔渴望，带出读者能动参与的快感来源。《庄子》

① 如人文精神很难不正视人类此一种属特有的“传统”与“社会”因素，但庄子对“传统”与“社会”殊少正眼以观。

确实善用文字魔力创造故事情境，重新调动压抑在北冥深处的潜藏动能，也是借书写疏通欲望（libido）的事实。然而，《庄子》大不同于神话、远超越神话之处，在于想象、虚构的书写背后，处处闪耀真实不虚的哲学睿智、反思之光。上古神话阶段在情感、互渗思维下，初民身心对整个自然宇宙充沛着跨类感应、神秘互渗，但这些身体经验通常带着无意识成分；因此神话想象除了有高度的野性活力之外，其身心状态也被强大的潜意识力量和自然力量所交缠、推动而捆束其中。换言之，他们无法深观觉察这股身体内处和自然深处的力量关系，因此野性的想象活力带有盲动性，不具有真正的自由可言，它无法将反思的清明智光带入力量秘窟，所以不免显得充斥过多的鬼魅神力。

若以卡西勒（Ernst Cassiser，1874—1945）的“情感思维”、布留尔（Lucien Levy- Bruhl，1857—1939）的“神秘互渗”和伊利亚德（Mircea Eliade，1907—1986）的“仪式实践”等面向整合来看，远古神话处境中人（巫）常透过具体的舞乐仪式，让人舞动身体成为陟神或降神的连通管道，由此沟通神/人并带出神圣讯息或意义。① 神话世界中的身体感处于“存有连续”（Continuity of being）的一体感通之宇宙连络网，此时人的自我从来没有隔绝于存有整体之外，人比较突出的不在主体的客观认知，而在于身体的交感共振。②

海德格尔（Martin Heidegger，1889—1976）曾批判西方近代主客二元对

---

① 本文为“国科会计画”（99 - 2410 - H - 194 - 114 - MY3）部分研究成果，特为致谢；并感谢两位审查意见。作者信箱为：chllhs@ ccu. edu. tw1。例如商代的巫仪活动，据张光直研究便属于这种原始神话宗教的系统，而巫师不管是在陟神或降神的状态，其身体皆处于舞动状态。关于商巫的神话与仪式研究，参见张光直，《中国青铜时代》（台北：联经出版事业公司，1994 年），第 2 集，第 41 - 80 页。

② 张光直在探讨商代神巫通天地鬼神的萨满仪式时，特别强调其世界观属于杜维明所谓“存有的连续”，而对比于西方神人二元的断裂性文明，参见张光直的《考古学专题六讲》（台北：稻香出版社，1993 年），第 1—24 页。杜维明指出：“瓦石、草木、鸟兽、生民和鬼神这一序列的存有形态的关系如何，这是本体学上的重大课题。中国哲学的基调之一，是把无生物、植物、动物、人类和灵魂通通视为在宇宙巨流中息息相关乃至相互交融的实体。这种可以用奔流不息的长江大河来譬喻的‘存有连续’的本体观，和以‘上帝创造万物’的信仰，把‘存有界’割裂为神凡二分的形而上学绝然不同。”杜维明，《试谈中国哲学中的三个基调》，《中国哲学史研究》，1（北京：1981 年），第 19—20 页。

立的认识论模式，遗忘了一个更基础的存有世界，而这个前主客的生活世界乃将所有存在物都共同卷入“在世存有”（Being-in-the-world）的状态中；神话世界就处于这种前主客的基础存有中，并且所有生命都共在一体连续的亲密状态中，人的身体和自然之间因力量连续、网络交织，因此当万物涌现力量相撞击时，必兴发人的身体知觉而连带产生跨界感受。这样的身体体验所建基的世界观，与科学大相径庭：

> 当科学思维想要描述和说明实在时，它一定要使用它的一般方法——分类和系统化的方法。生命被划分为各个独立的领域，他们彼此是清楚地相区别的。在植物、动物、人的领域之间的界限，在种、科、属之间的区别，都是十分重要不能消除的。但是原始人却对这一切都置之不顾。他们的生命是综合的，不是分析的。生命没有被划分为类和亚类；它被看成是一个不中断的连续整体，容不得任何泾渭分明的区别。各不同领域间的界限并不是不可逾越的栅栏，而是流动不定的。在不同的生命领域之间绝没有特别的差异。没有什么东西具有一种限定不变的静止形态：由于一种突如其来的变形，一切事物都可以转化为一切事物。如果神话世界有什么典型特点和突出特性的话，如果它有什么支配它的法则的话，那就是这种变形的法则。①

这种尚未大规模人文化成、礼乐规范前的巫术神话处境，② 有一极引人注目的特色便是身体的显题化甚至夸大化。上述卡西勒所谓变形法则，就直接呈现在原始身体的流动、变形、跨界的风貌，身体在互渗关系中充满力量的盈满，因此看来生机有活力，甚至因力量过于洋溢而使其扩张、变形，结果万物之间因力量交换融合，产生不同物类的身体迭合、重组等荒诞形象。这

① 卡西勒（Ernst Cassiser）着，甘阳译，《人论》（台北：桂冠图书股份有限公司，1994 年），第 121 页。

② 例如王国维就以“礼制”的有无，区分商代和周代的主要不同；而徐复观则将周代视为中国人文精神跃动的第一道曙光，以对比于商代的巫术神权，而原来的宗教仪式也逐渐转为人文矩度的礼。王国维，《观堂集林》（台北：河洛图书，1975 年），卷 10，《殷周制度论》。徐复观，《中国人性论史·先秦篇》（台北：台湾商务印书馆，1988 年），《周初宗教中人文精神的跃动》，第 15－35 页。

种看似非常荒诞的身体现象，却带有力量狂欢的特质。① 对此，我们只要看看上古岩画的身体姿态，第一个强烈感受便是引发流动畅通的身体舞动感；还有上古神话遗绪的《山海经》，亦会看到荒诞的身体形象，其展现的身体世界，不管是神界、人界还是动植物界，身体的外貌几乎都是多重物类的跨域迭合。② 这种充满力量扩充、身形交换的身体意义，到底存在着什么信息？反映什么意义？身处上古神话处境中的初民，大都只是活在那样的身体感中，却对其存有状态缺乏意识的明晰洞察，没能力反思其中的哲学意义。

作为上古神话时代的德智之巫，③ 其德智特质在于耳听、目见、口传一类的出神体验，他和老聃、庄周仍然有重大的差别，这个差异暂时可称为哲学性的反思和洞察。原古巫者和老庄智者的差别，还不在于流动身体和力量互渗的体验，而是对这些经验的理解和诠释是否能被提升为自觉的反省，由此

---

① 巴赫金（Mikhail Mikhail-ovich Bakhtin）曾注意到狂欢节对身体规范的颠覆与欢怡的舒解，正是源自远古神话的荒诞身体意象与活力的再变形：“怪诞这个术语，首先是在文艺复兴时期出现的，但最初仅取其狭义。15 世纪末，在罗马发掘狄图公共浴室的地下部分时，发现了一种前所未见的罗马时期的绘画装饰图案。这种装饰图案，意大利语称为‘Lagrottesca’，出自意大利语‘grotta’一词，即岩洞、地下之义。……新发现的这种罗马装饰图案以其植物、动物和人的形体的奇异、荒诞和自由的组合变化而使当时的人们震惊，这些形体相互转化，仿佛相互产生似的。没有一般图画世界里把这些“自然王国”分隔开的那些明显的、因循的界限。在这里，在这怪诞风格中，这些界限都被大胆打破了。对现实的描绘中也没有习见的静止感，运动不再是现成的、稳定的，世界上植物和动物的现成形式的运动，变成了存在本身的内在运动，这种运动表现存在的永远非现成性中一种形式向另一种形式的转化。在这种装饰图案的组合变化中，可以感觉到艺术想象力的异常自由和轻灵，而这种自由使人感觉到是一种快活的、几近嬉笑的随心所欲。”巴赫金著，李兆林、夏忠宪译，《拉伯雷研究》（山东：河北教育出版社，1998 年），第 38 页。

② 《山海经》有关动物、神、人之身体形象，几乎都是合体形象，不然就是非常态的变形，随手各举一例：如《南山经》：“有鱼焉，其状如牛，陵居，蛇尾有翼，其羽在魼下，其音如留牛，其名曰鯥，冬死而夏生，食之无肿疾。”《西山经》：“玉山，是西王母所居也。西王母其状如人，豹尾虎齿而善啸，蓬发戴胜，是司天之厉及五残。”《海外南经》：“欢头国在其南，其为人，人面有翼，鸟喙，方捕鱼。”袁珂，《山海经校注》（台北：里仁书局，1982 年），第 4 页、50 页、189 页。

③ “古者民神不杂。民之精爽不携贰者，而又能齐肃衷正，其智能上下比义，其圣能光远宣朗，其明能光照之，其聪能听彻之，如是则明神降之，在男曰觋，在女曰巫。”左丘明，《国语》（台北：里仁书局，1981 年），《楚语》下，《观射父论绝地天通》，第 559 页；张光直先生认为：“巫是当时最重要的知识分子，能知天知地，是智者也是圣者。”张光直，《中国青铜时代》，第 45 页。

透显出一股清明的心智之光。换言之，神话太狂迷于身体力量的交缠，不及对这些来自身体和自然间的力量互渗，进行体验的再观照。因此，我们看到《庄子》一书，一方面相契于变形神话对流动身体的力与美之企慕，另一方面我们却也看到庄周对古巫毫不留情的批判。①

《庄子》身处的时代和上古初民已有极大差别，在于自然素朴的退位、人文繁华的膨胀。远古那种人人和万物自然而无意识就处在交感互渗的身心状态已渐渐消退隐没。以《老子》的话说，"大制不割"的浑朴已破，"始制有名"的时代接续开启，而名言礼制下的身体已不再是欲望素朴、平淡天真的简单、充实状态，人心受语言引导而渐趋机巧破碎，导致身体知觉的浑整也走向破裂与纷驰、矛盾与纠结，正如《老子》第十二章所描述的离乱现象："五色令人目盲，五音令人耳聋，五味令人口爽，驰骋畋猎令人心发狂。"（本文《老子》章句皆引自王弼等注《老子四种》，其余不再标明出处）于是渴望反转从自然无为走向人文有为的裂解徼向，想要尽量回归略带原始意味的田园牧歌式生活："甘其食，美其服，安其居，乐其俗"（八十章）、"见素抱朴，少私寡欲"（十九章）。②

这里我们看到《老子》对文明与人心的堕落与救赎，是可以透过"身体"这一向度的辩证来重新描绘：原始野性身体的活力互渗→名言礼制身体的破裂纷驰→自然无为身体的简单浑朴。

《老子》这个回归自然身体的无为道路：在个人的逆返工夫上表现为："载营魄抱一，能无离乎！专气致柔，能婴儿乎！涤除玄览，能无疵乎！"（十

① 例如《应帝王》中智者壶子对神巫季咸的戏玩，季咸落入生死之期的预见迷思中，未能觉悟生死一体、死生一贯的智慧。换言之，巫者和道家智者面对生死的困境，有相当重要的差别。而关键之一，在于庄周了然身体与气化间的永恒交换关系，因此不以个己的身体命限为囿。见郭庆藩辑，《庄子集释》（台北：华正书局，1985），第297－306页。《人间世》对巫术祭祀的禁忌之物充斥着他者暴力，而庄子则给予无用之用的解放："故解之以牛之白颡者与豚之亢鼻者，与人有痔病者不可以适河。此皆巫祝以知之矣，所以为不祥也。此乃神人之所以为大祥也。"郭庆藩辑，《庄子集释》，《人间世》，第177页。

② 《老子》这种身体自然的田园生活情调，虽略带原始味道，但更契近于陶渊明的田园牧歌式生活，参见拙文，《桃花源记·并诗的神话、心理学诠释——陶渊明的道家式"乐园"新探》，《中国文哲研究集刊》，32（台北：2008年），第1－40页。

章)；在政治的作为上则希望小国寡民、无为而治地回到“圣人之治，虚其心，实其腹；弱其志，强其骨。常使民无知无欲”。（三章）由上观之，可将《老子》复归自然的思维，视为回归身体的运动，而复归的身体乃是身心未分二元、物我未分主客之前的总体。这种从人文有为到自然无为、从外在纷驰到内外一如、从破碎繁华到整全朴素等等回归，《老子》便以身体这个总体场域的收复为象征，所以提出对治之道的总纲目也在于身体：“是以圣人为腹不为目，故去彼取此。”（十二章）“为腹”便是素朴浑圆的身体复全，而“为目”便是心随物转的外驰不返，故工夫重点在于不落入感官外驰（去彼）、而在于回归整全的身心一如（取此）。

身体整全的失落，随之掉入身心分裂、官窍外驰的状态，《庄子》则以“浑沌凿七窍而死”这一神话寓言，隐喻地指出原本身心“浑沌”一体的“守中”状态，如今因视听食息的七窍分立、偏逐各好，从此往而不返，落入不得安宁的支离破碎：“南海之帝为倏，北海之帝为忽，中央之帝为浑沌。倏与忽时相与遇于浑沌之地，浑沌待之甚善。倏与忽谋报浑沌之德，曰：‘人皆有七窍以视听食息，此独无有，尝试凿之。’日凿一窍，七日而浑沌死。”①换言之，浑沌原先浑朴之善的失去与死亡，换来七窍分立、耳聪目明的结果，其叙事也隐含着从整全到裂解的“身体”故事。老、庄身处礼教繁复又崩坏的即繁华即荒芜处境，《天下》篇也透过“身体”四分五裂的隐喻来描述：“天下大乱，圣贤不明，道德不一，天下多得一察焉以自好。譬如耳目口鼻，皆有所明，不能相通。犹百家众技也，皆有所长，时有所用。虽然，不该不偏，一曲之士也。判天地之美，析万物之理，察古人之全，寡能备于天地之美，称神明之容。是故内圣外王之道，闇而不明，郁而不发，天下之人各为其所欲焉以自为方。悲夫，百家往而不反，必不合矣！后世之学者，不幸不见天地之纯，古人之大体，道术将为天下裂。”②

一也、通也、全也，天地之美、神明之容，都是形容原初自然无为状态，人的身心一如、物我合一的浑然整体风貌，而文明走至春秋战国的百家繁华，其实反倒掉入一偏一曲、析判浑圆的裂解处境。可见，《庄子》感慨与忧心的

① 郭庆藩辑，《庄子集释》，《应帝王》，第309页。

② 同前引，《天下》，第1069页。

现象："后世之学者，不幸不见天地之纯，古人之大体，道术将为天下裂。"其实也是一个关于天地之纯、身体之大，且天地与人身一体共在的浑圆，从此千百分裂的故事。① 老、庄身处春秋战国乱世，已远离初民的原始素朴，自然渐被文明所渗透取代；而人的社会文化情境愈复杂，思考身心处境与复活治疗之道，也就需要更自觉而复杂的辩证思维，那不再可能是一条简单地倒回原始神话之路。《庄子》对人的拯救之道，和上述《老子》一样，可以从身体的复全来加以考察。本文就从身体的三个维度：符号规训、技艺融入、气化交换，这三面向的辩证关系，来分析《庄子》一书所展示的身体经验和身体反思。底下，便从符号的身体、技艺的身体、气化的身体这三个面向，来诠释《庄子》的复全之道。

二、符号身体的规训与支离：礼教之身与名言交缠的洞察

《逍遥游》透过神话式的大想象，带人远超藩篱，自由上达于适怡境地。然自由之鸟翱翔天池毕竟寓言，隐喻要传达的其实是"至人无己，神人无功，圣人无名"的"无待"精神，而要被"无"去的"己、功、名"三者，正是使人有依待而又反控人的身心桎梏。故事中所安排的蜩与学鸠（二虫）正好喻指依待于己、功、名的俗凡之人，他们以外在社会价值追求为自我实现："故夫知效一官，行比一乡，德合一君，而征一国者，其自视也亦若此矣。"②《庄子》认为这种社会象征价值的满足，其实和二虫自视一般，落入小见。而如何真正辨别存在意义的"小大之辩"，如何从有待（小）转向无待（大），

① 上述有关《老子》《庄子》对浑沌破裂的身体叙事模式，其实也是源自浑沌开天辟地神话的变形，而浑沌开辟神话的过程，透过盘古身体的整全分裂为万物来叙事："天地浑沌如鸡子，盘古生其中。万八千岁，天地开辟，阳清为天，阴浊为地。盘古在其中，一日九变，神于天，圣于地，天日高一丈，地日厚一丈，盘古日长一丈，如此万八千岁，天数极高，地数极高，盘古极长，后乃有三皇。"《艺文类聚》卷1引徐整，《三五历纪》。转引自袁珂，《古神话选释》（台北：长安出版社，1986），第1页；"首生盘古，垂死化身。气成风云，声为雷霆，左眼为日，右眼为月，四肢五体为四极五岳，血液为江河，筋脉为地里，肌肉为田土，发髭为星辰，皮毛为草木，齿骨为金石，精髓为珠玉，汗流为雨泽，身之诸虫，因风所感，化为黎甿。"《绎史》卷1引《五运历年记》。转引自袁珂，《古神话选释》，第8页。

② 郭庆藩辑，《庄子集释》，《逍遥游》，第52页。

正是能否逍遥于“无穷”的关键。抹去桎梏、转俗成真之前的凡俗处境，常人的主体自我的认同或构成状态（己），其实是由社会价值（功）和语言符号（名）所层累交织而成。一般人的自我实现之认同（己），就建立在达到社会符号（名）所标榜的价值成就感（功），因此上述“知效一官，行比一乡，德合一君，而征一国”的功成名就之人，他的自我和认同的实现感会比较坚固。然而，从另一方面来说，他们受重重功名利禄的樊笼捆绑也就特别强。换言之，“名”一方面造就了自我实体感（己）与实现感（功）；另一方面也编织了天罗地网的藩篱，让人不再容易轻灵、自由。①

由此可见，逍遥于无穷无待之境，不可能透过神话一类的想象凭空达到，若逍遥是严肃而可落实的真实境界，那么其中必然有一番解脱束缚的工夫在。工夫所要解离的桎梏对象，便会是人在现实处境中（己、功、名交缠为一）的身心模态。如此一来，《逍遥游》的“无待”便要连结《人间世》的“有待”。连结意义在于：一则人必须正视生活世界中的实存处境，才可能真正觉察而脱其樊笼；再则人必须有能力在生活世界的一切处得自由，才有可能将逍遥圆境给予落实。“人间世”这个概念正好反映老庄不同于初民的现实处境：就普遍意义说，人间世指涉的是人类文明凭借语言所发展出来的复杂符号网络，亦即《老子》所谓“始制有名”的符号建制；具体来说，也就指涉着老庄身处周代礼乐文化的等级建制。对《庄子》来说，周代礼制社会既是春秋战国时人的历史命运，也是身为人类就必然无所逃于“关系”的命运。换言之，“人间世”反映出人的“伦理”本质：

> 天下有大戒二：其一，命也；其一，义也子之爱亲命也，不可解于心；臣之事君，义也，无适而非君也。无所逃于天地之闲，是之谓大戒。是以夫事亲者，不择地而安之，孝之至也；夫事其君者，不择事而安之，忠之盛也。自事其心者，哀乐不易施乎前，知其不可奈何而安之若命，德之至也。②

① 关于《逍遥游》己、功、名三者的权力分析和批判，参见拙文，《罗兰巴特与庄子的旦暮相遇——语言、权力、游戏、欢怡》，发表于台湾“中央大学”法文系主办《汉法文化对话》国际学术研讨会，桃园：2010年10月8日。

② 郭庆藩辑，《庄子集释》，《人间世》，第155页。

一方面,《庄子》庄严而戒慎地了解到人必是“伦理”的关系性存在,不管是血缘伦理、还是社会伦理,他们都是人文社会必然要遭遇的网络。换言之,人不会存在于一个没有关系、没有名言的抽象天地里,而是身处有名位、有份际的人文伦序中。另一方面,《庄子》也洞察这些无所逃的义、命之“伦理”关系,并非那么想当然尔地来自先验而拥有不变的本质;事实上,他们的具体呈现方式和内容,是透过层层文化符号而形塑出不同的行为模态。《庄子》或许会赞成子之爱亲有其自然之情(命),但子之爱亲的表现形式却被不同时空的社会框架所决定,甚至还可能因为文化形塑的反控而遮蔽了自然情性(所以要“戒”);① 同理,人和人之间必然也会延伸权利义务的责任伦理,但权利义务的表现方式却因时因地而各有差异的外部规定。面对忠君爱国与上孝下悌的“义”“命”实践,《庄子》要我们在无所逃的实践脉络中“戒(慎)”以对。《人间世》这个“大戒”,自然让我们联想到《养生主》庖丁解牛的“怵然为戒”:“每至于族,吾见其难为,怵然为戒,视为止,行为迟。动刀甚微,謋然已解,如土委地。”②

所以“谓之大戒”“怵然为戒”,反映出这些看似理所当然的义命实践中,骨子里可能挟带牢宠的死亡阴影。显然《庄子》对伦理关系必然建立在名言规定、符号制约这一文化事实,有相当深刻的洞察和警惕。所以整篇《人间世》都在谈论:当人无所回避于权力、义务、责任等伦理关系的支配与侵袭时,人应该如何可能从框架中批判之、解离之,然后找出一种自由的参赞方式,所谓“入游其樊而无感其名”的庖丁解牛之道。

上述分析点出了“人间世”既是自我实现(己)与价值成就(功)的舞台,同时也可能是反控演员的“樊”,这个樊笼正是由“名”所构筑而成,而人的所爱、所欲、所求、所避,大抵不离名言符号的规制与驱迫。每一文化的规训系统,虽然彼此差异但一样复杂,其天罗地网的交织景况,可用《养生主》牛体内部的错综复杂结构来隐喻,而人的难便在于如何在规制重重

① 如《老子》三十八章说:“夫礼者,忠信之薄而乱之首。”应该理解为:不是完全否定或反对人本有的自然纯朴的质美情性,道家要提醒我们的在于,一旦在社会规定的表现形式(礼)过于僵化而独断之时,反而遮蔽了自然情性。

② 郭庆藩辑,《庄子集释》,《养生主》,第 119 页。

的限囿和压抑中得出“游刃有余”的自由美感。而文惠君闻此庖丁解牛寓言所得出的养生主旨，正是因为人一生既无所逃于伦理关系的角色扮演，却又将大部分身心活力耗损在动辄得咎的冲突网络中相刃相靡。这些复杂的人际网络，时常让人深陷矛盾冲突、天人交战，庖丁透过解牛仪式而为文惠君示现出在牢宠中找到空隙的自由通道：“依乎天理，批大郤，导大窾，因其固然。技经肯綮之未尝，而况大軱乎……彼节者有闲，而刀刃者无厚，以无厚入有闲，恢恢乎其于游刃必有余地矣。”①

上述所示现的有待与无待、牢笼与自由的辩证，实可透过“身体”这个具体场所来重新描述。牛体樊笼、人间之网，透过名言符号而愈分愈细地规定了生活世界中的繁文缛节，这从《周礼》《仪礼》《礼记》便可看出周代礼乐文化建制的庞大系统，举凡人之出生、成年（冠礼）、婚姻（昏礼）、死亡（丧礼）、生活进退（容礼）、公共事务，皆有严肃井然的仪式规定在架构着人的行为容止。② 孔子心中的理想，周文之美一方面借礼序来安排林林总总的小大事宜，让人人在措手足而不逾矩中得和谐：“礼之用，和为贵。先王之道斯为美，小大由之。”③ 另一方面礼文更条理了人一生的生死大事：“生，事之以礼；死，葬之以礼，祭之以礼。”④ 对于周文这种“优优大哉！礼仪三百，威仪三千”⑤ 所表现出的形式繁茂与身容威仪，孔子更衷心向往：“（周监于二代）郁郁乎文哉，吾从周！”⑥

一套文化符号系统（始制有名）、一朝典章制度（周文礼制）对人的自我认同之形塑，不会只停在意识层面，成功的文化认同策略必然透过礼仪一类的具体实践，将符号系统所承载的价值形态内化到无意识的身体里去。也就是让文化认同成为身体自发机制，或者说让身体内部自然产生自我管控，

---

① 同前引。

② 参见林素娟，《空间、身体与礼教规训——探讨秦汉之际的妇女礼仪教育》（台北：学生书局，2007 年）。

③ 朱熹，《四书章句集注》（台北：大安出版社，1999 年），《论语集注·学而第一》，第 67 页。

④ 朱熹，《论语集注·为政第二》，第 72 页。

⑤ 朱熹，《中庸章句》，第 47 页。

⑥ 朱熹，《论语集注·八佾第三》，第 87 页。

不断将自身调整成社会眼光所认同的标准框架。[①] 而文明建制愈复杂、规范愈多，同时就代表语言符号的正名愈分化、愈细致，同时人的身体表现模态也就愈严整谨饬，所谓“非礼勿视，非礼勿听，非礼勿言，非礼勿动”，[②] 视听言动的身体活动一方面有了规矩，一方面得其安顿。春秋时代的身体礼仪规训所内化出的姿态，成为当时士大夫对身体美学的品鉴标准，即所谓“威仪观”；[③] 然而从《庄子》文化批判的眼光看去，这十足带有规训和制约的机械化嫌疑，因此《田子方》嘲讽当时周文国中的君子威仪身体实被定格在框架中：“‘中国之民，明乎礼义而陋乎知人心。’昔之见我者，进退一成规，一成矩，从容一若龙，一若虎，其谏我也似子，其道我也似父，是以叹也。”[④]

“明乎礼义”，当只是熟悉礼文的规矩框架，并非孔夫子所谓“礼之本”的坚持与疏通；[⑤] “陋知人心”则是指人被放入一套文化建制而熏陶其身心习性，却从未深究这些后天积习内化的意识形态之来源本质。《庄子》对人间世这一文化符号的礼文处境的考察，其中之一便是透过符号身体的批判解放来进行。就此而言，儒家和《庄子》采取了相当不同的观看立场。

规矩的身体呈现身体的稳定性、庄重性、秩序性，以成就身份的象征，或者精神认同身份而体现在身体上的文化象征。“君子不重则不威，学则不固。”“重”应有对身体“约之以礼”的庄重稳当、进退有据的格局，由此呈现出身体气象的凝敛威仪。不逾矩的身体，或者规矩内化成若龙若虎般的身体气象，是儒家礼教、正名所要落实之处，身体在此成为人文礼序的铭刻和

---

① 对于社会文化的认知系统如何内化成规训的身体，傅科（Michel Foucault，1926—1984）将其表述得十分精详、难以隐遁。傅科著，刘北成、杨远婴译，《规训与惩罚：监狱的诞生》（台北：桂冠图书股份有限公司，1993 年）。

② 朱熹，《论语集注·颜渊第六》，第 182 页。

③ 关于先秦威仪观的身体论内涵，可参杨儒宾，《儒家身体观》（台北：台湾“中央研究院中国文哲研究所”筹备处，1990），第 15－21 页。另参见杨儒宾编，《中国古代思想中的气论与身体观》导论，（台北：巨流图书公司，1993 年），第 3－59 页。

④ 郭庆藩辑，《庄子集释·田子方》，第 705 页。

⑤ 孔子亦对礼之本的遗忘，深有感慨：“礼云礼云，玉帛云乎哉？乐云乐云，钟鼓云乎哉？”；所以当林放能对“礼之本”有所提问，孔子便欣悦地赞叹：“大哉问！”并强调：“人而不仁，如礼何？人而不仁，如乐何？”朱熹，《论语集注·八佾第三》《论语集注·颜渊第六》，第 82、250 页。

体现。因此，当儒家体认到人必是社会的存有，人与人之间进退有据的秩序形式，就必然会铭刻在身体内、体现出从容和谐的风貌。就连最强调“礼之本”的孔夫子，对一身“学礼”“知礼”“执礼”“克己复礼”而“不逾矩”是毫不含糊的，例如《乡党篇》记载孔子身行：“君召使摈，色勃如也，足躩如也。揖所与立，左右手。衣前后，襜如也。趋进，翼如也。宾退，必复命曰：‘宾不顾矣。’”“入公门，鞠躬如也，如不容。立不中门，行不履阈。过位，色勃如也，足躩如也，其言似不足者。摄齐升堂，鞠躬如也，屏气似不息者。出，降一等，逞颜色，怡怡如也。没阶趋，翼如也。复其位，踧踖如也。”“执圭，鞠躬如也，如不胜。上如揖，下如授。勃如战色，足蹜蹜，如有循。享礼，有容色。私觌，愉愉如也。”、“升车，必正立执绥，车中，不内顾，不疾言，不亲指。”① 或许只有在燕居闲暇之私生活处境，才会有“申申如也，夭夭如也”的闲适姿态，才容得身体调适柔软；② 一旦涉及公共领域的角色扮演、关系分定，这一切就几乎都在行礼如仪的整饬状态，尤其涉及君臣公门活动，更是进退不得逾矩。换言之，公共领域涉及角色扮演的台前问题，一旦上了舞台便得恰如其分地朗现角色的精神，儒家承继周文并认为应该将礼教身份视为人的自我构成和认同所在，礼文不只是外在空洞的虚文框架，而是人性自觉并内化锻练出来的身体格局和风度。③

《荀子》完全强调礼教对身体规训的必要和价值，依照贵贱等级秩序原理，他要透过各式各样名实相符的正名过程，来安立礼教的名分秩序，由此人的恶劣本能（天官与天情）可以得到管理和分定，而社会阶层的礼义法度才得以井然有序：“贵贱不明，同异不别；如是，则志必有不喻之患，而事必

---

① 朱熹：《论语集注》（乡党篇）第3、4、5、16则，第158—166页。

② 朱熹：《论语集注》，引杨时曰：“申申，其容舒也。夭夭，其色愉也。”又引程子曰：“此弟子善形容圣人处也，为申申字说不尽，故更着夭夭字。今人燕居之时，不怠惰放肆，必太严厉。严厉时着此四字不得，怠惰放肆时亦着此四字不得，惟圣人便自有中和之气。”朱熹，《论语集注·述而第七》，第126页。可见当孔夫子离开公门之角色扮演之前台，回到看似私领域的后台之生活世界，虽然其身体姿态已有闲适味道，但并非怠惰放肆，依然有其“不逾矩”的风范。

③ 参考杜维明，《人性与自我修养》（台北：联经出版事业公司，1992），《作为人性化过程的“礼”》，第21－48页；另参考杜维明，《身体与体知》，《当代》，35（台北：1989年），第46－52页。

有困废之祸。故智者为之分别制名以指实，上以明贵贱，下以辨同异。贵贱明，同异别，如是则志无不喻之事，事无困废之祸，此所为有名也。”①

《荀子》不反对礼文是后天人伪所生产出来的教养，但它所以必要正因为要对治人的自然情性之恶，所谓“化性起伪”：“人之性恶，其善者伪也。今人之性，生而有好利焉，顺是，故争夺生而辞让亡焉；生而有疾恶焉，顺是，故残贼生而忠信亡焉；生而有耳目之欲，有好声色焉，顺是，故淫乱生而礼义文理亡焉。然则从人之性，顺人之情，必出于争夺，合于犯分乱理，而归于暴。故必将有师法之化，礼义之道，然后出于辞让，合于文理，而归于治。”② 对《荀子》而言，人性内涵纯在“生之谓性”脉络下的食色本能而已，而身体官能所决定的人之情性只是一股力量乱流和秘窟，顺其自然发展将走向禽兽般的争夺残贼，不可能从中生出礼义法度的人文理序。而后天人文的礼义法度除了要去规范身体的合理矩度外，更是要驯服身体那股盲动的力量。而最好的管理、驯服之道，是透过语言符号的名实相符之正名，以及正名所具体落实的礼义文理之制度，一步步将身体带向人伪的身体、君子的身体，同时也是美善的身体，以远离那未被驯服之自然的身体、小人的身体、丑恶的身体：“化师法，积文学，道礼义者为君子，纵性情，安恣睢，而违礼义者为小人。”③ 由此可见，《荀子》衡量善恶的价值尺度在于“秩序”与否，而透过名定实辨的礼教文理则调教出君子美善之身。④

相对地，《庄子》批判礼教规训随之而来的破裂、压抑、反控等阴影成分。对比儒家所示现的君子、礼教、规矩身体，在《庄子》一书刚好看到针锋相对的身体样貌，舞台上到处出现的反而是闲散的身体、丑陋的身体、残

---

① 王先谦撰，《荀子集解》（北京：中华书局，1996 年），《正名篇》，第 415 页。

② 同前引，《性恶篇》，第 434—435 页。

③ 王先谦撰，《荀子集解》，《性恶篇》，第 435 页。

④ 社会学家高夫曼（Erving Goffman，1922 - 1982）曾从戏剧模型的角度来观察，提出“日常生活中的自我表演”观点，换言之，社会公共化的身体多少都有“台前”表演性质，更深刻的是成熟的台前身体活动，常常不被表演者自觉，因为身体已将社会信念内化到身体记忆中，使身体的技术纯熟到近乎拟似自由的状态。高夫曼著，徐江敏、李姚军译，《日常生活中的自我表演》（台北：桂冠图书股份有限公司，2001）。荀子这种天生人成、性伪之分架构下的礼教身体，正是为了将身体在社会名分关系的台前扮演脉络中调教到最稳定状态。

缺的身体，甚至支离怪异的荒诞身体，这些体态在儒家身体观的威仪典范视域下，多少都具有非正典、不合礼、边缘性等负面特征。以《庄子》一组吊诡概念说，这些丑恶身体对比礼教之身所呈现的“有用”性，丑恶而非礼的身体便呈现出“无用”性。这种无用性、坏规矩的身体通常带给礼教中人不适不快感，当我们在集体社群中熟悉并认同礼教规矩下的身体形象，集体认同便成为一个地方文化系统下的典范常规、时潮美感，这时突然遇见《庄子》描绘的真人之“貌相声色”，确实容易让人产生怪异突兀感。例如《达生》篇曾记载一件孔、老相遇的身体公案：“孔子见老聃，老聃新沐，方将被发而干，慹然似非人。孔子便而待之，少焉见，曰：‘丘也眩与，其信然与？向者先生形体掘若槁木，似遗物离人而立于独也。’老聃曰：‘吾游于物之初。’”①

“被发而干”“慹然非人”，这都是不合于礼教身体所带出的唐突不适感。所谓不合礼教规矩，并非因为这是老聃私下燕居的闲适状态，事实上，老聃身体样态是呈现在“接见孔子”这个带有台前的公共脉络下。然而老聃的身体样貌并不只是浅层而表面地不合礼数，而是由内而发地示现“解离”的奇异姿态。说它奇异是因为对孔子言，这种身体形象让礼教中人感到陌生怪异，而“形体掘若槁木，似遗物离人而立于独也”。这一礼教眼光下的质疑，其所看到的反社会规格之“形体”描述（槁木、遗物、离人、立独），正好呈现出老庄笔下的真人身体具有解离符号化、暂停社会性的反规格，或者说，在反社会固定规格中重塑道家非规格化的本真自然特征。只是这种本真、自然的身体形象和气氛，从惯常于礼教格局之身体感的孔夫子而言，不免受到撞击而有困惑。

“形体槁木”“遗物离人”是“超然”的姿态，而“立独”“游初”意味着从社会的关系网络中暂时游离出来，并在当下敞开其身体而与世界万物呈现一体冥合的共感状态。“独”者“一”也，因此“立独”便是“见独”，亦即“天地与我并生，而万物与我为一”，也便是“乘天地之正，御六气之辩”的逍遥无待之游。这种“游乎天地一气”的身体气象，不会是社会角色扮演、文化象征系统下的符码身体，甚至只有在相当程度解离、疏通了这些符号网络的框架和堵塞后，才能再度呈现出“难以定义”的气化交换之身体。难以

① 郭庆藩辑，《庄子集释·田子方》，第711—712页。

定义是因为它解构了“象征的身体”之象征性,[①] 而只有在符号固定的门阀松开后，真人的身体才恢复气化流行的高度流动性。

为达至或复原流动身体与物交感的敞开倾听状态，便需进行一番“损之又损”的工夫。“为道日损”的“损”，正是为了将人们在“为学日益”的积学增累过程中，将文化符号、意识形态过度僵化的内框、外框一并卸下；外框便是身体的符码、内框便是心灵的符码（内外分说只为暂时方便，事实上身体符码和心灵符码早已交缠为一、难辨内外）。所以一提及体道前的工夫，就必然要涉及拆除清扫的工作，如《知北游》：“孔子问于老聃曰：‘今日晏闲，敢问至道。’老聃曰：‘汝斋戒，疏瀹而心，澡雪而精神，掊击而知！夫道，窅然难言哉！将为汝言其崖略。’”[②] “疏瀹”“澡雪”“掊击”便通于《老子》“虚”、“损”一类的解离修养。又如《齐物论》南郭子綦聆听天籁之道前的隐机工夫涉及的“丧我”形象，弟子颜成子游大感困惑而疑问：“何居乎？形固可使如槁木，而心固可使如死灰乎？今之隐机者，非昔之隐机者也。”[③] 真人身心的槁木死灰之容状，当不是一味死寂、毫无生机，而是将过去被“功”（有用的身体）、“名”（可定义的身体）捆束的符码身心，加以涤除后的无用、无名之解放释然状，由于解除了身体依待礼教规矩的标准框架，才容易让观者产生一无挂搭的突兀感——“荅焉似丧其耦!”——这便是颜成子游感到陌生而难以理解的身体姿态。

《大宗师》的坐忘，更明白将槁木死灰的解离和仁义礼乐的忘怀联系在一起。有趣的是，它借由仁礼之教的宗师和高徒（孔子与颜回）之口，讲出另一套回异于儒家礼教身体观的道理：

> 颜回曰：“回益也。”仲尼曰：“何谓也?”曰：“回忘仁义矣。”曰：“可矣，犹未也。”它日，复见，曰：“回益矣。”曰：“何谓也?”曰：“回坐忘矣。”仲尼蹴然曰：“何谓坐忘?”颜回曰：“堕枝体，黜聪明，

---

① 关于身体的文化符号象征性，参见英国人类学家鲍伊（Fiona Bowie）著，金泽、何其敏译,《宗教人类学导论》(北京：中国人民出版社，2004 年),《作为象征的身体》，第 43 – 72 页。

② 郭庆藩辑,《庄子集释 · 知北游》，第 741 页。

③ 同前引,《齐物论》，43 页。

离形去知，同于大道，此谓坐忘。”①

《大宗师》的堕枝体、黜聪明，就是《齐物论》的形槁木、心死灰，也就是身心符码、外框内框的同时解离，这种身心双遣工夫可归纳为一句：“离形去知。”此意当然不是要取消身体和心智，而是对身心浸泡文化符号而内化成习的固着教养给予清理，具体来说，便是对“仁义”“礼乐”等名言建制对身心的制约和占满加以忘怀以便让出流动的空间（虚室）。如果说，儒家对仁义礼乐文化价值的坚持，像《荀子》那样不断透过外在教化（后天人为）的方式，使其内化为心灵认同、使其铭刻为身体记忆；相对地，《庄子》逍遥无待的自由快乐之道，正好是将积学工夫颠倒过来，透过化功大法而步步将礼教身心给予层层洗涤。换言之，《荀子》增加了身心的文化内容和厚度，而在《庄子》看来这也同时增添了身心的框限和负担，所以老庄反其道而行，要将文明规训所产生的僵化和层累给予松动、清扫。从这个儒、道比较的视域看去，便较好理解强调“为学日益，为道日损。损之又损，以至于无为”的道家，为何会出现一系列批判儒家价值的言论：

大道废，有仁义。智慧出，有大伪。六亲不和，有孝慈。国家昏乱，有忠臣。（十八章）

绝圣弃智，民利百倍；绝仁弃义，民复教慈；绝巧弃利，盗贼无有。（十九章）

故失道而后德，失德而后仁，失仁而后义，失义而后礼。（三十八章）

且夫待钩绳规矩而正者，是削其性也；待绳约胶漆而固者，是侵其德也；屈折礼乐，呴俞仁义，以慰天下之心者，此失其常然也。（《骈拇》）

及至圣人，蹩躠为仁，踶跂为义，而天下始疑矣；澶漫为乐，摘僻为礼，而天下始分矣。故纯朴不残，孰为牺尊！白玉不毁，孰为珪璋！道德不废，安取仁！性情不离，安用礼乐！（《马蹄》）②

因为文化符号所标榜的名言价值，同时也必然因语言二元结构而产生意

---

① 同前引，《大宗师》，第282—284页。

② 郭庆藩辑，《庄子集释》，《骈拇》、《马蹄》，第321页、336页。

识形态的中心僵化和他者暴力；所以原本生命情性流动的可能性，必然要在仁义礼乐的价值规范和框架中，凿破浑沌而深受限制。所以老庄要让生命疏通“见素抱朴”的圆整状态，素朴与其被理解为空洞无物的苍白贫乏，不如理解为拥有最大可能性的敞开状态，此时的心灵最活泼、身体最清通，身心处在高度律动、兴发的畅然状态，一旦文化符号置入过多又被实体化为意识形态时，将使身心通道单向度化，甚至滞塞不通沦为机械式的模块反应。

从老庄的批判性眼光看，周文确实成为虚文空架，它绑架了人自然本真之力度，让人搁浅在相濡以沫的符号鱼网上，这个把大家都打捞上岸的便是礼教名分之网。道家认为整全之道的失落和破裂，罪首便在礼文的繁华与虚饰：“夫礼者，忠信之薄而乱之首。”（三十八章）道家反对的未必是人那最初无名的纯朴良善，但确实反对过多名言对这些良能的命名和标榜，更反对由社会统治阶层为行使权力支配所设定的规训系统，因为这些名言份位的秩序背后，隐藏着统治阶层的强权支配所化身的价值意识形态。周文礼教有为的背后，常常是为贵族权力的宰制来服务，而未必是孔孟那股“不忍人之心（仁心）推不忍人之政（仁政）”的理想主义之道德政治本怀。

“有为”便是对周文的一个批判性概括，也是对周文礼乐之教的权力批判，这套权力控制的有效的方式，除了直接透过政治支配外，更透过礼乐教化使人的身心自愿承担与穿戴这些符号配件。在一个透过名言约定俗成的文化系统中，“有为”的身体才能成为有效的“象征性身体”，同时也就代表着“有用”的身体，当然也是美的身体；相对地，老庄那种解离的身体，去除有为框架的无为身体，便意味着身体符码的象征性剥落，同时也自然会被文化系统中人视为“无用”，甚至在感官直觉上让礼教中人感到丑恶不快而加以排斥。

而《庄子》抓紧这种令人不快的观点出发，要让礼教身体所贱斥的异形身体，重新搬上舞台，上演出一出出怪诞、荒谬的身体剧场，让这些被边缘化的身体重上台前、拿回自己的话语权，甚至说出道的话语；如此戏仿策略造成了处于前台而原属正典有用的礼教之身被脱冕而下台，后台无用的支离之身却反倒被加冕而重上舞台。而看似嘲讽、游戏的怪诞背后，深藏着对符号身体的觉察、批判、治疗，以及对流动身体的渴望与复活。运用身体的怪诞、丑恶、支离来等对威仪、礼教身体的颠覆，最有名的应该是《人间世》

那个支离疏的形象："颐隐于齐，肩高于顶，会撮指天，五管在上，两髀为胁。"这种身形样貌可视为丑恶、滑稽、怪诞的经典，而《庄子》透过此完全逸出社会规矩的无用身体（既无用于军旅，亦无用于劳役），反而因此逃出统治阶级的剥削，不但得其天年，又因无用而得其福佑，于是《庄子》喟叹"夫支离其形者，犹足以养其身，终其天年，又况支离其德者乎！"① 这里所谓的"德"是指外在功名的积习内化和认同，并非道家所欲复归浑朴天真的"上德"，② 而这些后天人为、化性起伪的文化教养之德，当它真正深入人心时自然也会"体现"在身体的风貌上，所以支离其"德"和支离其"形"，其实有相当连带的关系，而解构形德等内外框架后，支离疏所展示的身体样态看似丑恶无用，《庄子》却刻意让它产生游离的生机，此即所谓"无用之用"。

《德充符》一文，令人惊异地搭演出丑恶身体表演的舞台，整篇文章几乎由三个兀者（王骀、申徒嘉、叔山无趾）、两个丑人（哀骀它、闉跂支离无脤）构成，而这五个或残缺或丑恶等不洁之人，对话的对象正好都是礼教中最有德行或最有权势之人（仲尼、郑子产、仲尼、鲁哀公、卫灵公）。《德充符》是一场精心设计的身体剧场，在这一场不可思议的丑人舞台剧上：有用与无用、中心与边缘、美仪与丑态的话语位置，完全转换过来，拥有智慧之道的话语权居然都落在残缺人士身上。这种看似反讽，隐含深刻的慈悲、幽默、治疗和重新创造的生机。

一般固着于礼教价值或美感标准的人，一见身残之人的直觉反映，通常都会有嫌恶或惊惧的不适感（如《养生主》描绘："公文轩见右师而惊曰：'是何人也？恶乎介也？天与，其人与？'"）③ 也很自然地将他们和错误、犯罪等同（如《德充符》描绘孔子初见兀者叔山无趾的当下反映："子不谨，前既犯患是矣。虽今来，何及矣！"）④ 因此有身份地位者通常不愿与之为伍，甚至要在空间中与其隔离（如《德充符》描绘子产强烈排斥与兀者申徒嘉共

---

① 关于支离疏的整段描述，参见郭庆藩辑，《庄子集释·人间世》，第180页。

② 《老子》三十八章："上德不德，是以有德；下德不失德，是以无德。上德无为而无以为，下德为之而有以为。"

③ 郭庆藩辑，《庄子集释·养生主》，第124页。

④ 郭庆藩辑，《庄子集释·德充符》，第202页。

席而坐，显然担心同堂共席既不合于礼教身分之别异，又担心受其不洁所染污，子产说得很坦白："我先出则子止。子先出则我止。今我将出，子可以止乎，其未邪？且子见执政而不违，子齐执政乎?"）。[①] 由于古代受刑人（介、兀、无趾，大抵都和刖刑的伤残有关）通常落入下层阶级而沦为边缘人，这些受罚者通常被视为败德者、天谴者，故需剥夺其种种权利，更在生活空间里被放逐在相对的隔离状态。换言之，就子产道德之尊、威仪之贵的君子之身而言，申徒嘉这种败德罪身是不该和他共处一室、同席而坐的。

然而《庄子》将礼教规训之框架预设给卸下，用"以道观之，物无贵贱"的眼光重新观看，结果标示阶级与权力的身体象征框架受到了变形、调整甚至拆除。《庄子》以夸张而漫画式的笔调描绘出另一幅残缺、丑恶之人的动人事迹，可谓替礼教规训下被忽略、排斥、惩罚的边缘、后台人物，重新带来了黑暗之光。《庄子》将舞台灯光以特写的方式，打在这些丑恶残缺之人的脸庞、身影上，让平常视而不见、不肯视见的丑恶细节，如在目前地全部突显。更不可思议的是，《庄子》除了让我们正视残缺、无所逃于丑恶之外，它更赋予这些被文明弃置的无用之人以无比的智慧，他们不但未以社会歧视的暴力眼光反噬自身而自暴自弃自病自怜，反倒成为道的肉身化体现、成为道的最佳代言人，甚至由此回过头来解构社会成见、治疗符号暴力。例如可看到兀者王骀拥有学生之多居然可以和孔子中分于鲁；[②] 恶人哀骀它虽丑骇天下，却因人格内涵之魅力而使男女都喜欢与之相处，而鲁哀公甚至和他相处到最后，还想把国祚权力都让位给他；[③] 而卫灵公、齐桓公更因佩服闉跂支离无脤、瓮盎大瘿的德慧，不但忘了他们长相丑怪，长期在他们人格魅力的熏

---

① 同前引，第 196 页。

② 如《德充符》常季叹问于仲尼曰："王骀，兀者也，从之游者与夫子中分鲁。立不教，坐不议，虚而往，实而归。固有不言之教，无形而心成者邪！是何人也?"郭庆藩辑，《庄子集释·德充符》，第 187 页。

③ 如《德充符》鲁哀公问于仲尼曰："卫有恶人焉，曰哀骀它。丈夫与之处者，思而不能去也。妇人见之，请于父母曰：'与人为妻宁为夫子妾'……寡人召而观之，果以恶骇天下。与寡人处，以月数，而寡人有意乎其为人也；不至乎期年，而寡人信之。国无宰，寡人传国焉。闷然而后应，氾而若辞。寡人丑乎，卒授之国。无几何也，去寡人而行，寡人恤焉若有忘也，若无与乐是国也。是何人者也?"郭庆藩辑，《庄子集释·德充符》，第 206 页。

陶下，习惯他们那智慧和身影的合体，久而久之，反而对缺乏深刻智慧却拥有礼教身体的一般人，产生淡而无味的不爱感。①

《庄子》这些漫画式的寓言，虽然不必信以为真，但他颠倒美丑、移动前台、后台的戏仿手法，却有着极为严肃而深刻的文化治疗、符号批判的用心在。他感慨地说："故德有所长而形有所忘，人不忘其所忘而忘其所不忘，此谓诚忘。"② 一般人捆绑在礼教身体的规矩框架中，视域僵化并且不自觉地在制造符号暴力，以控制身体和惩罚身体的方式，来合法化社会秩序诉求背后所隐藏的集体暴力。而《庄子》要人们从"形骸之外"转回"形骸之内"，不要直接对他人身体样貌采取先入为主的符号成见，如此才能将关注焦点从"爱其形"转回"爱使其形者"，才不会犯了极为荒谬的错误，将不是重点（形）视为重点，反而真正的重点（德）却被遗忘了。由此可知，符号身体是一个社会价值的象征显现，习得一套文化符号所承载的价值意识形态，常常会不自觉地转换为一种身体的固定观看方式，③ 如此一来，拥有不合于礼教标准的身体姿态（不管他是天生残疾如支离疏，还是人为刑残的削者叔山无趾），就自然被视为是一群缺德之人、危险之人，他们成为了文化符号系统下、礼教君子眼光下的罪者，有待被放逐的代罪羔羊。而酷刑遗下或天生带来的残破身相正好是罪的标志、恶的象征。刖刑之后的独脚介兀标志，正是罪恶的耻辱印记，因为一足有屦、一足无屦，正好时时刻刻彰显了"着一屦以耻之"的效果；④ 而对于自以为可以清除罪恶、代天行罚的肉刑惩戒，其实更为了留下罪记的威赫效果，对此傅科看得深刻："它应该标明受刑者。它

① 如《德充符》提道："闉跂支离无脤说卫灵公，灵公说之；而视全人，其脰肩肩。瓮㼜大瘿说齐桓公，桓公说之；而视全人，其脰肩肩。"郭庆藩辑，《庄子集释·德充符》，第216页。

② 郭庆藩辑，《庄子集释·德充符》，第217页。

③ 这可以《逍遥游》中的宋人为例，他自以为礼冠是所有地区都需要或适用，而庄子嘲讽他因为完全没有文化差异的多元视角之自觉，所以反而亏了一大笔："宋人资章甫而适诸越，越人断发文身，无所用之。"郭庆藩辑，《庄子集释·逍遥游》，第31页。换言之，处于礼教中心反而只有一种固定的观看框架，而支离于礼教边缘反而能有多重视角的反思，因此更接近于道的智慧。

④ 关于刖刑与耻的记录，参见沈家本，《历代刑法考》（北京：中华书局，2006年），第196－200页。

被用于给受刑者打上耻辱的烙印，或者是通过在其身体上留下疤痕，或者是通过酷刑的场面。即使其功能是‘清除’罪恶，酷刑也不会就此罢休。它在犯人的身体周围，更准确地说，是在犯人的身体上留下不可抹去的印记。”①

而这种将不洁者给隔开、驱逐的做法，其来有自，而身体残缺最容易被贱斥为“他者”，因为他的身体已明显标示出德性的缺如、礼教的违反、符号的乱码，因此直接可等同于污秽不祥。② 这些不祥之人的现象，就好像《庄子》指出那些因不合正常名言分类标准下的不祥之物，原本是人类最为贱斥而欲排除之污染物，吊诡地，却因其完全不合用于祭神礼数的禁忌标准，反而逃过了人类献祭的仪式暴力：“故解之以牛之白颡者与豚之亢鼻者，与人有痔病者不可以适河。此皆巫祝以知之矣，所以为不祥也。此乃神人之所以为大祥也。”③ 换言之，这些有污点的身体形象因为被文化系统视为无用、不洁，反而因此暂时逃出文化符号的有效网络，成就了不受暴力伤害的自身“大用”。

特别突显这种边缘、无用，甚至容易引人不快、不洁的身体姿态，当然有《庄子》“倒置”的解构策略在，亦即要将过分正典化的身体形象给予“搁置”，将文化符码所内化成的身体硬壳给予软化，重新打开生命力量流通的可能性。《庄子》对符号身体、礼教身体、正典身体的批判、解构，非常契近巴赫金（Mikhail Bakhtin，1895—1975）所谓戏仿的狂欢手法，那种将正典的礼教身体之高冕给脱却，不可思议地将冠冕移置到丑异的身体上，这种令：中心/边缘、上/下、正典/非正典的价值位序重新对调的手法，一方面产生极大的破坏力，另一方面又在否定性的批判中解放出创新能量。正如巴赫金在狂欢节的另类非正典的广场舞台，不断出现小丑、傻瓜、巨人、侏儒、残疾人、江湖艺人等边缘身体姿态，他们取代了官方、教会等正统人物的严肃话语形式和固定身体姿态。如此狂欢的倒置、戏仿、荒诞舞台，居然燃烧出最

① 傅科着，刘北成、杨远婴译，《规训与惩罚》，33 页。

② 关于分类、不洁、污秽与危险的分析，参见人类学家玛丽·道格拉斯（Mary Douglas，1921－2007）著，黄剑波等译，《洁净与危险》（北京：民族出版社，2008 年）。关于“代罪羔羊”的相关讨论，参见吉拉尔（又译吉拉德 René Girard），冯寿农译，《替罪羊》（台北：脸谱出版社，2004 年）。

③ 郭庆藩辑，《庄子集释·人间世》，第 177 页。

欢怡而有活力的一体感：

> 狂欢节世界感受的语言，这种世界感受与一切现成的、完成性的东西相敌对，与一切妄想具有不可动摇性和永恒性的东西敌对，为了表现自己，它所要求的是动态的和变易的、闪烁不定、变幻无常的形式。狂欢节语言的一切形式和象征都洋溢着交替和更新的激情，充溢着对占统治地位的真理和权力的可笑的相对性的意识。独特的逆向、相反、颠倒的逻辑，上下不断易位、面部和臀部不断易位的逻辑，各种形式的戏仿和滑稽改编、降格、亵渎、打诨式的加冕和脱冕，对狂欢节语言来说，是很有代表性的。①

一言蔽之，从正典到非正典的易位，实隐含着对真理和权力的批判和解构，这种看似戏谑不正经的荒诞策略，隐含着极严肃的洞见、最有力的释放，那便是回归一个永未完成性、流变不居的生命力量自身，而这个生命活力的欢怡能否保持，关键象征便在身体如何在稳定与流变之间辩证：一旦倾向稳定的规矩方向走，成就的将是文化符号系统下礼教的身体；一旦倾向活泼而流动的光谱移动，那便可以展开文化批判与治疗而疏通流动的身体。而如何对儒家的礼教身体进行价值重估，《庄子》便透过戏仿狂欢的游戏策略，一方面解构了正典、有用、威仪、规矩的身体，另一方面复活了流变的可能性。

最后，本文要强调的是，道家对儒家礼教身体的批判不必被理解为反文化，而应该视为文化批判和文化治疗，换言之，它可以扮演一种在文化结构中不断松动、活化的良药，它带来的破坏将导向文化再度的活络创造。这些残疾丑恶之人，就好像另类的瓦砾、蝼蚁一般，不但道就在其中，他们更成为道的最好代言者。然而道为何示现在这些丑恶的肉身上？原来道超越了美丑、贵贱等符号卷标，道只是一股活水源头般的力量之流；这股气化流行、源源不绝的力量运动，和符号象征对身心力量的分类、管理、控制是有着对比张力的，愈纠缠在符号的天罗地网中，通常也离水流之道愈远。而身残丑恶之人，刚好处于符号名分的最边缘、最低下，一方面既是符号暴力的牺牲

---

① 巴赫金著，李兆林、夏忠宪译，《拉伯雷研究》，第13页。

者，另一方面也因为身处边缘而有机会逸出符号支配，因此《庄子》赋予他们更多的生命活力和通达的智慧。

三、技艺身体的融入与觉察

《庄子》一书经常对调小大、颠覆美丑、扭转有用（中心）与无用（边缘），这些游戏策略实有自觉的权力批判用意，不管是针对统治阶级的权力支配，还是意识形态的符号支配。《庄子》喜欢刻意改搭另类舞台，而舞台要角不再是政权中心、礼教中心等位高权重、贤达名士，反而是人类符号中心主义之外、之后被遗忘驱逐的丑怪之人、残缺之人，甚至各式动物植物，以及骷髅、影子、骈拇枝指、屎溺瓦砾等卑贱物。而底下要介绍一群不被礼教眷顾的小人物（所谓“礼不下庶人”），是庶民生活中到处可见的平凡百工，而《庄子》却从他们“百姓日用而不知”“百工居肆以成其事”的生活技能中，看出专注而精熟的身体感与创造性，并赋予他们“技进于道”的深意。庶民百工由于被排除在礼教的核心舞台之外，相对远离君子威仪身体的框架，他们在千姿百态的生活情境中，自然地与各种不同的物质环境遭遇，结果展现出另类的身体力度与姿态。《庄子》所看见的百工技艺之“道”，属于何种意义的道？它和心斋、坐忘、听闻天籁、同于大通的“道”有何异同？“身体”到底在百工技艺的实践过程中扮演什么核心功能？这种技艺之身和符号之身、气化之身的差别何在？这是这一节所要进一步讨论的课题。

《庄子》观察到的百工技艺现象颇为丰富，例如，庖丁解牛、吕梁游水、梓庆削木、痀偻承蜩、列子射艺、轮扁斫轮、大马捶钩等。而“庖丁解牛”对技艺实践的过程，描述得尤为精细完整，通常成为分析《庄子》技艺之身的首要文献，本文亦由此出发。故事主角是卑贱小人的屠夫庖丁，故事地点在“君子远庖厨”的污浊之地，故事情节则为“君子闻其声而不忍”的血腥屠宰；然而《庄子》却将这个几乎不可搬上舞台的暴力事件，打上新灯光、登上新舞台，仪式性地演出一场美丽而惊人的技艺之秀。观赏者唯有位高权重的文惠君一人，君、臣不可思议地在“庙堂之外”相遇，此时灯光完全聚焦在庖丁身上，他以身体的表演艺术呈现出“技进于道”的“隐默之智”，让一旁观赏的文惠君大受震撼，从中悟出“养生”之道。《庄子》竟能将最不堪的残酷事件，转化为最优雅的技艺剧场，从这些“君子不器”的小技小艺中看出礼教所遗忘的另类身体。

庖丁剧场一开始，展现在文惠君眼前的景象和一般血肉模糊、相刃相靡的屠宰惨况完全不同。庖丁解牛这个动态事件呈现给文惠君的，与其说是一种感官视觉的客观图像，不如说是一场将文惠君全身心都卷入到事件的气氛中，所以文惠君感受到的是庖丁所创造出来的全场氛围，那是身体线条与声韵节奏合拍共振的舞乐仪式。换言之，《庄子》将一般屠宰必然难免的血之暴力，转化为物我一如、人牛合一的技艺之美："手之所触，肩之所倚，足之所履，膝之所踦，砉然向然，奏刀騞然，莫不中音。合于桑林之舞，乃中经首之会。"① 此时庖丁的身体就像桑林仪式中巫师舞动的身体，随着神圣而优雅的乐音，忘我地融入物我合一、神人交通的气氛中。牛体将自己敞开而献祭出来，庖丁将自己敞开而融入进去，两相遇合而毫无阻碍。此时庖丁之身犹如巫师出神之姿，而这个美的姿态完全展现在可见之身和可聆之音的节奏和谐上；这个身体韵律和声响节奏的共振之美，具体地说，乃是庖丁的身体、庖丁身体（手）中的物体（手握刀）和牛的身体（刀入牛）三者相遇合的产物（庖丁肉身上之刀和牛体之身的物质遭遇）。而眼下这个解牛已有十九年功力的庖丁达人，终于示现出不可思议、行云流水般与牛共舞的怡悦之体。怪哉！屠宰暴力居然可以升华为桑林之舞、咸池之乐般悠美与愉悦。对此，假使我们不至于误解《庄子》是要透过美学夸饰来麻痹或掩盖屠宰暴力的话，那么这个"庖丁解牛"的寓言，到底是要突显什么？寓言隐喻当可产生多元诠释空间，本文暂从技艺与身体的角度解之。

庖丁解牛主要不在为屠宰一事美化，而是透过解牛的具体案例，彰显百工"技进于道"的结构和本质。笼统地说，是为了彰显技艺过程中人的身心状态；更细致地说是为了彰显技艺操作过程中人的身体、工具媒介及所遭遇的物质，这重重物质情境所产生的连续性辩证过程和状态，还有最后人对肉身与物质结合的整个过程的理解和觉察之意义。换言之，其中涉及身和心、人和物之间的分离与合一的辩证。

庖丁解牛技艺如行云流水般无待无碍，近乎自由之美的舞乐演出，文惠君不禁赞叹庖丁之"技"竟如此高超："嘻，善哉！技盖至此乎？"然而庖丁

① 郭庆藩辑，《庄子集释・养生主》，第117・118页。

给予的回答，尤如公案棒揭："臣之所好者道也，进乎技矣。"庖丁否认他的解牛体验纯粹只是"技巧""方法"之"术"而已，其中隐含着"技术"升华之"道"在其中。文惠君一开始只着迷于小技小艺的精巧，未领庖丁神会之妙道；当然，庖丁之道并非脱离技术之外，而是在技术中臻至化境，这种"技进于道"的技术化境，亦可称技艺之道。接下来，庖丁才为文惠君述说自己进于道的学习过程，其解牛技艺的身心辩证结构，可透过三阶段来说：

而这个由"生"（第一阶段）到"熟"（第二阶段），由"熟"到"忘"（第三阶段）的三阶段历程，大抵可作为具体技艺操作的辩证共法。而每一阶段，都有各自身、心、物状态，《庄子》以庖丁解牛为例，将其结构总括如下：

> 始臣之解牛之时，所见无非牛者。三年之后，未尝见全牛也。方今之时，臣以神遇而不以目视，官知止而神欲行。①

首先要注意到，庖丁在说明解牛这门技艺的学习次第时，主要是透过"身体"意象、或者"身体感"这个状态来陈述。所以如此，是因为任何一门技艺都必须在特定的具体情境中发生，不管有多少类型差异的技艺情境（如解牛、捕蝉、绘画、射箭、游泳等），就技艺是属人的实践而言，人的肉身参与是绝对不可能缺少的，换言之，"身体感"是技艺实践必要而基础的场所。而泰半技艺并非单凭人的肉身实践就可独立完成，通常它还涉及身体所运用的工具，甚至再由身体运用工具连结延伸到表现媒介。若以解牛这门技艺来说，便涉及了：人之肉身、刀之工具、牛之身躯。当然如果说得更完整些，还有人的意识状态在这整个实践过程中和肉身、刀具、牛体的关系。或者概括地说，在这三个不同阶段中意识和物质的关系到底为何？

《庄子》透过庖丁之口说"臣之所好者道也，进乎技矣"的"道"，若以《逍遥游》的概念说，便牵涉"无待"，只是技艺层面的"无待"之"道"，乃是就某一具体的技艺脉络下，人的身心之间、身心和工具之间、工具和物体之间，打破层层隔阂、对立，然后互渗融合为一的"无对待"状态。换言

---

① 郭庆藩辑，《庄子集释·养生主》，第119页。

之，技艺之道所达到的逍遥（自由无碍与身心快意），是身心在特定的物质媒介中而与之参合无碍之乐（这种技艺之道，还不是也不等同“天地与我并生，而万物与我合一”和“乘天地之正，而御六气之辩，以游于无穷”的“至人无己、神人无功、圣人无名”的彻底体道之逍遥。底下将有所比较。）再回到庖丁解牛的三阶段来看：

初始阶段的身体感，人（刀）、牛之间处于严重隔碍对立的状态，庖丁这一屠宰主体在其对象化的官能视觉下，牛体纯然只是外在有待操控的纯粹客体，人牛之间并未发生深刻的身体感互渗之连结，这时的身、心、物都处在严重有隔而对立的“生”疏处境。这种技艺实践的第一阶段，人或许曾习闻若干有关解牛的客观知识并形成意识前见，所以当他手持庖刀开始按知见操作时，将发生“以心控身”的“心使气曰强”现象，然而身和刀恍如自有惯性逻辑而不听使唤，加上心、身、刀、牛之间处处阻碍不通，此时庖丁若坚持强行宰控意志，其结果必然是人、刀、牛三者皆伤，而相刃相靡的过程和后果，完全没有丝毫美感韵律，唯留血肉模糊的暴力残迹。简言之，第一阶段的心只是抽象知见所预设的意识前见（亦即来自他人话语所形成的符号框架），由于没有具体而亲熟的身体感介入，意识做主而企图强控身体，甚至以意使气而强使刀具，并强迫牛体物质服从人之意志、刀之锋利；这种以心控身、以身控刀、以刀控物的暴力逻辑，离技艺之熟巧还有相当的距离，更不要说到“技进于道”的“无待”艺境了。

而当庖丁不轻易放弃这一技艺实践的锻炼，再三反复练习，从实践中慢慢熏陶出一种身体感，并逐渐松绑先前意识前见的固定框架，或者在身体的具体参与过程中，逐步修正并落实意识知见，使之渐渐肉身化为“体知”状态。当这个由“生”到“熟”的身体工夫持续到某种程度后，人的身心便自然会来到第二种阶段：“三年之后，未尝见全牛也。”三年是指反复再三的身体实践，如此熟稔到一定程度后，等待时机成熟时便会进到“未尝见全牛”的身心情状。对比于第一阶段的身心分裂、物我对立，第二阶段已超越对象化的视觉状态，身心、刀具、牛体之间已经由反复的体知参与，渐渐由生到熟，由“主客对立”进入“互为主体”的交互作用状态。可以说，庖丁此时的意识之心已渐渐肉身化，渐从以心控身调整为身心交涉，并且因身体感的直接熟悉而不必再以外部视觉去间接揣度牛体内里结构，而是当身体手握之刀进入牛体之中时，那种和牛体遭遇的身体感本身，就会起一种知觉作用。所以庖丁不必特别再运用外部视觉去推论牛体结构，他的身体已自然带着刀在牛体内部的结构中运行而无大碍。

一旦第二阶段的熟练工夫继续加深，身体再三精益求精地操作实践，庖丁说他来到了“由熟入忘”的第三阶段，也就是化境状态。所谓“化”境便是“神”境：“以神遇而不以目视，官知止而神欲行。”首先要注意的是：只有通过先前两个阶段的身心历练，才能达到此时身心物合一无碍的境界。其次，这种技艺通达于神化之境，其核心状态被描述为“忘”。“忘”主要是指先前的意识知见透过身体感的再三重复实践后，原本的身心分离、物我间隔，现在几乎完全契合为一，而且这种合一是在身体的技艺实践中自然而然流露，完全不必再有心意识的指导作用，这种“以身化心”的身体记忆、自发运动便是“忘”境。所以每当庖丁再度实践解牛这一技艺之时，庖丁便自然而然地在“忘”的身体运动下，完成了文惠君所看到的“技进于道”之美。而这种自然、自发的身心物遇合为一的无待状态，《庄子》又称之为“神遇”或“神行”，即以“神”遇之、行之。然而这个让庖丁达到舞乐般和谐，能够不伤己、不伤刀，①又可以在牛体之间游刃有余的神乎奇技，这样的“神”到底是一种纯粹无意识的身体感，还是在自然自发的身体感之中同时生发出（不同于意识前见）另一种觉察照见？亦即，“神”和“忘”、“觉”的关系又是如何？笔者认为这是《庄子》对一般技艺身体的观察反思所进一步升华的问题，也是《庄子》超越一般百工技艺只停留在“忘”而未“觉”的“日用不知”状态。换言之，由“忘”而“觉”涉及的是身体感中的觉察观照，而透过这种觉察观照也才可能产生理解和深描，这也是《庄子》一书为何出现这么多关于技艺之身的洞见和描绘之因。②

“神”不同于一般的“心知”，因为《庄子》一再批判成心成见的“心知”属于主客对立的有待状态，而“神”则是主客交融、物我合一所涌现的

① 由此看，文惠君所悟的养生道理，乃在于人处在如牛体内部结构般的错综复杂之名言、人际网络中，究竟如何不落入伤己又伤人的相刃相靡，以免耗损生命精力于刀下人生，这便需有庖丁解牛的能力。关于人在世间的竞逐斫伤，《齐物论》有极深刻的描绘。

② 对于“觉”这一点，毕来德（Jean François Billeter）的观察深刻而重要。毕来德著，宋刚译，《庄子四讲》（北京：中华书局，2009年），第60页、55页。

无待状态。技艺之道的“神”，由于它必然作用在身体与物质遇合的具体场域之中，因此这种状态的“神”有其形体甚至物质的基础在，并非完全脱离形体、物质的纯粹心灵。“神”不断出现在庄书中，可谓关键概念。而《庄子》对技艺之道的化境描绘，也总牵涉到“神”，《达生》篇一连串百工技艺之道就一再提及“神”，例如将“痀偻丈人”用竿黏蝉的工夫化境描述为：“用志不分，乃凝于神，其痀偻丈人之谓乎!”；将渔夫水上行船的技艺化境称为“津人操舟若神”；将梓庆削木为鐻的工夫化境称之为：“则以天合天，器之所以疑神者，其是与!”①

例如《达生》篇中驼背老人的捕蝉技艺之所以能达至上乘，也就是从第二阶段到第三阶段，其中关键便在于身体感的极度熟练和完全融入，而为促使这种状态的到达，便需有高度的专注：“吾处身也，若厥株拘；吾执臂也，若槁木之枝；虽天地之大，万物之多，而唯蜩翼之知。吾不反不侧，不以万物易蜩之翼，何为而不得!”② 也就是屏气凝神地让身体浸泡在绝对静定的气氛中，让全身（捕蝉人）和工具（捕蝉器具）和猎物（蝉）完全合为一体，此时捕蝉者的眼光除了蝉翼之外，不复别物存在，世界之大仿佛都浓缩在蝉翼一点上，精神专注而凝聚在一臂之上，如此便能够穿透身/心/物的隔阂，达成高妙的技艺之效，所以孔子听完捕蝉者的经验谈后，乃大叹：“用志不分，乃凝于神，其痀偻丈人之谓乎!”③

如果说《达生》篇的捕蝉技艺，主要强调在于将精神完全专注而化入身体感，那么《达生》篇另一个游泳技艺，则强调专注而熟练的身体感是为了完全和对象融合为一，以达至无主无客的一体感。所以当孔子惊见吕梁男子在急流湍水中载浮载沉，却自由自在纵浪其中时，不禁要请教蹈水方法；而

---

① 分见郭庆藩辑，《庄子集释·达生》，第641页、641页、659页。

② 郭庆藩辑，《庄子集释·达生》，第640页。

③ 同前引。另一个相类似的专注案例，便是《知北游》的大马捶钩：“大马之捶钩者，年八十矣，而不失豪芒。大马曰：‘子巧与？有道与?’曰：‘臣有守也。臣之年二十而好捶钩，于物无视也，非钩无察也。是用之者，假不用者也以长得其用，而况乎无不用者乎！物孰不资焉!’”郭庆藩辑，《庄子集释·知北游》，第761页。另外，关于艺术实践与专注的关系，请参见本雅明（Walter Benjamin Essais，1892－1940）著，许绮玲译，《迎向灵光消逝的年代》（台北：台湾摄影工作室，1998年）。

吕梁男子的回答完全超越了泳技层次，而是“技进乎道”地将自己完全敞开而融入水流韵律：“亡，吾无道，吾始乎故，长乎性，成乎命。与齐俱入，与汩偕出，从水之道而不为私焉。此吾所以蹈之也……吾生于陵而安于陵，故也；长于水而安于水，性也；不知吾所以然而然，命也。”① 显然，这也是技艺之道从第二阶段到第三阶段的最后关键，因为它完全不在技术层次的有为，反而只有将任何自我意志的技术有为都放开后，成为一具完全敞开的身体，让身体成为纯粹的通道，以融入水流自身，让水流带着身体自由地出入浮沉。此时身体完全与水融合，夸张一点说，泳者完全柔软的身体成为水流的部分，并让整体韵律带着部分而运动。而所谓的“故”“性”，是指人因为出生在什么样的自然风土情境里，便自然拥有与自然情境共在共亲的融合能力，而这种与地理风土体合为一的身体感，早已成为骨子里的自然之事，虽然它常常像呼吸般的自然而未必被意识到，故曰“不知吾所以然而然，命也。”② 所谓“命”其实就是人在物质风土中暗合于自然的身体感。

这种敞开一己的固定知见、强行意志，完全尊重、随顺自然风土、物质韵律的融合能力，便又呼应了前面所谓的“忘”。亦即只有将人的主体性（己）、名利心（功）、意识形态（名）等框架，加以清除或忘却，才能聚精会神地专注于敞开的身体感，并由此融入整个物质场域或自然风土中，而与之非主非客地成为一体。所以真正能将游泳技艺发挥到最高境地者，最后必得通过“忘”这一关口：“善游者数能，忘水也。”③

为了达到这种专注与融入的忘化之境，就必须进行层层名利前见、身心习性的洗涤，以凝聚全神在身、全身是神的状态，如此才能与物合一，达到天然又自由的艺道。对此，《达生》篇的梓庆削木为鐻的体验和描述，可以作为庖丁解牛的再补充。故事描述鲁侯见到梓庆用木头做成的乐钟，近乎鬼斧神工之妙，而欲探问其中技艺之秘时，梓庆的回答仍然属于超乎技术的心法，这种心法可以补充庖丁解牛第二阶段如何跃升第三阶段时的工夫修养：

---

① 郭庆藩辑，《庄子集释・达生》，第657—658页。

② 成玄英疏：“既习水成性，心无惧惮，恣情放任，遂同自然天命也。”郭庆藩辑，《庄子集释》，第657页；王叔岷案引，《鶡冠子・环流篇》：“命者，自然者也。”见《庄子校诠》（北京：中华书局，2007），第703页。

③ 郭庆藩辑，《庄子集释・达生》，第642页。

臣工人，何术之有！虽然，有一焉：臣将为鐻，未尝敢以耗气也，必齐以静心。齐三日，而不敢怀庆赏爵禄；齐五日，不敎怀非誉巧拙；齐七日，辄然忘吾有四枝形体也。当是时也，无公朝，其巧专而外骨消；然后入山林，观天性；形躯至矣，然后成见鐻，然后加手焉；不然则已。则以天合天，器之所以疑神者，其是与！① （笔者按：“未尝敢以耗气”便是聚精会神的专注性。）

梓庆尽管长期从事“削木为鐻”的技艺工作，早已熟练这一技艺活动，但每当要从事一件新钟作品的创造时，都还是要进行一番工夫转化的修养。而修养内涵包括了：专注、清扫、融入、创造等特质。例如梓庆说他每当要创制艺品前，一定要让自己身处不“耗气”的状态，因为“气耗则心动，心动则神不专也。”② 可见不“耗气”正是为了聚精会神以求专注。并且在全神贯注之下进行层层清扫的工作，也就是对心房的打扫（“齐以静心”），因为人的意识心知总是植入太多不纯的动机和前见，例如庆赏爵禄和非誉巧拙等污染，而当这些世俗符号的卷标和竞夺占据了创作者的心，那便会不断干扰技艺创造的纯粹性，因此需要将他们尽量涤除殆尽，而梓庆的“不敢怀”之静心，便透显创作者单纯为艺而艺的真诚。而当专注和洗涤的工夫达到一定状态时，便可能来到“忘吾有四肢形体”的纯粹身体感状态。即当外在爵禄荣辱等有待之心都被剥落忘怀时，创作者唯有纯然一身的热诚，并将长期技艺之熟练化为纯身体感的自发状态。只有在这种不受权力名位的诱惑压迫（“无公朝”）、不被外在宠辱成亏扰乱（“外骨消”③），而纯粹一志地让平常熟巧的技艺完全专注在自身（“其巧专”）。然后唯一剩下的便是彻底“融入”，这是最后的一大事因缘。

所谓“融入”便是完全体贴、顺从物质媒介（或自然风土），如庖丁手

① 郭庆藩辑，《庄子集释 · 达生》，第 658—659 页。

② 同前引，引《释文》李云，第 659 页。

③ 这种创作状态，类似于《齐物论》中昭氏的心情转折：“有成与亏，故昭氏之鼓琴也；无成与亏，故昭氏之不鼓琴也。”郭庆藩辑，《庄子集释 · 齐物论》，第 74 页。换言之，当昭氏的心中不再有待于他人成亏的期待和评判，他才能有纯粹的音乐创作，这里便涉及真诚的工夫修养。

中之刀必须服从牛体内里结构的天然纹理，如吕梁泳者的身体必须柔化而顺从水流内里的运动纹理。同样地，梓庆削木之前也必须找到一块恰当的木肌纹理，并顺从木纹理路（“入山林，观天性”），然后让艺品的形式自发地在纹理中开显出来（“形躯至矣，然后成见鐻”），最后才在艺者心手一如的纯粹身体感状态下（“然后加手焉”①），让物质的自然和身体的自然化为同一事件（“以天合天”），而这一自然与自由的同一事件之完成，最后才具体化为美妙艺品的现身。可再略为一提的是，最后所谓“然后加手焉”的人之身体参与，此时“加手焉”的身体手感，当如《天道》篇中轮扁斫轮时所提及的“得之于手而应于心”② 的状态，而这种心手一如的化境，便是所谓的“神”，而且就在这种“神”的身体感状态下，对自然物质的敞开和参赞，才会和技艺作品凝合为一，故曰“器之所以疑神者”。

以上大约描述并分析了《庄子》关于技艺之道的体验和观察。然而有个相关的问题有待说明和厘清：前面曾提及，当技艺者到达第三阶段的状态，能不能“忘”最为关键，能“忘”则进入身心一如的“神（化）”之境，此种状态又可称之“形神一如”（全神在身）的状态。前面曾分析过，这是一种自然而发的身体感状态，而且意识心知的主宰意志都不再复见，完全交由身体记忆的内在自然来完成。但这里要问的是，在这种身心一如的“忘”之状态，难道完全属于无意识？“神”这一概念难道没有隐含一种明觉或洞察？的确，“忘”是对各种意识前见的涤除打扫（“解心”），然而打扫清静后的“虚室生白”之虚灵状态（“释神”），难道不是一种不同于一般意识的特殊意识状态吗？技艺中的形神合一状态，是否完全只可以从身体自发（“全神在身”）的无意识面讲，不可能从中开发出超然的洞察观照呢（“全身是神”）？

之所以有上述提问，是因为多数从事技艺实践者都会强调，技艺之道属于实践之体知，百工技匠大都从师徒制的口传心授中，实际透过身体的不断重复实践，由生到熟、由熟到忘地顿入化境，一旦进入化境便完全处于无意识的全身自动状态。换言之，意识愈无为，身体运作就愈自然。如此一来，

---

① 此时“加手焉”的身体手感，当如《天道》篇中轮扁斫轮所提及的“得之于手而应于心”的状态，而这种心手一如的化境，便是所谓“神”。

② 郭庆藩辑，《庄子集释·天道》，第491页。

技艺之道的熟忘之境便带有着日用而不知的隐默性。所以经常可发现技艺实践家有一种特质，他们只知道怎么做，不知道怎么说，更不明了其中的技艺原理或结构。换言之，他们拥有的是“体知”，却没有从“体知”中再发展出“观照之知”。也因为如此，一般工匠缺乏语言来描述技艺之道，也只是再三强调技艺之道不可言说、不可传授，只能人人亲临于身体实践。这种只强调体知却未能从中发展出观照之知的片面立场，极端化便可能导致对技艺的觉察、描述、评论的不可能。如《天道》中斫轮技匠的“糟粕”论：

> 桓公读书于堂上，轮扁斫轮于堂下，释椎凿而上，问桓公曰：“敢问：公之所读者何言邪?”公曰：“圣人之言也。”曰：“圣人在乎?”公曰：“已死矣。”曰：“然则君之所读者，古人之糟魄已夫!”桓公曰：“寡人读书，轮人安得议乎！有说则可，无说则死!”轮扁曰：“臣也以臣之事观之。斫轮，徐则甘而不固，疾则苦而不入，不徐不疾，得之于手而应于心，口不能言，有数存焉于其间。臣不能以喻臣之子，臣之子亦不能受之于臣，是以行年七十而老斫轮。古之人与其不可传也死矣，然则君之所读者，古人之糟魄已夫!”①

圣人之道和圣人之言的关系，模拟于斫轮之道和轮扁之言的关系。对于轮扁来说，他们都属于生命实践的体知之学，没有力行是完全无用的。尤其涉及身体参与之微细感，如“徐则甘而不固，疾则苦而不入，不徐不疾，得之于手而应于心”这一类属于火候问题，确实有它的身体感之经验在，无法完全被对象化地指涉出来而传承出去，就算亲如父子，一样无法相传。轮扁的糟粕论具有两面利刃，一面割断了圣人之道和文本经典的连续性，另一面割断技艺之道和技艺描述的连续性。

笔者认为上述这种只强调体知，却无知于或未能发展出观照之知的片面层次，属于大多数一般工匠技艺的层次，但不是《庄子》对技艺的全面主张。从《庄子》对各式技艺的观察和描述看来，《庄子》一方面深知体知的身体感融入，是技艺之道能否臻至化境的关键；另一方面亦同时从中升发一种

---

① 郭庆藩辑，《庄子集释·天道》，490—491 页。

“无知之知”“全身是神”的照察。也因为这种体知与照察同时升发的体验，使得《庄子》超越了一般只有体知而缺乏描述能力的艺匠，而成为能洞察技艺并深描技艺，又能超出一技一艺而就普遍技艺的共通原理和结构给予品评。

不要忘记《庄子》的“心斋”工夫，并非只要突显空洞无用的心房，反而认为“虚室生白，吉祥止止”的“空灵”（“瞻彼阕者”的“阕”）心室，可以产生一种“以无知知”的功用。换言之，去除感官和心知的堵塞后，可以生发出所谓的“无知之知”。何谓“无知之知”？从“‘无知’之知”的“无知”面讲，便是“忘”的身体感自动状态（全神在身）；然而若从“无知之‘知’”的“知”面讲，这便是“全身是神”的一种觉照反观状态。

“糟粕”这样的说法，有其限制或危险在。可以试问，假使所有的描述和言说都只能一律视如糟粕，那么《庄子》一书对技艺之道的描述如何可能？有何价值？如果“神”的状态只能是无意识的隐默之知，那么将可能导致一严重后果，那便是：不只技艺体验不可传授，甚至连技艺体验的描述都不可能。因为既然完全身处无意识状态就表示不能有觉知洞察，那么关于技艺的描述和评论便几乎不可能。这个极端观点将违背《庄子》一书的立场，因为假使我们认为《庄子》确实对技艺已有所描述和品鉴，而且还有相当的洞察力和深刻性，那么便可合理地相信：对这些技艺体验加以描述的人，必定是有能力对这些体验加以观照省察，否则便不可能使人产生理解共鸣。我们当然承认有诸多实际从事技艺实践的百工，停留在日用而不知的隐默状态，终身只在一技一艺中熟能生巧、巧入忘化，而毫无观照省察的兴味，也缺乏语言描述的能力；但这不足以代表技艺之道的全面，更不能通达《庄子》“技进于道”的高度。毫无疑问，《庄子》对技艺之道的描述是经过反思的，而这些反思是觉知观照的产物，如此才可能对技进于道的身心情状和辩证历程，加以经验性的描述和普遍化的评论。换言之，《庄子》一书中对技进于道的品鉴，和一般停留于纯技艺操作的实践，最大的不同在于：《庄子》经过了一番再觉察的观照作用，百工则停留在身体感的隐默之知；百工只能达到全神在身的“忘”境，《庄子》则强调应从“全神在身”的“忘”境中升发出“全身是神”的“觉”境；而这种统合“全神在身”“全身是神”的“即忘即觉”状态，才是百工技艺可以也应该更上层楼的“技进于道”之“道”。可见，《庄子》希望将哲学反思的智悟觉照性格带入技艺的身体实践中。

假使，我们能体会《庄子》是将技艺操作的身体实践与反思观照统合为一，那么便可肯定地说，《庄子》一书之所以要记录并描述这些技艺之道、技艺之身的体验，是因为这些深描既建立在体验之上，同时也建立在对体验的反思之上。在笔者看来，《庄子》对这些技艺之道的表达，既可视为技艺体验的现象描述，也可视为技艺本质的评论。而这些描述和评论，如果不是完全虚妄而无意义的，那么我们在解读《天道》篇轮扁斫轮的糟粕之说时，就不应只停留在糟粕的字词表面。亦即，轮扁所谓经典是糟粕之说，是必须有所厘清的。首先，如果眼前所谓经典并非体验者"从宗出教"的描述，那么就技艺之道这种深涉实践之知的经验性格而言，毫无经验基础的抽象空谈，确实可谓糟粕，他们实亦不能称为经典。然而假使眼前的经典是体验者的经验谈，而且是能在体验中加以观照的经验谈（例如《庄子》对技艺之道的描述和品评），那么上述轮扁的"糟粕"说便要修正，或者"糟粕"之意便要再诠释。

首先，轮扁此人可能只属于一般日用而不知的工匠层次，因自身没有培养出观照反思的性格，所以缺乏省察、描述和品评的能力，而如果是这种状况，那么轮扁的糟粕说便只能反映出一般工匠的片面独断知见，无缘深入《庄子》技进于道的全面洞见。其次，如果轮扁属于能够在体验中观照自身体验的技进于道之实践者，那么"糟粕"一说，也可能只是在强调再怎么精确而深刻的描述和品鉴，由于都不是经验自身，因此单凭阅读体验者的技艺体验之描述和品评，甚至口传心授，虽然有可能帮助我们理解技艺工夫的历程和特质，甚至有助于鼓发我们对技艺实践的向往，但这些理解还是无法取代经验实践本身，技艺之道仍然要求人们直接去从事具体的身体实践，就此而言，再怎么深刻动人的体验描述和评论，都还是带有非直接性的缺憾，若就这一层次和意味的糟粕，《庄子》不会反对，而或许也才是轮扁寓言所要表达的糟粕之意。

四、气化身体的感通与交换

对比于《庄子》对符号身体的规训与支离之批判，可看到《庄子》笔下的技艺实践中的身体，具有了一定程度的自由性、解放性、融入性、整体性和觉察性。如以梓庆削木为鐻的体验历程来说，在进入形神合一的全神在身的身体感之前，实践者必须有一番真诚而专注的工夫来转化“身心”前见，这些前见既包括功名利禄、美丑是非等心知的意识形态，也包括了这些意识框架内化为身体规训的习性；换言之，那些符号化的身心框架必须渐渐移除，以重新将身体柔化敞开于技艺的物质情境中，以调合、顺从甚至完全融入技艺对象，使得身、心、物之间成为体合一如的连续整体。如果说，符号化的身体在身心、心物的关系中常常落入支离、僵硬、对立的状态，那么技艺化的身体便可能带有更多的整体、流动、合一等特性。基本上可以说，《庄子》对符号化的身体大抵采取批判嘲讽的立场，而对技艺化的身体则多所赞许肯定，甚至给予“技进于道”的评价。正如笔者上述所澄清的，《庄子》所称许的“技进于道”之身体状态，不只具有全神在形的身体整体性，同时亦有全角是神的虚灵觉照性，如此形神不二、忘觉一如的状态，便是技进于道的“道”性，也是技艺之身可以契通于养生之处。

问题是，技艺身体的工夫实践在某种程度虽解放了符号身体的前见束缚，进入形神一体的无待自由之境，但我们要进一步再问的是：这种技进于道的艺术创作中的自由无待，是否就是《庄子·逍遥游》中“乘天地之正，御六气之辩，而游于无穷”的逍遥？是否就是“至人无己，圣人无功，神人无名”的无待？是否就是“天地与我并生，而万物与我为一”的天籁？换言之，百工技艺之道和《庄子》真人之道，虽然有其契合类似处，但两者还是有其重要的本质差异，至于技艺之道（百工之身）和逍遥之道（真人之身）要如何区分？对此，必须进到《庄子》身体观的第三个维度，即有关气化身体的感通与交换。

关于技艺身体和气化身体的本质差别，或许可从底下这一区分谈起。《逍遥游》曾论及列子这种生命实践的类型，而在评论其生命层次的位阶时，《庄子》将列子放在宋荣子之后、真人（通于至人神人圣人）之前，他虽也超然于世俗功名、利禄的竞逐追求（即超越于“知效一官，行比一乡，德合一君，而征一国”和“举世誉之非之”），已进入“御风而行，泠然善也”的美妙之境，但《庄子》却仍将之评为“此虽免乎行，犹有所待者也”，以对比于“至人无己，神人无功，圣人无名”的“乘天地之正，而御六气之辩，以游无穷者，彼且恶乎待哉！”① 换言之，列子的御风之道和真人的逍遥之道的差别便在于：有待和无待。

或许可将列子御风而行视为一种高超的技艺之寓，而他的御风技艺所达到的泠然善境，虽有其工夫修养在（如暂时释怀名利荣辱的前见），而他的自由也犹如庖丁手持游刃却能在牛体之间悠游自在；但《庄子》却仍然要指出这种暂时的自由自在是有所依待的，也就是依待某种特殊的物质媒介、工具或情境，例如列子透过与风互渗、庖丁透过刀刃、吕梁泳者透过水流、梓庆凭借削木、轮扁透过斫轮、佝偻老人透过竹杖。换言之，技艺之道的自由是透过精神专注于一技一艺的身心感，并将此时的身心、物我互渗合一，由此达到技进于道的妙境。这种身体状态，前文说过它可以具有：自由、解放、融入、整体和觉察等特性，因此与真人逍遥之道的气化身体有其相似处。但由于技艺之道是将精神专注于一技一艺，并透过与特定物质对象的融合来达到一体感，并在这种身体与工具、对象的连续状态中，进行特定情境的身体运动或物质形式的创造；而这在《庄子》真人的境界看来，其自由不免落入一端之徼向，不能像真人那般完全不依凭特定物质徼向而融入宇宙本体自身，成为宏大的十字打开。若以《庄子》的“通”之概念说，技艺之道的身体之敞开，乃是凭借特定物质的作用而成为敞开的通道，以成就互渗融贯的体知；然而这样的敞开不免太过偏狭限定，而不能完全十字打开。而《庄子》真人逍遥之道的通达，乃如上述“乘天地之正，而御六气之辩，以游无穷者”那般无限地敞开。

技艺的身体专注于某一具体物质，并与契合为一，因此其敞开的对象只限于技艺的物质媒介，虽能和艺术对象情景交融地合一，而有其绝妙的艺术创造，但却也限于一技一艺之道，而非等于“同于大通”之道，而同于大通乃是将自己的身心和天地万物之整体融贯，或者说它并没任何的焦点对象，它的敞开对象并非限于一技一物，而是以整个无名的宇宙自身为融合对象，或者说将身体完全敞开于无名的存有之朗现，如此融入存有开显的气化大流，而透显出存有美学的冥契性，换言之，此时的身体乃呈现出完全敞开的通道，它成为气化流行的交换场所，如此的身体乃属于气化的身体、交换的身体。

① 引文皆见郭庆藩辑，《庄子集释·逍遥游》第16—17页。

换言之，这个身体不只属技艺的身体之某一徼向的融入而已，它乃是融入没有徼向的宇宙自身，而成为宇宙化的身体。

若用冥契的概念说，技艺之道乃透过一技一艺之专注、忘怀，而进入艺术游境；而逍遥之道则是将自己专注、忘怀于宇宙自身，以达到“天地与我并生，而万物与我为一”的逍遥游境。两者正因为有待（即凭借特定技艺媒介再与之融合）与无待（只是融入非对象化的气化宇宙自身）的差别，而产生通达的深度和广度的重大差别。而真人这种将身体完全向无名言、非对象的宇宙本体的敞开与通达，将导致身体的十字打开，并成为气化宇宙的高速流通渠道，这种完全融入气化宇宙的身体，可以称为宇宙化的身体，这种身体将成为人与万物相互感通与交换的最佳场所①。换言之，这种身体由于解放了符号身体的规训框架，也进一步打开了技艺身体的特定通道，完全让自己的身体融入气化宇宙的大体，同时也就让自己的身体柔化如水，这种专气至柔般的流动身体，即是高度气化的身体。如果没有进到这一存有论的层次来，便无法理解《庄子》一书诸多有关真人身体的描述。

我们可以《人间世》的心斋工夫和境界为例，来看逍遥之道和技艺之道的差别。首先，心斋的工夫内涵在于：“若一志，无听之以耳而听之以心，无听之以心而听之以气。听止于耳，心止于符。气也者，虚而待物者也。唯道集虚。虚者，心斋也。”② 不只技艺之道要有专注工夫，逍遥之道也同样要求“一志”的专注，而专注是为了扫除感官和心知的前见堵塞，正如《斋物论》的隐机要求“形如槁木、心若死灰”，《大宗师》的坐忘要求“堕枝体，黜聪明，离形去知，同于大通，此谓坐忘”，《在宥》的“堕尔形体，吐尔聪明，伦与物忘，大同乎涬溟”③。这都是对人身心被符号化规训所遗留的遮蔽给予全面性的打扫，其目的当是为了让身心重新整合而成为“气化”最佳的交换“通道”（亦是“神明”最佳的安居之“虚室”）。身心就好像一个容器或房室般，当中多余的固持被移去而成为“虚”时，此时反而敞开而得以“听之以

① 关于真人的气化身体、宇宙化身体之详细内涵，与及它所涉及的工夫修养，笔者曾有专文讨论，参见，拙作《庄子灵光的当代诠释》（新竹：清华大学出版社，2008），第117—163页。

② 郭庆藩辑，《庄子集释·人间世》，第147页。

③ 同前引，《在宥》，第390页。

气”，亦即让宇宙气化流行的力量充润、盈满、流通。这种“听之以气”的状态，其实便是融入道的力量运动状态，而道的力量运动之所以得以如此畅通无阻地来去交换而循环不歇，便因为万物之间保有“虚”的敞开和容纳本质（“唯道集虚”）；而人由于文化规训的成心成见，才使得身体的虚、通受到了滞塞，而心斋工夫便是要回复身心的清朗通达，以重回气化交换的流通网络：“同于大通”“大同乎涬溟”。

而《人间世》指出在“心斋”的工夫达到“未始有回”（亦即“丧我”“至人无己”）之时，即社会性自我的前见淡化而融释之后，会来到一种“以无知知”的境界：“瞻彼阕者，虚室生白，吉祥止止。……夫徇耳目内通而外于心知，鬼神将来舍，而况人乎！是万物之化也。”① 这种“听气”“集虚”的身心状态，它说就好像四面窗开、毫无遮蔽、完全清空的虚室般，宽敞、畅通、明亮，而且安祥柔和；而这种耳目心知的清净状态，将使得一切的存在（包括鬼神、他人、万物）都可以在这样的身心场所中交感遇合，换言之，这是一种十字打开的身心状态，宇宙各种生命力量都可以会通、栖居在此。而这种“听之以气”状态，也是《齐物论》隐机丧我所达至的“聆闻天籁”状态，亦即万物之间的气化共振之交响，都和我的身心融合交感。

这种与天地万物为一、交流的状态，便是宇宙一体的身体感。也就是上述《逍遥游》“乘天地之正，而御六气之辩，以游无穷者”的无限身体、绵延感。因为此时的身体是个十方来、十方去的交换场所，不被个我主体的躯体所蔽所限，而因气化的交换绵延、感通连结而有身体扩张延伸感，没有了边界的屏隔。例如《大宗师》就一再描述类似的真人身体感：“是之谓真人。若然者，其心志，其容寂，其顙頯；凄然似秋，暖然似春，喜怒通四时，与物有宜而莫知其极。”②

如此气化、宇宙化而“以游无穷”的身体，《应帝王》又将之称为“体尽无穷，而游无朕。尽其所受乎天，而无见得，亦虚而已。”③ 身心的敞开、

① 郭庆藩辑，《庄子集释·人间世》，第 150 页。
② 同前引，《大宗师》，第 229—231 页。
③ 同前引，《应帝王》，第 307 页。

扩大而“以游无穷”“莫知其极”“体尽无穷”“而游无朕”，这才是《庄子》逍遥之道的宏大身体感，它远远超越了技艺之道的身体，因为一技一艺所敞开的身体通道，对真正的体道者而言仍然因有待于一端而受限太大，如果能将这个固定技艺的通道给予十字打开的话，那么人和物的冥契合一就不再受限于技艺媒介的融合而已，而是与整个宇宙的气化、物化相融合（“同于大通”“大同乎涬溟”）。对这种形、气、神合一的大身体状态，《刻意》篇讲得很传神：“纯粹而不杂，静一而不变，惔而无为，动而以天行，此养神之道也。……精神四达并流，无所不极，上际于天，下蟠于地，化育万物，不可为象，其名为同帝。纯素之道，唯神是守；守而勿失，与神为一；一之精通，合于天伦。”①

前面技艺之道的“神”，它的专注、融合所产生的“游”，主要偏限在当下的物质情境中，例如，庖丁是游刃于牛体之间、列子是游于风、梓庆是神游于木鐻、吕梁泳者则是游于水等，这种技艺游戏所达的自由，一者借由融合特定物境而至，所以无法通达于物化之整体；二者其神限于一端之游，所以无法四达并流。而《庄子》逍遥之道则是融入气化宇宙之整体流动，而所谓“上际于天，下蟠于地，化育万物，不可为象，其名为同帝”，其实便是“天地与我并生，而万物与我为一”，这种真人与浩瀚宇宙同体共在，便是“一之精通，合于天伦”。而《天下》篇则称此为进入：“芴漠无形，变化无常，死与生与，天地并与，神明往与！芒乎何之，忽乎何适，万物毕罗，莫足以归，古之道术有在于是者。庄周闻其风而悦之……独与天地精神往来而不敖倪于万物……彼其充实不可以已，上与造物者游，而下与外生死无终始者为友。其于本也，弘大而辟，深闳而肆，其于宗也，可谓稠适而上遂矣。虽然，其应于化而解于物也，其理不竭，其来不蜕，芒乎昧乎，未之尽者。”②

很显然的，逍遥之道是一种宇宙性的存有状态，它融入于物化天籁的存有连续、全体大美的变化大流之中，真人从此才得于成为浩瀚充实的生命，而这种“道大，天大，地大，王（人）亦大”的“大”，不是因为自我人格

① 郭庆藩辑，《庄子集释·刻意》，第544—546页。

② 同前引，《天下》，第1098—1099页。

的伟大，反而是主体自我消融于天地万物的整全之道中，完全与之共在、共命、共流、共化，才成其为大。这种“天地并与”“与天地精神往来”“与造物者游”“名为同帝”“合于天伦”“同于大通”“大同涬溟”的状态，不再只是一技一艺的美，而是融入存有大流、物化天籁的存有美学、自然冥契美学。① 换言之，这里有着天地存有活力之大美与宇宙契合的神圣向度在。

五、结论：气化之身与符号之身在人间世重新遇合

由上可知，《庄子》对符号、礼教身体的批判，乃为疏通或柔化规训太过的框架，以复归身体浑朴畅通的整全状态。由此一上达的徼向来说，解构文化符号框架下的社会之身，可以渐渐复苏流动的身体而终至体验到气化之身，这种“体尽无穷”的身体感乃敞开于一、道、天等宇宙性的形上体验。如前面曾提及坐忘工夫，乃要将仁义礼乐在身心上的铭刻，给予堕、黜、离、去，超然“忘”怀，最后才能达到“同于大通”之境。“通”这一概念至为关键，“通”“化”“达”契近互通，他们反映了身心、物我感通的流畅体验，且这种身体感呼应于气化的世界观，即天地万物间、人与人之间、身心之间，一切都在存有连续的运动中，不断发生着最初的交换关系。因为流通、变化、通达，所以交换、互渗为一，此即所谓：“故万物一也，是其所美者为神奇，其所恶者为臭腐；臭腐复化为神奇，神奇复化为臭腐。故曰‘通天下气耳。’圣人故贵一。”② 气化流行促使万物敞开而交换，而万物交换流通也不断地促成气化循环，这个流出流入、神奇臭腐互换的历程，便使世界成为“同体”的亲密关系，这也是老庄渴望“同于大通”的“道通为一”：“天地与我并生，而万物与我为一。”“故为是举莛与楹，厉与西施，恢恑谲怪，道通为一。其分也，成也；其成也，毁也。凡物无成与毁，复通为一。惟达者知通为

---

① 关于道家真人这种存有之美、冥契之美、物化之美，以及这些向度的通而为一之诠释，请参见拙文，《道家的自然体验与冥契主义——神秘·悖论·自然·伦理》，回到老庄文献诠释它和冥契主义共同特征的呼应关系，《台大文史哲学报》，74（台北：2011），第 1 – 35 页；《论先秦道家的自然观：重建一门具体、活力、差异的物化美学》，《文与哲》，16（高雄：2010）。

② 郭庆藩辑，《庄子集释·知北游》，第 733 页。

一。”“自其异者视之，肝胆楚越也；自其同者视之，万物皆一也。”①

《老子》也不断强调“一”是万事万物的活水源头，如三十九章：“天得一以清，地得一以宁，神得一以灵，谷得一以盈，万物得一以生，侯王得一以为天下贞。”“一”其实就是滋润、包容、孕育天地万物，并使其交融连续的力量之流（《老子》常用“水”来隐喻，《庄子》则多谈“气”之体验），它渗透万物并使其“恍兮惚兮、惚兮恍兮”地交融连结为一整体，任何个体生命若失去存有活水的根源挹注、整体互渗，都将搁浅干竭而渐失生机。所以，如何让自己的生命成为一个好的流通渠道、通达于整体之道，以使整体（一）遍润于个体（多）中，部分（多）不离于整体（一），② 便成为道家工夫修养的关键。

然而礼教之身是立基在文化符号（名言）的别异基础上，它在建构社会人我的认同与关系时，必须将人我关系放入正名的框架中，一则为确立自我的身份认同；一则可稳定人我的秩序网络。这种别异以立分际的文明化过程，对道家而言，它几乎无所逃地同时带来异化，浑朴天真的感通流动被固定单向的形式规定给制约，浑朴整全被符号网络给支离破碎化，而生命活力的欢怡跃动也被重重框架给堵塞，甚至分化为彼此矛盾的人格暗流。而老庄为恢复生命的流畅、通达，便不得不进行清洗打扫的工作，以回复最大的通、达状态——“虚”。“虚”是空间隐喻，也就是将填满、堵塞的暗房中之堆积障碍物，移除清空以回复那完全的“容纳”状态，③ 此即《人间世》“听之以气”的心斋工夫所欲达至之境：“气也者，虚而待物者也。唯道集虚。虚者。心斋也……瞻彼阕者，虚室生白，吉祥止止。”④ 身心的清虚通畅，一方面既可自由活泼地表现自然天真的生命情状，另一方面也能够容纳万物、参与万物，以共成生命整体的变化大流。

---

① 分见郭庆藩辑，《庄子集释·齐物论》，第 79 页、70 页；《德充符》，190 页。

② 《齐物论》称此种部分与整体共融的美妙之境为：“天地一指也，万物一马也。”郭庆藩辑，《庄子集释·齐物论》，第 66 页。

③ 《老子》又将这种纯然容纳的身心敞开状态，用“空谷”“江海”来隐喻：“江海所以能为百谷王者，以其善下之，故能为百谷王。”（六十六章）这些隐喻意象，都指向了“冲虚”。

④ 郭庆藩辑，《庄子集释·齐物论》，第 147—150 页。

总言之，礼乐教化的重点是别异以确定秩序，心斋坐忘的重点则是齐物以疏通流动。两者之间，不免有对比的张力在，所以老庄在复苏流动身体、上达于气化之身的过程中，礼教之身便成为其批判解构的对象。而就上达“体尽无穷”的宇宙化、形上化的极至徼向看，老庄在描述这一类冥契状态的气化之身时，让人感到它几乎趋近“前语言”“非符号”“无社会”的纯粹身体，① 这种“游乎一气”的冥契之境突显出道家身体观所触及的宗教向度。② 这神圣之身、气化之身的冥契境界可以说是离礼教身体最远，甚至渴望将它涤除殆尽以进入超历史、超时空的“朝彻”“见独”之境，亦即有道者女偊层层日损后的终极体验：“参日而后能外天下；已外天下矣，吾又守之，七日而后能外物；已外物矣，吾又守之，九日而后能外生；已外生矣，而后能朝彻；朝彻，而后能见独；见独，而能能无古今；无古今，而后能入于不死不生。”③

然而，笔者认为最耐人寻味的是，老庄虽一再提及：若要上达“乘天地之正，御六气之辩，以游无穷”的形上超脱，便要将符号桎梏给层层剥损（无己、无功、无名），而道家文献确实也再三出现对气化之身的描述和赞颂，但笔者认为道家在终极的立场上，并未极端地停留在这种“未始有物”“无言之一”“六合之外”的终极冥契之中，④ 尤其《庄子》更不渴望永恒长住在这种“去人间化”的“独”境；从《庄子》的冥契文献看来，它虽曾体验过这种超时空、超生死的纯一冥契经验，但同时也反省到这种宗教经验的不可久住性，因为纯净空灵的齐物冥契终究要回返变化之流的差异，而凡是人终究

---

① 关于道家的宇宙化身体的超越性，参见拙文《〈庄子〉精、气、神的功夫和境界——身体的精神化与形上化之实现》。而颇受老庄影响的内丹修炼传统（炼精化气，炼气还神，炼神还虚），其所向往的终极经验便契近这类纯粹的身体。有关内丹修炼的身体与宗教经验，请参见拙论《丹道与易道——内丹的性命修炼与先天易学》（台北：新文丰出版公司，2010 年）。

② 关于道家的冥契体验内涵与类型，参见拙文《道家的自然体验与冥契主义——神秘·悖论·自然·伦理》，《台大文史哲学报》，第 74 页，1—44 页。

③ 郭庆藩辑，《庄子集释·大宗师》，第 252 页。

④ 《齐物论》：“古之人，其知有所至也。恶乎至？有以为未始有物者，至矣，尽矣，不可以加矣。”“天地与我并生，而万物与我为一。既已为一矣，且得有言乎？”“六合之外，圣人存而不论。”郭庆藩辑，《庄子集释·齐物论》，第 74 页、79 页、83 页。

也都要回归人间世这一生活世界来。所以《庄子》在《天下》篇表明自己的哲学立场在于："独与天地精神往来而不敖倪于万物，不谴是非，以与世俗处。"这便指出"独与天地精神往来"不但要"不敖倪于万物"，甚至终究要回归"与世俗处"这一人间世来。

换言之，《庄子》所冥契的大通圣境、超然独境，终不得、不愿久住而必得返回充斥君臣父子这一"义""命"交缠的关系网络中，《人间世》便说这一符号网是"无所逃于天地之间，是之谓大戒"。换言之，进入"游乎一气"、体得"气化之身"的冥契者，只是暂时遁入超历史、无名言、去符号的纯粹独一之境中，但它终将离开这"与道为一"的"无言"之境，回返"与世俗处"的"有言"之境，这一有言世界便也就是充斥名言符号的礼教之身的世界。《庄子》告诉我们面对这一犹如"牛体网络"般错综复杂的角色关系，要不相刃相靡而耗尽精神气力，那么人们应该秉持"大戒"的态度，这种戒慎恐惧的专注便是庖丁解牛的神态："每至于族，吾见其难为，怵然为戒，视为止，行为迟。动刀甚微，謋然已解，如土委地。"①

可见气化之身一旦回到人间世来，文化符号的社会网络、礼教规训必然同时上身，这时真人如何可能再保有气化流动的自由可能？笔者认为由于《庄子》并不选择宗教式的舍离不复返的超绝进路，真人并不采取仪式性地一再重返那个"挂一漏万"的"独境"（亦即只追求意识空灵的纯一，逃避万物变化的杂多），《庄子》式的真人打破冥契之境与人间之境的二元对立，圆通无碍地在人间世中活出逍遥，非舍世间而逍遥。既然如此，就必得想办法将气化之身与符号之身统合起来，这种统合气化身体与符号身体的立场，笔者认为才是《庄子》身体观最后采取的姿态。然而如何才能统合气化与符号这两种身体状态？简单说，这便是庖丁解牛的姿态与位置，只是眼前这位庖丁手中握有的不再是工匠之刀，而是能解构语言、游戏语言的书写之刃，他精通于文学技艺、善用文字魔力，以便在符号堵塞僵滞不通的意识形态牢笼中，发挥"合于桑林之舞、中经首之会"的游艺姿态，不断从固化的位置找出可以交换移动的空间，如此而庶几可以在文化符号的结构中不断疏通文化符号，在礼教身体的框架中不断复活流动之身，这种在其中又同时出离其中

① 郭庆藩辑，《庄子集释·养生主》，第119页。

的批判、治疗、活化的流动位置，便是游刃有余的技艺。①

庖丁（这里所谓的庖丁已不是停在一技一艺的工匠庖丁，而是体验深刻、见识恢弘的真人智者之圆通隐喻）虽不得不落入错综复杂的牛体结构之樊笼中，不能不被礼教身体的义命关系所限定，但是拥有无厚之刃的庖丁还是能处处找到空隙，以无厚入有间地游戏穿梭其间。就此而言，庖丁依然可以说是在结构中活出结构的捆束，而仍保有气化之身的自由可能；更进一步地说，他更将带出道家对文明僵固异化的批判治疗，展开道家对人间世的公共关怀。② 换言之，将纯粹的气化之身回返于礼教之身，看似减杀了道家的宗教超越向度，但也可说是以更踏实圆通的方式呈现出超越性，并且使得超越性和批判性通达为一，而这便是《庄子》身体观三维辩证的圆境。

17. 由“指”看人的符号活动的身体性、公共性和创造性

张曙光

北京师范大学价值与文化研究中心

概要：在汉语中，符号的“能指”（signifier）与“所指”（signified），是由人的“手指（finger）的动作”引申而来并获得命名的。人“手”既是人们用来做事取物的工具，所谓“手段”并由手段发展出“技巧”“技术”，又是人借以招呼示意，分别亲疏远近、表达爱恨恩仇的最灵活、最常用的器官，所以被人自己高度关注。《说文解字》谓“指”从手旨声；而旨者“美也”。手和手指为何以美名之？应当既在于它做事的灵活、灵巧——所谓心灵手巧、身手不凡，亦在于它是人际交往，尤其是男女恋爱、结合的纽带。可以说，人的身体活动是人的最原初的符号活动，是能指与所指、个体性与公共性的统一，发挥着生存论和认

① 参见拙文，《罗兰巴特与庄子的旦暮相遇——语言·权力·游戏·欢怡》。

② 我尝试从《庄子》这种圆通立场开发“当代新道家”回应世间的公共关怀和力道。对于“当代新道家”的界义和内容，请参见拙著《当代新道家：多音复调与视域融合》（台北：“国立”台湾大学出版中心，2011）。

识论的双重功能，充当着把人的自然本能与社会文化联系起来的中介，乃至成为人的生理生命、社会生命和精神生命相互过渡的桥梁。

世上没有长相完全一样的人，也没有完全一样的身体活动。身体符号不同于文字符号，就在于它的“亲身性”“具象性”，它不仅依托于个人的肉体并表现出个人的特点，其肢体的和表情的直接性，还会将一种感情的因素、交往的意识注入人们对它的理解和反应之中，促成生活规则和风俗习惯的形成。身体是人的一切有意识的生命活动的起点，也是它的终点。由以身观身，到以天下观天下，这是身体符号给我们的重要启示。

在人们形成身体符号时，人所面对、所指称的对象的外部性、具体性和多样性，需要他们按照对象自身的性质和特点，描绘出他们不同的物象，从而形成图像、图画，这才构成身体符号的整体系统。但是，这些物相、图画与人的肢体动作一样，也是有限的，难以表达人们的思想和情感，并且具有相当的模糊性和理解上的歧义性。因而，人们既需要大大地扩展符号系统，亦需要将其加以简化、抽象（抽取共相），给予确定，使其明晰。于是，文字的出现成为必然。“我们从文字发展的历史，知道愈古的文字愈象形，愈近于图画，因此文字的前身是图画，是从图画蜕变出来的。”由象形变化来的文字符号，虽然与人的身体的具相性、动态性离得远了，甚至可以说有了“去身”性，却与人的内在意识和精神世界离得近了，这其实意味着语言文字大大地扩展了人的生命活动的公共性、可能性与共通性，从而把每个人都带入到一个广阔的“意义”世界，大大地激发了人们的想象力，成为推动他们不断地提升其社会化、人类化程度的有力杠杆。

人的整个自然语言符号系统，其产生和意义都在于人的社会生活及其秩序的形成，在于生活本身。因而，这种符号也必须通过被理解、接受和实践，再回到人自身，变成人特定的行为方式、思维方式和情感方式。换言之，人之于身体和自然语言符号的“写”与“说”，都是为了“行”与“做”，为了“做事”“做人”“成人”“成己”，而不是说说而已，不是为了说给别人听，否则就失去了它的基本意义。正因为如此，中国的先贤对于学习所强调的，才不是“为人之学”，而是“为己之学”。

如索绪尔所言，人们在学习和接受语言时，也不知不觉地被语言及其意义系统的深层结构所规定、所范导，而造成人性的统一性的宿命。人成了语言繁衍自己的工具。但是，如果语言符号（或一切人造的符号）与人的身体活动、与物质性的实物完全游离开来，且无法把我们从前者引向后者，我们就会批评：那不过是空洞的符号而已！

其实，一方面，语言符号作为由无数要素构成的系统，作为有待于人们阐释和更新的文本，总是能够给人们各种选择、解读和不断赋义的可能；即使在同一文化环境中受同样的教育，人们仍然会有不同的个性、信仰和人生取向。另一方面，正是人们蕴含着无限潜能的身体，人的生命自由和超越的愿望与取向，决定了他们总是不安分守己，总是试图突破既有的规定和秩序，而只要人们形成新的能力，或者受到其他异质的语言和意义系统的冲击，他们就能丰富、更新自己原来的符号系统。

中国的象形文字大都具有"象形、指事、形声、会意"的特点，体现了人的身体符号及其对象的具相性，蕴含了大量形象化的人文信息、做人做事的道理，给人以亲切感、生动感和强烈的感染力。中国汉字的这一特点最大限度地激发了中国人富有情感的艺术、道德和神话创造活动，延续、维系了民族的历史文化血脉。然而，它是否也抑制了中国人的抽象思维能力、科学探索的兴趣和分析论证的精神呢？是否使人们一直滞留在属于"德性之知"的"生命之树"上，而未能像西方人那样攀登上属于"见闻之知"的"知识之树"呢？这是一个很大的问题，值得我们继续探讨。

一、"物莫非指"：生存活动中符号的身体性

在汉语中，符号的"能指"（signifier）与"所指"（signified），是由人的"手指（finger）的动作"引申而来并获得命名的。

人的手指是一个名词，指的是人的身体的特定器官，属于"事实"界。但手和手指从身体的其他部位分化出来的"目的"在于它要发挥特定的功能，这一功能无论是出于生命本能的习惯动作，还是执行大脑的指令，都属于人的肉体生命及其意向活动，具有生存论意义，如或者抓取，或者执笔，或者敲击键盘，这是手指的"使用价值"；当手指用来指称某个对象，用来数数和计算，或以手势表达某种愿望、情感和需要时，它则发挥显示或象征、发现或发明的功能，人的手指活动或肢体活动也由此成为"身体符号"，具有虚实

二重性、生理和文化的二重性。

单纯的动物性的肉体不是身体，人的身体和人一样是从动物“转化”过来的。人从自然界诞生出来的过程，就是人的身体形成的过程，包括人的形体和属人的感觉、心理和意识。其中，最为显著的标志是人的直立行走，前后肢分工，人的双臂双手逐渐解放出来，更为灵活且专门地从事制造和使用工具的活动，创造并满足自己衣食住行的需要；头颅则作为首级立于身体最高处，仰观俯察，高瞻远瞩，着眼于当下并预见未来。人由此参天地、赞化育，在必然和自由、现实和理想之间演绎出无穷无尽的故事。如果说在这个过程中，最初起决定性作用的是自然选择的压力，那么，越是到后来，人们能动的社会性活动，越是成为人自身演进的动力。外在的感官刺激和内在的生命需要共同推动着人的肉体活动及其大脑神经中枢的进化，由此形成的人的心理和意识则越来越能够引导和指挥其肢体活动。随着人的自我意识的出现，人的心与身、主体性与客体性发生相对分化，人的生存二重性结构得以产生，生命活动获得内在张力。事实上，每个人之所以都能够以自己为对象，是因为他们互为对象，即每个人都通过他人的身体活动而注意到自身并作出相应的反应；不止是人的举手投足、喜怒哀乐，甚至本来属于生理范畴的生老病死和人的形体、性别、相貌，也相继成为人们自己关注、评比、修饰乃至重塑的对象。这样，在人们获得一种开放的、关系性的自我认同的同时，也形成了区分真假、善恶和美丑的价值观念并借以范导其相互关系。人的生物性的肉体也由此逐步建构为人的身体。①

中国人很早就注意到人的身体活动的显示、表达和象征意义，并特别重视那些能够作用于人感官的优美的动作、旋律和音响，认为包括人所模仿的大自然的“天籁之音”，都有愉悦、感染甚至易风敦俗、和谐族群的人文教化作用。舜指定夔主管音乐，并以之教育子弟，赞许它能够使人“直而温、宽而栗，刚而无虐，简而无傲”，并谓“诗言志、歌永言，声依永，律和声。八

① 如果人对于自己人生中的某些方面完全无能为力，他们就会将其归之于“命”或“天命”。“形”诸于身体的“生命”，“生之来不能却，其去不能止”（庄子），对于人来说总有神秘性。人的文化既造成这种神秘性，又破译这种神秘性；如同文化既让人害怕死亡，又解除着对死亡的恐惧。这个问题须专门处理，故不详论。

音克谐，无相夺伦，神人以和。夔曰：于！予击石拊石，百兽率舞”①，完全是一幅神人同乐、人兽共舞的感人画面。孔子感叹《关雎》“乐而不淫，哀而不伤”，即有中和之美。称赞《韶》乐“尽美也，又尽善也”。② 荀子亦高度重视音乐，说“乐也，人情之所不免也。故人不能无乐，乐则必发于声音，形于动静；而人之道，声音动静，性术之变尽是矣。……乐者，圣人之所乐也，而可以善民心，其感人深，其移风易俗，故先王导之以礼乐而民和睦”。③《毛诗序》如此评论《诗经》的作品：“诗者，志之所之也，在心为志，发言为诗。情动于中而形于言，言之不足故嗟叹之，嗟叹之不足故永歌之，永歌之不足故手之舞之，足之蹈之也。”④ 显然，古人对音乐和诗的激赏，既在于这种表达方式和内容发自于人的生命活力特别是内心情感，又在于它能够反转来感染、影响人的情绪和意志，激发并引导人的生命旋律于人的社会生活，使人与人之间，甚至人与自然之间由此感通，形成和谐的秩序。

由于“手”既是人们用来做事取物的工具，所谓“手段”并由手段发展出“技巧”“技术”，又是人们能够招呼示意，分别亲疏远近、表达爱恨恩仇的最灵活、最常用的身体器官，所以，尤其引起人自己高度的关注和礼赞。《说文解字》谓“指”从手旨声；而旨者“美也”。手和手指为何以美名之？这应当既在于它做事的灵活、灵巧——所谓心灵手巧、身手不凡，亦在于它是人际交往，尤其是男女恋爱、结合的纽带。如同《诗经》赞美美人“手如柔荑”（《诗经·硕人》）；期待并祝愿“执子之手，与子偕老”（《诗经·击鼓》），“携手同行”“携手同归”“携手同车”（《诗经·北风》）。手相执，就是身相依、心相属，两个原来陌生的男女共结连理，一起营造“理想”的生活。执手的诗句于是给一代又一代人以美好的憧憬和想象。

那么，人的“手指”之称呼，究竟是根据手的指称功能而名为手指呢？还是先名为手指而后发现并重视其指称功能呢？我宁可相信手指是在“手”的指称活动中获得这一命名的，即它作为名词和作为动词是一而二、二而一

---

① 《尚书·尧典》。

② 《论语·八佾》。

③ 《荀子·乐论》。

④ 《毛诗正义》卷一。

的。手的指称活动，应当与手的做事取物、手舞足蹈的身体活动一样，首先属于人的生命意向活动。

总之，人的身体活动一方面基于人的肉体结构和生理本能，另一方面，它又是通过人们后天生产和交往的形式发展起来并获得社会文化意义的。人的身体活动就是人最原初的符号活动，它充当了把人的肉体本能与社会文化联系起来的中介，乃至成为人的生理生命、社会生命和精神生命相互过渡的桥梁。可否说，人类的整个社会文化世界都是从人的身体活动中生发出来，通过身体符号、自然语言符号和人工语言符号的先后产生与广泛运用，最终又要返回到人的身体的健康和自由的活动上来？不断地推进人的肉身的精神化和精神的肉身化、个体的社会化和社会的个体化？倘若如此，人的身体活动就蕴含着文化符号的秘密。

战国时的公孙龙说："物莫非指，而指非指。"即物莫非所指，而能指非所指。手指就是手指，但当手指发挥指向功能时，这一能指就关乎所指了。手指是显，所指为隐；所指既显，手指则隐。由显而隐，又由隐而显，于是人与对象世界相互敞开，形成一种有意义的关联，这种关联是生存论的，也是认识论的。在人们的生活活动中自发形成的身体符号甚至整个自然语言符号系统都兼有这两种属性。生存性的认知不是纯粹的客观知识或形式逻辑，而是关涉着人的"体验"和"理解"，"评价"和"态度"，并最终落实为人们对于某种生活方式的选择、持守或变革。这是身体符号和自然语言符号的属性与旨趣所在。庄子不认可公孙龙关于物指的说法，而谓"以指喻指之非指，不若以非指喻指之非指也；以马喻马之非马，不若以非马喻马之非马也。天地一指也，万物一马也。"① 这是庄子的宇宙观，也反映了他的"天地与我并生，而万物与我为一"这一广阔宏大、无分主客的自由审美的生活态度。而人们现实的生活却不是那么自由，美丑、善恶、圣俗等价值形态也总是相对而言，相反相成。这不仅因为人类受制于自然界，人类也受制于他们的能力和相互关系。人们相互作用、相互制约的交往关系，恰恰是身体符号直接产生的土壤。

---

① 《庄子·齐物论》。

二、“以身观身”：身体交往中符号的公共性

假如一个人可以独自生存，那他是不需要指称的，他直接用手做事就行了。指称发生于人际之间，发生于交往活动中。用“手指”“指谓”某个东西，是要让别人注意它，乃至让大家共同关注，一起“盯住它”或“抓住它”。当事人的指称活动是能够为相关主体直观并意识到的，即使开始未必理解它所指称的含义，也能够通过当事人一连串的身体动作、表情和声音而领会其意图，给予回应。随着人们的某种举动与一定对象之间的关系的重复发生，包括对这种举动的模仿和学习，这种举动的功能性意义也就获得了公认，获得了某种普遍性、公共性。所以，手指的指称活动不只是能指与所指、虚与实的统一，还是包含个体性与公共性等多重属性的文化符号活动。

人是社会生物。这一命题表达的内容是极其丰富的，并且永远是开放的、无止境的。人的社会性即使有高等动物“合群性”的生物学根源，其社会性也更多地属于人们在后天的共同生活和交往活动中获得的规定性，一种经由各种联系、作用、制约和相互规定，而形成的超出人与生俱来的生物性的社群性和人格特征，体现在人的显性的肢体动作、面部表情、穿戴打扮和隐性的心理与意识这两个方面。人们的共同生活，无论是直接的还是间接的，都离不开生产的分工合作，离不开男女之间的结合以及家庭成员的相互依赖、互助合作，也离不开人们以各种方式展开的交往活动。这种共同的生活和交往活动，在推动人们的生理需要发展为包括“欲望”“希望”在内的社会性需要的同时，也推动着人的自然情感向着“爱”“信任”和“友谊”的提升，以及“利他”和“公平”的道德意识的萌生；被他人和群体关心和承认的需要，促成了人的荣誉感、尊严感甚至虚荣心的产生；群体内部的相互作用、竞争和与其他群体争夺利益的需要，则激发出人们争强好胜、出人头地的意识，乃至英雄意识和权势意识，等等。由此，人们从趋利避害、趋乐避苦、恋生畏死的“第一天性”中生发、转换出“第二天性”，不仅有了复杂的心理活动、意识活动，还学会了以肢体、表情来“表现”“表演”，证明自己的存在和才能，人的生活的样式和意义由此变得丰富，但同时也产生了动物的生存所不曾具有的各种矛盾和问题（如虚伪、作假）。如同人的灵活的手和手指，能够做不同的事情，也能够表达相反的意思：或获取或放弃，或接受或

摆脱，或招呼或拒绝，或赞许或指责，或示好或示威，等等，人们的心理、意识也会由于愿望的实现或落空、情感的顺畅或不遂、意志的贯彻或受挫、行动的成功或失败，而生发出相反的“意向”：快乐或痛苦、欣悦或愤怒、羡慕或嫉妒、敬仰或鄙视、感恩或怨恨、满足或遗憾、得意或懊悔、骄傲或谦卑，等等。一般而言，人与人的关系既有竞争又须合作，所以，人的身体的符号活动也不可能只是表达单方面、单向度的意义。

但是，人毕竟直接生活在各种共同体中，共同生活所要求的首先是他们彼此的合作而不是竞争，即使竞争，也要以是否有利于合作、是否“合乎情理”作为其准绳和限度。一方面，共同体成员之间的相互依赖、信任、理解、协助和彼此默契，决定了共同体的整合或整体化程度；另一方面，共同体的整合或整体性又反过来要求并促使其成员之间的合作，包括行为的协调。所以，在共同体中，每个人既自己规定、塑造自己，又相互规定和塑造；即使他们个人的身体活动是他“个人”自主地做出的举动，这一举动也不只体现他个人的生命意志，还要体现与他共同生活的其他人的生命意志，以及他们在共同生活中所形成的集体意识或“集体无意识”，包括基本的生命信念、思维方式、生活态度等等。米德指出：“某人作为人存在，因为他属于一个共同体，因为他接受该共同体的规定并使之成为他自己的行动。他用它的语言作为媒介借此获得他的人格，然后通过扮演所有其他人所具有的不同角色这一过程，逐渐取得该共同体成员的态度。在某种意义上，这便是一个人人格的结构性。各个体对某些共同的反应，当个体影响其他人的时候，那些共同的反应便在他身上唤醒，就此而言，他唤起了他的自我。”“当然，我们并非只是人有我有：每一个自我都不同于其他任何一个自我；但为了使我们能成为一个共同体的成员，必须有一种共同的结构性，……在我们自己的自我与他人的自我之间不可能划出严格的界限，只有当他人的自我存在并进入我们的经验时，我们自己的自我才能存在并进入我们的经验。个体只有在与他的社会群体的其他成员的关系中才拥有一个自我；他的自我的结构性表现或反映了他所属的社会群体的一般行为形式，正如其他属于这一社会群体的每一个体自我的结构性一样。”① 具有相对性、反身性和“互文性”这一共同结构的

① 米德：《心灵、自我与社会》，上海译文出版社 1992 年，第 144、145 页。

自我，使得共同体中的每一成员都可以在一定程度上代表、表征这个共同体，即都可以视为这个共同体的符号。这样，人们在社会活动中形成的各种动作，言谈举止、表情声音，就不再是纯然生物性的活动、本能的表现，而成为具有指称、象征意义的社会性“行为”，此即身体的符号活动，也是文化活动。凭借这种活动，人们越来越自觉地展开竞争与合作，产生出相应的交往规则和行为规范，形成一定的社会生活秩序；这些规则、规范和社会秩序又反过来成为对每个人发挥教化和规范作用的风俗习惯、文化环境。——可见，人的社会文化性存在和生活是随着身体的符号活动而建构起来的；身体符号既在特定的“语境”即人们的交往关系中产生，又是这一关系得以形成和发展变化的极其重要的能动的要素。

那么，这是否意味着人的身体符号只是表现共同体或族群的“共性”，表征生存于其中的社会“整体”，而无关人的个性和差异？上面的论述似乎给人这样的印象，但其实并非如此。如果那样的话，任何物种的个体都是这一物种天然的“符号”，符号也不复是人为的东西，不具有人文化成的文化意义，更谈不上创新和发展了。

其实，人们的社会性不仅意味着他们的相互依赖、共同生存，还意味着包含差异、个性的互动和互补。由于先天和后天条件的差异，个人努力和取向的不同，人与人之间的差别是绝对的，每个人的身体状况和心理意识都有其特殊性，其感觉和意识、生命和生活更不能相互替代；由生产分工和社会分化所决定的人们的角色、身份、责任和义务也是不同的，而这又会导致或强化他们不同的性格和思想意识的差异。人们共同的生活和社会交往不可能使他们之间的差异消失于无形，相反会造成更多的、更细密的差异和区别。只不过人与人之间的关系有竞争就有合作、有分化就要整合，因而，与差异性相伴随的，也必定有统一的行为方式（如传统社会中繁复的礼节）甚至某种平均化的发生。如果说，在传统共同体特别是家庭内部，高度的利益一致性所形成的“我们”的认同意识和平等意识，自觉不自觉地限制着他们的社会分化，借用黑格尔的话说，家庭是一个直接的伦理实体，在其中个体与整体难以分开，其伦理的身份差异仿佛是自然赋予、与生俱来的，不具有选择性和自为的价值，所以个人的身体活动所体现的只能是共同体的整体性，那么，在人们借助商品经济走出传统共同体的现代社会，“我们”分化为一个个的“我”，成为众多具有独立意识和意志自由的个人，这些个人一方面以契约的形式联系起来，另一方面又通过货币、权力和话语等媒介实现着彼此之间的交往互动，这样，人们的身体符号活动就不只是民族或族群的表征，而同时还会体现出自己的个性和创意。世上没有长相完全一样的人，也没有完全一样的身体活动。身体符号不同于文字符号，就在于它的“亲身性”“具相性”，它不仅依托于个人的生理方面并表现出属于个人的特点，其身体的动作和表情的直接性，还会将一种感情的因素、交往的意识注入人们对它的理解和反应之中，有助于形成社会生活的规则和风俗习惯。

米德为了论证自我的社会性，突出自我与身体的区分，他说，身体可能以智能性很强的方式活动，而无须一个包含在经验中的自我。自我以自身为对象，这个特征把它与其他对象和身体区别开来。身体的各部分完全不同于自我。我们可以失去身体的某些部分而不会严重侵害自我。①“自我”固然是能够将人的一切身体活动给予统摄的心理意识现象，因而它不同于具有明显的生理实体性的身体，但意识与人的身体的区分只能是相对的，将这一区分绝对化，人的身体就与单纯的生物的肉体无异，自我意识也成了非生命的虚幻想象，这就重袭了柏拉图的“灵肉”二元论。米德认为，自我的“自私的一面”与“无私的一面”应该用自我的“内容”与自我的“结构”分别来说明，自我的内容是个体的，因而是自私的或自私的根源，自我的结构是社会的，因而是无私的或无私的基础②。这当然有一定道理，但正如他将“身体”与“自我”对立起来，他把自我的“内容”与“结构”“个体”与“社会”也完全对立起来了，这却属于极端之论，也把问题简单化了。我们既可以说人的肉体“联系着一切的恶德”，也可以说它是人类的慈悲、仁爱之源。所谓“同情”之心、“不忍”之心，既源于生命的天性和直觉，又是针对人的肉体遭受的痛苦而言的。中国大哲老子说：“何谓贵大患若身？吾所以有大患者，为吾有身，及吾无身，吾有何患?”人所遭遇的祸患首先是身体的祸患，所以，防患就要防身、贵身。老子接着说：“故贵以身为天下，若可以寄天下；

① 参见米德：《心灵、自我与社会》，上海译文出版社 1992 年，第 121 页。

② 参见米德：《心灵、自我与社会》，上海译文出版社 1992 年，第 205 页注。

爱以身为天下，若可托天下。”① 身体是人的一切目的性活动的起点，也是一切目的性活动的终点；基于“以身观身”的逻辑，才能“以家观家”“以邦观邦”“以天下观天下”，反之亦然。这就是身体符号给人们的重要启示。所以，我们既以“身体性”（或“亲身性”）又以“公共性”来表示人的符号活动的性质。这里的身体性或亲身性不外于公共性，公共性不是抽象的普遍性或同一性，而是包含个体身体差异及特殊性在内的人们身体符号的相通性、兼容性，它最大限度地包容了每个人的个性与自由。俱乐部就是这种公共性最好的寓所和体现。或许我们还可以通过维特根斯坦的“家族相似性”来理解符号源于人的身体活动的公共性。

三、“身道不二”：修身成德中符号的创造性

那么，身体符号与自然语言符号系统又是什么关系？

如果说，身体符号是自然语言符号系统的基础，那么，自然语言符号系统就是身体符号的扩展和飞跃。广义的自然语言符号系统包括身体符号系统。

著名语言学家陈梦家指出：人类表示思想与情感可有许多方法，诸如“姿态”“声音”“符号”“语言”“文字”等。一个人对于某一事的赞同，至少有五种方法表示：点一下头是姿态的表示，发生出一声“呃”是声音的表示，说出一句“可以”是语言的表示，在纸上画出一个正号“+”是符号的表示，写出一个“可”字是文字的表示。感叹的声音是语言的雏形，姿态是肢体动作的符号。“但是，感叹的声音并不能代表语言，符号也不能代表文字。”“若要表示一个复杂的事情，如‘我明天骑马下乡’，就非语言与文字不可。一个瘖人用单调的声音与姿态，不能演出复杂的事情，其故在此。”② 一方面，随着人的身体和意识活动的发展，各种可能性的发现和实现，人类的生活变得越来越丰富和复杂；另一方面，人们又要力求准确而简洁地传达

---

① 《老子·十三章》。司马光解释老子这段话说：“有身斯有患也，然则，既有此身，则当贵之，爱之，循自然之理，以应事物，不纵情欲，俾之无患可也。”南宋范应元亦说：“贵以身为天下者，不轻身以徇物也；爱以身为天下者，不危身以掇患也。先不轻身以徇物，则可以付天下于自然，而各安其安；能不危身以掇患，然后可以寓天下，而无患也。”参见陈鼓应：《老子注释及评介》中华书局1985年版，第110—111页。

② 陈梦家：《中国文字学》中华书局2006年版，第249—250页。

思想情感，原来的身体符号就必须面临革命性的变化了。

事实上，在人们形成身体符号时，由于肢体所面对、所指称的对象的外部性、具相性和多样性，他们也必须按照各种对象的性质和特点，描绘出他们不同的物相，从而形成图像、图画，这才构成身体符号的整体系统。但是，这些物相、图画与人的肢体动作一样，传达的信息是极其有限的，并且有相当的随意性、片断性，难以表达人们繁复而又充满变化的思想情感。因而，人们既要大大地扩展符号系统，亦需要抽取共相，确定法度即逻辑，使之系统化和明晰化。于是，文字的出现就成为必然。“我们从文字发展的历史，知道愈古的文字愈象形，愈近于图画，因此文字的前身是图画，是从图画蜕变出来的。此意古人早已见到，宋郑樵《六书证篇》象形第一条曰：‘书与画同出，画取形，书取象；画取多，书取少。……书穷能变，故画虽取多而得算常少，书虽取少而得算常多。六书也者，皆象形之变也。’”① ——由象形变化来的文字符号，虽然与人的身体的具相性、动态性离得远了，甚至可以说有了“去身”性，却与人的内在的意识和精神世界离得近了，这其实意味着语言文字大大地扩展了人的生命活动及其对象的可能性、差异性与共通性，从而不仅把每个人都带入到一个广阔的“意义”世界，大大地激发人们的想象力，而且成为推动他们不断地提升其社会化、人类化程度的有力杠杆。

我们不妨再回顾一下黑格尔的有关论述。

我们知道，人们用手指指向的是“这一个”而非“那一个”。但“这一个”究竟是什么？是同一类中的个体。无疑，你所吃的是这一个苹果，坐的是这一个凳子，具体的东西对人来说才是可以使用、享用的现实之物。然而，苹果、凳子等等，无非指同一类事物，是同一类事物的“共名”或“名称”，名称属于语言符号，或口头的或书面的。所以黑格尔说，当我们说出感性的东西时，只能把它当作普遍的东西来说，是普遍的这一个。而普遍即共相是语言所把握和表达的，所以，语言是较真的东西，即感性确定性的真理，它直接否定了人们的“意味”，感性对象因而不再是只可意会不可言传的东西。

黑格尔认为，“感性的确定性”好像很丰富、很真实，其实很抽象、很贫乏，因为“在这种确定性里，意识只是一个纯自我，或者说，在这种认识里，

① 陈梦家：《中国文字学》中华书局2006年版，第253页。

我只是一个纯粹的这一个，而对象也只是一个纯粹的这一个。”换言之，事情存在着，而事情之所以存在，仅仅因为它存在。然而，对于有了意识的人来说，感性的对象是他生活活动的对象，即为了生存而要与之打交道的对象。正是这一有意识的身体活动，让对象与自我区分开来，即“作为自我的这一个和作为对象的这一个。我们对于这个差别试加以反思，便可以看出，无论作为自我或者作为对象的这一个都不仅仅是直接的、仅仅是在感性确定性之中的，而乃同时是间接的；自我通过一个他物，即事情而获得确定性，而事情同样通过一个他物即自我而具有确定性”。① 这里要纠正黑格尔的是，“自我”不只是“一种认识作用”，而是作为生产和交往活动的发动者、参与者、解释者与领受者。所以，“自我”不是纯粹先验的、封闭的认同，而是由人的一切身体活动的自身关联所形成的开放的、现实地变化着的自觉人格。这种人格不是由某一角色或身份所能确立的，而是在人们所经历和获得的多种角色和身份中联系和凝聚而成的，所以它才是丰富和自由的。可以说，感性的对象与自我是被“人”的身体的生命活动同时建构出来的，其中存在着由于社会交往而导致的人的生命本能与公共性规范的相互转化，存在着“个人之我”与“群体之我”（我们）的相互转化。

人的目光所及，手指所指，乃至整个身体的动作，都可以通过其变化或不同的语境而显示出新的符号功能或意义，甚至别人或公众一时难以理解的意义。人与生俱来的身体的生命活动是文化符号创造的本源。但是，身体的符号活动乃至口头语言，由于其天然的具相性、变动性和模糊性，所表达和指称的东西也往往是具体的、多变的和模糊的，并且是即时性的，能够突破这一具体性、变动性和模糊性，并且在时间之流中持续地存在的，是语言文字。如同工具是人的肢体的对象化和延长，语言文字则是人的身体符号的对象化和延长，它具有可保存性、确定性和同一性，能够传授、学习和供人们进一步加工改进，从而最大限度地保存、扩展并延续着人们的生活经验、思想情感、道德意识和科学知识。成为人类社会特有的遗传机制。如同卡西尔所言：“语言的符号功能开启了心智生命的一个崭新的阶段。生命离开了一纯然出于本能的层面，离开了作为各种需要之直接影响之层面，而终于踏入

---

① 参见黑格尔：《精神现象学》上卷，商务印书馆 1997 年版，第 45—79 页。

‘意义’（Bedeutungen）的层面之中了。这些意义是可重复的并且是不断重返的；他们不被限囿于单纯的当前和当下，这些意义乃是众多不同的主体于其种种生命场合上和于学习与使用中所意指（meint）为同一与理解为同一的（ein Sich-selbst-Gleich-es，Identisches）。”①

中国的《诗经》，就是由人采风、搜集，由包括孔子在内的学者们整理编纂，从最初的口头语言变成书面文字，而成为一部伟大的诗集和经典教材的。孔子特别要弟子们学诗，说“诗可以兴，可以观，可以群，可以怨。迩之事父，远之事君，多识于鸟兽草本之名”，并提出“兴于诗、立于礼，成于乐”的人生学习修养的程序。②《左传》云：“太上有立德，其次有立功，其次有立言，虽久不废，此之谓三不朽。”这堪称不刊之论。立德立功，做人做事，固应置于首位，否则一切人文教化、社会事业无从谈起，但德与功之所以不是影响于一时，在于它不仅为人们口耳相传，更在于它“一一垂丹青”，长留天地间。司马迁结合自己的遭遇而谓“诗书隐约者，欲遂其志之思也。昔西伯拘羑里，演周易；孔子厄陈蔡，作春秋；屈原放逐，着离骚；左丘失明，厥有国语；孙子膑脚，而论兵法；不韦迁蜀，世传吕览；韩非囚秦，说难、孤愤；诗三百篇，大抵贤圣发愤之所为作也。此人皆意有所郁结，不得通其道也，故述往事，思来者”。③ 身处“文化自觉”的建安时期的曹丕，感受时代气息，借鉴前人思想，进一步提出了如下著名论断：“盖文章，经国之大业，不朽之盛事。年寿有时而尽，荣乐止乎其身，二者必至之常期，未若文章之无穷。是以古之作者，寄身于翰墨，见意于篇籍，不假良史之辞，不托飞驰之势，而声名自传于后。故西伯幽而演《易》，周旦显而制《礼》，不以隐约而弗务，不以康乐而加思。夫然则古人贱尺璧而重寸阴，惧乎时之过已。而人多不强力；贫贱则慑于饥寒，富贵则流于逸乐，遂营目前之务，而遗千载之功。日月逝于上，体貌衰于下，忽然与万物迁化，斯志士之大痛也。”④ ——诚哉斯言，痛哉斯言！丢失先贤著书立说之宗旨之精神，孜孜于

① 卡西尔著，关子伊译：《人文科学的逻辑》，上海译文出版社 2004 年版，第 25 页。

② 《论语·阳货》《论语·泰伯》。

③ 司马迁：《史记·太史公自序》。

④ 曹丕：《典论·论文》。

当下之功利、一己之苦乐，随波逐流，非徒虚掷光阴，更是对历史传统的背弃，对民族未来的漠视。千载之下，曹丕此论犹不失重大的警示作用。

随着语言文字在人的身体之外出现并发展起来，而具有了外身性或去身性。人的活生生的身体与对象化的文字符号由此二分。符号有了属于自己的能指与所指。这样，一个独处的人才需要并能够使用语言符号，不仅获得自己的精神世界和精神生活，也能够展开精神生产，进行思想试验和理论探讨，为自己也为社会创造观念、设计方案、创造文学艺术作品乃至科学技术了。语言文字不再直接地附着于人的身体，它也因此获得一定的独立性、客观性，甚至有了某种自主性。然而，因此之故，人的身体和符号也产生了疏离和矛盾。

索绪尔通过区分“语言”和“言语”，更是揭示了“语言”这一符号意义系统的深层结构，包括特定的生命信念、思维方式和价值取向。结构主义的语言理论表明了人生存于其中的基本关系网络，任何个人都很难加以超越，反过来，人们在学习和接受语言时，还不知不觉地被语言同一的深层结构所规约、所范导，而造成人性的统一性的宿命。如同海德格尔所说：不是人说语言，而是语言说人；人成了语言繁衍自己的工具。然而，如果语言符号（或一切人造的符号）与人的身体活动，与物质性的实物完全游离开来，且无法把我们从前者引向后者，我们就会批评：那不过是空洞的符号而已！

其实，上述学者不过是对事情一个面相的揭示，并不是全部真理。一方面，由于先天和后天的原因，人们的经验、观念和能力都不一样；他们即使面对着同样的语言文字、同样的文本，其理解和接受也会各有自己的特点。语言符号本身作为由无数要素构成的系统，作为总是有待人们阐释和刷新的文本，也给了人们各种选择、解读和不断赋义的可能。所以，即使在同一文化环境中受同样的教育，人们仍然会有不同的个性、信仰和人生取向。另一方面，正是人们蕴含着无限潜能的身体，人的生命自由和超越的欲望与取向，决定了他们总是不安分守己，总是试图突破既有的规定和秩序；前人的文本对于他们来说，固然是知识和智慧的宝藏，但又何尝不是触发灵感、激发创造力的媒介？正是由于每一代人与前人心灵的沟通、对话，人们现实的身心活动与历史文化遗产之间的互动、问答，人们才源源不断地形成新的经验、知识和智慧，并得以更新自己的身体符号和其他一切符号。——不管哪个民族，只要他们的能力和智慧没有完全停滞，只要有异质的文化语言及其意义系统对他们形成冲击，他们就能不断地丰富、更新自己的语言符号系统。

就源于人的身体活动的语言符号，特别是自然语言符号而言，应当说其产生和意义都在于人的社会生活及其规则与秩序的建构，在于人自由、公正与和谐的生活本身。因而，这种符号也必须通过被理解、接受和实践，再回到人自身，变成人特定的行为方式、思维方式和情感方式。换言之，人之于身体和自然语言符号的“写”与“说”，都是为了“行”与“做”，为了“做事”“做人”“成人”“成己”，而不是说说而已，不是为了说给别人听，否则就失去了它的基本意义。正因为如此，中国的先贤对于学习所强调的，才不是“为人之学”，而是“为己之学”。荀子讲，为己之学“入乎耳，着乎心；布乎四体，形乎动静。端而言，蠕而动，一可以为法则”。① 这不就是孔子所说的“文质彬彬”的君子吗？经由人文符号的反身活动即人文化成的教化活动、修养活动，人的身体运动、言谈举止、音容笑貌，才能恰到好处、无过不及，“充实而有光辉”，人的肉身与他们创造的语言符号由此在更高的阶梯上统一起来，成为闪耀着真善美光辉的生命旋律。所以孟子讲：“反身而诚，乐莫大焉。强恕而行，求仁莫近焉。”②

毋庸赘言，这决不意味着我们吹捧君主制社会的礼教，称许儒家那些中规中矩、不敢越雷池半步的老夫子，更非认同孔子极其讨厌、孟子大加讥讽的“举之无举也，刺之无刺也”的“乡愿之人”。我们称许的是那些真正行“中道”“中庸”的人，哪怕这些人表面上是狂放不羁或退避三舍的“狂狷之士”，是嵇康所云“目送归鸿，手挥五弦。俯仰自得，游心太玄”的魏晋人士，或者干脆就是以一曲“广陵散”成生命绝响的嵇康：“其为人也，岩岩若孤松之独立；其醉也，巍峨如玉山之将崩。”——人的生命之善、身体之美，由嵇康卓尔不群、特立独行的形象而彰显于人世间、天地间！令我辈心为之醉、为之碎！

因此，我们不仅说长者和教育者的身体力行、嘉言懿行，是最重要的文化教育活动，如鲁迅先生所推崇的自古以来那些“埋头苦干”“拼命硬干”

① 《荀子·劝学》。
② 《孟子·尽心上》。

“为民请命”“舍身求法”的仁人志士，这些“中国的脊梁”[①] 更是最具权威、最有光辉、最能体现民族文化精神的文化符号。现在的问题，不仅在于这样的人已为数不多，在于媚俗的大众传媒所导致的泥沙俱下、鱼目混珠，更在于某些权势者和许多自诩社会精英的人，一方面道貌岸然、装模作样、巧言令色，俨然“共和国的脊梁”，另一方面则趋炎附势、上下其手、蝇营狗苟，他们对社会特别是对青少年的危害是极其严重的！这是当代社会的大悲哀。“郢人逝矣，谁与尽言?”——然而，历史上的孔孟老庄、阮籍嵇康，现代的康梁孙黄、陈李鲁顾等真正“中国的脊梁”去我们毕竟都不远；他们在注视着我们，同胞勉乎哉！

如同“手指”兼有能指与所指二义，中国的象形文字具有“象形、指事、形声、会意”的特点[②]，它最大限度地保留了人的身体符号及其对象的具相性，蕴含了大量形象化的人文信息、做人做事的道理，给人以亲切感、生动感和强烈的感染力。中国汉字的这一特点最大限度地激发了中国人富有情感的艺术、道德和神话创造活动，延续、维系了民族的历史文化血脉[③]。然而，它是否也抑制了中国人的抽象思维能力、科学探索的兴趣和分析论证的精神呢？是否使人们一直滞留在属于“德性之知”的“生命之树”上，而未能像西方人那样攀登上属于“见闻之知”的“知识之树”呢？这是一个很大的问题。人工的科学符号与人的身体符号并非没有关系，如同人不仅用眼和手仰观天象、俯察地理，也用手指来计数和演算，用脚来丈量，发明工具，改进技术；并为了更有效率和确定性、逻辑性，将许多原来的象形字抽象为形式化的符号。但是，要真正弄明白中国文化的特质及其历史规定性，弄明白人工科学符号与人的身体活动的关系、与人的社会生活秩序的关系，以及在人的社会意识、人格形成中的作用，那就需要另文专门加以探讨了。

---

① 参见鲁迅：《中国人失掉自信力了吗?》《鲁迅全集》，第6卷，第118页。

② 许慎在《说文解字·叙》中将“汉书六书”之名定为“象形、指事、形声、会意、转注、假借”，其中，“象形、指事、形声、会意”是造字法，“转注、假借”是用字法。

③ 而现代以来的几次文字改革特别是汉字的简化，导致许多汉字所承载的历史文化信息不复存在，也极其令人痛心。所以海峡两岸不少人提出“识繁用简”的建议，至于是否可行，当由时间验证。

第四篇

前瞻与反思

18. 当代欧美学界中国古代身体观研究综述*

陈景黼

Fu-Ching Chen

台湾“清华大学”中国文学京助性教授。

一、前言

身体观这个未见于古代文献的词组，可还原为先秦早已出现的“身体”和“观”两个单纯词。① 成中英（Chung-ying Cheng）教授指出，② 中国哲学中的“体”字，本指由气血、精神、形躯所构成的有机的身体，又兼有真实、自我、练习之意。③ 体字做动词时，有三种意涵：一是伴随个人直接经验而来的体验（tiyan）。此时的经验范畴不只是日常事物，更包括了对道的理解。④ 第二是指体现（embodiment），个体亲身历经某种状态，或是让私我的经验具体化。亦即从原本按照某种方式或价值形塑自身，从而使自己也成为价值的一部分。⑤ 第三是指人的行动，即练习或履行，或指有意识地让某事发生，例如圣者的体仁。相较于古希腊与中世纪西方思想家将身体视为无用与烦恼之源，古代中国的身体则被认为是了解自我和宇宙本体的范式，从而加以修养与珍

---

* 本文在资料收集和写作过程中，承蒙黄俊杰教授和杨儒宾教授提供相关书目并惠赐宝贵意见，以及评审专家提出修改建议，在此一并致谢。

① 身体两字连称，如《墨子·辞过篇》的用法：“故圣人之为衣服，适身体，合肌肤而足矣。”见（清）孙诒让著，孙以楷点校：《墨子闲诂》，台北：华正书局，1987 年，第 31 页。

② Chung-ying Cheng, “On the Metaphysical Significance of Ti (Body-Embodiment) in Chinese Philosophy: Benti (Origin-Substance) and Ti-yong (Substance and Function),” Journal of Chinese Philosophy, 29.2 (2002), pp. 145 – 161 .

③ Ibid., p. 145.

④ Ibid., p. 146.

⑤ Ibid., p. 146.

视。① 另一方面，“观”本指看、认识之意，如《老子》的观复、观身之说。据田晓菲（Xiaofei Tian）教授所言，佛教传入后，观字发展出穿透虚幻皮相，直达事物本质的澄澈洞见（clear observation）之意，以及借由想象，使外物在心中可视化呈现的“观想”技术。② 因此，“身体”与“观”两个概念在当代的黏合，其实也意味着今日学人从身体的视角，重新想象中国哲学面貌的过程。当身体观这个新板块持续与既有范式挤压、碰撞时，中国哲学将有形成新变貌的可能。

身体观一词最早由杨儒宾教授嵌合，借由对《管子》与儒家学说的诠释，阐发中国古代知识人所认为的身体架构是形气并重、身心互渗，道德意识可于身中体现。③ 亦即，在古代中国知识人眼中，身体是种以气为介质，绾合形躯、心灵为一，在特定氛围影响下，于时空中具有厚度的生命样态。黄俊杰教授在述评相关研究时，提出身体观进路在思想史研究中的两点特殊性：一是关注心、气关系的调理，特别是对气论的重视。二是以“身心互渗以言心”的新认知，取代此前“以心言心”的研究方法。④ 上述两位教授均认为身体观视角的提出，目的是将身体置于思想史脉络中，观察身体按照哪些规范和方式被模塑，以及身体所能呈现的价值样态。亦即，中国思想中的身体观研究，不仅是对形躯进行探究，更是将身体理解为一个场域，其上绾合各类在行动中被体现、被成就的理想与学说。研究者通过身体这个窗口，得以觉察支撑行为主体进行思索、行动

---

① Ibid. , p. 147.

② Xiaofei Tian, “Seeing with the Mind’s Eye: The Eastern Jin Discourse of Visualization and Imagination,” Asia Major, 18, part2 (2005), p. 72.

③ 分见《论管子〈白心〉〈心术上下〉〈内业〉四篇的精气说与全心论——兼论其身体观与形上学的连系》，《汉学研究》，第 9 卷第 1 期（1991 年 6 月），第 181—209 页。及《儒家身体观》（台北：台湾“中央研究院中国文哲研究所”筹备处，1996 年）。除了身体观之外，近十余年的台湾学界的身体研究还包括“身体史”“身体感”“身体观”等不同进路。从事身体史研究的主要是历史学门学者，两个最早成立的社群分别是台湾“中央研究院”“生命医疗史研究室”，以及台湾“科技与社会研究学会”（STS）。“国立”政治大学“身体与文明研究中心”则以学程和读书会的形式推广身体研究。对身体感知方式与文化概念两者互动关系的讨论，可参考人类学门学者的成果。例如，余舜德（编）：《体物入微：物与身体感的研究》，新竹：台湾“清华大学”出版社，2008 年。

④ 黄俊杰：《中国思想史中“身体观”研究的新视野》，《中国文哲研究集刊》，第 20 期（2002 年 3 月），第 542 页。

的深厚传统。这样的看法已为许多研究者接受，成为后续考掘的重要资源。①

就现阶段对国外相关成果的容受来看，台湾学界已整理出相关书单四种，② 内容主要集中在对中、日文献与西方医疗史学术成果的载录，较少涉及西方汉学家的身体观论述成果。另外，某些研究虽然有助于增进对身体观的理解，但其成果较少进入中国思想史研究者的视域。如秦汉医籍中的脉学研究，在欧美学界主要是由医疗史与科技史的学者担纲，华文世界的思想史研究者较少注意他们的业绩。但由于在东洋修行传统中，经脉系统属于微细身（subtle body），负有身体精致化的重要任务，就求全求备的角度而论，自应扩大搜罗范畴。因此本文拟集中绍介西方身体观的研究成果，年代则以狄百瑞（William Theodore de Bary）教授于1975年出版的著作为起点，他在书中曾提到静坐此一举措对理学家精神修养的重要。换言之，尽管篇幅不长，但狄教授确实已经注意到身体与思想史研究的关系，并引发后续讨论。③ 在此之前，虽然也有汉学家对中国古典身体进行讨论，如马伯乐（Henri Maspero，

---

① 周与沉：《身体：思想与修行——以中国经典为中心的跨文化观照》（北京：中国社会科学出版社，2005年）。李清良：《中国身体观与中国问题——兼评周与沉〈身体：思想与修行〉》，《哲学动态》，第5期（2006年5月），第21—27页。燕连福：《中国哲学身体观研究的三个向度》，《哲学动态》，第11期（2007年11月），第49—55页。刘畅：《心君同构：中国古代政治思想史的一种原型范畴分析》（天津：南开大学出版社，2009年）。刘苑如（编）：《游观——作为身体技艺的中国文学与宗教》（台北：台湾“中央研究院中国文哲研究所”，2009年）。目前涵盖层面最广的中文身体哲学研究，见张再林等：《身体、两性、家庭及其符号》，西安：西安交通大学出版社，2010年。

② 分见：1. 杨儒宾主编的《中国古代思想中的气论及身体观》中，由杨儒宾、李栩钰合编的《中、日文参考文献》，第551—570页。2. 吴光明辑，《英文参考文献》，前揭书页571－589。此处所收英文书目以身体研究为主，范围较宽，并非完全集中在中国身体观研究。近年来东亚气论的研究成果，见3. 祝平次：《中、日文参考文献》，收于杨儒宾、祝平次（编）：《儒学的气论与工夫论》（台北：“国立”台湾大学出版中心，2005年），第489—524页。4. 李建民、栗山茂久（Shigehisa Kuriyama）（编），郑雅如编辑：《身体史文献书目》。见中研院史语所宗教与医疗研究室网页 http://www.ihp.sinica.edu.tw/~medicine/book/cover.PDF。中国大陆学界对此议题的研究成果，见周与沉：《身体：思想与修行——以中国经典为中心的跨文化观照》的《主要参考书目》，第451—493页。对西方身体研究的反思，见杜丽红：《西方身体史研究述评》，《史学理论研究》，第3期（2009年），第123—160页。

③ 详细说明请见下文。对中、日、韩三教静坐意蕴的分析，见杨儒宾、艾皓德（Halvor Eifring）、马渊昌也（Mabuchi Masaya）主编的《东亚的静坐传统》，该书将由台湾大学出版中心出版。

1883—1945）在道教研究的专著中，便有一章专论道教与房中术的关系；[①] 以及高罗佩（Robert Hans van Gulik，1910—1967）的《中国古代房内考》等相关著作。[②] 但这类成果比较偏向在宗教脉络底下或就形躯本身进行探索；由于本文是以思想史中的身体观研究为主轴，也就并未将其纳入述论。

尽管由于生命气质与祖述传统各有所好的缘故，中国古代知识分子对世界样态的思考方式互异，但他们大抵把理想的身体视为一个有待工夫证成的果境。虽然具体实践方式有别，然其内容均包括个体心性的对治与外境的调适，两大区块同时转化，彼此互倚不倒。因此，下文采取由个体到群体的叙述历程，由内而外依次分为：1. 自我与身体；2. 心理活动与情绪；3. 古典医学与身体；4. 工夫与身体；5. 精神、身体、国体。以此五种进路综述欧美学界相关成果。

二、自我与身体

作为道德意识的最小单位，汉语“自我”的意旨是否能等同于英文的“self”？虽然有些学者持反对态度，[③] 但其他学者仍试图在跨文化比较中凸显中国自我观的特色。安乐哲（Roger T. Ames）教授参与编辑的三本书，以其比较哲学的长处，分别从自我、身体、形象三个角度探索人（Person）的内涵。[④] 最早出版的 *Self as Body in Asian Theory and Practice* 中，[⑤] 安教授认为中国古典哲学的身心关系具有连动性，迥异于西方的身心二分。他以西方学界对仁的理解多偏重道德面向的译解为例，质疑现今对仁德的研究也许太过强调心理面向

---

① 见 Henri Maspero，Le taoïsme et les religions chinoises（Paris：Gallimard，1971）.

② Robert Hans van Gulik，Sexual life in ancient China ：a preliminary survey of Chinese sex and society from ca. 1500 B. C. till 1644 A. D.（Leiden ：E. J. Brill，1974）.

③ 芬格莱特（Herbert Fingarette）教授持此说。见“The Problem of the Self in the Analecst，” Philosophy East and West，29（1979），pp. 129 – 140.

④ 其中 Roger T. Ames et al. ，eds . ，Self as Image in Asian Theory and Practice（Albany：State University of New York Press，1998）一书讨论自我在艺术理论、《儒林外史》、近代戏剧等不同文类中的呈现问题。该书与本文距离较远，故未列入讨论。

⑤ Tomas P. Kasulias et al. ，eds . ，Self as Body in Asian Theory and Practice（Albany：State University of New York Press，1993）.

的描绘，而丢失对形躯属性的探索。① 比较西方与中国的身体理解后，他认为西方的身体描述倾向于用实体的容器意向，中国的身体观念则是种流动性的过程（process）。亦即，中国古典身体观强调身体不是被拥有的某物，而是待实践的存在。②

自我实践有待于礼仪引导而大成。个体以被节制的方式参与群体，并非是自我对大我的屈从，彼此是有机的关系。借由自我的延伸，个体与整体融合为一，自我的身体也与其内在所承载的意识合而为一。由于意识是以代代相承的文化传统为内容，所以个体也就与传统合一。③ 一副转化过的血肉之躯，本身就是体现传统文化的媒介。作者认为这种古老的身体经验，仍然能够在今日西方的芭蕾舞者和东方空手道师范的体验中找到。④

安乐哲教授在另书梳理了孟旦（Donald J. Munro）、杨庆堃（C. K. Yang，1911—1999）等学者理解儒家自我观的几种模式，认为他们未能准确把握儒家对自我的理解。儒家的自我内涵，建立在将个人置于不同环境中的多层面表现上，而非如上述学者所认为，是绝对以群体为重的“无我”。⑤ 类此在不同场合，特别是社会与政治情境中，观察自我如何呈现于外的研究方式，作者将其称之为“焦点——场域范式”。⑥ 作者认为，儒家的道德基础是无私的自我。所谓的无私，其概念并非只是单单消除己私，还要加上礼仪对身体的规训，使自我融入社群之中。作者此处赞同芬格莱特（Herbert Fingarette）的说法，认为用来对应儒家“自我”的翻译，不是“self”，而是“a person as

① Roger T. Ames，“The Meaning of Body in Classical Chinese Philosophy，” pp. 163 - 164. 本文中译见彭国翔（编译）：《古典中国哲学中身体的意义》，收于安乐哲著：《自我的圆成：中西互镜下的古典儒学与道家》（石家庄：河北人民出版社，2006 年），第 467—491 页。

② Ibid.，P. 169.

③ Ibid.，pp. 172 - 173.

④ Ibid.，p. 174.

⑤ Roger T. Ames， “The Focus-Field Self in Classical Confucianism，” in Ames Roger T. et.，al.，eds，Self as Person in Asian Theory and Practice（Albany：State University of New York Press，1994），pp. 187 - 212. 中译见《古典儒学——焦点场域式的自我》，《自我的圆成：中西互镜下的古典儒学与道家》，第 312—341 页。

⑥ Ibid.，p. 204.

acting”，也就是主体具有能动性。但此处的“person”并非无来由地将内在道德显诸于外的行动者，而是在家庭、社会、政治网络之中被模塑。①

黄俊杰教授在德国出版的英文新著亦探究了中国哲学中“群”对于“我”的重要性。他从自我的角度阐发儒学的心身连续性。② 指出在身心互渗为一的基础上，从孔、孟以下的儒家系谱中，自我是个自由的主体，天道是主体意志的源头，因此意志的方向可由自我决定。由于儒家的自我不是虚无或静止，而是实存的，因而主体性的确立植根于群我的互动，亦即在“仁”的脉络之中成立。③

成中英教授依据儒家典籍中的心、性、自、己等关键词，认为无论个体的自我是否有独立特质，重点在其具有能与现实世界互动、思考、发展的活动性，因此可称为暂时性的自我（temporal self）或时间性的自我（time-engaged self）。自我同时具有暂时——超越和从事——反思两种特性，恰好对应于汉文语境使用的“自己”一词。④“自”代表自我的活动以及原初层面，或是能把行动加诸于自我之上的行为主体；“己”则是反思层面，或是经过反思后的自我。但在自我反省的范围内，这两者是重叠的。修身的过程，就是自我投入现实活动中的反省历程，⑤ 其成果显现在心、性之中。作为自我主体，能思考、能感受的心，虽有辨别是非的能力，但同样也会被嗜欲、偏见所蒙蔽。当心将善行对外付诸行动时，其内部亦会同时进行反思。借由行动——反思过程在心上的不断互动，人性便可从中显现。⑥“志”则是自我意向的展现，可视为人性中的创造力量。⑦

---

① Ibid., pp. 188 – 198.

② Chun-chieh Huang, Humanism in East Asian Confucian Contexts (Bielefeld: transcript Verlag, 2010).

③ Ibid., pp. 14 – 15.

④ Chung-ying Cheng, “A Theory of Confucian Selfhood: Self-Cultivation and Free Will in Confucian Philosophy,” in Kwong-Loi Shun and David B. Wong eds., Confucian Ethics: A Comparative Study of Self, Autonomy, and Community (Cambridge: Cambridge University Press, 2004), pp. 125 – 126.

⑤ Ibid., p. 126.

⑥ Ibid., p. 128.

⑦ Ibid., pp. 131 – 133.

杜维明（Wei-ming Tu）教授指出，古代的修身，本质上是通过安定身体行动与呼吸节奏的练习，从而唤醒身心的形式。由于精气在身体的流布状态随着年纪、环境、养炼方式各有不同。因此中国古代对身体观的理解，是将其视为动态的过程，并非静态的结构。儒家学者则将身体作为自我转化的资本，透过修养，自我可以掌握更深刻的心性义理。① 杜教授引申《孟子》的说法，认为人因其心而独特。学为人，意味着心灵的自我觉醒，并由此启动一个身体转化的历程。除了孔子的“十五而有志于学”外，即便幼童的洒扫应对，也是透过对身体的礼仪规训使心灵得到锻炼的方式。古典中国论心，最大的特色在于强调心对认知和情感两方面的“共感”能力。心的共感使主体能与他人相联系，儒家知识分子将此种人际的联系视为不证自明的天然秩序。借由将共感对象从父母向外延伸，主体对自我的认识也益加深刻。在此道德理想主义中，道德和政治密不可分。因此，修身之于君子，不仅是对个体内在灵性的独自探索，也必须对被赋予的社会职分努力实践，在对日常俗务的从事之中，逐渐臻于神圣之境。②

中国的古典身体观，在前近代的西风东渐中开始转变。依懋可（Mark Elvin）教授借由《镜花缘》等近代小说与图像数据，说明在此新旧并陈的阶段中，既有传统观念的延续，例如从身心互渗的角度，认为身体是内在心灵或精神状态的外显形式；或将妇女清白的身体作为道德无瑕的表征。亦可见受到西方观念影响，从美学观点将形躯——尤其是女体，作为观赏的对象，或是描写女体与男性的亲密接触。③

相较上述学者在群我互动以及共感能力中找寻儒家自我观，Rodney Leon Taylor 教授受到宗教学传记研究的启发，将《困学记》作为研究高攀龙（1562—1626）自我发展历程的素材。他认为明代自传写作和前代相异之处，在于展示了对个人修身问题的关注，并对个人内在性的体验多加着墨，成圣之路因此成为日常课题。自我成为被关注的焦点，其目的并非仅是为了将其

① Wei-ming Tu，“Embodying the Universe：A Note on Confucian Self-Realization，” in Roger T. Ames et.，al.，eds，op. cit.，pp. 177－179.

② Ibid.，pp. 179－182.

③ Mark Elvin，“Tales of Shen and Xin：Body-Person and Heart-Mind in China during the last 150 Years，” pp. 213－291.

外显，而是为了借此发现更深层的真实本性。① 根据《困学记》，高攀龙的启悟历经许多关口，从神宗万历三十四年（1606）到四十年（1612）之间，他对经典的研习历经一系列的“实信”阶段：始于《孟子》的性善、程子的“鸢飞鱼跃”而至《大学》《中庸》，② 其自我在艰苦的学习中逐步建立。

三、心理活动与情绪

虽然学者大多认同中国身体观是种身心互渗的形态，但研究重点仍多从形躯的视角对心理活动进行探索。这是因为对古代思想家而言，物质性的肉身已同时兼赅身心二元向度。如伊藤东涯（Itō Tōgai，1670—1736）所说：“圣贤之教，每言身而不言心，既言身则心之运用自在其中。”③ 其他学科如语言学和心理学对此现象已有所阐发，④ 本段介绍思想史研究中对心理活动与情绪的讨论成果。

方丽特（Griet Vankeerberghen）教授讨论《淮南子》中两种需要被对治的情绪：怒和欲。⑤ 尽管《淮南子》本文中并未出现“情绪”一词，但她认为该书记录了许多和西方语境中被归类为情绪（emotions）相符的心理状态。她主张秦汉知识人认为身体对事物的感知途径，除了血肉所构成的官能之外，更重要是透过气的传递。由于万物皆由气所构成，所以当事者能与他物共感共通，这是比感官探知更细致的沟通形式。但心气对外物的知觉，并不是简单的刺激——反应模式；方教授注意到，心气自身就有显露于主体之外的欲

① Rodney Leon Taylor，“The Centered Self：Confucian Religious Autobiography，” in The Religious Dimensions of Confucianism（Albany：State University of New York，Press，1990），p. 54.

② Ibid.，p. 59.

③ 引自黄俊杰：《东亚儒家思想传统中的四种“身体”：类型与议题》，第207页。

④ 例如于宁（Ning Yu）教授从语言学进路对中国身、心的介绍，分见 From Body to Meaning in Culture：papers on cognitive semantic studies of Chinese（Amsterdam：John Benjamins Pub co，2009）. 以及 The Chinese Heart in a Cognitive Perspective：culture，body，and Language（Berlin：Mouton de Gruyter，2009）. 从认知心理的角度突出中国心灵迥异于西方的特色，见 Michael Harris Bond（ed.），The Handbook of Chinese Psychology（Oxford：Oxford University Press，1996）. 从词组的构成探究明清的情感表达，见史华罗（Paolo Santangelo），Sentimental Education in Chinese History：An Interdisciplinary Textual Research on Ming and Qing Sources（Brill：Leiden，2003）.

⑤ Griet Vankeerberghen，“Emotions and the Actions of the Sage：Recommendations for an Orderly Heart in the “Huainanzi”，” Philosophy East and West，45，4（1995），pp. 527 – 544.

望。例如怒气就有想要以反抗行为主体的形式，强迫让自身显露于外的强烈驱力。[①] 因此气在心灵的有序或无序状态中，扮演重要角色。《淮南子》作者群对情绪的看法，不在于彻底消弭情绪的生发，而是诉求如何使情绪得到引导，从而安顿行为主体的心灵。她区分《淮南子》中两种处理情绪的不同方式：常人是透过恰当的管道抒发。学圣人之事者，则要完全免除情绪的负担。圣人的成就即意味着取消原本与其他人共通的某些部分。更明确地说，圣人与常人的不同，在于圣人举措皆从心所发，受义的管辖；常人的举措则完全由欲求所主导，对外物的所作所为全以满足欲望为目的。

黄俊杰教授认为儒门论心有两个面向。首先是如徐复观（1904—1982）先生所说，心是兼有生理意义与价值意义的形而中（mesophysics）学；其次则关注工夫如何使此心转入天人合和之境。[②] 由于心官能思虑，耳目之官不能思虑且为物所蔽，因此孟子称心为大体，同时也因此有大人与小人之别。人人皆有成大人的潜能，关键在于是否从（attending in）其大体。[③]

心官在思虑过程中，支配功能逐渐弥漫于全身。作者引述王阳明（1472—1529）的《大学问》，说明心为身之主宰，正心先于修身。[④] 另一方面，相对于孟子（B. C. 372—289）和王阳明强调以自我反省作为修身手段，荀子（B. C. 313—238）则主张以师法和礼仪规范人性。荻生徂徕（Ogyū Sorai，1666—1728）更认为"克己复礼"就是"以礼制心"，[⑤] 他所理解的儒家身体观是礼义的身体。此外，心应该是在现实事物的接应往来中得到校准，而非自我抽离的静坐默照。[⑥] 依据这种身体政治论观点，圣人对现实事物的管理，就是自我管理的扩大。所谓"普天之下"，就是统治者自我的向外延伸。[⑦] 东亚儒学者之所以共同相信这些修身工夫的可能，系由于气的精致化之后，身体不再仅是生

---

① Ibid. , p528.

② "Unity of Mind and Heart," in Humanism in East Asian Confucian Contexts, pp. 30 – 32.

③ Ibid. , p. 33.

④ Ibid. , p. 35.

⑤ Ibid. , p. 37.

⑥ 理学家的以"敬"代"静"，见杨儒宾：《主敬与主静》，《台湾宗教研究》，第9卷第1期（2010年），第1—27页。

⑦ Chun-chieh Huang, op. cit. , pp. 38 – 40.

理机械论的纯然肉身，而是兼具生理与道德意义的有机体。因此，在东亚儒者所认为的整全身体上，闪耀着由宇宙、生理、道德之气交织的形于外光辉。[①]

Jonathan R. Herman 教授认为，朱子（1130—1200）所说的“天地之心”带有冥契经验意味。[②] 当回答天地之心是有灵抑或无为的问题时，朱子一方面认为天地是机械论式的运行，但他同时又承认其具中有知觉性或准知觉性的特质。[③] 修身工夫不仅是了解自我内在本性，并将其以合宜文化形式显之于外的日常事物，同时也是掌握天地精神的宇宙性过程。[④]

在和西方历程哲学与神学相比较的视域中，白诗朗（John H. Berthrong）教授探究朱子哲学中的“诚”。[⑤] 在朱子规范、动力、和谐三位一体宇宙观的宗教哲学体系内，[⑥]“诚”意指自我实现。[⑦] 对朱子来说，相较天理的只存有不活动，诚不但展现人成为或体现出某种特殊模式的活动历程，将此规范价值镶嵌进此身，同时也由于诚就是真，从而成为世间万有的共同活动基础。[⑧]

笔者此处将《淮南子》研究与理学的相关成果并列，系因目前的朱子研究，重点多在“观喜怒哀乐未发前气象”及相关工夫，情绪作为成圣之路的阻碍，学者多将其视为朱子理论体系中有待克服的静态观念，较少留心其对朱子身体观的具体影响。[⑨] 但如同方教授在《淮南子》中所注意到的，情绪

---

① Ibid., pp. 41 - 44.

② Jonathan R. Herman, “Human Heart, Heavenly Heart: Mystical Dimensions of Chu Hsi's Neo-Confucianism,” Journal of the American Academy of Religion, 69, 1 (2001), pp. 103 - 129.

③ Ibid., p. 108.

④ Ibid., pp. 110 - 111.

⑤ John H. Berthrong, “Master Chu's Self-Realization: The Role of Ch'eng,” Philosophy East and West, 43, 1 (Jan., 1993), pp. 39 - 64.

⑥ Ibid., p. 39.

⑦ Ibid., p. 40.

⑧ Ibid., p. 43.

⑨ 例如 Whalen W. Lai, “How the Principle Rides on the Ether: Chu Hsi's non-Buddhistic resolution of nature and emotion,” Journal of Chinese Philosophy, 11, 1 (Mar., 1984), pp. 31 - 65. 东西情绪比较研究见：Joel Marks, “Emotion East and West: Introduction to a Comparative Philosophy,” Philosophy East and West, 41, 1 (Jan., 1984), pp. 10 - 30.

由气凝聚而成，本身带有难以遏抑的能动性，它不是一个仅存在于思辨中的负面观念，而是时时刻刻在现实生活中对行为主体产生干扰。如此，则发之于心，经由意识翻转而出的“敬”如何能在身心转换历程中，引导这自有主张的能量？透过与秦汉思想家的对照，或许可再深究朱子身体观的这个意向。

四、古典医学与身体

近年来西方的中国古典医学研究，生物医学视角已不再有主导性。取而代之的是研究者更关注某些重要观念如何在医疗行为中被实践，① 从性别进路考掘医籍中的两性关系即为一例。② 此处本文关注的是将医籍内容和思想史重要命题如气、脉等相互参照、对比的相关成果。③

夏德安（Donald John Harper）教授认为，湖北张家山出土医籍《引书》中的“天地犹橐钥”一语和《老子》第五章的“橐钥”“守中”之说有关，但较诸《老子》将其作为单纯的哲学概念，前者则有具体的生理学和工夫论基础。作者认为医书中的“橐钥”并非受到《老子》影响，相反地，其形成可能在《老子》之前。该书的橐、钥，指涉人体的胸腹、肛门两个部位，凭借闭气和缩肛，气在体内运动，如同风箱的拉动过程。④

就医学的角度而论，相较于西方解剖学以对尸体的目验作为养成手段，学科进展倚赖于视觉要素，许小丽（Elisabeth Hsu）教授则认为中国古典医学

---

① 对当代西方学界的中医研究面貌描绘，见 T. J. Hinrichs，“New Geographies of Chinese Medicine,” Osiris，2nd series，13（1998），pp. 287 – 325 .

② 古典医学女性研究的第二序成果，可见费侠莉（Charlotte Furth）教授汇集的“Bibliography of Secondary Sources On Medicine and Gender,” Nan Nü，8，2（2006），pp. 380 – 389 . 以及和 Lucie Cheng and Hon-ming Yip 合编 Women in China ：bibliography of available English language material（Berkeley，Calif：University of California Press，1984）.

③ 对中医重要概念的较全面今释及医籍选读汇编，见 Elisa Rossi and Laura Caretto eds.，Shen ：psycho-emotional aspects of Chinese medicine（Edinburgh：Churchill Livingstone，2007）.

④ Donald John Harper，“The Bellows Analogy in Laozi V and Warring States Macrobiotic Hygiene,” Early China，20（1995），pp. 381 – 391 . 中文版见《〈老子〉第五章中“橐籥”之喻与战国养生学》，收入夏含夷（Edward L. Shaughnessy）（编）：《远方的时习：〈古代中国〉自选集》（上海：上海古籍出版社，2008 年），第 174—184 页。

的特征是医者对活体的触诊。伴随此现象而来的结果有三：第一，与痛觉有关的复合字被施用于身体的某些部位；第二，与脉象有关，用以描述触诊所得结果的字大量出现；第三，原本通过腹腔诊察以说明脏器症状的字汇，逐渐被使用在对皮肤与肌肉状况的描述。①

许教授认为，马王堆出土的《脉书》中，将特定的病症、死候分别对应于循行人体的 11 条脉道，这在当时是种新的病因学。而脉字从何进入医学语汇中，被用以形容人体的某些部分？作者列出了西方学界的两种不同说法：何志国（He Zhiguo）和罗维前（Vivienne Lo）等人研究了四川绵阳双包山出土汉代黑色木俑，指称俑体上的红色漆线，可能即是脉的具象化。脉是从工夫论中被发现，并和宇宙论相联系，而非养生或病理学观念下的产物。另一种说法则由 R. F. Bridgman 提出，认为中国古典医学中的脉道是经由对人体痛点的连结而建立，这个观点为许教授赞成。② 由于痛点无法单凭视觉发现，因此秦汉时期的医者必须使用触诊、语言、听觉和患者互动，以便展开诊疗。

作者根据《史记·扁鹊仓公列传》和出土医籍，说明切、循、案、按、探是古方家探查脉的几种途径。然而脉并非一开始就和内脏相关联。一直到淳于意（B. C. 205—150）的 25 个医案中，才明确记载脉道与心、肝等内脏相连，为气通行之走道，医者按脉以察验患者体内之气。③ 除了脉之外，腹部亦是触诊的部位，因为气有时会滞塞于腹部。淳于意的医案即载：患者某有腹满之疾，淳于意以此为气之倒乱、郁积，以针刺而泻之。

根据习见的说法，风常被认为是致病的原因，许小丽教授在另一篇文章对此字有仔细的分梳。④ 就文献学而言，风字的使用早于气。在工夫的身体与医疗的身体中，这两个字的使用逐渐分化。在秦汉时期，气逐渐用来指涉体内之气，风则用来指体外之气。大抵而言，透过稳定的呼吸步骤，体内之气可使心神宁定。风的用法则和外在环境有关，例如丰饶、生殖意象的风、雨

---

① Elisabeth Hsu, "Tactility and the Body in Early Chinese Medicine," Science in Context, 18, 1 (2005), pp. 7 - 34.

② Ibid., pp. 22 - 23.

③ Ibid., p. 27.

④ Elisabeth Hsu, "The Experience of Wind in Early and Medival China," Journal of the Royal Anthropological Institute, 13 (2007), pp. 117 - 134.

天候，或是与邪祟、鬼等超自然存在有关。她引述 Messner 和 Chen 两位教授的研究，说明在先秦时期，心疾的成因是热病，但自唐以后，转而将风病视为导致心疾的因素。①

数术观念在医疗行为中的实践，可见罗维前教授对《黄帝虾蟆经》的讨论。《黄帝虾蟆经》在中国早佚，今日所见为从日本传回，成书年代亦难以明确断定。② 作者指出，该经叙述“人气”每日根据月之盈亏，在体内不同之处移动，为用针禁忌之处。人气之动犹如天子居明堂或太一行九宫，将宇宙、帝国、人体秩序相对应。③

该书强调医者用针当避病患人气所在之经脉，作者引用席文（Nathan Sivin）教授的研究，指称该书很可能曾经是道教内部的密传。④ 并佐以图像数据，说明除了该书内容与敦煌医籍有多处相似。作者据此推测，《黄帝虾蟆经》的“随月生毁避灸判法”并不是单独的针灸禁忌，背后可能牵涉到更广大的养生、房中禁忌系统。⑤

五、工夫与身体

经由以上讨论，可以看到古典中国的行为主体，除了需要物质层面的保身、养生外，亦须精神层面的锻炼。在主体毋自欺的诚意之中，每件事无论大小，都可是有益修身的成德工夫，学者专心致志于日常生活的每一件事，终能成就自我厚重人格。工夫一词在古典中国的使用，通常指称理学家自我圣化的方式。⑥ 然究其实，三教及文艺创作都各有其工夫。较周延地说，工夫

---

① Ibid. , pp. 121 – 122 .

② Vivienne Lo, “Huangdi Hama jing (Yellow Emperor's Toad Canon),” Asia Major, 14, part2 (2001), pp. 61 – 99 .

③ Ibid. , p. 62.

④ Ibid. , p. 71.

⑤ Ibid. , p81. 相关讨论见浦山きか:《〈黄帝虾蟆经〉について》，收于宫泽正顺博士古稀记念论文集刊行会（编）:《宫泽正顺博士古稀记念：东洋——比较文化论集》（东京：青史出版株式会社，2004 年），第 239—252 页。

⑥ 相关讨论分见藤井伦明:《日本研究理学工夫论之概况》；林永胜：《中文学界有关理学工夫论之研究现况》；两文均收于杨儒宾、祝平次（编）:《儒学的气论与工夫论》，第 301—336 页、337—384 页。

是“针对某一修养目标所提出的一套手段方法，这种手段方法其中有着特定的秘诀与窍门，而在实践时具有仪式性与操作性，且必须高度集中心力进行锻炼才能有所成（在三教，此一集中的方法通常是以静坐的形式进行）”。① 本段除叙对静坐、六艺、音乐、武术等工夫的研究成果。

（一）工夫与宇宙论

Mary Evelyn Tucker 教授注意到儒家工夫和宇宙论的关联。② 她认为，修身（cultivation）是将人整合进宇宙整体的某种行为和道德模式。由于宇宙论可以提供人类精神秩序与道德方向的发展指引，因此带有宗教向度，和工夫是互动关系。③ 她整理出儒家自我转化的七点目标：1. 了解人类和天地万物固有的内在本体论；2. 意识到本然与应然的差距；3. 接受自我认识与自我转化对存在的急迫性；4. 将修养精神与道德的工夫作为自我转化以唤起内在本性的手段；5. 借由社会政治活动的参与，将此普遍性内涵显诸外；6. 了解此种转化与天地万物为一；7. 能赞天地之化育。在她看来，这种将自我置于宇宙论脉络中，通过工夫论转化，明了万物与我为一的举措，等同于宗教活动。④ 她以山崎闇斋（Yamazaki Ansai，1618—1682）和贝原益轩（Ekiken Kaibara，1630—1714）的儒神合一论，作为体现儒学宗教性的例证。

（二）六艺

受到徐复观先生的启发，杜维明教授考察孟子思想与中国艺术精神的联系。他认为儒家六艺不只是对身体的教育，同时也重视精神修养，属于工夫的手段。工夫的实践动力并非来自外界约束与强迫，更由自身内在所发出。六艺功用各有不同：礼用以规训形体使其转化。乐则使自身和谐，并与他人情感产生共鸣。射、御、书、数等虽看似较偏重生理层面的锻

---

① 林永胜：《南朝隋唐重玄学派的工夫论》（台湾“清华大学”中文研究所博士论文，2008 年），第 66 页。

② Mary Evelyn Tucker，“Religions Dimensions of Confucianism：Cosmology and Cultivation，” Philosophy East and West，48. 1 （1998），pp. 5 – 45 .

③ Ibid. ，P. 8.

④ Ibid. ，P. 8.

炼，其中仍有内心修养的意义。例如射手在未中鹄的时当反求诸己，御者的驾车亦包涵自我控制之意。书、数的灵巧手艺则需要以机敏的心灵为基础。①

虽然孟子及后世的理学家都同意凭借工夫，人人皆有自我超越的可能，②但他们也同意在道德实践过程中人经常会遭逢痛苦。天降大任的来源并非强制性的天命，而是自我内心的责任感，痛苦就随之而来。凭借道德实践历程对痛苦的领受，主体便拥有感觉他人的能力，从而避免自身的“不仁”。③

（三）音乐

根据 Erica Fox Brindley 教授的研究，④ 秦汉时期音乐所以常与人的悦乐情绪联系，系因思想家们对身体和心理的兴趣大增之故。从战国后期开始，人类行为的各方面被与宇宙相比附，人类心理、音乐理论、宇宙观念的发展成为类似三角形的互动关系。作者将音乐对人心的作用，区别为“影响”与“宇宙和合”两种模式。⑤ 他以《性自命出》《荀子·乐论》《乐记》《吕氏春秋》《庄子》作为论证材料，重点则放在前三篇文献。作为儒家最早描述心理活动与外界音声关系文献之一的《性自命出》，其作用符合他所提出的“影响”类型。该篇描述外物如何影响内在之“性”，使心灵以特定方式响应，因此可用“人道”加以调整，道又与“情”联系。通过音乐教化，人性的某种内在要素将被唤醒。⑥

---

① Wei-ming Tu，“The Idea of the Human in Mencian Thought：An Apptoach to Chinese Aesthetics，” in Susan Bush and Christian Murch eds.，Theories of the Arts in China（Princeton：Princeton University Press，1984），pp. 57 –73. 译文见郭齐勇、郑文龙编：《儒家圣人：为己之学的典范》，《杜维明文集》（武汉：武汉出版社，2002 年），第三卷，第 280—299 页。

② 值得注意的是，孟子与理学家对工夫的看法不同。“养气”“践形”在孟子学说中不是独立的工夫，而是修养过程所得的副产品；这和理学家给予工夫的独立性不同。此说见杨儒宾，《儒家身体观》，第 11 页注 5。

③ Wei-ming Tu，“Pain and Suffering in Confucian Self-Cultivation，” Philosophy East and West，34，4（1984），pp. 379 –388. 译文见郭齐勇、郑文龙编：《儒家修身的痛苦》，《杜维明文集》，第三卷，第 544—554 页。

④ Erica Fox Brindley，“Music，Cosmos，and the Development of Psychology in Early China，” T'oung Pao，92，1（2006），pp. 1 –49.

⑤ Ibid.，p. 7.

⑥ Ibid.，pp. 20 –26.

《荀子·乐论》对音乐的讨论，跨越了工夫论向度，触及政治与社会领域。音乐被上升到作为宇宙秩序复本的高度。相较于《性自命出》将注意力放在心上，《荀子》则直探音乐与体气的关系。音乐的作用对象不只是人心，更进于形躯并达致天下，社会秩序由此可臻于全体同“乐”之境。相较于《性自命出》，《乐论》的特色在强调音乐的影响不仅关乎情绪或心灵，还作用于肉身；并将音乐的作用从个体延伸到宇宙秩序。① 在《乐记》中，以天地韵律为本质的音乐不仅是宇宙和谐的再现，它本身就有促进宇宙和谐的功用。通过对音乐的掌握，人亦能参天地之化育。《乐记》强调通过对音乐的了解，人能了解宇宙、控制宇宙。特别是统指者支配国家的过程中，音乐不只是道德教化的工具，通晓音乐与政权合法性息息相关。②

（四）静坐

对狄百瑞（William Theodore de Bary）教授而言，处于理学转变阶段的17世纪，是东亚儒学的“启蒙”（enlightenment）时代。有感于相关研究的缺乏，他的文章特辟一节试图探明静坐举措。③ 据其研究，理学家所追求的“致中和”目标，即是孟子学说的求放心。中和的境界在消除了己私、莽撞之后才会浮现，此境既是人类行动的内在根源，又与天道为一。静坐即是达致此境的方法之一。《近思录》虽未特别标举静坐，但二程兄弟却对行此法门的生徒表示首肯与赞许。

虽然理学家的静坐受到佛门坐禅的影响，也采用坐的形式；但细究之，两者仍有不同。就表征来看，两者最明显的区别是理学家的静坐毋需特殊的隔绝空间或静室，由此意味着冥思再不是出世的离群修行，被转换为与日常生活交相为用的入世活动。相较于佛门的严格规定，理学家的静坐则相对宽松：坐姿趺跏、半趺跏、乃至安坐椅上皆可。目光则倾向于同时开眼或闭目。最重要的应该是对呼吸的调整，虽然数不数息没有确切规定，但据朱子《调

① Ibid.，pp. 33 –38.

② Ibid.，pp. 40 –42.

③ William Theodore de Bary，“Neo-Confucian Cultivation and the Seventeenth-Century “Enlightment”，” in William Theodore de Bary（ed.），and The conference on seventeenth-century Chinese though，The Unfolding of Neo-Confucianism（New York：Columbia University Press，1975），pp. 141 –216.

息箴》所说，吐纳有度确实益于内气滋生。①

当狄百瑞教授在上文中感叹西方世界没有足够的静坐研究成果可供参考后，Rodney Leon Taylor 教授的学术成果逐渐产出。置身哥伦比亚大学学风熏息中，虽然他以高攀龙（1562—1626）的成德工夫及宗教维度为研究主题的博士论文并非由狄百瑞教授指导，② 但他对明代理学及其宗教研究范畴的关注，的确是因狄教授而产生启发。一系列与儒家学者相关的论著，亦是在博士论文的基础上持续朝这两个面向凿深。

在风田武彦（Okada Takehiko，1908 – 2004）《坐禅と静坐》将佛教的顿/渐启悟模式套用到朱子的格物和王阳明（1472—1528）的知行合一工夫论分判，作为区别两种成圣之路的理想类型基础上，Rodney Leon Taylor 教授从思考理学家对静坐的态度入手，探讨静坐在儒、释工夫论中的功能。③ 毫无疑问，在受到佛教影响的工夫中，静坐此一法门受到理学家最多的讨论。不但理学家和释氏就此论辩，理学家内部对此也有交锋。朱子学派对此并不反对，但阳明学派则认为此法非但不必要，且极可能有害无益。作者发现由宋至明，除了朱熹、王阳明外，程颢（1032—1085）、程颐（1033—1107）、罗从彦（1072—1135）、李侗（1093—1163）、陆象山（1139—1192）、罗洪先（1504—1564）、顾宪成（1550—1612）、高攀龙（1562—1626）诸人亦有实行静坐的记录。其工夫虽有心即理与道问学的不同风格，但静坐都能根据他们的学说，被调整、放置于其体系中。朱熹将静坐视为养生法或学习的辅助，总结其宗旨为"半日静坐半日读书"。对已发之心而言，静坐可作为阅读圣贤之书的辅助，是一个有益的法门。但就未发之心而论，耽溺于静坐本身，忽略对格物的体认，则有流于佛门的危险。④ 在阳明方面，他曾一度向学生推介

---

① Ibid.，pp. 170 – 172. 可一并参考史甄陶博士《东亚儒家静坐研究之概况》一文，篇末附有相关书目。该文预定于《台湾东亚文明研究学刊》，第十六期（2011 年 12 月）刊出，将收入杨儒宾（编）：《东亚的静坐传统》。

② Rodney Leon Taylor，The Cultivation of Sagehood as a Religious Goal in Neo-Confucianism：a studied of selected writings of Kao P'an-Lung（1562 – 1626）（Missoula，Mont.：Scholars Press，1978）.

③ Rodney Leon Taylor，"The Sudden/Gradual Paradigm and Neo-ConfucianMind-Cultivation，" Philosophy East and West，33，1（1983），pp. 17 – 34 .

④ Ibid.，p21.

静坐法，但部分学生逐渐耽于禅悦，其心有喜静厌动，流于枯木之弊。因此在阳明的体系中，静坐的核心地位被“存天理，去人欲”所取代，弱化为工夫论的次第之一。在此情况下，虽然阳明和朱熹的工夫有顿渐之别，但相同的是，静坐在其学说中都变成次要的了。格物和心的主敬是渐学体系的特色，静坐的实践价值在于可为安顿本心的辅助手段。阳明对朱子格物之学的重构，则是借由知行合一，将天理内在于人性的部分实体化。对他们两人来说，对静坐行为本身的一味追求都将是极危险的。①

Rodney Leon Taylor 在另一篇文章深论朱熹的静坐法。② 他讨论朱熹的“半日静坐半日读书”。认为虽然此说法在《朱子语类》只出现一次，而且只是针对特定学生的教法，但不能否认静坐对朱熹学思生活的重要。静坐的功效包括有益学习、恢复健康、增进记忆。③ 朱熹静坐的目的不在求静，而在于增进对理的了解。和程颐相同，朱子也主张敬贯动静，因在此静坐中，主体并非全然处于不思量或虚的状态，形躯静默中格物的过程仍在继续，④ 因此朱熹的静坐兼赅动静两个层面。作者认为，静坐对朱子的学习法来说，绝非无关紧要。透过静坐，学者能发现自我更深沉的内在基础。⑤

（五）武术

理学家的静坐主张曾遭致颜元（1635—1704）强烈抨击。颜元以身体的“习动”取代静坐，本人亦深谙技击之道。⑥ 学界一般对颜元的思想评价不高，但他对身体动态的强调和武艺的兴趣提供了观察工夫论的另一扇窗口。明清习武之风大盛，著名拳术的传承系谱和拳种的内、外家之分，都在此时

① Ibid.，p22 - 23.

② Rodney Leon Taylor，“Chu Hsi and Meditation.” in Irene Bloom and Joshua A. Fogel eds.，Meeting of Minds：intellectual and religious interaction in East Asian traditions of thought：essays in honor of Wing-tsit Chan and William Theodore de Bary（New York：Columbia University Press，1997），pp. 43 - 74.

③ Ibid.，p. 45.

④ Ibid.，p. 53.

⑤ Ibid.，p. 68.

⑥ 除颜元外，大儒顾炎武、黄宗羲等人亦为技击名家。见蔡振丰：《中国近代武士道理念的检讨》，《台湾东亚文明研究学刊》，第7卷第2期（2010年12月），第189—218页。

才有稍微清楚的眉目。夏维明（Meir Shahar）教授以少林拳为例，说明此时的拳术锻炼，并非只以实用为目的，其中蕴含心性修养和养生观念，可作为探究明清思想的资源。① 其专著分为三部分：第一个部分描述少林武术的起源。第二个部分，作者注意到少林武术在被整编的过程中，以物品而非兵器作为器械操练的对象。第三个部分，则是徒手操练的特色，亦即“拳”的形式在近代被突出。作者认为，近代从原先的持器械练习到改以徒手为主，这是因为融合养生和医学的因素。他比对大量图录，说明有些少林武术的拳架虽然来自对菩萨、天王姿态的模仿，但内功的姿势与呼吸方式却来自道经中的导引图。此外，拳谱中对人体要害位置的标定，来自中医穴位图的影响。作者认为，这些少林僧人或俗家弟子兼修道经、医经的现象，显然是当时三教合一思想风气的反应。②

六、精神、身体、国体

美国学者如宇文所安（Stephen Owen）教授和杨晓山（Xiaoshan Yang）教授等人，认为从中唐晚期开始，中国知识分子开始从对庭园、异花、奇石的癖好中，寻找一种能将自己抽离于家庭、社会、国家体制之外的个人性。相较于文学研究者认为文人的私人空间是权力网络中的狭小缝隙，③ 并试图将精神自由从家国之中剥离；④ 古典儒学的主流路线则坚持个人发展必须在社会历程中完成，自我与工夫都不能脱离现实秩序之外。相较于西方，中国的政

---

① Meir Shahar, The Sholin Monastery: History, Religion, and the Chinese Martial Arts (Honolulu: University of Hawai ‘i Press, 2007). 近代较早认为武术的探索对身体研究有启发的学者是张舜徽先生，见《爱晚庐随笔》（武汉：华中师范大学出版社，2005 年）。

② Ibid., pp. 180 - 181.

③ 和英文的“privacy”对照，中文的“私”包含私人（private）与隐私（privacy）两种意思。私人指涉所有权、私我的兴趣或自我中心。隐私则是从公众中分离出来，表现为秘密或隐藏的行为，隐私作为与世隔绝的国度，其入口掌握在私人手中。以上见杜博妮（Bonnie S. McDougall），“Particulars and Universals: Studies on Chinese Privacy,” in Bonnie S. McDougall and Anders Hansson eds., Chinese Concepts of Privacy (Leiden: Brill, 2002), p6.

④ 这种暂时的抽离经验无法彻底隔绝外界干扰。见宇文所安（Stephen Owen）著：《中国“中世纪”的终结：中唐文学文化论集》，陈引驰、陈磊（译）（台北：联经出版社，2007 年）。杨晓山著（Xiaoshan Yang）：《私人领域的变形：唐宋诗歌中的园林与玩好》，文韬译（南京：江苏人民出版社，2008 年）。

治思想本质上是种身体政治学，也就是以道德修身为起点，最终达到治国家平天下。① 黄俊杰教授以孔子在不同场合的举措皆得其正为例，说明圣人的身体成为社会价值展现的场域。这种形态的身体，不是未经驯化的生理身体，而是人文化成的礼仪身体。就统治者而言，因为身国一体，故统治者若身正，则国亦正。② 身体政治学的提出，说明在中国哲学中，修身工夫的果境需在政治社会的实践中方能获得。因此本段将精神修养与政治权力中的身体合并讨论。

Jane Geaney 教授泯除儒、道两大身体风格的差异，从宏观的角度把握秦汉思想家的感官认识论。③ 其书主张中国古典身体观的特色在于“感官区别”（sense discrimination），也就是将某个特定物从其他同类事物中筛选出来的能力。这种能力是介于感官和知觉间的存在，既非直接的感官经验，也不是心灵的知觉，④ 中国古代知识分子透过这种能力构筑对自身及世界的了解。⑤ 在战国时期，有两种知识类型与这种能力相关：第一种是感官知识，即感官本身获得知识的能力，独立于心灵作用之外；第二种是实证知识，是感官接收外界讯息后，再经由心灵处理过的知识。⑥ 其书共分五章，第一章讨论先秦哲学文献中感官与知识的关系；第二章研究视觉与听觉的重要性，作者主张思想家将世界区别为可听的和可视的两种存在向度；第三章分析心与感官的关系，她认为就感知功能而论，心有某种类感官的功能；第四章将名、实概念与听觉、视觉概念相搭配，名是以耳听之，实是眼见为凭；第五章从诸子内部比较同一学派间对感官功能的不同看法。她分析孟、荀、老、庄的感官观念，认为《孟子》对感官的兴趣在于将其与道德向度联系，《荀子》则重视

① 此说见黄俊杰教授，“‘Body Politics’ in Ancient China: Discourses and Implications” in Human in East Asian Confucian Contexts, pp. 103 - 115. 相关讨论可见《东亚儒家思想传统中的四种“身体”：类型与议题》，收于《东亚儒学：经典于诠释的辨证》（台北：台大出版中心，2007 年），第 187—217 页。

② 黄俊杰，“‘Body Politics’ in Ancient China: Discourses and Implications,” pp. 104 - 105.

③ Jane Geaney, On the Epistemology of the Sense in Early Chinese Thought (Honolulu: University of Hawai‘i Press, 2002).

④ Ibid., p. 175.

⑤ Ibid., p. 1.

⑥ Jane Geaney, On the Epistemology of the Sense in Early Chinese Thought, pp. 30 - 31.

感官获取客观知识的功能。《老子》强调关闭心灵与知觉，《庄子》抛弃经由感官所得的知识，但将感官作为向万有开放的孔道。

Jane Geaney 教授这种打破学派分界的讨论方式较少见，大部分的研究者还是在学派的架构下，① 从气论的角度理解身体。其中又以战国晚期以降的黄老和杂家学派文献常被作为讨论标的。中文学界习称的《管子》四篇，即《内业》《心术上》《心术下》《白心》，由于义理的关联性，他们常被作为一个不证自明的整体。但罗浩（Harold D. Roth）教授借由分析哲理的发展轨迹，认为前三篇的联系更为密切。② 该文处理的道家心气关系，在西方学界常被归入宗教或冥契经验的研究范畴。作者指出古代中国对于人类心灵最古老的假定之一，是认为心理经验的不同面向，均联系或甚至建立于特定的基质，也就是气上。这些共相在先秦重要的工夫论篇章中均可发现，如《孟子》的浩然之气，《庄子》的虚，以及《老子》的专气。作者认为道家所谈的工夫，如心斋、坐忘等，和心气的关系相当密切。③

但罗教授认为，并不存在以“老庄”为内涵的早期道家。“老庄”被相提并论，始于魏晋。④《史记》中的道家是指冶冥契经验与政治哲学为一炉的哲学，也就是“黄老”。⑤ 因此，透过对《内业》《心术上》《心术下》《淮南子》等文本中心性与政治这这两个要素接榫过程的分析，便可看出秦汉道家身体观和工夫论的演变过程。亦即对作者来说，黄老所谓的“治身理国”，并不是两个平行的概念，其间存在着由治身到理国的线性发展。

罗教授认为，《内业篇》是中国传统中，最早涉及呼吸控制与身体观的冥

---

① 西方学者对中国古代思想史文本属于哪“家”的新理解，见鲁惟一（Michael Loewe）(ed.)，Early Chinese Texts：A Bibliographical Guide（Berkeley：University of California，Berkeley，1993）.

② Harold David Roth，“Psychology and Self-Cultivation in Early Taoistic Though，” Harvard Journal of Asiatic Studies，51，2（1991），pp. 599 – 650.

③ Ibid.，p. 602.

④ Ibid.，pp. 604 – 605. 注 17. 罗教授此说似乎未注意到“老庄”连称，最早见于《淮南子》。该书《要略篇》云：“道应者，揽掇遂事之踪，追观往古之迹，察祸福利害之反，考验乎老庄之术，而以合得失之势者也。”见（汉）高诱注释：《淮南子校释》（台北：华联出版社，1973 年），第 271 页。

⑤ Ibid.，608.

思理论与操作手册。[①] 该篇主张道、气在人体内外不断出入，若要使道安住在此心，则需弃绝欲求的干扰与情绪波动。当道植根在心中时，精气亦云集其中，成为体内之气的源头。体内之气的循行既上应乎天，健康自可立而待之。而在如何平心静气，达致“神”境的讨论中，则联系着呼吸法与饮食控制的操作。按照作者的读法，虽然此处呼吸法本身只是工具，不是目的，但仍是《内业》作为中国最早和呼吸控制有关的文献，并开启后世“守一”法先河的明证。[②] 至于《心术上》把君王的治身之道放在理国架构下来谈，可以看到对《内业》的转化痕迹。而《心术下》没有独立的对工夫论与身体观的讨论，这些部分系将《内业》的相关文献重构与删节而来，而且被置于政治理论的脉络之中，目的可能是为了对《心术上》作补充。[③] 上述《管子》三篇和某种与“老庄”相关，后来并为《淮南子》所承继的哲学文献具有亲族性，马王堆的黄帝帛书亦属于此家系，这个家系就是司马迁、司马谈父子所说的“道家”。[④] 具折衷色彩的《淮南子》论性，主张透过消除嗜欲达到对内在之性的保存，圣王可直接通达天道。当举措所发皆以整全的本性为基础时，则能动静皆合于天。此处可看到淮南王刘安门下对《老子》无为概念与《庄子·内七篇》无心概念的吸收。气在这种天人合德的过程中发挥媒介的作用：当透过心的宁定以使本性浮现时，身外之气亦能浸润于全身。当植根于此性所发之行事合乎天道时，精气自会产生于个体心中。[⑤]

除了讨论相因的环节，作者另外注意到中文学界较少留心的《管子》《淮南子》身体观区别：在《管子》中，情绪和欲望同样都是需要被对治、消除的对象。《淮南子》则固然主张消除欲望，但是情绪所发只要不是非自然，如强哭、强笑或是过度放任，基本上被认可为自然人性的一部分。[⑥]

在另一本专著中，罗浩教授认为《内业篇》是现今所知最早的道家神秘

---

① Ibid. , pp. 611 – 612.

② Ibid. , pp. 618 – 620.

③ Ibid. , pp. 627 – 628.

④ Ibid. , p. 628.

⑤ Ibid. , p. 636 – 637.

⑥ Ibid. , p. 638.

主义实践记录。① 该书第一章讨论《内业篇》的形成、学派归属、作者问题。第二章进行校勘与翻译。第三章分析该篇内容。第四章分析该篇的冥契主义面向，并和《老子》《庄子》西方相关研究进行比较。第五章则讨论本篇在早期道家中的定位。依照作者观点，《内业篇》可划分为工夫论的基础、工夫的益处、气的培壅以及结论四个区块。其中的“正形”与“正四体”之说，是借由稳固肢体的安坐以使心灵安定或意识集中，并挺直脊椎端坐使气运行周身的修炼方式。其姿势不仅可见于马王堆出土《导引图》，也与《庄子》的坐忘以及释氏的结跏趺坐相同。② 道和精是《内业篇》两个最重要的观念，也可以说，精是道的“物质化”。③ 道是主体与之合一的对象，精是道于肉身中的呈现。④

在中国古代身体观中，神既是气的精致状态，亦是对工夫境界的描述。普鸣（Michael J. Puett）教授将其置于长时段的思想变化中作出解读。作者的核心论点，是透过讨论“神”字在古代思想史的脉络，认为从殷商到战国，神字意思的变化，是从原本外于人的某种超越性存在，到指涉某种凡人可自我圣化为神的内在本质。⑤ 该书第一章论述商王透过贞人的协助，向祖先及天帝卜问、祭祀等行为，以及周人对此观念的容受。第二章讨论儒、墨对祭祀行为的看法以及《内业篇》。作者认为《内业篇》的特殊，在其打破了从殷商以来所抱持，古代中国的人与神圣泉源的关系是种二元性的观点，此一时期认为个人与神圣泉源的关系需透过仪式专家为中介。在《内业篇》中，由于人身和万物一样，都是由气所构成，所以透过工夫将身气精致化，自身就可与神圣同一，并可因此驾驭其他为不纯之气所构成的存在。原本需要透过仪式或中介的人与神圣为二的观点，至此成为一元论，但此看法在当时尚未成为主流。⑥ 第三章认为《庄子·内篇》与《孟子》二书都主张天人之间存

---

① Harold David Roth, Original Tao: inward training (nei-yeh) and the foundations of Taoist mysticism (New York: Columbia University Press. 1999). 中文版见严明等译：《原道：〈内业〉与道家神秘主义基础》（北京：学苑出版社，2009 年）。

② Ibid., 109 – 110.

③ Ibid., p. 42.

④ Ibid., p. 134.

⑤ Michael J. Puett, To Become a God: Cosmology, Sacrifice, and Self-Divinization in Early China (Cambridge: Harvard University Asia Center, 2002).

⑥ Ibid., pp. 118 – 119.

在某种彼此矛盾的张力。《庄子》一书以任物自化的方式解消此种矛盾；《孟子》虽被作为儒家道德形上学与工夫论的代表，但由于该书中的成德者并未被赋予任何实际上的优位，因此其实并未与神圣合一。第四章借由《太一生水》与《老子》，说明透过工夫论，人可被整合进宇宙力量之内，在此情况中，任何透过占卜或祭祀企图操控自然的举措均无济于事。① 此处的主张看似与《内业篇》相似，但与其不同的，是在《太一生水》与《老子》中，宇宙是种自发性的自然，其运作未和人的举措产生联系。第五章说明在《庄子·外篇》《十问》《远游》中，借由放弃对世界理解的意图，神如何永存的问题，特别是以传说中的仙人务成子为范式。② 第六章讨论秦汉时期方士的活动与几种不同的宇宙观。第七章以讨论《淮南子》的政治宇宙观为主，该书第八章讨论仪式在汉代的作用。

席文教授则从科技史的角度出发，利用《吕氏春秋》《灵枢》《素问》等材料探究秦汉国体、天体、身体之间的关系时，则较关注古典知识如何建构身体的概念③。他认为秦汉知识分子虽在言谈中也论及人体，但其实对形躯结构不感兴趣。他们对身体内部组织、脏器的认知方式是将其与理想的政治秩序比附，而非解剖学式的理解。④ 与古希腊相较，古代中国所用的身、体等单词，涵盖的范围大于古希腊所用的"soma"一词，后者仅指涉肉体的部分。中国的"身"通常包括了品格或泛指全人，"体"一般指形躯或体现。"形"则指体态，其意含接近 body 之意。⑤ 为何秦汉知识分子醉心于将国家与身体视为宇宙缩影的想法？他引述桂思卓（Sarah A. Queen）的成果，认为其目的在于探寻天意。在诸如《月令》《天官书》等人事符天的行为指南中，借由将个人行事规律纳入朝廷礼仪的举措，统治者亦因此参与了天意。借由将身体转化为小宇宙的过程，个别的身体渗透进原本是宇宙性的五行与季节图示，

---

① Ibid., p. 163, 198.

② Ibid., pp. 223 - 224.

③ Nathan Sivin, "State, Cosmos, and Body in The Last Three Centuries B. C.," Harvard Journal of Asiatic Studies, 55, 1 (1995), pp. 5 - 37.

④ Ibid., pp. 12 - 13.

⑤ Ibid., p. 14.

从而使其变得有意义。①

戴梅可（Michael Nylan）教授以《墨子》《庄子》为对象，探讨两书中视觉与内在之德的问题。② 该文第一节引用大量科技史与医学研究的成果，阐明视觉、思考、自我的关系。③ 第二节介绍视觉在古希腊文化中的作用。她说明根据现存的希腊文献，古希腊人最常讨论视觉的三种情况：①由疾病或年老导致的眼睛病变；②某种视觉的神秘失衡；③视线的变形。④ 在分析墨家对光与视觉的讨论中，她认为相较于古希腊人将注意力放在光线，墨家对影子更有兴趣。⑤ 秦汉思想家多以感官为判断事物的标准，《庄子》则是将感官无效化。

齐思敏（Mark Csikszentmihalyi）教授根据传世文献、医籍、出土文献，特别是郭店和马王堆两种《五行篇》，对儒家道德进行讨论。⑥《五行篇》、儒家道德都是中外学界长期关注的题目，相关成果汗牛充栋，来者不易推陈出新。作者的贡献，是将《五行篇》的成立，看作儒门对其他学派质疑其道德没有内在根源的响应活动，而非仅将其视为儒学内部思孟一系的秀异发展。该书所谓的“儒”，也不是传统以孔子为开山的学派，孔门事迹只是儒学这个古老集团发展过程中的某个切面。儒者所说的道德则具有物质般的可分别性和存在感，如物质般形于外，可为他人感官所察觉，⑦ 例如将《孟子》的浩然之气理解为“皓然”之气，即体气朗现于外的光辉，以及《五行篇》的玉色为圣人道德形于外的莹润感。

该书第一章分析儒家道德论述的产生背景；第二章从道德心理学的角度分析《五行篇》与子思的关系；第三章讨论《孟子》的道德心理学与形气关系；第四章讨论圣人身体的神圣；第五章对秦汉知识分子作品中道德的物质

① Ibid., p. 30.

② Michael Nylan, “Beliefs about Seeing: Optics and Moral Technologies in Early China,” Asia Major, 21, part1 (2008), pp. 89 – 132.

③ Ibid., pp. 91 – 97.

④ Ibid., pp. 100 – 101.

⑤ Ibid., p. 110.

⑥ Mark Csikszentmihalyi, Material Virtue: ethics and the body in Early China (Leiden: Brill, 2004).

⑦ Ibid., p. 5.

性进行分析，特别强调贾谊（B. C. 200－168）对《五行篇》与《孟子》的发展；最后三篇附录是对子思作品和两篇《五行篇》的译注。作者认为儒家典籍中，《孟子》最早将道德整合进人的生理机制，从而使四端具有物质或准物质般特色的论述。以精、气为动力，透过工夫修炼，可让这种特色发于内而显诸外，① 旁观者所察觉到的，即是“君子之德如玉”的感受。透过与相书、医籍、哲学文献的参照，作者告诉读者：在当时思想界中，这种陈述并非《孟子》的孤明先发，秦汉人原本就习于以面、目作为人身最重要的内在特质发散于外的窗口。②《五行篇》中，圣人的特殊能力是听，他以此能洞悉众人内在之情，也以声音引发共同的情感、意志。③ 作者比较了赵岐（？—201）、焦循（1763—1820）、理雅各布（James Legge，1815—1897）、刘殿爵（Lau D. C.，1921—2010）等人的批注与翻译，说明《五行篇》中的“金声而玉振之”，其意并非习见的循序渐进的成德步骤象征，而是指两种不同乐器的同调和鸣。因此，当道德发于圣人内在而作用于他人身上时，其准物质性的作用，如同某种乐器，对其他乐器产生影响。④

经过各种方式精致化的身体，与现实权力的关系为何？鲁威仪（Mark Edward Lewis）教授认为，身体是种层级性的空间观念。由小至大，分别是身体、家族、城市、区域而至天下，前者的空间被层层吸纳进后者之中形成一个有序的整体，但仍在其中保有各自的差异性。⑤ 虽然学者常以《庄子》《孟子》等书作为讨论身体的材料，但鲁教授认为《论语》早已启迪后学对身体观的论述。孔门对身体关注的面向有三：1. 仪式的意义与君子如何调节身体？2. 身体如何使道德外显？3. 守礼的身体与社会秩序的关系。⑥ 作者引述葛瑞汉（A. C. Graham，1919—1991）的研究，认为到第四世纪，主体性与个人性

① Ibid.，p. 127.

② Ibid.，p. 130.

③ Ibid.，p. 169.

④ Ibid.，pp. 181－183.

⑤ Mark Edward Lewis，The Construction of Space in Early China（Albany：State University of New York Press，2006）.

⑥ Ibid.，p. 14.

等问题被杨朱的“全生”阐发之后，身体的意义才得到进一步开显。① 在第一次建立起身体中心观的《内业篇》中，身体和工夫又被放在整体气化宇宙论视野中讨论。形躯作为心灵和宇宙的中介，是工夫对治的第一步。在《内业篇》提倡先由外而内，以正身体达成形躯的安宁之后，内心才会跟着湛然。另一方面，身体也是工夫效用的外显场所。经由转化体气，肢体、感官都变得更加精敏。就儒家的相关理论来看，《孟子》的正气，其作用犹如体内的水库。透过恰当的蓄积、浇灌，不但可使肉身完美，且其作用可超越形躯的限制而向外扩散至宇宙。作者认为，《孟子》的理论也是受到《内业篇》精气说的影响。②

Robin Mcneal 教授在讨论《周书》时，③ 注意到该书第六章到第十章，以及第三十二章，颇多能与秦汉道家、法家思想会通者。特别在第三十二章中，存在以人体为隐喻的笔法。根据他的译解，该章结构可分成三个部分：第一个部分将政府的军事与统治功能置于宇宙秩序之下。此秩序顺着自然规律循环，亦为人身小天地之律则。个人身心的整合，一如四时与五行的恰当协调。第二段产生了以五将人体官能和组织单位模拟的现象。如将手指和脚趾的各以五为数，与军事组织以五人为基本单位的情况相比附。第三段则认为有效的军事控制、恰当的文明支配以及道德行为三者交织成理想的君主政体。由此，原本以人体生理机制为譬喻的文明与军事的身体，转为帝王的道德性身体。④

七、结论

相较于中文学界的身体观研究受到梅洛-庞蒂（Maurice Merleau-Ponty，1908—1961）启发，研究重点主要在探究以气为载体，透过工夫转化，从而造成身心转换的历程；在上述对五种进路的分述中，则可看到西方研究者除

① Ibid.，p. 16.

② Ibid.，23 –25.

③ Robin Mcneal，，“The Body as Metaphor for the Civil and Martial Components of Empire in Yi Zhou shu，Chapter 32；With an Excursion on the Composition and Structure of the Yi Zhou shu，” Journal of the American Oriental Society，122，1（2002），pp. 46 –60.

④ Ibid.，p. 54 –56.

了借由相关文献本身探究气论外，其研究进路，主要以希腊传统、哲学与宗教理论三种资源为背景，带着比较的眼光进行诠释。对于当代西方研究者来说，尽管中国古典知识分子对身体图式的想象与柏拉图（Plato，B. C. 428—347）以降身心二分的传统不同，但古希腊仍然是一个活力丰沛的“他者”，特别是古希腊文献中对身体个别感官作用的详细描述，与古典中国认为感官为一气所弥漫，强调“联觉”（synesthesia）整体认识的基调不同。此外，得益于比较哲学与神学的启发，西方学者分别从体、已、诚等关键词与西方观念对照，并从圣徒传的研究进路，探究古典中国的理想身体在日常生活与经典阅读中如何能够得到证成。从这一点回头探看中文学界在讨论成德之学与身体的关系时，关注重点则在个人气质转化如何带动主观境界的翻转与提升，较少讨论个人的身体在群我关系中的展现姿态。

还可以思考的是，当学者从气论的角度，言说古典身体观的“身心一如”或“身体的气化”时，其意大抵指涉原本肉身与心的生理双元构造转换为身心互渗架构，也就是形躯的精神化模式。但如同上文中《五行篇》本文所显示的，对秦汉知识分子而言，随着成德工夫而来，此身除了心气的相互转化外，还展现出美玉般的物质性向度。对于此种认为身体与道德具有物质性内涵的意义，及其说在思想史中的反响与流变，或可再进一步探究。

19. 华文学界身体研究概述

一、前言

如果说，要在本世纪找出一个观念，将如上个世纪由索绪尔（Saussure）开山奠基的“语言”王国，对所有的学科研究从思维方式造成根本的影响，首选的应该会是“身体”。身体所引起的新一波研究趋势，遍及哲学、社会学、人类学、性别研究、文化研究等诸多学门领域，并各有侧重的角度与关怀。本文主要聚焦于身体研究在华文学界“中国传统人文领域”的研究现况，进入正文之前，也许可以略述“中国传统人文领域”的身体研究是在什么样的背景下发展出来的。首先，是以“身体现象学”为主的西方身体理论之影响。纵览华文学界的身体研究，观者也许会感觉到，各个领域对身体的论述与探讨，隐隐然有其对话的“对象”，成为不分中西、现代语境中的身体意义。

西方的身体理论乃是对主流传统的“身心二元论”之挑战与修正，身心二元论属于“心物二元论”的脉络。萌芽于柏拉图、由笛卡尔所提出的“心物二元论”主宰了长久以来西方学界对身心关系的理解。笛卡尔的名言“我思故我在”把“我/思维”以外的一切都视为“非我”的“物”，将周遭的物品、他人甚至是自己的身体都当作是思维的客观化对象。如此，世界被明确地分为心与物，而心灵的活动就此与身体（也作为一物）毫无关系，“理性”这一心灵的特征被放置在高于一切的位置上，非理性的身体被贬抑、视为工具。身体的“客体化”“工具化”意味着身体失去定义“主体”的资格，与理性紧密相关的“意识”独占主体的位置。在现代语境中，亦常以“彼方”定义身体：它是与心灵相对的一团血肉。这种哲学预设，放回文化世界，会造成什么影响呢？最主要的是认为所有的认知与文化现象都由思维与意识决定其样貌。换句话说，与思维、意识最密切相关的“语言”可以主宰与解释一切。这无疑忽视了身体所带来的局限与影响。① 批判理性的优位性、认识到身体并非完全被排拒在“主体”之外，并把身体从边缘拉回中心，西方学界由尼采开始了一连串的身体研究风潮。以梅洛-庞蒂（Merleau-Ponty）的“身体现象学”为代表，区别身体有“对象之身”（被视为工具与客体的身体）与“主体之身”，认为世界通过身体而存在，身体是意义世界开显的场所。“身体现象学”是研究中国身体观者、最可资借的理论资源，梅洛-庞蒂提出的“身体主体”（body subject）一词也成为华文学界身体研究熟悉的语言。

其次，面对西方传统遗留在现代语境中的身体意义，华文学界对身体研

---

① 举例而言，若是仅有意识的时间性而没有身体及其空间性，便不可能以“上下”这类仰赖身体为基准的方位概念来了解心情的悲喜、多与少、好与坏。以“上下”方向性隐喻描述心情“悲喜”，如高兴、快乐的顶峰、跌落到谷底；数量“多少”，如股价上涨、金融指数下跌；质性“好坏”如上品、高贵、下流；等等。当代的隐喻理论提供我们另一种思考的方式，简单的说明见苏以文：《隐喻与认知》（台北：台大出版中心，2005 年）。

究有兴趣的研究者，除了以“身体主体”等理论响应与修正，另有一条处理的路线：检视中国传统文化的“形气神”身心结构，并重建中国式身心哲学在当代学术中的意义与价值。这种“对话现象”的出现，绝不始于身体研究的议题，而是晚清新的学术建构以来，欲治传统学术者的大方向。不同于“身心二元论”，中国式“形气神”三位一体的身心结构，虽然曾一度沉寂于学术场域，在常民生活中却不陌生。不论是以养生保健为主要诉求的气功修炼，或者是与身体操作息息相关的武术修习，凡对气功修炼与武术修习有兴趣者，绝不难在民间找到可以学习的机构或导师。华人社会的小传统在面临新知识典范的冲击下，仍有顽强的生命力。这些小传统只有放在“形气神”的身心构造认识下，才有可能被理解与实践。

“身体”这一概念进入华文学界研究者的视野，按李清良大致分为四个阶段，① 可以约略看出似是循着西方→日本→中国台湾→中国大陆这样的地域顺时性蔓延开来。表象如此，当中却不一定存在着影响的关系，身体研究的开展在大方向上虽是相同，然而各文化地域中、可说是各有殊异的背景与目标。本文所要评述的研究成果限于海峡两岸的中国台湾与中国大陆，拟先以日本学者汤浅泰雄在比较文化的视野下所提出的两个问题，为华文学界身体研究做一个轮廓性的概括说明。汤浅泰雄于1977年出版《身体：东洋的身体论の试み》（中译本《灵肉探微——神秘的东方身心观》），此书最先讨论包含中国在内的东方身体观，而且是站在当代东西学术对话的立场。他由问题意见入手，洞见东西方哲学对身心关系的理解；西方哲学所问的问题是：“身心之间的关系是什么?”东方身心观则是：“（透过修行）身与心之间的关系将变得怎样?”②

① （1）西方学界从根本上敞开了身体问题；（2）日本学界首先将中国身体观纳入研究视野，并特别注重身心关系的探讨；（3）台湾学界与西方汉学界在日本学者的基础上，深入探讨中国身体观的内涵、发展及其思想史与文化史意义；（4）中国大陆学界接受西方、日本与中国台湾学者的影响，开始从思想史角度系统探讨中国身体观，并反思中国当代身体观的建设。李清良：《中国身体观与中国问题——兼评周与沉〈身体思想与修行〉》，《哲学动态》2006年第5期，第21—23页。

② 汤浅泰雄、马超等编译：《灵肉探微——神秘的东方身心观》（北京：中国友谊出版公司，1990），第2页。此译本未得汤浅泰雄先生同意，为方便参考起见，姑引之。

“身心之间的关系是什么?”已如前所述，至于“（透过修行）身与心之间的关系将变得怎样?”这个富有实践性格的东方式问题，背后基本的预设是身心关系可经由身心修行产生变化。要讨论这个变化，若是以西方哲学以及现代语境中熟悉的身心观，只怕难以入手。透过修行，身心之间的关系将达到“身心一如”，在修行传统中的人，自然不会怀疑其可能性。中国传统的身体观带有很强烈的实践性格，事实上，也只有经由实践，身心相沁，以致一如的境界，身体作为实践者的精神体现场域以及行动的发动者，其功能才会特别显著。

然而，在理论上，“身心一如”如何可能？要回答这个问题，就必须认识到中国传统的“气之身体观”理论预设的问题不能不带进来。古人对气最初的认识乃是大气、云气或风等自然界的概念，几乎在各个文化中，都可以找到将风/气视为世界基础元素的说法。而在中国文化中，气别有一特殊的发展，物质性的风/气在传统的思维方式下,① 逐步发展出具有哲学性格与解释功能的气概念，它既是充斥宇宙的基质，用以说明世界的变化创生，在人文世界的学术领域中，也承担了建构各种理论框架的根基。身体也不例外。不同于笛卡尔二元论的“身心”结构，气的身体观是以“形气神”结构来理解身体。气居于形（身）神（心）的底层，它既被用来解释知觉与生理作用，也被视为意识的神思作用，因为有气绵延其中，身心在理论上成为一不可二分的连续体，也因为气在身心居中流动，身心之间的关系才有变化的空间可说。

以上是本文粗浅地对“形气神”身心结构之略述，即使是如此简单的说明，都不难看出筑基在“形气神”身心结构之研究，对当今学术所能带来的影响。西方哲学自从梅洛-庞蒂后，对身体的认识有根本的转变，与“身体”相对的不再是“心灵”，而是抽象的思维方式和普遍化，身体被认为是一种思考方式，以此具体的、情境化的身体，足以突破过去身心对立所留下的僵局

---

① 中国民族传统的思维方式包含一系列相互关联的方面，其中与气概念的确立有直接关系的是：（1）以‘重己’‘先己’为特征的主体向内思维；（2）重视传承不喜间断的连续性思维；（3）由主体推认客体的一体思维。见刘长林：《说气》，收入杨儒宾主编：《中国古代思想中的气论及身体观》（台北：巨流图书，1993），第103页。

与死路。在一波波瓦解二元对立的思潮下，“形气神”的身心结构，成为中国研究身体哲学最重视的利基（niche）与资产，人文学界中，不乏期许中国哲学的身体性研究能够带来中国哲学的创造性转化之学者。① 这种“创造性转化”可用黄俊杰归纳身体研究的两个重要性做更详尽的说明：“第一，在多元文化论述当令的今日，中国人文研究应深入具有中国文化特色之特殊性的议题，并开发其普世意义与价值，以便与西方或其他文化互相参照。中国思想家的修养工夫论常环绕着‘治气养心’等理论而展开，中国的‘身体观’（尤其是‘气论’）正是这种具有中国文化特质的研究课题；第二，近数十年来中国思想史的研究论著，基本上采取‘即心言心’的研究进路者较多，采取‘即身心互渗以言心’的研究进路者实不多见。这个新领域的开发，可以为中国思想史研究开拓新境界。”②

身体研究除了创造性转化与开拓新境界之外，尚有另一个重要性：它对恢复19世纪中国近代化发展以前的知识结构有着莫大的帮助。若说对身体的理解绝对地影响了文化的形塑与内容，那么，要如何以现代语境中的身体去理解在中国身体观/气论上所发展的各色文化呢？不只是理解古人哲学思想需要相同的知识结构（在本文讨论的范畴中，即是“形气神”的身心观），就连文学、艺术皆然。“气”是各个人文学术领域所无法抛撇漠视者，以“气韵生动”来说，它作为横跨绘画与文学的美学价值评判标准，如果不能理解“气”，又该如何理解“气韵生动”，乃至古人的审美理念？只有与古人拥有相近的知识结构，研究者才不至于以今天的语境误解古籍文献，才能在正确解读的基础上，挖掘出传统该有的价值与定位，继而赋予传统能够延续到当代的新生命。

---

① 张兵：《中国哲学研究的身体维度——北京大学高研院暑期学术工作坊综述》，《世界哲学》2010年第6期。

② 黄俊杰：《中国思想史中“身体观”研究的新视野》，《东亚儒学：经典与诠释的辩证》（台北：台湾大学出版中心，2007年），第220页。

当前华文学界身体研究之成果，已有数篇精到的评述论文出现，① 本文则试图将研究成果依照“研究取向”初步以“身体观”与“身体感”分述。

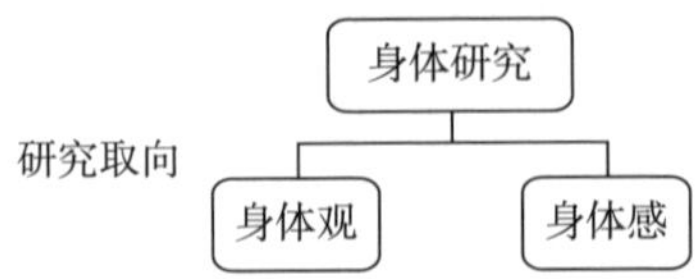

在华文学界身体研究始于“身体观”，大抵集中在思想史与汉学领域；随着研究者对“身体”之兴趣日益蓬勃，在与感官知觉密切相关的医疗史与感官人类学领域中，“身体感”迅速成为风尚，并开始向外蔓延。可以说，将身体研究区分为“身体观”与“身体感”的研究取向，是在研究者意识到“身体观”无法处理某些属于感觉的课题之后。诚如最早提出“身体感”一词的比较医学史学者栗山茂久所言：“这些对于身体如何从外在，作为客体，而被视察的研究，

---

① 分别是：黄俊杰：《中国思想史中“身体观”研究的新视野》，《东亚儒学：经典与诠释的辩证》（台北：台湾大学出版中心，2007 年），第 219—250 页。周与沉：《身体：思想与修行——以中国经典为中心的跨文化观照》（北京：中国社会科学出版社，2005），第一章：“中国身体观研究述评”第 26—46 页。燕连福：《中国哲学身体观研究的三个向度》，收入张再林：《作为身体哲学的中国古代哲学》（北京：中国社会科学出版社，2008 年），第 268—282 页。三篇论文或专书分别依照“属性”将身体予以分类，以下按发表先后及相通的分类重新排列，以表格示之：

黄俊杰	周与沉	燕连福
作为思维方法的身体	作为思维方式、权力符号的身体	作为表达主体的身体
作为政治权力展现场所的身体		作为展现场所的身体
作为精神修养之呈现的身体	德行修养的身体	
	大小宇宙互动网络中的身体（指医家的身体）	
		作为哲学本体的身体

上述几种身体的分类只有周与沉提及“医家的身体”，黄俊杰在《中国思想史中“身体观”研究的新视野》一文中明确表示，讨论范围仅限思想史，不涉及医学史的身体；燕连福亦于文题指明是哲学身体观，而周文因欲综合考察儒家、道家与医家的身体传统，故将医学的身体标出一类。燕文的“作为哲学本体的身体”亦是其他二文所无之身体类型，主要是指称中国以“身体”为根本的哲学（相对于西方传统以“意识”为根本的哲学），并以之综合贯穿中国哲学的各个面向，乃是针对张再林一系列身体哲学研究的论文所设。

很快就迫使我们同时思考这样的问题，即如何从内在，如同身体本是的那样来主观地感受身体”。“身体感”补充了单由“身体观”切入的不足之处，因为“对于身体的看法不但仰赖于‘思考方式’，同时也仰赖于各种感官的作用。”①借由“身体观”与“身体感”，研究者得以描绘出一幅完整的身体图像。

二、三种身体观

身体既然是在世的基础，各种对身体切入的观察与探讨，很难说有绝对分明的界线。作为当代学界的热门概念，“身体”的渗透力可想见地当会无远弗届，在社会学、性别研究、文化研究诸领域，我们都可看到相关的著作。本文尽量将焦点集中在思想的领域上立论，依照对身体的关注焦点不同，本文将近年来华人学者的研究成果分为三种：“医学的身体”“人文的身体”“修养的身体”。相较于“人文的身体”与“修养的身体”都被赋予了身体本身以外的意义或功用，“医学的身体”由于是另一种形式的经验科学，所以在这层上说来单纯多了。平日健康时，身体不为主体所意识，默默支撑主体一切活动，而疾病却会使身体失去透明的状态、成为无法忽略的存在，为了对治病体继之保任此身，一整套相对应的身体观随之成型。“医学的身体”绕着健康/生病的主轴展开，其结构负担的诠释性格较稀薄，但“什么是健康，什么是生病”不见得纯粹是经验科学的问题，放在中医的视野下观察，其问题尤其复杂。何况，如何看待“医学的身体”，也会同时影响如何看待“人文的身体”与“修养的身体”，因此“医学的身体”反映了一个文化对身体如何认识，为各个范畴对身体理解的基础。

其次，“人文的身体”与“修养的身体”是以身体为界线而区分出的两个类型。“一身之外”为“人文的身体”，拥有身体使人类成为“具体”的存在，不得不活动于公共的、互相联系的意义网络中。“人生在世”其实是“人身在世”，过去认为人文仅是意识的产物，然而身体作为包括政治、社会与文化等一切生存与意义之基础，由身而起的感官经验势必对人文空间的样貌有所局限与形塑；同时，相对定型的人文空间又会反过来影响人们如何看待身

① 栗山茂久，陈信宏译：《身体的语言——从中西文化看身体之谜》（上海：上海书店出版社，2009 年），第 6 页。

体。具体的身体不可能只是生理学的意义，所有的身体都负载了文化的符码。以身体为出发点理解人文空间，显然补足了单单只就“意识”来解释人文现象之疏漏。若将焦点置于“一身之内”者，可视为“修养的身体”，“修养”包括“身体修养”与“精神修炼”，这两者时常无法切割，身体与意识之间的紧密相连是其首要特色。但所谓的“一身之内”，这种“内”也不是物理空间的概念，它毋宁是隐喻而已。“修养的身体”是不断跃出（或译为绽出）的，它具有流动的性格，“内”“外”不断地交换移动。

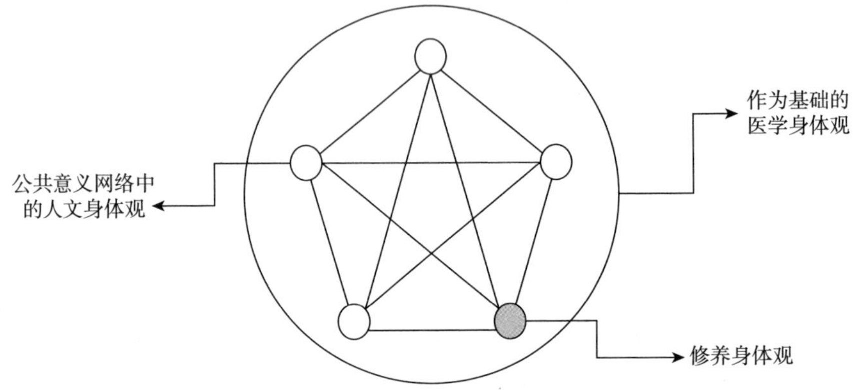

（一）医学的身体

前言中提及，相对于西方“身心二元论”，中国文化习惯的是“形气神”身心结构，两种文化认识身心之间的方式，各自有其看待身体的基础：“身心二元论”对应的是解剖学的身体，而“形气神”身心结构则是对应“气—经脉”的身体。如同现代语境的“身体”成为身心观的默认值，解剖学的身体随着西方医学成为普世的医疗体系，也是一般人对身体最自然的理解。按照可见的器官、组织、细胞等，人体可依功能分为皮肤系统、神经系统、运动系统、呼吸系统、循环系统、消化系统、泌尿系统、生殖系统、内分泌系统、免疫系统等，这是从解剖学发展出来的西方医学人体图像。在解剖学非主流的中国，则发展出不同的体系，对中国医学来说，五脏六腑等“固定物体”只是容器或管道，只有在其中流动的物质，才是人体的本质。① 如同解剖学的

---

① 石田秀实：《气·流动的身体——中医学原理与道教养生术》（台北：武陵，1996年），第25页。

功能系统，中国的身体也可以诸多子系统视之，然而由于重视的是人体中气血流动的主要通道（即“经脉”），人体便是由手太阴肺经、手阳明大肠经、足阳明胃经、足太阴脾经、手少阴心经、手太阳小肠经、足太阳膀胱经、足少阴肾经、手厥阴心包经、手少阳三焦经、足少阳胆经、足厥阴肝经十二经脉组成的图像。中国人文传统的“医学的身体”即是探讨“气—经脉”身体的哲学意义。

蔡璧名《身体与自然——以〈黄帝内经素问〉为中心论古代思想传统中的身体观》① 一书出现的年代虽然较晚，但此书之前，殊少将《内经》放在人文科学的脉络下看待。此书从医家的观点出发，不把《内经》视为传统意义上的方技之流，而是看作“收录、存放中国古代医疗技术、身体认识、身体与自然互动关系的‘档案’”,② 以之还原出一个先秦诸子所共享的古代身体观。此医学身体观意义在于，传统学术思想的主流并不在形躯本身的探讨，然而文献中言及身体之处，不管是比喻的用法或是如实就身体本身而言，例如《老子》“塞其兑，闭其门”（《五十二章》）、《庄子》“缘督以为经”（《养生主》）等，若不在作者共享的身体观当中，对于理解文义难免产生偏差。因此，透过《内经》的研究，不只可以检视古代医家身体观，也支持了对思想领域的理解。由于中国哲学是身心实践的哲学，身心实践又是在形气神的身心结构中发展出来的，《内经》在这方面提供了形气神结构的原初样貌，供研究者参考。③ 若是要将“医学的身体”作为理解“人文的身体”与“修养的身体”之基础，本书最相关的两个篇章在于梳理“心神”（第三章《心神的认识》）与“气”（第四章《气的认识》）的观念。

对于“心”“神”命题的分判，在过去的研究中多被放置在心性论的脉络中考察，而在身体研究中，研究者的焦点又多放在“气”之上而忽略“神”。然而在传统思想的身体认识中，“神”的重要性并不下于“气”，作者借由探索“心”“神”与身体的各种可能关系，并从这些关系中厘清“心神”

① 蔡璧名：《身体与自然——以《黄帝内经素问》为中心论古代思想传统中的身体观》（台北：台湾大学出版委员会，1997 年）

② 同前注，第 32—33 页。

③ 同前注，第 9—13 页。

此一文化共享、意涵丰富的词汇、在医家身体观中的真意（例如分判“形神”之“神”与“魂神意魄志”之“神”有何区别）。此外，在“气”的认识中，相较于“形气神”的身心结构，本书将生命、身体二分为“形”“神”原因乃是死亡后“形”分别与“神”“气”的关系：死亡的形体中无“神”的存在，却有“气”的留存，故作者将“气”并入“形”中。此外，以身体的观点来探讨为何“志一则动气”（怒喜思悲恐影响于气者）以及“气一则动志”（气影响于怒喜思悲恐）则为心性修养工夫提供了身体的基础，反映孟子（乃至其他先秦诸子）修养理论背后对身体的共识。

李建民《发现古脉——中国古典医学与数术身体观》① 一书探究从战国到西汉中晚期的经脉学说“体系化的过程”。中国形气神的身体观之形躯基础在气/经脉，经脉既是医学的概念，也是修炼哲学的概念。一般认为，经脉的观念始于先民对体表上的某些穴位实施针灸疗法、取得疗效，以此初步认识到穴位的存在，而物质工具的发展进化（九针）则让穴位更加精准，在实践的经验上，这些精准的穴位最后逐渐连为经脉的概念，亦即经脉是由穴道集合而成。然而，地下出土的考古文献却提供了另外的线索，作者以为除了实践的经验与“物质”的进化刺激，“文化”提供的丰富养分是经脉观念体系化更深层的动能。这个文化提供的动能来自于“自然哲学”，古人对生命的认知实与“天道数术之学”密不可分，在人体“小宇宙”与天地自然“大宇宙”模拟感应的前提下，根据天学数术对人体的知识进行演绎，启发了古人设想脉的概念。脉循行于身、如同日月星辰的运行有其轨道；“天之历数在吾身”，脉学的命名、数目、排列、走向也都可见数术原则作用其中。是以，作者将经脉学说“体系化的过程”称之为“数术程序”（透过一系列数术的模拟想象对近似之物的掌握）。综合上述两种著作，蔡璧名提供的“形神身体观”可视为“修养的身体”之基础，而掌握了李建民描绘的“数术身体观”则对“人文的身体”也能有更深入的了解。

① 李建民：《发现古脉——中国古典医学与数术身体观》（北京：社会科学文献出版社，2007 年）。本书是作者《死生之域——周秦汉脉学之源流》（台北：中央研究院历史语言研究所，2000 年）之修订本。

（二）修养的身体

对身体的“修养”面向有所关怀者，其关怀的等第不一样，从调身、养身到“死生大事”之感者皆有。后者的程度几乎等同于对“终极关怀”（ultimate concern）之关注，故讨论到“修养的身体”者，华文学界中大抵限于儒家与道家身体观。至于同列三教的佛教，由于对身体向来是负面观感多于正面，身体不在其核心价值之内，迄今尚未累积足以讨论的研究成果。此外，儒、道中担任要角之“气”的观念，也仅限于呼吸法、冥想法以及疾病治疗法可以在佛教中找到相对应的元素。至于将“气”应用在解释自然现象、或者有任何与“气”相近的因子，佛教中可以说是没有。①

杜维明是华文学界中较早（1985 年）注意到儒家身体这一议题的学者，其思想内涵可以“体知”一词的三个面向概而论之。② 第一，“自我的体现”：恻隐、羞恶、辞让、是非四端之情不是抽象的说教，而是“体之于身”自然涌现的感情，此时身体不是仆役、手段与过渡，是自我的体现。其次，“德行之知”与“万物一体”：这是在修养的层面上说的。张载将知分为“闻见之知”与“德行之知”，杜维明以体知的概念来理解“德行之知”。相对于“闻见之知”是“认知”、属于“经验知识”，“德行之知”则是“体验”，是“了解同时又是转化的行为”（knowing as a transformative act），必须有所受用，有体之于身的实践意义。“万物一体”则是修养有成后的境界，若以“体知”来解释张载“大其心则能体天下之物”与程颢“仁者以天地万物为一体”，“体知”是人心固有的感性觉情，这人同此心、心同此理的感性觉情不把任何东西“对象化”，故而才能够包容天地万物，主客之间的界线消泯，一切都在人心中呈现，一切也都是在人身中呈现。第三，“内化的技术”：“体知”又可以内化的技术来理解，如骑自行车与弹钢琴，但又不仅仅是技术，内化的技术成为主体意识的组成部分，此即博蓝尼（Polanyi）所言“内隐知识”（tacit knowledge），仔细探究当可与“百姓日用而不知”共同参看。

---

① 这是木村清孝教授的观察，参见木村清孝：《中国佛教中的“气”论》，收入杨儒宾主编：《中国古代思想中的气论及身体观》，第 541—550 页。

② 杜维明论“体知”的系列文章，见于杜维明著，郭齐勇、郑文龙编：《杜维明文集》第 5 卷（武汉：武汉出版社，2002 年）。

徐复观将中国文化最基本的特性定为“心的文化”,① 但他所说的“心”不是真常唯心意义下的心体，而是另有所见。徐先生认为若顺着“形而上者谓之道，形而下者谓之器”，该多说一句“形而中者谓之心”，心的哲学是“形而中学”，而非西方“形而上学”的概念。“形而中学”的心，是人生理构造中的一部分，心的作用也是生理中某一部分的作用，此心绝不等同于西方“唯心论”的心。“形”既是身体，谈“形而中学”的“心”不可撇开“形/身体”而论。杜维明以“体知”的概念，掌握了中国文化中“身”的核心意义，绝非视身如同英文的“body”、仅是工具性格的形躯，谈“身”也不可排除“心/意识”而言；可以说，两人所论分别由从不同角度描绘了中国身心哲学主要特色之轮廓。

华文学界第一部完整且深入探究“修养的身体”并以此来论中国的身心哲学者，当为杨儒宾在1996年出版的《儒家身体观》。② 杨儒宾以“四体一体”来综论在先秦时代已具型的儒家身体观之特色，“四体”乃是意识主体、形气主体、自然主体、文化主体，此“四体”并非可截然区分，而是同一机体在不同面向的不同指谓，所以以“四体一体”名之。意识主体与文化主体不难理解，意识本就是主体的要素，而没有一个主体没有文化的面向；至于形气主体可看作“形气神”结构下的身体主体，但意义更广阔些；而自然主体则处理人与自然万物的关系，这关系不是认知性的，而是在于人与自然万物有着“气”此一共同的物质基础（此物质基础保证了性天相通的可能性）。姑且先不论文化主体的特性为何，意识主体、形气主体与自然主体之间可以这么说：“人的意识主体扎根在隐闇向度的形气主体上面，而人的形气主体又通向构成万物本质的气之流行里面”。③ 在“四体一体”的大前提下，《儒家身体观》探论由意识主体、形气主体与自然主体交综而成的“形气心”一元三相身体观在孟子学脉络中的发展与流变。“形气心”身体观，乃是儒家心性论与形上学的身体基础，虽然与“医学的身体”同样谈“形气心（神）”，《儒家身体观》多从“威仪”“践形”“德行—德气”入手，这些观念并不在直接讨论客观的身体概念，而是与“修身”息息相关的词语。这是因为对儒

① 徐复观：《心的文化》，《中国思想史论集》（台北：台湾学生书局，1981第6版）

② 杨儒宾：《儒家身体观》（台北：台湾“中央研究院中国文哲研究所”，1996年）

③ 杨儒宾：《儒家身体观》，第13页。

家来说，现世种种从家国社会到个人身心都是不完整的，都是等待补足证成，孟子的“践形”、管子的“全角”、荀子的“美身”，在显示身体的严格意义上就是“修身”，不谈“修身”便无法凸显儒家身体的特色所在。也由于身体的严格意义在于“修身”，儒门各家如何看待身体，会直接影响到各家工夫的走向。此书要旨亦可说是探讨孟子学如何看待“圣人的身体”进而更全面地理解儒家的圣人观念。

全书从“二源三派”论起，“二源”是以周礼为中心的“威仪身体观”、以医学为中心的“血气观”；“三派”是以孟子为代表的“践形观”、以荀子为代表的“礼义观”以及散见诸种典籍的“自然气化观”。“二源”是儒家承自春秋时期的身体认识，而“三派”已有各家工夫可说，故是否具有“主体意识的觉醒”便是二源与三派的分界。本书以孟子“践形观”为中心篇章，向上梳理《公孙尼子》“养气说”在内在理路上与孟子养气说共通乃至滋养之处，向下分判帛书《五行篇》《德圣篇》作为孟子后学如何将孟子思想带往更深层的意识，以及《管子》《心术下》与《内业》在共享的文化体系中与孟子学相呼应的观点，完整而清晰地阐述了“践形观”的内涵及其在孟子工夫中的位置。“践形观”特色如下：(1)“践形观”建立在“形气心”的身体结构之上。心具“意向性”（意识的本质），形是“生理—物质”的结构，气介于两者间，受心管辖。(2) 如前所述，对儒家来说现世种种都是等待补足证成，在此前提，“形气心”被预设处于现实状态与理想状态间的光谱地带；就现实的层面而言，三者都是未完成、善恶夹杂，在理想的状态下，三者是圆融、充分实现的。充分实践的形体为“践形”，充分实践的气为“浩然之气”，充分实践的心为“尽心”。此时，心失去“意向性”，全心是气，“形”失掉“生理—物质性”，全身是气，三者连成一片没有断层，这是终极的圣人境界。(3)“形气心”的身体结构能从未完成走向圆满，乃因人的生命内部有种先天的道德本心，这种先天的道德本心会引发一种先天的内在之气，虽说“引发”（志至气次），然两者关系不是历时性、而是同时性，同时呈现在意识层（心、志）与意识层的底层（气）。①

① 杨儒宾：《支离与践形》，收入杨儒宾主编《中国古代思想中的气论及身体观》，第431—432页。

理解儒家身体观，除了能够解释为何孟子心性之学会与身体外在的形躯知觉以及内在的气结合讨论，也解释了为什么“用气为性”在理学里分明是指控异端的佳兵，却老是有造境高深的大儒前仆后继地露出破绽授人以柄，因为道德意志的纯化带动的不只是精神，还有知觉、身体的一体流行。“心气”不是平面的自然主义之概念，而是一种修养层次的征兆。孟子学的“尽心”在当代学术已被发挥得淋漓尽致，本书阐发“践形”与“浩然之气”等达到工夫果地的另外两个面向，完整补足了孟子的学术图像。此外，从身体观来理解孟子，亦给学术史上一些著名的难解之题一个新的解释方向，例如孟子关于“知言养气”的命题。以往论者或偏于文字章句训诂，或偏于义理结构阐释，亦有两者并用者，此书在“形气心”一体的预设下，以“践形观”解“知言养气”，提供给学者另一种思路。

在《支离与践形——论先秦思想里的两种身体观》① 一文中，杨儒宾在与孟子“践形观”比较的基础上，讨论了庄子的“支离观”，两者有异有同。孟子与庄子的眼中身体都具有双重性格：身体是精神需要克服的障碍，但当学者达到终极面，身体又成了精神的具体化，两者泯然不分。而造成“支离”与“践形”两种身体观的差异，比较接近个人的学问风格与文化因素。“支离”或“瓦解”意指经由工夫改变“主体结构”，主体不再是原本的感性主体，而是心灵深层的气之流通，“主体结构”的改变引起“知觉的形式”同时产生变化，“支离其身”意即“支离其经验我”，主体的心与身消失，与外物/世界一同进入浑一的流动状态。“践形”则意指人的形体经由一段工夫的历程后，可以充分地将内在的潜能展现出来，使人的言语举止身体作用，充满道德光彩，完全是精神流行的显象。上述两种工夫与果境风格虽甚有差异，然而只是哲人强调的重点不同，事实上两者还要预设对方作为自己理论成立的必要条件。支离其躯，为的是要能践其形；要践其形，也需事先支离其躯。庄子的“践形观”内涵如下：“感官”（其作用构成前述“感性主体”）与“气化”在现实上是对立的知觉功能，但在根源上是同一本质展现的不同面向。工夫达到某个境界时，“感官”可以体现“气”，庄子以“气”为意识深层中一种“前意向”的妙用，而“前意向”与“意向”可广泛地视为精神，

① 同前注，415－449 页。

故“感官体现气”也就是“感官体现精神”，精神（心气）可以转化五官，使五官达到“共感觉”（synesthesia），亦即“五官皆备”（《天运》）的状态。工夫圆熟者，精神甚至可以转化四肢（“四肢强”《知北游》），这是庄子的“践形观”。至于孟子的“支离观”并不复杂，孟子区分大小体，其转化生理性小体的工夫，即是“支离其躯”。如果放回文化脉络与历史情境来看，“支离观”与“践形观”皆可视为对“威仪观”的回应：“践形”是站在儒家立场，替礼乐等表相形式找一个源头活水，是对传统“威仪观”所做的修正；“支离观”下的人物形象，其身躯举止都在常轨之外，这是庄子借由瓦解社会规范与人的本质之联系，对“威仪观”所做的否定。

杨儒宾另有《技艺与道——道家的思考》① 一文，从分判道家思想中的“有知知”与“无知知”出发，探讨技艺与道的关系。道家的技艺论强调融技入道，亦即技艺融入超主客的实践活动之中。这是完美的技艺，而完美技艺的创造者不是意识，而是身体。只有意识的作用散布到全身，全身精神化（一气流通）以后，技艺才可以有质的飞越，由匠艺升华至道的展现。

作为华文学界首部深入探讨身体的专著，《儒家身体观》所得之评价已无须本文赘述。《儒家身体观》与杨儒宾针对庄子的身体研究，将先秦（中国文化的轴心时代）哲人留与后世的身体图像深度呈现。作者曾在本书之前的导论提及，如果，这不是作者的自谦之语：“笔者提出的这些想法并没有太多的理论重构，它甚至连‘发现’都谈不上，因为孟子的后学就是这样看待儒家的身体观的。”② 杨儒宾对身体观研究最大的贡献在于不曾自铸伟词，而是成功且流畅地使用现代语汇转译了整套语境过后、掩埋于古典语文之中的丰富思想。

周与沉《身体：思想与修行》，是中国传统身体观研究方面的一部巨著，此前少见。作者视野宏大，将身心思想放置在“基本景观”以及“文化比较”的背景下进行描述性分析。任何思想或观点的生发，必然有其背后孕育的土壤，作者首先厘清历史脉络中的“基本景观”，为现象与理路的检视能够落到实处做准备。中国古代身体观有同有异，而造成各家身体观之共识者为“天地人的系

---

① 杨儒宾：《技艺与道——道家的思考》，收入《王叔岷先生学术成就与薪传研讨会论文集》（台北：台湾大学中国文学系，2001），第165—191页。

② 杨儒宾：《儒家身体观》，第5页。

统”以及“阴阳五行观念”：以天地人贯通为底色，阴阳与五行的框架是结构，而气的流布为动源，在此“基本景观”下的浮现的“理想类型”是“形气心”三相一体的身体结构——作者以形躯结构之身为狭义的身体，广义的身体统摄形气心而为生命整体，并且视“身心交融以通天道”为其终极的追求。

掌握“基本景观”与“理想类型”后，自如书中所言：“本书……不求还原出一部身体认知史，而力图将各种身体见解打通，融构为合乎中国文化本来面目的身体系统。”① “融构”乃是《身体：思想与修行》之主要策略，并贯穿全书的写作思维。作者以其深厚的学力使用了大量先秦诸子文献、近人研究成果，若有会通中西之处也予以补充西方哲学近似的概念，对“身”“心”“气”之内涵以“身体”的观点进行详细述说，每一个分项大抵又以儒家、道家及医家如何看待按序罗列。全书主结构在于“身”“心”“气”三者，以及与此三者息息相关之工夫论（第六章“修行：践形与转化”）。在此主结构之前是前述的“基本景观”等，在主结构后又比较了西方与印度的身心观。本书针对身体做了地图式及百科全书式的梳理，甚可供后学者按图索骥理解中国的身体。作者在引言中提到有着宗教感的人们在一生中某个关键时刻，也许会将自己交付给外在的人格神，也许会显发本来在己的真性，借践行、修炼以追求生命啼声和境界圆满。“也许，这些看似差异的道路不过是法门有别而已。”② 法门有别、殊途同归，或可视为本书的整体风貌。

彭国翔《儒家传统的身心修炼及其治疗意义——以古希腊罗马哲学传统为参照》③ 一文，提出当今西方一些最为出色的哲学家，法国的阿道（Pierre Hadot）与美国的纽思浜（Martha Nussbaum）对古希腊罗马哲学（作为西方哲学的起源来看）的重新理解：相较于现今以“理性主义”与“分析传统”的特征狭义地定义哲学，古希腊罗马哲学家认为，哲学的原初意义是作为一种“生活方式”（way of life）的“精神修炼”（spiritual exercise）和“欲望治疗”（therapy of desire）。作者在此背景上，进一步反思儒家传统与此相关而又不限

① 周与沉：《身体：思想与修行》（北京：中国社会科学出版社，2005 年），第 82 页。

② 同前注，第 2 页。

③ 彭国翔：《儒家传统的身心修炼及其治疗意义——以古希腊罗马哲学传统为参照》，收入杨儒宾、祝平次编：《儒学的气论与工夫论》（台北：台大出版中心，2005 年），第 1 – 45 页。

于此的一些基本特征：首先，儒家的修身传统不只是单纯精神性的修养，而是一种身心交关的（psychosomatic）工夫实践，充分肯定身体的向度。其次，儒家的身心修炼不是隔离世事的智慧与实践，它注重将日常生活中的每时每刻都视为身心修炼的契机，在终极意义上，肯定日常世界的真实性与价值。最后，儒家身心修炼除具有欲望治疗的效果，也有身体治疗的意义，是一种延年益寿的养生之道（这点可与“医疗的身体”互相参看）。

（三）人文的身体

“人文的身体”（亦即处于公共意义网络中的身体）之讨论乃是身体观研究中之大宗，由于身体是人类认识经验的基础，各个学科几乎都可以身体作为切入点，不论是再探旧议题或是挖掘新方向，身体研究在此类项取得最丰富多姿的开展。一部分的研究与“隐喻”（metaphors）相关，这是从语言中发现身体对习成观念与现象有其根本性的价值；一部分的研究借重上述“医学的身体”或“修养的身体”之研究成果，触类旁通多所发挥。

“隐喻”是文学修辞的手法之一，然而若单纯以文学修辞视之，很难突显隐喻的意义。首先，隐喻是诗歌的本质，擅长缩结现世生活中没有经验关联性的两者，例如“床前明月光，疑是地上霜”，在模拟或相似性的基础上将明月光与地上霜生活经验中不相干的两者结合起来；其次，除了诗歌，讨论形上学、宇宙论等论道之言，也大量的仰赖隐喻。这是因为若以“‘道’是什么”的事实判断句，表达的是一种知识论模式，然而，不管“道”是什么，只要不是它自身，就否定了本体的绝对性质，因此只有使用如“‘道’像什么”的语言，才能避免落入哲学表达的困境；① 第三，“身体隐喻”改变了过去对隐喻的理解，研究发现隐喻不总是创造新的关联性，相反的，有为数不少的隐喻是根植于前意识与“具体”（embodiment）的身体经验中，留存在语言中的证据显示，身体毫无疑问是人类认识世界之基础。隐喻的使用与其身体基础也是华文学界身体研究的一个新方向，这个新方向首先拓展了政治思想史的研究成果。

黄俊杰主要着力处理的大抵在于以“身体思维”（body thinking）与“身体隐喻”为线索，探求身体与政治、身体与工夫修养之关系。按黄俊杰所言，

① 刁生虎：《庄子的语言哲学及表意方式》，《东吴哲学学报》，第12期，第48—49页。

中国常见的“具体性思维方式”（从具体情境出发进行思考活动，异于西方惯见的抽象或理论思维）有二：“历史思维”与“身体思维”。所谓“身体思维”，黄俊杰引吴光明定义如下：“身体思维乃是身体情况中的思维，也就是透过身体来思想。……身体思维乃是锁定在体内重心的思维，它和那种无关身体的抽象思想正好相反。”① 而身体隐喻之所以值得关注，也是身体主体或身体思维的影响，留存在语言中的证据显示，身体毫无疑问是人类认识世界之基础。在身体政治论这方面：“所谓身体政治论，是指以人的身体作为隐喻（metaphor），所展开的针对诸如国家等政治组织之原理及其运作之论述。”② 将身体隐喻与政治结合在一起观看，黄俊杰指出了中国政治思想史先前尚待开发的部分。例如“心体之喻”以及“元首股肱之喻”，前者是指国君等同于人身的“心”，百官等同于人身的“五官或四肢”，后者是指国君为身体元首，臣民为身体股肱。这种比类频繁见于古代文献中，以此来表示国家政治运作乃是如人体一般的“有机体”。又以“气”具有的流通性（除了使得身心互渗，气亦可沟通人身小宇宙与自然大宇宙之间）扩大解释统治者的身体（姿态）与国家（国运）亦是有机的关联。除了政治思想，黄俊杰亦以“身体隐喻”解释儒家工夫论当中的相关议题。“六十而耳顺”、视思明、听思聪等“君子九思”以及“君子有三戒”这些与五官、身体相关的语言，被用来描述人生进境或修养工夫，说明了前述所提及的“身体思维”。③

刘畅《心君同构——中国古代政治思想史的一种原型范畴分析》④ 分析了“心君同构”此一发轫于先秦诸子，流行于两汉，尔后成为古人论及主宰、统辖的意义时常用的隐喻。要理解此现象，必须先说什么是“模拟推理”：两

① 吴光明：《庄子的身体思维》，收入杨儒宾编：《中国古代思想的气论与身体观》，第393—414页。

② 黄俊杰：《中国古代思想史中的“身体政治论”：特质与涵义》，《东亚儒学史的新视野》（上海：华东师范大学，2008年），第260页。

③ 黄俊杰：《中国古代思想史中的“身体政治论”：特质与涵义》，第263—267页。黄俊杰：《古代儒家政治论中的“身体隐喻思维”》，《东亚儒学史的新视野》，第282—285页。黄俊杰：《“身体隐喻”与古代儒家的修养工夫》，《东亚儒学史的新视野》，第302—306页、311—319页。

④ 刘畅：《心君同构——中国古代政治思想史的一种原型范畴分析》（天津：南开大学出版社，2009年）

个或两类对象在某些属性上相同，于是可推断出他们在另外的属性上也相同。因此，“心君同构”乃是指通过模拟推理的思维形式，在“心”“君”之间建立起一种同构、互动的联系，具体而言如：心与君的唯一性、主宰性（心为身主，君为国主），心、君与道的相通，心、君的“神秘”功能（心无所不思，君无所不能），虚静之于心、君的重要，等等。心与君借由同构，互为对方的存在提供一种合理性的依据。本书以“心君同构”为核心概念命题，广罗秦汉古代思想家散碎、应机、随缘的话语分类判别，将此一过去没有得到太多关注的现象按“心君同构”成形后，对“心”观念与“君”观念的影响、做巨细靡遗的发挥。

陈立胜《王阳明“万物一体”论——从“身—体”的立场看》一书，针对万物一体分为两个部分，第一，作者使用“身—体”的表述式来阐释过去多从心上说的万物一体论；第二，以身体隐喻探究万物一体。首先，万物一体是王阳明思想的基本精神，但在现代学术中却没有得到相应的重视；其次，关于“身—体”表述式的使用，先从“身体”来看，就词性而言“身体”有名词与动词的含义，名词的身体即是“身之体”，此“身之体”不只是现代个体意义上的身躯，它被预设是“嵌在”万物一体这一“大体”之中，亦即被“嵌在”大化流行的一气之中；而动词的身体则是“身体力行”的意涵，在王阳明那里有时用“体之于身”“以身体之”来表示。作者使用“身—体”的表述式即是要提醒读者，强调王阳明身体观中名词与动词、“身之体”与“体之于身”的交互性。如此，万物一体之“一体”不是悬空的命题，也不单只能从前人多所着力的意识境界来谈，它必须要被“身体力行”，而且是在“身之体”中“身体力行”。

以身体切入万物一体，传统的儒学要义有了不同的提问方式，本体论问题被问成“‘身之体’为何与万物是‘一体’”，而工夫论问题以“万物一体如何得到‘体现’”出现。作者还指出，王阳明以万物一体论将“一体”“仁”“乐”等传统思想熔为一炉，其相应的工夫则为“体知”。要如何以“身—体”来解说“一体之仁”与“一体之乐”呢？尤其仁是“心之德，爱之理”，尤其王阳明也说“乐是心之本体”，以心说此二命题已有悠远传统。作者将其拉到身体的体验原型：“儒家对一体生命生机盎然之体味在根本上是嵌在肉身之中的一体通畅的快适与感受。王阳明一体的仁与乐是深深嵌在肉身之中，一体生命的生机畅遂、万物皆有春意之静观，脱离开身体的体验原型，则是根本不可能的。”①

身体之于万物一体既是如此根本与重要，那必定也会反映在语言的使用上，“植物性隐喻”与“身体性隐喻”在王阳明论说一体之仁与乐时，时常被使用。作者归纳王阳明使用的身体性隐喻总计七种：血缘性的身体、知痛痒的身体、肢体分工活动的身体、应急处境下的身体、生机日完的身体、病体、舒适之身体。②

张再林《作为身体哲学的中国古代哲学》收录了他关于身体议题的研究论文。对于身体研究，他主要的切入点在于“哲学范式的根本性转变”，意指当代哲学的关注焦点有一个“从形而上向形而下、从思辨世界向生活世界、从意识哲学向身体哲学的转变”，另外辅以“中国哲学建立哲学体系的方式”作为纵贯其研究的经纬。所谓“中国哲学建立哲学体系的方式”是指，相较于西方传统哲学以“意识→范畴→宇宙”（识本论）的模式来建立哲学体系，中国古代哲学是以“身体→两性→家族”（身本论）建立哲学体系。③ 可以说，张再林以身体为视角的“身本主义”将许多中国哲学议题重新检视与述说，如点出古代文献中宇宙论、伦理学与宗教观中的身体性。文献搜罗不可谓之不多。而出于对“身体→两性→家族”这一哲学体系的关注，研究广度自然延伸至两性与家族的层面，这是目前处理身体研究的学者，较少触碰到的题材。《身体、两性、家庭及其符号》④ 是《作为身体哲学的中国古代哲学》的后续相关研究论文集，文中收入张再林等师生六人的“体式研究”之成果，计 17 篇论文。本论文集以身体哲学为标准，如同身体遍在的基础性，收录文章内容取向亦甚丰富。作者从中国哲学体系出发进行一系列的探究，其思虑行文随处可见以西方哲学为对话对象，以此建构“身本论”亦是出路与特色。

---

① 陈立胜：《王阳明“万物一体”论——从“身—体”的立场看》（台北：台湾大学出版中心，2008 年），第 212—213 页。

② 陈立胜：《王阳明“万物一体”论——从“身—体”的立场看》，第 242—268 页。

③ 张再林：《作为身体哲学的中国古代哲学》（北京：中国社会科学出版社，2008 年），第 2 页。

④ 张再林等：《身体、两性、家庭及其符号》（西安：西安交通大学出版社，2010 年）

除了西方传统的身心二元观，以及中国一元三相形气心，如果将身体放置在具体的特殊历史或社会情境，并试图以此二种身体观解释某些公共意义网络中的现象，会发现普遍（内在）的身体观将在特殊（外在）当中窒碍难行。黄金麟《历史、身体、国家：近代中国的身体形成1895—1937》① 便是阐明哲学、思想意义以外一种时代与社会性因素色彩十足的身体观。作者选定了相对两千多年的中国社会而言一个剧烈变动的年代来观察近代中国身体的生成。近代中国身体是一个特殊情境下的产物，不论身心二元论或者形气心的身体认识方式，都不足以解释在这个年代中，出于民族主义的情感，身体如何被刻意地塑造、对待，以及因此而产生的身体价值。本书处理具体的历史现象，并且揭示以西方身体发展为参考对象所形成的身体理论，在面对中国的特殊情境中，难免暴露出这些理论的局限与不适用。作者主要意图在于描绘出身体的生成实际上是政治性的过程与结果，存在主义与现象学层次的理论宣称“我等同于我的身体”不能够去除身体的存在交织着许多来自社会与文化等外于身体的客观力量。大方向上以“身体社会史”（socio-historical study of body）的方式为写作策略，具体的观察切入点为“身体的国家化发展”“身体的法权化发展”“身体的时间化发展”“身体的空间化发展”，以此四者交织出近代中国的身体形成。

刘苑如主编的《游观——作为身体技艺的中古文学与宗教》② 一书，以中古时期的“文学与宗教”中的游观为核心，由此关怀身体的知识、技艺及其操作过程等课题。举凡视听言动、俯仰坐卧无一不是身体技艺的展现，旅游、视觉经验、阅读行为与书写都有身体作为背后的支撑。中古时期可从游观发现一个不断被开拓的自然与文化世界，包括对自我内在的体认与身心安顿，也关注对外在的生存处境，调整出不同的因应之道。透过精进身体的技艺，借由文学创作表现出空间、时间变化的感知，以审美的角度体认、建构自我与世界的关系。透过游观的文化体验，得以呈现中古文学与宗教丰富而

① 黄金麟：《历史、身体、国家：近代中国的身体形成1895—1937》（台北：联经，2001年）

② 刘苑如主编：《游观——作为身体技艺的中古文学与宗教》（台北：台湾“中央研究院中国文哲研究所”2009年）

多样的生命体验，以及这一变动时代如何建立中国传统审美与身体的知识体系。

郑毓瑜的《身体表演与魏晋人伦品鉴——一个自我“体现”的角度》①一文，将身体观的视角渗透到文学研究的领域。本文论述“自我”与身体表现的关系，从魏晋时代的人物品评标准切入，相对于“威仪观”，魏晋追求“容止”（形体的美感与气质），以及以“才性”品鉴取代“德行”品鉴。作者在此一现象当中探讨为呈现美感与气质的“身体表演”对品评人物以及身体被放置在一套审美标准以及规范中，会对“自我”所造成的影响。所谓“身体表演”定义为“一个特定个体在（特定场合）观看者面前持续出现时所表现出具有影响力的全部行为”，以此定义来看出现在《世说新语》以及相关史传数据中的人物记述，身体成为繁多琐碎又难全面掌控的表意符号。观眸不再是“观其眸子，人焉廋哉”的欲别善恶，而是观其目光清澈明朗之美；同样的现象也存在于声音乃至整个身体容态之中。“身体表演”所发生的剧场无所不在，只要有观众，与身体相关的包括服饰举止、任何一个随意的场景都可能是精心刻意安排，经由如此的“身体表演”，论述“自我”不再能仅仅由心神本体或先天才性作片面解释，因为根本无法忽略随时都在社会运作结构中扮演意义传输管道的身体表现。

三、身体感

蔡璧名在《疾病场域与知觉现象：〈伤寒论〉中“烦”证的身体感》②中以对照“身体观”的方式论及“身体感”研究视域的意义与价值：

“身体观”属于认识论，系针对“具体”的存在物——身体作一抽象的理解，意即把原初的“经验”加以“观念”化。然而观念指向“真实”，身体观所要指涉的依旧是实实在在的具体身体。易言之，“身体观”的理论描述虽用以把握真实而具体的身体，然而具体的身体不断改变，“身体观”不过是

① 郑毓瑜：《身体表演与魏晋人伦品鉴——一个自我“体现”的角度》，《汉学研究》（第24卷第2期2006年），第71－104页。

② 蔡璧名：《疾病场域与知觉现象：〈伤寒论〉中“烦”证的身体感》，收入余舜德主编：《体物入微：物与身体感的研究》（新竹：清大出版社，2008年）

将“具体身体”暂作抽象的描述。则“身体观”显然不是鱼，而是筌；不是目的（end），而是工具、途径（means）。因此，只着重于身体观，尚不足以充分揭示传统对具体身体的了解。如果说“身体观”是一种理论性、概括性的“认识”，则“身体感”所指涉的是“现象”，是以身体为主体，而面对世界所产生的感知与认识。①

由上述引文可知，“身体感”比起“身体观”，是以更细致的手法探讨身体，这个细致在于将主体的知觉考虑进去，而为了描述主体的知觉，连带的，“身体感”的研究比“身体观”更重视语言与语言所欲指涉的现象。若是放在跨文化的脉络来看，会发现在同样的生理构造基础上，却因为语言的使用（语言作为先于意识的结构），而使生理现象的诠释有了文化差异的色彩。栗山茂久在《身体的语言——古希腊医学和中医之比较》提及：古希腊医生与中医同样以手腕为诊断部位，但古希腊的医生感觉到是脉搏的节奏，节奏明确而可被计量，不能忍受任何描述性、感知性的语言；相较之下，中医重视的不是节奏，而是感受血气与皮肤平行的流动，在传递这种感受时，使用的语言多仰赖明喻与暗喻。身体感知的真实，是可以透过文化的观点被想象出来，且“在对人体的想象和人体的体验之间，也就是在身体观与身体感之间，有一层很密切的关系”。② 在这个意义上，所有的“身体感”研究都与人文世界脱离不了干系。

“身体感”相关研究目前大致有三个方向，依身体感知运用于内或外区分：其一，对身体的内部知觉（尤其是处于异常时期的疾病状态，身体内部感受增强），此部分研究与医疗史领域亲近，如蔡璧名《疾病场域与知觉现象：〈伤寒论〉中“烦”证的身体感》；其二，丹道修炼的探讨是另一种对身体的内部知觉，近期《中正大学中文学术年刊》第十一期“丹道思想与修炼专号”中收有一些与身体相关的研究；其三，当感官知觉运用于外时，必定作用于某个对象之上，因此“物”便占有极关键的位置，感官知觉与“物”之互动过程，也是文化世界意义建构的基石，一同开展人文世界。在余舜德

① 同前注，第166—176页。

② 栗山茂久：《身体观与身体感——道教图解和中国医学的目光》，《古今论衡》3（1999.12），第147—154页。

主编的《体物入微：物与身体感的研究》① 一书中，收有十数篇相关论文，此部分研究以人类学领域为主，乃是从2000年开始，编者参与“气的文化研究会”“医疗与身体经验”研究群及至2004年“身体感”的整合型研究计划所集结的成果。此书所收入的论文遍及数个领域与主题，探讨多重感官信息如何结合成身体感，以及身体与物之间的密切互动。杨儒宾主编《中国古代思想中的气论及身体观》是华文学界第一本“身体观”的论文集，《体物入微》则是第一本“身体感”研究成果，两本书都标志着身体研究的阶段发展，对“遍地开花”的研究现况起了引领的作用。

蔡璧名的《疾病场域与知觉现象：〈伤寒论〉中“烦”证的身体感》一文中，提到要理解“烦证”所指的内涵，首先必须意识到，有许多今天仍然在使用的词汇，放回古代的脉络中，并不全然是今人以为的内容。正如“烦”字，今人在心灵与意识等情绪层面使用它，然而在中国古代的语言脉络中，“烦”兼括心灵、意识以及口舌、肌骨、四肢等躯体各部的知觉体验，这些知觉体验乃是相近症状作用于体内不同的场域，而同属传统医学中的“火”、“热”之证。作者经由考察《伤寒论》中“烦证”的作用场域等诸多面相，确定“烦证”的“火”性绝非起于阴阳五行家的玄想，亦即没有纯粹意识中的烦，只有身体场域中的烦。没有纯粹的“火”之性质，所论性质无不为身体的一种属性。若以纯粹心灵或精神主体探讨，不可能恰当如实地理解“烦证”。此外，“烦证”若放在修身、修养上来看，也有其属于医家的意义，亦即在“身体感”的研究与以“身体观”为主的传统思想史研究之间，找到相关联之处：不将“内心烦乱”从“本心的操持”以及“诚意的有无”等心性论角度来说，而是探讨其身体基础，继而点出情绪扰动以及所造成的身体伤害，与儒家、道家的修养关系，“情绪的发露与节化——包括‘烦’之征候的有无，遂为儒、道之徒判定一己是否‘体道’的重要关键”。② 医家也有工夫论，不同于儒道追求成德或逍遥等境界，致力于“精神修养”，医家的工夫是“宝命全角”的工夫，同时追求身、心平和与平衡。简单来说，儒道属于“即

① 余舜德主编：《体物入微：物与身体感的研究》（新竹：清大出版社，2008）。

② 蔡璧名：《疾病场域与知觉现象：〈伤寒论〉中“烦”证的身体感》，收入余舜德主编：《体物入微：物与身体感的研究》，第168－171页。

心言心、身”（工夫致力于心，而成就于心、身），医家为“即心、身言心”，甚至可说是“即心、身言心、身”（心、身工夫并存，成就并见于心、身）。从这个角度来说，暗示了医道（此“道”为“体道”之道）合流、工夫双轨的可能。

《中正大学中文学术年刊》第十一期“丹道思想与修炼专号”中，有论及丹道与身体的研究成果。形体与感官经验的转变是修炼的指标，丹道修炼与身体感知的密切关联显而易见。然而，将丹道的身体放置在“身体感”的范畴，并不表示丹道没有“身体观”可谈。与儒家、道家相较起来，儒道的关注焦点毕竟还是在于心性上的证道，“身体观”虽然重要，但却是作为心性修炼的配套出现，加之并没有静坐、调息以外的实际入手指南传世，学者很难就儒家、道家的身体谈“身体感”。要谈“身体感”之于“修养的身体”，必须重视如何具体操作修炼的工夫才有可能。丹道研究在这方面除了有丰富的文献记录，绵延至今的修炼传统，使得丹道也有可现身说法、以现代语汇描述修炼时的身体感受之修行者。可以说，甚有发展空间。然而，在现代学术的版图里，丹道很少被探讨，也许是研究客体的秘教的因素使然，也许是研究者找不到一个进入特殊身心经验的方法或语汇使然。晚近十多年来，渐有人注意，此期专号是最重要的成绩。当丹道被旁置于道教多元的宗教现象，它会慢慢地从地方性的秘密修证传统往普遍化、可论述化提升，它的学术价值会跟着显现。

丹道是最地方性色彩的知识，但又特别强调“先天”的消息。颜学诚《内丹是文化吗？一个对修炼经验的身体研究》① 一文之问题“内丹是文化吗？”源于这样的意识：首先，内丹的身体修炼目的，是为了要从“后天”逆反到“先天”，“先天”即是“道”，逆反到“先天”即是“与道合一”。作者从人类学中也找到了与内丹修炼“先天”“后天”相似的概念，“后天”类似于“文化”，是对事物约定俗成的区辨与惯习，“先天”可以“前文化”或“自然”理解。“先天”与“后天”一变而为“自然”与“文化”。因此，若“先天”是要超越“后天”的分辨与惯习，理论上“先天”的身体经验必然

① 颜学诚：《内丹是文化吗？一个对修炼经验的身体研究》，《中正大学中文学术年刊》第 11 期丹道思想与修炼专号（2008 年），第 51—78 页。

是非文化的。然而内丹又是宗教的一部分，必定是属于文化。在这种矛盾之下，跳脱“后天”返回“先天”，只能是内丹修炼者的想象，是一种哲学思辨。此结论无法得到修炼者的认同，修炼者不会认同超越“后天”仅是难以体现的哲学思辨，他们以为这是可以在身体经验上被感知的。作者在此得出丹道修炼的现代学术意义：以具体的事实扭转抽象的理论，丹道修炼的身体经验可以挑战文化/自然的二元框架。不仅于此，进一步的朝身体主体的方向来说，如果内丹修炼中超越后天的先天经验为真，不是修炼者的想象，那么表示，此“先天”必然有某种无法被化约到“后天”的“主体性”存在，只是这个“主体性”是“非天生赋予”的预设，它必须由修炼者“自我获致”经由修炼的功法在身体经验中体证。

“身体感”的研究取向在每个学科领域中，有其各自能开展的面向与意涵。余舜德主编的《体物入微：物与身体感的研究》一书，提出“身体感”的定义如下：“身体作为经验的主体以感知体内与体外世界的知觉项目（categories）”，[①] 强调“身体经验”是身心的结合，非“感觉”或“观念”，而是与“认知”相似。本书企图结合人类学近20年来相当受到瞩目的身体与物质文化研究，将此两者放在同一个视域中讨论，其意义在于，不同的文化对世界有不同的认识，造成认识差异的原因，不再只是过去强调的抽象宇宙观，而是更具体地落在各文化如何“体物”。如何“体物”，也就等于身体如何感知。如果从传统对语言、心理的角度来研究感觉，基本上都是在寻找一个对应的表征系统（语言与认知表征）。即使是感官人类学，亦多以单一感官作为研究的单位。实际上，感觉不可能全由符号化约，认知的表征也无法完全解释人与世界的互动，人们随时都在使用不同的感官，并结合不同感官所接收的讯息，形成种种经验。在这样复杂的情况下，笛卡尔“身心二元论”不再是唯一的真实。“身体感”的研究取向除了为人类学找到更精致的诠释个体、文化与世界之方式，也参与了这股以身体主体、身体经验超越“身心二元论”之风潮。

① 余舜德：《从田野经验到身体感的研究》，收入余舜德主编：《体物入微：物与身体感的研究》，第15页。

余舜德《从田野经验到身体感的研究》① 一文分为两个部分：第一部分以作者的人类学背景知识，亲身经验异文化带来的影响与冲击。自己实践“参与经验”占有七分，试图融入异文化的生活，包括酥油茶的油腻、琵琶肉的气味；却有三分是“抽离”的，这“抽离”一方面是以学者的身份、保持观察自身身体对进入异文化的反应，另一方面却是不得不这样的“抽离”，即使是意识到了，即使是刻意要习得异文化的身体感知，都是不可为的，“我们之所以会在异文化的环境发现这些问题如此切‘身’，就是因为长久于自己的文化环境中所培养出来之身体感受的焦点与感受的方式，与其他文化所关切的，存在显著的差异”。② 这恰可以理解身体感知对于文化风貌的形塑，以及既成文化又对身体感知的限制。

第二部分以《体物入微：物与身体感的研究》一书中所收论文为基点，总结“身体感”与“物质文化”（亦即围绕“体物入微”）各种可能发生的讨论。第一，“身体技能”（body techniques）与“物如何拥有意涵”：“物如何拥有意涵”不只牵涉文化历史建构的过程，更与个人、群体“体物”的“身体技能”无法分开。人们“体物”的能力（例如，品评茶叶）与人物互动、文化学习、感知训练与内化程度密切相关，而体物能力较精进者，能较常人更细致地分辨身体感的项目而成为专家。第二，“体物入微”与“物性”：人们对“物性”（发掘/应用物的特质而呈现之物质特性与功能）的认识会随文化概念的发展而转变因此，“物性”不是“与物俱有”，而是从文化的角度解读之结果。然而“物性”并非无内在的质性可言，此内在质性从“限制”来看最清楚，物本身的物质特性“提供”与“限制”了物可承载的意涵以及人可以操作的空间。第三，“体物入微”与社会、历史过程：这是将“身体感”放入社会与历史的背景中，做一纵向的开展，例如肮脏与洁净感的社会历史发展。本书所收的论文之丰富多面向可说为“身体感”的研究取径开了一座宝库，对后续研究者来说，不论是视角或者“身体感”所能运用的范畴，都极具启发意义。

---

① 余舜德：《从田野经验到身体感的研究》，收入余舜德主编：《体物入微：物与身体感的研究》，第1—43页。

② 同前注，第5—6页。

在台湾汉人的宗教信仰中，“香”是不可缺少的仪式物品，张珣《馨香祷祝：香气的仪式力量》① 一文，以探讨香的象征意涵为主，香的象征意涵与“嗅觉—身体经验—跨界经验”此一过程密切相关。从嗅觉方面来说，在西方由于味道是向四方弥漫，非线性且无法切割清楚，与强调的视觉所带来的理性、秩序与具体的个体化相违背，因而嗅觉在西方文化中不如视觉受重视。在东方文化中的嗅觉，则可以启动想象与营造沉醉情境。这种看待嗅觉的文化方式，自然非是纯然的单一感官，而接近全身的经验，例如品香时讲究用全身与心一起感受，而非单一嗅觉的香气体验。把“全身的经验”换成东方文化熟悉的语言来说，则是“意境”，意境除了是心灵的语汇，还必须有身体的全身感受为基础。若将由香气引发的身体经验，放在宗教性的背景中，会进一步形成“跨界经验”。解剖学提供了“跨界经验”的生理基础，香气的嗅觉刺激会启动边缘系统，造成情绪与身体的快速改变，而思考与语言论述的功能同时被抑制。从嗅觉引发的象征来说，相对于视觉可以以图像的形式储存于人的记忆中，嗅觉气味因为难以言说，故而无法储存与随时召唤（recall），但若是有外界实际气味的刺激，则马上可以认出（recognize）该气味，且当时的氛围与周遭环境的一切，会一同出现。因此，香在宗教上的使用，是以单一香气来引发整体的宗教氛围，开启“跨界经验”。

郑毓瑜《身体时气感与汉魏“抒情”诗——汉魏文学与楚辞、月令的关系》② 一文处理身体感与文学作品的关系，论证诗人借景物抒情感怀，不全然是个我心境，而可能是受到时气的影响。有研究者指出，魏晋文学在描写秋天景物时，袭用月令系统中提供的景物，亦即，代表秋天的景物在《礼记·月令》中已被固定下来，而后发展成为相应的“时物体系”。本文作者以为，两者之间的关系能够建构起来，全仰赖“引譬援类”（即是“类应原则”），类应原则是秦汉以来知识分子认识世界的方式，此一类应原则除了物类间“连模拟合”，更重要的意义是“应合通感”：气化通感的宇宙间，天地

---

① 张珣：《馨香祷祝：香气的仪式力量》，收入余舜德主编：《体物入微：物与身体感的研究》，第 206—239 页。

② 郑毓瑜：《身体时气感与汉魏“抒情”诗——汉魏文学与楚辞、月令的关系》，收入郑毓瑜编：《中国文学研究的新趋向：自然、审美与比较研究》（台北：台大出版中心，2005），第 227—266 页。

物我互相开放，人身感知等同于天地感知。放回从《楚辞》至汉魏文学作品中来看，作为抒情传统主流的伤春悲秋，（尤其是大量的“秋”诗）在“人身感知等同于天地感知”的预设下，可能不是个我独有的内在情绪，而是一个流动在人与天地间的气的场域之质性或状态。更凝练地说，“时（节）气感”即是“身体感”；而伤春悲秋不只是由内而外的个我抒情，如观者所见，悲秋者并不是触物皆悲，选择悲秋，是时物环境侵扰人身而引起了情绪变化。如果汉魏之间的悲秋诗文不全是现今研究者普遍认为的个人抒情咏怀，本文运用“身体感”的研究取向，以“时气”与“体气”的交响解读悲秋咏怀的作品，可以说为文学史的现象提供了另一种诠释。

四、结语

“身体”这一概念进入华文学界研究者的视野，约略看出有着西方→日本→中国台湾→中国大陆的地域顺时性，然若是仅以学术著作间的传播关系与影响来看待身体研究的地域顺时性，可能会忽略了各地域文化对研究者的思考方式有着更根本的因素。前言提及，“中国传统人文领域”的身体研究者所面对的两种背景与资源：以“身体主体”为主的西方身体理论，以及中国式“形气神”身体与实践传统。本文在结语的部分，想要从这两个背景来对东方文化圈各地域的身体研究如何萌芽稍做分判。简单来说，“中国传统人文领域”的身体研究成果可以被放在两个脉络下检视，第一，是在“东洋—西洋”的对照下，西方的身体理论刺激了汤浅泰雄等日本学者思考“日本肉身观”这一问题的方式。第二，是在气功或武术等身体“实践传统”仍然盛行之处，从“实践”的角度回头检视先秦儒学中过去没有得到应有重视的身体成分。强调“实践”，是因为谈“形气神”身心结构，也可能只在理论定义上谈，而没有从“实践”上切入思考，正是“实践传统”对台湾在“中国传统人文领域”的身体研究起了决定性的作用。中国大陆学者的身体研究另有特色，由于对该议题在时间顺序上后于日本与中国台湾，反而更适合担任整合上述两个脉络研究成果的角色。

本文以“身体观”与“身体感”的研究取向，将近年来华文学界“中国传统人文领域”身体研究之成果予以分类。在“身体观”的部分，又区分为“医学身体观”“修养身体观”与“人文身体观”；“身体感”的部分不多做区分，这是因为在各个研究之间的差别只是学门学科，“身体感”脱离不了语言，而语言与文化同枝连气，不在文化脉络中的“身体感”不可能存在，“医学的身体”或者“修养的身体”在诠释感知的层面上，都属于“人文的身体”。而不论是“身体观”还是“身体感”的研究，几乎普遍存在着“对话现象”——或多或少都是预设着现代语境中的“身心”身体观而与之对话。对话的目标大抵是挑战身心二元论。在“身体观”的研究成果，或者提出中国式身体也有“身体主体”的意涵，或者直接强调“形气神”结构所预设的“身心互渗”等，在理论上论证中国式身体可以超越身心二元论；在“身体感”的研究中，也不乏此企图，特别提出的是，“身体感”的研究成果倾向以真实体验挑战二元的理论框架（不限于身心二元），例如以丹道修炼的身体经验之于文化/自然的二元框架，尽管总还是需要些理论建构，却是围绕着真实经验而开展的，他们的作者也多是人类学科的背景出身。

在本文简述的这批研究成果中，关于身体技艺/技能的研究，恰好有与形而上的道共论者，也有与形而下的物一同形塑文化世界。分别从“身体观”与“身体感”的研究取向出发，几位学者都注意到了相同的切入点，这并非巧合，若是没有身体，主体如何与物发生关联？与物发生关联必然牵涉技能的问题。将这些针对身体、技能以及物的研究成果并置，所呈现的是从形上到形下的世界尽纳一身。

最后，将“身体”与“文学研究”结合起来谈，或许虽不至于到逐步地改写文学史的程度，却是一个令人兴奋的尝试，它提供了过去论述文学时被忽略的面向。身体的研究取向（不论是身体观还是身体感）将来必定不只在文学研究的领域发酵，因为身体是一切文化世界的基石，以此观点出发，或迟或早，终将在各个学科领域展开一股新的研究风潮。